Vorwort

Die Arbeit an der vorliegenden Dissertation nahm ihren Anfang mit einer Doctoraalscriptie ("Der Lukasprolog als historiographisches Programm"), die ich im Mai 1990 an der *Theologische Universiteit van de Gereformeerde Kerken in Nederland,* Kampen (Broederweg), verteidigt habe. Wesentliche Teile dieser Studie sind in überarbeiteter Form in den zweiten Hauptteil dieser Dissertation eingeflossen, in der ich versucht habe, die in der Exegese des Lukasprologs gewonnenen Ergebnisse auf die Interpretation des lukanischen Mittelteils bzw. Reiseberichts anzuwenden. Aus diesem doppelten Schwerpunkt der Untersuchung erklärt sich der Titel des Buches: *Lukas als Historiker der letzten Jesusreise.*

Mein besonderer Dank gilt meinem Doktorvater, Herrn Prof. Dr. J. van Bruggen, der die vorliegende Arbeit angeregt und stets ermutigend und kritisch zugleich begleitet hat. Weiterhin danke ich Herrn Professor Drs. J. A. Meijer für viele wertvolle Hinweise inhaltlicher und formaler Art. Dankbar bin ich auch Herrn Dr. H. von Siebenthal, Gießen, und Herrn Prof. Dr. L. de Blois, Nijmegen, die einige Teile der Arbeit in einem früheren Stadium gelesen und kommentiert haben.

Finanziell ermöglicht wurde die vollzeitliche Arbeit an der Dissertation vor allem durch ein mir vom *HBS-fonds* der Universität Kampen zur Verfügung gestelltes Stipendium. Den Druckkostenzuschuß übernahm die *Stichting Afbouw.* Beiden Einrichtungen sei an dieser Stelle herzlich gedankt.

Meinem Vater und meiner Frau danke ich für ihre Hilfe bei der ermüdenden Korrekturarbeit und Herrn Drs. M. A. van Willigen für seinen Rat bei der Übersetzung einer Reihe griechischer und lateinischer Zitate. Herr E.-J. Hempenius half bei der Anfertigung der niederländischen Samenvatting.

Kampen, im Oktober 1992   A. D. B.

Inhalt

Vorwort III

Teil I
Einleitung

1. Forschungsüberblick zum lukanischen Mittelteil 1
1.1 Das chronologische Erklärungsmodell 2
    1.1.1 Johann Gottfried Eichhorn (1794) 2
    1.1.2 Friedrich Daniel Ernst Schleiermacher (1817) 3
    1.1.3 [?] Schaarschmidt (1909) 6
    1.1.4 Louis Girard (1951) 8
1.2 Das theologische Erklärungsmodell 10
    1.2.1 Karl Ludwig Schmidt (1919) 11
    1.2.2 Chester Charlton McCown (1932) 12
    1.2.3 Hans Conzelmann (1954) 12
1.3 Das kompositionskritische Erklärungsmodell 13
    1.3.1 Die literarische Vorlage: Lektionar 14
    1.3.2 Der konzentrische Aufriß: Chiasmus 18
1.4 Die Auswertung des Forschungsüberblicks 25
    1.4.1 Die historisch-chronologische Fragestellung 25
    1.4.2 Die theologische Fragestellung 28
    1.4.3 Die kompositionskritische Fragestellung 29
        1.4.3.1 Die Lektionarshypothese 29
        1.4.3.2 Die Chiasmushypothese 32
1.5 Die Aufgabenstellung der vorliegenden Studie 35
    1.5.1 Das Ziel 35
    1.5.2 Der Aufbau 36

Teil II
Der Lukasprolog als historiographisches Programm

2. Die Grundpfeiler der antiken Historiographie — 39
  2.1 Der historische Wahrheitsbegriff in der Antike — 43
    2.1.1 Die praktische Relativierung des historischen Wahrheitsbegriffs — 44
      2.1.1.1 Das Verhältnis von Historie und Mythos — 44
      2.1.1.2 Das Verhältnis von Historie und Tragik — 49
      2.1.1.3 Das Verhältnis von Historie und Rhetorik — 58
    2.1.2 Die theoretische Verpflichtung zu faktengetreuer Darstellung — 64
    2.1.3 Der historische Wahrheitsbegriff in Antike und Neuzeit — 71
  2.2 Die historiographische Methode in der Antike — 76
    2.2.1 Die Qualifikationen des Historikers — 81
      2.2.1.1 Das Studium der Werke von Vorgängern — 82
      2.2.1.2 Die Reisetätigkeit — 83
      2.2.1.3 Die fachspezifische Erfahrung — 85
    2.2.2 Die Quellen und ihre Auswertung — 87
      2.2.2.1 Die Autopsie — 91
      2.2.2.2 Die Befragung von Autopten — 93
      2.2.2.3 Das Studium schriftlicher Quellen — 95
    2.2.3 Der historiographische Stellenwert der Autopsie in Antike und Neuzeit — 97

3. Der Lukasprolog auf dem Hintergrund der antiken Historiographie — 103
  3.1 Die vorlukanische Bezeugungssituation (vv1-2) — 104
    3.1.1 Lukas und seine Vorgänger (v1) — 104
      3.1.1.1 Die Kenntnis früherer Berichte — 104
      3.1.1.2 Die Eigenart der früheren Berichte — 107
      3.1.1.3 Der Inhalt der früheren Berichte — 111
    3.1.2 Die Quellen der Vorgänger (v2) — 114
  3.2 Das Projekt des Lukas (v3) — 118
    3.2.1 Die Arbeitsweise des Lukas — 118
      3.2.1.1 Die historische Forschung — 119
      3.2.1.2 Die Ausdehnung der Forschung — 125

3.2.2	Das Darstellungsziel des Lukas	127
3.2.2.1	Das Streben nach Exaktheit	128
3.2.2.2	Das Streben nach Chronologie	135
3.3	Die Absicht des lukanischen Projekts (v4)	143
3.3.1	Die Voraussetzungen des Theophilus	145
3.3.2	Das Beweisziel des Lukas	146
4. Zusammenfassung		150

Teil III
Der lukanische Mittelteil als Reisebericht

5. Die Gattung *Reisebericht* in der Antike		155
5.1 Der Reisebericht als Rahmengattung		156
5.1.1	Die landeskundliche Reise des Herakleides	157
5.1.2	Die Reise des Lucilius von Rom nach Sizilien	159
5.1.3	Die Reise des Horaz von Rom nach Brundisium	160
5.1.4	Der Reiseführer des Pausanias	162
5.1.5	Die Abenteuerreise des Lukios	164
5.1.6	Die *Mosella* des Ausonius	166
5.1.7	Der Reisebrief des Sidonius	167
5.2 Der Reisebericht als inkorporierte Gattung im Geschichtswerk		168
5.2.1	Die Geschäftsreise des Tobias	168
5.2.2	Die Bildungsreise des Germanicus	170
5.2.3	Die Bildungsreise des Aemilius Paulus	171
5.3 Der Reisebericht als inkorporierte Gattung in der Biographie		172
5.3.1	Die Bildungsreise des Cato Minor	172
5.3.2	Die Kaiserreise des Hadrian	174
5.3.3	Die Philosophenreise des Apollonius	175
6. Der lukanische Mittelteil als inkorporierter Reisebericht		178
6.1 Die Makrostruktur des lukanischen Reiseberichts		180
6.1.1	Die Anfangsnotiz	181
6.1.2	Vier Reisenotizen als Makrorahmen	183
6.1.3	Die Abschlußnotiz	186
6.1.4	Das narrative Grundgerüst des Reiseberichts	189

VIII

6.2	Die Eigenart des lukanischen Reiseberichts	190
6.2.1	Die vage geographische Verankerung	190
6.2.2	Die lose chronologische Verkettung	192
6.2.3	Die Dominanz der Rede im biographischen Mittelteil	194

7. Zusammenfassung   198

Teil IV
Der lukanische Reisebericht als historisches Dokument

8. Die innerlukanischen Daten zur letzten Jesusreise   203
   8.1 Die Reiseroute   203
      8.1.1 Der Reisebeginn (9:52-56)   203
         8.1.1.1 Der Vorgang der Botenaussendung   205
         8.1.1.2 Das Ergebnis der Botenaussendung   209
      8.1.2 Die Quartiernahme im Haus der Martha (10:38-42)   213
         8.1.2.1 Ein Exkurs nach Judäa?   215
         8.1.2.2 Die Identität der κώμη τίς?   215
      8.1.3 Die Aussätzigenheilung im Grenzgebiet (17:11-19)   217
         8.1.3.1 Die Reinigungszeremonie in Jerusalem   221
         8.1.3.2 Die Rückkehr aus Jerusalem   223
         8.1.3.3 Der Rückgriff (v11)   226
      8.1.4 Der geographische Zuordnungsspielraum   228
   8.2 Die Reisestrategie (10:1.4-12.17)   231
      8.2.1 Die Aussendung der Vorboten (v1)   233
      8.2.2 Die Ausrüstung der Vorboten (v4a)   237
      8.2.3 Das Grußverbot (v4b)   241
      8.2.4 Die Missionsstützpunkte vor Ort (vv5-7)   245
      8.2.5 Das Auftreten in der Öffentlichkeit (vv8-12)   250
      8.2.6 Die Rückkehr der Vorboten (v17)   253
   8.3 Die Reisedauer (13:31-33)   255
   8.4 Die Plausibilität des historischen Rahmens   260

9. Die außerlukanischen Daten zur letzten Jesusreise   264
   9.1 Die Reiseroute bei den Seitenreferenten   264
      9.1.1 Die Reiseroute nach Mt 19:1 und Mk 10:1   264
      9.1.2 Konsequenzen für den Reiseverlauf   267

		IX
9.2	Die Reisebewegungen Jesu im Johannesevangelium	269
	9.2.1 Der Wert des johanneischen Geschichtsrahmens	270
	9.2.2 Wichtige Harmonisierungsmodelle	273
	9.2.2.1 Andreas Osiander (1537)	273
	9.2.2.2 Martin Chemnitz u. a. (1626)	276
	9.2.2.3 Johann Clericus (1699)	280
	9.2.2.4 Johann Albrecht Bengel (1736)	282
	9.2.2.5 Karl Wieseler (1843)	285
	9.2.2.6 Christian Krafft (1848)	287
	9.2.2.7 Alfred Resch (1876-77)	289
	9.2.2.8 Frédéric Godet (1864)	292
	9.2.2.9 John Albert Broadus u. a. (1893)	295
	9.2.2.10 Jakob van Bruggen (1987)	297
9.3	Der interevangelische Kombinationsspielraum	300
	9.3.1 Der Reiseabschluß	301
	9.3.2 Der Reisebeginn	302
	9.3.3 Der Hauptteil der Reise	306
9.4	Ein offenes Harmonisierungsmodell	307
10.	Denkbare Quellen des lukanischen Reiseberichts	309
10.1	Die synoptische Frage und der lukanische Reisebericht	310
	10.1.1 Das Problem	310
	10.1.2 Die Lösungsansätze	313
	10.1.2.1 Systematische Stoffanordnung bei Matthäus	314
	10.1.2.2 Wiederholungen des Wanderpredigers Jesus	315
10.2	Quellen profaner Biographien und Reiseberichte	317
	10.2.1 Autobiographische Aufzeichnungen	321
	10.2.2 Zeugnisse von Zeit- und Reisegenossen	322
	10.2.3 Reisetätigkeit des Autors	325
10.3	Denkbare Quellen des lukanischen Reiseberichts	326
	10.3.1 Reisetätigkeit des Lukas	328
	10.3.2 Zeugnisse von Zeitgenossen und Reiseteilnehmern	330
	10.3.3 Philippus der Evangelist	332
10.4	Der lukanische Reisebericht und seine denkbaren Quellen	334

X

11. Zusammenfassung 336

Teil V
Der lukanische Reisebericht als theologische Komposition

12. Die theologische Struktur des Reiseberichts 340
   12.1 Bisherige Lösungsvorschläge 340
      12.1.1 Der thematische Ansatz 340
      12.1.2 Der konzeptuelle Ansatz 342
      12.1.3 Schlußfolgerungen 346
   12.2 Die Exposition des Reiseberichts (9:51) 350
   12.3 Das Abschlußgleichnis des Reiseberichts (19:11-28) 359
      12.3.1 Der Messias und seine Knechte (19:13.15-26) 362
      12.3.2 Der Messias und seine Feinde (19:14.27) 364
      Exkurs: Der Reisebericht als Testament? 364
   12.4 Der theologische Schwerpunkt des Reiseberichts 367
      12.4.1 Die Dienstanweisung für die Jünger 369
      12.4.2 Die Gerichtsankündigung für das Volk 374
   12.5 Die "Theologie" des Reiseberichts 378

13. Der Reisebericht im Kontext des Evangeliums 381
   13.1 Der geographische Dreischritt 383
      13.1.1 Galiläa (3:21-9:50) 383
      13.1.2 Reise (9:51-19:28) 385
      13.1.3 Jerusalem (19:29-24:53) 389
   13.2 Struktursignale außerhalb des Reiseberichts 390
      13.2.1 Die *inclusio* in 4:14-44 390
      13.2.2 Die *inclusio* in 19:47-21:38 391
      13.2.3 Der Grundriß des Evangeliums 392
   13.3 Der Reisebericht als Bauelement des Evangeliums 393

14. Zusammenfassung 395

Teil VI
Schluß

15. Ergebnisse   397

Samenvatting   403

Bibliographie   409
1. Quellen   409
2. Sekundärliteratur   417

Ausgewähltes Stellenregister   455

Teil I

Einleitung

In der vorliegenden Arbeit soll derjenige Abschnitt des Lukasevangeliums untersucht werden, der gemeinhin als *Reisebericht (travel narrative)* oder *Mittelteil (central section)* bezeichnet wird, da er augenscheinlich über Jesu letzte Reise nach Jerusalem berichtet und in etwa die Mitte des Evangeliums einnimmt. Im folgenden wird zunächst vornehmlich der weniger umstrittene Name *Mittelteil* verwendet werden, um dann im Laufe der Arbeit noch genauer auf die Frage nach der angemessenen Bezeichnung dieses Evangelienabschnitts einzugehen.

1. Forschungsüberblick zum lukanischen Mittelteil[1]

Was die Exegese des lukanischen Mittelteils betrifft, so ist man sich in der Forschung jedenfalls darin einig, daß es sich dabei um einen der problematischsten Abschnitte in der neutestamentlichen Literatur handelt: "Few passages are more difficult to explain than the travel narrative of Luke"[2]. Daher kann es auch nicht überraschen, daß im Laufe der Forschungsgeschichte für diesen Textabschnitt sehr verschiedene Erklärungsmodelle angeboten worden sind. Diese sollen im folgenden in einem Forschungsüberblick zur Darstellung kommen und kritisch ausgewertet werden.

---

[1] Darstellungen der verschiedenen Deutungsansätze finden sich u. a. bei L. Girard, *L'Évangile des Voyages de Jésus ou La Section 9,51-18,14 de Saint Luc* (Paris, 1951), S. 51-63; H. L. Egelkraut, *Jesus' Mission to Jerusalem: A redaction critical study of the Travel Narrative in the Gospel of Luke, Lk 9:51-19:48* (Frankfurt, 1976), S. 1-59; J. L. Resseguie, "Interpretation of Luke's Central Section (Luke 9,51-19,44) Since 1856," *SBTh*, 5 (1975), 3-36; C. L. Blomberg, "Midrash, Chiasmus and the Outline of Luke's Central Section," *Studies in Midrash and Historiography*. Hg. R. T. France und D. Wenham (Sheffield, 1983), S. 217-61.

[2] J. W. Wenham, "Synoptic Independence and the Origin of Luke's Travel Narrative," *NTS*, 27 (1980), 507. Vgl. J. Drury, *Tradition and Design in Luke's Gospel: A Study in Early Christian Historiography* (London, 1976), S. 138: "The large tract from Luke 9:51-18:14, is one of the great riddles of gospel study".

1.1 Das chronologische Erklärungsmodell

Bis weit in die Neuzeit hinein bestand in der neutestamentlichen Forschung ein Konsens darüber, daß der Mittelteil des Lukasevangeliums insgesamt und im Detail historische Vorgänge und Ereignisse in chronologischer Reihenfolge beschreibt. Unterschiedlicher Meinung war man lediglich darüber, wie viele Reisen Jesu in diesem Abschnitt beschrieben werden und welche geographischen Gebiete davon betroffen sind. Hier sollen zunächst lediglich einige markante Forschungsbeiträge vorgestellt werden, die den lukanischen Mittelteil als chronologisch fortlaufenden Bericht von Reisebewegungen Jesu zu erklären suchen.

1.1.1 Johann Gottfried Eichhorn (1794)

Einen originellen Beitrag leistet im Rahmen dieses Erklärungsmodells im Jahre 1794 Johann Gottfried Eichhorn in seinem Werk *Allgemeine Bibliothek der biblischen Litteratur*[3] unter der Überschrift "Ueber die drey ersten Evangelien: Einige Beyträge zu ihrer künftigen kritischen Behandlung" (761-996). Er formuliert im Blick auf die Quellen, auf die der lukanische Mittelteil zurückzuführen ist, daß es sich bei dem Abschnitt 9:51-18:14 um "die Einschaltung einer ganzen Schrift" (995)[4] handelt: "Es scheint einer von den Gefährten Jesus auf seiner letzten Reise nach Jerusalem das Merkwürdigste, was auf derselben vorfiel und Jesus sprach, in eine eigene Schrift zusammengetragen zu haben, die Lukas nur einrückte" (992). "Wer von diesen Abschnitten erster Concipient war, ob Lukas oder ein anderer vor ihm, läßt sich zwar nicht mehr mit ganz entscheidenden Gründen auseinandersetzen: aber es ist doch höchst wahrscheinlich, daß Lukas sie schon schriftlich vorgefunden habe. Denn Stellenweise findet man

---

[3] Des fünften Bandes fünftes Stück (Leipzig, 1794). Im folgenden nur mit Seitenangabe zitiert.
[4] Vgl. dann später auch A. Resch, "Pragmatische Analyse der großen Einschaltung des Lukas: Lukas 9,51-18,14," *JDTh*, 21 (1876), 654, der annimmt, "daß die große Einschaltung des Lukas (9,51-18,14) ein einziges zusammenhängendes Fragment der *Logia Matthäi* sei".

auch manches von diesen Abschnitten mit denselben oder mit synonymen Worten im Matthäus ... Diese Harmonie ist nur erklärbar, wenn die Evangelisten entweder sich untereinander, oder gemeinschaftlich einerley Denkschrift gebraucht haben. Der erste Fall ist undenkbar; es bleibt also nur das zweyte übrig" (992-3). "Die Originalsprache, in welcher die Abschnitte wenigstens zum Theil abgefaßt waren, scheint gleichfalls hebräisch gewesen zu sein" (993-4).

Damit hat Eichhorn die Frage nach den Quellen des lukanischen Mittelteils aufgeworfen und zugleich eine Antwort vorgeschlagen. Wie er den historischen Wert der von Lukas aufgegriffenen Quellen beurteilt, läßt er allerdings nicht erkennen.

1.1.2 Friedrich Daniel Ernst Schleiermacher (1817)

In Anknüpfung an die Ausführungen Eichhorns kommt Friedrich Daniel Ernst Schleiermacher, der anscheinend erstmals den Terminus *Reisebericht* verwendet[5], 1817 in seiner Lukasstudie *Ueber die Schriften des Lukas: ein kritischer Versuch*[6] zu dem Schluß, daß Lukas nicht nur von *einer* Reise berichte. Zwar gibt Schleiermacher zu, daß beim Leser zunächst der Eindruck entsteht, es handle sich um eine einzige Reise[7]. Dieser Eindruck muß aber bei einer näheren Analyse aufgegeben werden, die auch die Angaben des Johannesevangeliums in Betracht zieht. Der lukanische Reisebericht läßt deutlich erkennen, daß Jesus aus Galiläa aufgebrochen ist. "Aus Galiläa ist aber, wie wir durch Johannes wissen, Christus nicht gekommen, als er seinen lezten Einzug in Jerusalem hielt ... Es ist aber eben dieser

---

[5] P. Schanz, *Commentar über das Evangelium des heiligen Lucas* (Tübingen, 1883), S. 286. Alternativ verwendet Schleiermacher aber auch die Bezeichnungen "Reisetagebuch" (160) und "Reiseerzählungen" (163).

[6] (Berlin, 1817). Im folgenden nur mit Seitenzahl zitiert.

[7] "Der Anfang ist der Aufbruch nach Jerusalem zum Leiden und Tode, das Ende ist der lezte Einzug daselbst vor dem Pascha; und so ist der erste natürliche Gedanke der sich darbietet, daß der ganze Aufsaz ein Bericht ist von einem der Jesum auf dieser lezten Reise begleitet, über alles was sich ihm merkwürdiges auf derselben zugetragen" (159). Deutlich sind hier die Anklänge an die Formulierungen Eichhorns, auch wenn dieser nicht namentlich genannt wird, sondern nur sehr allgemein auf die "meisten neueren Kritiker" (158) Bezug genommen wird.

lezte Einzug, den das neunzehnte Kapitel erzählt. Anfang und Ende reden also nicht von derselben Reise; also ist auch das Ganze nicht Ein ursprünglich zusammenhängender Reisebericht. Denn gesezt auch, man wollte den Bericht einem zuschreiben, der Jesum aus Galiläa nach Jerusalem, und von da nach Judäa und wieder nach Jerusalem begleitet hatte: so könnten sich dem doch beide Reisen nicht so ineinander verwirrt haben; und selbst wenn er von dem Aufenthalt in Jerusalem nichts zu erzählen hatte, würde er doch dafür gesorgt haben, irgendwie seinen Lesern diese beiden Reisen auseinander zu halten, um ihnen nicht muthwillig Schwierigkeiten zu erregen, die ihn selbst verdächtig machen müßten. Die Vorstellung also von Einem zusammengehörigen Reisebericht eines Begleiters Jesu müssen wir freilich aufgeben; aber unmöglich ganz den Gedanken eines Reiseberichts, denn der bleibt gleich deutlich in Anfang und Ende dieser ganzen Masse und in vielen über alles dazwischenliegende fast gleichmäßig verbreiteten Spuren begründet" (160-1)[8].

Als Lösung, die sowohl die gemachten Beobachtungen im Vergleich mit dem Johannesevangelium berücksichtigt als auch grundsätzlich an der Chronologie (und teilweisen Historizität) des lukanischen Mittelteils festhält, schlägt Schleiermacher vor, davon auszugehen, "daß ... einer der nicht wußte, daß zwischen jenen Aufbruch aus Galiläa und diesen Einzug in Jerusalem noch ein Aufenthalt in Jerusalem falle, Berichte von beiden Reisen zusammengefügt" hat (161). Die beiden Reiseberichte[9], die ein Vorgänger des Lukas miteinander verwoben hat, weil der erste nicht deutlich mit der Ankunft in Jerusalem endete und der zweite nicht einen deutlichen Aufbruchsort erkennen ließ, meint Schleiermacher nun noch vonein-

---

[8] Dieser Hypothese hat sich D. F. Strauß, *Das Leben Jesu* (1836; Darmstadt, 1969), II, 279-80, ausdrücklich angeschlossen.
[9] Vgl. G. Ogg, "The Central Section of the Gospel According to St Luke," *NTS*, 18 (1971/2), 40, der (ohne ausdrücklichen Bezug auf Schleiermacher) feststellt: "Luke became acquainted with two streams of tradition each of which had its own account of Jesus' last journey from Galilee to Jerusalem, and ... he used the one of these (*A*) in writing ix.51-x.42 and the other (*B*) in writing xvii.11-xix.28". Für den dazwischenliegenden Teil gilt: "Essentially Luke xi.1-xvii.10 is a record of activities of Jesus during his ministry in Galilee, Phoenicia and the Decapolis and prior to his final departure from Galilee for Jerusalem" (S. 47).

ander isolieren zu können. Auf der Suche nach den entsprechenden "Fugen" stößt er auf eine hypothetische Nahtstelle: "Die Stelle XVIII,31-34 kann sehr wahrscheinlich als die Anrede angesehen werden, womit Jesus die Jünger an seinem lezten Aufenthaltsort, sei es nun die Gegend von Ephrem gewesen [vgl. Joh 11:54] oder ein anderer, zum Aufbruch nach Jerusalem um sich versammelte, und dann könnte hier ... der Anfang des zweiten Berichtes gesezt werden" (163-4)[10]. Im folgenden erhebt Schleiermacher dann noch bei 13:22 eine Nahtstelle, wobei er v22 als "Schlußformel" für einen hier endenden Bericht ansieht (165), den er anschließend aber wiederum weiter in einzelne Erzählungen einer Sammlung zerlegt (192-3).

Diese Analyse führt Schleiermacher im weiteren Verlauf seiner Untersuchung dazu, im lukanischen Mittelteil eine komplizierte Verknüpfung unterschiedlichster – an sich wohl historischer – Reiseaufzeichnungen zu sehen, die aber unter den Händen der verschiedenen Sammler in einen gänzlich unhistorischen Gesamtrahmen gebracht worden sind. Er geht zwar historisch von zwei Jerusalemreisen Jesu aus, diese sind aber nur unter größten quellenkritischen Anstrengungen aus dem lukanischen Mittelteil zu erheben. Der unbedarfte Leser kann dies bei der Lektüre des Mittelteils nicht erkennen, wie ja auch Lukas selbst diesen Sachverhalt nicht gekannt zu haben scheint.

Jedenfalls hat Schleiermacher die Frage nach den Quellen des Lukas aufgegriffen und auch die Bedeutung des Vergleichs mit dem Johannesevangelium deutlich werden lassen. Auf letzteren Fragenkomplex wird später noch ausführlicher zurückzukommen sein (s. u. 9.2), so daß auf eine Referierung der verschiedenen harmonisierenden Positionen hier verzichtet werden kann.

---

[10] Als zusätzliches Argument führt Schleiermacher an, "daß der lezte Theil, dem Bericht von der zweiten Reise angehörig, einen andern Charakter zeigt als der erste, indem er genauer gebunden ist, und weit strenger geographisch fortschreitet" (162).

1.1.3 [?] Schaarschmidt (1909)

Auch Schaarschmidt geht – ebenso wie rund ein Jahrhundert vor ihm Schleiermacher – in dem 1909 in den *Theologische(n) Studien und Kritiken* veröffentlichten Artikel "Der Reisebericht des Lukas (Luk 9,51-18,14)"[11] davon aus, daß im lukanischen Mittelteil mehrere Reisen geschildert werden, obwohl Lukas selbst – darin stimmt Schaarschmidt mit Schleiermacher überein – sich dessen offenbar nicht bewußt gewesen sei[12]. Im Unterschied zu Schleiermacher bietet Schaarschmidt aber keine quellenkritische, sondern eine erzähltechnische Erklärung. Die von ihm entwickelte These lautet: "Es scheint ..., als ob der ganze Bericht das Bruchstück eines selbständigen Evangeliums sei und nicht hinter Luk 9,50 einzuschieben gewesen wäre, sondern neben dem synoptischen Lukas herlaufe, und zwar von Luk 6,12 an bis 21,38" (13)[13]. Wie Schaarschmidt sich dies im einzelnen vorstellt, ist der Abbildung zu entnehmen, die allerdings eine Vereinfachung der Darstellung des Autors bietet.

---

[11] 82 (1909), 12-29; vgl. auch seine spätere Veröffentlichung "Die Einschaltung Luk 9,51-18,14 als Grundlage der biblischen Geschichte von Jesus," *ThStKr*, 101 (1929), 357-80.

[12] "Man nahm nun an – und Lukas selbst ist augenscheinlich dieser Meinung gewesen –, es werde auch hier Luk 9,51ff die letzte Reise des Herrn, der ein Hin- und Herziehen vorangegangen sei, in ausführlicher Weise geschildert. Das ist aber im höchsten Grade unwahrscheinlich, da ersichtlich in der fraglichen Partie Luk 9,51 bis 18,14 nicht nur von einer, sondern von mehreren Reisen erzählt wird, vergleiche Luk 9,51; 13,22; 17,11" (13).

[13] Zur Begründung seiner These verweist Schaarschmidt u. a. darauf, daß die vier wichtigen Reden, die die Seitenreferenten bereits wesentlich früher berichten (Mt 12:22ff par Mk 3:20ff; Mt 15:1ff par Mk 7:1ff; Mt 16:1ff par Mk 8:1ff; Mt 18:6ff; Mk 9:42ff), bei Lukas erst im Mittelteil erscheinen. Eine ähnliche Richtung wie Schaarschmidt schlägt zehn Jahre später Joannes Maria Pfättisch in seiner Artikelserie "Beiträge zur Evangelienharmonie," *Kath.*, 96 (1916), 251-66 u. 341-54, ein – offensichtlich jedoch ohne dessen Ansatz zu kennen. Da er an der grundsätzlichen Chronologie des Lukasevangeliums festhalten will (251), nimmt er an, "daß Vorfälle, die vor dem letzten Abschied Jesu von Kapharnaum in Galiläa spielten, nach diesem eingeschoben sind" (341). Es handelt sich dabei hauptsächlich um Ereignisse, die "in die Zeit zwischen der ersten Brotvermehrung und dem Antritt der letzten Reise nach Jerusalem" fallen (342). Als Resultat erhält Pfättisch dann allerdings eine Perikopenfolge, die eine chronologische Abfolge der Ereignisse kaum noch erkennen läßt.

Das chronologische Erklärungsmodell

SCHAARSCHMIDT 1909			
Lukas[1]	Lukas[2]	Matthäus	Markus
06:12-07:50	09:51-11:32	12:15-45	03:07-30
06:12-07:10 07:11-50	09:51-10:24 10:25-11:13 11:14-32		03:07-19 03:20-30
08:01-09:09	11:27-54	12:46-15:20	03:31-07:23
08:19-21 08:01-18 08:22-39 08:40-56 [04:16-30] 09:01-10	11:27-28 11:33 11:34-36 11:37-54		03:31-35 04:01-34 04:35-05:21 05:22-43 06:01-06 06:07-31 07:01-23
09:10-17	12:01-13:21	14:13-16:12	06:32-08:21
09:10-11 09:12-17 09:18-42	12:01-53 12:54-59 13:01-21		06:32-34 06:35-08:09 08:10-12 08:13-21 07:24-08:26 08:27-09:29
09:43-50	13:22-17:10	17:22-18:35	09:30-50
09:43-45 09:46-50 18:15-30 09:46-50	13:22-14:06 14:07-15:32 16:01-31 17:01-10		09:30-32 09:33-50 10:01-31 09:33-50

1.1.4 Louis Girard (1951)

Im Jahre 1951 greift Louis Girard in seinem Werk *L'Évangile des Voyages de Jésus ou La Section 9,51-18,14 de Saint Luc* das von Schaarschmidt angewandte Prinzip auf und erstellt eine eigene Parallelsetzung des Mittelteils mit dem vorangehenden Abschnitt des Evangeliums (125-30). Seine These lautet, "que notre Lc^2 apparaît comme un *récit distinct, continu et parallèle* aux trois premiers synoptiques quant au Ministère de Jésus, une sorte de *Quatrième Synoptique*, qui explique bien les difficultés ... du point de vue littéraire ... Les phénomènes des 'doublets' et 'logia' s'expliquent d'euxmêmes. Les doublets sont des allusions à un même événement dans deux récits distincts et parallèles. Les 'logia' émigrants réintègrent leur domicile. Et de tout cela il résulte une *Harmonie simple et spontanée des Évangiles*" (74).

Seinen Erklärungsansatz erläutert Girard ausführlicher als Schaarschmidt dies getan hatte. Es geht Girard darum, Lukas im Blick auf seine Prologaussagen als Historiker ernst zu nehmen. Unter Verweis auf Lukian, *Hist. Conscr.* 41 (23) und 44 (24), Cicero, *de Orat.* II.15.62, und Philostratus, *VA* I.8, weist er den von De Wette, Reuss, B. Weiss, Wellhausen u. a. vertretenen Gedanken ab, daß sich Lukas als antiker Historiker ohne weiteres des Mittels der Fiktion bedient habe: "Sans doute, il ne paraîtrait pas incompatible avec l'inspiration divine, s'il était avéré que le *Genre historique* chez les Anciens s'accommodât aisément de ces fictions littéraires. Mais là est la question. Or, nous ne croyons pas qu' une telle liberté fût dans la mentalité des historiens de l'Antiquité, du moins à l'époque néo-testamentaire. Sans jouir, bien entendu! des méthodes historiques, comme nous les concevons aujourd'hui, les Anciens se souciaient néanmoins de l'*exactitude*, de la véracité" (57).

Des weiteren geht Girard unter Verweis auf entsprechende Belegstellen[14] davon aus, daß man auch in der Antike historische Werke chronologisch aufbaute, und daß auch Lukas eine entsprechende Absicht in seinem Prolog zum Ausdruck gebracht habe: "Ce souci de

---

[14] Genannt werden Thukydides II.1; Macrobius, *Sat.* V.14.11; Plinius, *Ep.* I.1 und Cicero, *de Orat.* II.15.63.

l'ordre chronologique, nous avons donc tout droit de l'attendre de saint Luc. Il nous le promet d'abord. Son 'καθεξῆς γράψαι' (1,3), qui est le mot même de Thucydide: ἑξῆς, doit s'entendre principalement de l' ordre chronologique" (58).

GIRARD 1951	
Lukas[1]	Lukas[2]
07:11-17	09:51
	09:52-10:20
07:18-35	
	10:21-11:13
08:01-03	
	11:14-26
08:19-21	11:27-28
	11:29-32
08:04-15	
08:16	11:33-36
	11:37-12:01
08:17	12:02
08:18	
	12:03-59
08:22-09:06	
	13:01-30
09:07-09	13:31-33
	13:34-35
09:10-50	
	14:01-15
09:23-27	14:25-33
	14:34-17:03a
18:15-30	
	17:03b-19
18:31-19:10	
	17:20-37
19:11-28	
	18:01-14

Aufgrund dieser grundsätzlichen Überlegungen gelangt er zu folgender Behauptung: "Nous devons donc maintenir (jusqu' à preuve du contraire) *l'ordre chronologique* de la longue section 9,51-18,14, sinon rigoureusement, du moins dans ses grandes lignes" (60). Damit ist die Frage nach der Chronologie des Reiseberichts und seiner damit verbundenen Historizität im Jahre 1951 (!) noch einmal ganz neu gestellt. Ganz offensichtlich stellt der Ansatz Girards zur Erklärung des lukanischen Mittelteils in seiner Zeit jedoch eine Außenseiterposition dar. Der Hauptstrom der Forschung nimmt eine ganz andere Richtung.

1.2 Das theologische Erklärungsmodell

Wann der Versuch aufgegeben wurde, den Mittelteil als im Grunde historisch-chronologischen Bericht zu verstehen, läßt sich kaum genau feststellen. Es ist allerdings nicht zutreffend, daß erst C. C. McCown (s. u. 1.2.2) das chronologische Erklärungsmodell aufgegeben hat, wie Blomberg anzunehmen scheint[15]. Bereits im 19. Jahrhundert löst man sich von einem geographisch-chronologischen Verständnis des Textes. E. Reuss meint im Lukasevangelium zwar die Absicht zur Chronologie erkennen zu können, sieht sich aber andererseits gezwungen zu konstatieren, im Mittelteil des Evangeliums sei "eine geographisch-chronologische Ordnung schlechterdings nicht vorhanden"[16]. Und auch J. Chr. K. von Hofmann[17] (1870) und C. F. Nösgen[18] (1877) erkennen im Mittelteil keine chronologische, sondern eine lehrhafte Anordnung des Stoffes. Diese Ansicht findet sich dann auch im Lukaskommentar Th. Zahns wieder, der davon ausgeht, daß Lukas "wenigstens in ... 8,1-11,13 nicht auf die Wiedergabe der Zeitfolge und überhaupt auf eine in historischer und geographischer Hinsicht möglichst treue Darstellung der Geschichte Jesu bedacht ist, sondern nach sachlichen Gesichtspunkten

---

[15] "Outline," S. 218.
[16] *Die Geschichte der Heiligen Schriften Neuen Testaments*. 6. Aufl. (Braunschweig, 1887), S. 209.
[17] "Das Geschichtswerk des Lukas," *ZPK*, 59 (1870), 335-63.
[18] "Das historiographische Verfahren des dritten Evangelisten," *ThStKr*, 50 (1877), 440-6.

... anordnet"[19]. Wesentlichen Anteil an der Durchsetzung dieser Sichtweise haben dann allerdings die folgenden Exegeten.

1.2.1 Karl Ludwig Schmidt (1919)

Mit aller Deutlichkeit wurde 1919 von Karl Ludwig Schmidt in dem Buch *Der Rahmen der Geschichte Jesu: Literarkritische Untersuchungen zur ältesten Jesusüberlieferung*[20] festgestellt, daß trotz der zahlreichen "Itinerarnotizen" im Mittelteil des Lukasevangeliums "kein rechter Reisebericht" zustande gekommen sei: "Schon das macht stutzig, daß Jesus immer nach Jerusalem reist, aber auf dieser Reise gar nicht recht weiterkommt" (269)[21]. Lukas ordnet die Traditionsstücke, indem er sachlichen Gesichtspunkten folgt. Dennoch will er aber für seine Leser den Eindruck einer historischen Reise erwecken (270). Daß ihm dies nur sehr unvollkommen gelungen ist, führt Schmidt u. a. darauf zurück, "daß der Evangelist Lukas beim Ordnen der Einzelgeschichten sichtlich manchmal ermüdet ist. Die eine oder andere Perikope konnte er nicht immer innerhalb einer klaren Gedankenfolge unterbringen. Er tat's dann doch, so gut er konnte, indem er dabei einem inneren oder äußeren Grund folgte, der für uns nicht mehr feststellbar ist" (271)[22].

---

[19] *Das Evangelium des Lucas*. 2. Aufl. (Leipzig, 1913), S. 391-2; vgl. S. 404, aber andererseits auch S. 456.

[20] (Berlin, 1919). Im folgenden nur mit Seitenangabe zitiert. Vgl. auch schon Schmidts Aufsatz "Der geschichtliche Wert des lukanischen Aufrisses der Geschichte Jesu," *ThStKr*, 91 (1918), 277-92. Hier zieht Schmidt aus seinen Beobachtungen zur Chronologie und Geographie im Lukasevangelium auch Folgerungen für die Wertung des Prologs (S. 291), der so klinge, "als ob Lukas tiefschürfende Quellenarbeit geleistet hätte. Nach dem, was wir von diesen Leistungen in seinem Evangelium kennen gelernt haben, kann davon keine Rede sein. Lukas redet hier in der Widmung an seinen vornehmen Freund Theophilus etwas geschwollen und nicht ohne Übertreibung".

[21] Vgl. Strauß, *Leben*, II, 279: "Daraus aber, daß so sehr lange nach der Abreise (9,51-17,11.) Jesus erst auf der Grenze zwischen Galiläa und Samarien erscheint, folgt nur, daß wir hier keine geordnet fortschreitende Erzählung vor uns haben".

[22] Vgl. A. Jacobsen, "Der lukanische Reisebericht," *ZWTh*, 29 (1886), 153: "Der Faden der Erzählung entfällt bald vollständig den Händen des Evangelisten".

1.2.2 Chester Charlton McCown (1932)

Radikal fällt dann auch das Urteil Chester Charlton McCowns aus, das er in mehreren *JBL*-Artikeln begründet[23]. Er meint im Lukasevangelium so viele Unstimmigkeiten und Ungenauigkeiten feststellen zu können, daß er folgert: "all of his geographical and topographical material is a purely literary device". Über den Mittelteil stellt er fest: "this section ... abounds with inconsistencies and inaccuracies"(15). Mit seinen zahlreichen topographischen und geographischen Angaben verfolge Lukas lediglich die Absicht, "to heighten the effect of his account ... It did not in the least matter whether they were true" (17). Das hängt mit seinem Selbstverständnis als Historiker zusammen: "He was a study-table geographer who never did any field work. One may doubt whether he had ever visited Palestine" (18).

Man fühlt sich angesichts solcher Ausführungen an das Urteil des Josephus über seinen apologetischen Widersacher erinnert, von dem er behauptet (*Ap.* II.115): "er schreibt über Orte, die es gar nicht gibt, und ändert die Lage von Städten, die er nicht kennt (καὶ γὰρ τόπους οὐκ ὄντας γράφει καὶ πόλεις οὐκ εἰδὼς μετατίθησιν)".

1.2.3 Hans Conzelmann (1954)

Auf diese Vorarbeiten kann sich Hans Conzelmann dann stützen, wenn er in seinem viel beachteten Werk *Die Mitte der Zeit: Studien zur Theologie des Lukas*[24] die Formel von der "Spannung zwischen Form und Stoff" prägt: "Die Reise ist also eine Konstruktion, deren sachlicher Sinn zu erheben ist. Es genügt nicht, sie mit dem Hinweis auf die geographischen Schwierigkeiten beiseite zu schieben" (66). Und so erhebt Conzelmann programmatisch die Forderung nach

---

[23] "The Geography of Jesus' Last Journey to Jerusalem," *JBL*, 51 (1932), 107-129; "The Geography of Luke's Central Section," *JBL*, 57 (1938), 51-66; "Gospel Geography: Fiction, Fact and Truth," *JBL*, 60 (1941), 1-25; im folgenden nur mit Seitenangabe zitiert.

[24] 6. Aufl. (Tübingen, 1977). Im folgenden nur mit Seitenangabe zitiert. Vgl. schon Conzelmanns Dissertation: "Die geographischen Vorstellungen im Lukasevangelium," Diss. Tübingen, 1952.

einer (ausschließlich) theologischen Interpretation auch des lukanischen Mittelteils: "Das ... Reisemotiv ist bewußte Redaktionsarbeit. Für die historisch interessierte Forschung ist damit sein 'sekundärer' Charakter erwiesen. Zu Recht! Für unsere Fragestellung aber gewinnt das Motiv eben deshalb hervorragende Bedeutung, sofern wir hier spezifisch Lukanisches fassen können. Die Spannung zwischen Form und Stoff dient uns nicht zur 'Widerlegung' der Reise, sondern zur Erhebung der Lukanischen Christologie" (54-5).

Unter dem Einfluß des redaktionskritischen Ansatzes Conzelmanns hat seither in der exegetischen Arbeit am Mittelteil des Lukasevangeliums die theologische Fragestellung eine fast absolute Monopolstellung inne[25], und zwar unter Absehung von der historischen Dimension. So kann im Jahre 1981 M. Miyoshi konstatieren: "In jüngster Zeit sind die Exegeten der beiden Konfessionen anscheinend darin einig, dass es dem Verfasser des dritten Evangeliums beim Reisebericht nicht auf den chronologisch-geographischen Bericht ankommt, sondern dass ihn theologisches Interesse bestimmt"[26]. Unter dieser Voraussetzung macht man sich in der Folgezeit mit großem Eifer daran, den lukanischen Mittelteil auf der narrativen Ebene auf seine kompositorische Struktur hin zu befragen – und dies nicht zuletzt, um auf diesem Wege nachweisbare Kriterien für die Bestimmung seines theologischen Gehalts zu gewinnen.

1.3 Das kompositionskritische Erklärungsmodell

Nachdem sich in der neutestamentlichen Forschung weitgehend die Überzeugung durchgesetzt hat, daß der Stoff im Mittelteil des Lukasevangeliums weder nach chronologischen noch nach geographischen Gesichtspunkten angeordnet ist, beginnt man, nach einem anderen Kompositionsprinzip zu suchen. Zwei Erklärungsmodelle haben

---

[25] Über die verschiedenen theologischen Interpretationsansätze seit Conzelmann informieren auch die oben (Anmerkung 1) genannten Forschungsüberblicke.

[26] *Der Anfang des Reiseberichts Lk 9,51-10,24* (Rom, 1974), S. 1-2. Ähnliches hatte Jacobsen, "Reisebericht," S. 153, allerdings bereits 1886 festgestellt, als er schrieb: "Giebt man aber, wie es jetzt gewöhnlich geschieht, die Historicität des Reiseberichtes seiner Gesamtanlage nach preis ...".

dabei breite Beachtung gefunden. Zum einen wird der Mittelteil als Nachbildung einer alttestamentlichen Vorlage erklärt (1.3.1). Zum anderen versucht man, eine konzentrische Struktur des Mittelteils nachzuweisen (1.3.2).

1.3.1 Die literarische Vorlage: Lektionar

Im Jahre 1955 entwickelt *Christoper Francis Evans* in seinem Aufsatz "The Central Section of St. Luke's Gospel"[27] einen ganz neuen Erklärungsansatz für den Aufbau des lukanischen Mittelteils. Evans Hauptthese lautet: "the evangelist has selected and arranged his material in such a way as to present it in a Deuteronomic sequence", nicht zuletzt um zu zeigen, daß Jesus der in Dtn 18:15.18 verheißene Prophet ist (50)[28]. Evans Vorschlag findet vereinzelt Zustimmung[29] und wird 1983 ausführlich in einer Dissertation behandelt[30]. Obwohl sich seine These nicht allgemein durchsetzt[31], hält Evans selbst in seinem 35 Jahre später erschienenen Lukaskommentar *Saint Luke*[32] ausdrücklich daran fest.

---

[27] *Studies in the Gospels.* Hg. D. E. Nineham (Oxford, 1955), S. 37-53.

[28] Der diesem Artikel zugrundeliegende Grundgedanke deutet sich bereits 1952 an, als Evans in einer Rezension zu Girards Buch (1.1.4) in *JThS,* 3 (1952), 244, schreibt: "if we are to look for a genre of literature in which a mass of teaching is thrown into the form of a journey under the shadow of an approaching analepsis we are likely to find it among Jewish models, e. g. Deuteronomy".

[29] Drury, *Design,* S. 139; J. M. Dawsey, "Jesus' Pilgrimage to Jerusalem," *PRSt,* 14 (1987), 220; J. D. M. Derrett, "The Lucan Christ and Jerusalem: τελειοῦμαι (Lk 13,32)," *ZNW,* 75 (1984), 42, unter Berufung auf Evans: "Luke's central section keeps step with Deuteronomy"; R. W. Wall, "Martha and Mary (Luke 10.38-42) in the Context of a Christian Deuteronomy," *JSNT,* 35 (1989), 20.

[30] A. J. Trankersley, "Preaching the Christian Deuteronomy; Lk 9,51; 18,14." Diss. Claremont, 1983 (mir nicht zugänglich). Vgl. jetzt auch D. P. Moessner, *Lord of the Banquet: The Literary and Theological Significance of the Lukan Travel Narrative* (Minneapolis, 1989), der allerdings die detaillierte Gegenüberstellung von Dtn und Lk nicht übernimmt.

[31] Blomberg, "Outline," S. 222: "Subsequent studies for the most part seemed not to know what to make of Evans' article and largely tended to ignore it".

[32] TPI New Testament Commentaries (London, 1990).

EVANS 1955	
Deuteron.	Lukas
01:01-46	10:01-03.17-21
02:01-03:22	10:04-16
03:23-04:40	10:21-24
05:01-06:25	10:25-27
07:01-26	10:29-37
08:01-03	10:38-42
08:04-20	11:01-13
09:01-10:11	11:14-26
10:12-11:32	11:27-36
12:01-16	11:37-12:12
12:17-31	12:13-34
13:01-11	12:35-53
13:12	12:54-13:05
14:28	13:06-09
15:01-18	13:10-21
16:01-17:07	13:22-35
17:08-18	14:01-14
20:01-20	14:15-35
21:15-22:04	15:01-32
22:05-24:04	16:01-18
24:06-25:03	16:19-18:08
26:01-19	18:09-14

Vor allem *Michael Douglas Goulder* greift Evans Vorschlag auf und verbindet ihn mit seiner These zur liturgisch motivierten Entstehung der Evangelien. In seinem 1974 erschienenen Buch über *Midrash and Lection in Matthew*[33] und dann ausführlicher 1978 in *The Evangelists' Calendar: A Lectionary Explanation of the Development of Scripture*[34] legt Goulder dar, daß seiner Ansicht nach nicht nur der lukanische Mittelteil, sondern alle drei Synoptiker in Ent-

---

[33] (London, 1974). Das 21. Kapitel (S. 452-73) trägt den Titel: "Luke's Use of Mark and Matthew" und rekonstruiert eine Entsprechung von Lk 1:5-9:50 mit Gen 23-Num 30, von Lk 9:51-20:18 mit Dtn 1-34 und von Lk 20:19-24:53 mit Gen 1-22.

[34] (London, 1974). J. Drury, *JSNT*, 7 (1980), 71, meint in Goulders beiden Büchern die Grundlegung von "nothing less than a new discipline of biblical criticism" zu erkennen.

sprechung zum liturgischen Kalender der Synagoge verfaßt worden sind.

Nach Goulder wurde das Lukasevangelium für eine Kirche geschrieben, die die Verlesung der alttestamentlichen Gesetzes- und Geschichtsbücher aus dem Synagogengottesdienst übernommen hatte. Es wurde wie seine Vorläufer mit der Absicht verfaßt, eine fortlaufende Reihe von Leseabschnitten für das liturgische Jahr zu bieten[35]. Das Markusevangelium hatte nur die Spanne vom Neujahrs- bis zum Osterfest ausfüllen können. Das Matthäusevangelium bot zwar Leseabschnitte für ein volles liturgisches Jahr, wurde aber durch seine Konzentration auf die jüdischen Feste der Situation der heidnischen Kirche nicht gerecht[36]. Auf diesem Hintergrund ergibt sich für Goulder das Motiv für die liturgisch orientierte Abfassung des Lukasevangeliums, das Evans nicht hatte angeben können: "he suggests no motive for so quixotic a procedure as to write a section of the Gospel in parallel with Deuteronomy. The motive we are in a position to supply: Luke was providing a year's readings for a Greek church which was loosening its Jewish roots but retaining its Jewish Bible" (90-1).

Für die abschnittsweise Verlesung des jüdischen Gesetzes im Synagogengottesdienst verweist Goulder auf mMeg 4 bzw. bMeg 31b (52-72). "In the first century A. D. the Western synagogue used an annual cycle of lections beginning in Nisan, in the spring. It had ... a fixed cycle of readings of the Law, which consisted of the 54 units which are in use to this day" (17). Für die *lectio continua* alttestamentlicher und neutestamentlicher Schriften in der patristischen Periode beruft sich Goulder auf Belege bei Origenes, Egeria (um 380) und Augustinus sowie auf das armenische (um 430), das syrische (um 480) und das griechische Lektionar(system), das gallische Liturgiebuch (5.-6. Jahrhundert) und das römische *Capitulare Evangeliorum* (4-5). Sein Schluß lautet: "So both the institution from which the first-century Church grew, and the institution into which the first-century Church grew, show strong evidence of serial reading" (5).

---

[35] Zum Begriff "Lektionar" vgl. den Beitrag von C. Hannick in *TRE*, 6 (1980), 127-31.
[36] *Calendar*, S. 16. Im folgenden nur mit Seitenangabe zitiert.

Zur Rekonstruktion der lukanischen Leseabschnitte bedient sich Goulder dreier Hilfsmittel: "the logic of the Gospel, with its introductory and closing *formulae*, the divisions numbered in Codex Alexandrinus and other manuscripts, and the edentations in the Bodmer Papyrus, p^{57}" (74). Eine Bestätigung dafür, daß er das Evangelium im Sinne seines Verfassers auffaßt, findet er schließlich auch im lukanischen Prolog. Goulder fragt: "Why should καθεξῆς not mean 'in *liturgical* order'?" (12) und will παρακολουθεῖν wiedergeben mit den Worten "having followed all the Old Testament parallels accurately from Genesis on" (15).

Das Resultat von Goulders Untersuchungen läßt sich in einer Graphik darstellen. Wir beschränken uns dabei auf den Mittelteil des Lukasevangeliums. Dieser wurde komponiert in Entsprechung zu den wöchentlichen Leseabschnitten aus dem Gesetz (Dtn) und den historischen Büchern (2Reg). Die Zuordnungsunterschiede im Vergleich mit Evans Entwurf sind laut Goulder darauf zurückzuführen, daß "perhaps for the sake of completeness, he includes a number of parallels that are verbal rather than substantial" (90-1).

GOULDER 1978		
Deuteron.	*2. Regum*	*Lukas*
01:01-03:22	01:01-03:27	09:51-10:24
03:23-07:11	04:01-06:23	10:25-11:13
07:12-11:25	06:24-08:29	11:14-54
11:26-16:17	09-10	12:01-13:09
16:18-21:09	11-12	13:10-14:24
21:10-25:19	13-14	14:25-16:13
26:01-29:08	15-17	16:14-17:19
29:09-30:20	18-19	17:20-18:14
31	20-21	18:15-43
32	22-23	19:01-38
33-34	24-25	19:39-20:18

Eine andere literarische Vorlage für den lukanischen Mittelteil findet schließlich der bisher jüngste Versuch, den Ansatz von Evans fortzuführen. *Michi Miyoshi* schlägt 1981 in seinem Aufsatz "Das jüdische Gebet 'shema' und die Abfolge der Traditionsstücke in Lk

10-13"³⁷ vor, Lk 10-13 sei unter Bezugnahme auf das jüdische Šhema-Gebet komponiert worden³⁸. Damit ist die Zuordnung des Mittelteils zum Deuteronomium in wieder anderer Weise vorgenommen.

1.3.2 Der konzentrische Aufriß: Chiasmus

Aber noch ein zweiter Weg ist beschritten worden, um die dem Mittelteil des Lukasevangeliums zugrunde liegende Struktur zu erheben. *M. D. Goulder* vertritt, bevor er seine Lektionarsthese entwickelt, in dem 1964 erschienenen Aufsatz "The Chiastic Structure of the Lucan Journey"³⁹ die Ansicht, die von Lukas geschilderte Reise sei "a simple chiasmus from 10,23 [*sic*] to 18,30. It stands between two Deuteronomic pillars [10:27; 18:20], the Great Commandments by which we shall inherit eternal life" (202). Zehn Jahre später übernimmt *Charles Harold Talbert* in seinem Buch *Literary Patterns, Theological Themes and the Genre of Luke-Acts*⁴⁰ die von Goulder entwickelte These, die nicht unwidersprochen geblieben und von Goulder selbst inzwischen bereits zugunsten des älteren, durch Evans begründeten Erklärungsmodells aufgegeben worden ist. Talbert gelangt allerdings zu einer anderen Gliederung des Chiasmus innerhalb der Grenzen 10:21 und 18:17.

---

[37] *AJBI*, 7 (1981), 70-123.

[38] Miyoshi versucht Goulders Ansatz zu präzisieren, indem er die von Goulder an Evans geübte Kritik auf diesen selbst anwendet: "Goulder ... forciert gelegentlich diesen Parallelismus zwischen Lk und Dtn, indem er sich willkürlich auf nur zufällig entsprechende Vokabulare und Ausdrücke konzentriert, ohne eine kontextgemäße Konkordanz nachzuweisen" (71). Den Ausgangspunkt für eine solche Präzisierung findet er in einem Dtn-Zitat (*Ibid.*): "Anhaltspunkt für unsere Hypothese ist das 'shema' Zitat (Dtn 6,5) in Lk 10,27".

[39] *StEv*, 2 (1964), 195-202.

[40] (Missoula, 1975), S. 51-56.

GOULDER 1964		TALBERT 1974		BAILEY 1976	
				A	09:51-56
		A	10:21-24	B	09:57-10:12
		B	10:25-37		(10:13-24)
		C	10:38-42	C	10:25-42
A	10:25-42	D	11:01-13	D	11:01-13
B	11:01-13	E	11:14-36	E	11:14-32
C	11:14-36	F	11:37-54		(11:33-36)
D	11:37-54	G	12:01-48	F	11:37-12:34
E	12:01-34	H	12:49-13:09	G	12:35-59
F	12:35-13:09	I	13:10-17	H	13:01-09
G	13:10-33	K	13:18-30	I	13:10-20
H	*13:34-35*	*L*	*13:31-33*	*K*	*13:22-35*
G'	14:01-35	L'	13:34-35	I'	14:01-11
F'	15:01-32	K'	14:07-24	H'	14:12-15:32
E'	16:01-13	I'	14:01-06	G'	16:01-08
D'	16:14-17:04	H'	14:25-15:32	F'	16:09-31
C'	17:11-18:17	G'	16:01-31		(17:01-10)
B'	17:05-10	F'	17:01-10	E'	17:11-37
A'	18:18-30	E'	17:11-37	D'	18:01-14
		D'	18:01-08		(18:15-17)
		C'	18:09-14	C'	18:18-30
		B'	18:18-30		(18:31-34)
		A'	18:15-17	B'	18:35-19:09
				A'	19:10-48

Wenig später, im Jahre 1976, stellt *Kenneth Ewing Bailey* in seiner Studie *Poet and Peasant: A Literary Cultural Approach to the Parables of Luke*[41] einen weiteren Vorschlag zur chiastischen Gliederung des lukanischen Mittelteils vor. Der Umfang des chiastisch strukturierten Abschnitts hat sich nun erheblich vergrößert (9:51-19:48), Bailey gesteht aber zu, daß einzelne Abschnitte sich nicht in das von ihm gezeichnete Schema einfügen (z. B. 10:13-24). Er verbindet mit seinen kompositorischen Beobachtungen die These, daß "a pre-Lucan Jewish-Christian theologian arranged the material into the ten-unit pattern ... Luke himself claims that he used written sources. Is

---

[41] (Grand Rapids, 1976.), S. 79-85.

it not possible that this was one of them?" (83)[42]. Er gibt dieser Quelle den Namen "Jerusalem Document" (85).

In seinem Buch *Reading Luke: A Literary and Theological Commentary on the Third Gospel*[43] fühlt sich C. H. Talbert durch die Arbeit Baileys in seiner Überzeugung von einer chiastischen Struktur des Mittelteils bestätigt. Er schließt sich insofern an Bailey an, als er nun auch davon überzeugt ist, daß der Chiasmus bereits mit 9:51 einsetzt. Seine neue Gliederung des Abschnitts weicht aber wiederum von allen früheren (einschließlich seiner eigenen) ab.

TALBERT 1982		SCHWEIZER 1982		RIUS-CAMPS 1983	
		A	09:51-56		(09:51-10:24)
A	09:51-56	B	09:57-10:24	A	10:25-37
B	09:57-10:24	C	10:25-42	B	10:38-42
C	10:25-42	D	11:01-13	C	11:01-13
D	11:01-13	E	11:14-36	D	11:14-36
E	11:14-36	F	11:37-12:01	E	11:37-54
F	11:37-12:34	G	12:02-34	F	12:01-13:09
G	12:35-13:09	H	12:35-59	F1	12:01b-53
H	13:10-17	I	13:01-09	F2	12:54-13:09
I	13:18-30	K	13:10-21	G	13:10-30
K	*13:31-33*	L	*13:22-35*	H	*13:31-35*
K'	*13:34-35*	K'	14:01-14	G'	14:01-24
I'	14:07-15:32	I'	14:15-15:32	F'	14:25-17:20
H'	14:01-06	H'	16:01-08	F1'	14:25-15:32
G'	16:01-13	G'	16:09-13	F2'	16:01-17:10
F'	16:14-17:10	F'	16:14-17:10	E'	17:11-19
E'	17:11-36	E'	17:11-37	D'	17:20-37
D'	18:01-17	D'	18:01-14	C'	18:01-14
C'	18:18-34	C'	18:15-30	B'	18:15-17
B'	18:35-19:10	B'	18:31-19:10	A'	18:18-30
A'	19:11ff	A'	19:11-27(44)		(18:31-19:46)

---

[42] Baileys Vorschlag wird aufgegriffen von D. R. Miesner, "The Missionary Journeys Narrative: Patterns and Implications," *Perspectives on Luke-Acts*. Hg. C. H. Talbert (Edinburgh, 1978), S. 200-1, und L. W. Mazamisa, *Beatific Comradeship: An Exegetical-Hermeneutical Study on Lk. 10:25-37* (Kampen, 1987), S. 114-8.

[43] (New York, 1982), S. 111-2.

Ebenfalls 1982 formuliert auch *Eduard Schweizer* in seinem Kommentar *Das Evangelium nach Lukas*[44] – wenn auch noch sehr vorsichtig – zum Mittelteil: "man könnte ... eine chiastische (umkehrende) Reihenfolge darin finden". Sein Vorschlag kommt in der ersten Hälfte dem von Bailey recht nahe, weicht dann aber doch deutlich davon ab. Im darauffolgenden Jahr meldet sich der spanische Exeget *Josep Rius-Camps* mit einem umfangreichen Artikel zu Wort, der den vielsagenden Titel trägt: "Lc 10,25-18,30: una perfecta estructura concèntrica dins la secció del viatge (9,51-19,46)"[45]. In der Abgrenzung dieses Abschnitts, wenn auch nicht in seiner Gliederung, geht der Autor also auf Goulders Ansatz zurück. Das konzentrische Kernstück des Mittelteils wird gerahmt von der Präambel 9:51-10:24 und dem Schlußteil 18:31-19:46.

Im selben Jahr schlägt *Craig L. Blomberg* in dem Aufsatz "Midrash, Chiasmus and the Outline of Luke's Central Section"[46] vor, die These der chiastischen Struktur des Mittelteils zwar nicht ganz aufzugeben, sie jedoch auf die Parabelabschnitte zu beschränken (240-4). Ähnlich wie schon Bailey schließt auch Blomberg von seinen literarischen Beobachtungen auf eine Quelle des Lukas: "Luke utilized a chiastically structured parable source independent of the other gospel strata and preserved its sequence of material even while combining it with other sources" (243). Im Jahre 1985 entwirft *Benoît Standaert* in dem Artikel "L'art de composer dans l'oeuvre de Luc"[47] einen weiteren konzentrischen Aufriß für den nun wieder kleineren Abschnitt 9:51-17:12a[48]. Ein Jahr später, 1986, liefert *Hobert K. Farrell* mit dem Artikel "The Structure and Theology of Luke's Central Section"[49] wiederum einen neuen Vorschlag für eine

---

[44] 18. Aufl. (Göttingen, 1982), S. 108-9.
[45] *Revista Catalana de Theologia*, 8 (1983), 283-358.
[46] *Studies in Midrash and Historiography*. Hg. R. T. France und D. Wenham (Sheffield, 1983), S. 217-61.
[47] *À cause de l'evangile: Études sur les Synoptiques et les Actes* (Cerf, 1985), S. 323-47.
[48] "Cinq grands paragraphes, distribués en forme de chiasme autour du chapitre 13, sont encadrés par deux ensembles parallèles d'apophtegmes et de deux brèves notices géographiques" (336).
[49] *Trinity Journal*, 7 (1986), 33-54.

chiastische Gliederung des gesamten im Mittelteil (9:51-19:44) gebotenen Materials.

BLOMBERG 1983		STANDAERT 1985		FARRELL 1986	
A	10:25-27				
B	11:05-08			A	09:51-10:24
C	11:11-13			B	10:25-42
D	12:13-21	I	09:51-53	C	11:01-54
E	12:35-38	II	09:54-62	D	12:01-48
F	13:01-09		A kk10-11	E	12:49-13:09
G	14:01-06		B k12	F	13:10-30
H	*14:07-24*		*C k13*	*G*	*13:31-33*
G'	14:28-33		D kk14-15	G'	*13:34-35*
F'	15:01-32		E k16	F'	14:01-24
E'	16:01-13	II	17:01-10	E'	14:25-15:32
D'	16:19-31	I	17:11-12a	D'	16:01-31
C'	17:07-10			C'	17:01-18:08
B'	18:01-08			B'	18:09-34
A'	18:09-14			A'	18:35-19:44

1987 ist es dann *M. Dennis Hamm*, der in "The Freeing of the Bent Woman and the Restoration of Israel: Luke 13:10-17 as Narrative Theology"[50] einen weiteren Vorschlag für eine chiastische Gliederung macht, die diesmal jedoch lediglich den Abschnitt 12:49-13:35 umfaßt. Sehr viel komplizierter ist die Struktur, die *Paul Kariamadam* mit dem Aufsatz "The Composition and Meaning of the Lucan Travel Narrative (Lk 9,51-19,46)"[51] im selben Jahr vorlegt. Er sieht durch seine Studie die Untersuchungen von Rius-Camps bestätigt (197). Auf einen Ausschnitt des Mittelteils (9:57-10:24) beschränkt sich 1988 wiederum *Karl Löning* in dem Aufsatz "Die Füchse, die Vögel und der Menschensohn (Mt 8,19f par Lk 9,57f)"[52].

---

[50] *JSNT*, 31 (1987), 23-44.
[51] *Bible Bhashyam*, 13 (1987), 179-98.
[52] *Vom Urchristentum zu Jesus*. Hg. H. Frankemölle und K. Kertelge (Freiburg, 1989), S. 82-102. "Das Verhältnis der ersten Szene (Lk 9:57f par) zum folgenden Kontext wird deutlicher, wenn man die Kompositionsfigur der Botenrede als spiegelsymmetrische Form versteht" (101).

KARIAMADAM 1987				Ó FEARGHAIL 1991	
I 09:51-10:20	A 09:51-56			A	09:51-10:37
	B 09:57-10:20			B	10:38-11:54
II 10:21-18:30	A 10:21-11:13	a	10:21-42	C	12:01-13:21
		b	11:01-13	D	*13:22-14:24*
	B 11:14-13:21	a	11:14-13:09	C'	14:25-17:10
		b	13:10-21	B'	17:11-18:30
	C *13:22-35*			A'	18:31-19:48
	B' 14:01-17:37	b'	14:01-17:10		
		a'	17:11-37		
	A' 18:01-30	b'	18:01-14		
		a'	18:15-30		
III 18:31-19:46	B' 18:31-19:28				
	A' 19:29-46				

Einen weiteren sehr detaillierten konzentrischen Gliederungsversuch des gesamten Mittelteils versucht 1989 *Heinrich Baarlink* in dem von ihm herausgegebenen Werk *Inleiding tot het Nieuwe Testament*[53]. Eine leicht überarbeitete Fassung erscheint 1992 in dem Aufsatz "'Toen de dagen van zijn opneming in vervulling gingen ...' (Lucas 9,51): De cyclische structuur van Lucas 9,43b-19,28"[54]. Der jüngste Vorschlag (1991) zum chiastischen Aufbau des Reiseberichts stammt von *Fearghus Ó Fearghail*. Ó Fearghail wählt in seinem Werk *The Introduction to Luke-Acts: A Study of the Role of Lk 1,1-4,44 in the Composition of Luke's Two Volume Work*[55] vergleichsweise große Blöcke, da er davon ausgeht, daß der Mittelteil durch die Reisenotizen 9:51, 10:38, 11:53-4, 13:22, 14:25, 17:11 und 18:31 untergliedert wird (54).

---

[53] (Kampen, 1989), S. 139-42.
[54] *Christologische perspectieven*. Exegetische en hermeneutische studies van en voor Prof. Dr. Heinrich Baarlink (Kampen, 1992), S. 89-115; beachte besonders S. 100: "Het hier voorgelegde ontwerp ontstond in volledige onafhankelijkheid van de bovengenoemde artikelen". S. jetzt auch ders., "Die zyklische Struktur von Lukas 9.43b-19.28," *NTS*, 38 (1992), 481-506.
[55] (Rom, 1991), S. 59-61.

BAARLINK 1992	
A	09:43b-45
B	09:46-50
C	09:51
D	09:52-10:24
E	10:25-42
F	11:01-13
G	11:14-32
H	11:33-12:12
I	12:13-22
J	12:22-34
K	12:35-48
L	12:49-13:09
M	13:10-30
N	13:31-32
O	*13:33*
N'	13:34-35
M'	14:01-24
L'	14:25-15:32
K'	16:01-15
J'	16:16-18
I'	16:19-31
H'	17:01-10
G'	17:11-37
F'	18:01-14
E'	18:18-30
D'	18:35-19:27
C'	19:28
B'	18:15-17
A'	18:31-34

Es ist zu erwarten, daß die Reihe von Vorschlägen im Rahmen dieses attraktiven Erklärungsmodells noch nicht abgeschlossen ist.

1.4 Die Auswertung des Forschungsüberblicks

1.4.1 Die historisch-chronologische Fragestellung

Das historisch-chronologische Verständnis der Evangelien ist bis ins 18. Jahrhundert hinein das vorherrschende gewesen. Allerdings wurden angesichts der Ausweitung und Präzisierung der Fragestellung zum Verhältnis zwischen den Evangelien die bisher gegebenen Antworten (s. u. 9.2.2) gründlich in Frage gestellt[56]. Dies gilt auch – und wohl in besonderem Maße – für den lukanischen Mittelteil.

Für das Verständnis des lukanischen Mittelteils haben Eichhorn und Schleiermacher wichtige literarkritische Überlegungen angestellt, auf die noch zurückzukommen sein wird (10.3). An dieser Stelle soll lediglich registriert werden, daß Eichhorn anscheinend noch von einer wirklichen Jerusalemreise Jesu ausgeht, die in tagebuchartigen Aufzeichnungen eines Reiseteilnehmers ihren Niederschlag gefunden hat. Schleiermacher bringt den wichtigen Terminus *Reisebericht* in die Diskussion ein und problematisiert aufgrund detaillierter Beobachtungen am Text die noch relativ undifferenzierte Betrachtungsweise Eichhorns. Damit sind als wichtige Problemkreise die Frage nach der Gattung des Mittelteils, die nach seiner historisch-chronologischen Schlüssigkeit und die nach seinen Quellen in den Blick genommen.

---

[56] So schreibt etwa J. J. Griesbach 1776 einleitend zu seiner *Synopsis Evangeliorum*: "Ich bekenne aufrichtig und wünsche meine Leser daran zu erinnern, daß man eine sog. 'Harmonie' in diesem Büchlein auf keinen Fall finden kann. Sosehr ich auch weiß, wieviel Mühe gelehrte Männer zur Herstellung einer Harmonie, die den von ihnen niedergelegten Regeln entspricht, aufgewandt haben, so glaube ich doch, daß nicht nur ein geringer, sondern fast überhaupt kein Nutzen [aus ihren Harmonien] gezogen werden kann, den nicht meine Synopse – trotz ihrer geringen Sorgfalt – auch darbietet; ich bezweifle vielmehr auch sehr, ob man überhaupt eine harmonistische Erzählung aus den Büchern der Evangelisten komponieren kann, die in bezug auf die chronologische Reihenfolge der Perikopen ausreichend mit der Wirklichkeit übereinstimmt und die auf sicheren Fundamenten aufgebaut ist. Wie nun? wenn keiner der Evangelisten irgendwo der zeitlichen Reihenfolge genau gefolgt ist? und wenn nicht genügend Beweise vorhanden sind, aus denen zu erheben wäre, wer und an welcher Stelle er von der chronologischen Ordnung abweicht? Und zu dieser Häresie bekenne ich mich"; zitiert nach W. G. Kümmel, *Das Neue Testament: Geschichte der Erforschung seiner Probleme*. 2. Aufl. (München, 1970), S. 88-9.

Vor allem Schaarschmidt und Girard greifen dann zu Beginn des 20. Jahrhunderts die Frage auf, wie sich eine chronologische Struktur des lukanischen Mittelteils gerade auch im Vergleich mit den synoptischen Seitenreferenten behaupten läßt. Es ist Girard von verschiedenen Seiten vorgeworfen worden, daß er sich überhaupt um eine Evangelienharmonie bemüht[57]. Das an sich kann aber wohl kaum ein schlagendes Argument gegen seinen Beitrag sein. Denn grundsätzlich muß man ihm und Schaarschmidt zugestehen, unter Verweis auf den Lukasprolog (1:3: καθεξῆς) und die Forderung nach chronologischer Darstellung in der antiken Geschichtsschreibung, eine berechtigte Fragestellung aufgegriffen und eine originelle Antwort gegeben zu haben. Die von Girard aufgeworfenen Grundsatzfragen sind jedoch bei seinen Rezensenten und auch sonst in der Literatur weitgehend unberücksichtigt geblieben[58], obwohl sie verdienen, näher untersucht zu werden.

Was nun ihren Lösungsansatz betrifft, so muß zunächst die Frage beantwortet werden, ob die von Schaarschmidt und Girard angenommene Doppelung in der Chronologie für einen Autor des ersten nachchristlichen Jahrhunderts eine ihm bekannte Möglichkeit darstellte. Diese Frage läßt sich unter Verweis auf das Werk des Josephus ohne weiteres positiv beantworten, da dieser sich gelegentlich einer durchaus vergleichbaren Erzähltechnik bedient. Es kann etwa für einzelne Passagen in seinem Werk über den jüdischen Krieg

---

[57] Evans, "Section," S. 41: "The author's own solution ... seems an artificial way of saving the section for the purpose of chronological harmonization"; A. Denaux, "Het lucaanse reisverhaal (Lc. 9,51-19,44)," *CBG*, 14 (1968), 224: "Uiteindelijk is de stelling van L. Girard niets anders dan een zoveelste harmonisatiepoging, en dan nog niet eens de interessantste".

[58] Eine Ausnahme stellt die kurze Stellungnahme J. Blinzlers, "Die literarische Eigenart des sogenannten Reiseberichts im Lukasevangelium," *Synoptische Studien*. Hg. J. Schmid und A. Vögtle (München, 1953), S. 36, dar, der unter Verweis auf A. Wikenhauser, *Die Apostelgeschichte und ihr Geschichtswert* (München, 1921), S. 115, zu den von Girard angeführten Belegstellen notiert: "Die Arbeitsweise der antiken Historiker ist damit aber nur sehr unvollständig charakterisiert. In den zitierten Äußerungen handelt es sich um programmatische Erklärungen, die Frage aber ist, ob diese Erklärungen auch eingehalten worden sind. Überprüft man daraufhin die Geschichtsdarstellungen der Alten, dann wird man zu dem Ergebnis kommen, daß chronologische Genauigkeit durchaus nicht ihr hervorstechendster Zug ist".

nachgewiesen werden, daß Josephus gelegentlich zweimal nacheinander narrativ die gleiche Zeitspanne durchläuft. P. Villalba I. Varneda schreibt in seiner Analyse von *Bell.* II.387-538: "the paragraphs comprised between ... 387-430 form a global whole which is chronologically continuous. Then there is the opening of a long section dealing with the domestic tragedies of Herod (... 431-537) which must be placed between the news of the block which immediately precedes. Both blocks comprise a period which goes from the year 30 B. C. up to 9 B. C."[59]. Dabei handelt es sich nicht um einen Einzelfall. Ähnlich verhält es sich mit der Chronologie z. B. in *Bell.* IV.486-629[60].

JOS., *BELL.* II.387-538		JOS., *BELL.* IV.486-629	
387 (30 BC)	431 (30 BC)	491 (Juni 68)	550-555 (Juni 68)
	444 (29)	499-502 (Jan. 69)	
398 (24-23)		503-544 (Feb. 69)	556-576
399 (20)			
401 (20-19)		545 (März 69)	
	445 (18)	548 (Apr. 69)	
	448 (13-14)		577-584 (Mai 69)
	452 (12)		
415 (10-09)			
538 (07-06)			

Allerdings ist gegen den Vorschlag Girards bereits von Evans ein schwerwiegender Einwand vorgebracht worden, der auch auf Girards Vorgänger Schaarschmidt zutrifft: "If Luke meant this section to be read alongside earlier sections of his gospel and not as subsequent to them, would not such an artificial convention have been more clearly indicated"[61]? Der lukanische Mittelteil an sich bietet keinerlei Anlaß zu der Vermutung, daß er nicht die Fortsetzung des in den

---

[59] *The Historical Method of Flavius Josephus* (Leiden, 1986), S. 182-3. Vgl. auch S. 183: "In this case, none of the delayed news is introduced by a phrase which indicates this chronological dislocation".
[60] Villalba I. Varneda, *Method*, S. 183-4. Allerdings wird die "chronological dislocation" hier wenigstens in IV.585 angedeutet.
[61] *JThS*, 3 (1952), 244.

Kapiteln 1-9 Berichteten sei. Und es ist kaum anzunehmen, daß Lukas von seinen Lesern erwartete, eine derartig komplizierte Verfahrensweise ohne entsprechende Hinweise oder literarische Signale erkennen zu können.

Dazu kommt, daß sich bei näherer Betrachtung die Stoffanordnung Girards als äußerst unwahrscheinlich herausstellt. So findet etwa (trotz des Μετὰ ταῦτα in 10:1) die Aussendung der 70 Boten vor der Aussendung der 12 Apostel statt; so unterschiedliche Ereignisse wie die Beunruhigung des Antipas angesichts der Wirksamkeit der ausgesandten Apostel (9:7-9) und die Warnung der Pharisäer vor der Tötungsabsicht des Herodes (13:31-33) werden chronologisch und inhaltlich mehr oder weniger gleichgesetzt; und die Verklärung Jesu findet erst unmittelbar vor den in Kapitel 14 beschriebenen Ereignissen statt. Diese und viele andere Beobachtungen scheinen den Entwurf Girards (und Schaarschmidts) bei aller Originalität doch intern nahezu unmöglich zu machen.

Dennoch werden aber in der folgenden Beschäftigung mit dem lukanischen Mittelteil verschiedene Thesen Girards zu überprüfen sein, da sie ganz grundsätzlich den Umgang mit den Evangelien betreffen. Vor allem wird dabei der Annahme, daß Lukas als antiker Historiker Wert auf die Wahrhaftigkeit und Exaktheit seiner Darstellung legt, nachzugehen sein. Von ähnlichem Gewicht wird weiterhin die Frage sein, ob und inwiefern Lukas sein Evangelium chronologisch verfaßt hat. Dabei ist in beiden Fällen eine Analyse des Lukasprologs unumgänglich. Und schließlich wird auch die von Girard 1951 (!) neu aufgeworfene Frage der Evangelienharmonie speziell im Blick auf den lukanischen Mittelteil noch einmal gestellt werden müssen.

1.4.2 Die theologische Fragestellung

Als eine wichtige Beobachtung des Forschungsüberblicks hat sich ergeben, daß die theologische Fragestellung (seit Conzelmann) mit einer bewußten Ausblendung der historisch-chronologischen Dimension des lukanischen Mittelteils einhergeht. Angesichts dieser Aufspaltung zwischen Theologie und Historie wird im folgenden zu fragen sein, ob die (schon von Schleiermacher beobachteten und) von Schmidt, McCown und anderen massiv behaupteten Unstimmigkeiten im Mittelteil des Lukasevangeliums tatsächlich derart deutlich, ja überhaupt nachweisbar sind.

Die Formel von der Spannung zwischen Form und Inhalt wird seit Conzelmann nicht mehr in Frage gestellt. Demgegenüber kann durchaus nochmals gefragt werden, ob eine Interpretation des lukanischen Mittelteils, die beides, Historie und Theologie, zu ihrem Recht kommen läßt, tatsächlich unmöglich ist.

1.4.3 Die kompositionskritische Fragestellung

Zwischen der Aufgabe der historischen Fragestellung und der Entstehung der kompositionsorientierten Erklärungsmodelle des lukanischen Mittelteils besteht forschungsgeschichtlich ein direkter Zusammenhang: Die Ausblendung der historischen Dimension lenkte das exegetische Interesse verstärkt auf die narrative Ebene des Textes. Ob dieser Zusammenhang eine Verbindung von Kompositionskritik und historisch-chronologischer Analyse ausschließt, kann wiederum bezweifelt werden.

1.4.3.1 Die Lektionarshypothese

Was die Lektionarshypothese betrifft, so kann es wenigstens nachdenklich stimmen, daß ganz verschiedene Kombinationen des Deuteronomiumbuches mit dem Lukasevangelium verteidigt werden. Allerdings stellt diese Beobachtung kein zwingendes Argument gegen den von Evans entwickelten und von Goulder weitergeführten Lösungsansatz dar.

Goulder räumt schon im Vorwort seines Buches über die Lektionarshypothese ein: "we must be clear from the start that there is never going to be enough evidence to 'prove' the case. I can never hope to achieve more than a plausible reconstruction, and to reject this as 'speculative' is to miss the point; when we have no adequate evidence, our alternatives are to speculate or to go ignorant"[62]. Natürlich lassen sich die meisten exegetischen Thesen nicht im mathematischen Sinne exakt beweisen. Aber Goulders Eingeständnis, im Grunde kein ausreichendes Beweismaterial für seine Hypothese zur Evangelienentstehung anbieten zu können, scheint doch vorweg auf entscheidende Schwachpunkte der Argumentation hinzudeuten.

Hinsichtlich der Lektionarshypothese an sich kann auch das eindrucksvolle Theoriegebäude Goulders nicht darüber hinwegtäuschen, daß die Quellenbasis für das von ihm angenommene jüdische Lesesystem fehlt: "Für die Entwicklung der Synagogenlesung in vorrabbinischer Zeit haben wir praktisch keine Belege"[63]. Goulder beruft sich für die synagogale Verlesung festgelegter alttestamentlicher Lektionen im ersten Jahrhundert neben Lk 4 u. a. auf bMeg 31b[64]. Aber in der Nazarethperikope werden keinerlei definitive Angaben über einen festen Lesezyklus gemacht, und "it needs the eye of faith to see this in the Words of R. Meir"[65], denn von einem verwendeten Lektionszyklus ist auch in diesem Text keine Rede.

Weiterhin scheint die Tatsache, daß p[57], der früheste Beleg für ein altkirchliches Lektionarssystem, nur zu gut 50% mit Goulders Einteilung übereinstimmt[66], doch deutlich dagegen zu sprechen, daß

---

[62] *Calendar*, S. x.

[63] G. Stemberger, *Midrasch: Vom Umgang der Rabbinen mit der Bibel* (München, 1989), S. 28. Ähnlich urteilt L. Morris, "The Gospels and Jewish Lectionaries," *Studies in Midrash and Historiography*. Hg. R. T. France u. D. Wenham (Sheffield, 1983), S. 134: "no one knows what the synagogue did about reading during the first century".

[64] "Die Rabbanan lehrten: Mit der Stelle, da man am Šabbath beim Morgengebete abbricht, beginne man beim Vespergebete zu lesen, da man beim Vespergebete [abbricht], beginne man am Montag zu lesen, da man am Montag [abbricht], beginne man am Donnerstag zu lesen, und da man am Donnerstag [abbricht], beginne man am folgenden Šabbath zu lesen – so R. Meír. R. Jehuda sagt, da man am Šabbath beim Morgengebet abbricht, beginne man beim Vespergebete, am Montag, am Donnerstag und am folgenden Šabbath zu lesen. R. Zera sagte: Die Halakha ist, wo man am Šabbath beim Morgengebete abbricht, beginne man beim Vespergebete, am Montag, am Donnerstag und am folgenden Šabbath zu lesen. – Sollte er doch sagen, die Halakha sei wie R. Jehuda!? – Weil manche [diesen Streit] entgegengesetzt lehren".

[65] Morris, "Lectionaries," S. 136.

[66] *Calendar*, S. 76.

die Kreise, in denen die Einteilung des Papyrus verwendet wurde, die von Goulder angenommene Korrespondenz zwischen den Pentateuchleseabschnitten und dem Evangelientext auch nur im Ansatz gesehen haben[67]. Und Goulders Deutung von καθεξῆς und παρακολουθεῖν gründet sich lediglich auf seine Lektionarshypothese und kann diese daher ihrerseits nicht stützen.

Sieht man aber einmal von der erst von Goulder eingeführten Lektionarshypothese ab und untersucht die auch davon unabhängig behaupteten Entsprechungen zwischen Dtn bzw. 2Reg und dem Lukasevangelium, so erweisen sich diese als äußerst vage. Was die Parallelität des lukanischen Mittelteils mit Dtn betrifft, so muß sicher zugegeben werden, daß sich hier und da gewisse Vergleichspunkte ergeben[68]. Aufs ganze gesehen bleiben die Parallelen aber so allgemein, daß eine besondere Nähe des Mittelteils zum Dtn nicht angenommen werden kann[69]. Mindestens ebenso schwer aber wiegt die Tatsache, daß Parallelen zwischen dem Lukasevangelium und 2Reg, die wesentlich offensichtlicher sind als die von Goulder angeführten, in seinem System keine Berücksichtigung finden. So besteht

---

[67] Vgl. Morris, "Lectionaries," S. 133: "When only 52.5% support the view and 39% are in contradiction we should surely look for some other explanation ... It is more likely that they and the divisions in Alexandrinus were meant as means of making reference ... A further point is that Goulder's position seems to mean that the divisions were original to the Gospels and that would be a bold claim. Even though they are found in many ancient MSS they are absent from so many old ones that this is a precarious inference".

[68] E. E. Ellis, *The Gospel of Luke*. 2. Aufl. (London, 1974), S. 147: "A number of the parallels are striking. Whether they are sufficient ... to establish this ingenious theory is questionable".

[69] Blomberg, "Outline," S. 225: "In most instances ... the words or expressions that he cites occur so often in Deuteronomy (and elsewhere in the Old Testament) that equally convincing parallels could have been drawn from a wide variety of other texts". Ähnliches äußerte bereits 1957 F. Gils, *Jésus Prophète d'après les Évangiles synoptiques* (Leuven, 1957), S. 41-2: "Dans ces longs chapitres du Deutéronome, ce n'est qu'en choisissant certaines idées ou certains faits parmi tant d'autres, parfois même plus importants, qu'on peut construire ce parallélisme".

eine deutliche Beziehung zwischen 2Reg 5:8-19a und Lk 17:11-19[70], der allerdings Goulder keinerlei Bedeutung beimißt.

Der von Evans angeregte Erklärungsansatz läßt jedenfalls ebenso wie die von Girard vertretene Lösung erkennen, daß ein deutlicher Zusammenhang besteht zwischen der Auffassung und Gewichtung der lukanischen Prologaussagen und der Interpretation des Mittelteils[71]. Somit ergibt sich von hier aus erneut die Notwendigkeit, die Untersuchung des Mittelteils mit einer Analyse des Prologs zu verbinden.

1.4.3.2 Die Chiasmushypothese

Erneut kann zunächst immerhin festgestellt werden, daß der Wechsel Goulders vom chiastischen zum Lektionarsmodell nicht unbedingt für ersteres spricht. Bedenklich erscheint das Modell aber noch mehr durch die Vielfalt der Vorschläge, die für einen konzentrischen Aufbau des Mittelteils gemacht worden sind. Wo so viele Zuordnungen für möglich gehalten werden, legt sich der Verdacht nahe, daß die jeweiligen chiastischen Entsprechungen keineswegs zwingend, sondern bestenfalls möglich sind. Sieht man von echten Wortparallelen ab (wie sie etwa bei 10:25 und 18:18 gegeben sind), so läßt sich anscheinend zwischen den meisten Perikopenpaaren des lukanischen Mittelteils irgendeine inhaltliche Entsprechung oder Parallelität feststellen.

Bevor diese Bedenken noch weiter präzisiert werden, muß aber ebenso wie unter 1.4.1 darauf hingewiesen werden, daß auch dieses Modell nicht aus grundsätzlichen Überlegungen zu den narrativen Möglichkeiten antiker Autoren abgelehnt werden kann. Einerseits trifft es zu, daß konzentrische Strukturen sich vor allem bei kleineren

---

[70] W. Bruners, *Die Reinigung der zehn Aussätzigen und die Heilung des Samariters: Ein Beitrag zur lukanischen Interpretation der Reinigung von Aussätzigen* (Stuttgart, 1977), S. 113, kennzeichnet das Verhältnis zwischen diesen beiden Texten als "überbietenden Parallelismus".

[71] Goulder, *Midrash*, S. 456-7, betont etwa bezüglich der Bedeutung von καθεξῆς, Lukas wäre ein Lügner, hätte er damit eine chronologische Ordnung seines Evangeliums angekündigt.

Texteinheiten beobachten lassen. Man vergleiche für kleinere konzentrisch strukturierte Texteinheiten etwa im AT Gen 11:1-9 oder verschiedene Psalmen. Als Beispiel für die antike Profanliteratur lassen sich Abschnitte aus dem Werk des Catullus[72] und den Biographien Suetons anführen. Für letztere hat H. Gugel etwa zu *Aug.* 90-92 eine chiastisch-inhaltliche Gliederung festgestellt. Er fügt aber hinzu: "Um der sachlichen Anordnung und Variation willen fehlt jede chronologische Reihenangabe"[73]. Eine Kombination von chronologischen und inhaltlichen Anordnungskriterien weist Gugel für *Aug.* 94.2-9 nach[74]: "Neben der chronologischen Anordnung, in der zwei Gruppen (A+C) die direkte Prophezeiung des Nigidius bei der Geburt (B) umrahmen, ergibt sich eine inhaltliche Gruppierung" (40). Die inhaltlich-chiastische und die chronologische Abfolge gehen bis zu einem gewissen Grad Hand in Hand.

SUETON, *AUG.* 94.2-9		
chronologisch	inhaltlich	
A vor der Geburt	a	indirektes Vorzeichen (*rex*) 94.2-3
	b	Augustus 94.4
	c	Eltern 94.4
B bei der Geburt	d	direkte Prophezeihung (*dominus*) 94.5
C nach der Geburt	c'	Eltern 94.5-6
	b'	Augustus 94.6-7
	a'	indirektes Vorzeichen (*tutor*) 94.8-9

Es gibt aber andererseits in der Profanliteratur der Antike wohl kaum Beispiele dafür, daß diese kunstvolle kompositorische Technik

---

[72] C. Murley, "The Structure and Proportion of Catullus LXIV," *TPAPS*, 68 (1937), 308. Vgl. G. E. Duckworth, *Structural Patterns and Proportions in Vergil's Aeneid: A Study in Mathematical Composition* (Ann Arbor, 1962), S. 21: "Vergil has composed many passages of the Aeneid in a very different manner, using a concentric or recessed panel pattern with balancing passages framing a central focal point".
[73] *Studien zur biographischen Technik Suetons* (Wien, 1977), S. 38.
[74] *Technik*, S. 39-41.

bei längeren Erzählabschnitten in historischen Werken angewendet wurde[75]. Und so ist es zwar nicht wahrscheinlich, aber doch wenigstens denkbar, daß Lukas sich bei der Komposition seines mehrere lange Kapitel umfassenden Mittelteils einer ähnlichen Technik hätte bedienen können[76].

Allerdings muß grundsätzlich die Frage gestellt werden, ob sich in einer relativ großen Texteinheit wie dem lukanischen Mittelteil die Annahme einer chiastischen Gliederung mit dem καθεξῆς des Prologs und den Angaben des Lukas zur relativen Chronologie (μετὰ ταῦτα etc.) verträgt. Dies ist kaum vorstellbar, und daß im Mittelteil Chronologie und Chiasmus Hand in Hand gehen, wird wohl auch von keinem Vertreter dieses Ansatzes vorausgesetzt. Wer also den Prologanspruch auf Chronologie ernst nimmt, wird gegenüber einer Chiasmushypothese grundsätzlich äußerst zurückhaltend sein.

Anknüpfend an das oben Gesagte muß nun aber auch noch festgestellt werden, daß der sehr dünnen Verbindung vieler Chiasmuspaare eine um so deutlichere Parallelität von Perikopen entspricht, die in keinem der oben vorgeführten Entwürfe eine Rolle spielen. Die Verwandtschaft zwischen den Perikopen 10:38-42 und 19:1-10 etwa läßt sich im Unterschied zu vielen der angenommenen Entsprechungen durchaus auch terminologisch belegen[77], wird aber in den vor-

---

[75] Denaux, "reisverhaal," S. 483, schrieb bereits 1968: "Het lijkt ons een moeilijke onderneming het chiasme op grotere literaire eenheden te willen toepassen. Dit gebeurt bijna nooit zonder dat men teksten, die duidelijk een andere structuur vertonen, in een artificieel kader wringt". S. auch J. W. Welch, "Chiasmus in Ancient Greek and Latin Literatures," *Chiasmus in Antiquity*. Hg. ders. (Hildesheim, 1981), 250-68.

[76] Daß sich in anderen Partien des Lukasevangeliums chiastische Strukturen nachweisen lassen, hat z. B. A. Vanhoye, "Structure du *'Benedictus'*," *NTS*, 12 (1965/6), 382-9, überzeugend (unter Verweis auf verbale Entsprechungen) nachgewiesen.

[77] Es erscheinen in beiden Perikopen u. a. die Wörter εἰσελθεῖν (10:38/ 19:1), ὀνόματι (10:38/19:2), οἶκος (10:38/19:5), ὑπεδέξατο αὐτόν (10:38/ 19:6), κύριε (10:40/19:8); vgl. J. Brutscheck, *Die Maria-Martha-Erzählung: Eine redaktionskritische Untersuchung zu Lk 10,38-42* (Frankfurt, 1986), S. 102.

gestellten Modellen nirgends berücksichtigt[78]. Weiterhin ist auch die Parallelität von Mittelteilperikopen mit solchen, die außerhalb desselben stehen, häufig wesentlich evidenter, als die der obigen Modelle. Als Beispiel mag hier die Entsprechung von 5:12-16 und 17:11-19 dienen[79].

Insgesamt muß also festgestellt werden, daß das konzentrische Modell keine befriedigende Erklärung für die Struktur des lukanischen Mittelteils darstellt. Bis auf wenige Ausnahmen (10:25/18:18) erweisen sich die angenommenen Parallelen entweder als zufällig oder als gesucht, jedenfalls aber als viel zu allgemein. Die Frage nach der kompositorischen Struktur des Mittelteils verdient zwar aufgegriffen zu werden. Die Antwort wird man aber in einer ganz anderen Richtung zu suchen haben.

1.5 Die Aufgabenstellung der vorliegenden Studie

Aufgrund des Forschungsüberblicks und der anhand desselben gemachten Beobachtungen und gezogenen Schlußfolgerungen, kann nun die Aufgabenstellung der vorliegenden Studie formuliert werden.

1.5.1 Das Ziel

In der Beschäftigung mit den verschiedenen Erklärungsmodellen zum lukanischen Mittelteil (bes. bei Girard, Schmidt und Goulder) hat sich gezeigt, welche grundsätzliche Bedeutung für einen angemessenen Interpretationsansatz dem Evangelienprolog zukommt. Daher

---

[78] Lediglich G. Sellin, "Komposition, Quellen und Funktion des lukanischen Reiseberichtes (Lk. IX 51-XIX 28)," *NT*, 20 (1978), 106, der nicht von einer chiastischen Struktur des lukanischen Mittelteils ausgeht, vermutet: "X 38-42 ... und XIX 1-10 ... rahmen als erste und letzte Einkehrgeschichte" die dazwischenliegende Passage.

[79] R. Morgenthaler, *Die lukanische Geschichtsschreibung als Zeugnis* (Zürich, 1949), I, 156, kombiniert u. a. noch die Berufung des Zöllners Levi (5:27-32) und die Berufung des Oberzöllners Zachäus (19:1-10); der Pharisäer und die Sünderin (7:36-50) und der Pharisäer und der Sünder (18:9-14); die drei Tischgleichnisse (14:7-24) und die drei Verlorenengleichnisse (15:1-32).

wird der eigentlichen Arbeit am Mittelteil eine gründliche Analyse des Lukasprologs vorangestellt, in der Grundentscheidungen für die anschließende Exegese des Evangeliums getroffen und begründet werden.

Weiterhin soll die historische Fragestellung wieder stärkere Beachtung finden, als dies seit Jahrzehnten (Conzelmann) üblich ist. Die heute zum Forschungskonsens gewordene Überzeugung, daß die von Lukas geschilderte letzte Jesusreise so nicht stattgefunden haben kann, wird zu überprüfen sein. Dabei kann sicher auf die Ergebnisse älterer Arbeiten (z. B. Schleiermacher) zurückgegriffen werden.

Gleichzeitig soll aber die seit Mitte des Jahrhunderts geführte Diskussion um die Komposition des Mittelteils aufgegriffen werden, um aufgrund einer Strukturanalyse auch begründete Aussagen über den theologischen Gehalt des lukanischen Mittelteils machen zu können.

Insgesamt ergibt sich somit die Aufgabe, die historisch-chronologische und die kompositorisch-theologische Fragestellung miteinander zu verbinden, um auf diesem Wege zu einem 'ganzheitlichen' Verständnis des sogenannten Reiseberichts zu gelangen.

1.5.2 Der Aufbau

In der Analyse des Prologs (Teil II) soll einleitend das historiographische Selbstverständnis des Lukas herausgearbeitet werden, indem der Prolog in den Kontext der antiken Geschichtsschreibung gestellt wird. Zunächst (Kapitel 2) soll daher vor allem nach dem historischen Wahrheitsbegriff (2.1) und der historischen Methode (2.2) der antiken Historiographie gefragt werden. Dann (Kapitel 3) soll eine detaillierte Prologanalyse ergeben, wie Lukas auf diesem Hintergrund einzuordnen ist. Welche Quellen hat er benutzt (3.1)? Was hat er in seinem Werk leisten wollen (3.2)? Welche Absicht verfolgte er mit der Abfassung seines Werkes (3.3)? Versteht er sich als rhetorischer, tragischer oder pragmatischer Geschichtsschreiber? Aus dem Ergebnis dieser Untersuchung (Kapitel 4) ergibt sich der Erwartungshorizont für die Beschäftigung mit dem Mittelteil des Evangeliums.

Die Analyse des Mittelteils an sich gliedert sich in drei Teile. Im Anschluß an die Prologanalyse wird nach der literarischen Gattung des Mittelteils gefragt (Teil III). Ist die gebräuchliche Bezeichnung

"Reisebericht" angemessen? Diese Frage soll im Vergleich mit anderen antiken Reiseberichten (Kapitel 5) beantwortet werden. Dabei sollen die gattungsmäßigen und strukturellen Eigenheiten des lukanischen Mittelteils herausgearbeitet werden (Kapitel 6). Das Resultat dieser Beobachtungen (Kapitel 7) bildet die Basis für die weitere Untersuchung.

In einem weiteren Arbeitsschritt wird nun der lukanische Mittelteil als historisches Dokument betrachtet (Teil IV). Dabei soll vor allem die Frage beantwortet werden, ob Lukas im Mittelteil des Evangeliums seinen im Prolog formulierten historiographischen Prinzipien treu geblieben ist. Bewußt wird dabei das Lukasevangelium zunächst unter Absehung von der synoptischen Fragestellung für sich betrachtet. Daher werden erst die innerlukanischen historischen Probleme (Kapitel 8) diskutiert. Erst in einem folgenden Schritt wird dann nach dem Verhältnis des lukanischen Mittelteils zu den Angaben der synoptischen Seitenreferenten und des Johannesevangeliums (Kapitel 9) zu fragen sein. Ebenso soll bei der literarkritischen Fragestellung zunächst das Lukasevangelium für sich auf mögliche Quellen hin befragt werden (Kapitel 10). Den Schluß dieses Hauptteils stellt eine Bündelung der gewonnen Ergebnisse dar (Kapitel 11).

Auf der bisher erarbeiteten Grundlage soll der Reisebericht in Teil V dann schließlich auch als theologische Komposition gewürdigt werden. Hier wird vor allem nach der theologischen Aussageabsicht des Reiseberichts gefragt werden. Dabei wird zunächst die theologische Struktur des Reiseberichts herauszuarbeiten sein (Kapitel 12). Daran anknüpfend kann dann gefragt werden, wie der Reisebericht sich in den Kontext des Evangeliums einfügt (Kapitel 13). Ein Fazit schließt auch diesen vorletzten Teil der Untersuchung ab (Kapitel 14).

Am Schluß (Teil VI) wird dann eine Zusammenfassung der gewonnenen Einzelergebnisse zu einem Gesamtverständnis des lukanischen Mittelteils als historisch-theologischem Reisebericht stehen (Kapitel 15).

Teil II

Der Lukasprolog als historiographisches Programm

2. Die Grundpfeiler der antiken Historiographie

Louis Girard hat in seiner Arbeit zum lukanischen Mittelteil die Frage aufgeworfen, ob und inwiefern Lukas als antiker Historiker den modernen Vorstellungen von historischer Wahrheit und Exaktheit verpflichtet gewesen sei. Dies ist eine folgenreiche Fragestellung. Denn wie für jedes literarische Werk gilt auch für das Lukasevangelium der Grundsatz, daß es vor allem im Rahmen seiner eigenen Zeit interpretiert und gewertet werden muß. Jeder Autor ist in seinem Denken und Schreiben geprägt aber auch begrenzt durch den historischen und geistesgeschichtlichen Kontext, in dem er steht und denkt. Geht man davon aus, daß Lukas im Evangelienprolog sein historiographisches Programm formuliert hat, so drängt sich die Frage auf, wie man zu seiner Zeit Geschichtswerke verfaßt hat, mit welchen Mitteln und mit welchen Zielsetzungen man in der Antike im allgemeinen Geschichte geschrieben hat. Denn innerhalb dieser Rahmenbedingungen muß auch das historiographische Werk des Lukas verstanden werden.

Die Betrachtung dieser geistesgeschichtlichen Rahmenbedingungen kann nun zum einen die exegetische Analyse des Prologs befruchten. Diese geistesgeschichtliche Hintergrundstudie soll dann aber zweitens auch unter der Fragestellung stehen, ob bzw. inwiefern die antike Geschichtswissenschaft mit der modernen kompatibel ist. Denn nur wenn eine – wenigstens partielle – Kompatibilität der antiken mit der modernen Historiographie nachgewiesen werden kann[1], ist es überhaupt sinnvoll zu fragen, ob das im Lukasprolog zum Ausdruck

---

[1] A. J. Woodman beginnt sein wichtiges Werk zur antiken Geschichtsschreibung mit dem bemerkenswerten Hinweis, daß im allgemeinen Alt*historiker* dazu neigten, die moderne Geschichtsschreibung als Resultat einer mehr oder weniger kontinuierlichen Weiterentwicklung ihrer antiken Vorgängerin aufzufassen, während unter Alt*philologen* die Ansicht vorherrsche, daß im 19. Jahrhundert eine völlige (auch qualitative) Neuorientierung der Historiographie stattgefunden habe; s. *Rhetoric in Classical Historiography: Four Studies* (London, 1988), S. ix.

gebrachte Verständnis von Geschichte und Geschichtsschreibung mit dem, was der moderne und (mehr oder weniger) historisch-kritisch denkende Leser darunter versteht, vergleichbar ist. Es geht also nicht zuletzt um die Frage, ob das historiographische Programm des antiken Historikers Lukas auch aus neuzeitlicher Perspektive ernstzunehmen ist oder ob sein historiographischer Ansatz schon aufgrund seiner Zeitgebundenheit für den modernen Leser von vornherein suspekt sein muß.

Selbstverständlich kann nun im Rahmen dieses Kapitels kein umfassender Vergleich zwischen antiker und neuzeitlicher Historiographie durchgeführt werden. Dies ist im Zusammenhang unserer Fragestellung aber auch nicht notwendig[2]. Denn hier soll es lediglich

---

[2] Mit dieser bewußten Beschränkung sollen die Unterschiede zwischen antiker und neuzeitlicher Geschichtsschreibung keineswegs bagatellisiert werden. Schon rein formal gesehen ist ja in der antiken Historiographie das narrative Element wesentlich stärker ausgeprägt als in der modernen; vgl. zum Komplex der Narrativität H. White, *Die Bedeutung der Form: Erzählstrukturen in der Geschichtsschreibung* (Frankfurt, 1990), S. 7-77. Inhaltlich gesehen hat sich die moderne Geschichtsschreibung mehr und mehr von der durch Thukydides vorgegebenen Konzentration auf das Politische und Militärische gelöst und bezieht wirtschaftliche und soziale Fragestellung in viel stärkerem Maße ein, als dies in den Werken des Altertums der Fall war. Die Aufzählung derartiger Differenzen ließe sich fortsetzen. Es soll aber nicht unerwähnt bleiben, daß auch deutliche Unterschiede zwischen der griechischen Historiographie einerseits und der römischen andererseits auszumachen sind; s. dazu z. B. F. Klingner, *Römische Geisteswelt: Essays zur lateinischen Literatur* (Stuttgart, 1979), S. 66-70 u. 495-6. Und ebenso lassen sich wiederum innerhalb der griechischen Geschichtsschreibung markante Verschiedenheiten etwa zwischen dem Geschichtsverständnis eines Herodot und dem eines Thukydides feststellen; vgl. A. Lesky, *Geschichte der griechischen Literatur*. 3. Aufl. (Berlin, 1971), S. 368-70 u. 535-40. Die grundsätzliche Variationsbreite alles historiographischen Bemühens umschreibt Klingner, *Geisteswelt*, S. 66-7, mit folgenden Worten: "Geschichte ist dem einen das Geschehnis, an dem ihm etwas Wesenhaftes aufgegangen, dem anderen das Geschehen, das, wie auf einer Bühne dargestellt, erschüttert und und erhebt, sie ist der Ort der geheiligten Sinnbilder eines Staates, eines Volkes oder sonst einer Gemeinschaft, sie ist eine Vorratskammer von Lehrstücken für den Staatsmann und Bürger, ist ein Zeughaus voll Waffen des politischen Kampfes oder auch Inbegriff des Schicksals der Welt, das alle und alles umfaßt, Offenbarung der Vorsehung, Offenbarung des Weltgeistes oder von Volksgeistern, schließlich für manche ein Betätigungsfeld für den verdrängten oder gescheiterten politischen Willen. Dieses alles und noch manches mehr kann für die Menschen Geschichte sein, meist ist sie vieles davon zugleich; dann gilt es das

darum gehen aufzuweisen, ob man zur Zeit des Lukas in der Lage war, zwischen historischer Wahrheit und unhistorischer Erfindung klar zu unterscheiden, und ob man über die methodischen Mittel verfügte, um diese Unterscheidung sauber durchzuführen. Aus diesem Grund beschränkt sich die Behandlung der Grundpfeiler der antiken Historiographie, die in diesem zweiten Kapitel der eigentlichen Prologanalyse vorangestellt wird, auf eine Untersuchung des historischen Wahrheitsbegriffs (2.1) und der historiographischen Methode (2.2) in der Antike.

Bei der Untersuchung des historischen Wahrheitsbegriffs kann es sicher nicht darum gehen, die von der Altphilologie detailliert aufgewiesene qualitative Vielfalt in der historiographischen Praxis der Antike zu leugnen. Es soll aber dennoch gefragt werden, ob die Forderung nach faktengetreuer Darstellung in der Antike ein Schattendasein führte, oder ob sie allgemein als gültiger Grundsatz anerkannt wurde, dem jeder seriöse Historiker gerecht zu werden hatte.

Und ebenso kann es bei der Behandlung der historischen Methode nicht darum gehen zu behaupten, daß die antiken Historiker ausnahmslos methodisch sauber gearbeitet hätten. Dies ist sicherlich nicht der Fall. Es soll aber untersucht werden, ob den Historikern des Altertums die Grundzüge einer methodisch durchdachten Quellenauswertung weitestgehend unbekannt waren, oder ob es in der Antike methodische Grundsätze der Quellenkritik gab, die allgemein als gültig anerkannt wurden und im Prinzip mit den zentralen Grundgedanken einer modernen historischen Methodik übereinstimmen.

Falls im folgenden gezeigt werden kann, daß in der Antike die Verpflichtung des Historikers zur absolut wahrheitsgemäßen Faktenwiedergabe ein allgemeingültiger Grundsatz war, und daß man in der Zeitgeschichtsschreibung mit einer historiographischen Methode vertraut war, die der modernen nicht grundsätzlich unterlegen ist, so kann auf dieser Grundlage plausibel die These formuliert werden, daß es dem Historiker Lukas, der innerhalb dieser Rahmenbedingungen geforscht hat, grundsätzlich möglich war, auch im Sinne neuzeitlicher Maßstäbe Faktengeschichte zu schreiben. Wer dann aber behaupten wollte, Lukas habe etwa im Mittelteil seines Evangeliums

---

Mehr oder Weniger zu beachten".

auf die historische Wahrheit seiner Darstellung keinen Wert gelegt, könnte sich dabei nicht auf die antiken Maßstäbe der Geschichtsschreibung berufen und geltend machen, im ersten nachchristlichen Jahrhundert sei die Grenze zwischen Faktum und Fiktion nicht so scharf gezogen worden, wie dies die historisch-kritische Forschung der Neuzeit tut[3].

---

[3] Vgl. O. Pfleiderer, *Das Urchristentum: Seine Schriften und Lehren in geschichtlichem Zusammenhang*. 2. Aufl. (Berlin, 1902), II, 542-3: "das Altertum hat eben noch nicht so, wie wir, zwischen geschichtlicher Wirklichkeit und poetischer Wahrheit unterschieden, darum sind wir auch bei der Beurteilung der alten Historiker nicht befugt, unsere heutigen Ansprüche an realistische Richtigkeit als Masstab anzulegen ... Lukas hat also ... allerdings zwar Geschichte berichten wollen und hat zu diesem Zweck die besten Quellen eifrig benützt, aber er hat die Aufgabe des Geschichtschreibers im Sinn seiner und nicht unserer Zeit verstanden. Sein Absehen ging nicht sowohl auf objektive Darstellung des wirklich Geschehenen, als vielmehr auf eine schöne, Gemüt und Geschmack des Lesers wohltuend ansprechende, religiös erbauliche Darstellung der idealen Wahrheit, die ihm wie dem ganzen Altertum unendlich viel höher stand, als die objektive reale Wirklichkeit. Darum bediente er sich in der Verarbeitung seiner Stoffe eines Masses subjektiver Freiheit, wie wir es einem Historiker nie würden zugestehen"; E. Haenchen, "Tradition und Komposition in der Apostelgeschichte," *ZThK*, 52 (1955), 210, meint, "daß Lukas kein Historiker in dem Sinne war und sein wollte, in dem wir diesen Begriff fassen, und daß deshalb die Komposition als das freie ... Entwerfen von Szenen in der Apg eine Rolle spielt, wie wir sie heute nur in geschichtlichen Romanen zulassen". Haenchen empfindet, daß der Umgang des Lukas mit der Geschichte "für unser vom Historismus geplagtes Denken" in hohem Maße "ungewöhnlich und beunruhigend" ist; S. 117: "Lukas liegt ... also nicht daran – und darin unterscheidet er sich von dem modernen Historiker –, den Lauf eines Geschehens so, wie er erfolgt ist, mit aller Genauigkeit zu ermitteln und seinen Lesern mitzuteilen. Diese dokumentarische Genauigkeit ist ihm gleichgültig". Laut M. Hengel, *Zur urchristlichen Geschichtsschreibung* (Stuttgart, 1979), S. 18, wird der Anspruch, wirklich Geschehenes zuverlässig zu berichten, von Lukas zwar mit Recht erhoben, allerdings "im antiken Rahmen und nicht im Sinne moderner Maßstäbe". So enthält denn auch der Lukasprolog "*ein echtes theologisch-historisches Programm*, das allerdings nicht mit den Maßstäben eines modernen historisch-kritischen Wissenschaftlers gemessen werden darf" (56). E. Güttgemanns, "In welchem Sinne ist Lukas 'Historiker'? Die Beziehungen von Luk 1,1-4 und Papias zur antiken Rhetorik," *LingBibl*, 54 (1983), 20, stellt etwa fest, Lukas sei "in der Tat kein 'Fakten-Historiker', sondern ein 'Fiktions-Historiker'", um dann fortzufahren: "Lukas mag damit durchaus unserem modernen Ideal von Historie widersprechen, aber er verhält sich durchaus konform zum antiken Denken. Es wäre ein Anachronismus, wenn er sich anders verhielte". Beachte aber die Reaktion von F. Siegert, "Lukas –

Ob Lukas seinem historiographischen Anspruch allerdings im Mittelteil seines Evangeliums praktisch gerecht geworden ist, d. h. ob er tatsächlich als seriöser Faktenhistoriker zu betrachten ist, das muß eine detaillierte Analyse dieses Abschnitts ergeben (s. u. Kapitel 8). Es soll in diesem Kapitel lediglich darum gehen, zu untersuchen, ob der Historiker Lukas mit seinem im Rahmen antiken Denkens formulierten historiographischen Programm grundsätzlich auch vom neuzeitlichen Leser ernst genommen werden kann und muß.

2.1 Der historische Wahrheitsbegriff in der Antike

Man hat bekanntlich schon in der Antike theoretisch über die Art und Weise reflektiert, wie Geschichte geschrieben werden soll und wie nicht. Diese Reflexionen sollen im folgenden herangezogen werden, um aus ihnen ein Bild über den historischen Wahrheitsbegriff zu gewinnen, der das geschichtliche Denken der Antike geprägt hat. Es soll nun zunächst dargestellt werden, wie die unleugbare Verfälschung bzw. Verdrängung historischer Fakten durch den Mythos, die Tragik und die Rhetorik einerseits praktiziert und andererseits beurteilt wurde (2.1.1). Denn wenn die Quellen auch auf der einen Seite deutlich erkennen lassen, daß es in der schriftstellerischen Darstellung der Vergangenheit vielfach zu Entstellungen der historischen Wirklichkeit gekommen ist, so muß doch gefragt werden, wie diese Praxis im allgemeinen beurteilt wurde. Dann soll zweitens aber auch nach den theoretischen Maßstäben gefragt werden, an denen die Geschichtsschreibung im Altertum gemessen wurde (2.1.2). Dabei liegt der Schwerpunkt des Interesses besonders auf der Frage, ob diese Maßstäbe ebenso vielfältig waren wie die historiographische Praxis, ob also etwa auch die Fälschung historischer Sachverhalte theoretisch gerechtfertigt und empfohlen wurde oder ob die Forderung nach faktengerechter Darstellung als grundsätzliches Prinzip auf jedes historische Werk angewandt wurde. Anhand dieser doppelten Fragestellung sollen dann Schlußfolgerun-

---

ein Historiker, d. h. ein Rhetor? Freundschaftliche Entgegnung auf Erhardt Güttgemanns," *LingBibl*, 55 (1984), 57-60.

gen über den historischen Wahrheitsbegriff der Antike gezogen werden.

Wenn dabei im weiteren Verlauf zwischen Mythos, Tragik und Rhetorik unterschieden wird, so geschieht dies nicht, weil etwa eine absolute Scheidung dieser drei Kategorien möglich wäre. Tatsächlich überschneiden sie sich vielfältig[4]. Die Darstellung wird aber durch die hier vorgenommene Untergliederung übersichtlicher und nachvollziehbarer. Dabei wird unter Mythos jede Art unhistorischer und halbhistorischer Erfindung und Fiktion verstanden. Der Begriff Rhetorik ist literarisch gemeint und bezieht sich im weitesten Sinne auf die effektvolle Sprachgestaltung von (historischen) Prosatexten[5]. Bei der Tragik ist an das Hervorrufen von Emotionen wie Mitleid und Trauer einerseits und Bewunderung und Ehrfurcht andererseits gedacht, sowie an die dadurch provozierte Seelenerschütterung beim Publikum.

2.1.1 Die praktische Relativierung des historischen Wahrheitsbegriffs

2.1.1.1 Das Verhältnis von Historie und Mythos

Reflexionen über das Verhältnis von Mythos und Historie lassen sich für den griechischen Kulturkreis seit dem Entstehen einer kritischen Geschichtsschreibung nachweisen. Den Beginn der Geschichtsschreibung verbindet man gemeinhin mit dem Namen Hekataios von Milet

---

[4] Beispielsweise Woodman, *Rhetoric*, S. 116, plädiert dafür, die Unterscheidung zwischen rhetorischer und tragischer Historiographie ganz fallenzulassen. Aber die Interpretation des in Frage kommenden Quellenmaterials, auf die Woodman diese Schlußfolgerung stützt, ist doch wenigstens umstritten. Und so scheint es für einen Verzicht auf diese Terminologie, die nicht nur in der Josephus-Forschung, sondern bis hinein in die neueste Lukas-Exegese (vgl. die in Kapitel 3, Anm. 1-2 genannten Werke) Verwendung findet, keinen ausreichenden Grund zu geben.
[5] Cicero, *Orat.* 136: "Rhetorik bedeutet eigentlich nichts anderes als allen seinen Gedanken – oder wenigstens den meisten – auf irgendeine Weise Brillanz zu verleihen (*illuminare*)".

(geb. 550/60 v. Chr.)[6]. Er bezeichnet in einem erhaltenen Fragment (FGrHist 1F1) die zahlreichen Geschichten seiner Vorgänger als lächerlich: "Dies schreibe ich, wie es mir wahr zu sein scheint (τάδε γράφω, ὥς μοι δοκεῖ ἀληθέα εἶναι); denn die Geschichten der Hellenen, wie sie mir erscheinen, sind zahlreich und lächerlich (οἱ γὰρ Ἑλλήνων λόγοι πολλοί τε καὶ γελοῖοι, ὡς ἐμοὶ φαίνονται, εἰσίν)". Hekataios selbst will im Unterschied zu früheren Autoren die historische Wirklichkeit darstellen. Damit ist deutlich der Wille zur historischen Wahrheit formuliert. Ein unkritisches Übernehmen ungesicherter Traditionen kann diesem Wahrheitsverständnis nicht genügen. F. Jacoby faßt die Leistung des Hekataios folgendermaßen zusammen: "Als Hekataios den Glauben an die Tradition der an der Beobachtung geschulten Kritik der Vernunft unterwarf, entstand das erste wirkliche Geschichtswerk"[7]. Es ist sicher zutreffend, daß Hekataios seinem selbstgesetzten Anspruch in der Praxis nicht gerecht geworden ist, daß seiner Mythenkritik die aus späterer Sicht notwendige Radikalität und Konsequenz gefehlt hat. Entscheidend aber ist sein explizit formuliertes und daher nachweisbares Bewußtsein für die Notwendigkeit wirklichkeitsgetreuer Geschichtsschreibung, das sich mit der unkritischen Übernahme "lächerlicher" Traditionen nicht abfindet[8].

Diese Haltung gegenüber der Überlieferung wird in der Forschung vor allem darauf zurückgeführt, daß Hekataios die auf die Suche

---

[6] Es soll hiermit keineswegs bestritten werden, daß es schon vor den Griechen im Alten Orient ernstzunehmende Geschichtsschreibung gegeben hat. Vgl. grundsätzlich auch die nachdenkenswerten Ausführungen von B. Croce, *Theorie und Geschichte der Historiographie*. 3. Aufl. (Tübingen, 1930), S. 152: "Die Geschichte hat wie die Philosophie keinen historischen Anfang, sondern nur einen idealen oder metaphysischen, insofern sie Aktivität des Denkens ist und darum außerhalb der Zeit steht; historisch gesprochen ist es klar, daß die Geschichte schon vor Herodot, vor den Logographen, ja vor Hesiod und Homer da war, da man sich keine Menschen vorstellen kann, die nicht ihre Angelegenheiten denken und auf irgend eine Weise erzählen".

[7] "Griechische Geschichtschreibung," *Abhandlungen zur griechischen Geschichtschreibung*. Hg. H. Bloch (Leiden, 1956), S. 76.

[8] Vgl. Antiochus von Syrakus, der sein Geschichtswerk über Italien mit dem Hinweis beginnt (FGrHist 555F2), er habe aus den alten Erzählungen die glaubwürdigsten und klarsten ausgewählt: τάδε συνέγραψε περὶ Ἰταλίης ἐκ τῶν ἀρχαίων λόγων τὰ πιστότατα καὶ σαφέστατα.

nach gesicherten Ergebnissen gerichtete kritische Grundhaltung der ionischen Naturwissenschaft von der Betrachtung der Gegenstandswelt auf die "geschichtlichen" Traditionen über die Vergangenheit übertragen hat[9].

Hatte Hekataios sich vornehmlich darum bemüht, diese mythischen Traditionen und Berichte auf ihren historischen Kern hin zu befragen, so findet sich bei Herodot "ein Verzicht auf das fruchtlose Bemühen um die mythische Tradition als solche"[10]. Er zieht eine scharfe Trennungslinie zwischen Historie und Mythos und wird damit wegweisend für die Zukunft. In dieser von Herodot begründeten Tradition will das Geschichtswerk des Thukydides über den peloponnesischen Krieg eindeutig unmythisch sein (I.22.4). Wie vor ihm schon Herodot, jedoch noch schärfer und konsequenter, trennt auch Thukydides radikal zwischen unhistorischem Mythos und wirklichkeitsgetreuer Historie[11]. Diese von Herodot und Thukydides getroffene Unterscheidung durchzieht die Antike bis in die hellenistische und römische Zeit hinein. So schreibt der Philosoph Sextus Empiricus gegen Ende des 2. Jh.s n. Chr. (*P.* I.147): "Der mythische Glaube ist die Annahme von ungeschehenen und fingierten Sachverhalten

---

[9] Jacoby, "Geschichtschreibung," S. 79. Vgl. K. v. Fritz, "Der gemeinsame Ursprung der Geschichtsschreibung und der exakten Wissenschaften bei den Griechen," *Philosophia Naturalis*, 2 (1952), 200-23.

[10] W. Schadewaldt, "Die Anfänge der Geschichtschreibung bei den Griechen," *Hellas und Hesperien* (Stuttgart, 1970), I, 574. Dies schließt allerdings nicht aus, daß sich nicht praktisch dennoch mythische Elemente in seinem Werk finden. Cicero (*Leg.* I.1.5) etwa behauptet, daß "bei Herodot, dem Vater der Geschichte, ... ungezählte fabelhafte Geschichten zu finden sind (*apud Herodotum patrem historiae ... sunt innumerabiles fabulae*)".

[11] Diese strenge Scheidung beobachtet auch der Rhetor und Historiker Dionys von Halikarnaß, der zu Beginn seiner Schrift über Thukydides feststellt (*Th.* 6), dieser unterscheide sich von seinen Vorgängern darin, "daß er [seinem Grundgedanken] nichts Mythisches hinzufügte (κατὰ τὸ μηδὲν αὐτῇ μυθῶδες προσάψαι) und seinem Werk nicht zur Täuschung und Bezauberung der Menge eine falsche Richtung gab (μηδ' εἰς ἀπάτην καὶ γοητείαν τῶν πολλῶν ἐκτρέψαι τὴν γραφήν)". Vgl. auch Lukian, *Hist. Conscr.* 42. In hellenistischer Zeit war es besonders Polybius, der in seinem monumentalen Werk den Ansatz des Thukydides fortführte.

(μυθική δὲ πίστις ἐστὶ πραγμάτων ἀγενήτων τε καὶ πεπλασμένων παραδοχή)"[12].

Die von diesen Autoren konstatierte grundsätzlich kritische Haltung ihrer Zeit gegenüber fingierten Darstellungen historischer Sachverhalte schließt jedoch nicht aus, daß es im Einzelfall zu Uneinigkeit in der Bewertung alter Traditionen kommen konnte, so daß sich ein kritischer Geist wie Lukian noch im zweiten nachchristlichen Jahrhundert genötigt sieht, über Leute zu klagen, die geneigt sind, Homers Berichte über Achilleus, den Helden der Illias, "die doch mehr oder weniger erdichtet sind (πρὸς τὸ μυθῶδες τὰ πλεῖστα)", für

---

[12] S. auch Sextus Empiricus, *M.* I.248-69, bes. 263-4: "Bei den Erzählungen unterscheidet man die Historie, die Fabel und die Fiktion (τῶν ἱστορουμένων τὸ μέν ἐστιν ἱστορία τὸ δὲ μῦθος τὸ δὲ πλάσμα), und unter diesen ist die Historie die Darstellung von Dingen, die wahr sind und sich wirklich ereignet haben (ὧν ἡ μὲν ἱστορία ἀληθῶν τινῶν ἐστὶ καὶ γεγονότων ἔκθεσις) ...; und die Fiktion ist die Darstellung von Dingen, die zwar nicht geschehen sind, aber auf dieselbe Weise wie wirkliche Geschehnisse erzählt werden (πλάσμα δὲ πραγμάτων μὴ γενομένων μὲν ὁμοίως δὲ τοῖς γενομένοις λεγομένων), wie z. B. die Themen von Komödien und die Possenspiele (ὡς αἱ κωμικαὶ ὑποθέσεις καὶ οἱ μῖμοι); und die Fabel ist die Darstellung von Dingen, die nicht realisierbar und unwahr sind (μῦθος δὲ πραγμάτων ἀγενήτων καὶ ψευδῶν ἔκθεσις)". Vgl. weiterhin die von Quintilian (*Inst.* II.4.2) getroffene dreifache Unterscheidung: "Da es nun ... nach der gewöhnlichen Einteilung drei Arten von Erzählung gibt: den *Mythos (fabulam)*, der in Tragödie und Gedicht erscheint – nicht nur im Inhalt, sondern auch in der Form der historischen Wirklichkeit fern (*veritatis remota*) –, die *Handlung (argumentum)*, die die Komödien bieten – zwar erfunden, aber wirklichkeitsnah (*quod falsum, sed vero simile*) –, die *Geschichtserzählung (historiam)*, in der geschichtliche Ereignisse dargestellt werden (*in qua est gestae rei expositio*), ...". Eine entsprechende Differenzierung der Erzählung hinsichtlich des Wahrheitsgehaltes ihres Inhalts findet sich auch bei Cicero (*Inv.* I.19.27). Cicero stellt grundsätzlich fest: "Eine Erzählung ist die Darstellung von Ereignissen, die geschehen sind oder von denen angenommen wird, daß sie geschehen sind (*Narratio est rerum gestarum aut ut gestarum expositio*)". Anschließend nennt er die drei Arten von Erzählungen, die man unterscheiden kann: Die Fabel behandelt einen fiktiven Stoff, der zugleich unwahrscheinlich ist: *Fabula est in qua nec verae nec veri similes res continentur*. Die Handlung behandelt fiktive Dinge, die dennoch einen gewissen Grad an Wahrscheinlichkeit aufweisen: *Argumentum est ficta res, quae tamen fieri potuit*. Das Geschichtswerk hat im Unterschied zu den beiden anderen Erzählungsarten historische Tatsachen zum Inhalt: *Historia est gesta res, ab aetatis nostrae memoria remota*. Vgl. weiterhin Isidor, *Etym.* I.44.5.

historisch glaubwürdig zu halten (*Hist. Conscr.* 40)[13]. Lukian selbst empfiehlt seinen Historikerkollegen folgenden Umgang mit fiktivem Material (*Hist. Conscr.* 60): "Stößt man nun im Lauf der Erzählung auf etwas Fiktives, dann soll man es berichten, aber nicht so, als traue man der Sache völlig; die Entscheidung über die Glaubwürdigkeit bleibe in der Schwebe und dem Leser überlassen. Du selbst halte dich aus der gefährlichen Situation heraus und entscheide dich für keine Seite"[14].

Im Prinzip läßt sich jedoch spätestens seit Thukydides in der Geschichtsschreibung ein klares Bewußtsein dafür belegen, daß Mythos und Historie zwei einander ausschließende Größen sind[15]. Prägnant beschreibt W. Schadewaldt die Entwicklung, die zu diesem Bewußtsein führte: "Hatte Herodot zuerst Geschichte geschrieben, so hat Thukydides zuerst Geschichte erforscht. Ragt bei Herodot noch ständig Überwirkliches in die Geschichte hinein, so hat Thukydides die Wirklichkeit des geschichtlichen Geschehens auf die Realität beschränkt"[16]. Es kann also zunächst festgehalten werden, daß man in der Antike durchaus zwischen historischer Wirklichkeit und unhistorischer Fiktion zu unterscheiden wußte[17]. Wenn sich dennoch in

---

[13] Immerhin kann der Glaube an mythologische Dinge nach Ansicht des Diodorus Siculus, der selbst eine Universalgeschichte verfaßt hat, auch eine positive Wirkung haben, denn z. B. der Mythos über den Hades, der ja eine fiktive Thematik behandelt, kann durchaus der Förderung der Frömmigkeit und der Gerechtigkeit unter den Menschen dienen (I.2.2-3). Der Gedanke an die moralische Nützlichkeit des Mythos braucht demnach offenbar den fundamentalen Unterschied zwischen Faktum und Fiktion nicht zu verwischen.

[14] Vgl. Arrian, *An.* V.1.2: "Darüber hinaus darf man auch nicht allzu genau nachprüfen wollen, was man seit alters über diese Gottheit zusammenfabelt (ὅτι οὐκ ἀκριβῆ ἐξεταστὴν χρὴ εἶναι τῶν ὑπὲρ τοῦ θείου ἐκ παλαιοῦ μεμυθευμένων). Denn was nach dem Maßstab der Wahrscheinlichkeit als unglaubhaft erscheint, wird wiederum doch auch nicht völlig fragwürdig, wenn man bei der Bewertung das göttliche Wirken dabei in Erwägung zieht".

[15] Vgl. Lukian, *Hist. Conscr.* 10.

[16] "Anfänge," S. 579.

[17] Ganz anders urteilt T. P. Wiseman, *Clio's Cosmetics: Three Studies in Greco-Roman Literature* (Leicester, 1979), S. x: "Myth and history were not distinguished in any sense approximating to our own". Vgl. zur Auseinandersetzung mit Wiseman J. T. Cornell, "The formation of the historical tradition of early Rome," *Past Perspectives: Studies in Greek and Roman Historical Writing.* Hg. I. S. Moxon u. a. (Cam-

den Geschichtswerken antiker Historiker fiktive Elemente nachweisen lassen, so kann dies nicht als Beleg dafür gewertet werden, daß man über die grundsätzliche Fähigkeit zur sauberen Differenzierung zwischen wahrheitsgemäßer historischer Berichterstattung und quasi-historischer Fiktion nicht verfügt hätte. Es hat aber eine Reihe von Historikern gegeben, die diese Differenzierung nicht immer befriedigend in die Praxis umgesetzt haben. In diesem Sinne klagt auch Cicero (*Brut.* 62), daß die römische Geschichtsschreibung durch Lobreden (*laudationibus*) verfälscht worden sei, denn: "Vieles findet sich da niedergeschrieben, was nie geschehen ist (*quae facta non sunt*)". Jeder Historiker, der in sein Werk fiktive Elemente einarbeitete, mußte allerdings mit der berechtigten Kritik aus seinem Publikum und vor allem von seinen kritischen Berufskollegen rechnen.

2.1.1.2 Das Verhältnis von Historie und Tragik

An zweiter Stelle ist nun auf die Beziehung zwischen Historie und Tragik einzugehen. Denn es hat in der Antike ohne Frage Historiker gegeben, deren Werke deutlich tragisierende Züge aufweisen. Besonders sind hier die Historiker Duris von Samos und Phylarchos von Athen (FGrHist 81), der das Werk des Duris im dritten Jahrhundert fortsetzte, zu nennen.

Inwiefern sich die tragische Geschichtsschreibung in den Augen vieler Berufskollegen eine unsachgemäße Darstellung historischer Ereignisse zu Schulden kommen ließ, belegen die Urteile anderer antiker Historiker über den Wert der von Duris und Phylarch verfaßten Werke. Der Biograph Plutarch läßt die Charakteristika tragischer Historiographie in seiner Kritik (*Per.* XXVIII.1-2) dieser "Schule" deutlich erkennen: "Duris von Samos erzählt dazu noch eine schaurige Mär (τούτοις ἐπιτραγῳδεῖ), wobei er die Athener wie auch Perikles selber der größten Grausamkeit beschuldigt. Doch wissen weder Thukydides, noch Ephoros oder Aristoteles etwas davon, und was er sagt, scheint mit der Wahrheit wirklich nichts gemein zu

---

bridge, 1986), S. 67-86.

haben (οὐδ' ἀληθεύειν ἔοικεν)"[18]. Indem der Bericht des Duris an den Schriften der als glaubwürdig geltenden Autoren Thukydides, Ephorus und Aristoteles gemessen wird, erweist sich, daß er fiktive Elemente enthält. Was Plutarch kritisiert, sind nicht die tragischen Züge der Erzählung an sich, sondern deren mangelnde Verankerung in der historischen Wirklichkeit. Die Tatsache, daß die Darstellung der Ereignisse auf eine emotionale Wirkung beim Publikum ausgerichtet ist, wäre als solche nicht verwerflich. Daß allerdings die tragischen Elemente, die diese Wirkung erzielen sollen, fiktiven Charakter haben und die historischen Fakten verfälschen und verdrängen, wird aufs schärfste verurteilt.

Bezeichnend ist auch das Urteil Plutarchs über Phylarch (*Them.* XXXII.4): "Auch Phylarchos setzt, obschon er Geschichte schreibt, fast wie in einer Tragödie (ὥσπερ ἐν τραγῳδίᾳ) die Göttermaschine in Bewegung, wenn er einen Neokles und Demopolis als Söhne des Themistokles auftreten läßt, um dramatische Spannung zu erzeugen und Mitleid zu erregen (ἀγῶνα βούλεται κινεῖν καί πάθος). Da muß auch der Einfältigste merken, daß er alles erfunden hat (πέπλασται)". Mit den tragisierenden Zügen hält, sofern diese die Historizität des Berichtes beeinträchtigen, wiederum der Mythos Einzug in die Historie. Dagegen wendet sich nicht nur Plutarch.

Diese tragische "Schule" der Geschichtsschreibung hat sich verständlicherweise auch die heftigste Kritik des Polybius zugezogen, dem die Faktentreue des Historikers höchstes Gebot war. So legt Polybius z. B. im zweiten Buch seines Geschichtswerkes dar, daß er weitestgehend dem Bericht des Arat gefolgt sei (II.56.1). Dessen Darstellung widerspreche in vielem die Schilderung des Phylarch, die er einer gründlichen Kritik unterzieht, "damit nicht durch unser Versäumnis die Lüge in den Geschichtswerken die gleiche Geltung behaupte wie die Wahrheit (ἵνα μὴ τὸ ψεῦδος ἐν τοῖς συγγράμμασιν ἰσοδυναμοῦν ἀπολείπωμεν πρὸς τὴν ἀλήθειαν)" (II.56.2). Das Werk des Phylarchus geißelt Polybius denn auch mit harten Vorwürfen (II.56.7-12): "In dem Bemühen aber, die Leser durch seine Erzählung zum Mitleid zu stimmen und tiefes Erbarmen in ihnen zu wecken (εἰς

---

[18] Weitere kritische Bemerkungen des Plutarch über Duris finden sich in *Alc.* XXXII.1-3, wo Duris an Theopomp, Ephorus und Xenophon gemessen wird.

ἔλεον ἐκκαλεῖσθαι τοὺς ἀναγινώσκοντας καὶ συμπαθεῖς ποιεῖν τοῖς λεγομένοις), wartet er mit Umarmungen der Weiber, Ausraufen der Haare, Entblößen der Brüste auf... Und so verfährt er in seinem ganzen Geschichtswerk, immer und überall sucht er uns Greuel vor Augen zu stellen (πρὸ ὀφθαλμῶν τιθέναι τὰ δεινά). Wir wollen das Unwürdige und Weibische solcher Effekthascherei auf sich beruhen lassen und nur fragen, ob dergleichen der Aufgabe eines Geschichtswerkes entspricht und dient. Der Historiker soll seine Leser nicht durch Schauergeschichten in Erschütterung versetzen (δεῖ τοιγαροῦν οὐκ ἐπιπλήττειν τὸν συγγραφέα τερατευόμενον διὰ τῆς ἱστορίας τοὺς ἐντυγχάνοντας), keine schönen Reden einlegen, die vielleicht so hätten gehalten werden können, nicht das Geschehen mit Nebenzügen und Begleitumständen ausschmücken, wie es die Tragödiendichter tun (καθάπερ οἱ τραγῳδιογράφοι), sondern einzig und allein das wirklich Getane und Gesagte berichten (τῶν δὲ πραχθέντων καὶ ῥηθέντων κατ' ἀλήθειαν αὐτῶν μνημονεύειν πάμπαν), auch wenn es nur ganz schlichte Dinge sind. Denn das Ziel der Geschichte und der Tragödie ist nicht dasselbe, sondern ein entgegengesetztes (τὸ γὰρ τέλος ἱστορίας καὶ τραγῳδίας οὐ ταὐτόν, ἀλλὰ τοὐναντίον). Dort nämlich gilt es, durch die eindrucksvollsten Worte die Hörer für den Augenblick zu fesseln und zu erschüttern (διὰ τῶν πιθανωτάτων λόγων ἐκπλῆξαι καὶ ψυχαγωγῆσαι), hier dagegen, durch die wirklichen Taten und Reden die Wißbegierigen auf die Dauer zu belehren und zu einer richtigen Einsicht zu führen (διὰ τῶν ἀληθινῶν ἔργων καὶ λόγων ... πεῖσαι), da für die Tragödie das Eindrucksvolle (τὸ πιθανόν) Maßstab ist, auch wenn es unwahr ist (ψεῦδος) – denn es geht um die Illusion der Zuschauer (διὰ τὴν ἀπάτην τῶν θεωμένων) –, in der Historie dagegen die Wahrheit (τἀληθές), denn ihr Ziel ist der Nutzen (τὴν ὠφέλειαν) für die Leser, die aus ihr zu lernen suchen". Auch Polybius lehnt die tragische Geschichtsschreibung ab, nicht eigentlich deshalb, weil sie eine Seelenerschütterung (ψυχαγωγεῖν) beim Leser hervorrufen will, sondern weil die emotionalen Effekte nicht aufgrund der getreuen Wiedergabe der historischen Wirklichkeit erzielt werden. Zu verwerfen ist aus seiner Perspektive nicht der πάθος, sondern der ψεῦδος tragisierender Historiographie.

Aber auch wenn die starke Ausrichtung des Historikers auf die emotionale Bewegung beim Publikum nicht grundsätzlich abgelehnt wird, so ist man sich doch dessen bewußt, daß diese Motivation für die Geschichte eine ständige Gefahr darstellte. Dies zeigt eine Überlegung des Sextus Empiricus (*M.* I.297) zu der betreffenden Problematik: "Die einen [die Historiker] nämlich streben nach Wahrheit (τοῦ ἀληθοῦς στοχάζονται), die anderen [die Dichter] aber wollen auf jeden Fall psychagogisch wirken (ἐκ παντὸς ψυχαγωγεῖν ἐθέλουσιν). Es wirkt aber die Lüge eher psychagogisch als das Wahre (ψυχαγωγεῖ δὲ μᾶλλον τὸ ψεῦδος ἢ τἀληθές)". In der hier ausgesprochenen Spannung zwischen Wahrhaftigkeit und Psychagogie liegt die Gefährdung der Historie durch tragische Einflüsse begründet. Tragisierende Historiker wie Duris und Phylarch haben dieser Spannung nicht konsequent genug widerstanden und dadurch die Grenze zwischen Historie und Fiktion überschritten.

Es kann also festgehalten werden, daß es durchaus eine Gruppe antiker Geschichtsschreiber gegeben hat, die in ihren Werken auf Kosten der faktengetreuen Ereignisschilderung tragisch-fiktive Elemente dominieren ließen. Es hat sich allerdings bisher gezeigt, daß die Erzeugung von πάθος und ἡδονή durch ein literarisches Werk von Autoren wie Polybius und Plutarch durchaus nicht vollständig abgelehnt worden ist, sondern nur insofern diese auf fingierten Sachverhalten beruhen.

Dem entspricht nun andererseits die Tatsache, daß die Kritiker einer tragisch-fiktiven Geschichtsschreibung selbst einen maßvollen Gebrauch tragischer Elemente befürwortet haben, sofern diese im Dienste einer den geschichtlichen Fakten verpflichteten Geschichtsschreibung stehen. Lukian etwa meint trotz seiner vehementen Forderung nach historischer Wahrhaftigkeit, der Geist des Historikers "soll sich von einem gewissen poetischen Hauch (τι καὶ ποιητικῆς) beflügeln und anregen lassen, wenn er sich erheben und aufschwingen muß, vor Allem, wenn es darum geht, Aufmärsche, Landschlachten und Seegefechte zu beschreiben; er bedarf dann sogar eines gewissen poetischen Windes (δεήσει γὰρ τότε ποιητικοῦ τινος ἀνέμου), der die Segel schwellt und das Schiff hoch auf den Wogen mit sich führt"[19]. Bestimmte historische Stoffe haben demzufolge bereits in

---

[19] Vgl. Cornell, "formation," S. 81: "There is no need to suppose that the long-winded historian necessarily had to invent new 'facts'. The classic illustration is the story of Coriolanus, which a modern historian could narrate in full in a couple of

sich selbst potentiell einen tragisch-poetischen Charakter, den der Autor nicht zu unterdrücken braucht. Auch seriöse Geschichtsschreibung darf grundsätzlich eine emotionale Wirkung beim Publikum ausüben. Dabei muß sich der Historiker jedoch ständig der "Gefahr, auf Irrwege zu geraten und in poetische Verzückung auszuarten (κατενεχθῆναι ἐς τὸν τῆς κορύβαντα)," bewußt sein. Denn es gibt "einen Koller in der Schriftstellerei (ἱπποτυφία τις καὶ ἐν λόγοις πάθος), der kein kleines Übel ist" (*Hist. Conscr.* 45). Die Grenze zwischen dem zulässigen und dem übermäßigen Anteil tragisch-poetischer Züge in einem historischen Werk wird bestimmt durch das Kriterium der Faktentreue.

Und schon bei Aristoteles, auf dessen "Poetik und Stillehre" Eduard Schwartz die Entstehung der tragischen (peripatetischen) Geschichtsschreibung zurückgeführt hatte[20], läßt sich diese differenzierte Sicht von Historie und Dichtung nachweisen. Aristoteles hat in einem kurzen Paragraphen seiner *Poetik* (IX.1451a36-1451b11) anhand der Werke des Herodot und Homer grundsätzliche Erwägungen über das (bis heute diskutierte) Verhältnis von Historie und Poesie angestellt. Er gelangt nach einigen Ausführungen zum Wesen der Poesie zu der Feststellung, "daß es nicht die Aufgabe des Dichters ist, zu berichten, was geschehen ist (τὸ τὰ γενόμενα λέγειν), sondern vielmehr, was geschehen könnte und was möglich wäre (οἷα ἂν γένοιτο καὶ τὰ δυνατά) nach Angemessenheit oder Notwendigkeit. Denn der Geschichtsschreiber und der Dichter unterscheiden sich nicht dadurch, daß der eine Verse schreibt (ἔμμετρα) und der andere nicht (denn man könnte ja die Geschichte Herodots in Verse setzen und doch bliebe es gleich gut Geschichte, mit oder ohne Verse); sie unterscheiden sich vielmehr darin, daß der eine erzählt, was geschehen ist (τὸν μὲν τὰ γενόμενα λέγειν), der andere, was geschehen könnte

---

paragraphs, but which occupies six dramatic chapters in Livy [II.36-41], and over one hundred and six chapters (the bulk of Books 7 and 8) in Dionysius [VII.21-VIII.62]. Amid all the rhetoric and the philosophical platitudes Dionysius nevertheless contrives to introduce no new 'facts' of any substance whatsoever".

[20] Er urteilt in seinem Werk *Griechische Geschichtsschreiber* (Leipzig, 1957), S. 29, über eine Aussage des Duris (FGrHist 76F1): "Das ist nichts als die Übertragung der aristotelischen Poetik und Stillehre auf die Geschichtschreibung". Auf die durch dieses Urteil ausgelöste Diskussion braucht hier nicht näher eingegangen zu werden.

(τὸν δὲ οἷα ἂν γένοιτο). Darum ist die Dichtung auch philosophischer und bedeutender als die Geschichtsschreibung (διὸ καὶ φιλοσοφώτερον καὶ σπουδαιότερον ποίησις ἱστορίας ἐστίν). Denn die Dichtung redet eher vom Allgemeinen, die Geschichtsschreibung vom Besonderen (ἡ μὲν γὰρ ποίησις μᾶλλον τὰ καθόλου, ἡ δ' ἱστορία τὰ καθ' ἕκαστον λέγει). Das Allgemeine besteht darin, darzustellen, was für Dinge Menschen von bestimmter Qualität reden oder tun nach Angemessenheit oder Notwendigkeit. Das Besondere ist, zu berichten, was Alkibiades tat oder erlebte".

Aus diesen Ausführungen geht hervor, daß Aristoteles die Dichtung höher wertet als die Historie[21], weil sie grundsätzlichere und prinzipiellere Aussagen macht. Sie ist weniger als die Geschichtsschreibung dem einzelnen historischen Detail verpflichtet und richtet ihr Hauptinteresse auf die Gesetze und Prinzipien des Geschehens im allgemeinen. In diesem Sinne ist sie wesentlich philosophischer zu nennen als die Geschichtsschreibung. Zu beachten ist dabei, daß Aristoteles diesbezüglich von graduellen, nicht von absoluten Unterschieden spricht (μᾶλλον). Er will nicht behaupten, daß der Geschichtsschreibung ein philosophisches Element völlig fehlt. Absolute Gültigkeit hat allerdings die Feststellung, daß die Geschichtsschreibung nicht das Wahrscheinliche, sondern ausschließlich das Faktische, das tatsächlich Geschehene zu behandeln hat[22]. Diese An-

---

[21] Diese Wertung wird in der Antike allerdings nicht uneingeschränkt geteilt. S. Klingner, *Geisteswelt*, S. 67, der feststellt, "daß die Geschichtsschreibung im Schrifttum der Römer vor anderen Gattungen durch besondere Würde ausgezeichnet ist. Die Dichtkunst steht im Ansehen unvergleichlich tiefer".

[22] Es stellt somit ein völliges Mißverständnis dieser Aussage dar, wenn der schon oben zitierte Theologe Pfleiderer, *Urchristentum*, II, 548-9, über Lukas notiert: "Sein Werk enthält zwar nicht eine Geschichte im heutigen Sinn des Wortes, sondern 'Wahrheit und Dichtung' im Sinn und Geschmack seiner Zeit und in der Weise der damaligen Geschichtschreibung überhaupt. Und gerade darauf, auf dieser Mischung von Wahrheit und Dichtung ... beruht der unvergleichliche Wert, den die Lukasschriften ... haben; denn vergessen wir nicht, was schon Aristoteles gesagt hat, dass die Dichtung wahrer ist als die Geschichte!" Die Dichtung ist nicht wahrer als die Geschichte, sondern philosophischer.

sicht[23] stimmt exakt mit der Auffassung überein, die später Polybius über das Verhältnis von Historie und Tragik (s. o.) und Cicero und Quintilian über das Verhältnis von Historie und Mythos (2.1.1.1) geäußert haben.

Diese Meinung findet sich dann auch in Lukians Abhandlung über die Geschichtsschreibung wieder, wenn dieser ausführt (*Hist. Conscr.* 8): Manche Geschichtsschreiber "scheinen ... nicht zu wissen, daß für Dichtkunst und Dichtungen ganz andere Grundsätze und Regeln (ἄλλαι ὑποσχέσεις καὶ κανόνες ἴδιοι) gelten als für die Geschichtsschreibung; in der Dichtung herrscht uneingeschränkte Freiheit (ἀκρατὴς ἡ ἐλευθερία); für sie ist einzig Gesetz, was der Dichter gutheißt ... Es wäre schlimm, ja, mehr als schlimm, wenn einer die Merkmale der Geschichtsschreibung und Dichtung nicht auseinanderzuhalten wüßte (χωρίζειν τὰ ἱστορίας καὶ τὰ ποιητικῆς) und daher die Geschichtsschreibung mit poetischem Zierrat wie Mythos und Lobrede und den dazugehörigen Übertreibungen ausstattete". Wer in der Antike als Historiker ernst genommen werden wollte, mußte sorgsam darauf bedacht sein, poetisch-fiktive Elemente aus seinem Werk fernzuhalten[24].

Daß die Betonung tragischer Elemente auf Kosten der Forderung nach größtmöglichem Wahrheitsgehalt in der Darstellung geschichtlicher Vorgänge aber demgegenüber theoretisch auch explizit befürwortet werden konnte, scheint folgendes Beispiel bei Cicero (*Brut.* 42) zu zeigen[25]. Dort heißt es über den mit Cicero einen Dialog

---

[23] Einen guten Überblick über die Forschungsproblematik bietet K. von Fritz, "Die Bedeutung des Aristoteles für die Geschichtsschreibung," *Entretiens sur l'Antiquité Classique 4: Histoire et Historiens dans l'Antiquité* (Genf, 1956), S. 85-128. S. Weiteres bei R. Weil, *Aristote et l'histoire* (Paris, 1960) und R. Zoepffel, *Historia und Geschichte bei Aristoteles* (Heidelberg, 1975).

[24] Anders Woodman, *Rhetoric*, S. x: "Historiography was regarded by the ancients as not essentially different from poetry".

[25] S. z. B. H. Liers, *Die Theorie der Geschichtsschreibung bei Dionys von Halikarnass* (Waldenburg, 1886), S. 7: "Cicero sagt im Brutus § 42 *concessum est rhetoribus ementiri in historiis* ... und von dieser 'Erlaubnis' macht Dionys in reichlichem Masse Gebrauch". Ähnlich F. Halbfas, "Theorie und Praxis in der Geschichtsschreibung bei Dionys von Halikarnass," Diss. Münster, 1910, S. 9: "In vielen Fällen hatte der Inhalt die Kosten für die glänzende Aufmachung zu tragen: man scheute nicht vor Fälschungen jeder Art zurück, wenn das Werk äußerlich dadurch gewann, und daß darin

führenden Atticus: "'Ganz, wie du willst', entgegnete er lachend (*ridens*). 'Steht doch den Rhetoren die Freiheit zu, historische Fakten zurechtzurücken, um pointierter formulieren zu können (*concessum est rhetoribus ementiri in historiis, ut aliquid dicere possint argutius*)'". Allerdings wird dieser Eindruck durch den ironischen Charakter der Aussage (*ridens*)[26] und durch den Kontext widerlegt. Cicero hatte behauptet, der Held der römischen Frühzeit Marcius Coriolanus und der athenische Staatsmann Themistokles hätten ein ähnliches Schicksal erlitten (*similisque fortuna clarorum virorum*), und beide hätten ihrem Leben durch den Freitod ein ruhiges Ende gesetzt. Daß diese Ansicht historisch zutreffend ist, leugnet daraufhin Atticus. Er hält die von Cicero vorgetragene Darstellung über den Tod des Coriolanus für fingiert (*finxit*). Aber auch der von Cicero angenommene freiwillige Tod des Themistokles ist nach Meinung des Atticus unhistorisch, da Thukydides berichtet, er sei durch eine Krankheit gestorben. Der Alexanderhistoriker Clitarchus und der Demagoge Stratokles aber "erzählen von ihm, er habe bei einem Stieropfer das Blut in einer Schale aufgefangen und sei nach diesem Trank tot umgesunken. Eine derartige Todesart konnten sie freilich mit rhetorischen und tragischen Zügen ausgestalten (*rhetorice et tragice ornare potuerunt*) – jene gewöhnliche Form des Sterbens dagegen bot keine Gelegenheit, rhetorischen Glanz zu entfalten" (43). Cicero akzeptiert diese Korrektur, da er die historische Fach-

---

System lag, verrät uns Cicero, wenn er *Brut.* 42 sagt, daß einer blitzenden Pointe wegen die historische Wahrheit geopfert werden dürfe". Erleichtert fügt Halbfas hinzu: "Ein gutes Geschick hat uns vor dem zweifelhaften Geschenk einer von Cicero geschriebenen römischen Geschichte bewahrt".

[26] A. D. Leeman, *Orationis Ratio: The Stylistic Theories and Practice of the Roman Orators, Historians and Philosophers* (Amsterdam, 1963), I, 171, bezeichnet die fragliche Aussage als "ironical remark". Wiseman, *Cosmetics*, S. 35, faßt (ähnlich wie Liers und Halbfas) die genannte *Brutus*-Stelle als Erlaubnis für den antiken Historiker auf, Sachverhalte zu erfinden. Das *ridens* interpretiert er dann dahingehend, daß "the reader is expected to be able to recognize what he is doing – with a laugh, perhaps, like Atticus – and assess it accordingly" (vgl. S. 40). Diese Interpretation aber hätte – ihre Angemessenheit einmal vorausgesetzt – die überwältigende Mehrzahl diametral entgegengesetzter Aussagen Ciceros und anderer antiker Autoren gegen sich. Sie könnte also keinesfalls als Grundlage für die Rekonstruktion einer allgemein vorherrschenden Meinung in der Antike fungieren.

kenntnis des Atticus über die römische Geschichte anerkennt (44). Er hatte die historischen Tatsachen nicht bewußt verfälschen wollen, sondern war schlecht über sie informiert. So stellt also die Äußerung des Atticus durchaus keine ernsthafte Legitimation für eine tragisierende Geschichtsklitterung dar, sondern sie will Cicero lediglich ironisch darauf hinweisen, daß er sich im Blick auf den historischen Sachverhalt geirrt hat.

Bemerkenswert ist schließlich in unserem Zusammenhang eine weitere Begebenheit, über die Cicero selbst berichtet. Nachdem er um 59 v. Chr. ein Gedicht mit dem Titel *Marius* verfaßt hatte, sieht er sich mit der Tatsache konfrontiert, daß seine Leserschaft an dieses Gedicht die Frage heranträgt (*Leg.* I.1.4), ob sein Inhalt wahr oder fiktiv sei (*multa quaeruntur in Mario fictane an vera sint*). Ja, man ging sogar so weit, von ihm zu verlangen, sich bei der dichterischen Behandlung eines Themas aus dem Bereich der Zeitgeschichte an die historischen Tatsachen zu halten. Atticus teilt ihm mit: *a non nullis, quod et in recenti memoria et in Arpinati homine versere, veritas a te postulatur*. Cicero anwortet darauf mit dem Hinweis: "Ich für meinen Teil lege, beim Herkules, keinen Wert darauf, für einen Lügner gehalten zu werden (*Et mehercule ego me cupio non mendacem putari*)"; und er fügt hinzu, daß man von einem Dichter nicht in derselben Weise Wahrhaftigkeit (*veritatem*) verlangen könne, wie von einem Zeugen vor Gericht. Diese Begebenheit zeigt die, wenn auch hier und da übertriebene, Sensibilität des Publikums in der Frage der Historizität von Ereignissen.

Von der sogenannten peripatetischen (tragischen) Geschichtsschreibung, die ein Thema der Zeitgeschichte behandelte, unterschied Schwartz die *rhetorische* Historiographie. Diese wähle sich einen Stoff der Vergangenheit und sei in ihrer reinsten Ausprägung "mit den Tatsachen noch viel skrupelloser umgegangen als die künstlerische des Duris und Phylarch"[27]. Wenn hier an der von Schwartz geprägten Unterscheidung festgehalten wird, so sei nochmals erwähnt, daß dies aus rein praktischen Erwägungen heraus geschieht, nämlich um einer gewissen Übersichtlichkeit willen. Tatsächlich sind

---

[27] *Geschichtschreiber*, S. 185.

(wie schon gesagt) die tragisch-poetische und die rhetorische Geschichtsschreibung häufig nicht so klar voneinander zu trennen.

2.1.1.3 Das Verhältnis von Historie und Rhetorik

Als Vertreter der rhetorischen Geschichtsschreibung sind vor allem Theopomp und Ephorus zu nennen. Diese galten bereits im Altertum als Schüler des Redners Isokrates (436-338 v. Chr.). Isokrates hatte durch seine politischen und rhetorischen Theorien Politiker, Rhetoren (z. B. Demosthenes) und – was uns hier besonders interessiert – Historiker geprägt[28]. Auf das Wirken des Isokrates wurde nun vielfach in der Forschung die Vereinnahmung der Geschichtsschreibung durch die Rhetorik zurückgeführt. So gelangt beispielsweise E. Bernheim in seinem historischen Lehrbuch zu folgendem Urteil: "Wenn wir z. B. mit einem griechischen Historiker nach Xenophons Zeit zu thun haben, so haben wir zu wissen, daß damals in der Geschichtsschreibung die Schule des Isokrates mit ihrer ausgeprägten rhetorischen Manier herrschte und dem ästhetischen Interesse das Interesse für Thatsächlichkeit unterordnete"[29]. Und E. Norden erläutert, daß die von Isokrates geprägten Autoren die von ihnen zur Darstellung gebrachten historischen Fakten "nicht bloß übertrieben oder tendenziös entstellt, sondern notorisch gefälscht haben"[30]. Durch die Schule des Isokrates, die kurz nach dem Tod des Thukydides entstand, kam es, so H. Peter, zu einer starken "Überschätzung der Form gegenüber dem Inhalt". Die Geschichtsschreibung wurde "in die Fesseln der Form" eingeschnürt[31]. Durch die Isokratesschüler Theopomp und Ephorus "wurde die Geschichtsschreibung der Rhetorik dienstbar gemacht ... und entwickelte sich

---

[28] Nach Cicero, de Orat. II.94, ist Isokrates der Meister aller Rhetoren, "aus dessen Schule wie aus dem trojanischen Pferd wahre Fürsten hervorgegangen sind". Zu diesen gehören u. a. Ephorus und Theopomp. Vgl. auch Diodorus Siculus IV.1.3.
[29] *Lehrbuch der historischen Methode und der Geschichtsphilosophie*. 4. Aufl. (Leipzig, 1903), S. 497; vgl. S. 21.
[30] *Die Antike Kunstprosa*. 6. Aufl. (Stuttgart, 1971), I, 86.
[31] *Wahrheit und Kunst: Geschichtschreibung und Plagiat im klassischen Altertum* (Leipzig, 1911), S. 144.

nun nicht mehr als Wissenschaft in der Richtung auf die Wahrheit" (420). Somit sei es unzulässig, "die Versicherung des Ephorus, die Wahrheit über alles hochzuhalten ..., als Ausdruck ernster Überzeugung in unserem Sinne zu nehmen" (175). Nach Thukydides "bemächtigt sich der Historiographie die Kunst" (416), sodaß "die Wahrheit durch die Rhetorik schwer geschädigt und die Hoheit der Historiographie zur Unterhaltungsliteratur hinabgedrückt worden ist" (455)[32].

Nun soll hier keinesfalls geleugnet werden, daß es im Altertum Historiker gegeben hat, die z. T. weit hinter der historiographischen Leistung des Thukydides zurückgeblieben sind. Es ist aber zum einen äußerst fraglich, ob Wahrheit und Kunst tatsächlich diametrale Gegensätze darstellen, wie die angeführten Urteile vorauszusetzen scheinen. Und zweitens scheint das Werk des Isokrates für sich genommen keineswegs so eindeutig zu zeigen, daß er einer gewissenlosen Verfälschung der Wahrheit zugunsten formal-künstlerischer Aspekte das Wort geredet hat[33].

---

[32] Schon Zahn, *Lucas*, S. 28, bemängelt in der Einleitung seines Lukaskommentars an Peters Werk, daß er die "poetische Licenz der griechischen Historiker" übertrieben habe, und weist auf eine gelegentlich sehr eigenwillige Interpretation der herangezogenen Angaben antiker Autoren hin.
[33] Vgl. C. B. Welles, "Isocrates' View of History," *The Classical Tradition*. FS H. Caplan. Hg. L. Wallach (New York, 1966), S. 3-25, der zwar grundsätzlich davon ausgeht, daß Isokrates "felt no distinction between myth and history" (14), aber dann doch zu folgender Einschränkung kommt: "But there is nothing here to indicate that he deliberately invented or falsified. An historian under his direction would not have been taught to fabricate and deceive; and it is even possible that Theopompus had acquired his righteous indignation from his master. Certainly there is no possibility that he would have learned to forge historical documents ... invent he could not without risking refutation or ridicule" (24). Die vielen Stellen seines Werkes, die deutlich zeigen, daß Isokrates durchaus ein starkes Interesse an wahrheitsgemäßer Darstellung historischer Sachverhalte hatte, lassen es allerdings auch fraglich erscheinen, ob Isokrates tatsächlich nicht zwischen Wahrheit und Mythos zu unterscheiden vermochte. Denn er formuliert z. B. (II.22) folgendes Prinzip: "Zeige stets eine so große Hochschätzung der Wahrheit (διὰ παντὸς τοῦ χρόνου τὴν ἀλήθειαν οὕτω φαίνου προτιμῶν), daß deine Worte glaubwürdiger sind als die Eide der anderen (ὥστε πιστοτέρους εἶναι τοὺς σοὺς λόγους μᾶλλον ἢ τοὺς τῶν ἄλλων ὅρκους)". Auch unterscheidet er durchaus zwischen Wahrheit und Dichtung, wenn er einem Gegner vorwirft (XI.38): οὐδέν σοι τῆς ἀληθείας ἐμέλησεν, ἀλλὰ ταῖς τῶν

Um nachzuweisen, wie stark der verfälschende Einfluß der Rhetorik auf die Historie war, führt Norden eine Reihe von Belegstellen an. Durch diese Zitate soll gezeigt werden, "wie die einzelnen Autoren je nach ihrer Individualität teils der extremen, von Polybius getadelten Richtung zuneigen, teils einen Kompromiß schließen, wie aber keiner ganz die Ansicht des Polybius teilt"[34]. Es kann allerdings leicht nachgewiesen werden, daß eine Reihe der von Norden angeführten Belegstellen seine These nur stützen, solange sie ohne ihren Kontext gelesen werden. Einen wichtigen Beleg findet Norden z. B. bei Cicero (*Leg.* I.2.5)[35], wo der Gesprächspartner Atticus an Cicero die Aufforderung heranträgt, ein Geschichtswerk zu verfassen, und ihn durch die Bemerkung ermuntern will, die Geschichte stehe der Rhetorik gattungsmäßig besonders nahe (*unum hoc oratorium maxime*)[36]. Das könnte zunächst darauf hindeuten, als würden die Grenzen zwischen Rhetorik und Historiographie verwischt werden. Und so scheint Norden diese Stelle auch deuten zu wollen. Die betreffende Aussage darf allerdings nicht von dem Vorhergehenden losgelöst werden. Quintus (I.1.5) hatte Ciceros Meinung dahingehend zusammengefaßt, daß *alias in historia leges observandas putare, alias in poemate*. Dieser Darstellung seiner Ansicht stimmt Cicero zu und

---

ποιητῶν βλασφημίαις ἐπηκολούθησας. Ebenso differenziert er zwischen Wahrheit und Mythos (IX.66: εἰ τοὺς μύθους ἀφέντες τὴν ἀλήθειαν σκοποῖμεν). Und Isokrates betont explizit, daß ihm mehr an der Überzeugung seiner Hörer durch die Wahrheit seiner Ausführungen, als an ihrem Beifall aufgrund seines rhetorischen Stiles liegt (V.4): "Meine Ausführungen darüber schienen den Zuhörern so gut, daß keiner von ihnen die Rede (τὸν λόγον) oder den Ausdruck (τὴν λέξιν) als sorgfältig und rein lobte, was manche zu tun pflegen, sondern daß sie vielmehr die Wahrheit der Tatsachen bewunderten (ἀλλὰ τὴν ἀλήθειαν τῶν πραγμάτων θαυμάζειν)". Für die Rhetorik gilt wie für die Tragik: Sie kann, muß aber nicht zur Verfälschung historischer Fakten führen (vgl. XII.271). E. Mikkola, *Isokrates: Seine Anschauungen im Lichte seiner Schriften* (Helsinki, 1954), S. 84-5, kommt jedenfalls nach einer gründlichen Analyse des Wahrheitsverständnisses bei Isokrates im Blick auf XI.33.38 und XII.78 zu der Feststellung: "In diesen drei Fällen bedeutet also ἀλήθεια, 'wie es eigentlich gewesen' (Ranke)".

[34] *Kunstprosa*, I, 84.
[35] Norden mißt diesem Beleg so große Bedeutung bei, daß er ihn zweimal anführt: *Kunstprosa*, I, 81 u. 84.
[36] Diese Stelle führen schon Liers, *Dionys*, S. 9, und Halbfas, "Theorie," S. 8, an.

ergänzt, in der Geschichte werde alles im Blick auf seinen Wahrheitsgehalt beurteilt (*in illa omnia ad veritatem ... referantur*), während in der Dichtung der Unterhaltungswert im Vordergrund stehe (*in hoc ad delectationem pleraque*). Die anschließende Äußerung des Atticus ist im Zusammenhang folglich so zu interpretieren, daß er von Cicero erwartet, ein Geschichtswerk zu schreiben, das nicht nur den historischen Tatsachen gerecht wird, sondern darüber hinaus zusätzlich einen stilistischen Schliff aufweist, wie man ihn aus der griechischen Historiographie kennt. Dabei wird selbstredend von der Vereinbarkeit von Historie und Rhetorik ausgegangen[37].

Ein weiteres von Norden angeführtes Zitat stammt von Plinius Minor. Plinius (*Ep.* V.8.9) schreibt: "Rede und Geschichtsschreibung haben viel Gemeinsames (*habet quidem oratio et historia multa communia*), aber noch mehr Gegensätzliches gerade in dem, was ihnen anscheinend gemeinsam ist (*sed plura diversa in his ipsis, quae communia videntur*)". Einer dieser Unterschiede lautet (*Ep.* VII.33.10): "Die Geschichte muß sich an die Wahrheit halten (*nam nec historia debet egredi veritatem*)"[38]. Jedenfalls Cicero und Plinius, und – wie unten zu zeigen sein wird – nicht nur sie, haben das Wahrheitsverständnis des Polybius uneingeschränkt geteilt: Rhetorischer Schmuck ist bei einem Geschichtswerk nur dann zulässig, wenn er die Historizität der Darstellung nicht beeinträchtigt[39].

An sich verlangt ein Geschichtswerk keine künstlerische Ausgestaltung (Plinius, *Ep.* V.8.4; Cicero, *de Orat.* II.51; Lukian, *Hist. Conscr.*

---

[37] Vgl. auch Leeman, *Ratio*, I, 171. An Nordens Werk bemängelt er "his overestimation of the rôle of rhetoric and his too ready simplification". Treffend formuliert P. A. Brunt, "Cicero and Historiography," *Miscellanea di studi classici in onore di Eugenio Manni*. Hg. M. J. Fontana (Rom, 1980), I, 340: "Rhetoric ... could be the handmaiden either of truth or falsehood"; und speziell über Cicero (I, 314): "It was certainly his opinion that the historian should write in a manner that gave pleasure, though without deviating from the truth".

[38] Zu Plinius s. H. W. Traub, "Pliny's Treatment of History in Epistolary Form," *TAPhA*, 86 (1955), 213-32, und J. H. Brouwers, "Plinius Minor over de historiografie (*Ep.* V.8)," *Lampas*, 24 (1991), 5-18.

[39] Daß Cicero und andere antike Autoren diese Ansicht vertraten, wird neuerdings von Woodman, *Rhetoric*, S. 197, vehement bestritten. Woodman vermag, ähnlich wie Norden und Peter, nur die Gemeinsamkeiten, nicht aber die Unterschiede zwischen (antiker) Rhetorik und Historiographie zu sehen.

24). Wollte der Historiker sein Werk aber dennoch in einem literarisch hochwertigeren Stil verfassen, so war ihm dies ohne weiteres gestattet. Denn keineswegs muß die durchdachte Form an sich zwingend zu einer Verfälschung der historischen Fakten führen. Davon geht selbst Polybius, dem ein mangelndes historisches Verantwortungsbewußtsein sicher nicht zum Vorwurf gemacht werden kann, aus, wenn er schreibt (XVI.17.10): "Ich ... meine, daß man sehr wohl um eine gefällige Form der Erzählung bemüht sein soll (δεῖν πρόνοιαν ποιεῖσθαι καὶ σπουδάζειν ὑπὲρ τοῦ δεόντως ἐξαγγέλλειν τὰς πράξεις) – denn es ist selbstverständlich, daß dies nicht wenig, sondern viel dazu beiträgt, ein Geschichtswerk wertvoll zu machen (μεγάλα δὲ συμβάλλεται τοῦτο πρὸς τὴν ἱστορίαν)". Und Lukian (*Hist. Conscr.* 13) ergänzt: "Wenn aber einer davon überzeugt ist, daß der Geschichtsschreibung durchaus auch Unterhaltsames (τὸ τερπνόν) beigemischt sein sollte, nun, da gibt es stilistische Kunstmittel, die sich mit der Wahrheit verbinden lassen (ἃ σὺν ἀληθείᾳ τερπνά ἐστιν)". Künstlerische Stilisierung und Wahrheitsgehalt einer Darstellung müssen sich diesen Äußerungen zufolge nicht gegenseitig ausschließen[40].

Es gibt aber eben auch rhetorische Stilmittel, die sich mit der Wahrheit nicht vereinen lassen und mehr oder weniger unausweichlich dazu führen, daß die historische Schilderung an Faktentreue verliert. So wirft Polybius (XVI.17.9) dem Zenon vor, daß es ihm nicht vor allem um die Erforschung des tatsächlichen Sachverhaltes (περὶ τὴν τῶν πραγμάτων ζήτησιν) und um die angemessene Darstellung des Stoffes (περὶ τὸν χειρισμὸν τῆς ὑποθέσεως) gehe, sondern ganz bewußt in erster Linie um die stilistische Ausschmückung desselben (περὶ τὴν τῆς λέξεως κατασκευήν). Die durchaus wünschenswerte formale Gestaltung dürfe aber nicht das Wichtigste bei der Abfassung eines Geschichtswerkes sein (XVI.17.10). Und Polybius fällt über Zenon das harte Urteil, er habe die historischen Tatsachen mit einer

---

[40] Die moderne terminologische Unterscheidung zwischen "foundation" und "superstructures", zwischen Faktenbasis und literarischem Überbau, die wohl auf A. D. Momigliano zurückgeht und auch von Woodman, *Rhetoric*, S. 70-95, verwendet wird, hat also an sich durchaus ihr gutes Recht. Sie wird aber überstrapaziert, wenn davon ausgegangen wird, daß ein rhetorischer Überbau notwendigerweise immer eine Tatsachenentstellung bedeutet.

derartigen Geringschätzung behandelt (τῶν γε μὴν πραγμάτων ἐπὶ τοσοῦτον ὠλιγώρηκεν), daß dies nicht mehr zu überbieten sei (XVI.18.3)[41]. Der Unterschied zwischen Rhetor und Historiker besteht ja gerade darin, daß der Historiker nicht erdachte, sondern wirklich geschehene Begebenheiten zur Darstellung bringt[42]. Selbst wenn ein Historiker wie Theopomp in seinem nur fragmentarisch erhaltenen Werk skrupellos historische Fakten entstellt haben sollte, um dadurch seine rhetorische Kunstfertigkeit glanzvoller zur Geltung zu bringen[43], berechtigt dies noch nicht zu der Folgerung, daß ein solcher Umgang mit historischen Stoffen allgemein akzeptiert wurde.

---

[41] Vgl. Lukians Urteil (*Hist. Conscr.* 59) über den Isokratesschüler Theopomp, "der in seiner Streitsucht (φιλαπεχθημόνως) beinah alle anschwärzt und sich daraus ein Geschäft gemacht hat". Auch hier entzündet sich die Kritik nicht an der rhetorischen Form als solcher, sondern am Inhalt.

[42] Lukian, *Hist. Conscr.* 51: "Vor allem aber soll seine Aufnahmebereitschaft einem klaren, glänzenden und ein Bild scharf zurückwerfenden Spiegel gleichen: so wie er die Geschehnisse aufnimmt, genau so soll er sie zeigen (ὁποίας ἂν δέξηται τὰς μορφὰς τῶν ἔργων τοιαῦτα καὶ δεικνύτω αὐτά), in keiner Weise entstellt, verblaßt oder verzerrt; denn anders als die Rhetoren verfahren die Geschichtsschreiber (οὐ γὰρ ὥσπερ τοῖς ῥήτορσι γράφουσιν); was sie berichten, ist Wirklichkeit, die ausgesagt wird; ... daher kommt es den Historiographen auch nicht auf das *was*, sondern auf das *wie* an (ὥστε οὐ τί εἴπωσι ζητητέον αὐτοῖς, ἀλλ' ὅπως εἴπωσιν)". D. h. der Historiker kann sich seinen Stoff nicht frei wählen oder ergänzen, sondern muß seine rhetorische Arbeit streng auf den Stoff anwenden, der ihm durch die historische Wirklichkeit vorgegeben ist. Lukian fährt fort: "er muß die Ereignisse gut anordnen und möglichst klar darstellen. Wenn dann einer der Zuhörer glaubt, das Erzählte mit eigenen Augen deutlich vor sich zu sehen (ὁρᾶν τὰ λεγόμενα) ..., dann hat der Autor etwas Vollendetes geleistet".

[43] Peter, *Wahrheit*, S. 424-5, geht davon aus, daß Theopomp "in seiner Philippinischen Geschichte ein Wunderland geschildert" hat: "das albernste Zeug ist selbst von Leuten, die sonst Kritik geübt haben, für bare Münze hingenommen worden". Dem steht das Zeugnis des Dionys von Halikarnaß (nach Norden, *Kunstprosa*, I, 79, "ein äußerst borniter Kopf") gegenüber, der immerhin mit dem gesamten Werk des Theopompus vertraut gewesen sein dürfte. Auch wenn die Beurteilung des Dionys nicht ausschließt, daß Theopomp vereinzelt die historische Wahrheit verfehlt haben kann, stellt er ihm doch das Zeugnis eines vorzüglichen Historikers aus (*Pomp.* 6). Vgl. auch Lesky, *Geschichte*, S. 700, über Theopomp: "Auf den Spuren seines Lehrers Isokrates hat er eine maßvolle rhetorische Durchgestaltung der Rede angestrebt, ohne die geschichtliche Substanz dramatischen Effekten aufzuopfern" (vgl. S. 857).

Als Zwischenergebnis zum historischen Wahrheitsbegriff der Antike kann vorläufig soviel festgehalten werden: Es hat im Altertum eine beträchtliche Zahl von Historikern gegeben, die praktisch das Bemühen um faktengerechte Geschichtsschreibung dem Streben nach tragischer Wirkung und rhetorischem Glanz untergeordnet hat. Darauf lassen manche kritischen Bemerkungen von Berufskollegen schließen. Für diese Art der Historiographie läßt sich in der Antike aber (meines Wissens) keinerlei theoretische Begründung oder Rechtfertigung nachweisen. Was den historischen Wahrheitsbegriff der betreffenden Autoren angeht, muß also eine Spannung zwischen Theorie und Praxis konstatiert werden.

2.1.2 Die theoretische Verpflichtung zu faktengetreuer Darstellung[44]

Es hat sich bisher gezeigt, daß es für ein angemessenes Verständnis der antiken und besonders der hellenistisch-römischen Geschichtsschreibung notwendig ist, zwischen der Verwendung rhetorischer und tragischer Mittel, die der historischen Faktentreue keinen Abbruch tun, und der verfälschenden Dominanz rhetorisierender und tragisierender Züge zu unterscheiden. Daneben kann aber eine Verzerrung des Bildes von der antiken Historiographie auch dadurch verursacht werden, daß man zur Beurteilung derselben fast ausschließlich die kritischen Äußerungen eines Polybius, eines Lukian und anderer "seriöser" Historiker heranzieht[45] und auf dem Hintergrund dieser Kritik sämtliche Aussagen, die auf ein Interesse an faktengetreuer Schilderung schließen lassen, von vornherein für wertlos erklärt[46].

---

[44] Auf eine Reihe in diesem Zusammenhang wichtiger Stellen hat A. W. Mosley, "Historical Reporting in the Ancient World," *NTS*, 12 (1965/6), 10-26, hingewiesen.

[45] Vgl. Norden, *Kunstprosa*, I, 82, der folgert: "Überhaupt zeigt uns die bittere Polemik gegen die rhetorisierenden Historiker, von der das ganze Werk des Polybios durchzogen ist, aufs deutlichste, wie fest und allgemein das Vorurteil des Altertums war" (vgl. I, 85 u. 91).

[46] Vgl. Peter, *Wahrheit*, S. 420: "Wenn die neue Historiographie die Versicherung der Wahrheit aus ihrer Vorzeit beibehalten hat, so ist dies von Anfang an nicht ernst genommen und allmählich als Deklamationsstück angesehen und spielend behandelt worden. Die Geschichte als *lux veritatis* bei Cicero oder als Priesterin im Munde des Dionys von H. sind mindestens recht gedankenlose Phrasen".

Eine derartige Einseitigkeit in der Auswertung der Quellen kann nicht akzeptabel sein.

Bevor auf die entsprechenden Aussagen zur Wahrheitsverpflichtung der Historiographie eingegangen wird, soll nun aber zunächst gezeigt werden, wie in einem anderen Bereich des antiken Lebens die grundsätzliche Verpflichtung zur Wahrhaftigkeit eingeschränkt worden ist. Es handelt sich um den Bereich des staatlichen Lebens, speziell der politischen Rede. Im Vergleich mit den diesbezüglichen Bemerkungen Platons[47] können dann die theoretischen Reflexionen zum historischen Wahrheitsbegriff um so deutlicher gewertet werden.

Bei Platon (427-347 v. Chr.) ist zu lesen (*R.* 459c-d): "Es scheint, daß unsere Herrscher allerlei Täuschungen und Betrug werden anwenden müssen zum Nutzen der Beherrschten (συχνῷ τῷ ψεύδει καὶ τῇ ἀπάτῃ κινδυνεύει ἡμῖν δεήσειν χρῆσθαι τοὺς ἄρχοντας ἐπ' ὠφελίᾳ τῶν ἀρχομένων)". Das bewußte Sprechen der Unwahrheit wird hier klar und deutlich für legitim erklärt. Und bei dieser Erklärung handelt es sich nicht um eine ironische oder spielerische Aussage. Die Legitimierung der Lüge ist ernst gemeint. Es sind jedoch der Kontext und die Motivation dieser Äußerungen zu beachten. Erlaubt wird die freiwillige Lüge ausdrücklich nur dem Herrscher. Es findet keine allgemeine Legitimierung des ψεῦδος statt, als hätte jeder beliebige Bürger das Recht, im öffentlichen Leben wissentlich zu täuschen und zu betrügen.

Diese enge Begrenzung des Bereiches, in dem die absichtliche Lüge als legitim gelten kann, zeigt sich gerade auch daran, daß bei Platon der bewußte Betrug in allen übrigen Fällen aufs schärfste verurteilt wird[48]. Es würde eine starke Belastung des gesellschaftli-

---

[47] Vgl. A. Hellwig, *Untersuchungen zur Theorie der Rhetorik bei Platon und Aristoteles* (Göttingen, 1973), S. 312-4.

[48] S. *Lg.* 730c: "Die Wahrheit geht nun allen Gütern für die Götter, allen Gütern für die Menschen voran ... nicht vertrauenswürdig aber ist der, der die freiwillige Lüge liebt (ὁ δὲ ἄπιστος ᾧ φίλον ψεῦδος ἑκούσιον); wer aber die unfreiwillige, der ist ohne Verstand (ὅτῳ δὲ ἀκούσιον, ἄνους)". Vgl. *R.* 535e: "Und werden wir nicht auch in bezug auf die Wahrheit eine Seele für verstümmelt halten müssen, welche das freiwillige Falsche zwar haßt (τὸ μὲν ἑκούσιον ψεῦδος μισῇ), es an sich selbst nicht leidet und, wenn andere lügen, in heftigen Unwillen gerät, das unfreiwillige aber sich leicht gefallen läßt (τὸ δ' ἀκούσιον εὐκόλως προσδέχηται) und, wenn man sie

chen Lebens mit sich bringen, wenn die Täuschung anderer über bestimmte Sachverhalte uneingeschränkt jedermann erlaubt wäre. Beachtenswert ist weiterhin, daß die Motivation einer absichtlichen Lüge genau bestimmt ist. Sie hat eine feste Gebrauchsbedingung: den Nutzen für die Hörer bzw. Untergebenen (ἐπ' ὠφελίᾳ). Nur der Herrscher darf sich der bewußten Lüge bedienen, und er darf dies wiederum nur, wenn er damit bestimmte Auflagen erfüllt, die der Wahrheitsverpflichtung (ausnahmsweise) übergeordnet sind.

Läßt sich nun eine vergleichbare Legitimierung der Unwahrheit für die Geschichtsschreibung nachweisen? Gab es bestimmte historiographische Ziele, zu deren Erreichung sich der Historiker geschichtlicher Falschaussagen bedienen durfte? Belegen läßt sich die Rechtfertigung einer "nützlichen Lüge" in der Geschichtsschreibung nicht. Polybius etwa schreibt (XII.7.6) in unbestechlicher Schärfe: "Denen, die aus Unkenntnis (κατ' ἄγνοιαν) Falsches berichten, muß man ... wohlwollende Belehrung und Nachsicht zuteil werden lassen; nur wer es bewußt tut (κατὰ προαίρεσιν), verdient schonungslose Verurteilung"[49].

---

bei der Unwissenheit ertappt, nicht unwillig wird, sondern gar lustig nach Schweineart in der Dummheit herumsudelt".

[49] Vgl. XII.12.6-7 und XII.25a.2: "Wenn man in einem Werk eine oder zwei Unwahrheiten (ψεῦδος), und zwar absichtliche, bewußte (γεγονὸς ἢ κατὰ προαίρεσιν) entdeckt, dann kann natürlich kein Wort eines solchen Schriftstellers mehr als sicher (βέβαιον) und zuverlässig (ἀσφαλές) gelten". Vgl. das folgende lateinische Rechtsprinzip, *Lateinische Rechtsregeln und Rechtssprichwörter*. Hg. D. Liebs (Darmstadt, 1983), S. 207: *Testis in uno falsus in nullo fidem meretur*; s. auch S. 73: *Falsus in uno falsus in omnibus*. Vgl. dazu auch die Stellungnahme von J. H. Bernhard, "The Historical Value of the Acts of the Apostles," *Criticism of the New Testament* (New York, 1902), S. 210: "*Falsus in uno, falsus in omnibus* may be a prudent legal maxim when the veracity of a witness is in question; it is an extremely uncritical maxim if it is applied to the credibility of a historian, whose good faith there is no reason to doubt". Daß die genannte Regel mit Recht auf freiwillige Verfälscher angewendet wird, scheint Polybius allerdings zutreffend hervorzuheben. Vgl. auch Polybius I.14.1-2: "Nicht weniger aber als durch die genannten Gründe bin ich zu einem längeren Verweilen bei diesem Krieg [zwischen Rom und Karthago um Sizilien] dadurch bewogen worden, daß die, welche am sachkundigsten von ihm zu berichten scheinen, Philinos und Fabius, uns nicht, so wie es ihre Pflicht gewesen wäre, die Wahrheit (τὴν ἀλήθειαν) berichtet haben. Daß diese Männer absichtlich gelogen hätten (ἑκόντας ... ἐψεῦσθαι), glaube ich nun zwar nicht ..., es scheint ihnen

Daß Polybius mit dieser Überzeugung nicht allein steht, zeigt ein von Dionys von Halikarnaß im Anschluß an Thukydides als allgemeingültiger Grundsatz der Historiographie formuliertes Prinzip (*Th.* 8): "Das Wichtigste von allem ist, niemals freiwillig die Unwahrheit zu sagen und nicht sein eigenes Gewissen zu beschmutzen (κράτιστον δὲ πάντων τὸ μηδὲν ἑκουσίως ψεύδεσθαι μηδὲ μιαίνειν τὴν αὑτοῦ συνείδησιν)"[50]. Diese Äußerungen zeigen eindeutig, daß die freiwillige Unwahrheit oder bewußte Täuschung der Leser in der Antike nicht als eine allgemein akzeptierte Grundregel seriöser Historiographie galt. Es war im gesellschaftlichen Leben eine streng umgrenzte Ausnahme, wenn dem Herrscher das Recht zur bewußten Unwahrheit zugestanden wurde. Eine solche Ausnahme ist für die Geschichtsschreibung niemals definiert worden.

Es lassen sich aber darüber hinaus noch eine Fülle von Belegen dafür anführen, daß Polybius mit den von ihm propagierten und verteidigten historiographischen Prinzipien keineswegs allein stand. Das historische Verantwortungsbewußtsein antiker Historiographen zeigen eine ganze Reihe pointierter Formulierungen von Autoren, mit denen sich diese in aller wünschenswerten Deutlichkeit zur unverbrüchlichen Notwendigkeit bekennen, historische Ereignisse sachlich unverfälscht zu berichten. Diese zahlreichen in immer neuen Variationen auftauchenden Aussagen sind in ihrer Bedeutung für die Theorie antiker Geschichtsschreibung z. T. vernachlässigt[51] oder bagatellisiert worden. Sie lassen aber in ihrer großen Zahl eher darauf schließen, daß sie die Grundregel antiker Historiographie darstellen, während die kritischen Bemerkungen eines Polybius und anderer seriöser Historiker eher die Abweichung von dieser Norm geißeln. Gerade weil das Prinzip der historischen Wahrhaftigkeit geradezu in kanonischer Geltung stand, konnte die Berufung darauf

---

jedoch fast so wie den Liebenden ergangen zu sein". Daher sei die mangelnde Qualität ihrer Werke, wenn auch nicht akzeptabel, so doch entschuldbar.

[50] Für Norden, *Kunstprosa*, II, 884-5, ist Dionys "ein Mann, den die Musen bei seiner Geburt mit zornigen Augen angeblickt haben". Zu einer positiveren Einschätzung des Dionys von Halikarnaß in jüngerer Zeit vgl. H. Verdin, "L'Histoire selon Denys d'Halicarnasse," *AncSoc*, 5 (1974), 289-307.

[51] Norden, *Kunstprosa*, I, 84, verweist z. B. nicht auf Cicero, *de Orat.* II.62, und viele vergleichbare Stellen.

in aller Regel ohne Begründung desselben auskommen. Es sollen nun noch einige der markantesten Formulierungen angeführt werden.

Die Geschichte ist ἡ ἱέρεια τῆς ἀληθείας (Dionys von Halikarnaß, Th. 8) und ἡ προφῆτις τῆς ἀληθείας (Diodorus Siculus I.2.2-3). Es gibt allgemein bekannte *leges historiae* (Cicero, *Fam.* V.13.3). Das wichtigste von diesen ist der Grundsatz (Polybius XII.12.3), "daß die Wahrheit das erste Erfordernis bei einem Geschichtswerk ist (ἡγεῖσθαι δεῖ τῶν τοιούτων συγγραμμάτων τὴν ἀλήθειαν)". "Wer wüßte denn nicht, daß die erste Regel der Geschichtsschreibung gebietet, keine falsche Aussage zu wagen, die zweite, keine wahre nicht zu wagen (*Nam quis nescit primam esse historiae legem ne quid falsi dicere audeat? Deinde ne quid veri non audeat*)?" (Cicero, *de Orat.* II.15.62). Negativ ausgedrückt heißt dies, daß die Unwahrheit die größte Verfehlung der Geschichtsschreibung ist (μέγιστον ἁμάρτημα περὶ τὴν ἱστορίαν εἶναι τὸ ψεῦδος). Aus diesem Grund sollte man für mit derartigen Mängeln behaftete Werke einen neuen Namen finden und sie nicht länger als Geschichtswerke bezeichnen (ἕτερόν τι ζητεῖν ὄνομα τοῖς βυβλίοις, πάντα δὲ μᾶλλον ἢ καλεῖν ἱστορίαν)[52]. Denn, so formuliert Plinius in einem Brief an Tacitus (*Ep.* VII.33.10), die Geschichtsschreibung darf nicht über die tatsächlichen Geschehnisse hinausgehen (*ut excedas actae rei modum*), sondern die Geschichte muß sich an die Wahrheit halten (*historia debet egredi veritatem*). Und diese Prinzipien stellen nicht die Privatmeinung einiger weniger dar, sondern: "Diese Grundlagen sind natürlich allgemein bekannt (*Haec scilicet fundamenta nota sunt omnibus*)" (Cicero, *de Orat.* II.15.63)[53]. Das Streben des Thukydides nach absoluter Wahrhaftigkeit in der Historiographie wird auch im ersten vorchristlichen Jahrhundert

---

[52] Dies ist nach Polybius XII.11.7-8 die Ansicht des Timäus. Auch Josephus klagt in diesem Sinne über seine Vorgänger (*Bell.* I.7): Καίτοι γε ἱστορίας αὐτὰς ἐπιγράφειν τολμῶσιν.

[53] Woodman, *Rhetoric*, S. 70-116, hat ausführlich zu begründen versucht, daß Wahrheit und Fiktion für Cicero in *de Oratore* keine Gegensätze darstellen (S. 83). Seine wichtigsten Argumente sind von A. D. Leeman, "Antieke en moderne geschiedschrijving: een misleidende Cicero-interpretatie," *Hermeneus*, 61 (1989), 235-41, mit guten Gründen zurückgewiesen worden: "Er blijft dus bij nadere beschouwing weinig heel van Woodman's these ..." (S. 238).

nicht abgelehnt: "Es wird aber wohl von allen Philosophen und auch Rhetoren dem Mann [Thukydides] beigepflichtet, wenn aber nicht von allen, so doch von den meisten (Μαρτυρεῖται δὲ τῷ ἀνδρὶ τάχα μὲν ὑπὸ πάντων φιλοσόφων τε καὶ ῥητόρων, εἰ δὲ μή, τῶν γε πλείστων)" (Dionys von Halikarnaß, *Th.* 8).

Der τῆς ἱστορίας νόμος (Jos., *Bell.* I.11) wird als allgemein bekannte Größe vorausgesetzt. Polybius schließlich veranschaulicht die Bedeutung der Wahrheit für die Geschichtsschreibung durch folgenden Vergleich (XII.12.3): "Wie ein lebendiger Leib als ganzer unbrauchbar wird, wenn die Augen weggenommen sind, ebenso auch bei der Geschichte: wenn die Wahrheit fehlt, ist das übrige ein wertloses Gerede (καθάπερ ἐμψύχου σώματος τῶν ὄψεων ἐξαιρεθεισῶν ἀχρειοῦται τὸ ὅλον, οὕτως ἐξ ἱστορίας ἐὰν ἄρῃς τὴν ἀλήθειαν, τὸ καταλειπόμενον αὐτῆς ἀνωφελὲς γίνεται διήγημα)".

Der Historiker mag sich zwar manchmal verpflichtet fühlen, "alles wiederzugeben, was erzählt wird (λέγειν τὰ λεγόμενα)". Er behält sich dabei aber seinen persönlichen Zweifel an der Wahrheit des Berichteten vor (Herodot VII.152.3: πείθεσθαί γε μὲν οὐ παντάπασιν ὀφείλω). Denn wenn dem Historiker (Lukian, *Hist. Conscr.* 60) etwas als μῦθος erscheint, so kann es durchaus angemessen sein, diesen trotzdem wiederzugeben, allerdings "nicht so, als traue man der Sache völlig (οὐ μὴν πιστωτέος πάντως)". Denn der Historiker muß im Grunde nur eine Minimalforderung erfüllen (Cicero, *de Orat.* II.12.51): er darf nicht lügen (*satis est, non esse mendacem*). Er muß "ein Freund der freimütigen Rede und der Wahrheit (παρρησίας καὶ ἀληθείας φίλος)" sein. Er muß "ein gerechter Richter (ἴσος δικαστής)"[54] sein, der "nur berichtet, was sich zugetragen hat (τί πέπρακται λέγων)" (Lukian, *Hist. Conscr.* 41). Er muß die Wahrheit um ihrer selbst willen lieben (Polybius III.58.9: ἑαυτοῦ χάριν προτιμῆσαι τὴν ἀλήθειαν). Gemäß dieser Forderung sind z. B. falsche Zahlenangaben (Lukian, *Hist. Conscr.* 20) und gefälschte Entfernungsangaben (Lukian, *Hist. Conscr.* 24) völlig inakzeptabel.

---

[54] Vgl. Bernheim, *Lehrbuch*, S. 429: Die Aufgabe der inneren Quellenkritik "ist durchaus mit der eines Untersuchungsrichters zu vergleichen, welcher die Thatsächlichkeit eines Vergehens aus Zeugenaussagen und aus unmittelbaren Spuren desselben zu konstatieren hat".

Der Geschichtsschreiber darf "nur der Wahrheit huldigen (μόνῃ θυτέον τῇ ἀληθείᾳ)". Und das heißt, er muß "die Wahrheit über seine persönliche Feindschaft stellen (τὴν ἀλήθειαν περὶ πλείονος ποιήσεται τῆς ἔχθρας)", denn: Τοῦ δὴ συγγραφέως ἔργον ἕν, ὡς ἐπράχθη, εἰπεῖν (Lukian, *Hist. Conscr.* 39). Der Historiker muß sein Werk "ohne Abneigung und Vorliebe *(sine ira et studio)*" verfassen (Tacitus, *Ann.* I.1.3). Denn wer sich "zu dem Grundsatz unbestechlicher Wahrhaftigkeit bekennt *(incorruptam fidem professis)*, darf niemandem gegenüber mit besonderer Vorliebe verfahren, muß sich auch von Gehässigkeit freihalten" (*Hist.* I.1.3).

Die Häufung dieser und ähnlicher Äußerungen im Vergleich zum offenbar völligen Fehlen gegenteiliger Aussagen (s. aber immerhin die unter 8.1.2 zitierte Ansicht des Origenes) ist nicht immer ausreichend berücksichtigt worden. Es hat nie eine auch nur einigermaßen verbreitete Legitimierung einer wie auch immer gearteten Geschichtsklitterung gegeben[55]. Grundsätzlich war die Wahrheitspflicht der Geschichtsschreibung allgemein bekannt und akzeptiert. Einer der Forscher, die dies in aller Deutlichkeit gesehen haben, ist P. A. Brunt, der mit Recht feststellt: "This was the accepted view in anti-

---

[55] Als Ausnahme könnte man allerdings auf *Fam.* V.13(12).3, verweisen, wo Cicero in einem Brief an L. Lucceius schreibt: "Nun, wer einmal die Grenzen der Bescheidenheit überschritten hat, der muß auch ordentlich unbescheiden sein. Darum bitte ich Dich rundheraus ein übers andre Mal, meine Taten noch krasser herauszustreichen, als es vielleicht Deinem Gefühl entspricht, die Gesetze der Geschichtsschreibung dabei einmal außer acht zu lassen *(et in eo leges historiae neglegas)*". Die Interpretationsversuche zu dieser vieldiskutierten Aussage hat E. Herkommer, "Die Topoi in den Proömien der römischen Geschichtswerke," Diss. Tübingen, 1968, S. 149-50, folgendermaßen zusammengefaßt: "1. Die Äußerungen in den theoretischen Schriften Ciceros sind rhetorische Phrasen und schönklingende Gemeinplätze. Seine wahre Ansicht zeigt er im Brief an Lucceius [u. a. Peter, Avenarius] ... 2. Die mit seinen sonstigen Äußerungen im Widerspruch stehenden Forderungen Ciceros an Lucceius sind aus seiner besonderen Situation heraus zu verstehen und zu rechtfertigen (Propagandaarbeit, um Ansehen zu gewinnen) [u. a. Scheller] ... 3. Cicero widerspricht sich nicht, da er im Gegensatz zu der sonst in seinen Schriften gemeinten fortlaufenden Geschichte im Brief an Lucceius von einer Monographie redet, die nach eigenen Gesetzen geschrieben wird [u. a. Reitzenstein]". Vgl. auch noch Leeman, *Ratio*, I, 174: "I think we can forgive Cicero's – never fulfilled – request for an economastic monograph about his glorious past at a moment when he felt not only powerless but also humiliated" (*Att.* 4.6.1-2).

quity, as Cicero indicates, even if practice too often departed from theory"⁵⁶. Tatsächlich hat es in der Antike (wie auch in der Neuzeit) viele Historiker (τῶν συγγραφόντων οἱ πολλοί) gegeben, die "Geschichte für die Gegenwart (τὸ τήμερον), für den eigenen Vorteil (τὸ ἴδιον) und den Gewinn (τὸ χρειῶδες), den sie sich aus ihrer Arbeit erhoffen", geschrieben haben. Das Fatale ist dabei, daß diese Autoren "durch ihre Übertreibungen die ganze Historiographie der Nachwelt verdächtig machen (ἐς τοὐπιὸν δὲ ὕποπτον ταῖς ὑπερβολαῖς τὴν ὅλην πραγματείαν ἀποφαίνοντας)" (Lukian, Hist. Conscr. 13). Dem Bild, das die erhaltenen Quellen bieten, entspricht es also durchaus, von einem grundsätzlich unumstrittenen Ideal faktengetreuer Historiographie auszugehen, und alle Abweichungen von dieser Forderung als im Prinzip unzulässige Verstösse gegen diese konsensfähige Norm zu werten. Die Werke mancher antiken Historiographen leiden unter einer Kluft zwischen Theorie und Praxis. Aber es gibt auch Historiker, die ihrem Wahrheitsanspruch in hohem Maße gerecht geworden sind. Die Notwendigkeit wahrheitsgemäßer und wirklichkeitsgetreuer Darstellung der Fakten in der Historiographie ist jedenfalls – soweit bekannt – (fast) nie geleugnet, sondern durchgehend anerkannt worden.

2.1.3 Der historische Wahrheitsbegriff in Antike und Neuzeit

Daß der absolute Wille zur wahrheitsgemäßen, faktengetreuen Darstellung der historischen Ereignisse ein konstitutiver Bestandteil der modernen Historiographie ist, bedarf eigentlich keines Nachweises. Daher soll im folgenden lediglich exemplarisch anhand einiger Beispiele die Übereinstimmung des antiken mit dem modernen Wahrheitsbegriff verdeutlicht werden.

Die wohl bekannteste Äußerung Leopold von Rankes zum Thema lautet im Zusammenhang: "Man hat der Historie das Amt, die Ver-

---

[56] "Historiography," S. 313. Zur Wirkungsgeschichte der genannten von Cicero formulierten Prinzipien vgl. G. H. Nadel, "Philosophy of History before Historicism," HTh, 3 (1964), 299: "Cicero was no historian. But his pronouncements on history were quoted by everyone who wrote about history between the Renaissance and the later eighteenth century".

gangenheit zu richten, die Mitwelt zum Nutzen zukünftiger Jahre zu belehren, beigemessen: so hoher Aemter unterwindet sich gegenwärtiger Versuch nicht: er will bloß zeigen [1. Aufl.: sagen], *wie es eigentlich gewesen*"[57]. K. Repgen hat mit guten Gründen die Vermutung untermauert, daß die Wendung "wie es eigentlich gewesen" mit recht großer Wahrscheinlichkeit ein direktes Zitat aus dem Werk des Thukydides (II.48.3) ist[58]. Thukydides schreibt dort: "ich will nur schildern, wie es war (ἐγὼ δὲ οἷόν τε ἐγίγνετο λέξω)". Ohne weiteres lassen sich weitere Formulierungen anführen, die ebenfalls als Vorbild für den berühmten Satz Rankes gedient haben könnten. So schreibt Lukian (*Hist. Conscr.* 39), der Geschichtsschreiber habe einzig und allein die Aufgabe, ὡς ἐπράχθη, εἰπεῖν[59]. Dieser Sachverhalt ist nun in unserem Zusammenhang von besonderer Relevanz: Ganz offensichtlich ist das der modernen Geschichtsschreibung zugrunde liegende Interesse daran, "wie es eigentlich gewesen", d. h. an den tatsächlichen Ereignissen der Vergangenheit, alles andere als eine erst neuzeitliche Fragestellung. Das historiographische Programm Rankes, das in erster Linie darauf abzielt, die historischen Ereignisse wirklichkeitsgetreu darzustellen, ist ein Erbe der antiken Historiographie[60].

Auch andere neuzeitliche Bekenntnisse zur absoluten Wahrhaftigkeit in der Historiographie lassen sich von denen antiker Autoren kaum unterscheiden. So schreibt Ranke an anderer Stelle: "Alles

---

[57] *Geschichten der romanischen und germanischen Völker von 1494 bis 1514.* 2. Aufl. (Leipzig, 1874), S. vii. Beim Kursivdruck innerhalb der Zitate handelt es sich in diesem Abschnitt (2.1.3) um meine Hervorhebungen.

[58] "Über Rankes Diktum von 1824: 'Bloß sagen wie es eigentlich gewesen,'" *HJ*, 102 (1982), 439-49.

[59] Hinsichtlich der Formulierung stellt Nadel, "Philosophy," S. 303-4, zögernd fest: "We almost feel as if Lucian by reaching back to Thucydides ... is reaching forward to a modern, perhaps even to a nineteenth-century conception of the subject".

[60] Vgl. die von B. G. Niebuhr, *Römische Geschichte* (1811/12). 4./5. Aufl. (Berlin, 1853), S. xii, getroffene Aussage über "das unbestochene Gemüth und den tiefdringenden Blick des Thukydides und Polybius". S. weiter G. Schepens, "Ephorus, Niebuhr und die Geschichte der historischen Kritik," *Hist.*, 26 (1977), 603-6, und G. Maier, *Biblische Hermeneutik* (Wuppertal, 1990), S. 192, der unter Berufung auf W. F. Ott ebenfalls feststellt, Herodot und Thukydides hätten erkennen wollen, "wie es in Wahrheit gewesen ist".

hängt zusammen: kritisches Studium der ächten Quellen; unparteiische Auffassung; objective Darstellung; – das Ziel ist *die Vergegenwärtigung der vollen Wahrheit*"[61]. Diese Bemerkung ähnelt durchaus der bereits oben (2.1.2) zitierten Formulierung Ciceros in *de Orat*. II.15.62. Und Wilhelm von Humboldt betont: "Die Aufgabe des Geschichtschreibers ist *die Darstellung des Geschehenen*. Je reiner und vollständiger ihm diese gelingt, desto vollkommener hat er jene gelöst. Die einfache Darstellung ist zugleich die erste, unerlassliche [sic] Forderung seines Geschäfts, und das Höchste, was er zu leisten vermag"[62]. Ganz entsprechend ist bereits nach Lukian (*Hist. Conscr.* 41) die Aufgabe des Historikers: τί πέπρακται λέγων[63].

Nachdem Ranke Guicciardinis *historia d'Italia* analysiert hat und zu dem Ergebnis gekommen ist, daß Guicciardini mehrfach irrt, und daß sich in seinem Werk Reden finden, die so oder überhaupt nie gehalten worden sind, stellt er programmatisch fest: "Wir unsers Orts haben einen andern Begriff von Geschichte. *Nackte Wahrheit ohne allen Schmuck*; gründliche Erforschung des Einzelnen; das Uebrige Gott befohlen; *nur kein Erdichten*, auch nicht im Kleinsten, nur kein Hirngespinnst"[64]. Diese Unterscheidung zwischen historischer Wahrheit und dichterischer Freiheit formulierte in der Antike in klassischer Form Aristoteles, *Po*. IX.1451 (s. o. 2.1.1.2). Und schließlich finden sich bei Ranke Äußerungen über die Notwendigkeit historischer Wirklichkeitstreue, die denen eines Polybius zum Verwechseln

---

[61] *Englische Geschichte vornehmlich im siebzehnten Jahrhundert*. Bd 8. 2. Aufl. (Leipzig, 1872), S. 114. Ranke fährt fort: "Ich stelle da ein Ideal auf, von dem man mir sagen wird, es sei nicht zu realisieren. So verhält es sich nun einmal: die Idee ist unermeßlich, die Leistung ihrer Natur nach beschränkt. Glücklich, wenn man den richtigen Weg einschlug und zu einem Resultat gelangte, das vor der weiteren Forschung und der Kritik bestehen kann".

[62] "Ueber die Aufgabe des Geschichtschreibers" (1821), *Schriften zur Anthropologie und Geschichte*. Werke in fünf Bänden (Darmstadt, 1960), I, 585.

[63] Wesentlich pessimistischer urteilt E. Haenchen, *Die Apostelgeschichte*. 10. Aufl. (Göttingen, 1956), S. 448: "Eine solche Freiheit des Schriftstellers, wie wir sie hier bei Lukas vermuten, erscheint uns unheimlich und unwahrscheinlich. Aber von keinem großen römischen Historiker wird man behaupten können, daß es ihm nur darauf ankam zu sagen, 'wie es eigentlich gewesen ist'. Sie alle wollten erziehen, beeinflussen, bewegen ... Der Unterschied von *facta* und *ficta* ist nicht zu allen Zeiten gleich groß".

[64] L. v. Ranke, *Zur Kritik neuerer Geschichtschreiber* (Leipzig, 1824), S. 28.

ähnlich sind: "Man kann von einer Historie nicht die freie Entfaltung fordern, welche wenigstens die Theorie in einem poetischen Werke sucht, und ich weiß nicht, ob man eine solche mit Recht in den Werken griechischer und römischer Meister gefunden zu haben glaubt. *Strenge Darstellung der Thatsache, wie bedingt und unschön sie auch sei, ist ohne Zweifel das oberste Gesetz*"[65]. Schon Polybius hatte in diesem Sinne gelehrt (II.56.10): "Der Historiker soll ... einzig und allein das wirklich Getane und Gesagte berichten, auch wenn es nur ganz schlichte Dinge sind (τῶν δὲ πραχθέντων καὶ ῥηθέντων κατ' ἀλήθειαν αὐτῶν μνημονεύειν πάμπαν, <κ>ἂν πάνυ μέτρια τυγχάνωσιν ὄντα)".

Man beachte auch, wie Ranke[66] über das Werk des Guicciardini urteilt. Seine Vorwürfe erinnern durchaus an die Kritik, die Polybius in II.56.2 an die Adresse des Phylarchus richtet (s. o. 2.1.1.2). Ranke schreibt, "daß diese Geschichte ... zum guten Theil aus andren Büchern, ohne besondere Forschung, zusammengetragen sey, daß ein großer Theil derselben, die Reden, keinesweges historische Monumente, sondern Uebungen der Redekunst, daß wichtige Facten ganz entstellt, Verträge verändert, und Wunder erzählt seyen, die sich nie begeben ...".

Endlich ist auch noch darauf hinzuweisen, daß es keineswegs berechtigt ist, hinsichtlich der Auffassung über die Parteilichkeit des Historikers einen Unterschied zwischen antiker und neuzeitlicher Geschichtsschreibung zu machen. Nach W. Schulze war es Johann Martin Chladenius (1710-59 n. Chr.), der erstmals zwischen (notwendigerweise immer) perspektivischer Urteilsbildung und (vermeidbarer) bewußter Parteilichkeit unterschieden hat[67]. Aber nicht erst Chladenius hat diesen "theoretischen Rahmen erarbeitet, der bis heute prinzipiell nicht überschritten worden ist"[68]. Schon Polybius schreibt (XVI.14.6-8): "Daß Geschichtsschreiber die Partei ihrer Vaterstadt nehmen müssen, will ich zugestehen[69], nicht aber, daß

---

[65] Ranke, *Geschichten*, S. vii.
[66] *Kritik*, S. 45-6.
[67] *Einführung in die Neuere Geschichte* (Stuttgart, 1987), S. 245.
[68] Schulze, *Einführung*, S. 245-6.
[69] Strenger urteilt Lukian (*Hist. Conscr.* 41), wenn er meint, der ideale Historiker müsse ἄπολις sein.

sie über diese Angaben machen, die den Tatsachen widerstreiten. Es ist genug mit den Irrtümern, die aus Unkenntnis (κατ' ἄγνοιαν) unterlaufen und denen wir Menschen nun einmal nicht entgehen können (ἃ διαφυγεῖν ἄνθρωπον δυσχερές). Wenn sie jedoch bewußtermaßen lügnerische Berichte geben (κατὰ προαίρεσιν ψευδογραφῶμεν), um ihrer Vaterstadt, der Freunde willen, oder um sich bei irgend jemandem in Gunst zu setzen, worin unterscheiden sie sich dann von Leuten, die sich damit ihren Lebensunterhalt verdienen"? Bereits für das 2. Jahrhundert vor Christus läßt sich eine sehr deutliche Unterscheidung zwischen dem unvermeidbaren (im weitesten Sinne) ideologischen Standpunkt des Historikers einerseits und einer aus diesem ideologischen Standpunkt fließenden bewußten Parteilichkeit andererseits nachweisen. Ob diese Differenzierung möglicherweise noch älter ist, braucht hier nicht untersucht zu werden.

Diese von Polybius so deutlich zum Ausdruck gebrachte Überzeugung, daß der Historiker einerseits unweigerlich einen bestimmten weltanschaulichen Standpunkt einnimmt, daß dies aber andererseits nicht zur Verfälschung von Tatsachen führen dürfe, ist auch für das Denken Leopold von Rankes von maßgebender Bedeutung. G. Berg hat aufgrund einer breiten Quellenbasis gründlich belegt, daß Ranke mit seinem häufig mißverstandenen Satz vom Auslöschen des eigenen erkennenden Ichs[70] keineswegs einem naiven Positivismus das Wort reden wollte[71]: "Von einer naiven Verleugnung des erkennenden Subjekts kann keine Rede sein"[72]. Ranke verlangt vom Histori-

---

[70] Die Äußerung Rankes steht in seinem Werk *Englische Geschichte vornehmlich im siebzehnten Jahrhundert*. Bd 2. 3. Aufl. (Leipzig, 1870), S. 103, und lautet: "Ich wünschte mein Selbst gleichsam auszulöschen, und nur die Dinge reden, die mächtigen Kräfte erscheinen zu lassen".

[71] Vgl. G. G. Iggers, "The Image of Ranke in American and German Historical Thought," *HTh*, 2 (1962), 40: "for the great number of American historians ... Ranke is still viewed either, positively, as the 'father' of non-philosophical, empirical science of history or, negatively, as Carlyle's 'Prof. Dryasdust', the collector of the dead facts". Ähnlich äußert sich M. I. Finley, "'Wie es eigentlich gewesen'," *Quellen und Modelle in der Alten Geschichte* (Frankfurt, 1987), S. 70-1. Es scheint aber auch bei Schulze, *Einführung*, S. 242-3, Rankes Standpunkt nicht einwandfrei wiedergegeben zu sein, wenn festgestellt wird, daß dieser "die Person des Forschers aus dem Forschungsprozeß eliminieren möchte".

[72] *Leopold von Ranke als akademischer Lehrer* (Göttingen, 1968), S. 194.

ker gerade keine Ausschaltung der eigenen Meinung und des eigenen Urteils. Er schreibt selbst[73]: *"Unmöglich wäre es, unter allen den Kämpfen der Macht und der Ideen ... keine Meinung darüber zu haben"*[74]. Aber diese eigene Meinung muß und darf nicht die gewissenhafte Erforschung der Fakten beeinträchtigen[75].

Als Ergebnis der bisherigen Analyse des Wahrheitsbegriffs der antiken Historiographie kann festgehalten werden, daß er mit dem der neuzeitlichen Geschichtsschreibung, der im Werk Rankes einen klassischen Ausdruck gefunden hat, im Grundsatz übereinstimmt. Von einem unterschiedlichen historischen Wahrheitsverständnis in Antike und Neuzeit kann keine Rede sein. Dieser Sachverhalt gibt Anlaß dazu, den diesbezüglichen Aussagen im Evangelienprolog des Lukas (s. u. 3.2) nicht aufgrund einer pauschalen Geringschätzung des antiken Wahrheitsbegriffs mit grundsätzlichen Vorbehalten zu begegnen.

2.2 Die historiographische Methode in der Antike

Es soll nun im folgenden Abschnitt gefragt werden, ob bzw. inwiefern den Historikern der Antike die methodischen Prinzipien geläufig waren, die für die moderne Geschichtswissenschaft von konstitutiver Bedeutung sind. Diese Fragestellung bedarf allerdings näherer Präzisierung. Zunächst muß festgestellt werden, daß es im folgenden natürlich keineswegs darum gehen kann, eine bis ins Detail gehende Deckungsgleichheit zwischen der historischen Methode der Neuzeit

---

[73] *Die deutschen Mächte und der Fürstenbund: Deutsche Geschichte von 1780-1790*. 2. Aufl. (Leipzig, 1875), S. vii. Und auf S. vii-viii stellt Ranke fest: "das Wesen der Unparteilichkeit ... besteht nur darin, daß man die agirenden Mächte in ihrer Stellung anerkennt, und die einer jeden eigentümlichen Beziehungen würdigt".

[74] Berg, *Lehrer*, S. 194: "nur ein bewußtes Vorurteil soll und muß vermieden werden".

[75] Vgl. zu dieser Problematik auch R. Vierhaus, "Rankes Begriff der historischen Objektivität," *Objektivität und Parteilichkeit in der Geschichtswissenschaft*. Hg. R. Kosellek u. a. (München, 1977), S. 63-76, und W. P. Fuchs, "Was heißt das: 'bloß zeigen wie es eigentlich gewesen'?" *GWU*, 30 (1979), 655-67.

und den entsprechenden antiken Reflexionen aufzuweisen[76]. Das Ziel der anschließenden Ausführungen kann es lediglich sein, eine Kongruenz in den theoretischen Grundideen aufzuzeigen.

Weiterhin ist selbstverständlich der Tatsache Rechnung zu tragen, daß aus der Antike keine Gesamtdarstellung einer historischen Methode bekannt ist, wie wir sie etwa aus modernen historischen Lehrbüchern kennen. Das bekannte und schon mehrfach zitierte Werk des Lukian (*Quomodo historia conscribenda sit*) geht ja nur unvollständig auf einzelne Teilaspekte einer methodischen Gesamtschau ein. Diese Quellenlage könnte zunächst Anlaß geben, von einem Theoriedefizit der antiken Geschichtsschreibung zu sprechen. Folgende Erwägungen sollten allerdings davor warnen, dieses Theoriedefizit überzubewerten. Es darf nämlich erstens nicht vergessen werden, daß nur ein Bruchteil der antiken Geschichtsschreibung erhalten geblieben ist[77], und daß wir von mindestens zwei verlorenen Werken wissen, einer Schrift des Theophrastos (περὶ ἱστορίας) und einer Schrift des Praxiphanes (περὶ ἱστορίας), die dem Titel nach vornehmlich geschichtstheoretische Ausführungen enthalten haben dürften. Aus dem Fehlen eines geschichtsmethodischen Handbuches kann zunächst lediglich gefolgert werden, daß derartige Werke nicht überliefert worden sind. Verfehlt wäre es, aus der bruchstückhaften Quellenlage direkt das Fehlen einer entsprechenden methodischen Systematik in der antiken Historiographie abzuleiten.

Weiterhin ist zweitens zu bedenken, daß sich in den Werken einer ganzen Reihe von Historikern z. T. sehr ausführliche Theoriereflexionen über die von ihnen angewandte Methode finden. Zu nen-

---

[76] Dies wäre schon allein deswegen wenig sinnvoll, weil z. B., wie A. von Brandt, *Werkzeug des Historikers: Eine Einführung in die historischen Hilfswissenschaften*. 10. Aufl. (Stuttgart, 1983), S. 49-50, treffend feststellt, zum einen eine "absolut geltende, d. h. philosophisch-logisch einwandfreie Gruppierung des historischen Quellenstoffes" unmöglich ist. Und zweitens ist jede Wertung und Gliederung der Quellen immer auch "vom jeweiligen unendlich variierbaren Erkenntnisziel abhängig".

[77] Vgl. H. Strasburger, "Umblick im Trümmerfeld der griechischen Geschichtsschreibung," *Historiographia Antiqua*. FS W. Peremans. Hg. T. Reekmans u. a. (Leuven, 1977), S. 3-52. Zu vergleichen ist auch die Bemerkung des Dionys von Halikarnaß (*Comp.* 4), ein ganzer Tag würde nicht ausreichen, um alle (hellenistischen) Historiker aufzuzählen.

nen sind hier z. B. die Ausführungen des Thukydides, des Ephorus, des Polybius, des Dionys von Halikarnaß, des Arrian und des Josephus. Falls diese in den praktischen Vollzug der Geschichtsschreibung eingewobenen Erörterungen alle wesentlichen Elemente aufweisen, die man in einer modernen Zusammenfassung der historischen Methode erwarten würde, steht die These vom mangelnden methodischen Reflexionsvermögen der antiken Historiographen auf äußerst schwachen Füßen. Im übrigen lassen die Werke antiker Historiker hier und da noch recht deutlich erkennen, wie ihre Verfasser "handwerklich" vorgegangen sind.

Bevor mit einer kurzen Untersuchung der historischen Methode der Antike begonnen werden kann, müssen aber noch einige weitere grundsätzliche Vorbemerkungen gemacht werden. Im Unterschied zur modernen Geschichtsschreibung ist von den Klassikern der antiken Geschichte in erster Linie *Zeitgeschichte* geschrieben worden. Man wandte den Begriff ἱστορία vornehmlich auf den Abschnitt der Vergangenheit an, den man entweder selbst miterlebt hatte, oder für den man noch Augenzeugen befragen konnte[78]. Denn es galt der Grundsatz, den z. B. Ephorus von Kyme (FGrHist 70F9) programmatisch formuliert hatte: "Wir betrachten nämlich diejenigen, die am exaktesten über die zeitgeschichtlichen Ereignisse reden, als die

---

[78] S. z. B. Herodot II.99.1: "Alles, was ich bisher mitgeteilt habe, beruht auf eigener Anschauung, eigenem Urteil oder eigener Forschung (ὄψις τε ἐμὴ καὶ γνώμη καὶ ἱστορίη). Von jetzt an will ich die ägyptische Geschichte erzählen, wie ich sie hörte (κατὰ ἤκουν). Doch auch dabei kommt noch manches vor, was ich selbst gesehen habe (τῆς ἐμῆς ὄψιος)". Herodot ist sich dabei bewußt, daß viele der von ihm gebotenen Erzählungen wenig Vertrauen verdienen (III.9.2; IV.195.2; VII.152.1-2). Vgl. weiter Polybius IV.2.1-3: "Denn wir hielten dies für den besten Ausgangspunkt [der Darstellung] ..., weil die folgende, den Gegenstand unseres Geschichtswerks bildende Zeit nur so weit hinaufreicht, daß sie teils mit unserem eigenen Leben, teils mit dem unserer Väter zusammenfällt (τοὺς μὲν καθ' ἡμᾶς εἶναι, τοὺς δὲ κατὰ τοὺς πατέρας ἡμῶν), wir sie infolgedessen entweder selbst erlebt oder von Augenzeugen davon haben berichten hören (ἐξ οὗ συμβαίνει τοῖς μὲν αὐτοὺς ἡμᾶς παραγεγονέναι, τὰ δὲ παρὰ τῶν ἑωρακότων ἀκηκοέναι). Denn die weiter zurückliegende Zeit mit einzubeziehen, über die wir Hörensagen von Hörensagen niederschreiben müßten (ὡς ἀκοὴν ἐξ ἀκοῆς γράφειν), schien uns nicht ratsam, sofern wir zu sicheren Urteilen und zuverlässigen Aussagen gelangen wollen". Vgl. weiter XII.4c; XII.25e.7; XII.25g u. ö.

Glaubwürdigsten (περὶ μὲν γὰρ τῶν καθ' ἡμᾶς γεγενημένων τοὺς ἀκριβέστατα λέγοντας πιστοτάτους ἡγούμεθα); andererseits meinen wir, daß diejenigen, die auf dieselbe Weise die Ereignisse der Vergangenheit detailliert durchnehmen, sehr unglaubwürdig sind (περὶ δὲ τῶν παλαιῶν τοὺς οὕτω διεξιόντας ἀπιθανωτάτους εἶναι νομίζομεν). Denn wir nehmen an, daß es wahrscheinlich ist, daß weder alle Taten, noch die meisten Worte nach so langer Zeit in Erinnerung gerufen werden können (ὑπολαμβάνοντες οὔτε τὰς πράξεις ἁπάσας οὔτε τῶν λόγων τοὺς πλείστους εἰκὸς εἶναι μνημονεύεσθαι διὰ τοσούτων)". Über die Ereignisse weiter zurückliegender Zeiten hielt man weithin echte und absolut befriedigende Geschichtsschreibung nicht für möglich. Viele Historiker waren sich bewußt, lange vergangene Ereignisse in der Regel nicht besser als die früheren Autoren erforschen und darstellen zu können. So schaltete Thukydides seinem Werk die sogenannte Archäologie (I.2-19) vor. In ihr behandelt er in knappen Zügen die Vorzeit, zu deren Darstellung er sich lediglich auf τεκμήρια[79] stützen konnte und deren Verlauf er deswegen nur in etwa nachzeichnen zu können glaubt (I.20-21). Der bei weitem überwiegende Teil seines Geschichtswerkes beschränkt sich auf die Zeitspanne, zu deren Beschreibung er auf Augenzeugenberichte oder eigene Erfahrung zurückgreifen kann. So ergibt sich aufs Ganze gesehen ein Verständnis über den angemessenen Zeitraum echter Geschichtsschreibung, das von dem des 19. Jahrhunderts beträchtlich abweicht. Denn: "Der Anspruch der Darstellung der Vergangenheitsgeschichte, allein Geschichtschreibung zu sein, stammt aus dem 19. Jahrhundert"[80].

Statt des mehrdeutigen und unscharfen Begriffs der Zeitgeschichte wollen wir im folgenden den ungebräuchlicheren, aber präziser definierten Ausdruck *Gegenwartsvorgeschichte* verwenden, der von F.

---

[79] A. W. Gomme u. a., *A Historical Commentary on Thucydides* (Oxford, 1945), I, 135: "τεκμήριον is not *evidence*, but the *inference* drawn from the evidence".

[80] F. Ernst, "Zeitgeschehen und Geschichtschreibung: Eine Skizze," *WG*, 17 (1957), 187. Vgl. auch die (etwas zu pauschale) Äußerung O. Spenglers, *Der Untergang des Abendlandes* (München, 1923), I, 12: "Alle guten Stücke antiker Geschichtsdarstellung beschränken sich auf die politische Gegenwart des Autors, im schärfsten Gegensatz zu uns, deren historische Meisterwerke ohne Ausnahme die ferne Vergangenheit behandeln".

Ernst geprägt wurde[81]. Ernst definiert diesen Begriff als "die Behandlung einer Zeit, die nicht mehr die voll erlebte Gegenwart eines Autors umschließt" und aus welcher "neben dem möglichen schriftlichen Niederschlag des in ihr Geschehenen noch mündliche Nachrichten vorliegen". Im Unterschied dazu wäre die Gegenwartsgeschichte die Behandlung des Zeitabschnitts, den der Autor selbst als Zeit- oder Augenzeuge miterlebt hat. Die folgenden Bemerkungen zur antiken Quellenkritik werden sich im wesentlichen auf den Bereich der Gegenwartsvorgeschichtsschreibung beschränken, da auch das Lukasevangelium, dessen Position im Kontext antiker Historiographie für uns vor allem von Interesse ist, ein Werk der Gegenwartsvorgeschichte ist (s. u. 3.1.2).

Wie schon eingangs festgestellt wurde, ist uns aus der Antike keine umfassende Abhandlung über die historische Methode überliefert. Es finden sich jedoch in den Werken vieler Historiker hier und da längere und kürzere exkursartige Reflexionen über die methodischen Prinzipien, denen die Geschichtsschreibung gerecht zu werden hat. Diese verstreuten Reflexionen und Überlegungen gewähren einen – wenn auch notwendigerweise fragmentarischen – Einblick in die historische Methode der Antike. Falls nun im folgenden gezeigt werden kann, daß die wenigstens bei einigen antiken Historikern zu erhebenden methodischen Prinzipien in ihren Grundzügen mit denen der modernen historischen Methode kongruent sind, so wird dies wohl nicht zuletzt auch darauf zurückzuführen sein, daß "die Grundsätze der Methodik wesentlich psychologische Erfahrungssätze"[82] sind; und daß diese in jeder Epoche der menschlichen Geschichte im Grunde die gleichen sind, wird man kaum bestreiten können.

Als Muster für die Aufgliederung der methodischen Erwägungen in der Antike bietet sich das zwölfte Buch des Polybius an[83], in dem

---

[81] "Zeitgeschehen," S. 139.

[82] Bernheim, *Lehrbuch*, S. 295.

[83] Angesichts der Tatsache, daß sich bei Polybius durchaus eine systematische Entfaltung einer historischen Methodik findet, die zudem auch anderen Historikern bekannt war und von diesen angewendet wurde, erscheint manches Urteil über die antike Historiographie zu einfach. Vgl. etwa die Feststellung von W. Goez, "Die Anfänge der historischen Methodenreflexion in der italienischen Renaissance und ihre

dieser in systematischer Form sowohl die Qualifikationen nennt, die einen Historiker auszeichnen sollten (XII.25e.1), als auch die fundamentalen Prinzipien zur Auswahl und Auswertung des Quellenmaterials, an die er sich zu halten hat (XII.27.1-8).

2.2.1 Die Qualifikationen des Historikers

Polybius vergleicht die Arbeit des Historikers mit der des Mediziners. Wie die Medizin so besteht auch die Geschichte aus drei Teilen (μέρη). Die drei Teile der Medizin sind (XII.25d.3) erstens der theoretische Teil der Heilkunst (μέρος λογικὸν τῆς ἰατρικῆς), zweitens der diätetische Teil (μέρος διαιτητικόν) und drittens der chirurgische und pharmazeutische Teil (μέρος χειρουργικὸν καὶ φαρμακευτικόν)[84]. In diesen drei Teilbereichen muß der Mediziner ausgebildet sein, wenn er bei der Konfrontation mit einem praktischen Fall nicht versagen soll (25d.5: ὅταν ἐπὶ τὴν ἀλήθειαν ἀπαγαγών). Eine rein theoretische Ausbildung, die auf das zweite und dritte μέρος verzichtet, reicht nicht aus (25d.7). Nach der Überzeugung des Polybius muß in entsprechender Weise jeder, der sich an die Abfassung eines Geschichtswerkes macht, bestimmte Qualifikationen aufweisen[85], wenn er seine Aufgabe in einer zufriedenstellenden Weise erfüllen will. Es geht ihm hier um τὰς τῶν ἐπιβαλλομένων ἐπ' αὐτὰς διαθέσεις (25d.2). Es geht folglich auch bei dem Vergleich der Geschichtsschreibung mit der Heilkunde um die theoretischen Kenntnisse (erster Bereich) und

---

Aufnahme in der Geschichtsschreibung des deutschen Humanismus," *AKuG*, 56 (1974), 26, der behauptet, der moderne Wissenschaftsbegriff sei auf die antike Geschichtsschreibung nur begrenzt anwendbar, denn dem Altertum fehle "trotz häufigem richtigen Verhalten gegenüber methodischen Problemen der Geschichtsschreibung ein System methodischer Regeln zur historischen Wahrheitsfindung". Gerade die Tatsache, daß die antiken Historiker methodische Probleme vielfach methodisch konsequent behandelt haben, sollte vor einer vorschnellen Leugnung einer durchdachten Methodik warnen.

[84] Die wichtigsten Informationen zur Medizin in der Antike bietet F. W. Walbank, *A Historical Commentary on Polybius* (Oxford, 1967), II, 388-9.

[85] S. G. Schepens, "The Bipartite and Tripartite Division of History in Polybius (XII.25c&27)," *AncSoc*, 5 (1974), 284: "the two disciplines are confronted from the point of view of the *disposition* of the persons who devote themselves thereto".

praktischen Erfahrungen und Fertigkeiten (zweiter und dritter Bereich), die der betreffende Kandidat zur erfolgreichen Ausübung seines Berufes mitzubringen hat. Das *tertium comparationis* liegt dabei vor allem in der Betonung, daß eine rein theoretische Ausbildung nicht ausreicht.

Polybius fährt dann fort, indem er die drei Aspekte der Historiographie erläutert (XII.25e.1)[86]: "In entsprechender Art und Weise besteht auch die pragmatische Geschichtsschreibung aus drei Teilen. Der erste Teil betrifft die gründliche Beschäftigung mit den Aufzeichnungen (τοῦ περὶ τὴν ἐν τοῖς ὑπομνήμασι πολυπραγμοσύνην) und die Nebeneinanderstellung ihres Materials (τὴν παράθεσιν τῆς ἐκ τούτων ὕλης); der zweite Teil betrifft die Inaugenscheinnahme der Städte und Plätze, der Flüsse und Häfen und überhaupt der örtlichen Besonderheiten zu Land und zur See und der Entfernungen (τοῦ περὶ τὴν θέαν τῶν πόλεων καὶ τῶν τόπων περί τε ποταμῶν καὶ λιμένων καὶ καθόλου τῶν κατὰ γῆν καὶ κατὰ θάλατταν ἰδιωμάτων καὶ διαστημάτων); der dritte Teil betrifft die politischen Ereignisse (τοῦ περὶ τὰς πράξεις τὰς πολιτικάς)".

2.2.1.1 Das Studium der Werke von Vorgängern

Dem von Polybius in seiner Aufzählung an erster Stelle genannten theoretischen Bereich der Ausbildung (λογικὸν μέρος) kommt seiner Wertigkeit nach erst die dritte Stelle zu (XII.25i.1-2): τρίτον εἶναι μέρος τῆς ἱστορίας καὶ τρίτην ἔχειν τάξιν τὴν ἐκ τῶν ὑπομνημάτων πολυπραγμοσύνην. Gemeint sind hier mit den ὑπονήματα offenbar Aufzeichnungen und Werke von früheren Historikern, wie auch Timaios sie in Athen benutzte (25d.1: τοῖς τῶν προγεγονότων ὑπομνήμασι). So wie der Mediziner Kenntnisse über seinen Beruf aus fachwissenschaftlichen Werken (25d.5: ἰατρικὸν ὑπόμνημα)[87] schöpft, gewinnt

---

[86] Im folgenden handelt es sich um meine Übersetzung.
[87] Vgl. A. Krug, *Heilkunst und Heilkunde: Medizin in der Antike* (München, 1985), S. 43: "Seit der Zeit des Hippokrates ist die Medizin eine schreibende Wissenschaft, die ihren Stoff festhalten, sammeln und vergleichen kann"; S. 41: "Seine Jugendjahre verbrachte Hippokrates auf Kos und studierte, neben der Ausbildung bei seinem Vater, die Krankengeschichten und Heilungsberichte, die im Tempel des

auch der Historiker theoretische Kenntnisse über die Geschichtsschreibung aus der Lektüre der Werke älterer Historiker. Das ὑπόμνημα ist in diesem Zusammenhang also nicht einfach historische Quelle, sondern hat in gewissem Sinne Lehrbuchcharakter. Es läßt erkennen, wie die Historiker vor ihm gearbeitet haben. Und es gibt dem Historiker Einblick in die Vergangenheit, auf deren Hintergrund die gegenwärtigen Verhältnisse besser verstanden werden können[88]. Ein solches Bücherwissen ist notwendig, aber nicht ausreichend (vgl. 25e.7).

2.2.1.2 Die Reisetätigkeit

Mit dem zweiten Aspekt der Qualifikation wendet Polybius sich der von ihm so betonten praktischen Seite der Ausbildung zu. Dem μέρος διαιτητικόν in der Medizin[89] entspricht in der Historiographie die Reisetätigkeit des Historikers. Bei dieser kommt eine besondere Spielart der Autopsie zum Tragen; man könnte hier von nachträglicher oder vorbereitender Autopsie sprechen. Diese hat es mit den geographischen und topographischen Gegebenheiten zu tun, innerhalb derer die zu schildernden Ereignisse stattfinden. Sie dient daher zur Erlangung und Präzisierung von Kenntnissen, die das zu schildernde Geschehen indirekt mitbestimmen.

Asklepios aufbewahrt wurden". Nach Xenophon (*Mem.* IV.2.10) sagte schon Sokrates: "von Ärzten gibt es viele Schriften (πολλὰ γὰρ καὶ ἰατρῶν ἐστι συγγράμματα)". Vgl. weiter Hippokrates, *Epid.* III.16: "Für eine bedeutende Leistung in der Heilkunst halte ich die Fähigkeit, auch die schriftliche Überlieferung richtig zu beurteilen (τὸ δύνασθαι σκοπεῖν καὶ περὶ τῶν γεγραμμένων ὀρθῶς). Wer sie kennt und benützt, dürfte wohl in der Praxis kaum schwere Fehler begehen".

[88] Die Kenntnis der früheren Werke (τὸ γὰρ ἐποπτεῦσαι τὰ πρότε<ρον ὑπομνήματα>) dient sicher dazu, die Ansichten der Alten und ihre Vorstellung (τὰς τῶν ἀρχαίων διαλήψεις καὶ τὰς ἐννοίας) zu erfahren, die sie von bestimmten Gegebenheiten, Plätzen, Völkern, Verfassungen und Ereignissen hatten, und die Schicksale der Völker in früherer Zeit zu begreifen (25e.5).

[89] Vgl. den Abschnitt "Diätetik – Arzneimittel" in: *Der Arzt im Altertum*. Hg. H. Färber und M. Faltner. 3. Aufl. (München, 1962), S. 356-429. Diät ist hier "nicht nach eingehendem modernen Sprachgebrauch als Heilkost zu verstehen, sondern meint mit δίαιτα die Lebensweise schlechthin" (Krug, *Heilkunst*, S. 49).

Polybius selbst hat viele geographische Erkundungsreisen durchgeführt. Er schreibt z. B. in (III.48.12): "über die Gegend aber berichten wir als Augenzeugen (τοὺς δὲ τόπους κατωπτευκέναι), da wir selbst eine Reise über die Alpen gemacht haben, um sie kennenzulernen und uns eine eigene Anschauung zu verschaffen (καὶ τῇ διὰ τῶν Ἄλπεων αὐτοὶ κεχρῆσθαι πορείᾳ γνώσεως ἕνεκα καὶ θέας)"[90]. Polybius sah sich verpflichtet, um seiner Aufgabe als Historiker gerecht zu werden, auch mühevolle Reisen in entfernte Gebiete auf sich zu nehmen, über die er seinen Lesern berichten wollte (III.59.7-8): "Denn vornehmlich in dieser Absicht haben wir die Gefahren auf uns genommen, die uns auf unserer Reise in Libyen und Iberien, ferner in Gallien und auf dem von außen her an diese Länder stoßenden Meer begegnet sind, um die Unkenntnis der Früheren hierüber zu berichtigen und den Griechen auch diesen Teil der Erde bekannt zu machen". Und diese Mühen versetzen ihn dann auch tatsächlich in die Lage, Angaben seiner Vorgänger begründet zu widerlegen (X.11.4): "Der Umfang der Stadt betrug schon früher nicht mehr als zwanzig Stadien – ich weiß freilich wohl, daß viele ihn auf vierzig Stadien angeben, aber das ist unrichtig; ich berichte nämlich nicht vom Hörensagen, sondern bin Augenzeuge und habe die Sache genau geprüft (οὐ γὰρ ἐξ ἀκοῆς ἡμεῖς, ἀλλ' αὐτόπται γεγονότες μετ' ἐπιστάσεως ἀποφαινόμεθα)".

Dafür, daß auch heute noch die Inaugenscheinnahme von historischen Schauplätzen eine wichtige Rolle in der Arbeit des Historikers spielen kann, sei die Äußerung eines modernen Geschichtstheoretikers angeführt: "Ein Blick vom Kahlenberg bei Wien auf die zur Stadt hin abfallenden Weinberge läßt die Schwierigkeiten des christlichen Heeres beim Entsatz der von den Osmanen belagerten Stadt im Jahre 1683 besser erahnen als die schriftlichen Berichte über den Schlachtverlauf". Diese und ähnliche Beispiele zeigen: Es gilt auch für die moderne Historiographie, "daß historische Schauplätze und historische Landschaften für den Historiker eine wichtige Quelle für das Verständnis sein können"[91]. Auf die genaue Kenntnis histori-

---

[90] Vgl. Walbank, *Commentary*, I, 393-5, über die vielfältige Reisetätigkeit des Polybius.
[91] Schulze, *Einführung*, S. 33.

scher Stätten kann der moderne Historiker ebensowenig verzichten wie der antike. Aber auch die gründliche Reisetätigkeit qualifiziert ihn nach Polybius noch nicht ausreichend, um ein historisches Werk zu verfassen.

2.2.1.3 Die fachspezifische Erfahrung

Dem μέρος χειρουργικὸν καὶ φαρμακευτικόν[92] entspricht die Ansammlung fachspezifischer Erfahrungen. Sie befähigt den Zeit- und Augenzeugen eines Ereignisses, aufgrund vorher gewonnener Kenntnisse (z. B. über Militärstrategie) eben dieses Ereignis (z. B. eine Schlacht) richtig zu erfassen und zu beschreiben. Praktische Erfahrung auf dem Gebiet, von dem sein Geschichtswerk handelt, war eine wichtige Forderung, die man in der Antike an den Historiker stellte. So schreibt Polybius (XII.25g.1): "Ein Historiker kann weder Kriegsereignisse (τῶν κατὰ πόλεμον) sachgemäß darstellen, wenn er selbst keine Kriegserfahrung (ἐμπειρίαν ... τῶν πολεμικῶν ἔργων) hat, noch innenpolitische Vorgänge (τῶν ἐν ταῖς πολιτείαις), wenn er nie mit Staatsgeschäften und politischen Kämpfen etwas zu tun gehabt hat". Dieser Mangel schränkt die Qualität eines Werkes ein. In diesem Sinne stellt auch Lukian (*Hist. Conscr.* 34) fest, daß das politische Verständnis (σύνεσίν τε πολιτικήν) eine entscheidende Qualifikation des Historikers ist.

Die praktischen Kenntnisse sind die Voraussetzung für eine angemessene Schilderung. Dies gilt sowohl für die Berichte über selbst Erlebtes, als auch für die Darstellungen aufgrund von Augenzeugenbefragungen (XII.28a.8): "Denn wie ist es möglich, Teilnehmer an einer Land- oder Seeschlacht und an einer Belagerung in der richtigen Weise auszufragen (καλῶς ἀνακρῖναι) und ihre Erzählung in allen Einzelheiten zu verstehen (συνεῖναι), wenn man davon keine Ahnung hat"? Wer die Funktionsabläufe der Kriegsmaschinerie und die

---

[92] Vgl. Krug, *Heilkunst*, S. 79: "Chirurgische Messer ... waren die ärztlichen Instrumente schlechthin"; S. 103: "In der antiken Medizin war der Gebrauch von Heilmitteln selbstverständlich und reichte bis in die Frühzeit der griechischen Kultur hinauf". S. weiterhin den Abschnitt "Anatomie und Chirurgie," in: *Der Arzt im Altertum*, S. 290-355.

militärisch-taktischen Möglichkeiten eines Heeres nicht aus eigener Anschauung kennt, der wird dieses Defizit nicht durch noch so gründliches Quellenstudium ausgleichen können. Und selbst wenn er am Geschehen persönlich als Augenzeuge teilnimmt, kann er die Ereignisse nicht angemessen erfassen und beurteilen: "Ein Mann ohne eigene Erfahrung (ὁ μὲν ἄπειρος) ... wäre anwesend so gut wie abwesend (κἂν παρῇ, τρόπον τινὰ παρὼν <οὐ πάρεστιν>)" (XII.28a.10).

Und Lukian ergänzt (*Hist. Conscr.* 37): Geschichte kann nur jemand schreiben, "der als Staatsmann und Feldherr praktische Erfahrungen gesammelt hat und – beim Zeus – sich auch einmal im Lager aufgehalten und mit eigenen Augen Soldaten beim Exerzieren und in der Schlachtordnung beobachtet hat, Waffen und Kriegsmaschinen kennt und weiß, was 'auf der Flanke' und 'frontal' heißt, wie die Infanterie und wie die Reiterei operiert und warum, was 'nachsetzen' und was 'einkreisen' bedeutet – kurz, er darf kein Stubenhocker (τῶν κατοικιδίων τις) sein, einer, der sich nur auf Berichte anderer verläßt". Über einen unerfahrenen Historiker, dessen Namen er nicht nennt, gießt Lukian seinen Spott aus (*Hist. Conscr.* 29), weil von diesem allgemein bekannt war, "daß er sich nicht einmal einen auf die Wand gemalten Krieg angeschaut hatte". Seine Unkenntnis in militärischen Dingen führte dazu, daß er absurde Beschreibungen kriegerischer Operationen lieferte.

Mancher moderne Historiker hat es immerhin beklagt, daß die persönliche Erfahrung in der neuzeitlichen Geschichtsschreibung keine wesentliche Rolle mehr spielt. In seinem originellen Werk zur historischen Methode äußert über diesen Aspekt B. Croce: "wenn z. B. der Grundsatz, daß die Geschichte von Leuten geschrieben werden müsse, die das Leben kennen, und nicht nur von Philologen und Gelehrten, und daß sie aus der Praxis und für die Praxis entstehen soll, jetzt vernachlässigt wird, so ist der Fehler auf Seiten der Moderne"[93].

---

[93] Croce, *Theorie*, S. 158.

2.2.2 Die Quellen und ihre Auswertung

Eine Zusammenfassung der methodischen Techniken, deren sich der Forscher bei seiner Arbeit bedient, bietet Polybius in einem weiteren Abschnitt seines an theoretischen Erwägungen reichen zwölften Buches (XII.27.1-8)[94]. Wegen der grundlegenden Bedeutung dieser Ausführungen sei hier zunächst der ganze Text im Zusammenhang geboten. Nach einer Analyse der methodischen Aussagen soll dann anhand von Beispielen gezeigt werden, wie die von Polybius genannten Forschungstechniken von ihm selbst sowie von anderen Historikern in der Praxis angewendet wurden.

Polybius schreibt (XII.27.1-8): "Von den beiden Sinnesorganen, durch die wir alles erfahren und erforschen, Gehör und Gesicht ([ἀκοῆς καὶ ὁράσεως]), und von denen das letztere nach einem Wort Heraklits bedeutend zuverlässiger (ἀληθινωτέρας ... οὐ μικρῷ) ist – die Augen, so sagt er, sind genauere Zeugen als die Ohren (ὀφθαλμοὶ γὰρ τῶν ὤτων ἀκριβέστεροι μάρτυρες) –, unter diesen hat Timaios den zwar angenehmeren aber untauglicheren Weg für sein Forschen gewählt. Seine Augen zu gebrauchen nämlich unterläßt er gänzlich und hält sich anstatt dessen an das Gehör. Und da man sich auch dieses Mittels auf doppelte Weise bedienen kann, erstens dadurch, daß man sich aus Büchern vorlesen <oder zweitens von Gewährsmännern berichten läßt, hat er auch hier nur das erstere getan>[95], auf die persönliche Erkundigung dagegen, wie ich oben dargelegt habe, gar keine Mühe verwandt. Weshalb er aber jenes bevorzugt hat, ist leicht einzusehen. Wer aus Büchern (ἐκ τῶν βυβλίων) schöpft, braucht keine Strapazen auf sich zu nehmen, setzt sich keiner Gefahr aus. Es ist nur nötig, sich eine Stadt auszusuchen, in der es viele Bücher (ὑπομνημάτων πλῆθος) gibt oder die eine Bibliothek (βυβλιοθήκην) in der Nähe hat. Dann kann man ruhig dasitzen, die Bücher nach dem, was man wissen will, befragen, und die Irrtümer der Vorgänger in aller Ruhe durch Konfrontieren feststellen. Persönliche Erkundung

---

[94] Schepens, "Division," S. 283, hat in Abgrenzung zu XII.25e.1 richtig beobachtet, daß "the problem of historical method is here approached and analysed as a matter of *technique*".

[95] An dieser Stelle ist der Text verderbt.

(ἡ δὲ πολυπραγμοσύνη) dagegen ist mit großen Mühen und Kosten verbunden, aber sie bringt reichen Ertrag, ja sie ist das wichtigste Stück geschichtlicher Forschung (μέγιστόν ἐστι μέρος τῆς ἱστορίας). Dies bezeugen die Geschichtsschreiber selbst. So sagt Ephorus, wenn es möglich wäre, bei allen Ereignissen selbst anwesend zu sein, so wäre dieses Wissen besser als jedes andere (εἰ δυνατὸν ἦν αὐτοὺς παρεῖναι πᾶσι τοῖς πράγμασι, ταύτην ἂν διαφέρειν πολὺ τῶν ἐμπειριῶν)"[96].

Polybius trifft hier zunächst eine Unterscheidung zwischen Gesicht und Gehör, wobei er ersteres gemäß einem verbreiteten antiken Grundsatz[97] als zuverlässiger bezeichnet. Man wird der hier im Zusammenhang einer historischen Methodendiskussion getroffenen Aussage nicht gerecht, wenn man ihre Bedeutung rein auf die Funktion der Sinnesorgane des Historikers beschränkt. Denn Timaios, dessen Forschungsmethode Polybius kritisiert, hat ja auch bei der Lektüre von Büchern auf seine Augen nicht verzichten können[98]. Vielmehr geht es hier um eine Unterscheidung zwischen primären und sekundären Informationen, die der modernen Unterscheidung zwischen Primär- und Sekundärquellen aufs engste verwandt ist, ja deren Ursprung darstellt[99]. Der Historiker muß dem, was er sieht

---

[96] Vgl. Polybius XII.4c.3; XII.25i.2.

[97] Polybius will mit dem Wort des Heraklit ausdrücken, daß jeder mittelbare Weg zur Wirklichkeit minderwertiger ist als der unmittelbare. An diesem Punkt ist die Ableitung der quellenkritischen Methodik aus "psychologischen Erfahrungssätzen" (Bernheim) besonders deutlich sichtbar. Vgl. Herodot I.8.2: "den Ohren glauben ja die Menschen weniger als den Augen (ὦτα γὰρ τυγχάνει ἀνθρώποισι ἐόντα ἀπιστότερα ὀφθαλμῶν)"; Philo, *Conf.* 57: "da sie sich auf das zuverlässigere Zeugnis des Auges lieber verlassen als auf das Ohr (ὄψει πρὸ ἀκοῆς σαφεστέρῳ χρησαμένοις μάρτυρι)"; Seneca, *Ep.* VI.5: "an Ort und Stelle mußt Du kommen ..., weil die Menschen mehr den Augen als den Ohren trauen (*primum quia homines amplius oculis quam auribus credunt*)"; Isidor (560-636), *Etymologiae* I.41-44; Lukian, *Hist. Conscr.* 29; Hieronymus (347-420), *Contra Rufinum* II.25; Beda (663-735), *Historia Ecclesiastica* V.24. Vgl. J. Werner, "ὦτα ἀπιστότερα ὀφθαλμῶν," *WZ(L),* 11 (1962), 577.

[98] Die Einteilung des Polybius mag auch damit in Zusammenhang zu bringen sein, daß Geschichtswerke laut (vor-) gelesen wurden.

[99] Vgl. von Brandt, *Werkzeug,* S. 51: "*Ceteris paribus,* d. h. bei im übrigen gleichen Gegebenheiten ..., wird die Aussage eines Augenzeugen oder Mithandelnden vor dem Zeugnis aus 'zweiter Hand' bevorzugt, ein gleichzeitiger Bericht vor einem späteren usw. Auf dieser Erwägung beruht die Unterscheidung von Primär- und Sekundär-

(seinen eigenen Augen), mehr Vertrauen schenken, als den Berichten, die ihn erreichen (seinen Ohren). Und er muß wiederum den Berichten von Augenzeugen mehr Vertrauen schenken, als den Berichten derer, die ihre Informationen selbst wiederum aus den Schilderungen von Autopten geschöpft haben. Denn das Auge ist ein besserer Zeuge als das Ohr. So lautet denn auch eine Rechtsregel aus dem römischen Gerichtswesen: *pluris est oculatus testis unus quam auriti decem*[100].

Die durch das Gehör, d. h. indirekt, erfolgte Kenntnisnahme von historischen Ereignissen wird noch einmal unterteilt. Der Historiker kann indirekte Informationen durch mündliche Befragung der Augenzeugen oder aus schriftlichen Berichten gewinnen. Hier geht es Polybius nicht um eine grundsätzliche Abwertung der schriftlichen gegenüber den mündlichen Quellen. Die schriftlichen Quellen sind nicht als solche minderwertig oder aufgrund ihrer Schriftlichkeit weniger vertrauenswürdig. Es gibt jedoch einen wichtigen Grund, die mündlichen Augenzeugenaussagen den schriftlichen Augenzeugenaufzeichnungen vorzuziehen. Denn die schriftliche Quelle stellt eine in ihren unverrückbaren Grenzen fixierte Größe dar. Der forschende Historiker hat nicht mehr die Möglichkeit, seinem erkenntnisleitenden Interesse gemäß gezielte Fragen zu stellen, um so Dinge zu erfahren, die nicht schriftlich niedergelegt wurden, für ihn aber dennoch von Bedeutung sind. Polybius formuliert diesen Sachverhalt folgendermaßen (XII.28a.9): "Es kommt nämlich bei einer solchen Erzählung nicht weniger auf den Fragenden als auf den Berichtenden an (οὐ γὰρ ἔλαττον ὁ πυνθανόμενος τῶν ἀπαγγελλόντων συμβάλλεται πρὸς τὴν ἐξήγησιν). Indem man dem Erzählenden aufmerksam folgt und an den entscheidenden Stellen die richtigen Fragen stellt, weckt man bei ihm die Erinnerung an alle Einzelheiten, hat also tatsächlich die Führung (ἡ γὰρ τῶν παρεπομένων τοῖς πράγμασιν ὑπόμνησις αὐτὴ

---

quellen". Und Bernheim, *Lehrbuch*, S. 451: "Auf die durch Nacherzählung veranlaßten Entstellungen der ursprünglichen Wahrnehmungen und Mitteilungen gründet sich der fundamental wichtige Unterschied zwischen unmittelbaren und vermittelten Berichten oder Urquellen und abgeleiteten Quellen".

[100] Plautus, *Truc.* 489. Diese Stelle führt schon Wettstein (644) zu Lk 1:2 an; s. auch Liebs, *Rechtsregeln*, S. 155.

χειραγωγεῖ τὸν ἐξηγούμενον ἐφ' ἕκαστα τῶν συμβεβηκότων)". Die mündliche Quelle ist nicht verläßlicher als die schriftliche, aber sie ist aussagekräftiger, sofern der Forscher sie mittels geschickter Fragestellungen voll ausschöpft[101].

Diese Einsicht findet sich bereits bei Platon (*Phdr.* 275c-e)[102]. Sokrates reflektiert in diesem Dialog über Wert und Nutzen der Schrift. U. a. führt er in seinen Überlegungen aus, daß die Schrift der Malerei ähnlich sei: "Denn auch diese stellt ihre Ausgeburten hin als lebend (ὡς ζῶντα), wenn man sie aber etwas fragt, so schweigen sie gar ehrwürdig still (ἐὰν δ' ἀνέρῃ τι, σεμνῶς πάνυ σιγᾷ). Ebenso auch die Schriften. Du könntest glauben, sie sprächen, als verstünden sie etwas, fragst du sie aber lernbegierig über das Gesagte, so enthalten sie doch nur ein und dasselbe stets (ἐὰν δέ τι ἔρῃ τῶν λεγομένων βουλόμενος μαθεῖν, ἕν τι σημαίνει μόνον ταὐτὸν ἀεί)" (275d). Daher bevorzugt Sokrates (276a) "die lebende und beseelte Rede des wahrhaft Wissenden (Τὸν τοῦ εἰδότος λόγον ..., ζῶντα καὶ ἔμψυχον), von der man die geschriebene mit Recht wie ein Schattenbild ansehen könnte". Ein geschriebenes Werk kann dem lern- und wißbegierigen Leser keinerlei Informationen vermitteln, die über das Geschriebene hinausgehen, dieses erläutern und ergänzen. Solche Fragen kann lediglich der Verfasser selbst beantworten. Diese Einsicht ist für die Quellenbewertung des Polybius von nicht zu unterschätzender Bedeutung[103].

---

[101] Sicher wäre auch noch zu erwägen, ob der persönliche Kontakt mit den Zeugen es dem Historiker nicht einfacher macht, sich ein Urteil über die Zuverlässigkeit der einzelnen Quellen zu machen: *Testibus, non testimoniis creditur* (Liebs, *Rechtsregeln*, S. 207).

[102] Vgl. zur Problematik weiterhin Clemens Alexandrinus, *Strom.* I.§14.4: "beständig fortrollend allein durch die Stimme der Schrift, gibt es [d. i. das Geschriebene] dem Fragenden nichts mehr als das Geschriebene zur Antwort. 'Denn es bedarf notwendigerweise des Schriftstellers als Beistandes oder eines anderen, der auf derselben Spur wandelt'". S. dazu E. F. Osborn, "The Teaching and Writing in the First Chapter of the Stromateis of Clement of Alexandria," *JThS*, 10 (1959), 335-43.

[103] Zu vergleichen wäre hier wohl auch eine bei Eusebius (*Hist. Eccl.* III.39.4) überlieferte Aussage des Papias: "Wann immer also einer kam, der den Alten gefolgt war, so pflegte ich nach den Worten der Alten zu forschen (τοὺς τῶν πρεσβυτέρων ἀνέκρινον λόγους), was Andreas oder was Petrus sagte (εἶπεν), oder was Philippus oder was Johannes oder Matthäus oder ein anderer Jünger des Herrn, auch was Ariston und der Alte Johannes, der Jünger des Herrn, sagen (λέγουσιν). Denn ich

Es läßt sich also folgende Ordnung für die Wertigkeit historischer Quellen aufstellen: Am erstrebenswertesten ist die aus der eigenen Augenzeugenschaft gewonnene Kenntnis. Diese ist am unmittelbarsten und direktesten und unterliegt deswegen der geringsten Verfälschungsgefahr. An zweiter Stelle folgt die Befragung von Augenzeugen. Die hierdurch gewonnene Information wird per Gehör erworben; sie ist daher sekundär. An dritter und letzter Stelle folgt die Auswertung schriftlicher Augenzeugenberichte. Das hängt nicht mit einer Mißachtung des Mediums der Schrift an sich zusammen. Die schriftlichen Aufzeichnungen liefern ebenfalls Sekundärinformationen. Die schriftliche Quelle ist aber in ihrem Aussagegehalt wesentlich begrenzter als die mündliche. Schriftliche Quellen lassen dem Historiker kaum einen Forschungsspielraum und bergen zudem die Gefahr in sich, mißverstanden zu werden. Die praktische Anwendung der so prägnant von Polybius zusammengefaßten Prinzipien soll nun anhand von Beispielen dargestellt werden.

2.2.2.1 Die Autopsie

Es hat sich bisher ergeben, daß die persönliche Augenzeugenschaft bei einem Ereignis als zuverlässigste Quelle des Historikers gilt. Extrem bringt Polybius dies in einem bildhaften Vergleich zum Ausdruck (XII.28a.6): "Ich wenigstens bin der Ansicht, daß kein so großer Unterschied besteht zwischen wirklichen Bauwerken und den Kulissenmalereien, auch nicht zwischen Historie und epideiktischer Rede, wie bei der Geschichtsschreibung zwischen dem Bericht auf Grund eigener Beteiligung an dem betreffenden Vorgang (τὴν ἐξ

---

meinte, die Informationen aus den Büchern wären mir nicht so nützlich wie die von der lebenden und bleibenden Stimme (οὐ γὰρ τὰ ἐκ τῶν βιβλίων τοσοῦτόν με ὠφελεῖν ὑπελάμβανον ὅσον τὰ παρὰ ζώσης φωνῆς καὶ μενούσης)". Wäre es denkbar, daß Papias deswegen den persönlichen Kontakt mit den Schülern der Presbyter suchte, weil sie ihm die Frage beantworten konnten, die über den Inhalt des in den Büchern festgehaltenen Traditionsmaterials hinausgingen? Eine Reihe verschiedener Vergleichsstellen aus der klassischen und patristischen Literatur findet sich bei H. Karpp, "Viva Vox," *Mullus*. FS Th. Klausner. Hg. A. Stuiber und A. Hermann (Münster, 1964), S. 190-8.

αὐτουργίας καὶ τὴν ἐξ αὐτοπαθείας ἀπόφασιν) und einem solchen aus zweiter oder dritter Hand, der auf Hörensagen beruht (τῶν ἐξ ἀκοῆς καὶ διηγήματος γραφομένων)"[104].

Allerdings ist Polybius so realistisch zuzugestehen, daß diese idealen Voraussetzungen der persönlichen Autopsie für das Abfassen eines Geschichtswerkes nur in den seltensten Fällen gegeben sind. Das ergibt sich allein schon aus der ungeheuren Komplexität historischen Geschehens, die u. a. in der chronologischen Parallelität und der geographischen Streuung der Einzelereignisse ihren Grund hat. So schreibt Polybius (XII.4c.4-5): "da sich die Ereignisse gleichzeitig an vielen Stellen zutragen und ein und derselbe Mensch nicht zugleich an mehreren Orten anwesend sein kann (παρεῖναι δὲ τὸν αὐτὸν ἐν πλείοσι τόποις κατὰ τὸν αὐτὸν καιρόν), es nicht einmal möglich ist, alle Teile der Welt und die Eigentümlichkeiten eines jeden Landes aus eigener Anschauung kennenzulernen (αὐτόπτην γενέσθαι πάντων τῶν κατὰ τὴν οἰκουμένην τόπων)[105], bleibt nur übrig, möglichst viele zu befragen (πυνθάνεσθαι μὲν ὡς παρὰ πλείστων)".

Die wichtigsten Quellen des Historikers sind somit die vielen Augenzeugen der verschiedenen Ausschnitte des historischen Geschehens. Darum ist "die Aufgabe der Befragung von Gewährsmännern (τὸ περὶ τὰς ἀνακρίσεις μέρος) ... die wichtigste Pflicht des Historikers (κυριώτατον τῆς ἱστορίας)" (Polybius XII.4c.3).

---

[104] Die Alexanderhistoriker Ptolemaios und Aristobulos befanden sich in der glücklichen Lage, die von ihnen berichteten Ereignisse, die Geschichte Alexanders des Großen, in weiten Teilen persönlich miterlebt zu haben. Darum hält Arrian bei der Abfassung seiner Alexandergeschichte (An., pr. 2) ihre Berichte für glaubwürdiger (πιστότεροι), als die Darstellungen vieler anderer Schriftsteller. Der Bericht des Aristobulos gilt ihm als besonders zuverlässig, "weil er an der Seite seines Königs Alexander den ganzen Feldzug mitmachte (συνεστράτευσε)"; der des Ptolemaios, "weil es zusätzlich dazu, daß er Teilnehmer des Zuges war (ξυστρατεῦσαι), für ihn als König größere Schande als für jeden anderen bedeuten mußte, zu lügen (αἰσχρότερον ἢ τῳ ἄλλῳ ψεύσασθαι ἦν)". Vgl. Diodorus Siculus I.83.8-9; I.84.8.

[105] Isokrates behauptet etwa in XII.150, "daß alle Menschen mehr Kenntnisse durch das Gehör als durch das Gesicht besitzen (πάντας ἀνθρώπους πλείους ἐπιστήμας ἔχοντας διὰ τῆς ἀκοῆς ἢ τῆς ὄψεως), und daß sie größere und schönere Taten durch das Hören der Berichte anderer als durch eigene Teilnahme daran kennen".

2.2.2.2 Die Befragung von Autopten

Die Zeugenbefragung fand aber nun nicht in der naiven Annahme statt, daß die Aussage jedes Autopten von grundsätzlich gleichem Zeugniswert sei. Schon Thukydides trifft bei der Heranziehung von Augenzeugen eine kritische Auswahl (I.22.2): "Was aber tatsächlich geschah in dem Kriege, erlaubte ich mir nicht nach Auskünften des ersten besten aufzuschreiben (οὐκ ἐκ τοῦ παρατυχόντος πυνθανόμενος ἠξίωσα γράφειν)". Und er stellt weiter fest (I.22.3): "Mühsam war diese Forschung, weil die Zeugen (οἱ παρόντες) der einzelnen Ereignisse nicht dasselbe über dasselbe aussagten (οὐ ταὐτὰ περὶ τῶν αὐτῶν ἔλεγον), sondern je nach Gunst (εὐνοίας) oder Gedächtnis (μνήμης)". Thukydides war sich dessen bewußt, daß eine Zeugenaussage durch Gedächtnisschwäche getrübt und durch Voreingenommenheit verfälscht sein kann. Was es im nachhinein schwierig macht, die methodischen Grundsätze des Thukydides anhand seines Werkes praktisch nachzuvollziehen, ist die Tatsache, daß er bekanntlich so gut wie nie seine Gewährsmänner für bestimmte Informationen nennt. Und er stellt nie zwei verschiedene Berichte über ein Ereignis nebeneinander, um dann in Abwägung des Für und Wider eine Entscheidung zu treffen[106]. Diese Arbeitsschritte gehören für Thukydides zu den historischen Vorarbeiten, die im Werk selbst nur in Gestalt des Ergebnisses einen Niederschlag finden.

Auch Polybius sieht in der kritischen Befragung von Augenzeugen die Voraussetzung für eine glaubwürdige Darstellung. Die zeitgenössischen Augenzeugen aber werden einer strengen Kritik unterzogen, denn als Historiker ist man verpflichtet, "nur den zuverlässigen Gewährsleuten zu glauben (πιστεύειν δὲ τοῖς ἀξίοις πίστεως) und die Berichte, die man erhält, einer scharfen Kritik zu unterziehen (κριτὴν δ' εἶναι τῶν προσπιπτόντων μὴ κακόν)" (XII.4c.5)[107].

---

[106] Vgl. K. von Fritz, *Griechische Geschichtsschreibung* (Berlin, 1967), I, 821.
[107] G. Schepens, "Some Aspects of Source Theory in Greek Historiography," *AncSoc*, 6 (1975), 269, zu XII.4c.4-5: "This approach to the information problem in its purely 'heuristic' terms undoubtedly comes closest to our modern expectation". Ausführlicher hat sich G. Schepens in seiner Dissertation zur Problematik geäußert: "Het belang van de autopsie in de historische methode van de Griekse geschiedschrijvers van Herodotus tot Polybius," Diss. Leuven, 1974.

Diese Gedanken finden sich auch sehr deutlich im Werk des Lukian (*Hist. Conscr.* 47). Seiner Meinung nach muß der Historiker "sich an Zeugen halten, die als unbestechlich (ἀδεκαστότερον) gelten und von denen anzunehmen ist, daß sie, weder von Zuneigung noch von Feindschaft verleitet, irgendwelche Tatsachen verschweigen oder etwas hinzufügen (ἀφαιρήσειν ἢ προσθήσειν τοῖς γεγονόσι)". Die Zeugen sind sorgfältig auf ihre Zuverlässigkeit hin zu überprüfen, und nur die Aussagen glaubhafter Zeugen dürfen verwendet werden. Dieses Inbetrachtziehen der Person des Zeugen und seiner Glaubwürdigkeit, wie Polybius es für sein Geschichtswerk tut, hat seine Entsprechung in den Regeln zur Zeugenvernehmung, wie sie für die römische Rechtsprechung bezeugt sind: *Testibus, non testimoniis creditur*[108]. Weitere deutliche Parallelen finden sich im Funktionieren des griechischen Gerichtswesens, wie es im Werk des Platon deutlich wird. Besonders aufschlußreich ist seine Schrift über die Gesetze[109]. Über die Zeugenbefragung erfahren wir folgendes (*Lg.* 855e): Es "soll der Älteste mit der Befragung (ἀνακρίνοντα) beginnen, indem er in eine genaue Prüfung der gemachten Aussagen eintritt (ἰόντα εἰς τὴν τῶν λεχθέντων σκέψιν ἱκανήν). Nach dem Ältesten sollen alle andern der Reihe nach alles durchgehen (ἑξῆς ἅπαντας ... διεξελθεῖν), soweit einer über das, was von beiden Parteien gesagt oder nicht gesagt worden ist, irgendwie noch Genaueres wissen möchte". Dabei gilt (766e): "die Zeit nun und zugleich langsames Vorgehen und wiederholte Verhöre (τό τε πολλάκις ἀνακρίνειν) tragen dazu bei, daß der strittige Punkt klar wird". Bezüglich der Zeugenbefragung weisen das Gerichtswesen und die Historiographie manche Gemeinsamkeiten auf.

---

[108] Liebs, *Rechtsregeln*, S. 207, führt dazu aus: "Zur Beurteilung eines Zeugnisses muß der Richter sich einen Eindruck von dem betreffenden Zeugen verschaffen; eine isolierte Beurteilung nur der Aussage genügt nicht".

[109] Vgl. E. Wolf, *Griechisches Rechtsdenken IV/2: Platon – Dialoge der mittleren und späteren Zeit – Briefe* (Frankfurt, 1970), bes. S. 288-9 und 319-26. Vgl. z. B. S. 320-1: "Alle Zeugenaussagen müssen auf ihren Wahrheitsgehalt streng untersucht werden, zumal beim 'Zeugnisablegen' keine Eidespflicht besteht".

2.2.2.3 Das Studium schriftlicher Quellen

Der Stellenwert schriftlicher Quellen in der antiken Historiographie ist umstritten. In seiner gründlichen Studie zur Historizität der Apostelgeschichte bemerkt C. J. Hemer über die heuristischen Prinzipien der Antike: "To put it simply, there is almost a reversal of the roles of the subjective and objective in this concept of historiography, where written documents, including archives, are ranked *after* oral tradition and eyewitness reports"[110]. Diese Feststellung vereinfacht den Sachverhalt jedoch zu stark. Dazu wurde das Nötige oben (2.2.2) bereits gesagt.

Ergänzend läßt sich hierzu noch darauf hinweisen, daß bereits Thukydides vereinzelt Vertragsurkunden herangezogen hat, sofern diese zugänglich waren[111]. Beispielsweise zitiert auch Xenophon (*An.* V.3.13) in seinem Werk eine Inschrift (γράμματα), die er auf einer Tafel (στήλη) neben einem Tempel fand, ihrem genauen Wortlaut nach. Und als Polybius im Verlauf seiner Schilderung eine Schlacht in allen Einzelheiten beschreibt, veranlaßt ihn das zu der folgenden Notiz über die Quelle seiner Detailkenntnisse (III.33.17-18): "Man soll sich übrigens über die Genauigkeit dieser Angaben (τὴν ἀκρίβειαν τῆς ἀναγραφῆς) nicht verwundern, wenn wir über die Anordnungen Hannibals in Iberien so ins einzelne gehend berichten, wie es kaum jemand vermöchte, der selbst die Führung der Geschäfte in der Hand gehabt hat, und uns nicht voreilig verurteilen, wenn wir es ebenso gemacht zu haben scheinen wie die Geschichtsschreiber, die auf eine Vertrauen erweckende Weise lügen. Wir haben dieses Verzeichnis nämlich auf einer Erztafel in Lacinium gefunden,

---

[110] *The Book of Acts in the Setting of Hellenistic History* (Tübingen, 1989), S. 67. Vgl. S. 411-2: Die Ansicht "what types of sources were most trustworthy were not the same as ours". Hemer stützt sich dabei auf Schepens, "Source Theory," S. 258: "It is common knowledge that written documents, among them the archives that are the starting point of modern historical research, ranked only third in ancient historiography, after oral tradition and eyewitness reports".

[111] S. Thukydides VIII.18,37,58; V.18-19,23-24,47,77,79; IV.118-119. Vgl. weiterhin noch von Fritz, *Geschichtsschreibung*, I, 575-618. Im Blick auf Aristoteles und seine Schule kann geradezu von einer "systematischen Erforschung von Urkunden in Archiven" gesprochen werden; von Fritz, "Aristoteles," S. 96.

die Hannibal zu der Zeit gesetzt hat, als er sich in Italien aufhielt, und da wir sie in bezug auf diese Angaben für absolut glaubwürdig hielten (πάντως ἐνομίσαμεν αὐτὴν περί γε τῶν τοιούτων ἀξιόπιστον εἶναι), haben wir uns entschlossen, diesem Verzeichnis zu folgen"[112]. Die schriftlich festgehaltenen Angaben einer Inschrift werden – durchaus in Übereinstimmung mit der modernen Einschätzung – als objektive und primäre Quellen betrachtet und verarbeitet[113].

Gegenüber den schriftlichen Berichten von Zeitgenossen und Mithandelnden gelten aber die gleichen Vorbehalte wie gegenüber mündlichen Zeugnissen: Der Historiker hat gegenüber seinen Quellen eine kritisch-prüfende Distanz zu wahren, um nicht Irrtümern oder Täuschungen zum Opfer zu fallen. So erwähnt Polybius (III.9.3-5) den Fabius vor allem, "um die, die seine Bücher in die Hand nehmen, zu warnen, nicht auf den Titel, sondern auf die Tatsachen zu sehen. Denn indem einige nicht auf das achten, was gesagt wird, sondern auf den, der es sagt, und daran denken, daß der Verfasser Zeitgenosse war und zum römischen Senat gehörte, glauben sie sogleich, alles, was dieser Mann sagt, müsse wahr sein". Zeitgenossenschaft an sich und Zugang zu wichtigen Quellen für sich sichern noch nicht die Zuverlässigkeit der Schilderung.

Bereits diese wenigen Belegstellen zeigen, daß für das Altertum von einer allgemeinen Geringschätzung schriftlicher Quellen keine Rede sein kann, weder für die Verhandlung alltäglicher Rechtsstreitigkeiten vor Gericht, noch für die Schilderung bedeutsamer geschichtlicher Ereignisse in der Historiographie. Die Qualität einer Quelle wurde nicht nach ihrem "Aggregatzustand", sondern nach ihrer Nähe zum historischen Geschehen und nach ihrer allgemeinen Vertrauenswürdigkeit bestimmt. So schreibt denn auch später J. G. Droysen in seinem klassischen Werk der Historik: "So wichtig der Unterschied der mündlichen und der schriftlichen Überlieferung ist, an sich prinzipieller Natur ist er nicht"[114]. Nach diesem Grundsatz wertete man das verfügbare Quellenmaterial bereits in der Antike.

---

[112] Vgl. III.56.4; IV.33.1-4; V.93.10.
[113] Vgl. Tacitus, *Ann.* III.3.2; XV.74; Josephus, *Ap.* I.56.
[114] *Historik: Vorlesung über Enzyklopädie und Methodologie der Geschichte*. 3. Aufl. (Darmstadt, 1958), S. 64.

2.2.3 Der historiographische Stellenwert der Autopsie in Antike und Neuzeit

Die historische Methode der Neuzeit unterscheidet sich in der Quellenkritik nicht grundsätzlich von den gängigen historiographischen Prinzipien des Altertums[115]. Auch in der modernen Geschichtsschreibung ist die Augenzeugenschaft das zentrale Kriterium für den Wert einer Zeugenaussage.

Zunächst sei eine in unserem Zusammenhang hin und wieder (manchmal mit Befremden) zitierte Äußerung G. E. Lessings wiedergegeben, die dieser am 23. August 1759 in einem Brief machte. Er schrieb: "Überhaupt aber glaube ich, daß der Name eines *wahren Geschichtschreibers* nur demjenigen zukömmt, der die Geschichte seiner Zeiten und seines Landes beschreibet. Denn nur der kann selbst als Zeuge auftreten, und darf hoffen, auch von der Nachwelt als ein solcher geschätzt zu werden, wenn alle andere, die sich nur als Abhörer der eigentlichen Zeugen erweisen, nach wenig Jahren, von ihresgleichen gewiß verdrungen sind"[116]. Bemerkenswerterweise schränkt Lessing hier den Geschichtsbegriff zeitlich noch stärker ein, als dies etwa Thukydides, Polybius und ihre Kollegen getan haben[117]. Ein Geschichtsschreiber im eigentlichen Sinn ist nur der,

---

[115] Ganz anders urteilt wiederum Wiseman, *Cosmetics*, S. ix: "with the partial exception of Thucydides, the Greco-Roman historiographical tradition did not even approach the standards of investigation which have become normal since the coming together of history and antiquarianism in the eighteenth century".

[116] G. E. Lessing, "Briefe, die neueste Literatur betreffend III/52," *Werke in sechs Bänden* (Zürich, 1965), III, 166. Die Hervorhebungen durch Kursivdruck stammen in diesem Paragraphen (2.3.3) von mir.

[117] Gängig ist diese Ansicht allerdings bereits in der Antike (Gellius V.18.1-2): "Einige sind der Meinung, es unterscheide sich der Begriff des Wortes *historia* (Geschichte) von der *annales* (Jahrbücher) dadurch, daß, obgleich beide Bezeichnungen die Erzählung von Tatsachen (und Vorkommnissen) betreffen (*cum utrumque sit rerum gestarum narratio*), mit dem Ausdruck 'historia' jedoch nur ganz eigentlich die Erzählung solcher Begebenheiten gemeint sei, bei deren Vorgang der Erzähler selbst gegenwärtig gewesen sei (*earum tamen proprie rerum sit 'historia', quibus rebus gerendis interfuerit is, qui narret*); und daß dies, wie Verrius Flaccus im vierten Buche seines Werkes 'Über die Bedeutung der Wörter' meldet, die Ansicht einiger Schriftsteller sei. Auch setzt er hinzu, daß er zwar selbst noch nicht im klaren

der nicht einmal Gegenwartsvorgeschichte, sondern ausschließlich Zeitgeschichte schreibt.

Selbstverständlich ist auch hier wieder zu beachten, daß ein grundlegender Unterschied zwischen Gegenwartsvorgeschichte und Vergangenheitsgeschichte besteht. Die Väter der modernen Historiographie haben sich vornehmlich mit Vergangenheitsgeschichtsschreibung beschäftigt[118]. Es ist klar, daß sie dafür keine Zeitzeugen mehr befragen konnten. Dennoch räumen auch die Väter der neuzeitlichen Historiographie bei der Analyse ihrer Vorgänger der Augenzeugenschaft eine zentrale Rolle ein. Die Bedeutung, die Ranke der Augenzeugenschaft des Historikers beimißt, wird an seinem Urteil über Pirkheimer deutlich: "So scheint es denn, als müßten wir auch dieß Buch in die Halle der Bücher von Hörensagen stellen, und doch hat Pirkheimer selbst ein Fähnlein Nürnberger in diesem Krieg angeführt. Aber nein. Mit dem Augenblick, wo Pirkheimer seinen Aufbruch aus Nürnberg berichtet, bekommt sein Werk

---

sei über diese Erklärung, daß es jedoch auch nach seiner Meinung den Anschein gewinnen könne, daß diese Ansicht sich deswegen einigermaßen rechtfertigen lasse, weil man im Griechischen mit dem Worte ίστορία eine Bekanntschaft von gegenwärtigen (d. h. persönlich erlebten) Vorgängen (*rerum cognitionem praesentium*) bezeichnet". S. auch Isidor, *Etym.* I.44.4.

[118] Ernst, "Zeitgeschehen," S. 138, konstatierte noch 1957: "Wenn man von der modernen Geschichtsschreibung spricht, meint man beinahe selbstverständlich Vergangenheitsgeschichtschreibung". Vgl. aber auch P. Rassow, *Der Historiker und seine Gegenwart* (München, 1948), S. 27, über Ranke: "Da ist ... zu bemerken, daß alle seine Hauptwerke kurze oder längere Schlußkapitel haben, die bis in die ersten Jahrzehnte des 19. Jahrhunderts hinabreichen, also bis nah an seine Gegenwart, an den Zeitpunkt heran, zu dem sein Wirken als Historiker begann". Die oben zitierten Aussagen sind selbstverständlich nur dort sinnvoll, wo Zeit- und Gegenwartsvorgeschichte geschrieben wird. Und das ist bei Niebuhr und von Ranke nur in verhältnismäßig geringem Maße der Fall. Als Folge davon ergab sich, daß der Begriff Zeitgeschichte "in seiner spezifisch disziplinären Bedeutung" erst seit Beginn der 50er Jahre unseres Jahrhunderts wieder an Bedeutung gewann. Wesentliche Markierungspunkte in Deutschland waren die Gründung des Instituts für Zeitgeschichte in München 1950 und die Herausgabe des *Vierteljahrheftes für Zeitgeschichte* (*VZG*) seit 1953 (Schulze, *Einführung*, S. 29). Und so fand in neuerer Zeit etwa auch für die Geschichte der Weimarer Republik oder des Dritten Reiches, die sogenannte "oral history", Eingang in die wissenschaftlich betriebene Zeitgeschichtsschreibung (Schulze, *Einführung*, S. 31).

Wahrheit, Leben und Zuverlässigkeit. Seitdem ... stimmen seine Nachrichten mit den schweizerischen überein. *So viel mehr ist es, ein Augenzeuge, als nur ein Zeitgenoß zu seyn* ... *er ist übel unterrichtet; wo ihn seine Augen unterrichten, erst da wird er wahr*"[119]. In seinem soeben zitierten Werk setzt sich Ranke u. a. das Ziel, "die Art und Weise zu rechtfertigen, auf welche in meinem Bändchen romanischer und germanischer Geschichten die Quellen benutzt worden sind"[120]. Das führt ihn zu folgender grundsätzlichen Überlegung: "Bey den urkundlichen Geschichtschreibern, die wir Quellen zu nennen übereingekommen, ist die erste Frage, ob sie Theilnehmer und Augenzeugen, oder ob sie nur Zeitgenossen gewesen sind"[121].

Die Zeitgeschichtsschreibung hat nach Rankes Ansicht mit verschiedenen Problemen zu kämpfen, die die Vergangenheitsgeschichte nicht kennt. Vor allem wird durch den geringen zeitlichen Abstand von den Ereignissen das historische Urteil erschwert. Aber es gibt auch einen wesentlichen Vorteil, denn der Historiker hat noch "die Zeit, die Mitlebenden zu befragen und aus der Mannigfaltigkeit entgegengesetzter Tatsachen sich ein begründetes Urteil zu bilden"[122]. Und so beruft sich Ranke in Vorlesungen zu zeitgeschichtlichen Themen ausdrücklich auf Augenzeugenberichte: "Ich will die Geschichte erzählen *wie ich sie von Augenzeugen gehört habe*". Oder auch: "Dies weiß ich von Mitgliedern der Commission selbst"[123].

---

[119] Ranke, *Kritik*, S. 137-8.
[120] Ranke, *Kritik*, S. iii.
[121] Ranke, *Kritik*, S. 8. Vgl. die oben (2.2.2.1) zitierten Erwägungen Arrians (*An.*, pr. 1-2) über den Quellenwert der Aufzeichnungen des Ptolemaios und des Aristobulos.
[122] Zitiert nach Berg, *Lehrer*, S. 190.
[123] Zitiert nach Berg, *Lehrer*, S. 191. S. auch Rankes Geschichte der Serbischen Revolution, *Serbien und die Türkei im neunzehnten Jahrhundert* (Leipzig, 1879), die z. T. auf Augenzeugenberichten aufgebaut ist. Auf S. v heißt es: "Ich hatte das Glück, die Geschichte der Umwälzung und der Befreiungskriege von Serbien in einer Zeit niederzuschreiben, wo noch eine lebendige Erinnerung an die Ereignisse vorhanden war. ... Das Verfahren war, daß eine Vorlage von Wuk zu Grunde gelegt, aber dann bei jeder Thatsache, jedem Worte einer Prüfung unterzogen wurde, bei welcher Wuk die Zeugen, mit denen er gesprochen, aufführte, so daß eine vollkommne Zuverlässigkeit der Mittheilungen erreicht wurde".

In diesem Zusammenhang ist es durchaus sinnvoll, die programmatische Äußerung Rankes zur Aufgabe der Geschichtsschreibung (s. o. 2.1.3) noch einmal im Zusammenhang zu lesen. Ranke schreibt über den Historiker: "er will bloß sagen, wie es eigentlich gewesen. Woher aber konnte dieß neu erforscht werden? Die Grundlage vorliegender Schrift, der Ursprung ihres Stoffes sind Memoiren, Tagebücher, Briefe, Gesandtschaftsberichte und *ursprüngliche Erzählungen der Augenzeugen*; andere Schriften nur alsdann, wo sie entweder aus jenen unmittelbar abgeleitet, oder durch irgendeine originale Kenntniß ihnen gleich geworden schienen. Jede Seite zeigt an, welches diese Werke gewesen". Primärquellen sind demnach alle nicht-abgeleiteten Äußerungen, seien sie nun mündlicher oder schriftlicher Art. Ganz offensichtlich ist hier die große Übereinstimmung Rankes mit den Prinzipien der antiken Geschichtsschreibung.

Es wäre falsch zu behaupten, daß Ranke (oder die moderne historische Methode) schriftliche Nachrichten allein deshalb höher bewertet, weil sie eben schriftlich sind. Mündliche und schriftliche Quellen sind im Prinzip durchaus gleichwertig. Der Vorteil der schriftlichen Quelle besteht lediglich darin, daß ihr Inhalt ein für allemal unveränderlich fixiert ist, während die mündlich bewahrte und tradierte Information im Laufe des Traditionsprozesses an historischem Informationswert verliert: "so wie sich etwas länger blos im Gedächtnis erhält, wird es mythisch"[124].

Eine ganz entsprechende Ansicht über den Wert von Augenzeugenaussagen läßt sich auch für B. G. Niebuhr zeigen. Er schreibt – im Anklang an Lessing – sehr grundsätzlich: "eine wahre Geschichtsschreibung, Historie, findet aber nur für das statt, was wir *selbst erlebt* haben; für die Vergangenheit kann man höchstens dahin gelangen, daß wenn wir eine Gegenwart mit einer gewissen Anschaulichkeit erlebt haben, wir diese Anschauung auf frühere Zeiten übertragen"[125]. Und über seine eigene Person schreibt Niebuhr gelegent-

---

[124] Zitiert nach Berg, *Lehrer*, S. 189.
[125] Zitiert nach Ernst, "Zeitgeschehen," S. 157. Und von H. von Treitschke jedenfalls ist folgende Aussage überliefert: "So Jahre lang über Länder zu forschen, die man nie gesehen und deren Sprache man nicht kennt – das ist mir zu abstrakt. Geschichte im höchsten Sinne ist Darstellung des Lebens und muß also selbsterlebt

lich, um die Glaubwürdigkeit seiner zeitgeschichtlichen Darstellung zu belegen: "Ich habe die Zeit, die ich darstellen will, größtenteils *selbst erlebt* und unter Verhältnissen welche es mir möglich machten, mehr als viele andere von den Begebenheiten zu erfahren"[126].

So formuliert auch Bernheim, daß die Hauptaufgabe der historischen Methode, nämlich die "Konstatierung der Thatsächlichkeit ... zum Teil auf unmittelbaren Wahrnehmungen der Vorgänge selbst und der vorhandenen Überreste, zum Teil auf den vermittelten Wahrnehmungen von Zeugen, deren Glaubwürdigkeit wir geprüft haben, zum Teil auf Urteilen und Schlüssen aus allen genannten Wahrnehmungen" beruhe[127]. Bernheims Ansicht nach basiert "die historische Erkenntnis" prinzipiell auf der "Gewißheit der unmittelbaren Erfahrung und Anschauung"[128]. Und wenn die modernen Quellenkunden der Augenzeugenschaft oberflächlich betrachtet nicht die entscheidende Rolle einräumen, die ihr in der Antike zukam, so liegt dies nicht daran, daß man etwa den schriftlichen Traditionen einen größeren Zeugenwert oder eine höhere Vertrauenswürdigkeit zuschreibt, sondern daran, daß Augenzeugenberichte häufig Mangelware sind. So schrieb noch um die Jahrhundertwende Bernheim: "Eine so wichtige Quelle im weiteren Sinne des Wortes daher *die unmittelbare Anschauung* als Grundlage aller historischen Tradition auch ist, so rechnet man sie doch wegen ihres eigenartigen Charakters gewöhnlich nicht zu den Geschichtsquellen im engeren technischen Sinne". Denn von den zeitgenössischen Ereignissen "ist nur ein verschwindend kleiner Teil dem einzelnen Mitlebenden direkt wahrnehmbar"[129].

---

sein"; *Heinrich von Treitschkes Briefe*. Hg. M. Cornicelius (Leipzig, 1920), III, 585 (23. September 1886).

[126] Zitiert nach Ernst, "Zeitgeschehen," S. 158. Derselbe verweist auch auf eine 1847 von Droysen gemachte Aussage über die Abfassung einer von ihm beabsichtigten Biographie Yorcks. Droysen meinte, es eile: "Denn noch leben Zeugen wichtigster Vorgänge; noch ein oder zwei Jahrzehnte, und von denen, die mitgehandelt, ist keiner mehr da den man fragen könnte" (S. 165).

[127] *Lehrbuch*, S. 163-4.
[128] *Lehrbuch*, S. 168.
[129] *Lehrbuch*, S. 227-8.

Dennoch kennt auch die moderne Quellenkritik die etwa von Polybius her bekannte Abstufung in der Wertung von historischen Berichten. Der Augenzeuge ist in aller Regel grundsätzlich glaubwürdiger als der, der seine Kenntnisse aus (anderen) Quellen schöpft[130]. Denn, wie Brandt in seinem Standardwerk zu den historischen Hilfswissenschaften zutreffend bemerkt: Der Erkenntniswert einer Quelle ist völlig unabhängig von der äußeren Form, und daher gilt: "die mündliche Erzählung eines Augenzeugen kann wertvoller sein als das schriftliche Protokoll, das über den Vorgang aufgenommen wurde"[131]. Es wäre gerade in der Zeitgeschichts- und Gegenwartsvorgeschichtsschreibung ein Fehlschluß, wollte man nach dem Prinzip forschen *quod non est in actis non est in mundo*[132].

---

[130] S. Bernheim, *Lehrbuch*, S. 469.
[131] *Werkzeug*, S. 50.
[132] H. Rothfels, "Zeitgeschichte als Aufgabe," *VZG*, 1 (1953), 4.

3. Der Lukasprolog auf dem Hintergrund der antiken Historiographie

Nachdem im vorherigen Kapitel die antike Geschichtsschreibung auf ihren Wahrheitsbegriff und ihre Methode hin untersucht wurde, soll nun versucht werden, den Prolog des Lukasevangeliums auf diesem Hintergrund zu verstehen. Inwiefern stimmt Lukas in seinem historiographischen Selbstverständnis, das er im Prolog seines Evangeliums zum Ausdruck bringt, mit dem Selbstverständnis antiker Geschichtsschreibung überein? Welcher "Richtung" der antiken Geschichtsschreibung ist Lukas zuzuordnen? Was wollte Lukas mit seiner Evangelienschrift leisten, und wie wollte er sie verstanden wissen?

Daß Lukas sich selbst als Historiker versteht, ist nicht umstritten. Ob das Lukasevangelium allerdings der tragischen[1], der rhetorischen[2] oder der seriösen Geschichtsschreibung zuzuordnen ist, inwiefern Lukas also dem in seinem Prolog formulierten Anspruch gerecht geworden ist, kann erst aufgrund einer gründlichen Analyse der gesamten Evangelienschrift beurteilt werden. Der Prolog für sich läßt aber gerade den literarischen Anspruch des Lukas in aller Deutlichkeit erkennen. Und dieser soll im folgenden untersucht werden[3].

---

[1] E. Plümacher, "Lukas als griechischer Historiker," *PRE.S*, 14 (1974), 259-60: Der "weniger an der Verpflichtung zu historischer Faktentreue als an der Psychagogie der Leser interessierte Stil der tragisch-pathetischen Historiographie war für die Zwecke des Autors *ad Theophilum* wie geschaffen". Vgl. C.-J. Thornton, *Der Zeuge des Zeugen: Lukas als Historiker der Paulusreisen* (Tübingen, 1991), Klappentext: "Lukas war ein bewußt subjektiver tragischer Historiker, der deutet, was er erlebt, und erlebt, was er glaubt"; detaillierter S. 355-60.

[2] Güttgemanns, "Rhetorik," S. 17: "In seiner 'fingierten Geschichtsschreibung' will Lukas also vor allem Lenker der 'Moral' sein. Auch sein Jesusbild ist somit keine 'faktische Historie', sondern eine ethische Kraft für die Kirche". Und S. 23-4: "Lukas will zwar 'Historiker' sein; aber dazu will er mit Mitteln der Phantasie und mit den 'ethischen Gefühlen' der Leser ein 'glaubhaftes Bild Christi' fingieren. Die Fiktion steht bei ihm im Dienst der *fides* oder der *amplificatio fidei*". Vgl. die Antwort von Siegert, "Lukas," S. 57-60.

[3] Der Prolog des Lukasevangeliums besteht aus einer einzigen relativ verschlungenen und äußerst kunstvoll gestalteten Satzperiode. Vgl. É. Delebecque, *Études grecques sur l'Évangile de Luc* (Paris, 1976), S. 8: "Isocrate ou Démosthène ne construisent pas mieux l'édifice d'une période"; R. Kühner und B. Gerth, *Ausführliche Grammatik der griechischen Sprache* (Hannover, 1966), II/2, 605: "Eine schön

3.1 Die vorlukanische Bezeugungssituation (vv1-2)

Im ersten Teil des Prologs, der Protasis, sagt Lukas, welche Situation er vorfand, als er sich an die Abfassung seines Evangeliums machte. Er ist nicht der erste, der es unternimmt, eine Darstellung des Lebens Jesu zu geben, und weist darauf im Stil seiner Zeit hin.

3.1.1 Lukas und seine Vorgänger (v1)

Für die Terminologie gilt: "Wenn ein Geschichtsschreiber schriftliche Quellen nennt, so verweist er meistens auf frühere Geschichtswerke. Werden diese Quellen nicht als Fundstellen für den geschichtlichen Stoff aufgeführt, sondern als selbständige Werke dem neu entstehenden Geschichtswerk gegenübergestellt, so nennen wir die Verfasser dieser Bücher 'Vorgänger'"[4]. Als solche sind, wie sich zeigen wird, auch die von Lukas genannten πολλοί zu bezeichnen.

3.1.1.1 Die Kenntnis früherer Berichte

Lukas versteht sein Werk nicht als absolutes Pionierunternehmen. Vor ihm haben andere Erzählungen über das Leben Jesu verfaßt. Die Konjunktion ἐπειδήπερ ist wohl nicht im strengen Sinne kausal aufzufassen[5]. Man sollte ja eher meinen, daß die Werke der Vor-

---

gebildete Periode ist das Höchste und Vollendetste, was die sprachliche Darstellung aufzuweisen hat". Die lukanische Perikope setzt sich aus Protasis (vv1-2) und Apodosis (v3) zusammen und mündet in einen Finalsatz (v4). Den Kern der Periode bildet der Hauptsatz (v3a: ἔδοξε κἀμοί). Dieser schließt sich an einen Temporalsatz (ἐπειδήπερ) an, der eine als Objekt fungierende Infinitivkonstruktion (ἀνατάξασθαι) bei sich hat und durch einen Modalsatz (καθώς) samt einer substantivierten Partizipialkonstruktion (οἱ) ergänzt wird. Der Hauptsatz selbst zieht neben einem *participium coniunctum* (παρηκολουθηκότι) eine als Subjekt fungierende Infinitivkonstruktion (γράψαι) nach sich. Auf die anschließende Anrede des Adressaten folgt schließlich ein Finalsatz (v4: ἵνα).

[4] Herkommer, "Topoi," S. 102.

[5] Kühner/Gerth, *Grammatik*, II/2, 131: ἐπειδή funktioniert "entweder temporal: als nunmehr; als, wie bekannt; nachdem nun, oder kausal: weil bekanntlich, weil ja ...

läufer das Projekt des Lukas überflüssig machen[6]; es ist eben nur ein weiterer Bericht unter vielen. Vorzuziehen ist der temporale Sinn (vgl. 7:1)[7]: Lukas ist sich als Autor dessen bewußt, daß er Vorgänger hat, die vor ihm ähnliches unternommen haben. Denn dies liegt offen zutage (δή)[8]. Zu übersetzen ist also etwa: "Nachdem bekanntlich ...".

Wenn Lukas schreibt, daß vor ihm bereits πολλοί sich an die Abfassung einer Erzählung gemacht haben, so zeigt dies das lebhafte Interesse der Urchristenheit an der Bewahrung und Weitergabe des Wissens um Leben und Wirken Jesu. Da Lukas von vielen Vorläufern spricht, kann es jedenfalls nicht angehen, ihre Zahl auf zwei oder drei Werke einzugrenzen. Welche Erzählungen es sind, an die hier konkret zu denken ist, läßt allerdings der Prolog nicht erkennen[9].

Das Verbum ἐπεχείρησαν hat Anlaß zu mancher Diskussion gegeben. Auslöser hierzu ist eine Notiz des Origenes, der aus der lukanischen Wortwahl eine Kritik des Lukas an seinen Vorgängern her-

---

sintemal". Vgl. Lk 1:34; 11:6; Act 13:46; 14:12; 15:24. S. zur Formulierung auch Jos., *Bell*. I.17, und vergleiche weiterhin BDR § 455.1 und § 456.3.

[6] Vgl. z. B. Polybius I.4.2: "Denn was uns veranlaßt und aufgerufen hat, dieses Werk in Angriff zu nehmen, ist ... die Tatsache, daß keiner unserer Zeitgenossen sich an die Abfassung einer Gesamtgeschichte gemacht hat; ich hätte sonst schwerlich diese Aufgabe mit gleicher Entschiedenheit ergriffen (πολὺ γὰρ ἂν ἧττον ἔγωγε πρὸς τοῦτο τὸ μέρος ἐφιλοτιμήθην)". Unverständlich ist daher die Deutung von J. Bauer, "πολλοί in Luk 1,1", *NT*, 4 (1960), S. 265: "Sicher leitet Lukas aus der Tatsache, dass er nicht als Erster ein derartiges Werk unternimmt, sein Recht zu schreiben ab".

[7] Kühner/Gerth, *Grammatik*, II/2, 445: "Bei der Angabe des dem im Hauptsatz Ausgesagten Vorangehenden" werden "Adverbialsätze der Zeitbeziehung" u. a. durch ἐπεί und ἐπειδή eingeleitet.

[8] Kühner/Gerth, *Grammatik*, II/2, 123: "Δή ... hat ursprünglich temporale Bedeutung=schon, nunmehr; aus dieser entwickelt sich die bildliche, in der es auf bereits (*iam*) Bekanntes, Offenbares, Augenscheinliches hinweist". Vgl. BDR § 356.3: "ἐπειδήπερ ... nimmt auf eine bereits bekannte Tatsache Bezug". Vgl. aber auch J. D. Denniston, *The Greek Particles*. 2. Aufl. (Oxford, 1954), S. 203-4.

[9] Originell, wenn auch wenig überzeugend, ist immerhin die von R. Annand, "Papias and the Four Gospels," *SJTh*, 9 (1956), 52, vorgetragene These, Lukas hätte Papias zu seinen Vorgängern gezählt.

auszuhören meinte[10]. Die Auslegung des Origenes läßt deutlich erkennen, daß er den Gedanken der Wirksamkeit des Heiligen Geistes in den Text hineingetragen hat. Davon, daß Lukas seinen Vorgängern mangelnde Geistbegabung zum Vorwurf machen würde, findet sich im Prolog keine Spur. Die Ausführungen des Lukas sind zu knapp, als daß man aus ihnen derartige theologische Schlüsse begründen oder widerlegen könnte.

Aber dient das verwendete Verb vielleicht dennoch als Indikator einer etwas anders gelagerten Kritik[11]? Lukas gebraucht es noch zweimal in seinem Doppelwerk (Act 9:29; 19:13). Aus der Verwendung in Act 9:29 läßt sich ableiten, daß ἐπιχειρέω eine Unternehmung bezeichnen kann, die nicht über die Absicht hinaus zur Ausführung gelangt (vgl. z. B. auch 2Makk 9:2). Und in Act 19:13 macht der Kontext deutlich, daß die hier beschriebene Aktion aus einer negativen Motivation herrührt. Die Frage aber, ob der Aspekt der Erfolglosigkeit bzw. der negativen Motivation zu den festen Gebrauchsbedingungen des Verbums gehört, muß sicherlich verneinend beantwortet werden, wie z. B. der Wortgebrauch bei Polybius (II.37.4; III.1.4) zeigt. Er benutzt dieses Wort ohne kritischen Nebenklang im Blick auf sein eigenes schriftstellerisches Werk. Am ehesten wird man der Aussageintention des Textes gerecht werden[12], wenn man das Ver-

---

[10] *Hom. I in Lucam* [GCS 49, S. 4]: "Vielleicht enthält die Wendung *sie versuchten* eine versteckte Anklage gegen die, die voreilig und ohne Gnadengabe zur Aufzeichnung von Evangelien kamen (Τάχα δὲ καὶ τὸ 'ἐπεχείρησαν' [*conati sunt*] λεληθυῖαν ἔχει κατηγορίαν τῶν χαρίσματος ἐλθόντων ἐπὶ τὴν ἀναγραφὴν τῶν εὐαγγελίων). Denn Matthäus hat es nicht versucht, sondern er schrieb durch den heiligen Geist, ebenso Markus und Johannes, ganz ähnlich auch Lukas (Ματθαῖος γὰρ οὐκ 'ἐπεχείρησεν' ἀλλ' ἔγραψεν ἀπὸ ἁγίου πνεύματος, ὁμοίως καὶ Μᾶρκος καὶ Ἰωάννης, παραπλησίως δὲ καὶ Λουκᾶς)" (Übers. von H. Merkel).

[11] S. z. B. G. Klein, "Lukas 1,1-4 als theologisches Programm," *Das Lukas-Evangelium*. Hg. G. Braumann (Darmstadt, 1974), S. 173, der behauptet, daß das Wort "schwerlich wertfrei verwendet sein kann, sondern eine Unzulänglichkeit andeuten muß". Neuerdings hat auch G. E. Sterling, *Historiography and Self-Definition: Josephos, Luke-Acts and Apologetic Historiography* (Leiden, 1992), S. 341-4, sich Origenes angeschlossen: "Ἐπιχειρέω ... is used with a thin cutting edge" (344).

[12] Die u. a. von Zahn, *Lucas*, S. 43, vertretene Interpretation, Lukas wolle sagen, "daß es keine leichte Sache sei, solch' ein Werk zu schreiben", ist denkbar, aber nicht ausreichend belegbar.

bum ἐπιχειρέω im Prolog schlicht und einfach mit "unternehmen" wiedergibt.

Gerade darin, daß Lukas sich der seit Herodotus unter den Historiographen üblichen Kritik an den Vorgängern enthält[13], besteht ein bemerkenswerter Unterschied zu den Proömien anderer Geschichtsschreiber[14]. Eine solche Exegese impliziert aber nicht, daß Lukas nicht dennoch die Absicht verfolgte, seine Vorgänger zu überbieten. Lukas wirft seinen Vorgängern nicht vor, daß ihre Werke unzuverlässig wären oder fundamentale Mängel aufwiesen. Der Prolog läßt allerdings in seinem weiteren Verlauf erkennen, daß Lukas sich doch sehr bewußt von ihrer Arbeitsweise abgrenzt.

3.1.1.2 Die Eigenart der früheren Berichte

Was genau haben die Vorgänger unternommen[15]? Sie haben nicht nur lose Sammlungen von Aussprüchen Jesu angelegt, sondern regelrechte Erzählungen (διήγησις[16]) über das Leben Jesu er-

---

[13] Es "dient meistens ablehnende Kritik an den Vorgängern dazu, das eigene Werk gegenüber jenen positiv abzuheben" (Herkommer, "Topoi," S. 111).

[14] So u. a. W. C. van Unnik, "Once more St. Luke's Prologue," *Neotestamentica*, 7 (1973), 8, und I. J. du Plessis, "Once more: The Purpose of Luke's Prologue (Lk 1,1-4)," *NT*, 16 (1974), 263. Die neuerdings von B. Reicke, "Die Entstehungsverhältnisse der synoptischen Evangelien," *ANRW*, II.25.2 (1984), 1775, vertretene und in *The Roots of the Synoptic Gospels* (Philadelphia, 1986), S. 45, 71 u. 169, wiederholte These, Lukas habe nicht sagen wollen, "daß andere Schriften schon vorlagen, sondern daß zur Zeit mehrere Personen mit einer Aufzeichnung evangelischer Berichte beschäftigt waren", läßt sich jedenfalls nicht auf den Gebrauch des Verbums ἐπιχειρέω stützen. Dies verbietet u. a. der Sprachgebrauch des Josephus in *Ap.* I.13.

[15] Vgl. zur Formulierung mit dem Infinitiv Hippokrates, *VM* I.1: Ὁπόσοι μὲν ἐπεχείρησαν περὶ ἰητρικῆς λέγειν ἢ γράφειν.

[16] Theon, *Prog.* 182: "Eine Erzählung ist eine Mitteilung von Taten, die geschehen sind oder geschehen sein könnten (Διήγημά ἐστι λόγος ἐκθετικὸς πραγμάτων γεγονότων ἢ ὡς γεγονότων). Die Elemente der Erzählung sind aber sechs (στοιχεῖα δὲ τῆς διηγήσεώς εἰσιν ἕξ), nämlich die Person, sei es eine oder seien es mehrere (τό τε πρόσωπον, εἴτε ἓν εἴτε πλείω), und die Handlung, die durch die Person ausgeführt wird (καὶ τὸ πρᾶγμα τὸ πραχθὲν ὑπὸ τοῦ προσώπου), und der Ort, wo die Handlung geschieht (καὶ ὁ τόπος ἐν ᾧ ἡ πρᾶξις), und die Zeit, zu der die Handlung geschieht (καὶ ὁ χρόνος καθ' ὃν ἡ πρᾶξις), und die Art und Weise

stellt[17]. Erschwert wird die Exegese allerdings durch die Tatsache, daß das Verbum ἀνατάσσεσθαι verhältnismäßig selten belegt ist[18]. Dennoch läßt sich andererseits gerade an die Wahl dieses ungebräuchlichen Verbums die Vermutung knüpfen, daß Lukas das viel gebräuchlichere συντάσσω bewußt vermeidet[19]. Unwahrscheinlich ist allerdings die Ansicht[20], ἀνατάξασθει διήγησιν beziehe sich im Unter-

---

der Handlung (καὶ ὁ τρόπος τῆς πράξεως) und sechstens die Ursache dieser Dinge (καὶ ἕκτον ἡ τούτων αἰτία)"; Hermogenes, *Prog.* 16: Διαφέρει δὲ διήγημα διηγήσεως, ὡς ποίημα ποιήσεως· ποίημα μὲν γὰρ καὶ διήγημα περὶ πρᾶγμα ἕν, ποίησις δὲ καὶ διήγησις περὶ πλείονα. Vgl. H. Lausberg, *Handbuch der literarischen Rhetorik: Eine Grundlegung der Literaturwissenschaft* (München, 1960), I, 164 (§ 289): "Eine διήγησις setzt sich also aus mehreren διηγήματα zusammen". Jedenfalls dürfte Lukas nicht nur einzelne kleine Traditionsstücke gekannt haben, sondern durchaus längere und in sich zusammenhängende Erzählungen. Das ist etwa gegen Schleiermacher, *Lukas*, S. 13, festzustellen, der meint, es "sammelte vielleicht wohl der eine nur Wundergeschichten, der andere nur Reden, einem dritten waren vielleicht ausschließend die lezten Tage Christi wichtig oder auch die Auftritte der Auferstehung".

[17] S. W. Grimm, "Das Proömium des Lucasevangeliums," *JDTh*, 16 (1871), 36: "Der Singular διήγησιν ist ... distributiv zu fassen: Jeder der πολλοί machte seine eigene διήγησις". Dennoch scheint aber der Gebrauch des Singulars auch darauf hinzudeuten, daß es sich bei all den verschiedenen Versuchen um inhaltlich und formal recht ähnliche Werke handelte. Die von J. C. L. Gieseler, *Historisch-kritischer Versuch über die Entstehung und die frühesten Schicksale der schriftlichen Evangelien* (Leipzig, 1818), S. 103, entfaltete These, daß sich bereits im "Apostelkreise zu Jerusalem ein in einzelnen Theilen mehr in andern weniger gleichfoermiges muendliches Evangelium bildete", scheint immerhin bedenkenswert zu sein. Vgl. auch H. E. G. Paulus, *Über die Entstehungsart der drei ersten kanonischen und mehrerer apokryphischen Evangelien* (Heidelberg, 1822), S. 125: "Die ursprüngliche Eintracht der Christusschüler ... veranlaßte die ersten unter diesen mündlichen Evangelisten, deren einen, Philippus ... uns die Apostelgeschichte 21,8 ausdrücklich nennt, wahrscheinlich noch ehe die Zerstreuung geschah ... sich über einen gemeinschaftlichen Leitfaden ihrer Diegese zu vereinigen".
[18] Anders P. Wendland, *Die urchristlichen Literaturformen* (Tübingen, 1911), S. 325, der behauptet, "daß ἀνατάξασθαι und καθεξῆς γράψαι feste Begriffe sind".
[19] Anders H. J. Cadbury, "Commentary on the Preface of Luke," *The Beginnings of Christianity*. Hg. J. F. Jackson und K. Lake (London, 1922), I, 494, der meint, die beiden Verben seien nicht unterscheidbar.
[20] Sie wurde bereits vertreten von Paulus, *Entstehungsart*, S. 105-6: Eine Gruppe von "Rhapsoden des Lebens Jesu ... möchten ... gerade diejenigen 'Vielen' sein, von denen Lukas sagt, daß sie bereits eine Diegese des Ganzen zu ordnen versucht

schied zum häufiger verwendeten συντάξασθαι auf eine mündliche Tätigkeit.
Weiter hilft eine Untersuchung der wenigen Belegstellen[21]. Denn ἀνατάξασθαι kann bei entsprechendem Kontext eine Bedeutung haben, bei der die Vorsilbe ἀνά voll zur Geltung kommt[22]. Diese Bedeutungsnuance findet sich vor allem an zwei Stellen. Bei Plutarch (*Mor.* 968b-d) ist das Verbum im Zusammenhang der Beschreibung eines Lernvorgangs gebraucht[23]. Das Auswendiglernen bestimmter

---

haben, wenngleich der Versuch nicht gerade ein schriftlicher, sondern mehr ein Zusammenordnen – in ihrem Gedächtniß gewesen seyn möchte. Der Ausdruck ἐπεχείρησαν ἀνατάξασθαι διήγησιν kann unstreitig auch auf ein solches Zusammenordnen in Gedanken zum mündlichen Vortrag sich beziehen, – da ἀνατάξασθαι etwas allgemeineres ist, als schreiben, viele Verfasser schriftlicher Urevangelien aber unter einer nicht schreibseligen, meist aus Idioten bestehenden Gesellschaft nicht leicht zu vermuthen sind ... Auch wird die Gradation klarer, wie er von jenem vielfach versuchten mündlichen Zusammenordnen einer Diegese des Ganzen ... nun den Schritt zum Schreiben (γράψαι) einer Sammlung seiner Materialien zu machen, sich entschlossen habe". S. neuerdings auch J. van Bruggen, *Christus op aarde: Zijn levensbeschrijving door leerlingen en tijdgenoten* (Kampen, 1987), S. 40-1 u. 53. Weder ἀνατάξασθαι noch διήγησις lassen sich auf Mündlichkeit festlegen. Nicht überzeugend ist auch der Erklärungsversuch von A. Hilgenfeld, "Prolegomena zum Lucas-Evangelium," *ZWTh*, 40 (1897), 425, der unter Verweis auf die "reflexive Grundbedeutung des Mediums" feststellt: "unser Vorwort bezeichnet also nicht ein einfaches Aufsetzen, sondern ein Anordnen für sich und Genossen, keineswegs etwas für Alle Bestimmtes".

[21] Wenig werfen die folgenden Stellen für die Deutung des Prologs ab: Dio Cassius 78.18.5; P Fam. Teb. 21.36; SIG 793.12; *Etymologicum Magnum* 152.28 (ἀνατάσσει τὸν τόπον); Psellos, *Synops. Leg.* 960. Erwähnt sei immerhin noch Ps 136:6: ἐὰν μὴ σου μνησθῶ, ἐὰν μὴ προανατάξωμαι τὴν Ιερουσαλημ ἐν ἀρχῇ τῆς εὐφροσύνης μου. Cadbury, "Commentary," S. 494, notiert: "the parallel with ἐὰν μή σου μνησθῶ could be pressed as confirming the interpretation 'from memory'".

[22] Liddell/Scott, *Lexicon*, S. 98, bemerkt über die Vorsilbe ἀνά: "from the notion *throughout* ... comes that of *repetition*". Vgl. F. Blass, *Philology of the Gospels* (1898; Amsterdam, 1969), S. 15: "in this compound the preposition ἀνά had by no means lost its sense of repetition".

[23] "Als vor nicht langer Zeit in Rom viele Elefanten gelehrt wurden, gewagte Stellungen einzunehmen und sich mit schwierige Bewegungen herumzudrehen, wurde ein Elefant, dem das Lernen am schwersten fiel, und der jedesmal gescholten und häufig bestraft wurde, gesehen, wie er nachts allein selbständig im Mondlicht das Erlernte wiederholte und übte (ὤφθη νυκτὸς αὐτὸς ἀφ' ἑαυτοῦ πρὸς τὴν σελήνην ἀνατατόμενος τὰ μαθήματα καὶ μελετῶν)" (eigene Übersetzung).

Handlungsabläufe geschieht durch Übung und Wiederholung[24]. Der Wortgebrauch bei Irenäus (*Adv. Haer.* III.21.2) zeigt dann aber, daß auch das erneute Niederschreiben eines verlorenen Schriftstücks aus dem Gedächtnis bezeichnet werden kann[25]. Irenäus spricht von der Wiederherstellung der prophetischen Schriften durch Esra (Eus., *Hist. Eccl.* V.8.15): "Denn als während der Gefangenschaft des (jüdischen) Volkes unter Nebukadnezar die Bibel vernichtet worden war und die Juden nach siebzig Jahren in ihre Heimat zurückkehrten, schrieb der Priester Esdras aus dem Stamme Levi in der Zeit des Perserkönigs Artaxerxes unter göttlicher Inspiration alle Worte der früheren Propheten von neuem nieder und stellte so dem Volk das mosaische Gesetz wieder her (τοὺς τῶν προγεγονότων προφητῶν πάντας ἀνατάξασθαι λόγους καὶ ἀποκαταστῆσαι τῷ λαῷ τὴν διὰ Μωυσέως νομοθεσίαν)"[26]. Bemerkenswert ist, daß es sich um die erneute Niederschrift der (verlorenen) Vorlage in ihrer vorherigen Form handelt, nicht um eine eigenständige literarische Leistung.

Es wäre somit denkbar, daß Lukas in seinem Evangelienprolog mit den Worten ἀνατάξασθαι διήγησιν andeuten wollte, daß die Tätigkeit seiner Vorgänger bei der Erstellung ihrer Erzählungen vor allem reproduktiv gewesen ist[27]. Da diese Deutung jedoch nur eine relativ

---

[24] J. Mansion, "Sur le sens d'un mot grec: ἀνατάσσω," *Bibliothèque de la Faculté de Philosophie et Lettres de l'Université de Liege,* 44 (1930), 261, bemerkt zur Stelle: Das Verbum "veut donc dire ici répéter, repasser (une leçon)".

[25] Blass, *Philology,* S. 16: "the attitude and problem of the earliest Gospel-writers is somewhat akin to those of Ezra in the legend".

[26] F. Blass, *Die Entstehung und der Charakter unserer Evangelien* (Leipzig, 1907), S. 11: "Die συνταξάμενοι waren die alten Propheten, der ἀναταξόμενος Esra".

[27] Vgl. H. W. J. Thiersch, *Versuch zur Herstellung des historischen Standpunkts für die Kritik der neutestamentlichen Schriften* (Erlangen, 1845), S. 164: "ἀνατάξασθαι διήγη. ist die bezeichnende Phrasis für eine nicht productive und nicht selbstständige [sic], sondern nur wiedergebende und ordnende Thätigkeit in der schriftlichen Abfassung der Erzählung"; Blass, *Philology,* S. 16: "The thing to be achieved is the restoration of this παράδοσις, which of course had been oral, and liable to pass into oblivion, if it were not in time restored from living memory"; S. 17: "the oldest written Gospels ... were mere reproductions and collections of the oral teaching"; ders., *Charakter,* S. 12: "Also die Evangelienliteratur ist von Anfang an eine Reproduktion der mündlichen Vorträge der Apostel, unternommen von solchen, die die Vorträge gehört haben"; Zahn, *Lucas,* S. 45: "Die schriftstellerische Tätigkeit der

schmale Basis hat[28], empfiehlt es sich, sie im Rahmen der Gesamtinterpretation des Prologs nicht allzusehr zu gewichten und lediglich in Verbindung mit anderen Beobachtungen (s. u. 3.2.1.2) anzuwenden.

3.1.1.3 Der Inhalt der früheren Berichte

Die Ereignisse (πράγματα), von denen die Erzählungen der Vorgänger handeln, werden von Lukas genauer qualifiziert; sie handeln περὶ τῶν πεπληροφορημένον ἐν ἡμῖν πραγμάτων. Das Verb πληροφορεῖν erscheint äußerst selten in der vorchristlichen Literatur. H. A. W. Meyer behauptet, daß "πληροφορεῖν niemals gleich πληροῦν ist"[29]. Die Möglichkeit des nahezu synonymen Gebrauchs mit πληρόω erweist

---

Vorgänger des Lc ist nicht eine im eigentlichen und vollen Sinn des Wortes produktive, sondern eine reproduktive gewesen. Sie haben wiedergegeben, was sie empfangen haben; sie haben wiedererzählt, was andere ihnen erzählt haben"; W. Bauer, *Wörterbuch zu den Schriften des Neuen Testaments und der übrigen urchristlichen Literatur*. 5. Aufl. (Berlin, 1971), Sp. 122, übersetzt denn auch ἀνατάξασθαι διήγησιν mit "*eine Erzählung* (schriftl.) *reproduzieren*"; anders die 6. Aufl. (1988), Sp. 122: "*eine Erzählung* (aus Überliefertem) *zusammenstellen*".

[28] P. Corssen wendet in seiner Rezension in *GGA*, 161 (1899), 305-27, ein: "Wenn ich recht sehe, so kommt die nähere Bestimmung, die Blass dem 'Wiederholen' gibt, dort [bei Plutarch und Irenäus] lediglich durch den Zusammenhang heraus, ohne daß man sie in dem Worte allein finden könnte". Dem ist aber entgegenzuhalten, daß bei einem so selten belegten Verbum wie ἀνατάξασθαι die von Blass und anderen verwendete Methode zur Bedeutungsfindung durchaus legitim sein kann.

[29] *Kritisch exegetisches Handbuch über die Evangelien des Markus und Lukas* (Göttingen, 1855), S. 204. Er übersetzt daher: "*von den unter uns* (Christen) *zur vollen Ueberzeugung gelangten Thatsachen*". Nach J.-M. Lagrange, "Le sens de Luc, I, 1, d'après les papyrus," *BALAC*, 2 (1912), 96, läßt sich diese Exegese auf Origenes zurückführen. Dieser schreibt in *Hom. I.3 in Lucam*: "Seine innerste Überzeugung bringt Lukas zum Ausdruck, wenn er schreibt: 'es hat sich mit aller Deutlichkeit unter uns gezeigt (*in nobis manifestissime sunt ostensae*)', das heißt πεπληροφορημένων, was man im Lateinischen nicht mit einem Wort wiedergeben kann" (vgl. fragm. 1b). Diese Bedeutung hat πληροφορέω jedoch nur, wenn die betreffende Person genannt ist. Dann kann die Wortbedeutung im Passiv sein: "*voll überzeugt sein, ganz und gar durchdrungen sein*" (Bauer, *WB*, Sp. 1329); Röm 4:21: "Und er war der vollen Gewißheit (καὶ πληροφορηθείς), daß er, was er verheißen habe, auch zu tun vermöge"; IgnMagn 8:2; IgnSm 1:1 u. ö.

jedoch z. B. ein Vergleich von 2Tim 4:5 (τὴν διακονίαν σου πληροφόρησον) mit Kol 4:17 (τὴν διακονίαν ... πληροῖς). Es ist also Zahns Urteil zuzustimmen, daß das von Lukas verwendete Verb "nichts anderes als ein volltönendes Synonymon zu πληροῦν" darstellt[30].

Aus diesem Grund haben einige Exegeten hier einen "Erfüllungscharakter" des Handelns Gottes feststellen wollen[31]. Auffallend ist jedoch, daß nicht von einer Erfüllung von Verheißungen die Rede (vgl. 1:20; 4:21; 24:44; Act 1:16; 3:18)[32], sondern πληροφορέω mit πράγματα verbunden ist. Daß diese Ausdrucksweise metonymisch aufzufassen wäre, der Inhalt oder die Verwirklichung der Verheißung also für diese selbst stände, kann nicht durch vergleichbare Beispiele wahrscheinlich gemacht werden[33]. Es ist somit unwahrscheinlich, daß πληροφορέω in verkürzter Redeweise, statt auf τὴν γραφήν o. ä. bezogen zu sein, τὰ πράγματα als Erfüllungen alttestamentlicher Verheißungen charakterisiert[34]. Zur Erklärung der lukanischen Ausdrucksweise wird man daher am ehesten 2Tim 4:5 (τὴν διακονίαν σου πληροφόρησον) und 4:17 (ἵνα δ' ἐμοῦ τὸ κήρυγμα πληροφορηθῇ) heranziehen müssen. Das Wort "kann hier nur heißen: zu Ende bringen, vollenden, völlig ausrichten"[35]. Ähnlich formuliert auch Lukas in 7:1

---

[30] *Lucas*, S. 46.

[31] So z. B. H. Schürmann, "Evangelienschrift und kirchliche Unterweisung: Die repräsentative Funktion der Schrift nach Lk 1,1-4," *Das Lukas-Evangelium*. Hg. G. Braumann (Darmstadt, 1974), S. 156-7; Sterling, *Historiography*, S. 334: "The events the author narrates are thus understood to be fulfillments of OT prophecy" (vgl. S. 346).

[32] Th. Zahn, *Das Evangelium des Matthäus* (Leipzig, 1903), S. 210: "überall da, wo πληροῦν die hl. Schrift oder ein einzelnes Stück derselben zum Objekt hat, ist ... die Vorstellung gegeben, daß das geschriebene Wort an sich einem leeren Gefäß gleiche, welches den ihm entsprechenden Inhalt durch Handlungen, Ereignisse, Tatsachen erhalten soll".

[33] Vgl. E. W. Bullinger, *Figures of Speech Used in the Bible Explained and Illustrated* (1898; Grand Rapids, 1975), S. 538-608.

[34] B. Gerhardsson, *Memory and Manuscript: Oral Tradition and Written Transmission in Rabbinic Judaism and Early Christianity* (Uppsala, 1961), S. 325, urteilt: "Few factors have been so important for the formation of the gospel tradition as the belief that the words and works of Christ were the fulfilment of the Law and the Prophets". Obwohl er damit sicher recht hat, wird dieser Zusammenhang im Lukasprolog nicht explizit ausgesprochen.

[35] G. Wohlenberg, *Die Pastoralbriefe*. 2. Aufl. (Leipzig, 1911), S. 344.

unter Verwendung des Verbums πληρόω: "Nachdem er aber seine Worte vor den Ohren des Volkes vollendet hatte ('Επειδὴ ἐπλήρωσεν πάντα τὰ ῥήματα αὐτοῦ)".

Daß Lukas das Partizip Perfekt πεπληροφορημένων gebraucht, weist darauf hin, daß es sich bei den genannten Ereignissen um abgeschlossene Vorgänge der Vergangenheit handelt, die noch Auswirkungen auf die Gegenwart haben[36]. Das Erdenwirken Jesu ist nach Tod und Auferstehung mit der Himmelfahrt zu einem Höhe- und Endpunkt gelangt. Es ist in sich ein abgeschlossener Geschehenskomplex der Vergangenheit, auch wenn es auf die Geschichte der Kirche, die Lukas in der Apostelgeschichte beschreibt, noch entscheidend nachwirkt (vgl. Act 1:1). Damit ist aber auch gesagt, daß der Lukasprolog sich zunächst lediglich auf das Evangelium bezieht[37].

Als Ergebnis der Exegese von v1 kann festgehalten werden: (1.) Lukas ist sich als Autor dessen bewußt, daß schon vor ihm die Ereignisse des Erdenlebens Jesu in Form von Erzählungen festgehalten wurden. (2.) Mit dem Anliegen seiner Vorgänger, die Erinnerung dieser πράγματα zu bewahren, weiß Lukas sich ebenso einig, wie mit ihrer Überzeugung, Ereignisse zu schildern, die in sich einen abgeschlossenen Geschehenskomplex darstellen: das Erdenleben Jesu. (3.) Die Werke seiner Vorgänger waren möglicherweise keine originellen schriftstellerischen Kompositionen, sondern Reproduktionen einer schon bestehenden Erzählung. Es ergibt sich folgende Übersetzung: "Nachdem bekanntlich viele es unternommen haben, eine Erzählung über die unter uns zum Abschluß gekommenen Ereignisse zu reproduzieren ...". Auf welche Quellen sich diese Erzählungen stützen konnten, zeigt der anschließende Modalsatz.

---

[36] Vgl. S. E. Porter, *Verbal Aspects in the Greek of the New Testament with Reference to Tense and Mood* (Frankfurt, 1989), S. 395.
[37] Was natürlich nicht ausschließt, daß die in ihm entfalteten historiographischen Prinzipien auch für die Apostelgeschichte Gültigkeit behalten. Anders Ó Fearghail, *Introduction*, S. 96-102, der ausführlich zu begründen sucht, daß der Prolog als Einleitung zum gesamten lukanischen Doppelwerk konzipiert wurde.

3.1.2 Die Quellen der Vorgänger (v2)

Die Erzählungen der Vorgänger des dritten Evangelisten handeln von Ereignissen, die ἐν ἡμῖν zur Erfüllung gekommen sind (1:1). Das ἐν ἡμῖν meint hier ganz allgemein die menschliche Gesellschaft: mitten unter uns, in unserer Zeit. Das ἡμῖν in v2 ist begrenzter gemeint. Es bezieht sich vornehmlich auf die Gemeinschaft der Christen, denn hauptsächlich in ihren Kreisen war man an den die Gemeinde begründenden Ereignissen interessiert. In dieses "uns" bezieht Lukas auch sich selbst ein. Er empfängt seine Kenntnisse über die evangelischen Ereignisse genau wie seine Vorgänger von den Augenzeugen[38]. Lukas gründet seine Evangelienschrift nicht auf die Erzählungen der πολλοί, sondern ausdrücklich auf die Nachrichten von den Autopten. Stellt man diese Worte des Prologs in den Kontext antiker Geschichtsschreibung, so ergibt sich eine wichtige Einsicht: Lukas schreibt ausdrücklich nicht Vergangenheitsgeschichte, sondern er richtet sein historiographisches Interesse (so wie Thukydides, Ephorus, Polybius und viele andere Historiker vor ihm) auf den Zeitabschnitt der jüngsten Vergangenheit. Dieser kann in Anlehnung

---

[38] Dies muß z. B. gegen P. Wernle, *Die synoptische Frage* (Freiburg, 1899), und seine Nachfolger betont werden. Wernle hatte aus dem Prolog abgeleitet (S. 2): "Lukas schreibt als ein Mann der zweiten oder dritten Generation. Er schöpft nicht direkt aus der Überlieferung, sondern aus Quellen". Die Quellen des Lukas bestehen aber laut Prolog gerade in der Überlieferung der Augenzeugen. S. bereits Gieseler, *Versuch*, S. 120: "Seine Quelle war ... die apostolische Paradosis". Zutreffend urteilt auch C. F. G. Heinrici, *Der litterarische Charakter der neutestamentlichen Schriften* (Leipzig, 1908), S. 36: "καθὼς παρέδοσαν ἡμῖν sagt er, nicht αὐτοῖς. Er stellt sich also in eine Reihe mit den Verfassern schriftlicher Evangelien, von denen er als die allen gemeinsame Quelle die Überlieferung der ἀπ' ἀρχῆς αὐτόπται καὶ ὑπηρέται τοῦ λόγου unterscheidet". Und Heinrici formuliert in diesem Zusammenhang in deutlicher Ablehnung der Zweiquellentheorie: Für Lukas sind "die Augenzeugen und die evangelischen Wanderlehrer ... die Quellen, nicht aber geschriebene Evangelien". Diese Sicht überträgt Heinrici auf alle drei Synoptiker (S. 39): "Nein, die synoptischen Evangelien schöpfen ihr Überlieferungsgut nicht aus zwei Quellen, sondern sie buchen, jedes in seiner Weise, das von den Augenzeugen berichtete und von den Wanderlehrern verkündigte Evangelium, das Gemeinbesitz der Gläubigen ist". Ähnlich jetzt auch J. W. Scott, "Luke's Preface and the Synoptic Problem," Ph. D. thesis University of St. Andrews, 1985/86, bes. S. 207-9.

an die von F. Ernst eingeführte Terminologie (s. o. 2.2) im Unterschied zur Zeit- oder Gegenwartsgeschichte (vom historischen Standpunkt des Lukas aus) als "Gegenwartsvorgeschichte" bezeichnet werden. Es geht Lukas um die Beschreibung von Vorgängen aus einer Zeit, die noch lebende Zeitzeugen miterlebt haben. Darum hat er als Historiker der Gegenwartsvorgeschichte, im Unterschied zum Vergangenheitshistoriker, die Möglichkeit, Augenzeugen der betreffenden historischen Ereignisse zu befragen und ihre Aussagen zur Ermittlung des Sachverhaltes auszuwerten.

Die Formulierung οἱ ἀπ' ἀρχῆς αὐτόπται καὶ ὑπηρέται γενόμενοι τοῦ λόγου[39] kann rein grammatikalisch in zweifacher Weise aufgefaßt werden. Traditionell wird das Partizip γενόμενοι ohne besondere Betonung sowohl auf αὐτόπται als auch auf ὑπηρέται bezogen. G. Klein[40] und ihm folgend R. J. Dillon[41] schlagen jedoch neuerdings vor, γενόμενοι nur auf ὑπηρέται zu beziehen und so deutlich zwei Stufen zu unterscheiden, die Augenzeugenschaft von Anfang an und die später einsetzende Verkündigungstätigkeit: "die von Beginn an Augenzeugen waren und Diener des Wortes wurden". Dagegen spricht allerdings, daß αὐτόπται häufig ganz unbetont mit γίνομαι verbunden wird, ohne daß dadurch streng der chronologische Anfangspunkt der Autopsie bezeichnet würde[42].

Da οἱ vor ὑπηρέται nicht wiederholt wird, kann mit einiger Wahrscheinlichkeit davon ausgegangen werden, daß es sich bei den Augenzeugen und Wortdienern nicht um zwei voneinander zu unter-

---

[39] Wahrscheinlich ist die von E. Meyer, *Ursprung und Anfänge des Christentums* (Stuttgart, 1921), I, 5, vertretene Deutung: "ὁ λόγος ist hier wie in Act 8,4.14.25 eine Abkürzung von ὁ λόγος τοῦ θεοῦ". Die schon von Origenes vertretene Interpretation, der λόγος bezeichne im Lukasprolog in Entsprechung zum Johannesprolog das inkarnierte Wort Gottes (Joh 1:1), wird ebenfalls von Corssen, *GGA*, 161 (1899), 324 (unter Verweis auf 1Kor 4:1), und in neuerer Zeit noch von Delebecque, *Études*, S. 5, vertreten.

[40] "Programm," S. 186-7.

[41] "Previewing Luke's Project from his Prologue (Luke 1:1-4)," *CBQ*, 43 (1981), 214-5.

[42] Vgl. Polybius XII.4c.4; Jos., *Ap.* I.55 u. ö.

scheidende Gruppen handelt[43]. Die hier genannten Träger der Überlieferung sind sowohl Augenzeugen als auch zugleich Wortdiener. Zum Verständnis der Aussage reicht es jedenfalls auch festzuhalten, daß mit und ohne doppelbezogenes γενόμενοι rein (chrono-)logisch die Augenzeugenschaft dem Wortdienst in jedem Fall vorausgeht. Als grundlegendes heuristisches Prinzip seiner Vorläufer nennt Lukas ihren Grundsatz, die in die Erzählungen aufgenommenen Informationen ausschließlich von Augenzeugen zu beziehen[44].

Lukas grenzt die Gruppe der Gewährsmänner, auf die sich seine Vorgänger stützten, ein. Es gehörten nicht alle Augenzeugen dazu, sondern nur die, die auch Wortdiener waren. Ein der Formulierung ὑπηρέται τοῦ λόγου vergleichbarer Ausdruck erscheint bei Lukas mehrmals. Paulus wird in Act 26:16 als ὑπηρέτην καὶ μάρτυρα bezeichnet. Wie der Zusammenhang zeigt, geht es hier darum, wie Paulus zum Prediger des Evangeliums wurde. ὑπηρέτης scheint also in diesem Kontext durchaus gleichbedeutend mit dem im Prolog gebrauchten Begriff ὑπηρέτης τοῦ λόγου zu sein[45]. Allerdings kommt Paulus selbst als Zeuge des Lebens Jesu nicht in Frage, weil ihm die Augenzeugenschaft fehlt. Weiterhin werden in Act 6:4 die zwölf Apostel als Wortdiener charakterisiert (ἡμεῖς δὲ τῇ ... διακονίᾳ τοῦ λόγου προσκαρτερήσομεν). Ein vergleichbarer Sprachgebrauch findet sich auch in Act 1:17, wo von Judas gesagt wird, daß er τὸν κλῆρον τῆς διακονίας ταύτης empfangen hatte. In v25 wird dann deutlich, daß die διακονία, von der hier die Rede ist, speziell auf das Apostelamt zu beziehen ist. Es läßt sich also begründet vermuten, daß Lukas auch in seinem Prolog

---

[43] Vgl. E. G. Hoffmann und H. von Siebenthal, *Griechische Grammatik zum Neuen Testament* (Riehen, 1985), S. 178 (§ 131c): "Die Wiederholung des Artikels hält zwei koordinierte Begriffe auseinander; steht umgekehrt nur *ein* Artikel vor mehreren Substantiven, so werden die Begriffe zu einer gewissen Einheit zusammengefasst, wenn nicht sogar einander gleichgesetzt".

[44] Vgl. zur Rolle der Autopsie im Neuen Testament Lk 24:12.39-40; Act 1:3.9-11; 4:20; 22:15; 26:16; Joh 1:14; 19:35; 1Joh 1:1-4; 2Petr 1:16. S. weiterhin Lk 2:17.26.30; 5:26; 9:32; 10:24; Act 2:34. Zum altkirchlichen Sprachgebrauch vgl. u. a. Eusebius, *Hist. Eccl.* III.39.2; Irenäus (Eus., *Hist. Eccl.* III.39.1) und Papias (Eus., *Hist. Eccl.* III.39.15).

[45] Vgl. Eph 3:6-7, wo Paulus sich als τοῦ εὐαγγελίου ... διάκονος bezeichnet, und Act 20:24, wo er seine διακονία definiert als διαμαρτύρασθαι τὸ εὐαγγέλιον τῆς χάριτος τοῦ θεοῦ. S. auch 2Kor 4:1.

Die vorlukanische Bezeugungssituation

mit den "Augenzeugen und Wortdienern" vor allem den Kreis der Apostel bezeichnet[46]. Die Augenzeugenschaft hat im Fall der Apostel ausdrücklich schon mit dem Wirken Johannes des Täufers ihren Anfang genommen[47].

Daß Lukas hier nicht einfach den Begriff ἀπόστολος verwendet, erklärt sich zum einen daraus, daß er gemäß rhetorischer Praxis im Prolog seines Evangeliums "auf jegliche christliche Sondersprache verzichtet"[48]. Zum anderen dürfte es ihm darum gegangen sein, mit dem Titel ὑπηρέται τοῦ λόγου darauf hinzuweisen, daß es sich bei der von ihm und seinen Vorgängern dargebotenen Geschichtserzählung um "gedeutete Geschichte" handelt[49].

Die Apostel übermittelten (παρέδοσαν) den πολλοί das, was sie über die πράγματα zu sagen hatten. Ihnen verdanken die Vorläufer des Lukas ihre Informationen über die evangelischen Ereignisse[50]. Dem

---

[46] Andererseits kann aber auch nicht ausgeschlossen werden, daß etwa auch die in 10:1 genannten 70 Boten als Zeugen in Frage kamen. J. Lightfoot, *A Commentary on the New Testament from the Talmud and Hebraica* (1859; Grand Rapids, 1979), III, 7, verweist ferner auf Mnason (Act 21:16: ἀρχαίῳ μαθητῇ) und Act 15:7 (ἀφ' ἡμερῶν ἀρχαίων).

[47] Denn das ἀπ' ἀρχῆς ist sicher auf die Wirkungszeit des Täufers zu beziehen. Lukas formuliert in Act 1:22: ἀρξάμενος ἀπὸ τοῦ βαπτίσματος Ἰωάννου ἕως τῆς ἡμέρας ἧς ἀνελήμφθη ἀφ' ἡμῶν (vgl. 10:37). Mit dem Auftreten des Johannes beginnt das öffentliche Wirken Jesu.

[48] So K. Haacker, "Verwendung und Vermeidung des Apostelbegriffs im lukanischen Werk," *NT*, 30 (1988), 23, unter Verweis auf Quintilian, *Inst.* IV.1.58: "In Geltung bleibt von den früheren Vorschriften, daß man im Prooemium kein ungewöhnliches Wort (*insolens verbum*), keine kühne Metapher, kein aus veraltetem Sprachgebrauch oder dichterischer Freiheit stammendes Wort antreffen darf".

[49] So Maier, *Hermeneutik*, S. 193: "Wir müssen die richtig gedeutete Geschichte finden!"; S. 194: "Deshalb genügen Lukas im Unterschied zu den hellenistischen Schriftstellern die 'Augenzeugen' nicht. Nur solche Augenzeugen kommen in Frage, die zugleich 'Diener des Wortes' sind (Lk 1,2). Denn nur solche können das Geschehen richtig deuten".

[50] Es sei immerhin bemerkt, daß παραδίδωμι jedenfalls theoretisch auch auf schriftliche Berichte bezogen werden kann (s. z. B. Isokrates XII.149: τοῖς γράμμασι τοῖς ἐξ ἐκείνου τοῦ χρόνου παραδεδομένοις ἡμῖν). Vgl. auch A. Schlatter, *Das Evangelium des Lukas: Aus seinen Quellen erklärt*. 2. Aufl. (Stuttgart, 1960), S. 25: "Über die Weise, wie die Belehrung geschieht, ob durch Rede oder durch Schrift, ist mit παραδοῦναι nach dem Sprachgebrauch des J[osephus] nichts gesagt".

παραδίδοναι der Apostel entspricht nun, gemäß dem in 1Kor 15:1-3 belegten Sprachgebrauch, ein παραλαμβάνειν der πολλοί. Was die Apostel an Informationen übermittelt haben, haben die Vorgänger des Lukas entgegengenommen.

Als Ergebnis der Exegese von v2 kann somit festgehalten werden: (1.) Lukas und seine Vorgänger schreiben Gegenwartsvorgeschichte. (2.) Die Vorläufer haben ihre Erzählungen auf der Grundlage des von den vor allem apostolischen Augenzeugen tradierten Materials verfaßt. (3.) Lukas selbst zieht als Quellen für sein Evangelium nicht die Erzählungen seiner Vorgänger heran, sondern beruft sich wie diese auf die großenteils apostolischen Augenzeugenberichte. Es ist nun weiter zu untersuchen, inwiefern sich Lukas von der Arbeitsweise und Zielsetzung seiner Vorgänger unterscheidet (v3). Denn in dieser Differenz ist die Berechtigung und Motivation zu suchen, die Lukas zur Abfassung seines eigenen Werkes bewegt. Und damit wiederum hängt aufs engste die spezifische Zielsetzung zusammen, die Lukas mit seinem Evangelium verfolgt (v4).

3.2 Das Projekt des Lukas (v3)

3.2.1 Die Arbeitsweise des Lukas

Lukas stellt sich grundsätzlich in eine Reihe mit seinen Vorgängern (ἔδοξε κἀμοί)[51]. Er unterscheidet sich von diesen nämlich nicht grundlegend, sondern vor allem durch die Voraussetzungen, die er als jemand, der über die evangelische Geschichte schreibt, mitbringt. Er lehnt die Erzählungen seiner Vorgänger nicht prinzipiell ab, sondern er nähert sich den von ihnen beschriebenen Ereignissen mit anderen Mitteln. Wie er dies tut, ist die Frage, die v3 beantwortet.

---

[51] Vgl. zur Formulierung Arrian, An., pr. 3: "Sollte indes sich jemand wundern und fragen, was ich mir dabei versprochen haben könnte, wenn angesichts einer derartig großen Zahl bereits vorhandener Autoren auch mir (καὶ ἐμοί) in den Sinn kam, folgende Darstellung zu verfassen ...".

3.2.1.1 Die historische Forschung

Das Partizip παρηκολουθηκότι ist Teil einer *participium coniunctum*-Konstruktion. Der hier durch das Perfekt Partizip zum Ausdruck gebrachte Zustand steht zum Vorgang des übergeordneten Satzes (ἔδοξε κἀμοί) im Verhältnis der Gleichzeitigkeit[52]. Die temporale und die kausale Sinnrichtung des *participium coniunctum* sind in diesem Fall nicht scharf voneinander zu trennen. Das παρακολουθεῖν des Autors ist abgeschlossen, und daher ist der Autor befähigt, sein Werk zu schreiben[53], darin besteht seine besondere Qualifikation.

Doch was genau ist es, das den Autor Lukas für sein Unternehmen qualifiziert? Bei der Verwendung des Verbums παρακολουθεῖν läßt sich grundsätzlich zwischen dem eigentlichen und dem uneigentlichen (übertragenen) Gebrauch unterscheiden. Welche Bedeutung das Verbum im Lukasprolog hat, hängt wesentlich vom Kontext ab, der nun näher in Betracht zu ziehen ist. Das Dativobjekt von παρηκολουθηκότι ist πᾶσιν, eine Pluralform, die an sich sowohl neutrisch wie maskulinisch sein kann. πᾶσιν kann daher rein grammatikalisch zwei verschiedene Bezugswörter haben[54]. Entweder ist es auf τῶν πραγμάτων bezogen und daher neutrisch aufzufassen; dann hätte Lukas die Formulierung παρηκολουθηκότι ἄνωθεν πᾶσιν τοῖς πράγμασιν abgekürzt. Oder es ist auf οἱ ἀπ' ἀρχῆς αὐτόπται καὶ ὑπηρέται γενόμενοι τοῦ λόγου zu beziehen und daher eine maskuline Form; dann hätte Lukas die Formulierung παρηκολουθηκότι ἄνωθεν πᾶσιν τοῖς αὐτόπταις abgekürzt.

Faßt man πᾶσιν maskulinisch auf, so ist παρακολουθεῖν im eigentlichen (nicht-übertragenen) Sinne zu deuten. Lukas hätte dann in persönlichem Kontakt mit den Aposteln gestanden und von ihnen

---

[52] HvS § 206g: "Das *Ptzp. Pf.* bezeichnet gemäss seinem Aspekt ... einen (aus einem vorzeitigen Geschehen resultierenden) Zustand, der gewöhnlich als *gleichzeitig* zum Inhalt des übergeordneten Verbs erscheint".

[53] Zahn, *Lucas*, S. 54, leitet aus dem Gebrauch des Perfekts ab: "Die sorgfältigen Forschungen lagen als etwas Abgeschlossenes hinter ihm, als Lc den Beschluß faßte, ein Geschichtschreiber des Christentums zu werden".

[54] Es drittens auf πολλοί zu beziehen, ist zwar theoretisch möglich, wird aber hier nicht gesondert als Alternative behandelt.

seine Informationen erhalten[55]. Diese altkirchliche Deutung ist semantisch durchaus möglich. Das Verbum wird im Blick auf Personen zum einen im Sinne von "(tatsächlich) nachfolgen, begleiten" gebraucht[56]. Und zum anderen findet sich in der altkirchlichen Literatur eine Reihe von Stellen, wo παρακολουθεῖν geradezu im Sinne eines Lehrer-Schüler Verhältnisses "nachfolgen" bedeuten kann[57]. Was diese Interpretation zweifelhaft erscheinen läßt, ist die Schwierigkeit, ἄνωθεν und πᾶσιν zu ihrem vollen Recht kommen zu lassen. Sollte Lukas etwa beanspruchen, die apostolischen Augenzeugen alle und von Anfang an begleitet zu haben? Das ist nicht gut möglich.

Hat Lukas andererseits πᾶσιν neutrisch gemeint und auf πράγματα bezogen, so ergeben sich zwei Möglichkeiten, παρακολουθεῖν zu verstehen. Es kann im eigentlichen Sinne mit der Bedeutung "(als Zeitgenosse) (ver-)folgen" verstanden werden: dann würde Lukas beanspruchen, die Ereignisse des Lebens Jesu persönlich als Zeitzeuge miterlebt zu haben. Für diese Möglichkeit plädiert beispielsweise H. J. Cadbury: "The writer's information had (notice the perfect tense) come to him as the events took place; it was not the result of special reading and study"[58]. Dann hätte Lukas die Jahre des Wirkens Jesu bis zu seiner Himmelfahrt persönlich miterlebt, so wie

---

[55] Es wurde in der Alten Kirche zum einen bezeugt, daß Lukas Paulus und die anderen Apostel persönlich gekannt hat, z. B. durch Irenäus (Eus., *Hist. Eccl.* III.4.6): "Lukas ... lebte meist in der Gesellschaft des Paulus, verkehrte aber auch eifrig mit den übrigen Aposteln (Λουκᾶς δὲ ... τὰ πλεῖστα συγγεγονὼς τῷ Παύλῳ, καὶ τοῖς λοιποῖς δὲ οὐ παρέργως τῶν ἀποστόλων ὡμιληκώς)". Vgl. Eus., *Hist. Eccl.* IV.3.6; Irenäus, *Adv. Haer.* III.10.1; III.14.1-2; III.23.1. Man scheint diese Überzeugung aber auch an eine entsprechende Deutung von Lk 1:3 geknüpft zu haben, da mehrfach das hier verwendete Verb παρακολουθεῖν gebraucht wird, um diese persönliche Bekanntschaft auszudrücken.

[56] Vgl. z. B. Plut., *Mor.* 207e: "Er bat die Götter, daß ... sein eigenes Glück ihn begleiten möge (παρακολουθῆσαι)"; Mk 16:17: σημεῖα δὲ τοῖς πιστεύσασιν ταῦτα παρακολουθήσει; Jos., *Bell.* I.455: παρηκολούθει γὰρ Ἀντίπατρος [den König]"; Jos., *Ant.* XIV.438: παρακολουθῶν δ' ὁ Μαχαιρᾶς [den König]".

[57] Eus., *Hist. Eccl.* III.39.4 (Papias): "Kam einer, der den Ältesten gefolgt war (εἰ δέ που καὶ παρηκολουθηκώς τις τοῖς πρεσβυτέροις ἔλθοι) ...", vgl. III.39.7; III.39.15.

[58] "Commentary," S. 502. Ähnlich noch van Bruggen, *Christus*, S. 55, und J. Wenham, "The Identification of Luke," *EvQ*, 63 (1991), 28.

Thukydides den peloponnesischen Krieg (431-404 v. Chr.), über den er schreibt[59]. Das Verbum kann tatsächlich so gebraucht werden, wie eine Reihe von Beispielen zeigen[60]. Es lassen sich aber auch gegen eine solche Deutung eine Reihe von Einwänden vorbringen: Wenn Lukas erstens, wie seine Prologe (Lk 1:1-4; Act 1:1-5) und die *Wir*-Stellen der Apostelgeschichte zeigen, durchaus – wo angebracht

---

[59] V.26.5: "Ich habe ihn ganz miterlebt (Ἐπεβίων δὲ διὰ παντὸς αὐτοῦ), alt genug zum Begreifen und mit voller Aufmerksamkeit, um etwas Genaues zu wissen ...".

[60] Demosth. XIX.257: "Damit ich, der ich die Schurkenstreiche dieses Menschen aufs genaueste weiß (ἀκριβέστατ' εἰδώς), und der Reihe nach mit angesehen habe (καὶ παρηκολουθηκὼς ἅπασι), um so mehr mit Eurer vollesten Billigung ihn anklagen kann"; XXIII.187: "Vielleicht möchte nun jemand etwa mich fragen, warum ich denn, da mir dies alles genau bekannt gewesen (ταῦτ' εἰδὼς οὕτως ἀκριβῶς ἐγώ), und da ich viele von seinen Vergehungen gleichsam Schritt für Schritt verfolgt habe (καὶ παρηκολουθηκὼς ἐνίοις τῶν ἀδικημάτων), mich nicht widersetzt und widersprochen habe, als Ihr ihn zum Bürger machtet". Der Zusammenhang macht klar, daß Demosthenes als Zeitgenosse die Betrügereien des Aristokrates verfolgt hat (188). S. weiterhin XLVIII.39-40: "Was er vorbringt, besteht bloß in erdichteten Vermutungen, ihr Richter, und ungerechten Vorwänden und Schlechtigkeiten, um mir das vorenthalten zu können, was er mir eigentlich zurückzugeben verpflichtet ist. Was ich dagegen vor Euch aussprechen werde, gegen die Lügen dieses meines Gegners, ist keineswegs bloße Vermutung: sondern ich werde seine Unverschämtheit ganz klar nachweisen, und zwar so, daß ich Beweisgründe dabei anwende, die wahr und Euch allen bekannt sind, und Zeugen über alle beibringe. Zunächst nun bezeuge ich, Männer des Gerichts, daß mein Gegner meinen und seinen Bekannten, die mit dem ganzen Hergang der Sache bekannt und von Anfang an zugegen waren (τοῖς εἰδόσιν ἀκριβῶς ἕκαστα ταῦτα τὰ πράγματα ὡς ἔχει καὶ παρηκολουθηκόσιν ἐξ ἀρχῆς), darum die Schlichtung der Streitsache nicht hat überlassen wollen, weil er mit Bestimmtheit wußte, daß er sogleich von ihnen des Unrechts überführt werden müsse, wenn er irgendeine Unwahrheit vorbrächte; so aber hoffte er, vielleicht vor Euch seine Lügen zu verbergen"; L.13: "Indem ich nun aber selbst in so große Geldverlegenheit kam, daß, bei Zeus und Apollo, keiner von Euch es glauben wird, der nicht wirklich den Gang meiner Angelegenheiten genau verfolgt hat (ὅστις μὴ ἀληθῶς παρηκολούθηκε τοῖς ἐμοῖς πράγμασιν), so versetzte ich mein Landgut ..."; Philo, *Dec.* 88: "Was meinst du, würde ich zu einem Meineidigen sagen, wirst du es wagen zu einem deiner Bekannten zu gehen und ihm zu sagen: 'mein Lieber, komm, bezeuge mir, was du weder gesehen noch gehört hast, wie wenn du es gesehen und gehört und alles genau verfolgt hättest (ὡς παρηκολουθηκὼς ἅπασιν)'?"; Jos., *Ap.* I.53: παρηκολουθηκότα τοῖς γεγονόσιν; *Vi.* 357: ὅσα ἔπαθον Ῥωμαῖοι ... παρακολουθήσας; Lukian, *Symp.* 1: μὴ παρακολουθήσας ἐκείνοις.

– in der ersten Person Singular schreibt, warum tut er das dann an keiner Stelle des Evangeliums? Wenn Lukas zweitens die evangelischen Ereignisse tatsächlich als Zeit- und Augenzeuge miterlebt hat, warum hat er dies dann in seinem so programmatischen Prolog nicht unzweideutig und viel pointierter zum Ausdruck gebracht? Ihm hätten eine Reihe eindeutiger Formulierungen zur Verfügung gestanden[61]. Und es kommen drittens erneut πᾶσιν und ἄνωθεν nicht zu ihrem Recht. Denn Lukas wird kaum beanspruchen wollen, allen geschilderten Begebenheiten einschließlich der Geburtsgeschichte ausnahmslos persönlich als Zeuge beigewohnt zu haben[62].

Schließlich kann bei einem neutrisch auf πράγματα bezogenen πᾶσιν das Verbum παρακολουθεῖν auch uneigentlich aufgefaßt werden. Der übertragene Gebrauch des Wortes hat vielfältige Nuancen[63]. So kann παρακολουθεῖν als *terminus technicus* der stoischen Literatur im Sinne eines verstehenden Nachvollziehens "begreifen, verstehen" bedeuten[64]. Dieses verstehende Nachvollziehen kann sich auch auf

---

[61] J. W. Wenham, "Gospel Origins," *Trinity Journal*, 7 (1978), 123, erwidert: "The answer must be either that Luke did not keep a diary at that time, or that, if he did, it did not always meet his purposes to quote from it verbatim; or that he did not write it all in the first person". Überzeugen kann diese Erwiderung kaum.

[62] Sollte auch ἀκριβῶς auf παρακολουθεῖν zu beziehen sein, so gilt die von E. Haenchen, "Das 'Wir' in der Apostelgeschichte und das Intinerar," *ZThK*, 58 (1961), 364-5, getroffene Feststellung: "Ich kann mich genau informieren, aber ich kann nicht genau am Krieg teilnehmen". Beachte aber oben (3.2.2) die Argumente für die wahrscheinlichere Verbindung von ἀκριβῶς mit γράψαι.

[63] S. Liddell/Scott, *Lexicon*, S. 1313-4. Im NT erscheint zum einen die Bedeutungsvariante "befolgen" (2Tim 3:10: Σὺ δὲ παρηκολούθησάς μου τῇ διδασκαλίᾳ). Daneben ist auch die Nuance "sich zum Vorbild nehmen" zu beobachten (1Tim 4:6: τοῖς λόγοις ... τῆς καλῆς διδασκαλίας ᾗ παρηκολούθηκας). J. L. Hug, *Einleitung in die Schriften des Neuen Testaments*. 4. Aufl. (Stuttgart, 1847), II, 122, übersetzt sogar einerseits: "in dem Unterrichte, dessen gegenwärtiger Zeuge du gewesen bist", und andererseits: "Du warest beobachtender Zeuge meiner Lehre".

[64] Epiktet I.5.5: "Und beim Zeus, selbst bei meiner Seele, wenn sie in einem solchen Zustande ist, daß sie keinem denkend folgen (παρακολουθεῖν), nichts verstehen kann, glauben wir, daß eine solche sich übel befindet"; I.9.4: "Wer also die Verwaltung der Welt mit dem Geiste erfaßt und gelernt hat (παρηκολουθηκὼς καὶ μεμαθηκώς), daß ..."; I.26.13: "Du lachtest doch selbst aus, da du den Jüngling nicht vorgeübt und nicht erkannt hast, daß er diesem nicht folgen (es nicht verstehen) kann (τούτοις παρακολουθεῖν)"; vgl. I.26.14; I.6.13; I.6.18 und s. auch A. Bonhöffer,

schriftliche Berichte beziehen⁶⁵. Ebenso kann παρακολουθεῖν das Nachvollziehen der in einer Schrift festgehaltenen Ereignisse bezeichnen⁶⁶. Aber auch bei dem kritisch verstehenden Nachvollziehen der mündlichen Ausführungen eines Redners kann das Verbum παρακολουθεῖν verwendet werden⁶⁷.

Endlich wird das Wort παρακολουθεῖν aber bei Demosthenes auch noch in wieder etwas anderem Sinne direkt auf die Ereignisse (τὰ πράγματα) bezogen. Hier bedeutet es nicht nur ein verstehendes Nachvollziehen, sondern eher "(er-)forschend nachgehen". Als es um

---

Epiktet und das Neue Testament (Gießen, 1910), S. 210.

⁶⁵ Jos., *Ap.* I.218: οὐ γὰρ ἐνῆν αὐτοῖς μετὰ πάσης ἀκριβείας τοῖς ἡμετέροις γράμμασι παρακολουθεῖν; vgl. *Ant.* XI.68; *Bell.* VII.516; Diodorus I.3.8; Polybius IV.28.6.

⁶⁶ Polyb. III.32.2: "Denn wieviel leichter ist es, vierzig Bücher (βύβλους) zu erwerben und durchzulesen, die gleichsam in einem Stück durchgewebt sind, und in ihnen die Ereignisse in Italien, Sizilien und Libyen von der Zeit des Pyrrhus bis zur Eroberung Karthagos ... genau zu verfolgen (παρακολουθῆσαι σαφῶς ταῖς ... πράξεσιν), als lauter Monographien zu lesen oder zu kaufen".

⁶⁷ Dies wird besonders daran deutlich, wie der Gerichtsredner Demosthenes das Wort in seinen Gerichtsreden gebraucht: Demosth. XLIII.23: "Da dies anerkannt ist, so werdet Ihr auch das Übrige leicht einsehen (ῥᾳδίως ... τοῖς ἄλλοις ... παρακολουθήσετε) und Euch davon überzeugen, daß diese Leute gewalttätig und frech sind"; XLIV.8: "Ich hoffe nämlich, daß, wenn Ihr diesen Teil der Streitsache aufmerksam verfolgt (ἂν τούτῳ τῷ μέρει τοῦ ἀγῶνος σαφῶς παρακολουθήσητε), Euch auch von dem Übrigen nichts entgehen werde"; LVI.4: "Wir bitten und flehen nun Euch alle an, uns Euren Beistand zu widmen, wenn Ihr Euch überzeugt, daß uns Unrecht zugefügt wird. Zuerst will ich Euch indes den Anfang unserer Geschäftsverbindung erzählen, wodurch Ihr am leichtesten dem Gang unserer Rede zu folgen (ῥᾷστα παρακολουθήσετε) in Stand gesetzt sein werdet"; XXIV.10: "Ich will nun von Anfang an in der Kürze, was geschehen ist, vor Euch durchgehen, damit Ihr besser die Ungerechtigkeiten, welche in diesem Gesetz entfaltet sind, erkennen und der Reihe nach verfolgen könnt (ἵνα ... παρακολουθήσητε τοῖς ... ἀδικήμασιν)"; Demosth. XLIII.1-2. H. Wankel bemerkt in seinen Erläuterungen zur Kranzrede des Demosthenes (II, 862): "Das Verbum [παρακολουθεῖν] kommt übertragen auf die sorgfältige Beobachtung und Prüfung von Vorgängen abgesehen von ... Plat., *R.* 406b.4-5 (singulär bei Platon) erst im Corp. Dem. vor". Die genannte Passage bei Plato lautet: "Denn seiner Krankheit, welche tödlich war, immer nachgehend (Παρακολουθῶν γὰρ τῷ νοσήματι θανασίμῳ), konnte er, glaube ich, sich selbst nicht heilen und lebte so, ohne sich mit etwas anderem zu tun zu machen, immer an sich kurierend fort".

die Frage geht, wer eine bestimmte Rede halten soll, beschreibt Demosthenes seine eigene Qualifikation hierzu folgendermaßen (XVIII.172): "Indessen, jene Umstände (und jener Tag) riefen anscheinend nach einem Mann, der nicht nur wohlgesinnt und wohlhabend war, sondern auch den Gang der Dinge von Anfang an verfolgt (ἀλλὰ καὶ παρηκολουθηκότα τοῖς πράγμασιν ἐξ ἀρχῆς) und sich daraus richtig zusammengereimt hatte, weshalb Philipp so handelte und in welcher Absicht. Denn wer das nicht wußte und nicht seit langem sorgfältig erforscht (ἐξητακώς) hatte, der konnte, auch wenn er ein guter Patriot, auch wenn er reich war, darum nicht eher wissen, was zu tun sei, noch was er euch zu raten habe". Aufschlußreich ist die Parallelität von παρακολουθεῖν und ἐξετάζειν[68]. Demosthenes war ein Zeitgenosse Philipps II. Er dürfte ihn aber kaum dauernd persönlich begleitet haben[69]. Seine Kenntnisse über die Ereignisse und Handlungen (τοῖς πράγμασιν) hat er sich durch nachträgliche Nachforschungen (παρηκολουθηκότα) erworben.

Eine solche Verwendung des Wortes ist nun immerhin einmal auch spezifisch für die Forschungen eines Historikers belegt. Polybius schreibt in seinem ersten Buch (I.12.7): "Denn wie und wann sich die Römer nach dem Verlust ihrer Stadt zu neuem Aufstieg erhoben, und weiter wann und wie sie nach Eroberung Italiens in die auswärtigen Verhältnisse einzugreifen begannen, das zu verfolgen (πράγμασιν ... παρακολουθῆσαι) haben wir im Interesse derer für notwendig gehalten, die die Größe ihrer jetzigen überragenden Machtstellung recht begreifen wollen". Diese Verwendung des Wortes kommt dem Wortgebrauch im Prolog des Lukas am nächsten[70]. Sie fügt sich als einzige in die Prologformulierung als Ganze ein. Sie wird den semantischen Möglichkeiten des Wortes παρακολουθεῖν der unmittelbaren Satzkonstruktion mit ἄνωθεν, πᾶσιν und ἀκριβῶς, sowie auch dem weiteren Kontext gerecht. Lukas hatte keinen unmittelbaren Zugang

---

[68] Vgl. zu dieser Parallelität auch Demosth. XXXIV.8.

[69] Anders H. J. Cadbury, "The Knowledge Claimed in Luke's Preface," *Exp*, 8/24 (1922), 405, der meint, in XVIII.172 werde παρακολουθεῖν im Sinne von "persönlich begleiten" gebraucht.

[70] Anders Cadbury, "Knowledge," S. 408, der zu diesem Verständnis von παρακολουθεῖν emphatisch erklärt: "It is nearly as difficult to find any modern protest against it as to find any ancient evidence to support it".

zu den Ereignissen, die er berichten wollte. Daher war er wie seine Vorgänger auf die Aussagen der Augenzeugen angewiesen und ist mittels ihrer Hilfe den Ereignissen forschend nachgegangen[71].

3.2.1.2 Die Ausdehnung der Forschung

Durch das Adverb ἄνωθεν wird das Partizip παρηκολουθηκότι noch näher ergänzt. Mit zeitlicher Bedeutung kann ἄνωθεν sowohl "von Anfang an" als auch "nochmals" bedeuten. Im Prolog ist es wohl im ersten Sinne zu verstehen. Lukas fragt bis zum Zeitpunkt der Zeugung und Geburt Jesu zurück[72]. Wahrscheinlich hatten also einige (wenn nicht alle[73]) Vorgänger diesen Bereich des Lebens Jesu ausgelassen und erst mit dem Auftreten des Täufers eingesetzt. Lukas dürfte dies als Historiker und Biograph als einen Mangel empfunden haben. Ihm wird bewußt gewesen sein, daß von einem Historiker erwartet wird, bei seiner Darstellung auf die ersten Ursachen des geschilderten Geschehens zurückzugehen[74]. Dies gilt besonders auch für die biographische Darstellung[75], und darum erforscht Lukas das Leben Jesu von Anfang an, unter Einschluß seiner Abstammung, seiner Kindheit und des vorbereitenden Wirkens des Täufers (1:5-4:13). Denn in dieser Periode sind bereits entscheidende Faktoren sichtbar, die (in deutlichem Anschluß an das Alte Testament) das

---

[71] Insofern ist diese neutrisch-uneigentliche Deutung von πᾶσιν praktisch in mancher Hinsicht deckungsgleich mit der oben behandelten maskulinischen. Denn in beiden Fällen waren die Augenzeugenberichte die Quellen für das Geschehen.

[72] ἄνωθεν bedeutet nach Liddell/Scott, *Lexicon*, S. 169, "in narrative or inquiry, *from the beginning, from farther back*". Verwiesen wird dort u. a. auf Demosth. XLV.80: πονηρὸς οὗτος ἄνωθεν mit der Übersetzung "a born rogue", und auf Theokrit XV.90-2: "woher ist denn der Mensch (πόθεν ὤνθρωπος;)? ... wir sind von korinthischer Abkunft (Κορίνθιοι εἰμὲς ἄνωθεν)".

[73] Daß Lukas das Matthäusevangelium mit seiner Kindheitsgeschichte gekannt hat, ist wohl eher unwahrscheinlich.

[74] Polybius etwa formuliert den Grundsatz (III.7.7): "Daher muß man nichts so genau beobachten und zu erforschen trachten wie die Ursachen eines jeden Ereignisses (ὡς τὰς αἰτίας ἑκάστου τῶν συμβαινότων)".

[75] S. unten Kapitel 13.

spätere heilsbedeutsame Schicksal Jesu ursächlich mitbestimmt haben[76].

Zusammenfassend läßt sich zu v3a festhalten: (1.) Lukas hatte wie seine Vorgänger nur einen mittelbaren, indirekten Zugang zu den von ihm berichteten Ereignissen. Sein relativer Abstand von den historischen Vorgängen entspricht dem ihren. Dennoch aber unterscheidet er sich von ihnen. (2.) Seine methodische Annäherung an die Ereignisse ist neu. Dies ist ersichtlich aus der strukturell bedingten Gegenüberstellung von παραδίδωμι und παρακολουθεῖν, die durch die Gleichheit der Vorsilben verstärkt wird. Die Werke der Vorgänger verdanken ihre Entstehung vor allem der aktiven Überlieferungstätigkeit der Apostel (παρέδοσαν). Die πολλοί haben die Überlieferung der Apostel mehr oder weniger passiv in Empfang genommen und schriftlich niedergelegt (ἀνατάξασθαι). Lukas hat demgegenüber selbst die Initiative ergriffen. Er hat eigenständige, aktive Nachforschungen unternommen (παρηκολουθηκότι)[77], bevor er sich an die Abfassung seines Werkes machte. (3.) Diese reichen (wohl im Unterschied zu den bisherigen Diegesen) ausdrücklich bis in die Anfänge der Biographie Jesu zurück (ἄνωθεν). Er ist nicht passiver Traditionsempfänger, sondern aktiver Forscher. Dem ἀνατάξασθαι ... καθὼς παρέδοσαν (vv1-2) der πολλοί steht das παρηκολουθηκότι ἄνωθεν πᾶσιν ... γράψαι (v3) auf seiten des Lukas gegenüber. Als Historiker unternahm Lukas aktive historische Nachforschungen im Stil der grie-

---

[76] Vgl. F. Wehrli, "Gnome, Anekdote und Biographie," *MH*, 30 (1973), 193-4: "In allen Spielformen der Biographie pflegen immerhin Jugend und Erziehung, bei Philosophen auch Lehrerbeziehungen, als geschlossener Teil behandelt zu werden. In den frühen Lebensumständen werden die Faktoren gesehen, welche im Wechselspiel mit der Naturanlage (φύσις) dem Menschen sein bleibendes Gepräge geben".

[77] Daß Lukas mit dem Werk des Polybius und damit auch mit der in seinem XII. Buch dargelegten Forschungsmethodik vertraut war, wird wahrscheinlich, wenn man eine stilistische Verwandtschaft zwischen Lukas und Polybius annimmt. Vgl. A. Momigliano, "Polybius' Reappearence in Western Europe," *Polybe*. Hg. E. Gabba (Genf, 1973), S. 370: "Grotius was convinced that Polybius was the stylistic model of St. Luke". S. jetzt auch D. L. Mealand, "Hellenistic Historians and the Style of Acts," *ZNW*, 82 (1991), 66: "affinities between Acts and the major Hellenistic Historians such as Polybius and his successors have been underestimated". Ganz allgemein vermutet schon Wendland, *Literaturformen*, S. 324: "Der Verfasser der beiden an Theophilos gerichteten Schriften ist mit der Weltliteratur und ihren Formen bekannt".

chisch-römischen Historiographie, um das evangelische Traditionsmaterial zu überprüfen⁷⁸.

3.2.2 Das Darstellungsziel des Lukas

Lukas nennt in v3b zwei Qualitäten, die seine Evangelienschrift aufweisen soll: Exaktheit (ἀκριβῶς) und Chronologie (καθεξῆς). Umstritten ist allerdings, ob das Adverb ἀκριβῶς auf das vorangehende Partizip παρηκολουθηκότι oder auf den folgenden Infinitiv γράψαι zu beziehen ist. Die gewöhnliche Wortstellung⁷⁹ spricht nun aber dafür, das Adverb zum folgenden Infinitiv zu ziehen, obwohl es durchaus Ausnahmen von der Regel gibt⁸⁰. Es kann allerdings gleich hinzugefügt werden, daß sich der Sinn der Aussage auch bei der Zusammenordnung von ἀκριβῶς mit dem vorangehenden Partizip nicht wesentlich ändert. In beiden Fällen erhebt Lukas für die Dar-

---

⁷⁸ Vgl. schon G. E. Lessing, "Neue Hypothese über die Evangelisten als blos menschliche Geschichtschreiber betrachtet," *Gotthold Ephraim Lessings theologischer Nachlaß* (Berlin, 1784), S. 67-8, der meint, daß Lukas sein Evangelium schrieb, "nachdem der alles von Anbeginn erkundet hatte, d. i. nachdem er alles, was in der hebräischen Urkunde stand gegen die mündlichen Erklärungen der Apostel, die er zu sprechen Gelegenheit hatte, geprüft und durch sie bestätigt hatte". Allerdings dürfte Lukas nicht nur die Angaben *einer* hebräischen Urkunde überprüft haben, und seine Erkundigungen auch nicht *nur* bei den Aposteln eingezogen haben.

⁷⁹ S. E. Mayser, *Grammatik der griechischen Papyri aus der Ptolemäerzeit* (Berlin, 1934), II/2, 180: "Die normale Stellung der Adverbien im einfachen Satz ist vor dem Begriff (meist Verbum), zu dem sie gehören". Vgl. auch die Untersuchung von D. P. Davies, "The Position of Adverbs in Luke," *Studies in New Testament Language and Text*. Hg. J. K. Elliott (Leiden, 1976), S. 115, der nach einer Analyse der lukanischen Syntax folgert: "Usage suggests that since adverbs of manner are usually in preposition, and always with the infinitiv, it [ἀκριβῶς] should be taken with γράψαι". So entscheidet sich auch J. Kürzinger, "Lk 1,3 ... ἀκριβῶς καθεξῆς σοι γράψαι," *BZ*, 18 (1974), 254.

⁸⁰ Nach Mayser, *Grammatik*, II/2, 183, werden u. a. "Modaladverbien allgemeiner Art", zu denen auch ἀκριβῶς – ἀκριβέστερον zu rechnen ist, "mit intensiver Bedeutung im urgierenden Sinn" nachgestellt. Als Beispiele aus den Papyri werden folgende Formulierungen angeführt: εἰδὼς ἀκριβῶς, γράψω ἀκριβέστερον, διασάφησον ἀκριβῶς, aber: ἀκριβῶς ἐπιστάμεθα. Vgl. BDR § 474.2: "Das ein Adjektiv (oder Verbum) näher bestimmende Adverb hat die 2. Stelle".

stellung der πράγματα in seinem Evangelium den Anspruch der ἀκρίβεια.

3.2.2.1 Das Streben nach Exaktheit

Bemerkenswert ist nun in jedem Fall aus der Sicht des literarisch gebildeten und daher mit der antiken Geschichtsschreibung vertrauten Lesers des Evangeliums, daß der Gebrauch von ἀκριβῶς im Prolog eines historischen Werkes an das sogenannte Methodenkapitel des Thukydides erinnert, in welchem der ἀκρίβεια eine (wenn nicht gar *die*) zentrale Rolle zukommt (I.22.1-2)[81].

D. S. Kurz hat in seiner philologischen Untersuchung zum Ideal der Exaktheit bei den Griechen herausgearbeitet[82], daß mit dem Wort ἀκρίβεια u. a. "eine irgendwie geartete 'Kongruenz' oder 'Deckungsgleichheit' der Darstellung mit dem Dargestellten" zum Ausdruck gebracht wird. "Diese Seite des Begriffs ... kann unmißverständlich als 'Wirklichkeitstreue' wiedergegeben werden". Dies machen die verschiedenen Verwendungsformen des Begriffs deutlich, für die Kurz auch eine gewisse historische Entwicklung feststellen will. ἀκρίβεια findet zunächst im handwerklichen Bereich Verwen-

---

[81] Nach F. Egermann, "Zum historiographischen Ziel des Thukydides," *Hist*, 10 (1961), 443, ist der Begriff ἀκρίβεια im Methodenkapitel "die Seele und der rote Faden der ganzen Partie. Um die ἀκρίβεια dreht sich alles". Allerdings haben nach Thukydides viele Historiker diesen Begriff aufgegriffen, so daß mit der Wortgleichheit nicht bewiesen werden kann, daß Lukas ihn direkt dem Methodenkapitel des Thukydides entnommen hat. Da Lukas aber auch sonst eine Kenntnis des thukydideischen Werkes (Anklang an Thukyd. II.2 bzw. V.20 in 3:1-2) und speziell seines Methodenkapitels (καθεξῆς – ἑξῆς) erkennen zu lassen scheint, ist eine direkte Bezugnahme auf Thukyd. I.22 wenigstens denkbar, wenn nicht wahrscheinlich. Jedenfalls trifft es für das Lukasevangelium keineswegs ohne weiteres zu, wenn A. Momigliano, *Second Thoughts on Greek Biography* (Amsterdam, 1971), S. 6, behauptet: "One may doubt whether the Thucydidean or even the laxer Herodotean criteria on evidence were ever applied to biography. Biography was written without reference to Thucydides".

[82] "ἀκρίβεια: Das Ideal der Exaktheit bei den Griechen bis Aristoteles," Diss. Tübingen, 1970, S. 41. Im folgenden nur mit Seitenangabe zitiert.

dung⁸³. Neben dem exakten Messen und Wiegen ist dann aber auch häufig von einem exakten Wissen und Kennen die Rede. Kurz vermutet, daß das Konzept des exakten Wissens "zuerst bei der Ermittlung des Sachverhaltes in einem Prozeß heimisch geworden ist" (15). Von hier aus führt dann ein mehr oder weniger direkter Weg zum Methodenkapitel des Thukydides, denn "Thukydides hat den Begriff und mit ihm die Vorstellung über seine Verwirklichung aus der Gerichtspraxis auf seine historische Forschung übertragen. So sucht er die geschichtlichen Fakten zu ermitteln wie ein Richter den Sachverhalt" (48)⁸⁴.

Dies gilt aber nur für den Teil seines Werkes, der die Gegenwartsvorgeschichte behandelt, denn im Blick auf die Archäologie (I.2-19) ist bei Thukydides von ἀκρίβεια keine Rede (I.20-21)⁸⁵. Er verwendet den Begriff der Exaktheit nur zur Charakterisierung seiner Geschichte des peloponnesischen Krieges. Gemeint ist damit die ἀκρίβεια τῶν πραγμάτων, denn dieser feste Begriff hatte sich zu seiner Zeit schon soweit durchgesetzt, "daß der genitivische Zusatz entbehrlich wurde und ἀκρίβεια allein als 'der exakte Sachverhalt' verstanden werden konnte" (31). So bedeutet ἀκρίβεια bei Thukydides (I.22.1)

---

⁸³ Vgl. z. B. Platon, *Phlb.* 56b: "Die Baukunst aber, glaube ich, welche sich der meisten Maße und Werkzeuge bedient, wird durch das, was ihr so viele Genauigkeit (ἀκρίβειαν) sichert, auch kunstreicher als die meisten andern". S. auch Jos., *Bell.* VI.410: "die genaue Übereinstimmung der Fugen (τήν τε ἀκρίβειαν τῆς ἁρμονίας)".

⁸⁴ Auch nach Ansicht Lukians (*Hist. Conscr.* 41) soll ja der Historiker "ein gerechter Richter (ἴσος δικαστής)" sein. Eine derartige Parallelsetzung scheint R. Glöckner, *Die Verkündigung des Heils beim Evangelisten Lukas* (Mainz, 1975), S. 10, grundsätzlich abzulehnen: "Seiner Geschichte bzw. Vergangenheit gegenüber kann der Mensch nicht die gleiche, positivistisch-konstatierbare Sicherheit gewinnen, ... mit der ein Richter sich des zu beurteilenden Sachverhaltes in Beziehung auf die Anklage 'versichert'". Anders Bernheim, *Lehrbuch*, S. 429, der das Ausüben der inneren Kritik der Quellen durchaus in diesem Sinn mit der Aufgabe "eines Untersuchungsrichters ..., welcher die Thatsächlichkeit eines Vergehens aus Zeugenaussagen und aus unmittelbaren Spuren desselben zu konstatieren hat", vergleicht.

⁸⁵ Bei der Auswertung der Reflexionen über die Methodik der Geschichtsschreibung des Thukydides in I.20-22 ist zu beachten, daß die Abschnitte 20-21 auf die Archäologie (I.1-19) bezogen sind, während das sogenannte Methodenkapitel I.22 dem anschließend geschilderten peloponnesischen Krieg zuzuordnen ist; vgl. von Fritz, *Geschichtsschreibung*, I, 618.

"das, was sich mit den Tatsachen deckt; die vollständige und ungetrübte Wahrheit" (161)[86]. In Anlehnung an das Methodenkapitel des Thukydides (oder seine Nachfolger) gebraucht dann ganz offensichtlich auch Lukas den Begriff der ἀκρίβεια bei der Beschreibung der Methode, die er zur Abfassung seines Geschichtswerkes verwendet hat.

Es ist nun weiter zu fragen, wie man im Gerichtswesen und entsprechend in der historischen Forschung exakte Kenntnisse erlangen zu können meint. In der Gerichtsrede wird ἀκρίβεια zur Behauptung der Deckungsgleichheit (Kongruenz) einer Aussage mit der objektiven Wirklichkeit verwendet. Die Berechtigung des Anspruchs, exaktes Wissen zu besitzen, ist im Prozeß von der Art der Zeugnisse abhängig, auf die sich der Verteidiger oder der Ankläger berufen. Exaktes Wissen über einen fraglichen Sachverhalt erhält man zum einen, indem man sich als Augenzeuge überzeugt. So heißt es an einer Stelle bei Demosthenes (LII.8): "Als mein Vater zur Antwort gab, er glaube wohl, daß er angelangt sei, und er könne darüber das Gewisse erfahren ..., wenn er in den Piräus herabkommen wolle (ὅτι οἴοιτο μέν, εἰ μέντοι βούλοιτο εἰς Πειραιᾶ καταβῆναι, τὴν ἀκρίβειαν εἴσοιτο) ..."[87].

Aber zweitens ermöglicht auch die Befragung von Augenzeugen exaktes Wissen. So heißt es in einem Gerichtsverfahren bei Gorgias (*Pal.* 22): "Erhebst du denn die Klage mit einem genauen Wissen oder eine Ansicht hegend (πότερα γάρ μου κατηγορεῖς εἰδὼς ἀκριβῶς ἢ δοξάζων)? Wenn nämlich mit Wissen (εἰδώς), dann weißt du, entweder weil du es gesehen hast oder beteiligt warst oder es erfuhrst von einem <Beteiligten> (ἰδὼν ἢ μετέχων ἢ τοῦ <μετέχοντος> πυθόμενος). Hast du es nun gesehen, so gib denen an <die Weise>, den Ort, die

---

[86] Vgl. Antiphon IV.3.1: τὴν ἀκρίβειαν τῶν πραχθέντων; Demosth. LIX.15: "die Richtigkeit/Exaktheit der Anklage (τὴν ἀκρίβειαν ... τῆς ... κατηγορίας)"; Platon, *Lg.* 855B; Aristoteles, *PA* 696b.14.

[87] S. weiterhin neben den oben bereits zitierten Stellen Demosth. XXVI.25 (ἀκριβέστατα συνθεωρήσαιτε); XXVII.1 (ἀκριβῶς ἐπισταμένους); XLI.24 (γιγνώσκων ... ἀκριβέστερον). Bemerkenswert ist auch die bei Aristophanes (*Vögel* 155-6) gestellte Frage: "Wie ist denn bei euch Vögeln hier das Leben? Du kennst es ja exakt (σὺ γὰρ οἶσθ' ἀκριβῶς)!" Gemeint ist hier ganz offensichtlich: Du kennst es absolut wirklichkeitsgetreu, weil aus eigener Erfahrung.

Zeit, wann, wo, wie du es sahst! Warst du aber beteiligt, bist du betroffen von denselben Anschuldigungen. Hast du es aber von einem Beteiligten gehört, soll der, wer immer es sei, selbst kommen, sich zeigen, bezeugen (μαρτυρησάτο)! Denn glaubwürdiger (πιστότερον) wird die Anklage sein, so bezeugt". Somit steht das exakte Wissen, das auf direkter oder indirekter Autopsie beruht, im Gegensatz zum Gerücht[88]. Daher stellt Demosthenes fest (LVII.4), daß die Ankläger in einem Gerichtsverfahren "verpflichtet gewesen wären, nur was sie genau wissen, vorzubringen (ὅσ' ἴσασιν ἀκριβῶς λέγειν), und sich nicht bloß auf das Hörensagen in einem solchen Prozeß zu berufen (καὶ μηδεμίαν προσάγειν ἀκοὴν πρὸς τὸν τοιοῦτον ἀγῶνα). Dies ist nämlich längst schon als in hohem Grade rechtswidrig anerkannt, so daß die Gesetze auch nicht einmal auf das bloße Hörensagen hin Zeugnis abzulegen gestatten, auch selbst in ganz geringen Klagesachen. Und zwar mit Recht. Wofern nämlich schon so manche, welche wirklich eine Sache gesehen zu haben behaupten, Unwahrheiten vorbrachten, wie sich später gezeigt hat, wie kann man da demjenigen Glauben schenken, der Dinge aussagt, die er selbst nicht kennt"[89].

---

[88] Vgl. auch Mt 2:8: Als Herodes sich Sicherheit über das Erscheinen des Sternes verschaffen will, fordert er die Weisen auf: ἐξετάσατε ἀκριβῶς, περὶ τοῦ παιδίου. Er meint damit, daß sie sich durch ihre Nachforschungen exakte Kenntnisse verschaffen sollten. S. auch Dtn 19:18: ἐξετάσωσιν οἱ κριταὶ ἀκριβῶς; Est 4:5: ἀπέστειλεν μαθεῖν αὐτῇ παρὰ τοῦ Μαρδοχαίου τὸ ἀκριβές und TestHiob 31:1: "Es geschah aber nach sieben Tagen ..., da ergriff Eliphas wieder das Wort und sprach zu seinen Mitkönigen: 'Laßt uns näher zu ihm hingehen und ihn genau befragen (ἐξετάσωμεν αὐτὸν ἀκριβῶς), ob er es wirklich ist oder nicht'".

[89] Zu diesem Prinzip bekennt sich im 1. Jh. n. Chr. auch Flavius Josephus in der Auseinandersetzung mit seinem literarischen Konkurrenten Justus von Tiberias. Er beruft sich gerade auf dieses Ideal der Exaktheit, das nur durch direkte oder indirekte Autopsie zu verwirklichen ist (*Ap.* I.53-56): "Wer den anderen einen Bericht der wirklichen Fakten verspricht, der muß sich davon zuerst exakte Kenntnis verschaffen (δεῖ τὸν ἄλλοις παράδοσιν πράξεων ἀληθινῶν ὑπισχνούμενον αὐτὸν ἐπίστασθαι ταύτας πρότερον ἀκριβῶς), entweder durch persönliche Teilnahme an den Ereignissen oder durch Befragung der Augenzeugen (ἢ παρηκολουθηκότα τοῖς γεγονόσιν ἢ παρὰ τῶν εἰδότων πυνθανόμενον)". Und so beansprucht Josephus in seiner Darstellung des Jüdischen Krieges ja auch tatsächlich (*Bell.* I.2) "genaue geschichtliche Darstellung (τὸ δ' ἀκριβὲς τῆς ἱστορίας)" zu geben, denn er hat selbst "an den späteren Ereignissen notgedrungen teilgenommen" (I.3) und Augenzeugen befragen können. Er will (I.9) "die Taten beider Parteien genau ... berichten (τὰ μὲν

Selbstverständlich ist nun die Autopsie kein absolutes Kriterium für die Exaktheit einer Aussage. Denn die Behauptung eines offensichtlich parteiischen Zeugen kann nicht als exakt gelten. Entsprechendes gilt für die Zeugenaussagen in der historischen Forschung (s. o. 2.2.2.2)[90]. Grundsätzlich aber kann im Bereich des Gerichtswesens wie in der Geschichtsschreibung jemand sein Wissen nur dann als exakt bezeichnen, wenn er den fraglichen Sachverhalt entweder selbst gesehen hat oder darüber von einem Augenzeugen informiert worden ist.

Bezeichnend ist nun für das Verständnis des Lukasprologs die vieldiskutierte Differenzierung[91], die Thukydides bzgl. der Exaktheit seines Werkes vornimmt. Er schreibt zum einen (I.22.2): "Die Taten hingegen, das Getane im Kriege (τὰ δ' ἔργα τῶν πραχθέντων ἐν τῷ πολέμῳ), hielt ich für richtig zu beschreiben nicht beim ersten besten mich erkundigend noch wie es mir gut schien (οὐδ' ὡς ἐμοὶ ἐδόκει)[92], sondern einerseits (Begebenheiten), bei denen ich selbst zugegen war, und nachdem ich andererseits über ein jedes von anderen (Berichtete) soweit möglich mit Genauigkeit nachgeforscht hatte (ἀλλ' οἷς τε αὐτὸς παρῆν καὶ παρὰ τῶν ἄλλων ὅσον δυνατὸν ἀκριβείᾳ περὶ ἑκάστου

ἔργα μετ' ἀκριβείας ἀμφοτέρων διέξειμι)".

[90] Unzutreffend ist daher auch die Behauptung, die C. F. Gelpke, "Ueber den richtigen Standpunct einer Kritik der evangelischen Geschichte," ZPSTh, 4 (1839), 280-1, über den Prolog aufstellt, wenn er schreibt: "Nur müssen wir auch hier die Vorstellung abwehren, als sei diese ἀκρίβεια unserer modernen kritischen Forschung an die Seite zu stellen, die mit einer nicht ermüdenden ἐποχή die wohl geprüften Zeugen verhört, und alle Bewegungen des Gemüths, die das Urtheil befangen [sic] nehmen wollen, bei ihren Operationen abweist. In gewisser Hinsicht war sie gerade ihr Gegentheil; denn Lukas ... nahm ... gern und willig ohne strenge geschichtliche Kritik den Stoff auf, der das religiöse Bewußtsein heben konnte". Auch D. E. Nineham, "Eye-witness Testimony and the Gospel Tradition," JThS, 11 (1960), 257, hat zwar Recht, wenn er feststellt, für die hellenistischen Historiker "eyewitness testimony was indeed the *sine qua non* of serious history"; er irrt aber, wenn er kritisch hinzufügt: "in fact they came near to equating eye-witness attestation and historicity".

[91] Einen forschungsgeschichtlichen Überblick zum Methodenkapitel sowie zum Redensatz bietet O. Luschnat, "Thukydides der Historiker," PRE.S, 12 (1970), 1162-83; "Thukydides (Nachträge)," PRE.S, 14 (1975), 764-8.

[92] Damit grenzt Thukydides sich gegen Herodot ab, der diese Formulierung mehrfach gebraucht.

ἐπεξελθών)". Demnach beansprucht Thukydides für die Darstellung der Taten, Handlungen und Vorgänge des Krieges, also sozusagen für die Darstellung des nonverbalen Bereiches des historischen Sachverhaltes, absolute Exaktheit, völlige Wirklichkeitstreue. Diese erreicht er, indem er nur solche Informationen verwendet, die aus seiner eigenen Anschauung stammen oder aus der kritischen Befragung von Augenzeugen.

Während Thukydides es also für möglich und erstrebenswert hält, τὴν ἀκρίβειαν τῶν ἔργων zur Darstellung zu bringen, hält er es demgegenüber andererseits allerdings für unmöglich, die im Laufe des Krieges gehaltenen Reden exakt wiederzugeben. Er schreibt diesbezüglich (I.22.1): "Und was die einzelnen in Rede sagten, teils im Begriff, Krieg zu führen, teils schon darin befindlich (ἢ μέλλοντες πολεμήσειν ἢ ἐν αὐτῷ ἤδη ὄντες), davon war es kaum möglich, den genauen Wortlaut des Gesprochenen im Gedächtnis zu behalten (χαλεπὸν τὴν ἀκρίβειαν αὐτὴν τῶν λεχθέντων διαμνημονεῦσαι ἦν) für mich, wenn ich es selbst gehört hatte (ἐμοί τε ὧν αὐτὸς ἤκουσα), und für die, die mir anderswoher davon Kunde gaben (καὶ τοῖς ἄλλοθέν ποθεν ἐμοὶ ἀπαγγέλλουσιν); wie es mir aber schien, daß die einzelnen über die jeweils vorliegenden (Dinge) das Gehörige am ehesten gesagt haben könnten (ὡς δ' ἂν ἐδόκουν μοι ἕκαστοι περὶ τῶν αἰεὶ παρόντων τὰ δέοντα μάλιστ' εἰπεῖν) – wobei ich mich so eng wie möglich an den Gesamtsinn des wirklich Gesprochenen hielt –, so ist (bei mir im Geschichtswerk) geredet (ἐχομένῳ ὅτι ἐγγύτατα τῆς ξυμπάσης γνώμης τῶν ἀληθῶς λεχθέντων, οὕτως εἴρηται)"[93]. Eine auch nur annähernde Kongruenz seiner Darstellung der im Krieg gehaltenen Reden mit deren tatsächlichem Wortlaut zu erreichen, erklärt Thukydides für unmöglich. Bei der Schilderung des verbalen Bereiches des historischen Sachverhaltes ist er deswegen notgedrungen aber ausdrücklich hinter dem Ideal der Exaktheit zurückgeblieben. An die Stelle der Wirklichkeitstreue tritt die Wahrscheinlichkeit bzw. das subjektive Ermessen (ὡς δ' ἂν ἐδόκουν μοι).

Wie verhält es sich aber nun mit der Exaktheit im Werk des Lukas? Daß er sie für die Ergebnisse seiner Forschungen beansprucht,

---

[93] Übers. von O. Luschnat, *PRE.S*, 12 (1970), 1181.

ist deutlich[94]. Will Lukas nun aber wie Thukydides Exaktheit nur bei der Schilderung der ἔργα bieten, oder behauptet er für sein Evangelium, im Unterschied zu Thukydides auch die ἀκρίβεια τῶν λεχθέντων wiedergeben zu können? Diese Frage ist nicht zuletzt darum von besonderer Bedeutung, weil das Lukasevangelium, im Unterschied etwa zum Markusevangelium, zu einem relativ großen Teil aus Redestoff besteht.

An dieser Stelle ist nun das Objekt πᾶσιν zu beachten, das oben (3.2.1.1) bereits als neutrisch auf πράγματα (v1) bezogen bestimmt wurde. Es scheint, als wären Worte und Taten Jesu (Act 1:1: ὧν ἤρξατο ὁ Ἰησοῦς ποιεῖν τε καὶ διδάσκειν)[95] hier unter dem Oberbegriff πᾶσιν τοῖς πράγμασιν zusammengeschlossen. Die von Thukydides getroffene Unterscheidung wiederholt Lukas nicht. Man kann folglich immerhin vermuten, daß Lukas meint, in seinem Evangelium neben einer wirklichkeitsgetreuen Wiedergabe der Taten Jesu auch seine Reden in enger Anlehnung an ihren originalen Wortlaut schriftlich festgehalten zu haben[96]. Dann würde er tatsächlich be-

---

[94] Vgl. Grimm, "Proömium," S. 49: "Nach der gewöhnlichen und richtigen Erklärung entspricht die [lukanische] Redensart in der Sache genau dem ἀκριβείᾳ περὶ ἑκάστου ἐπεξέρχεσθαι" (Thukydides I.22.2).

[95] Vgl. zur Formulierung z. B. Jamblichus, *VP* VIII.35: "Soll man aber auch im einzelnen erwähnen, was er gesagt und getan hat (ἀπομνημονεῦσαι ὧν ἔπραξε καὶ εἶπε), so ist zu berichten ..."; Xenophon, *Mem.* I.3.1: "Wie er nun nach meiner Meinung seine Freunde auch förderte, einmal indem er durch sein Verhalten ein Beispiel gab, wie er selbst war (τὰ μὲν ἔργῳ δεικνύων ἑαυτὸν οἷος ἦν), und andererseits indem er mit ihnen sich unterredete (τὰ δὲ καὶ διαλεγόμενος), davon will ich jetzt schreiben, soweit ich mich erinnern kann".

[96] Genannt seien wenigstens folgende Beispiele für die wörtliche Wiedergabe historischer Reden: Demosthenes schreibt in seiner Kranzrede (XIX.13): Er "bediente sich folgenden Eingangs bei seiner Rede; (denn ich glaube, ihn Wort für Wort Euch wiederholen zu können) (ἤρξατ' ἀρχήν, ἣν ἐγὼ καὶ τοῖς ῥήμασιν οἶμαι τοῖς αὐτοῖς οἷσπερ οὗτος εἶπεν ἐν ὑμῖν ἀπομνημονεύσειν)". Tacitus (*Ann.* XV.63) berichtet über den Tod des Seneca: "Da ihm nun auch im letzten Augenblick noch die Redegabe erhalten blieb, ließ er Schreiber kommen und diktierte ihnen lange Ausführungen, die ich, da sie veröffentlicht sind, mit meinen Worten umzuformen mir erspare". Hingewiesen sei weiterhin auf Arist. 296-300; Epiktet, pr. 1-3; Plutarch, *Cat. Mi.* 23.3-5. S. auch die Bemerkungen von Hug, *Einleitung*, II, 135-6: "Daß zwei Geschichtschreiber, sey es der Griechen oder Römer aus der guten Zeit, in Sachen und zugleich öfter in Worten übereinstimmen, ist ein ungesehener Fall. Hat auch

anspruchen, dem sehr nahe gekommen zu sein, was man in der modernen Forschung die *ipsissima verba* Jesu genannt hat[97]. Wie weit diese Wörtlichkeit der Wiedergabe tatsächlich geht, kann und soll hier nicht untersucht werden[98].

3.2.2.2 Das Streben nach Chronologie

Als zweites Darstellungsziel seines Werkes nennt Lukas die Chronologie (καθεξῆς)[99]. Die entscheidende Frage, die sich im Blick auf dieses Wort im Lukasprolog stellt, besteht darin, ob Lukas durch seine Verwendung überhaupt einen chronologischen Aufbau seines Evangeliums ankündigen will? Es wird zur Beantwortung dieser Frage nötig sein, die bekannten Belegstellen des Wortes zu analysieren. Dabei ist sicher der methodische Grundsatz zu beachten, daß die Erhebung der lexikographischen Bedeutung von καθεξῆς nicht durch eine vorgefaßte Meinung über den Aufbau des lukanischen Werkes mitbestimmt werden darf.

Es wurde schon angedeutet, daß es möglich ist, in der Wortwahl καθεξῆς einen Anklang an Thukydides zu sehen, und zwar an eine Formulierung in seinem zweiten Proömium[100]. Thukydides hatte

---

einer den andern als Quelle oder Gewährsmann mit Rücksicht auf den Inhalt benützt, so trägt er doch mit eigenen Worten vor. Denn in den Schulen der Grammatiker, Sophisten und Deklamatoren erzogen, setzten sie ihr Verdienst darin, was sie aus den Vorfahren erborgten, auf eine neue Weise und mit Schönheit zu sagen. Nicht so bei den Morgenländern. Sie nehmen wörtlich von den Vorgängern auf, was sie finden".

[97] Papias scheint dies auch für das Markusevangelium anzunehmen, wenn er meint (Eus., *Hist. Eccl.* III.39.15), Markus habe das exakt schriftlich festgehalten (ἀκριβῶς ἔγραψεν), "was vom Herrn sowohl gesagt als auch getan worden war (τὰ ὑπὸ τοῦ κυρίου ἢ λεχθέντα ἢ πραχθέντα)".

[98] Vgl. zu einigen Aspekten dieser Fragestellung neuerdings E. E. Lemcio, *The past of Jesus in the gospels* (Cambridge, 1991), S. 1-29 u. 74-90.

[99] Das Wort erscheint im NT nur bei Lukas (8:1; Act 3:24; 11:4; 18:23).

[100] So auch Delebecque, *Études*, S. 3: "καθεξῆς ... indique un souvenir de Thucydide, qui revendique lui aussi, dans sa seconde introduction (V,26,1), la rigueur de l'ordre chronologique; avec καθεξῆς, qui en est le synonyme, Luc recourt simplement à un mot plus étoffé que ἑξῆς de l'historien". Entsprechend schon Girard (s. o. 1.1.4).

dort geschrieben (V.26.1): "Auch das hat der gleiche Thukydides von Athen aufgezeichnet, der Reihe nach (ἑξῆς), wie sich jedes Ereignis begab, nach Sommer und Winter (ὡς ἕκαστα ἐγένετο, κατὰ θέρη καὶ χειμῶνας)". Eine ähnliche Formulierung findet sich bei Thukydides in II.1: "Hier beginnt nun der Krieg zwischen Athenern und Peloponnesiern ... Die Aufzeichnungen folgen der Reihenfolge der Ereignisse nach Sommer und Winter (γέγραπται δ' ἑξῆς ὡς ἕκαστα ἐγίγνετο κατὰ θέρος καὶ χειμῶνα)". Und tatsächlich ist das gesamte Werk des Thukydides chronologisch geordnet und aufgebaut[101]. Dies haben auch spätere antike Autoren wie Dionys von Halikarnaß bemerkt: Im Unterschied zu seinem Vorgänger Herodot, der sein Werk topographisch (κατὰ τόπους) gegliedert hatte, und den Lokalhistorikern, die eine einfache chronologische Anordnung der Ereignisse vorzogen (κατὰ χρόνους), hatte Thukydides sein Werk nach Sommer und Winter aufgeteilt. Dionys stellt fest, daß diese Einteilung von keinem späteren Historiker übernommen wurde (*Th.* 9). Immerhin deutet die (möglicherweise indirekte) Anleihe bei Thukydides darauf hin, daß Lukas wirklich einen chronologischen Aufbau für sein Evangelium ankündigt.

Darauf weisen auch einige weitere Belegstellen für die Verwendung des Wortes hin[102]: καθεξῆς meint die Einhaltung einer be-

---

[101] Dies zeigt ein Blick auf die von Gomme, *Commentary*, III, 716-21, erstellte tabellarische Übersicht über die von Thukydides geschilderten Ereignisse.

[102] Vgl. zu den genannten Stellen M. Völkel, "Exegetische Erwägungen zum Verständnis des Begriffs καθεξῆς im lukanischen Prolog," *NTS*, 20 (1973/4), 295-7. Zu nennen ist hier zunächst eine Stelle bei Plutarch (*Mor.* 615b): "Andere aber sagen, daß der Myrtenkranz nicht der Reihe nach vorrückt, sondern jeweils von Speisesofa zu Speisesofa weitergereicht wird (ἄλλοι δέ φασι τὴν μυρσίνην οὐ καθεξῆς βαδίζειν, ἀλλὰ καθ' ἕκαστον ἀπὸ κλίνης ἐπὶ κλίνην διαφέρεσθαι). Der erste Sänger nämlich sendet ihn dem ersten Sänger des zweiten Speisesofas, jener aber dem ersten Sänger des dritten Sofas; dann der zweite Sänger ebenso dem zweiten ...". Es wird also bei der Weitergabe nicht die naheliegende Reihenfolge der Sitzordnung befolgt, sondern eine kompliziertere, die jeweils einen Platz überspringt. Aelian, *VH* 8.7 schreibt über Alexander, daß dieser nach seinem Sieg über Darius für sich und seine Freunde eine Hochzeitsfeier veranstaltet habe: "Fünf aufeinanderfolgende Tage dauerte die Hochzeit (πέντε δὲ ἡμέρας καθεξῆς τοὺς γάμους ἔθυεν)". Mit καθεξῆς wird hier die chronologische Folge der Tage bezeichnet. Im Aristeasbrief ist von einem Mahl die Rede, bei dem der König eine Befragung der Anwesen-

stimmten vorgegebenen Reihenfolge. In Analogie zu der Formulierung "in der Reihenfolge der Sitzordnung, des Alters, der Dienstgrade" etc. wäre dann auch in Lk 1:3 zu fragen, wonach sich die Reihenfolge denn richtet, die Lukas hier meint[103].

Diese Frage läßt sich recht einfach beantworten, da einige Aussagen antiker Autoren deutlich belegen, daß man in der Regel von einem historischen Werk keine thematische oder literarische, sondern eine chronologische Ordnung des Stoffes erwartete. So formuliert Cicero (de Orat. II.15.63) hinsichtlich der Geschichtsschreibung: "Die Art des Stoffs erfordert eine chronologische Anordnung (*rerum ratio ordinem temporum desiderat*)". Und Plinius stellt fest (*Ep.* I.1.1),

---

den vornimmt: "Dann ... hielt der König den Zeitpunkt für günstig und fragte den auf der ersten Liege – die Reihenfolge richtete sich nämlich nach dem Alter (ἦσαν γὰρ καθ' ἡλικίαν τὴν ἀνάπτωσιν πεποιημένοι)" (187). "Der König ... fragte den nächsten ..." (189); "... fragte einen anderen ..." (190); "... und fragte den nächsten ..." (191). "Auch diesen lobte er sehr und fragte den folgenden (Εὖ δὲ καὶ τοῦτον κατεπαινέσας ἠρώτα τὸν ἐχῆς/καθεξῆς)" (193); "... und fragte einen anderen" (194). Hier wird die Reihenfolge der Befragung durch das Alter der Anwesenden vorgegeben. In 1Clem 37:3 ist es die Reihenfolge der militärischen Dienstgrade: "Nicht alle sind Befehlshaber, Anführer von Tausendschaften, Hundertschaften, Fünfzigschaften und so weiter (οὐδὲ τὸ καθεξῆς), sondern jeder führt auf seinem Posten die Anordnungen des Königs und der Obrigkeit aus". In TestJud 25:1 heißt es: "Und danach werden Abraham, Isaak und Jakob zum Leben auferstehen, und ich und meine Brüder werden Herrscher der Stämme in Israel sein: als erster Levi, als zweiter ich, als dritter Joseph, als vierter Benjamin, als fünfter Simeon, als sechster Issachar und so alle der Reihe nach (καὶ οὕτως καθεξῆς πάντες)". Die Ordnung, nach der sich hier die Reihenfolge der Auferstehung richtet, ist nicht klar zu erkennen. In einer griechischen Inschrift (*IG* 4.1432) ist von einem Zitherspieler namens Septimos Poplios die Rede, der die zuvor aufgezählten Wettspiele gewonnen habe: νικήσας τοὺς ὑπογεγραμμένους ἀγῶνας, und zwar πάντας καθεξῆς. Nach Völkel, "Erwägungen," S. 296, handelt es sich um "die aufgezählten Wettspiele, die in ununterbrochener Reihenfolge stattgefunden haben". Es wäre aber wohl auch denkbar, daß mit καθεξῆς die Reihenfolge gemeint ist, in der die einzelnen Wettspiele in der Inschrift aufgeführt worden waren, denn gerade darauf wird ja ausdrücklich Bezug genommen. Eine weitere, von Völkel nicht genannte, Stelle lautet (*Vita Aesopi* [W] 40): "Du hast nicht gesagt 'schütte Wasser in das Becken und wasche meine Füße ...' und so weiter (καὶ ὅσα καθεξῆς)".

[103] Völkel, "Erwägungen", S. 293, stellt mit Recht fest, daß sich καθεξῆς nur in Lk 1:3 und Act 11:4 auf "die Modalität der Darstellung eines bestimmten Sachverhaltes" bezieht.

er habe die Sammlung seiner Briefe vorgenommen, "ohne die zeitliche Folge – ich wollte ja kein Geschichtswerk bieten (*non servato temporis ordine – neque enim historiam componebam*) –, sondern wie mir das einzelne Stück gerade in die Hände fiel"[104]. Macrobius erläutert (*Sat.* V.14.11-12) zum Werk Homers: "Ebenso zog jener unvergleichliche Dichter Tatsachen, die entweder etwas oder viel früher geschehen sind, geschickt für den Verlauf seiner Erzählung heran, damit er den historischen Stil vermeide (*ut et historicum stilum vitet*), indem er die Ereignisse nicht der Reihe nach anordnete (*non per ordinem digerendo quae gesta sunt*), aber dennoch uns nicht die Kenntnis vergangener Ereignisse entziehe (*nec tamen praeteritorum nobis notitiam subtrahat*). Theben, eine Stadt in Asien, und viele andere Städte hatte Achilleus zerstört, bevor er zornig wurde, aber das Werk Homers nahm seinen Anfang beim Zorn des Achilleus". Und auch Polybius erklärt in IV.28, daß er die Ereignisse, solange sie sich an verschiedenen Schauplätzen gleichzeitig (aber unabhängig voneinander) zugetragen haben, je für sich berichten will, bis sie beginnen, ineinanderzugreifen (28.5): "Daher werden wir auch alles Spätere nach der zeitlichen Abfolge berichten, das Frühere dagegen wie gesagt getrennt (διὸ καὶ τὰ μετὰ ταῦτα κοινῇ τοῖς καιροῖς ἀκολουθοῦντες ἐξηγησόμεθα, τὰ δὲ πρὸ τοῦ κατ' ἰδίαν, ὡς εἶπα)"[105].

---

[104] Vgl. A. N. Sherwin-White, *The Letters of Pliny: A Historical and Social Commentary*. 2. Aufl. (Oxford, 1968), S. 21: "The most reasonable interpretation of I.I is that this remark refers only to the internal order of the letters in that book – and possibly in subsequent books – and not to the chronology of the successive books as wholes"; S. 22: "Pliny may intend to warn his readers that unlike the editors of Cicero's Letters, which he allusively claims as his model, he has made variety of topic rather than chronology the guiding principle of the internal arrangement".

[105] Vgl. weiterhin Herodian I.1.6: "Den Verlauf von allen diesen Begebenheiten will ich nun nach der Zeitfolge und nach der Regierung (κατὰ χρόνους καὶ δυναστείας) erzählen"; Eutropius, *praef.* S. 1,7: *per ordinem temporum ... collegi*; Ammianus Marcellinus XV.1.1: "Soweit ich die Wahrheit erforschen konnte (*Vtcumque potui ueritatem scrutari*), habe ich alle Vorgänge, die ich als Zeitgenosse selbst beobachtet oder durch eingehende Befragung von Zeugen in Erfahrung bringen durfte, in der Abfolge der verschiedenen Einzelheiten berichtet (*ea, quae uidere licuit per aetatem uel perplexe interrogando uersatos in medio scire, narrauimus ordine casuum exposito diuersorum*)"; XVI.1.2: "Weil nun seine [Kaiser Julians] Großtaten, die er in Gallien mit Tüchtigkeit und Glück verrichtete, viele tapfere Taten der Alten

So legt sich aufgrund der Beobachtung, daß καθεξῆς die Befolgung einer bestimmten vorgegebenen Ordnung bezeichnet, und aufgrund der Tatsache, daß diese Ordnung im Falle der Geschichtsschreibung die chronologische ist, die Schlußfolgerung nahe, daß Lukas mit καθεξῆς eine Niederschrift seines Materials in chronologischer Reihenfolge ankündigt[106]. Natürlich wäre es unsinnig, einem Historiker, der sich nicht streng an einen chronologischen Aufbau hält, deswegen eine Fehlleistung bescheinigen zu wollen. Daß die chronologische Reihenfolge sklavisch eingehalten werden mußte, wird man nicht sagen können; die angeführten Stellen zeigen aber doch, daß in aller Regel an historische Darstellungen der Anspruch gestellt wurde, daß sie die richtige Zeitfolge einzuhalten haben. Der chronologische Spielraum wird aber bei Lukas eben auch besonders dadurch geschmälert, daß er ausdrücklich eine chronologische Struktur seines Evangeliums ankündigt.

Tatsächlich kann man nun bei einigen Autoren eine gelegentliche Einschränkung der chronologischen Ordnung beobachten. Dies läßt sich deswegen so leicht feststellen, weil mancher Schriftsteller während des Niederschreibens seines Werkes nicht nur über seine historiographische Methodik im allgemeinen (s. o. 2.2), sondern auch über die Chronologie seiner Darstellung im speziellen reflektiert hat. Vergleichbare Reflexionen finden sich bekanntlich in den Evangelien nicht, was jedoch nicht heißen muß, daß die Evangelisten solche Erwägungen nicht angestellt hätten.

Ein instruktives Beispiel findet sich beim Biographen Plutarch. Er vermerkt in *Cat. Mi.* XXV.13 für seine Leser: "Was ich jetzt erzählt habe, ereignete sich zwar erst in späterer Zeit (ταῦτα μὲν οὖν, εἰ καὶ χρόνοις ὕστερον ἐπράχθη). Da ich aber auf die Frauen in Catos Familie

---

übertreffen, will ich sie im einzelnen der Reihe nach berichten (*singula serie progrediente monstrabo*)"; XXVI.1.1: "Mit ungeteilter Sorgfalt habe ich den Gang der Ereignisse bis an die Grenze der eigenen Erinnerung berichtet (*Dictis impensiore cura rerum ordinibus*)"; Hieronimus, *praef.* S. 5,5: *legendi ordinem*.

[106] Vgl. Grimm, "Proömium," S. 49-50: καθεξῆς wird gebraucht "statt des classischen ἐξῆς oder ἐφεξῆς, der Reihe nach, hier in geordneter Reihenfolge, was in diesem Zusammenhang nur besagen kann: in der rechten Zeitfolge (Apstg. 11,4), in chronologischer Ordnung"; Weiss, *Lukas*, S. 267: "der Wortlaut verbietet jede Einschränkung; seine Absicht war, chronologisch zu erzählen".

zu sprechen kam, hielt ich es für zweckmäßig, auch diese Geschichte hier einzufügen". Plutarch sieht grundsätzlich die Notwendigkeit, seine Biographien der historischen Zeitfolge gemäß zu gliedern. Er erlaubt sich aber hier und da Abweichungen von diesem Grundsatz und vermerkt diese Ausnahmen sogar gelegentlich ausdrücklich, um seinem Publikum das Verfolgen der chronologischen Linien zu erleichtern[107].

In Analogie hierzu wäre es denkbar, daß auch Lukas hier und da (allerdings ohne dies wortreich anzuzeigen) aus sachlichen Erwägungen die chronologische Ordnung verläßt, um dann bald wieder zu ihr zurückzukehren. Allerdings kann dies nur in den Fällen ohne weiteres angenommen werden, wo die von Lukas selbst gebotenen chronologischen Notizen eine solche sachliche Zusammenordnung bestimmter Einzelereignisse oder Aussprüche nicht von vornherein ausschließen. Und weiterhin sollte wie bei Plutarch ein Motiv für das Verlassen der chronologischen Ordnung erkennbar sein[108]. Allerdings würde man diese eng begrenzte Möglichkeit zur Mißachtung der Chronologie, die sich auch Lukas vorbehalten haben dürfte, überfrachten, wenn man sie zur Begründung dafür heranziehen wollte, daß Lukas in seinem Evangelium über weite Strecken der Chronologie der Ereignisse keinerlei Bedeutung beigemessen habe.

---

[107] Vgl. auch Plut., *Per.* XXIV.7: "Diese Geschichte ist mir über dem Schreiben eingefallen, und es wäre mich hart angekommen, sie zu unterdrücken und wegzulassen"; Sueton, *Jul.* 44.4: "Mitten in diesen Unternehmungen und Plänen überraschte ihn der Tod. Doch bevor ich hierauf zu sprechen komme, wird es nicht unangebracht sein, über seine äußere Erscheinung, seine Kleidung, seine Gewohnheiten und seinen Charakter, sowie über seine Fähigkeiten als Staatsmann und Feldherr das Hauptsächlichste mitzuteilen"; *Aug.* 9.1: "Nachdem ich so einen allgemeinen Überblick über sein Leben gegeben habe, will ich jetzt die Abschnitte einzeln, und zwar nicht chronologisch (*neque per tempora*), sondern nach innerlich zusammengehörigen Rubriken ausführlich behandeln, damit sich die Dinge übersichtlicher darstellen und auffassen lassen"; *Tib.* 42.1; *Nero* 19.3; 40.1.

[108] Hinzuweisen wäre als Beispiel auf Lk 3:19-20, wo bereits von der Gefangensetzung des Täufers die Rede ist, obwohl – wie Lukas selbst in 7:18-35 indirekt erkennen läßt – diese erst nach Taufe und Versuchung Jesu stattgefunden hat (so schon Augustinus, *De consensu* II.44). Als Motiv wäre anzunehmen, daß Lukas seine Ausführungen über den Täufer zu einem gewissen Abschluß bringen wollte.

Die Freiheit zu kleinen Exkursen außerhalb der Zeitfolge kann die grundsätzliche Gültigkeit des Wortes καθεξῆς nicht aufheben.

Schließlich ist nun aber auch noch der Sprachgebrauch des Lukas selbst zu beachten. Eine deutliche Parallele zum Gebrauch von καθεξῆς im Prolog findet sich bei Lukas in Act 11:4. Diese Stelle kann noch einen weiteren Aspekt des Wortes verdeutlichen, der auch im Prolog zum Tragen kommt. Nachdem Petrus den Nichtjuden Kornelius in seinem Haus in Cäsarea aufgesucht hatte und dieser zum Glauben gekommen war (10:1-48), erfuhr man in Judäa und Jerusalem von diesem höchst ungewöhnlichen Ereignis (11:1). Offenbar sind bruchstückhafte Informationen nach Jerusalem gelangt, und als Petrus dort eintrifft, um sich vor der Jerusalemer Gemeinde zu verantworten, wird er bereits mit harten Vorwürfen und Anfeindungen empfangen (v2). Man hatte erfahren, daß Petrus gegen die Ordnung verstoßen und mit Unbeschnittenen Tischgemeinschaft gepflegt hatte (v3). Die Informationen, über die man verfügte, waren an sich zutreffend, boten in ihrer Bruchstückhaftigkeit und Isolation vom Gesamtgeschehen aber durchaus Anlaß zu Mißverständnissen und Ablehnung. Petrus begegnet den Angriffen, indem er seinen Anklägern die Begebenheit "der Reihe nach (καθεξῆς)" auseinandersetzt (v4)[109]. Durch die Darlegung der Begebenheit in ihrem Ursache und Wirkung verdeutlichenden Gesamtzusammenhang werden die Mißverständnisse ausgeräumt (v18)[110].

So lassen sich also zwei Bedeutungsaspekte des Wortes festhalten, die bei seiner Verwendung im Prolog eine Rolle spielen. καθεξῆς

---

[109] Kürzinger, "Lk 1,3," S. 253, lehnt es grundsätzlich ab, καθεξῆς im Sinne von Ordnung, oder (chronologischer) Reihenfolge zu verstehen und folgert aus einer Analyse des neutestamentlichen Befundes (unter Einschluß der Belegstellen für ἑξῆς (7:11; 9:37; Act 21:1; 25:17; 27:18), daß v3 folgendermaßen zu übersetzen sei: "es dir im folgenden (wie folgt) aufzuzeichnen". Eine solche Bedeutung hat καθεξῆς allerdings (nach Bauer, WB, Sp. 788, wenigstens im NT und bei den apostolischen Vätern) nur in Verbindung mit dem Artikel. Noch anders Klein, "Programm," S. 195, der meint, daß "in dem καθεξῆς die beabsichtigte Fortsetzung des Lk-Ev. durch die Apg zum Ausdruck" kommt.

[110] Vgl. R. C. Tannehill, *The Narrative Unity of Luke-Acts: A Literary Interpretation* (Philadelphia, 1986), I, 10-1, zu Act 11:4: "Viewed in isolation, an event may seem to have a particular meaning, but when it is placed in a narrative context, its meaning can change".

bezeichnet eine bestimmte Ordnung, die je nach Kontext einen anderen Charakter haben kann. In der Geschichtsschreibung ist diese Ordnung die Zeitfolge, was sich auch für die Antike belegen läßt. Lukas will wie (oder sogar im Anschluß an) Thukydides sein Werk grundsätzlich chronologisch aufbauen[111]. Dabei ist es allerdings denkbar, daß er sich wie andere antike Historiker hier und da aufgrund sachlicher Erwägungen die Freiheit nimmt, die streng chronologische Anordnung des Materials zu verlassen. Und zweitens geht es Lukas mit seiner chronologischen Darstellung darum, seinen Lesern eine nachvollziehbare Gesamtschau der vielen Einzelereignisse aus dem Leben Jesu zu bieten.

Zusammenfassend läßt sich zum Darstellungsziel des Lukas (v3b) festhalten: (1.) Lukas hat sich nach eigener Aussage in seinem Evangelium darum bemüht, die Ereignisse in Übereinstimmung mit der historischen Wirklichkeit und in ihrem chronologischen Zusammenhang darzustellen. (2.) Damit ist nicht unbedingt gesagt, daß die Werke der Vorgänger diese Qualitäten nicht aufgewiesen hätten. Auch die πολλοί dürften ja als Empfänger der apostolischen Tradition (v2) im wesentlichen wirklichkeitsgetreu erzählt haben. Und sie dürften als Verfasser größerer Erzählungen (v1) durchaus unter chronologischen Gesichtspunkten berichtet haben. (3.) Lukas aber geht mit den ihm vertrauten Mitteln der historischen Forschung noch einmal selbst auf die Primärquellen zurück, um auf diesem Wege seinen griechisch-römischen Lesern die historische Exaktheit und die Chronologie seiner Darstellung glaubwürdig garantieren zu können[112].

---

[111] Vgl. L. T. Johnson, "The Lukan Kingship Parable (Lk. 19:11-27)," *NT*, 24 (1982), 142: "The exegetical implication is that, in Luke, we need attend not only to *what* Luke says but also to *where* in the story he says it. Losing the thread of the story in Luke-Acts means losing the thread of meaning".

[112] Was bedeutet dies für das Verhältnis zum Markusevangelium? Deutlich wird aus dem Prolog jedenfalls, daß Lukas eine Reihe von Erzählungen von Nichtautopten gekannt hat (v2). Er hat die Daten dieser Erzählungen auf ihre Wirklichkeitstreue und Chronologie hin überprüft (v3); sie haben ihm also nicht als Quellen gedient. Da nun das Markusevangelium ebenfalls das Werk eines Nichtautopten (Eus., *Hist. Eccl.* III.39.15) ist, wird Lukas auch dieses nicht als Quelle herangezogen haben. Sollte Lukas das Markusevangelium gekannt haben, so hat er auch dessen Angaben auf Wirklichkeitstreue und Chronologie hin überprüft. Sollte er aber mit Markus in persönlichem Kontakt gestanden haben (vgl. 2Tim 4:11), so wird er ebenfalls die von

3.3 Die Absicht des lukanischen Projekts (v4)

Die Absichten und Ziele antiker Geschichtsschreibung sind vielfältig[113]. Die Zielsetzung, die Lukas mit der Abfassung seines Evangeliums verfolgt, ist mit dem betont an den Schluß der Periode gestellten Begriff ἀσφάλεια zum Ausdruck gebracht[114]. Diese ἀσφάλεια wird in der modernen Exegese gern im Sinne einer subjektiv-religiösen Glaubensgewißheit gedeutet. W. den Boer[115] führt dieses Verständnis des Wortes auf Eduard Meyer zurück. Dieser interpretierte bereits 1921 ἀσφάλεια als "die volle Glaubensgewißheit"[116]. Diese Deutung ist natürlich nicht falsch. Die von Lukas in v4 gemachte Aussage geht jedoch primär in eine andere Richtung: "Es geht hier um die objektive 'Zuverlässigkeit' ... der Lehre ... nicht zunächst um die subjektive Sicherheit des Glaubens"[117]. Lukas beschreibt die objektive Seite der Heilsgewißheit, das Fundament, worauf sie sich gründet.

Bevor eine genaue Bedeutungsbestimmung von ἀσφάλεια vorgenommen werden kann, muß die syntaktische Konstruktion des Ver-

---

ihm empfangenen Informationen als die Aussagen eines Nichtautopten aufgrund eigener Nachforschungen kontrolliert haben. Markus war also keinesfalls einfach Quelle, sondern bestenfalls Vorgänger des Lukas. Anders neuerdings wieder Sterling, *Historiography*, S. 341 u. 345, der sich der "*communis opinio*" anschließt, daß Lukas mit den πολλοί u. a. Q, Markus und L gemeint habe.

[113] Jos., *Ant*. I.1: "Diejenigen, welche sich der Geschichtsschreibung befleißigen, tun dies nicht aus ein und demselben, sondern aus vielfachen, meist unter sich verschiedenen Beweggründen".

[114] Kühner/Gerth, *Grammatik*, II/2, 598: "Wenn in einem Satzgefüge die Aufmerksamkeit auf ein Wort durch die Stellung geleitet oder dasselbe als der Hauptgegenstand des ganzen Satzgefüges bezeichnet werden soll, so wird es an die Spitze oder an das Ende des ganzen Satzes gestellt". Vgl. auch BDR § 473.1: "Eng zusammengehörende Satzteile pflegen in der einfachen Rede beisammen zu stehen; die poetische und rhetorisch stilisierte Rede aber reißt sie häufig auseinander, um das Getrennte in der Vereinzelung besser zur Geltung zu bringen ... Ein solches aus seinem natürlichen Zusammenhang gerissenes und selbständiger gemachtes Wort ist auch dann, wenn es am Ende des Satzes steht, betont".

[115] "Some Remarks on the Beginnings of Christian Historiography," *StPatr*, VI/2 (1961), 349.

[116] *Ursprung*, I, 10.

[117] H. Schürmann, Das Lukasevangelium (Freiburg, 1969), I, 14.

ses aufgeschlüsselt werden. Zahn[118] gibt für die elliptische Formulierung ἵνα ἐπιγνῷς περὶ ὧν κατηχήθης λόγων τὴν ἀσφάλειαν drei grammatikalisch mögliche Auflösungen an, wobei der bestimmte Artikel vor λόγων jeweils ergänzt wird[119]:

(1) ἵνα ἐπιγνῷς περὶ τῶν λόγων, ὧν [=οὕς] κατηχήθης τὴν ἀσφάλειαν,

(2) ἵνα ἐπιγνῷς περὶ τῶν λόγων, περὶ ὧν κατηχήθης τὴν ἀσφάλειαν und

(3) ἵνα ἐπιγνῷς τῶν λόγων, περὶ ὧν κατηχήθης τὴν ἀσφάλειαν.

Bei Möglichkeit (1) ist von einer *attractio relativi* auszugehen. Statt im zu erwartenden Akkusativ steht das Relativpronomen im Genitiv. Auf eine solche Annahme kann bei den Möglichkeiten (2) und (3) verzichtet werden, da hier jeweils der Genitiv ὧν auf περί bezogen ist, statt direkt an λόγων anzuschliessen. Bei Möglichkeit (2) erscheint ein zweites περί, wodurch sich diese weiter als die beiden anderen von der lukanischen Ausgangsformulierung entfernt[120]. Den Ausschlag müssen allerdings die schon von Zahn gegen Auflösung (1) und (2) formulierten Bedenken geben, solange für den Ausdruck ἀσφάλεια περί keine Beispiele angeführt werden können[121]. Am naheliegendsten scheint daher die dritte Lösung zu sein, die sich weitestgehend durchgesetzt hat[122].

---

[118] *Lucas*, S. 58.

[119] Daß λόγων in der lukanischen Formulierung seinen Artikel verliert, ist gut Griechisch (Delebecque, *Études*, S. 8).

[120] BDR § 294.6 und § 159.1 führt diese Auflösung daher gar nicht mit auf.

[121] Zahn, *Lucas*, S. 58, hält diese beiden Vorschläge für "schon darum wenig wahrscheinlich", weil er "überhaupt kein Beispiel für eine solche Umschreibung" finden kann. Auch der ausführliche Artikel von C. Spicq über "ἀσφάλεια κτλ." in: *Notes de Lexicographie Néo-Testamentaire*. Suppl. (Göttingen, 1982), S. 71-81, weist kein Beispiel nach, in dem ἀσφάλεια mit περί kombiniert würde.

[122] Z. B. F. Vogel, "Zu Luk. 1,4," *NKZ*, 44 (1933), 205, entscheidet sich allerdings für die erste der angeführten Lösungen.

3.3.1 Die Voraussetzungen des Theophilus

Es ist allerdings zu fragen, wie in diesem Fall οἱ λόγοι aufzufassen ist. Sollen die λόγοι als "Dinge" aufgefaßt werden und also auswechselbar für πράγματα (v1) stehen[123]? Ein solcher Hebraismus kann Lukas ausgerechnet in seiner kunstvollen Prologperiode nicht zugetraut werden.

Übersetzt man λόγοι aber einfach mit "Berichte, Gerüchte" oder sogar "Geschichten"[124], was rein lexikographisch gut möglich ist[125], so stellt sich ein anderes Problem: τῶν λόγων, περὶ ὧν κατηχήθης, wäre zu übersetzen mit "die Berichte, über die du informiert worden bist". Kann man aber über Erzählungen informiert werden, wie etwa über Personen und deren Tätigkeiten (Act 21:21: κατηχήθησαν δὲ περὶ σοῦ ὅτι)[126]? Man sollte doch eher annehmen, daß die Berichte das Medium der Information sind, nicht aber ihr Inhalt. Erklärlich wird die Formulierung mit περί, wenn man λόγος im Lukasprolog auf die Bedeutung "aufgestellter Satz, Behauptung, Lehrsatz"[127] zurückführt[128].

---

[123] Die Züricher Bibel übersetzt: "damit du die Zuverlässigkeit der Dinge erkennst, über die du unterrichtet worden bist". Und W. Grundmann, *Das Evangelium nach Lukas*. 10. Aufl. (Berlin, 1984), S. 45, erklärt: "die 'Worte', d. h. Ereignisse". Und immerhin ist nach Liddell/Scott, *Lexicon*, S. 1059, λόγος bei Sophokles (*OT* 684) parallel zu πράγμα (699) verwendet. Es dürfte aber unmöglich sein nachzuweisen, daß der Plural οἱ λόγοι im Sinne von "die Ereignisse" gebraucht werden kann.

[124] S. Vogel, "Luk. 1,4," S. 204: "Lukas will dem Theophilos ... nachweisen, ... daß die Reden und Geschichten, über die ihm berichtet worden ist, zuverlässig wahr sind".

[125] S. Herodot I.184: "Über Babylon haben unter vielen anderen Königen, über die ich in der Geschichte Assyriens berichten werde (ἐν τοῖσι Ἀσσυρίοισι λόγοισι) ..."; II.99: "Von jetzt an will ich die ägyptische Geschichte erzählen (τὸ δὲ ἀπὸ τοῦδε Αἰγυπτίους ἔρχομαι λόγους ἐρέων) ...".

[126] Dieses Problem sieht auch Delebecque, *Études*, S. 8: "La gaucherie est dans l'emploi supposé de περί: que signifient des λόγοι 'sur' lesquels' Théophile aurait reçu une instruction, alors qu'ils sont la matière même de l'instruction?"

[127] W. Gemoll, *Griechisch-Deutsches Schul- und Handwörterbuch*. 9. Aufl. (München, 1985), S. 475. S. Diodorus Siculus XVI.2.3: "Philippus wurde gut bekannt mit den Lehren der Pythagoräer (μετέσχεν ἐπὶ πλεῖον τῶν Πυθαγορίων λόγων)". Vgl. weiterhin Aelius Aristides 519D: οἱ νῦν τῶν Πυθαγόρου καὶ Πλάτωνος σχεδὸν ὄντες λόγων. Zum neutestamentlichen Sprachgebrauch vgl. 1Tim 4:6 (καλὸς ἔσῃ διάκονος Χριστοῦ Ἰησοῦ, ἐντρεφόμενος τοῖς λόγοις τῆς πίστεως καὶ τῆς

Theophilus hatte von dieser neuen christlichen Lehre, von den Lehrsätzen, von deren Wahrheit die Christen überzeugt waren, gehört. Er war darüber informiert worden. Daß κατηχήθης bereits auf ein kirchliches Katechumenat hinweist, wie verschiedentlich angenommen wird, ist nicht zu belegen. Der erste eindeutige Beleg für einen solchen technischen Wortsinn findet sich in 2Clem 17:1. Verbreitung fanden die christlichen Lehren aber sicherlich durch die Verkündigungstätigkeit der urchristlichen Apostel, Lehrer und Evangelisten. Die in der urchristlichen Predigt verkündigten zentralen Glaubensinhalte waren unauflöslich mit den Ereignissen des Lebens Jesu verbunden, ja sie hatten in diesen historischen Fakten ihr tragendes und unverzichtbares Fundament. Das zeigt die häufige Bezugnahme auf diese Heilsfakten in den Reden der Apostelgeschichte[129].

3.3.2 Das Beweisziel des Lukas

Was nun die Bedeutung von ἀσφάλεια im Kontext des Prologs betrifft, so muß zunächst natürlich festgestellt werden, daß die Wortfamilie in verschiedenartigen sachlichen Zusammenhängen mit verschiedenen Bedeutungsnuancen Verwendung findet. So ist z. B. in den Schriften des Josephus[130] und in der LXX[131] vornehmlich von der Bedeutung "Sicherheit vor Gefahr, Gefahrlosigkeit" auszugehen. Als juristischer Term erscheint das Wort bei Epiktet[132]. Daß ἀσφάλεια in Lk 1:4 – wie etwa schon bei Xenophon – mit der Bedeutung "Zuverlässigkeit" erscheint, zeigt eine ganz entsprechende

---

καλῆς διδασκαλίας ᾗ παρηκολούθηκας); 2Tim 1:13; 4:15.
[128] Vgl. Weiss, *Lukas*, S. 267: "die spezifisch christlichen Lehrstücke, die einzelnen Theile des λόγος" (v2).
[129] Vgl. Act 2:32; 3:15; 5:29-32; 8:35; 10:37-43; 13:27ff; 1Kor 11:23-26; 15:13-15; 2Petr 1:17-18; 1Joh 1:1-4.
[130] Z. B. *Vi.* 269; *Bell.* I.375; *Ant.* XVI.327. Vgl. Schlatter, *Lukas*, S. 26.
[131] Z. B. Dtn 12:10. Vgl. Spicq, "ἀσφάλεια κτλ.," S. 72: "Les Septante ont surtout retenu l'acception de sécurité et de solidité". S. auch 1Thess 5:3.
[132] II.13.7: ἀσφάλειαν γράφει. Vgl. TestAbr 13:8: "Deswegen 'auf einem oder zwei Zeugen wird eine Sache nicht sicher zu Ende geführt (ἀσφαλίζεται), sondern auf drei Zeugen steht eine Sache'".

Verwendung in einem sehr ähnlichen sachlichen Kontext. Denn bei Xenophon bezeichnet das Wort die Zuverlässigkeit bzw. Stichhaltigkeit einer philosophischen Beweisführung[133]. Bei Lukas bezeichnet ἀσφάλεια die Stichhaltigkeit der theologischen Behauptungen, der christlichen Lehrinhalte, die durch die Predigt des Evangeliums Verbreitung fanden.

Diese Stichhaltigkeit der christlichen Heilslehre soll Theophilus erkennen. Lukas will die ἀκρίβεια τῶν πραγμάτων, den exakten Sachverhalt des Leidens, Sterbens und Auferstehens Jesu aufgrund methodisch sauberer Nachforschungen im Zusammenhang darlegen, um die ἀσφάλεια τῶν λόγων, die Stichhaltigkeit der zentralen theologischen Lehraussagen des Christentums, historisch zu belegen[134]. Denn der "gepredigte Christus" ist nach Meinung des Lukas mit dem "historischen Jesus" identisch[135]. Theologische Lehraussagen können nur dann einen plausiblen Wahrheitsanspruch erheben, wenn sie

---

[133] *Mem.* IV.6.15: "Wenn er [Sokrates] aber selbst irgendwie eine Betrachtung anstellte, dann nahm er seinen methodischen Weg über durchaus allgemein Anerkanntes, da er meinte, dies biete die rechte Sicherheit für die Überlegung (νομίζων ταύτην τὴν ἀσφάλειαν εἶναι λόγου)".

[134] Diese Grundüberzeugung des Lukas mündet für Klein, "Programm," S. 202-3, in eine "Aporie", denn wer "der Heils- die historische Gewißheit vorordnet, der entrückt jene prinzipiell". Klein kritisiert am Programm des Lukas, daß dieser "die Zuversicht des Glaubens menschlicher Anstrengung überantwortet". Daher plädiert er für eine korrigierende Weiterführung des von Lukas konstruierten bzw. unbewältigten Dilemmas: "Ob und wie es ... legitim überhaupt auszuräumen sei, bleibt eine von der lukanischen für jede nachfolgende Theologie von neuem aufgeworfene Frage".

[135] Zum diametral entgegengesetzten Schluß kommt Güttgemanns, "Rhetorik," S. 26: "So geht es also bei Lukas nicht um den 'historischen Jesus' in unserem Sinne, sondern um das 'Bild Christi' im Sinne Martin Kählers". Vgl. H. Conzelmann und A. Lindemann, *Arbeitsbuch zum Neuen Testament*. 6. Aufl. (Tübingen, 1982), S. 338: "Die Evangelien ... sind an dem, was man heute 'die Frage nach dem historischen Jesus' nennt, gar nicht interessiert". Diese Deutung wird der Prologaussage nicht gerecht. Lukas verbindet ausdrücklich die Frage nach dem "historischen Jesus" mit dem Anliegen der Glaubensweckung (ἵνα). Die Fakten über den historischen Jesus sollen die Entstehung des Glaubens ermöglichen, nicht ausschließlich, aber unverzichtbar.

in der Historie verankert sind[136]. Das Evangelium wird sich nicht durchsetzen können, wenn es nicht in aller Sorgfalt auf sein historisches Fundament gegründet ist und bleibt. In dieser Überzeugung schreibt Lukas sein Evangelium.

Es ist nicht wahrscheinlich, daß es sich bei Theophilus um einen Mann handelt, der in persönlichem Kontakt mit Petrus oder einem der übrigen Apostel stand. Denn die Apostel hätten ihn als Augenzeugen besser als jeder nachträgliche schriftliche Bericht über den exakten Sachverhalt des Lebens, Sterbens und Auferstehens Jesu informieren können. Theophilus wird zu der im Laufe der Jahre schnell wachsenden Gruppe gehört haben, die aus zeitlichen oder geographischen Gründen keine Möglichkeit zum direkten Kontakt mit Augenzeugen des Lebens Jesu hatte. Es ist z. B. durchaus vorstellbar, daß Theophilus das Evangelium durch Paulus und seine Schüler gehört hatte. Diese konnten aber nicht als Augenzeugen die πράγματα des Erdenlebens Jesu bezeugen. In diesem Falle hätte Lukas sein Evangelium für Menschen im Einflußbereich der paulinischen Heidenmission geschrieben[137], die nicht von der Predigt- und Zeugentätigkeit der Jünger Jesu erreicht wurden.

---

[136] Der Widerspruch gegen diese lukanische Aussage hat in der Geistesgeschichte eine lange Tradition. So meint schon Reimarus, *Apologie*, I, 171: "Der Mensch ist nicht für eine Religion geschaffen, die auf *Facta*, und zwar solche, die in einem Winkel des Erdbodens geschehen sein sollen, gegründet sind". Und F. W. J. Schelling, "Vorlesungen über die Methode des akademischen Studiums" (1802), *Schriften zur Identitätsphilosophie 1803-1806* (München, 1927), S. 323, äußert 1802 die Überzeugung, die biblischen Dokumente seien "Urkunden, deren bloß die Geschichtforschung, nicht aber der Glaube bedarf"; S. 325: "Hinwiederum ob diese Bücher ächt oder unächt, die darin enthaltenen Erzählungen wirklich unentstellte *Facta* sind ... oder nicht, kann an der Realität derselben [d. i. der Idee des Christentums] nichts ändern, da sie nicht von dieser Einzelheit abhängig, sondern allgemein und absolut ist". Ebenso meint G. W. F. Hegel, *Vorlesungen über die Philosophie der Religion 2* (Stuttgart, 1928), S. 328: "Der wahrhafte christliche Glaubensinhalt ist zu rechtfertigen durch die Philosophie, nicht durch die Geschichte. Was der Geist thut, ist keine Historie, es ist ihm nur um das zu thun, was an und für sich ist, nicht Vergangenes, sondern schlechthin Präsentes".
[137] Vielleicht ist die Aussage des Irenäus in *Adv. haer.* III.1.1 (Eus., *Hist. Eccl.* V.8.3) u. a. damit in Verbindung zu bringen: καὶ Λουκᾶς δέ, ὁ ἀκόλουθος Παύλου, τὸ ὑπ' ἐκείνου κηρυσσόμενον εὐαγγέλιον ἐν βίβλῳ κατέθετο.

Es kann somit als Ergebnis der Exegese von v4 festgehalten werden: (1.) Theophilus ist durch die christliche Verkündigung mit den theologischen Behauptungen des Christentums (λόγοι) konfrontiert worden (κατηχήθης). (2.) Lukas verfaßt seine Evangelienschrift mit der Absicht (ἵνα), durch die exakte historische Erforschung des Wirkens Jesu seinen Lesern die Stichhaltigkeit der in der christlichen Predigt verkündigten Lehre (ἀσφάλεια τῶν λόγων) aufzuzeigen[138].

---

[138] Vgl. aber auch das schöne Wort des Ambrosius von Mailand, der in seiner Lukaserklärung zur Stelle (I.12) schreibt: "Adressiert aber ist das Buch an Theophilus, d. i. den Gottgeliebten. Wenn du Gott liebst, ist es an dich geschrieben (*si deum diligis, ad te scriptum est*)" (CSEL 32/3, S. 18).

4. Zusammenfassung

Der Forschungsüberblick zum lukanischen Mittelteil hatte die Notwendigkeit gezeigt, zunächst auf die Grundpfeiler der antiken Geschichtsschreibung im allgemeinen (Kapitel 2) und dann auch auf die programmatischen historiographischen Formulierungen des Lukasprologs im speziellen (Kapitel 3) einzugehen.

Es konnte trotz der weitgehend fragmentarischen Quellenlage wahrscheinlich gemacht werden (Kapitel 2), daß man in der antiken Historiographie durchaus über ein bemerkenswertes methodisches Reflexionsvermögen verfügte. Als Ergebnis kann festgehalten werden (2.1), daß sich für die antike Historiographie (spätestens seit Thukydides) kein grundsätzlich von dem der Neuzeit verschiedenes Wahrheitsverständnis nachweisen läßt. Zwar hat es einerseits eine ganze Zahl von Autoren gegeben, die tragische Wirkungen und rhetorischen Glanz auf Kosten der historischen Wahrheit zu erzielen suchten (2.1.1). Viele antike Historiker lassen aber andererseits in ihren Werken erkennen, daß ihnen die Verpflichtung zur historischen Wahrhaftigkeit höchstes Gebot war. Es ließ sich zeigen, daß es antike Historiker gegeben hat (2.1.2), deren Zielsetzung insofern mit der der modernen Geschichtswissenschaft identisch war, als sie (wie Leopold von Ranke und seine Nachfolger) in erster Linie sagen und zeigen wollten, "wie es eigentlich gewesen" (2.1.3). Die neuzeitliche Historiographie hat den historischen Wahrheitsbegriff des Altertums nicht überboten sondern übernommen. Lukas war also als Historiker keineswegs allein schon deswegen unfähig, sauber zwischen Wahrheit und Unwahrheit zu differenzieren, weil er eben ein antiker Autor war[1].

Weiterhin konnte festgestellt werden (2.2), daß man in der Antike durchaus mit den grundlegenden methodischen Einsichten vertraut war, die auch der historischen Methode der Neuzeit zugrunde liegen.

---

[1] Falsch wäre es also andererseits auch, den historischen Wahrheitsbegriff des Lukas grundsätzlich über den seiner Kollegen hinauszuheben, wie dies G. Stosch, *Die Inspiration der neutestamentlichen Evangelien* (Gütersloh, 1913), S. 131, tut, wenn er behauptet: "Die größten Historiker der Profanliteratur sind bescheidener und weniger besorgt gewesen um den strengen Wahrheitsbeweis ihrer Darstellungen als Lukas, der für das, was er als Geschichte geben sollte, die Augenzeugenschaft seiner Gewährsmänner forderte".

Polybius verlangte von einem Historiker (2.2.1), daß er sich durch das Studium älterer Werke, durch eigene Reisen und durch die Ansammlung eines fachspezifischen Erfahrungsschatzes für sein Unternehmen qualifizierte: Geschichte darf unter keinen Umständen von unerfahrenen Schreibtischwissenschaftlern geschrieben werden. Bei seinen Nachforschungen hatte der Historiker sich entweder auf eigene Anschauung oder auf die Befragung von Augenzeugen oder aber auf schriftliche Quellen zu stützen (2.2.2). Daß dabei generell eine unkritische Haltung gegenüber den Quellen eingenommen wurde, konnte nicht festgestellt werden. Jede Quelle war grundsätzlich auf ihre Vertrauenswürdigkeit hin zu prüfen. Der zentrale Stellenwert, den man in der antiken Historiographie der Autopsie zuerkannte, entspricht der modernen Unterscheidung zwischen Primär- und Sekundärquellen (2.2.3). Die Behauptung, im Unterschied zur modernen Geschichtsschreibung seien in der Antike schriftliche Quellen prinzipiell schwächer gewichtet worden als mündliche, läßt sich nicht halten. Der "Aggregatzustand" der Quelle war in der Antike so wenig wie in der Neuzeit von grundsätzlicher Bedeutung.

Die Untersuchung der antiken Historiographie hat somit ergeben, daß diese sowohl im Blick auf den historischen Wahrheitsbegriff als auch bezüglich der historiographischen Methode durchaus mit der modernen Geschichtsschreibung kompatibel ist. Damit sind die Rahmenbedingungen für ein angemessenes Verständnis des Lukasprologs im Kontext seiner Zeit abgesteckt.

Der Lukasprolog (Kapitel 3) stellt eine historiographische Programmaussage dar, in welcher Lukas Auskunft über die Forschungsmethode und den Abfassungszweck seines Werkes gibt. Lukas deutet mit wenigen Strichen die Situation an, die er vorfand, als er sich an die Abfassung seiner Evangelienschrift machte (3.1). Durch den Hinweis auf seine zahlreichen Vorgänger läßt er erkennen, daß es zu seiner Zeit ein breiteres Interesse an historischen Informationen über das Leben Jesu gab (3.1.1). Lukas übt an seinen Vorgängern keine Kritik (3.1.1.1). Er läßt aber doch erkennen, daß ihre Werke im wesentlichen eine Repetition und Reproduktion der apostolischen Tradition darstellten (3.1.1.2).

Die von Lukas benutzten Quellen sind prinzipiell die gleichen wie die seiner Vorgänger. Die evangelischen Ereignisse gehören für ihn wie für sie zum Bereich der Gegenwartsvorgeschichte, zu denen der Zugang nur mittels der Aussagen der (apostolischen) Augenzeugen möglich ist (3.1.2). Von seinen Vorgängern unterscheidet er sich aber in seiner Annäherungsweise an die Quellen. Die Werke der Vorgänger verdankten ihre Entstehung im wesentlichen der aktiven Überlieferungstätigkeit der Apostel. Die Überlieferung wurde von ihnen in mehr oder weniger passiver Weise entgegengenommen und konserviert. Lukas hat demgegenüber als selbständiger Forscher im Stil der griechisch-römischen Historiographie aktive Nachforschungen unternommen, bevor er sich an die Abfassung seines Werkes machte (3.2.1.1). Dabei ist er bis auf die Geburt des Messias und seines Vorläufers zurückgegangen (3.2.2.2), um so einen möglichst breiten Verstehenshorizont aufzuspannen.

Für das auf dieser Forschung beruhende Werk nimmt Lukas zwei Qualitätsmerkmale in Anspruch (3.2.2). Zum einen erklärt er, daß seine Evangelienschrift die geschilderten Ereignisse des Lebens Jesu wirklichkeitsgetreu widerspiegelt. Er identifiziert sich folglich mit dem denkbar höchsten historiographischen Anspruch, der seit Thukydides der seriösen Geschichtsschreibung als Zielvorgabe diente. Und zwar scheint sich dieser Anspruch (im Unterschied zu Thukydides) nicht nur auf die Taten, sondern auch auf die Worte Jesu zu beziehen (3.2.2.1). Außerdem kündigt er an, daß der Leser es im folgenden mit einem im wesentlichen chronologischen Bericht zu tun hat (3.2.2.2), der die Geschehenszusammenhänge in ihrer zeitlichen Entwicklung deutlich werden läßt.

Seine gründlichen Nachforschungen stellt Lukas schließlich in den Dienst eines geistlich-theologischen Anliegens (3.3). Seine Evangelienschrift soll für Leser wie Theophilus nachvollziehbar und glaubhaft machen, daß die Kernaussagen der christlichen Verkündigung ein festes historisches Fundament haben (3.3.2). Die historischen Ereignisse, auf die sich die christliche Predigt unablässig beruft, haben sich tatsächlich in Raum und Zeit zugetragen. Es sind historische Fakten, und nicht mythologische Erfindungen, auf denen das christliche Kerygma ruht.

Lukas schreibt also sicherlich nicht zur Unterhaltung seines Publikums, sondern mit einem ernsthaften Beweisziel. Er schreibt nicht für Leser, die auf die Faktizität seines historischen Berichtes kein großes Gewicht legen, sondern für Menschen, die aufgrund eines geradezu existenziellen Interesses an der Sache "wie Scharfrichter und ... Spione horchen, denen auch nicht das Geringste entgeht – ja, die noch schärfer als Argos aufpassen ..., die alles, was vorgetragen wird, wie Geldwechsler Stück für Stück prüfen, um das Falschgeld sofort auszuscheiden, dagegen wertbeständige, gültige und echte Münzen anzunehmen" (Lukian, *Hist. Conscr.* 10). Lukas schreibt bewußt für ein Publikum, das kein Falschgeld, sondern echte Münzen, keine Fiktion, sondern historische Wahrheit, keine Gemeindebildung, sondern authentische Faktenhistorie von ihm erwartete. Dabei und deshalb wird er den Wunsch des Cicero geteilt haben, den dieser in *Leg.* I.4 formulierte: "ich möchte nicht für einen Lügner gelten (*ego me cupio non mendacem putari*)".

Ihren Niederschlag müssen die genannten Resultate der Exegese endlich auch in einer Übersetzung des Prologs finden: "Nachdem ja bekanntlich viele es unternommen haben, eine Erzählung von den unter uns zum Abschluß gekommenen Ereignisse zu reproduzieren, so wie es uns die übermittelt haben, die von Anfang an Augenzeugen und Wortdiener waren, erschien es auch mir gut, nachdem ich alles bis auf die ersten Anfänge nachgeforscht hatte, es wirklichkeitskongruent und in chronologischer Folge für dich aufzuschreiben, verehrter Theophilus, damit du die Stichhaltigkeit der Lehrsätze, über die du informiert worden bist, erkennst".

Im Rückblick auf den Forschungsüberblick zeigt sich, daß die Inanspruchnahme des lukanischen Prologs für eine am Lektionarsmodell oder der Midraschtechnik orientierte Mittelteildeutung (1.4.3.1) nicht in Frage kommen kann. Große Übereinstimmungen haben sich mit den knappen Grundsatzüberlegungen Girards ergeben (1.1.4). Damit ist der Ausgangspunkt der folgenden Untersuchung in etwa skizziert. Für die nun folgende Analyse des lukanischen Mittelteils ergibt sich aus der Prologexegese überdeutlich die Schlußfolgerung, diesen Abschnitt des Evangeliums nicht nur unter theologischem oder kompositorischem Aspekt zu befragen. Gemäß dem lukanischen Selbstverständnis muß versucht werden, in der Analyse des Mittelteils die historische und die theologische Fragestellung miteinander zu verbinden. Andernfalls würde die Untersuchung einseitig und ginge an der Absicht des Autors vorbei.

Daher werden anschließend nach einer Analyse der Gattung (Teil III) sowohl einerseits die historische Dimension (Teil IV) als auch andererseits die theologische Aussageabsicht (Teil V) des lukanischen Mittelteils behandelt werden. Zunächst aber ist auf die vor allem seit Schleiermacher virulente und von Conzelmann formulierte Spannung zwischen Inhalt und Form des Mittelteils einzugehen. Wie läßt sich diese Spannung erklären?

Teil III

Der lukanische Mittelteil als Reisebericht

Wie oben (1.1.2) bereits festgestellt wurde, war wahrscheinlich F. D. E. Schleiermacher der erste Exeget, der den lukanischen Mittelteil mit der Bezeichnung *Reisebericht* belegte. Diese Benennung ist seither häufig in Frage gestellt worden[1] und wird heute in aller Regel lediglich in Anführungszeichen verwendet. Ob dies berechtigt ist, soll im folgenden untersucht werden, indem zunächst einige antike (Land-) Reiseberichte vorgestellt werden (Kapitel 5), die das nötige Vergleichsmaterial zur Gattungsbestimmung darstellen können.

Kann aber gezeigt werden, daß der lukanische Mittelteil als Reisebericht aufzufassen ist, dann muß weiter untersucht werden, welche Eigenarten er im Vergleich mit anderen antiken Reiseberichten aufweist, denn: "Texte sind nicht aus sich selbst heraus verständlich. Die Individualität eines Textes kann nur durch Vergleich mit anderen erfaßt werden"[2]. Darum wird in einem zweiten Schritt (Kapitel 6) der lukanische Mittelteil in seiner Struktur detailliert untersucht werden, um im direkten Vergleich mit den anderen Reiseberichten seine besonderen Charakteristika erfassen zu können.

5. Die Gattung *Reisebericht* in der Antike

In seiner ausführlichen Materialsammlung zu den hellenistischen Gattungen im Neuen Testament führt K. Berger auch die Gattungs-

---

[1] Nach Reuss, *Geschichte*, S. 209, ist "der 9,51 beginnende, von der neueren Kritik fälschlich so genannte, Reisebericht" offenbar von Schleiermacher mißverstanden worden. Und Schlatter, *Lukas*, S. 331-2, meint: "Wenn man diesen Abschnitt des Evangeliums 'Reisebericht' nannte, so war dies möglichst ungeschickt". Nach Morgenthaler, *Zeugnis*, I, 170, ist für den Abschnitt 9:51-18:14 der "Name 'lk. Reisebericht' ... nur ein Notbehelf zur Terminologie der syn. Frage". Deutlich fällt auch das Urteil Baileys, *Poet*, S. 82, aus: "Obviously there is no 'traveling' done at all and the title 'Travel Narrative' is a misnomer ... We prefer to call it the 'Jerusalem Document'".

[2] K. Berger, *Exegese des neuen Testamentes: Neue Wege vom Text zur Auslegung*. 2. Aufl. (Heidelberg, 1984), S. 161.

kategorie *Reisebericht, Itinerar* an³. Allerdings beschränkt er sich in seinen Ausführungen auf einige Hinweise zu den Reiseberichten der Apostelgeschichte. Und auch sonst sucht man in der Evangelienforschung vergeblich nach Versuchen, antike (Land-) Reiseberichte⁴ als Vergleichsmaterial zum Mittelteil des Lukasevangeliums heranzuziehen. D. Moessner ist also durchaus recht zu geben, wenn er 1983 feststellt, daß "much work is still needed in comparing the role of journeying in the Gospels and Acts to the journey accounts, especially in the popular Greco-Roman biography"⁵.

5.1 Der Reisebericht als Rahmengattung

Es wird im folgenden davon ausgegangen, daß "jede abgrenzbare Texteinheit", also auch der lukanische Mittelteil, "auf ihre Zugehörigkeit zu einer Gattung befragt werden" kann⁶. Dabei wird allerdings

---

³ "Hellenistische Gattungen im Neuen Testament," *ANRW*, II.25.2 (1984), 1247-8. Vgl. ders., *Formgeschichte des Neuen Testaments* (Heidelberg, 1984), S. 326. Der "früheste eingehende Reisebericht" stammt laut L. Casson, *Reisen in der Alten Welt* (München, 1976), S. 37, in etwa aus dem Jahre 1130 v. Chr. und wurde von einem ägyptischen Priester namens Wen-Amon verfaßt, der darin über eine von ihm unternommene Geschäftsreise berichtet (*ANET* 25-28). Als "der erste Reiseschriftsteller" (Casson, *Reisen*, S. 107) kann der Vater der Geschichtsschreibung, Herodot, gelten. Einen allgemeinen Überblick zum Reisebericht als Literaturform mit reichlichen bibliographischen Angaben bietet der Artikel "Reiseliteratur," *Sachwörterbuch der Literatur.* Hg. G. von Wilpert. 7. Auflage (Stuttgart, 1989), S. 759-62. Vgl. auch K. Miller, *Itineraria Romana: Römische Reisewege an der Hand der Tabula Peutingeriana dargestellt* (Stuttgart, 1916).

⁴ Ein Vergleich zwischen antiken Seereiseberichten und den Missionsreisen in der Apostelgeschichte ist relativ häufig durchgeführt worden. Eine recht ausführliche Auflistung des hierfür in Frage kommenden Materials bietet z. B. S. M. Praeder, "The Problem of First Person Narrative in Acts," *NT*, 29 (1987), 210-11.

⁵ "Preview," S. 576.

⁶ Berger, *Formgeschichte*, S. 21-2: "Indem wir also behaupten, daß jeder als solcher erkennbare literarische Abschnitt auch dann, wenn es sich um eine Komposition handelt, einer Gattung zugehören muß ..., weiten wir die Frage nach Gattungen konsequent auf den Bereich aller literarischen Formen aus". Dabei handelt es sich allerdings bei der Gattungsbezeichnung *Reisebericht* um eine Kategorie, die in der Antike noch nicht gebräuchlich war (wie z. B. die Chrie), sondern erst von der modernen Exegese eingeführt wurde.

zwischen umfassenden *Rahmengattungen* und ihren Untereinheiten, *inkorporierten Gattungen*, zu unterscheiden sein[7]. Ein Reisebericht kann selbstverständlich sowohl als Rahmengattung (5.1) als auch als inkorporierte Gattung (5.2-3) Verwendung finden. Beide Erscheinungsformen werden daher je für sich vorgestellt. Als weitere Differenzierung legt sich eine Unterscheidung zwischen Reiseberichten innerhalb eines Geschichtswerkes (5.2) und solchen innerhalb einer Biographie nahe (5.3).

5.1.1 Die landeskundliche Reise des Herakleides

Als erster Reisebericht seien die Reisebilder des Herakleides angeführt[8]. Das nur fragmentarisch erhaltene Werk ist in das dritte vorchristliche Jahrhundert zu datieren, "etwa zwischen 275 und 200" (45). Für das erste Fragment der Reisebilder stellt Pfister fest: "Der Form nach ist unsere Schrift ein Reisebericht, eine Schilderung von selbst Gesehenem, Beobachtetem und Erfahrenem" (48)[9].

---

[7] Berger, *Formgeschichte*, S. 18. Vgl. F. Lentzen-Deis, "Methodische Überlegungen zur Bestimmung literarischer Gattungen im Neuen Testament," *Bib*, 62 (1981), 13: "In der historischen vergleichenden Literaturwissenschaft wird die Bezeichnung 'Gattung' auf eine größeren Texten oder ganzen Schriften gemeinsame Haltung, auf bestimmte Typisierungen angewandt. Die Gattungen beziehen sich also auf die Organisation vollständiger, meist umfangreicher Texte. Es handelt sich um Makrogattungen ... Neben die Großgattungen stellt der gewöhnliche Sprachgebrauch der Exegeten aber vor allem die 'literarische Gattung' der kleineren literarischen Einheiten, welche sich durch eine gemeinsame Kommunikationsweise auszeichnen. In den Evangelien werden traditionell so etwa Wundererzählungen, Parabeln usw. bezeichnet".

[8] *Die Reisebilder des Herakleides*. Einleitung, Text, Übersetzung und Kommentar mit einer Übersicht über die Geschichte der griechischen Volkskunde. Von F. Pfister (Wien, 1951).

[9] Vgl. z. B. Strabo II.5.11: "Ich werde aber teils das beschreiben, was ich selbst von Land und Meer auf Reisen kennenlernte (ἡ μὲν ἐπελθόντες αὐτοὶ τῆς γῆς καὶ θαλάττης), teils was ich jenen glaubte, die davon geredet oder geschrieben haben. Ich bin aber gegen Westen von Armenien zu den Orten Tyrrheniens neben Sardinien gekommen, gegen Süden von Pontus Euxinus bis an die Grenzen Aethiopiens; und es möchte sich wohl unter den übrigen Geographen nicht einer finden, der in den genannten Zwischenräumen viel weiter gekommen wäre, als ich. Denn die, welche in

Herakleides beschreibt im ersten Fragment in sieben Etappen den Weg von Athen nach Chalkis. Alle Etappen sind nach dem gleichen Schema aufgebaut. Eingeleitet werden sie mit den Worten Ἐντεῦθεν εἰς. Darauf folgen der Name der Stadt und die Stadienzahl. Dann werden der Weg (ὁδός), die Stadt (πόλις) und die Bewohner (οἱ δ' ἐνοικοῦντες) beschrieben (31)[10]. Als Beispiel können die Abschnitte 23-24 dienen, die den Weg von Theben aus beschreiben: "Von hier nach Anthedon sind es 160 Stadien (Ἐντεῦθεν εἰς Ἀνθηδόνα στάδια ρξ'). Ein Seitenweg (ὁδὸς πλαγία), aber doch fahrbar, eine Wanderung durch angebautes Land. Die Stadt (πόλις) ist nicht groß ...; ihr Marktplatz ist ganz mit Bäumen bepflanzt und wird von doppelten Säulenhallen eingefaßt ... Die Bewohner (Οἱ δ' ἐνοικοῦντες) sind fast alle Fischer, die ihren Lebensunterhalt den Angelhaken und Fischen, dem Saft der Purpurschnecke und Schwämmen verdanken ... Sie sind rothaarig und alle hager ...".

Einige bemerkenswerte reisetechnische Angaben finden sich in Abschnitt 6: "Von hier nach Oropos über Aphidnai und das Heiligtum des Zeus Amphiaraos ist es für den, der ohne Gepäck marschiert, ein Weg etwa von einem Tag (ὁδὸν ... σχεδὸν ἡμέρας); steil gehts; doch die Menge der Gaststätten (ἡ τῶν καταλύσεων πολυπληθία), die das zum Leben Notwendige reichlich bieten, und Ruheplätze verhindern, daß Müdigkeit die Reisenden überkommt". Und bezeichnend sind auch die Angaben, die in Abschnitt 9 über die Stadt Tanagra gemacht werden: "Recht, Treue und Gastfreundschaft zu wahren verstehen sie [die Bewohner] wohl (δικαιοσύνην, πίστιν, ξενίαν ἀγαθοὶ διαφυλάξαι). Den Bedürftigen unter ihren Mitbürgern und den fremden Wanderern spenden sie von dem, was sie haben ... Für den Aufenthalt der Fremden (ἐνδιατρῖψαι δὲ ξένοις) ist es die sicherste Stadt unter den Städten Boiotiens". Solche Angaben könnten einem Reisenden, der eine ähnliche Route verfolgt, durchaus von Nutzen sein.

---

den westlichen Teilen weiter kamen, haben in den östlichen nicht so vieles berührt, die dagegen in den östlichen Ländern weiter vordrangen, blieben hinsichtlich der westlichen zurück; ebenso verhält es sich aber auch mit den Strichen gegen Süden und Norden".

[10] In Karte I hat Pfister den Reiseweg auf einer Landkarte Griechenlands nachgezeichnet.

Kennzeichnend für diesen Reisebericht des Herakleides ist somit einerseits in formaler Hinsicht die strenge Durchstrukturierung anhand von regelmäßig wiederkehrenden formelhaften Wendungen. Andererseits wird der Bericht inhaltlich dominiert von einer durch das volks- und landeskundliche Interesse (49) bedingten Konzentration auf das gegenständliche Wissen[11]. Persönliche Erlebnisse des Reisenden oder Begegnungen mit Mitreisenden spielen keine Rolle. Der Reisebericht ist auf einen möglichst hohen geographischen, topographischen und ethnographischen Informationswert ausgerichtet. Diese beiden Eigenarten machen seinen speziellen Charakter aus.

5.1.2 Die Reise des Lucilius von Rom nach Sizilien

Einen Reisebericht verfaßte auch der lateinische Satiriker C. Lucilius (geb. 180 v. Chr.) aus Suessa Aurunca (*Sat.* I.3). Sein Bericht (*Iter Siculum*) handelt von einer Reise, die ihn "vielleicht in den Jahren 120-116 v. Chr. ... von Rom über Setia, Capua, Puteoli (Dicaearchia), Salerno, Alburnus an der Sele-Mündung, Palinurus, am Stromboli vorbei in die Gegend von Vibo Valentia und von dort in die Umgebung von Rhegium, Messina und Mylae im Nordosten Siziliens (97)" führte. "Diese Reisebeschreibung ist an einen Freund gerichtet ..., der zwar den Lucilius gern begleitet hätte ..., aber aus irgendeinem Grunde verhindert ist (98-99). Der Dichter ist sicher, daß sein Freund, nachdem er diesen ausführlichen Bericht erhalten hat, den Reiseweg auf einer Landkarte verfolgen wird (100-101), wobei ihm die genauen Entfernungsangaben nützlich sein werden (102-103). Auf diese Weise hat der Freund ein treffliches Reisehandbuch für seine eigene künftige Fahrt auf gleicher Route (104-106)"[12].

Wie bei Herakleides sind auch hier die Reisestationen und Entfernungsangaben recht genau notiert, allerdings ohne dessen strenge Formelhaftigkeit. Inhaltlich sind jedoch bemerkenswerte Unterschie-

---

[11] Vgl. H. Grupp, "Studien zum antiken Reisegedicht," Diss. Phil. Tübingen, 1953, S. ix.
[12] Lucilius: *Satiren*. Lat. und Dt. von W. Krenkel (Leiden, 1970), I, 65. Der Reisebericht des Lucilius ist nur noch in Fragmenten erhalten.

de festzustellen. Während Herakleides vor allem mit vielen technischen Einzelheiten über Land und Leute informiert, berichtet Lucilius in sehr unterhaltsamer Weise über Erlebnisse und Begegnungen. Er beschreibt z. B. die Strapazen der Reise (113-4), schildert einen miterlebten Gladiatorenkampf (117-23) und erwähnt die Mühen einer nächtlichen Quartiersuche (129-45).

5.1.3 Die Reise des Horaz von Rom nach Brundisium

In seinen *Satiren* (I.5) berichtet der römische Dichter Horaz (65-8 v. Chr.) von einer Reise, die ihn im Jahre 37 v. Chr. von Rom nach Brundisium führte (vgl. *Sat.* I.9)[13]. Man geht allgemein davon aus, daß ihm als Vorbild für diese Reisebeschreibung das dritte Buch der Satiren des Lucilius diente[14].

Horaz beginnt seine Beschreibung mit den Worten: "Hinter mir lagen die Tore der Großstadt; Aricia bot bescheidenes Quartier. Ein Gelehrter war mit mir, Heliodor, der größte Meister griechischer Redekunst. Dann ging's nach Forum Appi, wo es wimmelt von Schiffern und prellsüchtigen Schenkwirten. Die Strecke bis hierher hatten wir, als bequeme Leute, uns eingeteilt; dem Hochgeschürzten, der es eiliger hat als wir, ist sie eintägig: minder beschwerlich wird die Appia, wenn man langsam reist. Dort sperrte ich wegen des Wassers – weil es ganz abscheulich war – meinem Magen die Zufuhr: die Mitreisenden speisten; ich wartete in nicht sehr heiterer Seelenstimmung". Damit ist der Ton des Berichts angeschlagen: es geht um eine sehr "menschliche" Schilderung des Reisealltags.

Auffallend ist, wie genau Horaz die einzelnen Stationen der Reise verzeichnet und so für den Leser die Reiseroute leicht nachvollziehbar macht. "Es ist eine kurze, aber vollständige, Station für Station berücksichtigende Aufzeichnung der kleinen Leiden und Abenteuer, welche der Gesellschaft zugestoßen"[15]. Kleine Reise-

---

[13] Horaz. *Sämtliche Werke*. Lat. und dt. Hg. von H. Färber (München, 1960), S. 37-43.
[14] Vgl. Grupp, "Reisegedicht," S. 31-64.
[15] So Kiessling in seinen Erklärungen (S. 88). Auf S. 90 gibt er "das *Itinerarium*" der Reise.

szenen werden durch Dialogwiedergaben sehr lebendig geschildert (11-15; 57-62). Gelegentlich wird sogar die Uhrzeit angegeben (25). Es wechseln Beschreibungen der Landschaft, der Begegnungen und der Erlebnisse. Den realistischen Ton des Berichtes zeigen auch die Angaben über das Wetter (94-97): "Weiter nach Rubi. Bei Ankunft große Müdigkeit: lang war und schlimm der Weg, verschlimmert noch durch Regen. Folgenden Tages war das Wetter besser, die Straße noch kläglicher, bis zu den Mauern der fischreichen Seestadt Barium".

HORAZ, SAT. I.5		
Tage	Orte	Millien (1480 m)
1	Rom Aricia	16
2	Forum Appi (Nachtreise auf dem Kanal)	27
3	lucus Feroniae und Tarracina	19
4	Fundi Formiae	26
5	Sinuessa pons Campanus	27
6	Capua	17
7	Villa bei Caudium	21
8	Beneventum	11
9	(Aeclanum?) Villa bei Trivicum	15+?
10	(Ausculum?)	24
11	Canusium	(35)
12	Rubi	23
13	Barium	23
14	Gnatia	37
15	Brundisium	39

Seinen Reisebericht schließt Horaz mit den Worten (104): "Brundisium endet die vielen Meilen des Wegs und meine vielen Zeilen (*Brundisium longae finis chartaeque viaeque est*)". Diese Satire ist gekennzeichnet von der spielerischen Freude an der literarischen

Darstellung der Reise. Inhaltlich und formal weist sie große Ähnlichkeiten mit dem Reisebericht des Lucilius auf.

5.1.4 Der Reiseführer des Pausanias

Als Reisebericht gilt auch das um 174 n. Chr. verfaßte Werk des Periegeten Pausanias über *Reisen in Griechenland*[16], das wiederum eine größere Nähe zu den Reisebildern des Herakleides aufweist. Die von Pausanias beschriebene Reiseroute durch das griechische Festland beginnt ohne Vorwort in Attika und endet ohne besonderen Abschluß in Naupaktos. Der Titel Periegesis bezeichnet "ein literarisches Werk, das den Leser in einem bestimmten Umkreis so herumführt, wie es ein Führer an Ort und Stelle tun würde"[17]. Daher beschreibt Pausanias auch nicht nur die Landschaft, sondern fügt auch ausführliche historische Exkurse ein.

Die Reisenotizen lauten beispielsweise (I.1.5): "Am Wege nach Athen von Phaleron steht ein Heratempel ohne Türen und Dach (ἔστι δὲ κατὰ τὴν ὁδὸν τὴν ἐς Ἀθήνας ἐκ Φαληροῦ ναὸς Ἥρας οὔτε θύρας ἔχων οὔτε ὄροφον)". In I.2.1 heißt es: "Kommt man in die Stadt hinein (Ἐσελθόντων δὲ ἐς τὴν πόλιν), so ist da ein Grabmal der Amazone Antiope". Und in I.2.2 fährt Pausanias fort: "Kommt man von Peiraieus herauf (Ἀνιόντων δὲ ἐκ Πειραιῶς), so trifft man Trümmer der Stadtmauer, die Konon nach der Seeschlacht bei Kindos errichtet". Im Grunde ist diese Schrift "nichts anderes als ein [antiker] Baedeker"[18].

Der Reisebericht des Pausanias ist nach einer bestimmten geographischen Systematik aufgebaut: "eine Landschaft Griechenlands nach der anderen wird abgehandelt. Mit Ausnahme des ersten Buches ist

---

[16] Pavsanias. *Graeciae Descriptio*. Hg. M. H. Rocha-Pereira. 3 Bde (Leipzig, 1973ff). Für die deutsche Übersetzung s. Pausanias. *Reisen in Griechenland*. Aufgrund der kommentierten Übers. von E. Meyer hg. von F. Eckstein. 3 Bde (München, 1954ff).

[17] C. Habicht, *Pausanias und seine 'Beschreibung Griechenlands'* (München, 1985), S. 14. Im folgenden nur mit Seitenzahl zitiert.

[18] A. C. Bouquet, *Biblischer Alltag: Zeit des Neuen Testaments* (München, 1959), S. 110.

die Ordnung innerhalb der einzelnen Bücher eine strikt topographische ... Stets geht er von der Grenze auf der kürzesten Straße zur Hauptstadt, beschreibt deren Sehenswürdigkeiten, verfolgt dann eine andere Chaussee zur Grenze, immer verzeichnend, was ihm der Überlieferung wert erscheint, geht erneut zurück zur Hauptstadt, wieder hinaus auf einer anderen Straße usw., bis er endlich die Grenze zu einer anderen Landschaft überschreitet, von wo er wieder geradewegs zum Mittelpunkt marschiert" (30-1)[19].

Bezeichnend für die moderne Rezeption des Pausanias ist der Vorwurf, daß seine Beschreibungen häufig kein Augenzeugenbericht sei, sondern die Kopie des Werkes seines Vorgängers Polemos von Ilion[20]. Demgegenüber steht der häufig wiederholte Anspruch des Pausanias, aus eigener Anschauung zu berichten[21]. Dieser Anspruch des Autors ist in jüngerer Zeit wieder stärker beachtet worden. "Der Vergleich seines Textes mit den Resten der älteren periegetischen Literatur und mit dem Befund zahlreicher Ausgrabungen in Griechenland hat längst klargemacht, daß Pausanias, wie er behauptet, tatsächlich wiedergibt, was er selbst gesehen, nicht was er bei anderen gelesen hat" (14).

Persönliche Erfahrungen und Begegnungen spielen in diesem Reisebericht keine Rolle. Mit dem Werk des Herakleides teilt Pausanias die Konzentration auf die Mitteilung gegenständlichen Wissens, das allerdings weniger volkskundlicher als vielmehr historischer Art ist.

---

[19] Vgl. dazu Mk 4:35-9:33. B. Pixner, *Wege des Messias und Stätten der Urkirche* (Gießen, 1991), S. 66-77, der in diesem Abschnitt drei Reisen Jesu unterscheidet (4:35-5:20; 5:21-8:10; 8:11-9:33), stellt fest: "Alle drei Fahrten oder Reisen gehen von Kafarnaum aus und führen dorthin zurück" (S. 66).

[20] "Pausanias' Ansehen hat mehr als das irgendeines anderen antiken Schriftstellers gelitten durch die Voreingenommenheit und die Arroganz einiger moderner Gelehrter. Führend unter ihnen waren deutsche Experten der griechischen Literatur [vor allem Wilamowitz] ..." (170).

[21] R. Heberdey, *Die Reisen des Pausanias in Griechenland* (Leipzig, 1894), S. 5-38, bietet eine Zusammenstellung aller Stellen bei Pausanias, in denen der Autor Autopsie beansprucht.

5.1.5 Die Abenteuerreise des Lukios

Unter dem Namen des Lukian (geb. 120 n. Chr.) ist der Roman *Lukios oder der Esel* (Λούκιος ἢ ὄνος)[22] überliefert, der große Ähnlichkeiten mit den *Metamorphosen* des Apuleius[23] aufweist und möglicherweise mit diesen auf eine gemeinsame Vorlage zurückgeht. Die romanhafte Erzählung ist in der ersten Person verfaßt. Sie stellt, ebenso wie das Werk des Apuleius, formal die Kombination eines Reiseberichts mit einer Biographie dar[24] und behandelt inhaltlich einen rein fiktiven Stoff.

Das Werk beginnt mit dem Bericht über die Reise des Lukios nach Thessalien (1): "Ich war einmal auf dem Weg nach Thessalien (Ἀπῄειν ποτὲ ἐς Θετταλίαν)[25], weil ich mit einem dort ansässigen Mann etwas Geschäftliches von meinem Vater zu erledigen hatte. Ein Pferd trug mich und mein Gepäck, und ein Diener folgte mir. So zog ich nun meines Weges (ἐπορευόμην οὖν τὴν προκειμένην ὁδόν). Und es ergab sich, daß noch andere Reisende unterwegs waren nach der Stadt Hypata in Thessalien, wo sie herstammten. Wir schlossen Bekanntschaft [teilten das Salz], und so waren wir auf dieser beschwerlichen Reise schon nahe an die Stadt herangekommen, als ich die Thessalier fragte, ob sie einen Mann kannten, der in Hypata wohnt und Hipparchus heißt. Ich hatte einen Empfehlungsbrief an ihn von zuhause mitgenommen, so daß ich bei ihm wohnen konnte". Lukios erhält die gewünschte Auskunft. "Als wir uns der Stadt genä-

---

[22] *Luciani Opera*. Hg. M. D. MacLeod (Oxford, 1974), II, 276-309.

[23] Apuleius. *Metamorphosen oder Der Goldene Esel*. Lat. und Dt. von R. Helm. 4. Aufl. (Berlin, 1949). 376 S.

[24] A. Scobie, "The Structure of Apuleius' *Metamorphoses*," *Aspects of Apuleius' Golden Ass*. Hg. B. L. Hijmans Jr. und R. Th. van der Paardt (Groningen, 1978), S. 41. Vgl. Berger, *Formgeschichte*, S. 18: "Wenn gattungsmäßig verschiedene Elemente gleichberechtigt nebeneinanderstehen, ohne daß ein Teil dominiert, kann ein Text Kombination aus mehreren Gattungen sein ... Die Redlichkeit verbietet hier eine eindeutige Zuordnung".

[25] P. Junghanns, *Die Erzählungstechnik von Apuleius' Metamorphosen und ihrer Vorlage* (Leipzig, 1932), S. 9-10, bemerkt zu der Parallelstelle in den Metamorphosen des Apuleius: "Der Dichter der Vorlage ... beginnt von einer gewöhnlichen Geschäftsreise zu erzählen. Die Nennung von Thessalien als Reiseziel deutet ... an, daß eine Zaubergeschichte beginnt ...".

hert hatten, war dort ein Garten mit einem annehmbaren Haus darin, wo Hipparchus wohnte".

Nun berichtet der Ich-Erzähler, wie er um Aufnahme im Haus des Hipparchus nachsuchte, nachdem er sich von seinen Reisebegleitern verabschiedet hatte (2): "Ich trete an die Tür und klopfe an ... Eine Frau reagierte darauf und trat sogar heraus. Ich fragte, ob Hipparchus zuhause sei. 'Er ist zuhause', antwortete sie. 'Wer aber bist du, daß du danach fragst?'". Lukios händigt den Brief aus, und als die Frau zurückkehrt, bittet sie die Gäste herein. Nachdem Lukios bei Hipparchus vorgesprochen hat, beauftragt dieser die Dienerin: "Gib ihm das freie Schlafzimmer und bring sein Gepäck dorthin. Dann weise ihm das Bad an, denn er hat einen langen Weg hinter sich". Nach dem Bad lädt Hipparchus den Lukios zu einem Mahl ein (3). "Nachdem wir gegessen hatten, tranken wir und unterhielten uns, wie es üblich ist, wenn ein Fremder zum Essen kommt; und nachdem wir so den Abend mit Trinken verbracht hatten, gingen wir zu Bett. Am nächsten Tag fragte mich Hipparchus, wohin mich mein Weg nun führen würde und wie lange ich bleiben würde. Ich sprach: 'Ich gehe nach Larissa, ich glaube aber, daß ich hier noch drei bis vier Tage zubringen werde'".

Im weiteren Verlauf erzählt Lukios von verschiedenen Erlebnissen, die er in Thessalien hatte, und wie er schließlich in einen Esel verwandelt und von Räubern verschleppt wird. Den Verlauf der anschließenden Reise, auf der er von den Räubern als Lasttier verwendet wird, schildert er also aus der Perspektive eines Esels. Es werden die einzelnen Etappen der Reise und die jeweiligen Ereignisse berichtet (17-35). Später wird der Esel an eine Gruppe von Priestern der syrischen Göttin Atargatis verkauft und muß diese Gruppe auf ihrer Propagandareise durch Städte und Dörfer begleiten und dabei das Standbild der Göttin tragen. Auch diese Reise wird ausführlich geschildert (35ff), bis Lukios schließlich gegen Ende seiner abenteuerlichen Erlebnisse seine menschliche Gestalt wiedererhält.

Auch in diesem fiktiven Reisebericht werden die Stationen der Reise verzeichnet. Im Vordergrund stehen (wie bei Lucilius und Horaz) die Erlebnisse und Begegnungen des Ich-Erzählers. Eine besondere Note gewinnt der Bericht durch seine zweite Bedeutungsebene: "Wie alle Romane ... ist auch dieser so komponiert, daß hinter der vordergründigen Handlung (Abenteuer des Esels) eine hintergründige verstanden werden muß: Als irrende, vertierte Kreatur findet der Ich-Erzähler hin zu der Erlösung im Isis-Mysterium"[26].

5.1.6 Die Mosella des Ausonius

Im Anschluß an Lucilius und Horaz haben noch andere lateinische Autoren vergleichbare Reisegedichte geschrieben. Zu nennen sind hier neben der *Mosella* des Ausonius (geb. 310 n. Chr.)[27] u. a. Cäsars verlorenes *Iter* über eine Reise von Rom nach Spanien[28] und das *Iter Gallicum* des Rutilius[29]. So kann man durchaus von einer "literarischen Tradition" in der römischen Dichtung sprechen[30].

Das Reisegedicht des Ausonius wird eröffnet mit den Worten: "Die schnelle Nahe hatt' ich überschritten – Nebel lag noch auf der Flut –, voll Staunen über die neuen Mauern, die an das alte Bingen angebaut, dort wo Gallien sein Cannae einst erlebte und unbeweint noch liegen hilflose Scharen auf der Flur" (1-4). Die anschließende Reisenotiz lautet (5-9): "Weiter kam ich auf einsamem Weg durch den öden Urwald, und ohne daß ich eine Spur von menschlicher Kultur erblicke, zieh' ich vorbei an Denzen ..., vorbei an den Taber-

---

[26] H. Dörrie, "Ap(p)uleius," *KP*, 1 (1979), 471-2.
[27] *Decimi Magni Ausonii Mosella*. Mit einer Einführung in die Zeit und die Welt des Dichters. Übersetzt und erklärt von W. John (Trier, 1932). Im folgenden nur mit Seitennummer zitiert.
[28] Dieses erwähnt Sueton, *Caes.* 56.6: Caesar hinterließ "ein Gedicht 'Die Reise (*Iter*)'". Dieses "verfaßte er ... auf einem Eilmarsch, den er in vierundzwanzig Tagen von Rom nach Südspanien zurückgelegt hatte". Grupp, "Reisegedicht," S. 65, meint, aus diesen Angaben auf den "Tagebuchcharakter" dieses Gedichtes schließen zu können.
[29] Rutilius Claudius Namatianus. *De reditu suo sive Iter Gallicum*. Herausgegeben, eingeleitet und erklärt von E. Doblhofer. Bd 1 (Heidelberg, 1972). Das Werk ist um 417 entstanden. Buch I führt von Rom nach Pisa, das nur fragmentarisch erhaltene Buch II von Pisa bis Luna. Für das dritte Buch hat eventuell Vergils Aeneis als Vorbild gedient. Eine Übersicht über den Reiseverlauf mit den acht Etappen bietet Doblhofer auf S. 38-39 seiner Einleitung.
[30] Dobelhofer, *Rutilius*, I, 33.

nen ..., vorbei an den Feldern ...". Als Reisebericht im engeren Sinne können lediglich die der *laudatio* vorangestellten Einleitungsverse (1-22) gelten[31].

John bemerkt über die Gattung dieses Werkes (116): Es "ist eine in Verse gebundene Lobrede (*laudatio*, ἐγκώμιον) in freier Gestaltung (λαλιά), die ohne festes Dispositionsschema ihren Stoff aneinanderreiht ... Auch Flüsse gehören zu den Themen, die für solche Prunkreden in Betracht kamen". "Der Hauptteil des Gedichtes ist eine ἔκφρασις, eine 'ausmalende Beschreibung' typischer Einzelheiten" (118). Das Gedicht ist charakterisiert durch eine weniger technische als vielmehr künstlerische Beschreibung der Mosel und ihrer Umgebung.

5.1.7 Der Reisebrief des Sidonius

Schließlich ist auch noch der Reisebericht des Sidonius Apollinaris (geb. 430 n. Chr.) zu erwähnen, den dieser in der Form eines Kunstbriefes abgefaßt hat (*Ep.* I.5.1-11)[32]. Der inhaltliche Schwerpunkt dieses epistolarischen Reiseberichts ist bereits durch seine Einleitung vorgegeben, die auf das Interesse des Adressaten Heronius eingeht: "Ich erhielt, nachdem ich mich in Rom niedergelassen hatte, deinen Brief, in welchem du besorgt nachforschst, ob der Beginn meiner Reise sich gemäß unserem gemeinsamen Plan entwickelt, auch wie die Straße beschaffen war und wie ich sie bewältigte (*viam etiam qualem qualiterque confecerim*), welche durch die Lieder der Dichter berühmten Flüsse, welche durch die Lage ihrer Mauern bekannten Städte, welche durch den Ruf der Götter allgemein bekannt gewordenen Berge, welche durch wiederholte Gefechte bemerkenswerten Schlachtfelder ich sah, da du es vergnüglich findest, die Dinge, die du durch Lektüre erfahren hast, von denen, die sie vor Augen gehabt haben, zuverlässiger zu lernen (*quia voluptuosum censeas quae lectione compereris eorum qui inspexerint fideliore didicisse memoratu*).

---

[31] Vgl. Grupp, "Reisegedicht," S. 97.
[32] Sidonius. *Poems and Letters*. With an English Translation by W. B. Anderson (London, 1936), I, 352-63.

Deshalb freue ich mich, daß du zu erfahren wünschst, was ich tue" (I.5.1).

Der eigentliche Reisebericht beginnt mit den Worten: "Als ich die Mauern unserer (Heimatstadt) Lyons verließ, benutzte ich den *Cursus puplicus*" (2). Es folgt ein Bericht, der in detaillierter Form die einzelnen Reisestationen nennt und schließlich bis nach Rom führt.

5.2 Der Reisebericht als inkorporierte Gattung im Geschichtswerk

Nachdem bisher eine Reihe von Reiseberichten vorgestellt wurden, die als Rahmengattung fungieren, sollen nun solche Reiseberichte besprochen werden, die in eine größere Gattung integriert sind, und zwar zunächst in Geschichtswerke. Neben den Werken des Tacitus und Livius wird dabei auch das apokryphe Buch Tobit berücksichtigt.

5.2.1 Die Geschäftsreise des Tobias

Auch in der LXX findet sich bekanntlich eine ganze Reihe von Reisebeschreibungen. So schildert z. B. Gen 12-13 die Reise Abrahams von Haran nach Kanaan. In Gen 24 wird die Reise des Knechtes Abrahams nach Aram-Naharaim berichtet, in Gen 28-35 die Reise Jakobs, in Gen 42-50 die Reisen der Brüder Josephs usw. Die deutlichste Parallele zum Mittelteil des Lukasevangeliums findet sich jedoch im apokryphen Buch Tobit, das gegen Ende des achten vorchristlichen Jahrhunderts spielt.

Die Reise des Tobias hat darin ihren Anlaß, daß sich sein Vater Tobit daran erinnert, bei einem gewissen Gabael in der Stadt Ragai in Medien zehn Talente Silber hinterlegt zu haben (4:1). Als er seinen Sohn Tobias über das Geld informiert (4:20), erklärt sich dieser bereit, mit den entsprechenden Unterlagen nach Medien zu reisen, um das Geld zu holen (5:1-3a). Tobit fordert seinen Sohn auf, sich einen Reisebegleiter zu suchen (5:3b): "Suche dir einen Mann als Reisegefährten! Ich werde ihn bezahlen, sofern ich das Leben habe; dann gehe hin und hole das Geld ab!". Tobias findet den Engel Raphael, der sich als Reisebegleiter zur Verfügung stellt (5:6): "Ich

Der Reisebericht als inkorporierte Gattung im Geschichtswerk 169

werde mit dir reisen; ich bin auch des Weges kundig; und bei Gabael, unserm Verwandten, habe ich schon übernachtet". Nachdem man sich über die Entlohnung des Reisebegleiters einig geworden ist (5:15-16), verabschiedet man sich voneinander, und die eigentliche Reise beginnt mit den Worten (5:17): "Da machten sich beide auf den Weg (καὶ ἐξῆλθαν ἀμφότεροι)".

Die gesamte Reise des Tobias läßt sich in zwei Reiseabschnitte unterteilen: die Reise nach Medien (6:1-7:8) und die Rückreise zu den Eltern (10:8-11:18). Die Reise nach Medien ist dreifach gegliedert: "Aufgrund von drei aufeinanderfolgenden Reisenotizen (6,1.6; 7,1) gibt sich der Abschnitt 6,1-7,8 als Einheit zu erkennen. In ihm ist der Weg von Ninive ... nach Ekbatana ... beschrieben ... Die Reisenotizen lassen zudem eine kontinuierliche, lineare Entwicklung im Zeitlauf erkennen. Der Weg wird in drei Stationen aufgeteilt, die jeweils einem Abschnitt auf der literarischen Ebene entsprechen. Dem jeweiligen Abschnittseingang, der durchgängig mit einem Verbum des Gehens gestaltet ist, korrespondiert eine Abschlußnotiz, die den Spannungsbogen des Geschehens auflöst"[33]. So ergibt sich folgendes Bild:

6:1: "Sie aber zogen des Weges dahin und kamen gegen Abend an den Tigrisstrom und übernachteten daselbst (Οἱ δὲ πορευόμενοι τὴν ὁδὸν ἦλθον ἑσπέρας ἐπὶ τὸν Τίγριν ποταμὸν καὶ ηὐλίζοντο ἐκεῖ)".

6:6: "Da zogen beide ihres Weges weiter, bis sie sich Ekbatana näherten (καὶ ὥδευον ἀμφότεροι, ἕως ἤγγισαν ἐν Ἐκβατάνοις)".

7:1: "So kamen sie denn nach Ekbatana und erreichten das Haus Raguels (Καὶ ἦλθον εἰς Ἐκβάτανα καὶ παρεγένοντο εἰς τὴν οἰκίαν Ῥαγουήλ)".

Der Bericht von der Rückreise in 10:8-11:18 "ist ... die spiegelbildliche Entsprechung zu 6,1-7,8. Der Weg ist deutlich in die drei Stationen 10,8-14; 11,1-15; 11,16-18 aufgeteilt. Mit der sukzessiven Ortsveränderung bieten sich jeweils neue Personenkonstellationen dar. Ein inhaltlicher Spannungsbogen, der das Thema *Weg* betrifft, verläuft von der Bitte des Tobias um Entlassung (10,8) bis zur rück-

---

[33] P. Deselaeres, *Das Buch Tobit: Studien zu seiner Entstehung, Komposition und Theologie* (Göttingen, 1982), S. 116.

blickenden Feststellung des Tobit, Gott habe die Frau des Tobias zu seiner Familie geführt (11,17)"[34]:

10:8: "Tobias aber bat den Raguel: 'Laß mich heim ('Εξαπόστειλόν με), denn mein Vater und meine Mutter glauben schon nicht mehr daran, mich wiederzusehen!'".

11:1: "So zog er seines Weges, bis er in die Nähe von Ninive kam (Καὶ ἐπορεύετο μέχρις οὗ ἐγγίσαι αὐτοὺς εἰς Νινευη)".

11:16: "Tobit ging nun seiner Schwiegertochter entgegen, freudig und Gott preisend am Tor von Ninive (Καὶ ἐξῆλθεν Τωβιτ εἰς συνάντησιν τῇ νύμφῃ αὐτοῦ χαίρων καὶ εὐλογῶν τὸν θεὸν πρὸς τῇ πύλῃ Νινευη)".

Obwohl der Reisebericht formal durch die genannten Reisenotizen deutlich strukturiert ist, werden doch nur wenige Reisestationen genannt. Der Ausgangspunkt der Reise (1:10: Ninive) wird zu Anfang des Reiseberichts (5:17; 6:1) nicht mehr erwähnt, sondern als bekannt vorausgesetzt. Von der Reise von Ninive nach Ragai bzw. Ekbatana in Medien werden als geographische Anhaltspunkte nur der Tigris (6:1b: ἦλθον ... ἐπὶ τὸν Τίγριν ποταμόν) und dann bereits Ekbatana (6:6; vgl. 7:1) und Ragai (6:10) genannt. Wo genau unterwegs die geschilderten Begebenheiten und Dialoge stattgefunden haben, wird nicht näher vermerkt. Diese Besonderheit, die der Reisebericht des Tobitbuches im Vergleich zu den bisher behandelten Berichten aufweist, hängt sicher mit seinem Inhalt zusammen. Inhaltlich beschäftigt sich dieser Reisebericht nicht mit landeskundlichen oder historischen Informationen, sondern der Schwerpunkt liegt auf der zu erfüllenden Mission des Tobias und den um diese Mission kreisenden Dialogen und Begebenheiten.

5.2.2 Die Bildungsreise des Germanicus

Von einer im Jahre 18 n. Chr. unternommenen Reise des Germanicus, die ihn den Nil hinaufführte, berichtet Tacitus (geb. 55/6 n. Chr.) in seinen *Annales* (II.59-61)[35]. Der Reisebericht beginnt mit

---

[34] Deselaeres, *Tobit*, S. 165.
[35] P. Cornelius Tacitus. *Annalen*. Lat. u. dt. Hg. von E. Heller (München, 1982), S. 174-9.

den Worten: "Im Konsulatsjahr des M. Silanus und L. Norbanus reiste Germanicus nach Ägypten (*Aegyptum proficiscitur*), um die Altertümer kennenzulernen ... er ging ohne militärische Begleitung aus, nur in Sandalen und mit einem gleichen Umhang wie die Griechen ..." (59.1). Germanicus reist von Kanopos aus den Nil hinauf (60.1) und besucht Theben (2-4), Elephantine und Syene (61.2). Der Reisebericht mündet ohne besonderen Bruch wieder in den Fluß der Erzählung ein.

5.2.3 Die Bildungsreise des Aemilius Paulus

Von einer 167 v. Chr. unternommenen Rundreise des Aemilius Paulus durch Griechenland berichtet der Historiker Livius (59 v. Chr. – 17 n. Chr.) in seinem Geschichtswerk (XLV.27.5-28.11)[36]. Nachdem Livius schon einiges über Aemilius Paulus berichtet hat, beginnt der Reisebericht mit den Worten: "Es war beinahe Herbst. Paulus beschloß, den Anfang dieser Jahreszeit zu einer Rundreise durch Griechenland und zur Besichtigung der berühmten Stätten zu benutzen (*cuius temporis initio ad circumeundam Graeciam visendaque ... uti statuit*) ... Er brach ohne großes Gefolge auf, seinen Sohn Scipio und Athenaeus, den Bruder des Königs Eumenes, an der Seite, und zog durch Thessalien nach Delphi, dem berühmten Orakel" (27.5-6).

Weitere Reisestationen sind Lebadia und Chalcis (8), Aulis (9), Oropus (10), Athen (11), Korinth (28.1-2), Sicyon, Argos und Epidaurus (3), Sparta (4), Megapolis (5). Sehr knapp wird geschildert, wie er an den verschiedenen Stationen seiner Reise Heiligtümer besucht und Sehenswürdigkeiten besichtigt. Zu Ende geht die Reise mit den Worten: "So durchzog er Griechenland ... Schießlich kehrte er mit seiner Begleitung nach Demetrias zurück (*Demetriadem cum reverteretur*)" (6). Der Bericht endet mit der Schilderung der Um-

---

[36] *Livy in Fourteen Volumes XIII: Books XLIII-XLV*. With an English Translation by A. C. Schlesinger. LCL (London, 1948), S. 338-45. Für die deutsche Übersetzung siehe Titus Livius. *Der Untergang des Makedonischen Reiches. Römische Geschichte, Buch 39-45*. Eingeleitet, übersetzt und herausgegeben von H. J. Hillen (München, 1972), S. 562-5.

stände bei seiner Rückkehr (7-11) und geht (wie schon bei Tacitus beobachtet) ohne scharfe Markierung in eine weitere Schilderung der Aktivitäten der Hauptperson über. Auch hier ist der Anfang der Reise deutlicher markiert als ihr Abschluß.

5.3 Der Reisebericht als inkorporierte Gattung in der Biographie

Dem Aufbau des Lukasevangeliums besonders nahe kommen die Reiseberichte, die Baustein einer Biographie sind. Behandelt werden hier die Reisen des Politikers Cato Minor, des Philosophen Apollonius und des Kaisers Hadrian.

5.3.1 Die Bildungsreise des Cato Minor

Zunächst sei auf einen Reisebericht im Werk des Plutarch (geb. 45 n. Chr.) hingewiesen. Plutarch schildert im Rahmen seiner Parallelbiographien eine Reise des jüngeren Cato durch Kleinasien, die dieser zu Beginn seiner politischen Laufbahn unternommen hat[37]. Als Anlaß der Reise vermerkt Plutarch einleitend (*Cat. Mi.* XII.2): "Cato hatte die Absicht, vor dem Eintritt ins politische Leben Kleinasien zu durchreisen, um das Land kennenzulernen (Βουληθεὶς δὲ πρὸ τοῦ πολιτείᾳ προσελθεῖν ἅμα μὲν πλανηθῆναι καθ' ἱστορίαν τῆς Ἀσίας) und von der Lebensweise, den Sitten und der Stärke der einzelnen Provinzen eine eigene Anschauung zu bekommen; auch hatte ihn der Galater Dejotaros zu einem Besuch eingeladen, und er wollte sich dem Fürsten, der seinem Vater in Freundschaft verbunden gewesen war, nicht ungefällig erweisen".

Plutarch schildert zu Beginn recht detailliert, wie die Reise organisiert war und vor sich ging (XII.2: τοῦτον τὸν τρόπον ἐποιεῖτο τὴν ἀποδημίαν). Hier lassen sich gewisse Ähnlichkeiten mit dem Bericht des Lukas in 9:52-56 feststellen (s. u. 8.1.1). Nach diesen allgemeinen

---

[37] *Plvtarchi Vitae Parallelae.* Hg. K. Ziegler (Leipzig, 1964), II/1, 40-3. Für die deutsche Übersetzung siehe Plutarch. *Große Griechen und Römer.* Eingeleitet und übers. von K. Ziegler (Stuttgarts, 1957), IV, 364-9; die Biographie des Cato Minor wurde ausnahmsweise von W. Wuhrmann übersetzt.

Erläuterungen über das Reisen an sich berichtet Plutarch in XIII.1-5 über eine Begebenheit in Syrien (XIII.1): "In Syrien hatte er, wie erzählt wird, ein lustiges Erlebnis". Beim Einzug in Antiocheia wird Cato nicht die erwartete Ehrerbietung entgegengebracht, was zu entsprechenden Reaktionen seiner Begleiter Anlaß bietet. In XIV.1-5 wird von einer Begegnung mit Pompejus in Ephesus berichtet (XIV.2): "Als dieser [Cato] nämlich nach Ephesos kam, begab er sich zu dem Feldherrn, um ihm seine Aufwartung zu machen". Pompejus trägt beträchtlich dazu bei, daß Catos Bedeutung allgemein bekannt wird. Und so fährt Plutarch in XIV.6 fort: "Von nun an liefen sich die Städte gegenseitig den Rang ab, Cato Ehre zu erweisen, und Einladungen und Empfänge folgten einander".

Von einem solchen Besuch ist dann in XV.1 zu lesen: "Der Galaterfürst Dejotaros hatte Cato zu sich eingeladen, um ihm seine Kinder und sein Haus zu empfehlen". Über einen Bestechungsversuch verärgert reist Cato aber schon am nächsten Morgen wieder ab und läßt sich auch durch weitere Geschenke nicht umstimmen, die ihn nach einer Tagesreise in Pessinus erwarten (XV.2). Mit der Rückkehr nach Rom endet die Bildungsreise, die Cato durch Kleinasien geführt hatte (XVI.1): "Als er nach Rom zurückgekehrt war ('Επανελθὼν δ' εἰς 'Ρώμην), hielt er sich, mit Athenodoros philosophierend, zu Hause auf oder brachte die Zeit auf dem Forum hin, wo er seinen Freunden gerichtlichen Beistand leistete".

Die Stationen der Reise werden zwar gelegentlich kurz notiert, der Bericht will aber keinerlei landeskundliche o. ä. Informationen vermitteln. Festgehalten werden vor allem auffällige Reiseerlebnisse, lustiger (XIII.1) oder empörender (XV.1) Art. Ebenso sind anekdotenhaft markante Aussprüche Catos verzeichnet (XV.4). Auch dieser Reisebericht ist vor allem an den Dingen interessiert, die der Hauptperson widerfahren.

5.3.2 Die Kaiserreise des Hadrian

Über eine Reise des Kaisers Hadrian (geb. 76 n. Chr.) wird in der *Historia Augusta* berichtet[38]: *De vita Hadriani* X.1-XIV.5. Hadrians Reisetätigkeit, die in etwa die Jahre 121-36 n. Chr. umfaßt, macht einen wesentlichen Teil seiner Regierungstätigkeit aus. Der Bericht beginnt mit den Worten (X.1): "Danach trat er eine Reise nach Gallien an (*Post haec profectus in Gallias*), wo er alle Gemeinden mit verschiedenen Beweisen seiner Huld unterstützte". Seine Reise führt ihn dann nacheinander nach Germanien (2), Britannien (XI.2), wiederum nach Gallien (XII.1), nach Spanien (3), Achaia (XIII.1), Sizilien (3), Rom und Afrika (4). In XIII.5 wird bemerkt: "Kaum ein anderer Kaiser hat so viele Länder so rasch durchmessen". Nach der Rückkehr nach Rom geht es weiter nach Athen und Kleinasien (XIII.6), Arabien (XIV.4) und an den Nil (5).

Einen deutlichen Schluß weist der Reisebericht noch weniger auf als die des Tacitus und des Livius[39]. Es werden zahlreiche Reisestationen genannt, um zu zeigen, wie viele Länder und Städte der Kaiser besucht hat. Der Bericht geht auf seine jeweiligen politischen Maßnahmen ein[40]. Jedoch sind die Stationen nicht vollständig aufgeführt, und eine deutliche Strukturierung des Reiseberichts fehlt[41].

---

[38] *The Scriptores Historiae Augustae*. With an English Translation by D. Magie (London, 1921), I, 30-45. Für die deutsche Übersetzung siehe *Historia Augusta*. Römische Herrschergestalten. Eingeleitet und übersetzt von E. Hohl. Bearbeitet und erläutert von E. Merten und A. Rösger (München, 1976), I, 38-43. Zum Stand der Forschung s. A. Lippold, "*Historia Augusta*," *RAC*, 15 (1991), 687-723.

[39] Magie (S. 45) bemerkt zu XIV.7: "Here the narrative of Hadrian's journey breaks off abruptly".

[40] J. Dürr, *Die Reisen des Kaisers Hadrian* (Wien, 1881), S. 3: "hier muss das entscheidende Motiv für seine Reisen gesucht werden, in dem Bewusstsein, dass es sein Beruf als Kaiser erheische, sich aus eigener Anschauung über den Zustand des Reiches zu unterrichten, die Schäden desselben, die Bedürfnisse der Unterthanen persönlich kennen zu lernen, über die zweckmässigen Mittel zur Abhilfe sich ein eigenes Urtheil zu bilden und die erforderlichen Massregeln sofort an Ort und Stelle selbst anzuordnen".

[41] H. W. Benario, *A Commentary on the Vita Hadriani in the Historia Augusta* (Ann Arbor, 1980), S. 147, urteilt: "Not everything included in these pages has to do with his travels, and much has been intruded which would find a more suitable home

5.3.3 Die Philosophenreise des Apollonius

In seiner *Vita Apollonii* (veröffentlicht nach 217 n. Chr.) schildert Philostratos im zweiten nachchristlichen Jahrhundert das Leben des neupythagoreischen Wanderphilosophen Apollonius[42], der im ersten Jahrhundert christlicher Zeitrechnung lebte, also ein Zeitgenosse Jesu und der Apostel war. Nachdem früher verschiedentlich Zweifel an der Historizität des Apollonius geäußert wurden, kommen neuere Untersuchungen zu dem Ergebnis, daß der *Vita Apollonii* durchaus historische Vorgänge zugrunde liegen: "Es kann als sehr wahrscheinlich gelten, daß er durch die Städte und Länder zog und sich eine größere Bekanntheit erwarb. Die Historizität dieser Gestalt grundsätzlich anzuzweifeln, besteht kein Anlaß"[43].

Das Leben des Apollonius besteht zum großen Teil aus Reisen, und so kommt Philostratos in seiner Philosophenbiographie auch bald auf den Beginn einer Reise zu sprechen, indem er einleitend Absicht und Veranlassung der Reise nennt (*VA* I.18): "Nach dieser Zeit richtete er seine Gedanken auf eine längere Reise (Μετὰ δὲ ταῦτα λογισμὸν ἑαυτῷ διδοὺς ἀποδημίας μείζονος) ... Er sagte sich, es sei die Pflicht eines jungen Mannes, zu reisen und in die Fremde zu ziehen (ἀποδημεῖν τε καὶ ὑπερορίῳ αἵρεσθαι) ...". Von nun an ist Apollonius praktisch pausenlos auf Reisen.

---

elsewhere. The author does not devide the trips, nor does he furnish chronological details, and he is selective in the places that he mentions ... With no dates and numerous omissions, it is difficult if not hazardous to compile itineraries which will satisfy all". Dennoch bietet Benario auf S. 148-9 eine chronologische Auflistung der Reisestationen mit Jahresangaben, wie dies auch schon Dürr, *Hadrian*, S. 60-72, getan hatte. Vgl. weiterhin H. Halfmann, *Itinera principium: Geschichte und Typologie der Kaiserreisen im Römischen Reich* (Stuttgart, 1986), S. 188-210.

[42] Philostratos. *Das Leben des Apollonios von Tyana*. Gr.-Dt. Hg., übers. und erläutert von V. Mumprecht (München, 1983).

[43] G. Petzke, *Die Traditionen über Apollonius von Tyana und das Neue Testament* (Leiden, 1970), S. 49. Im folgenden nur mit Seitenzahl zitiert. Aus den beiläufigen Angaben bei Lukian, *Alex.* 5, schließt Petzke: "es gab offensichtlich im 2. Jahrhundert in Tyana ... noch eine Gruppe von Gefährten und Schülern des Apollonius, die ihrerseits wieder Leute unterrichteten" (20).

Es lassen sich allerdings durchaus einzelne Reisebewegungen abgrenzen, die "das Gerüst im Aufbau des Werkes" (79)[44] bilden und die man mit Petzke in zwei Gruppen unterteilen kann. Die eine Gruppe der Reisen[45] ist durch das Bestreben des Philostratos geprägt, seine Leser zu unterhalten und mit seinem Wissen zu prunken (85). Die Reisenden selbst treten stark in den Hintergrund: "ein gemeinsames Merkmal aller behandelten Passagen ist das Desinteresse an der Person des Apollonius und seiner Begleiter; nur sporadisch wird auf Apollonius Bezug genommen" (84). Im Vordergrund stehen die Schilderungen von geographischen und topographischen Gegebenheiten sowie von kulturellen und historischen Besonderheiten, denen ausführliche Exkurse gewidmet sind. Diese Ausführungen sind aber viel weitschweifiger als etwa bei Herakleides, und wohl auch phantastischer.

Eine zweite Kategorie von Reisebeschreibungen[46] verzichtet weitestgehend auf die genannten Exkurse: "Die einzelnen Begebenheiten gelten der Charakterisierung der Hauptfigur" (87). Philostratos führt etwa die Reise des Apollonius nach Babylon mit kurzen Reisenotizen zügig voran. Auf seiner Reise besucht Apollonius u. a. Ninive (I.19): "So kam er in das alte Ninive (Καὶ ἀφικνεῖται ἐς τὴν ἀρχαίαν Νῖνον)". Wenig später erfährt der Leser (I.21): "Er ließ Ktesiphon hinter sich und rückte weiter vor zu den Grenzen Babylons". Weiter führt Philostratos mit den Bemerkungen I.22 ("Nachdem sie zwanzig Stadien vorgerückt waren ...") und I.23 ("Als er sich dem kissischen Land näherte und schon bei Babylon war ..."), um schließ-

---

[44] Ähnlich verhält es sich mit dem Werk des Aelius Aristides. In seinen *Heiligen Berichten* erzählt Aristides von Reisen nach Rom (II.60-70), Ephesus (II.81-82), Alianoi (III.1-6) und Lebedos (III.7-14), zum Aisepos (IV.1-12), zum heimischen Zeustempel (V.1-10) sowie nach Kyzikos (V.11-17 und 42-55).
[45] Hierher gehören die Reise von Babylon nach Taxila (II.1-20), die Reise von Taxila zum Hügel der Weisen (II.42-III.12), die Reise vom Hügel der Weisen nach Jonien (III.50-58), die Reise nach Spanien (V.1-10) und die Reise zu den Gymnosophisten und zu den Nilquellen (VI.1-6.23-27).
[46] Hierzu sind zu rechnen die Reise von Antiochien nach Babylon (I.18-24.27), die Reise von Jonien über Griechenland nach Rom (III.58-IV.39), die Reise von Spanien nach Alexandrien (V.11-25), die Reise von Alexandrien nach Tarsus (VI.30-1), die Reise von Smyrna nach Rom (VII.10-16) und die Reise von Dikaiarchaia nach Hellas (VIII.15ff).

lich die Ankunft am Ziel der Reise zu verzeichnen (I.27: "Als er in Babylon angekommen war ...").

Apollonius wird auf seinen Reisen von Schülern begleitet[47]. Er muß es aber auch erleben, daß ihn Reisebegleiter aus Angst verlassen[48]. Wie dem Staatsmann Cato widerfährt es auch dem Wanderphilosophen Apollonius, daß ihn Städte[49] und Privatpersonen bereitwillig aufnehmen.

Inwiefern eine Abhängigkeit des Reiseberichts des Philostratos von der neutestamentlichen Literatur anzunehmen ist, soll hier nicht näher diskutiert werden. Es werden zwar viele Reisestationen genannt, eine detaillierte Reiseroute läßt sich aber nicht rekonstruieren[50]. Auffällig ist im Vergleich zu den bisher besprochenen Berichten vor allem, daß in der *Vita Apollonii* deutlicher zwei Arten von Reiseberichten nebeneinander stehen: die landeskundlich interessierte und in mehr oder weniger unterhaltsamer Weise auf die Mitteilung gegenständlichen Wissens ausgerichtete (vgl. Herakleides, Pausanias, Ausonius) und die biographisch interessierte und erlebnisorientierte (vgl. Lucilius, Horaz, Lukian, Tobit, Livius, Tacitus, Plutarch, *Historia Augusta*).

---

[47] IV.47: "Seine Jünger ... folgten ihm ohne Ausnahme (ἠκολούθησαν δὲ αὐτῷ οἱ γνώριμοι πάντες)".

[48] IV.37: "So blieben Apollonius von vierunddreißig Jüngern (ὁμιλητάς) nur noch deren acht übrig, die ihn nach Rom begleiteten. Die andern rannten vor Nero und vor der Philosophie davon und suchten ihr Heil in der Flucht".

[49] IV.1: "Es kamen zu dem Manne auch Gesandtschaften aus den Städten, die ihm ihre Gastfreundschaft anboten (ξένον τε αὐτὸν ἡγούμενοι)".

[50] Petzke bemerkt zu II.1-20: "Die sporadischen Ortsangaben sind so vage, daß sich keine genaue Reiseroute feststellen läßt. Zeitangaben über die Dauer der Reise werden nicht vermerkt" (80); und zu II.42-III.12: "obwohl gelegentlich Zeitangaben gemacht werden, läßt sich nicht erkennen, wie lange die gesamte Reise dauert. Auch die gelegentlichen Ortsangaben ... bleiben unbestimmt und lassen den Weg nur in ganz groben Zügen erkennen" (81).

6. Der lukanische Mittelteil als inkorporierter Reisebericht

Rückblickend können folgende formale Elemente vermerkt werden, die in loser Zusammenordnung als Grundbestand antiker (Land-) Reiseberichte beobachtet werden konnten: Der Reisebericht beginnt in der Regel mit einer Reiseantrittsformulierung und endet mit dem Erreichen des Reiseziels, was jedoch nicht immer so ausdrücklich formuliert sein muß. Er enthält Reisenotizen, die mehr oder weniger ausführlich über die Reiseroute und einzelne Reisestationen unterrichten. Er informiert unter Umständen über reisetechnische Details wie Ausrüstung, Unterbringung, Finanzierung, Reisetempo und eventuelle Reisebegleiter. "Die Grundstruktur des Reiseberichts ist ... zumeist jene der Ich-Erzählung, die ihren Wesensursprung wiederum in der nichtfiktionalen, autobiographischen Aussagestruktur hat"[1]. Die behandelten Reiseberichte sind zwar, sofern sie als Rahmengattungen auftreten, meist in der ersten Person gehalten (Lucilius, Horaz). Sie können aber, vor allem als integrierte Gattung, auch in der dritten Person (Livius, *Historia Augusta*) verfaßt sein. Ebenso kann ein Reisebericht reale Erlebnisse schildern (Sidonius). Er kann aber auch fiktive Vorgänge zum Thema haben (Lukian).

Wie bei der antiken Biographie[2] dürfen die Gattungsgrenzen nicht zu eng gezogen werden. Innerhalb bestimmter Grenzen ist eine große Vielfalt möglich[3]. Die Reiseroute kann sehr detailliert ange-

---

[1] J. Strelka, "Der literarische Reisebericht," *Jahrbuch für internationale Germanistik*, 3 (1971), 66.

[2] Nach A. Dihle, *Die Entstehung der historischen Biographie* (Heidelberg, 1987), S. 7, läßt sich "aus erhaltenen Nachrichten und Fragmenten auf eine große Mannigfaltigkeit der Form schließen ..., in denen sich biographisches Interesse Ausdruck verschaffte". Vgl. zum ganzen auch D. Dormeyer, *Evangelium als literarische und theologische Gattung* (Darmstadt, 1989).

[3] Vgl. F. J. Frost, *Plutarch's Themistocles: A historical commentary* (Princeton, 1980), S. 57, der zu Plutarchs Biographien feststellt: "The composition of every Life was dictated not by canons of biographical art established by previous generations (for which there has never been any real evidence) but the subject of the biography himself ... and the sources available. If anecdotes provided the bulk of a life, the Cimon, for instance, it was because his career fell into a period that had been ignored by the historians". Ähnlich äußert sich Gugel, *Technik*, S. 153-4, der über die Kaiserbiographien Suetons bemerkt: "Die gewählte Form als Sinn-Mittlerin steht nicht unter

geben sein (Horaz), aber auch in aller Kürze nur in den gröbsten Umrissen angedeutet werden (Tobit). Der Reisebericht kann streng systematisch strukturiert sein (Herakleides, Pausanias, Tobit), er kann aber auch aus einer losen Aneinanderreihung von Einzelszenen bestehen (Horaz, Philostratos). Inhaltlich kann er im Stil eines eigentlichen Reiseführers vornehmlich Landschaften, Bewohner sowie kulturelle und historische Fakten beschreiben. Dann steht der sachliche Informationswert im Vordergrund (Herakleides, Pausanias). Er kann auf die Mitteilung dieses gegenständlichen Wissens aber auch völlig verzichten und sich ganz auf die Person des Reisenden und seine Erlebnisse und Begegnungen konzentrieren, die den Anlaß und Verlauf der Reise ausmachen und ihr ihren je eigenen Charakter verleihen (Lucilius, Horaz, Tobit, Livius, Tacitus, Plutarch). Gelegentlich werden aber auch beide Arten in einem Werk kombiniert (Philostratos). Weiterhin konnte beobachtet werden, daß in einigen Fällen der Reisebericht neben der vordergründigen Reisebeschreibung noch eine zweite hintergründige Bedeutungsebene aufweisen kann, die ihm eine philosophische Tiefendimension verleiht (Lukian).

Auf dem Hintergrund der festgestellten gattungsinternen Vielfalt kann daher mit gutem Recht auch der Mittelteil des Lukasevangeliums als (Land-) Reisebericht bezeichnet werden[4]. Daraus ergibt sich auch die Berechtigung, ihn als gesonderten Baustein des Evangeliums zu betrachten und zu analysieren. Im folgenden soll daher nun zunächst die genaue Abgrenzung des lukanischen Reiseberichts sowie die ihm zugrunde liegende Makrostruktur bestimmt werden

---

dem Zwang eines einheitlichen, verpflichtenden Gattungsbegriffs, sondern ist persönliche Leistung, die durch verschiedene formale und geistige Voraussetzungen bedingt wird". Im übrigen gibt es laut W. Steidle, *Sueton und die antike Biographie*. 2. Aufl. (München, 1963), S. 4, "aus der ganzen Antike kein Zeugnis, das strikte Einhaltung von Gattungsgrenzen innerhalb der Prosa verlangen würde".

[4] S. McCown, "Geography," (1938), 52, der trotz seiner oben (1.2.2) erwähnten Kritik am lukanischen Mittelteil feststellt: "Those who object to the term [Reisebericht] surely cannot mean that Luke did not intend it to have the form of a record of travel". Ganz ablehnend äußert sich dagegen Egelkraut, *Mission*, S. 40: "the portion cannot be called a travelogue in any sense of the word".

(6.1)[5]. In einem zweiten Schritt kann dann im direkten Vergleich mit den oben aufgeführten antiken Reiseberichten die Eigenart des lukanischen Reiseberichts erhoben werden (6.2).

6.1 Die Makrostruktur des lukanischen Reiseberichts

Eine Reihe von Exegeten hält es nicht für angemessen, bei der Gliederung des Lukasevangeliums den Mittelteil als gesonderten Abschnitt zu betrachten. Und tatsächlich spricht zunächst einiges dafür, wenn z. B. Morgenthaler behauptet, daß nicht erst ab 9:51, sondern im gesamten Abschnitt 4:14-19:41 "ein einheitlicher und ununterbrochener Reisebericht" dargeboten wird. Denn der Block 9:51ff "hebt sich ... innerhalb des lk. Werkes ganz und gar nicht von seiner Umgebung in dem Sinne ab, dass Jesus etwa vor 9,51 und nach 18,14 nicht auf der Reise wäre"[6]. Und auch sonst unterscheidet sich der traditionell sogenannte Reisebericht nicht scharf vom Rest des Evangeliums. Wie vor und nach der Reise ist Jesus von seinen Jüngern, der Volksmenge und den Gegnern umgeben. Wie zuvor wandert er von Ort zu Ort (4:43; 8:1-3), predigt in den Synagogen, kehrt hier und da ein, heilt Kranke und Besessene und setzt sich mit seinen Gegnern auseinander. Angesichts dieser Beobachtungen erscheint es nur konsequent, wenn etwa Zahn in seiner Gliederung des Lukasevangeliums der Notiz in 9:51 keine besondere Strukturbedeutung zuerkennt. Statt dessen wählt er das ausführliche Summarium 8:1-3 zum Ausgangspunkt eines Unterabschnittes, der sich bis 11:13 erstreckt, und überschreibt diesen mit den Worten "Jesus als Erzieher seiner Jünger"[7].

---

[5] Unzugänglich geblieben ist mir die Studie von J. F. Kozar, "An Investigation of the Narrative Frame of a Journey to Jerusalem in the Lucan Travel Narrative," Diss. St. Michael, Toronto, 1989 [vgl. *Elenchus of Biblica*, 89 (1992), 350].

[6] Morgenthaler, *Zeugnis*, I, 168-70. Morgenthaler erkennt schließlich allerdings doch an, daß in 9:51 eine gewichtige Zäsur vorliegt.

[7] *Lucas*, S. 337. Eine Rolle spielt es hierbei für Zahn auch, daß Lukas sich in 8:4ff nach Voranstellung einer eigenen Einleitung (vv1-3) wieder an die Darstellung des Markus anschließt. Eigenwillig gliedert auch von Hofmann, "Geschichtswerk," S. 350, indem er den Mittelteil des Evangeliums bereits mit 9:46 beginnen läßt.

Zwar ist man sich demgegenüber unter der Mehrzahl der Exegeten einig, daß der lukanische Mittelteil weder mit 8:1, noch mit 9:46, noch gar mit 4:14, sondern in jedem Fall mit 9:51 beginnt[8]. Da dies jedoch (intuitiv) erkannt, aber kaum je näher begründet worden ist, soll dies im folgenden einigermaßen ausführlich geschehen. Dabei erweist es sich als nützlich, einen Blick auf das narrative Verfahren anderer antiker Autoren zu werfen, um von dort aus das erzählerische Vorgehen des Lukas besser verstehen zu können.

6.1.1 Die Anfangsnotiz

Wie H. Montgomery gezeigt hat, verwendet schon der Historiker Herodot ein literarisches Stilmittel, das als gedankliche Antizipation bezeichnet werden kann: "Gelegentlich antizipiert Herodot die Schilderung einer Ereigniskette dadurch, dass er einleitend den Entschluss oder Willen der Hauptperson wiedergibt, eine Handlung auszuführen"[9]. Als Beispiel verweist Montgomery auf III.17-26, wo Herodot über "eine komplizierte Folge von Ereignissen" berichtet, "zu der der Abschnitt des 'Denkens' in der Einleitung gleichsam das Inhaltsverzeichnis liefert. Diese Einleitung sowie die schrittweise fortschreitende Darstellung geben der Erzählung Klarheit" (21)[10].

Herodot schreibt in III.17: "Danach (Μετὰ δὲ ταῦτα) plante (ἐβουλεύσατο) Kambyses drei Feldzüge: gegen die Karchedonier, die Ammonier und die sogenannten langlebigen Aithiopier, die am Südmeer in Libyen wohnen. Dabei beschloß er (βουλευομένῳ δέ), gegen die Karchedonier die Flotte auszuschicken, gegen die Ammonier einen

---

[8] Vgl. E. Lohse, "Missionarisches Handeln Jesu nach dem Evangelium des Lukas," *ThZ*, 10 (1954), 6-7, zu 9:51: "der feierliche, fast umständliche Satz stellt das Portal dar, durch das wir mit Jesus in die zweite große Epoche seiner irdischen Wirksamkeit eintreten sollen".

[9] *Gedanke und Tat: Zur Erzählkunst bei Herodot, Thukydides, Xenophon und Arrian* (Lund, 1965), S. 20. Im folgenden nur mit Seitenangabe zitiert. Zwar wurde dieses Verfahren, wie Montgomery nachzuweisen sucht, auch von anderen antiken Historikern angewendet; aber bei Herodot findet sich die deutlichste Parallelität zum Lukasevangelium.

[10] Vgl. auch VII.145-171.

Teil seines Landheeres. Zu den Aithiopiern aber wollte er zuerst Kundschafter abgehen lassen". Indem Herodot seinem Publikum so zu Beginn der anschließenden Schilderung einen kurzen Einblick in die Gedankenwelt der Hauptperson, ihre Pläne, Absichten und Vorhaben gewährt, macht er seine Darstellung transparent und leichter nachvollziehbar[11].

Diese narrative Vorgehensweise entspricht einem Prinzip, das Aristoteles für die Rhetorik aufgestellt hat (*Rh.* III.14.6): "In den Prosareden aber wie in den Heldengedichten ist [das Proömium] ein Hinweis auf die folgende Rede (ἐν δὲ τοῖς λόγοις καὶ ἔπεσι δεῖγμά ἐστι τοῦ λόγου), damit man im voraus wisse, wovon die Rede [handelt] (ἵνα προειδῶσι περὶ οὗ [ᾖ] ὁ λόγος), und der aufmerksame Verstand nicht in Ungewissheit bleibe (καὶ μὴ κρέμηται ἡ διάνοια); denn das Ungewisse verursacht ein Umherirren (τὸ γὰρ ἀόριστον πλανᾷ). Wer uns also den Anfang gleichsam in die Hand gibt (ὁ δοὺς οὖν ὥσπερ εἰς τὴν χεῖρα τὴν ἀρχήν), der bewirkt, daß man seiner Rede folgen kann (ποιεῖ ἐχόμενον ἀκολουθεῖν τῷ λόγῳ)". Dieser Grundsatz gilt ganz offensichtlich auch in der Geschichtsschreibung.

Es bedarf nach diesen Ausführungen sicher kaum noch des ausdrücklichen Hinweises darauf, daß der Historiker Lukas sich dieses literarischen Stilmittels in 9:51b bedient hat. Mit den Worten καὶ αὐτὸς τὸ πρόσωπον ἐστήρισεν τοῦ πορεύεσθαι εἰς Ἰερουσαλήμ gewährt Lukas seinen Lesern einen Blick in die Gedankenwelt der Hauptperson seiner Erzählung: Jesus faßt den Entschluß, nach Jerusalem zu gehen. Den Lesern und Hörern des Evangeliums wird es damit

---

[11] Beachte weiterhin S. 27: "Dass Herodot den Stoff derart aufteilt, dass es uns von Anfang an klar wird, worauf die Handlung abzielt, ist teilweise darauf zurückzuführen, dass er sich in erster Linie an Zuhörer und nicht an Leser wandte. In den meisten Fällen leitet nämlich ein Ausdruck des Entschlusses oder Verlangens einen neuen Abschnitt oder die Schilderung einer neuen Phase des Geschehens ein. Da Herodot bei diesen Gelegenheiten keine typographischen Hilfsmittel – einen neuen Abschnitt, Gedankenstrich oder dgl. – wie ein moderner Schriftsteller anwenden konnte, musste er sich statt dessen an diese akustische Kennzeichnung halten. Die Vorwegnahme macht die Darstellung ausserdem leichter überschaubar". Und *ibid*.: "Aus der Tatsache, dass diese einleitenden Ausdrücke niemals absolut gebraucht werden, sondern stets einen Infinitiv lenken, ergibt sich, dass man den Nachdruck nicht auf die Erwähnung des Beschlusses oder Begehrens selbst legen kann".

erleichtert, im Verlauf der anschließenden Schilderung einer längeren und nicht unkomplizierten Ereignisfolge den Blick für den Hauptstrang des Geschehens nicht zu verlieren.

Es läßt sich wohl nicht nachweisen, daß Lukas das Stilmittel der gedanklichen Antizipation direkt von Herodot übernommen hat. Daß er sich aber eines allgemein bekannten narrativen Verfahrens bedient, das auch unter seinen Historikerkollegen gebräuchlich war, wird man kaum bestreiten können[12]. Lukas hat nicht nur vom Streben eines Thukydides nach historischer Exaktheit und Chronologie und von der Quellenkritik eines Polybius gelernt. Er hat sich bei der narrativen Gestaltung seines Werkes auch bewährter Ausdrucksmittel der antiken Erzähltechnik bedient. Mit 9:51 beginnt deutlich ein neuer Abschnitt im Evangelium[13], der keineswegs nur bis 9:56 reicht[14], sondern eindeutig einen größeren Umfang erwarten läßt.

6.1.2 Vier Reisenotizen als Makrorahmen

Das Recht, den mit 9:51 beginnenden Reisebericht als gesonderten Komplex, als ein eigenes Bauelement des gesamten Evangeliums zu betrachten, kann allerdings nicht nur mit der einleitenden Antizipation begründet werden. Es gründet sich zweitens auch auf die Beobachtung einer gewissen Kohärenz dieses Blockes, die durch die Wiederholung gleichförmiger Rahmennotizen gegeben ist[15]. Bei der

---

[12] Wie oben (5.2-3) gesehen, haben sich auch andere Verfasser von Reiseberichten dieses Verfahrens bedient (Tacitus, *Ann.* II.59; Livius XLV.27.5; Plutarch, *Cat. Mi.* XII.2; Lukian, *Asin.* 1; Philostratos, *VA* I.18).

[13] Anders Th. Zahn, *Einleitung in das Neue Testament*. 3. Aufl. (Leipzig, 1907), II, 380, der zu 9:51 behauptet, "daß diese Angabe keinen tieferen Einschnitt machen soll".

[14] Anders Hofmann, "Geschichtswerk," S. 349-50, der meint: "mit Unrecht hat man sich durch die ... Zeitangabe 9,51, welche nur der in V. 51-56 enthaltenen und im Licht derselben zu würdigenden Erzählung angehört, zu der Meinung verleiten lassen, alles, was von dort an bis 18,30 zu lesen steht, sei in den engen Rahmen der dort benannten Wanderung Jesu nach Jerusalem einzuschließen".

[15] Vgl. dazu Berger, *Exegese*, S. 13: "Das wichtigste und vielseitigste Mittel der Textverknüpfung ist die Wiederholung. Dasselbe Element wird an verschiedenen Stellen des Textes wiederaufgenommen. Für den Rezipienten ist die Wirkung der

Durchsicht anderer antiker Reiseberichte hat sich bereits gezeigt, daß einige von ihnen eine besonders regelmäßige Struktur aufweisen. Zu nennen sind hier vor allem das Buch Tobit mit seiner spiegelbildlichen Entsprechung je dreier Reisenotizen (5.2.1) und die *Reisebilder* des Herakleides, der die einzelnen Abschnitte seines Reiseberichts alle nach demselben Schema und unter Verwendung derselben Stichwörter einleitet (5.1.1).

Eine ähnliche strukturelle Kohärenz weist auch der Reisebericht des Lukas auf. Er wird gegliedert und zusammengehalten durch die vier Reisenotizen in 9:51; 13:22; 17:11 und 19:28[16]:

9:51: "Es geschah aber, als sich die Tage seiner Aufnahme erfüllten, da richtete er sein Angesicht fest darauf, nach Jerusalem zu gehen (Ἐγένετο δὲ ἐν τῷ συμπληροῦσθαι τὰς ἡμέρας τῆς ἀναλήμψεως αὐτοῦ καὶ αὐτὸς τὸ πρόσωπον <αὐτοῦ> ἐστήρισεν/ἐστήριξεν τοῦ πορεύεσθαι εἰς Ἰερουσαλήμ)".

13:22: "Und lehrend durchzog er nacheinander Städte und Dörfer und reiste nach Jerusalem (Καὶ διεπορεύετο κατὰ πόλεις καὶ κώμας διδάσκων καὶ πορείαν ποιούμενος[17] εἰς Ἱεροσόλυμα/Ἱερουσαλήμ)".

17:11: "Und es geschah, als er nach Jerusalem reiste, daß er mitten durch Samarien und Galiläa ging (Καὶ ἐγένετο ἐν τῷ πορεύεσθαι εἰς Ἰερουσαλήμ καὶ αὐτὸς διήρχετο διὰ μέσον/μέσου Σαμαρείας καὶ Γαλιλαίας)".

19:28: "Und als er dies gesagt hatte, zog er voran und ging hinauf nach Jerusalem (Καὶ εἰπὼν ταῦτα ἐπορεύετο ἔμπροσθεν ἀναβαίνων εἰς Ἱεροσόλυμα)"[18].

Wiederholung integrativ, intensivierend, erweiternd, Aufmerksamkeit weckend".

[16] Einige Exegeten gliedern den Mittelteil in Anlehnung an diese Reisenotizen. S. z. B. W. Grundmann, "Fragen der Komposition des lukanischen 'Reiseberichts',", *ZNW*, 50 (1959), 259: "Die wiederholte Erwähnung der 'Reise' gliedert den 'Reisebericht' in drei Teile, die jeweils am Anfang die Wandersituationen zeichnen und das Ziel der Wanderung erwähnen".

[17] Die vom gleichen Wortstamm abgeleitete Formulierung πορείαν ποιούμενος ersetzt hier das gleichbedeutende Wort πορευόμενος.

[18] Daß in diesem vierten Formelvers die direkte Verbindung von πορεύεσθαι und εἰς Ἱεροσόλυμα zerdehnt ist, rührt daher, daß im Rückblick auf den endgültigen Entschluß Jesu, nach Jerusalem hinaufzuziehen (18:31: Ἰδοὺ ἀναβαίνομεν εἰς Ἱερουσαλήμ), das Partizip ἀναβαίνων eingefügt ist.

Zwar trifft es zu, daß Lukas in seinem Reisebericht noch weitere Reisenotizen untergebracht hat (9:56.57; 10:38; 13:33; 14:25; 18:31; 19:11)[19] und daß das Verbum πορεύεσθαι und der Name Jerusalem auch sonst verwendet werden. Von diesen Stellen unterscheiden sich aber die vier genannten insofern, als nur hier die Stichwörter πορεύεσθαι und εἰς Ἱερουσαλήμ/Ἱεροσόλυμα miteinander verknüpft werden. Diese vier von Lukas durch eine gewisse Formelhaftigkeit besonders gekennzeichneten Reisenotizen verleihen dem Reisebericht ein gewisses Maß an Kohärenz.

Ein in etwa vergleichbares Verfahren verwendet bemerkenswerter Weise schon Homer, wenn er im neunten Buch seiner *Odyssee* die zwischen den Abenteuern der Helden liegenden Fahrtszenen mit Formelversen beschreibt. "Viermal wird mit den gleichen Worten das Gleiche erzählt"[20]:

100-104: "Aber die andern geschätzten Gefährten trieb ich, daß sie sich eilen und die schnellen Schiffe besteigen sollten, damit keiner auf irgendeine Weise von dem Lotos äße und der Heimkehr vergäße. Und sie stiegen alsbald ein und setzten sich auf die Ruderbänke, und als sie sich der Reihe nach gesetzt, schlugen sie die graue Salzflut mit den Riemen (οἱ δ᾽ αἶψ᾽ εἴσβαινον καὶ ἐπὶ κληῖσι καθῖζον, ἑξῆς δ᾽ ἑζόμενοι πολιὴν ἅλα τύπτον ἐρετμοῖς)".

177-180: "So sprach ich und stieg auf das Schiff und hieß die Gefährten auch selber einsteigen und die Hecktaue lösen. Die aber stiegen alsbald ein und setzten sich auf die Ruderbänke. Und als sie sich der Reihe nach gesetzt, schlugen sie die graue Salzflut mit den Riemen (οἱ δ᾽ αἶψ᾽ εἴσβαινον καὶ ἐπὶ κληῖσι καθῖζον, ἑξῆς δ᾽ ἑζόμενοι πολιὴν ἅλα τύπτον ἐρετμοῖς)".

471-472: "Und sie stiegen alsbald ein und setzten sich auf die Ruderbänke, und als sie sich der Reihe nach gesetzt, schlugen sie die graue Salzflut mit den Riemen (οἱ δ᾽ αἶψ᾽ εἴσβαινον

---

[19] Diese Notizen werden unten bei der Behandlung der Reiseroute näher diskutiert werden.

[20] P. Händel, *Beobachtungen zur epischen Technik des Apollonios Rhodios* (München, 1954), S. 82; die folgende Übersetzung folgt W. Schadewaldt.

καὶ ἐπὶ κληῖσι καθῖζον· ἑξῆς δ' ἑζόμενοι πολιὴν ἅλα τύπτον ἐρετμοῖς)".

561-564: "Als aber die frühgeborene erschien, die rosenfingrige Eos, da trieb ich die Gefährten und befahl ihnen, selber einzusteigen und die Hecktaue zu lösen. Und sie stiegen alsbald ein und setzten sich auf die Ruderbänke, und als sie sich der Reihe nach gesetzt, schlugen sie die graue Salzflut mit den Riemen (οἱ δ' αἶψ' εἴσβαινον καὶ ἐπὶ κληῖσι καθῖζον, ἑξῆς δ' ἑζόμενοι πολιὴν ἅλα τύπτον ἐρετμοῖς)".

Lukas hat offenbar dieses Verfahren anderer (Reiseberichts-) Autoren aufgegriffen und seinen Reisebericht ähnlich strukturiert.

6.1.3 Die Abschlußnotiz

Während man sich über den Anfang des Reiseberichts relativ einig ist, herrscht im Blick auf seinen Abschluß eine große Meinungsvielfalt. Für viele Exegeten ist der literarkritische Vergleich des Lukasevangeliums mit dem Markusevangelium von ausschlaggebender Bedeutung für die Entscheidung, wo Lukas seinen Mittelteil enden und einen neuen Abschnitt des Evangeliums beginnen lassen wollte. Bekanntermaßen verläuft die Erzählung des Lukas, nachdem er von 9:51 an einen eigenen Weg gegangen ist, vom 18. Kapitel an wieder mit den Schilderungen der Seitenreferenten parallel. Diese Beobachtung nimmt man häufig zum Anlaß, den Mittelteil des Lukas mit 18:15 enden zu lassen (so schon Eichhorn 1.1.1), dabei voraussetzend, daß Lukas das Markusevangelium als Vorlage benutzt hat.

Es ist allerdings in höchstem Maße fraglich, ob man damit dem schriftstellerischen Anliegen des Lukas gerecht wird. Denn im 18. Kapitel findet sich weder ein erkennbarer Abschluß des in 9:51 so deutlich eingeleiteten Mittelteils, noch ein auch nur einigermaßen erkennbarer Einsatz für einen neuen Abschnitt des Evangeliums[21].

---

[21] Dies betont schon Schleiermacher, *Lukas*, S. 158-9: "Eben so wenig kann ich XVIII,14 eine Spur eines Schlusses oder unmittelbar darauf eines neuen Anfanges entdekken. Daß Lukas nachdem er von IX,51 an fast nur mitgetheilt, was wir sonst nirgends finden, hier zuerst wieder mit den andern Evangelisten zusammentrifft, kann wol nichts entscheiden ...". Und weiter: "Diejenigen ..., welche bei IX,51 eine besonde-

Es scheint so, als hätten an diesem Punkt die hypothetischen Voraussetzungen über die Quellenlage die vorurteilslose Frage nach den Strukturmerkmalen des Lukasevangeliums an sich verdrängt[22].
Andererseits ist aber der Abschluß des Reiseberichts häufig auch wesentlich später im Evangelium gesucht worden. Schleiermacher etwa meint, in 19:47-48 "eine ganz bestimmte Schlußformel" zu erkennen[23], und gelegentlich wird das Ende des Mittelteils auch erst in Kapitel 20 lokalisiert. Diese Unsicherheit könnte damit zusammenhängen, daß der lukanische – ebenso wie einige andere Reiseberichte (vor allem die Kaiserreise Hadrians; s. 5.3.2) – keine erkennbare Abschlußmarkierung aufzuweisen scheint[24]. Dem steht gegenüber, daß mit dem vierten Formelvers (19:28) durchaus eine

---

re Schrift anfangen lassen, welche Lukas seinem übrigens von ihm selbst verfaßten Evangelium einverleibt habe, scheinen mir ohne hinreichenden Grund diese Schrift hier zu schließen und das folgende wieder dem Lukas zuzuschreiben. Denn daß dieses folgende sich auch bei Matthäus und Markus findet, ist doch kein Grund. Oder warum sollte eine solche Schrift, da sie doch unmöglich als eigentliches Supplement zum Matthäus und Markus entstanden sein kann, nicht auch etwas haben enthalten können, was sich im Matthäus ebenfalls findet? ... Auch kann man sich schwerlich eine Schrift von diesem Umfange, die schon etwas für sich bestehendes sein wollte, ohne einen förmlichen Schluß denken, zumal sie doch einen solchen Anfang hat ... Nicht nur die Schreibart ist in den nächsten Stükken völlig dieselbe, sondern auch die Anknüpfungsweise unterscheidet sich durchaus nicht von dem unmittelbaren Anfügen ohne Beziehung oder Zeit und Ortsbestimmung, wie wir es hier fast überall gehabt haben" (221-2). Mit Recht betont neuerdings dann auch Conzelmann, *Mitte*, S. 65: "Der Umfang des Reiseberichts ist nicht nach dem verwendeten Quellenmaterial zu bestimmen, sondern nach der disponierenden Tätigkeit des Verfassers". Anders drückt sich W. C. Robinson, "The Theological Context for Interpreting Luke's Travel Narrative (9,51ff)," *JBL*, 79 (1960), 21, aus: "Our synopses limit the travel narrative to Luke 9,51-18,14 ... Yet Luke may not have had owned a copy of Huck-Lietzmann's Synopsis".

[22] Vgl. Hahn, *Lucas*, I, 41: "Auf den Gedanken, dass derselbe eine Einschaltung sei, ist man nur dadurch gekommen, dass man von den Evangelien des Matthäus und Marcus ausgehend unser Evangelium unberechtigter Weise nach jenen mass, indem man sogleich von der Voraussetzung ausgehend, dass unser Evangelist bei Abfassung seiner Schrift jene vor sich gehabt habe, alles das für eine Zuthat erklärte, was er mehr bietet als jene, und für eine Auslassung, was er weniger giebt".

[23] *Lukas*, S. 159.

[24] Vgl. M. D. Goulder, *Luke: A New Paradigm* (Sheffield, 1989), II, 457: "The end of the Journey is not clearly marked because it is not very significant".

klare Markierung gegeben ist, für die sich zeigen läßt, daß sie (anders als 13:22 und 17:11) den Reisebericht deutlich abschließt.
Man könnte ja zunächst auch annehmen, daß 19:28 die letzte Szene bzw. den letzten größeren Abschnitt des Reiseberichts einleitet, so daß der Reisebericht dann eigentlich erst mit 19:40/4 oder später zu seinem Abschluß kommt. Dagegen spricht allerdings eine nähere Betrachtung der Notiz, die zeigt, daß mit εἰπὼν ταῦτα eine deutliche Anknüpfung an das soeben erzählte Gleichnis (vv12-27) gegeben ist. Derartige rückbezügliche Anknüpfungen finden sich bei den drei vorherigen Rahmennotizen nicht. Dort wurde entweder mit einem finiten Verb (13:22: Καὶ διεπορεύετο) oder aber mit der Übergangsformulierung Καὶ ἐγένετο (17:11) bzw. Ἐγένετο δέ (9:51) eingesetzt. Dem entspricht die Beobachtung, daß bei den vorigen drei Rahmennotizen die jeweils folgende Szene nie durch ein καὶ ἐγένετο abgesetzt wird, wie dies in 19:29 der Fall wäre, falls mit v28 ein neuer Abschnitt des Reiseberichts eingeleitet würde[25]. Damit dürfte deutlich sein, daß v28 wesentlich enger mit vv11-27 als mit der anschließenden Szene verknüpft ist. Daß andererseits mit 19:28 nun aber nicht nur die letzte Szene des Reiseberichts[26], sondern der Bericht als Ganzer abgeschlossen wird, folgt aus der Parallelität mit den drei früheren Rahmennotizen[27].

So ergibt sich als Schlußfolgerung, daß der Reisebericht mit 19:28 abschließt. Die letzte Reise Jesu endet vor den Toren Jerusalems. Der Einzug in die Stadt (19:29-44) wird schon zum folgenden Hauptteil des Evangeliums gerechnet. Daß die Abschlußnotiz aber dennoch ein deutliches kataphorisches Element (ἀναβαίνων εἰς Ἱεροσόλυμα) enthält[28], hängt damit zusammen, daß der Reisebericht keinen selbständigen Text darstellt, sondern (wie oben gezeigt) als inkorporierte

---

[25] Vgl. Sellin, "Reisebericht," S. 105.
[26] Z. B. A. Plummer, *The Gospel According to S. Luke*. 5. Aufl. (Edinburgh, 1989), S. 444, versteht v28 als "Historical conclusion" lediglich für die vv11-28.
[27] Zu beachten ist möglicherweise auch noch, daß das Verbum πορεύεσθαι im Unterschied zu den früheren Formelversen erstmals in finiter Form erscheint: ἐπορεύετο.
[28] Vgl. Berger, *Exegese*, S. 21: "Der Schluß eines Textes kann dadurch gekennzeichnet sein, daß er keine vorwärtsweisenden (kataphorischen) Elemente mehr enthält".

Gattung innerhalb der Rahmengattung Biographie fungiert, mit dem Abschluß des Reiseberichts folglich noch nicht das Ende des Evangeliums erreicht ist.

6.1.4 Das narrative Grundgerüst des Reiseberichts

Im folgenden wird das durch die vier Reisenotizen abgesteckte Grundgerüst des Reiseberichts als dessen Makrostruktur bezeichnet, das diesen in drei Makroeinheiten unterteilt. Ebenso wie die gedankliche Antizipation zu Beginn, erleichtert die daran anknüpfende Makrostruktur es dem aufmerksamen Rezipienten des Evangeliums, den Fortgang der Erzählung als Ganzer im Auge zu behalten und schließlich auch den Abschluß des Reiseberichts und damit den Übergang zum nächsten Hauptteil der Evangelienschrift zu erkennen. Die Makrostruktur des lukanischen Reiseberichts läßt sich anschaulich in einer Skizze darstellen.

MAKROSTRUKTUR
09:51-56: Makrorahmenstück (πορεύεσθαι εἰς Ἰερουσαλήμ)
09:57-13:21
13:22-30: Makrorahmenstück (πορείαν ποιούμενος εἰς Ἱεροσόλυμα)
13:31-17:10
17:11-19: Makrorahmenstück (πορεύεσθαι εἰς Ἰερουσαλήμ)
17:20-19:10
19:11-28: Makrorahmenstück (ἐπορεύετο ἔμπροσθεν ἀναβαίνων εἰς Ἱεροσόλυμα)

6.2 Die Eigenart des lukanischen Reiseberichts

6.2.1 Die vage geographische Verankerung

Es hat sich gezeigt, daß der lukanische Reisebericht bewußt strukturiert ist. Dem steht die Beobachtung gegenüber, daß viele Episoden des Berichts geographisch recht vage bleiben. Innerhalb der von Lukas aufgezeigten Reisebewegung von Galiläa nach Jerusalem werden neben den Formelversen als geographische Fixpunkte lediglich das galiläisch-samaritanische Grenzgebiet (17:11) und die Stadt Jericho (18:35; 19:1) genannt. Alle übrigen Ortsangaben bleiben relativ unbestimmt: 9:56 (εἰς ἑτέραν κώμην); 9:57 (ἐν τῇ ὁδῷ); 10:1 (εἰς πᾶσαν πόλιν καὶ τόπον οὗ ἤμελλεν αὐτὸς ἔρχεσθαι); 10:38 (Ἐν δὲ τῷ πορεύεσθαι αὐτούς); 11:1 (ἐν τόπῳ τινί); 13:10 (ἐν μιᾷ τῶν συναγωγῶν); 14:1 (εἰς οἶκόν τινος τῶν ἀρχόντων [τῶν] Φαρισαίων); 17:12 (εἴς τινα κώμην); 19:11 (ἐγγὺς ... Ἰερουσαλήμ). Der Leser wird nur über den groben Verlauf der Reiseroute informiert (vgl. dazu unten 8.1). Auch Entfernungsangaben wie in 24:13 (εἰς κώμην ἀπέχουσαν σταδίους ἑξήκοντα ἀπὸ Ἰερουσαλήμ) fehlen völlig.

Dies könnte daher rühren, daß Lukas über die Lokalität vieler Episoden selbst nicht infomiert war. Daß seine Kenntnis über die letzte Jesusreise aber derart gering war, daß er nur einen Ortsnamen vermelden konnte, scheint immerhin unwahrscheinlich (vgl. dazu auch 10.3). Eher vorstellbar ist es, daß Lukas bewußt auf die Nennung topographischer Namen verzichtet hat, weil diese für seine Leserschaft im wesentlichen uninteressant sein mußten. Für Theophilus, der wohl lediglich darüber orientiert gewesen sein dürfte[29], wie Palästina politisch gegliedert war (vgl. 3:1-2), wird es uninteressant gewesen sein, detaillierter über die Namen von Ortschaften, Flüssen usw. unterrichtet zu werden. Lukas weiß, "daß bloße Ortsnamen oft mehr verwirren: wo sie nichts zur Sache tun, läßt er sie fort"[30].

---

[29] Jos., Bell. III.48: "Das Gebiet von Samarien liegt in der Mitte zwischen Galiläa und Judäa (Ἡ δὲ Σαμαρεῖτις χώρα μέση μὲν τῆς Γαλιλαίας ἐστὶ καὶ τῆς Ἰουδαίας)".
[30] E. von Dobschütz, "Jesu Wanderungen nach Lukas," *ZWTh*, 54 (1912), 366-7. Vgl. M. Hengel, "Der Historiker Lukas und die Geographie Palästinas in der Apostelgeschichte," *ZDPV*, 99 (1983), 151: "Größer als der Sinn für geographische Exaktheit

Allerdings bestätigt sich, daß trotz der vorgeschlagenen Erklärung der lukanische Mittelteil in seiner geographischen Unbestimmtheit auffällig ist, auch im Vergleich mit anderen evangelischen Reiseschilderungen. In Mk 6-8 etwa wird eine Reisebewegung Jesu und seiner Jünger in viel detaillierterer Weise nachgezeichnet, als Lukas dies getan hat. In diesen drei Kapiteln finden sich mehr konkrete topographische Daten als im gesamten lukanischen Mittelteil, der um ein Mehrfaches umfangreicher ist[31].

Deutlich ist, daß Lukas es in seinem Reisebericht (anders als etwa Pausanias; s. o. 5.1.4) nicht auf die Mitteilung gegenständlichen Wissens über volkskundliche oder landeskundliche Themen anlegt. Erst recht will er keinen Reiseführer verfassen, der es seinen Lesern ermöglichen soll, die von ihm beschriebene Reise selbst nachzuvollziehen (s. dazu oben vor allem 5.1.2: Lucilius, aber auch 5.1.1: Herakleides). Sein Reisebericht ist völlig auf die Erlebnisse seiner Hauptperson konzentriert (vgl. 5.3.1: Plutarch und 5.3.3: Philostratos). Hinter dieses Interesse tritt die Notwendigkeit einer detaillierten

---

ist bei Lukas der Wunsch nach klarer Überschaubarkeit ... Alles, was stört oder ablenkt, wird eliminiert".

[31] S. Mk 6:45: "Und sogleich nötigte er seine Jünger, in das Schiff zu steigen und *an das jenseitige Ufer nach Bethsaida* vorauszufahren (καὶ προάγειν εἰς τὸ πέραν πρὸς Βηθσαιδάν), während er selbst die Volksmenge entläßt"; 6:53: "Und als sie hinübergefahren waren, kamen sie in *das Land Genezareth* und legten an (Καὶ διαπεράσαντες ἐπὶ τὴν γῆν ἦλθον εἰς Γεννησαρὲτ καὶ προσωρμίσθησαν)"; 7:24: "Von dort aber brach er auf und ging weg *in das Gebiet von Tyrus [und Sidon]* (Ἐκεῖθεν δὲ ἀναστὰς ἀπῆλθεν εἰς τὰ ὅρια Τύρου [καὶ Σιδῶνος])"; 7:31: "Und er verließ das Gebiet von Tyrus und kam über Sidon *an den See von Galiläa, mitten in das Zehnstädtegebiet* (Καὶ πάλιν ἐξελθὼν ἐκ τῶν ὁρίων Τύρου ἦλθεν διὰ Σιδῶνος [𝔐: καὶ Σιδῶνος ἦλθεν] εἰς τὴν θάλασσαν τῆς Γαλιλαίας ἀνὰ μέσον τῶν ὁρίων Δεκαπόλεως)"; 8:10: "Und er stieg sogleich mit seinen Jüngern in das Schiff und kam *in die Gegend von Dalmanutha* (ἦλθεν εἰς τὰ μέρη Δαλμανουθά)"; 8:13: "Und er ließ sie <stehen>, stieg wieder in das Schiff und fuhr an das jenseitige Ufer (ἀπῆλθεν εἰς τὸ πέραν)"; 8:22: "Und sie kommen *nach Bethsaida* (Καὶ ἔρχονται εἰς Βηθσαιδάν)"; 8:27: "Und Jesus und seine Jünger gingen hinaus *in die Dörfer von Cäsarea Philippi* (Καὶ ἐξῆλθεν ὁ Ἰησοῦς καὶ οἱ μαθηταὶ αὐτοῦ εἰς τὰς κώμας Καισαρείας τῆς Φιλίππου)". Vgl. zur Reiseroute die guten Bemerkungen von F. G. Lang, "'Über Sidon mitten ins Gebiet der Dekapolis': Geographie und Theologie in Mk 7,31," *ZDPV*, 94 (1978), 145-60; speziell für den Abschnitt 7:24-8:9 verwendet Lang übrigens (wenn auch unbetont) die Bezeichnung "Reisebericht" (159).

topographischen Verankerung der Reise bis auf die notwendigsten Hinweise zurück. In dieser Beziehung ist der lukanische Reisebericht besonders auffällig. Zwar bieten auch eine Reihe der oben genannten Reiseberichte kein vollständiges Itinerar (vgl. 5.3.2: *Historia Augusta* und 5.3.3: Philostratos); sie verzeichnen jedoch im Verhältnis zum Umfang des Berichts und zur Länge der Reisestrecke deutlich mehr Reisestationen mit ausdrücklicher Namensnennung. Am ehesten ist der Reisebericht des Lukas in dieser Beziehung mit dem Tobitbuch vergleichbar (5.2.1), das sich im wesentlichen auch auf die Nennung von Ausgangspunkt und Ziel der Reise beschränkt.

6.2.2 Die lose chronologische Verkettung

Weiterhin fällt auf, daß der lukanische Reisebericht so gut wie keine präzisen chronologischen Daten verzeichnet, wie dies etwa bei Lukian (vgl. oben 5.1.5) zu beobachten war. Lukas formuliert sehr allgemein: Καὶ πορευομένων αὐτῶν ἐν τῇ ὁδῷ (9:57); Μετὰ δὲ ταῦτα (10:1); Καὶ ἐγένετο ἐν τῷ εἶναι αὐτὸν ἐν τόπῳ τινί (11:1) usw.

Dies ist allerdings durchaus weniger auffällig, da die antike Biographie im allgemeinen keine detaillierte chronologische Verkettung der Einzelereignisse bietet und auf die Nennung von Monaten, Wochen, Tagen und Stunden häufiger verzichtet. "Ferner stellt die Undatiertheit überhaupt an die Einheitlichkeit der Komposition viel straffere Anforderungen: die Darstellung muß in ihren Zeitverhältnissen schon durch die bloße Anordnung durchsichtig werden. Dies gilt vor allem für wesentlich chronographische Biographien wie die Plutarchs. Verkennt der Autor die methodische Grundforderung, die in der Undatiertheit liegt, dann gerät die Chronologie leicht in heillose Verwirrung, vor allem durch jedes nicht ganz klar abgehobene Dazwischentreten eidologisch-reflexiver Elemente. Denn der Leser steht unter dem natürlichen Primat der chronographischen Darstellungsform und muß beim Weiterlaufen der Schilderung immer ein Weiterlaufen der Biosbewegung voraussetzen, wenn die Zeitdimension nicht streckenweise völlig aufgehoben wird"[32]. Mit einer ähnlichen Erwartung nähert sich der Leser (vor allem nach der Prologankündigung zur Chronologie) selbstverständlich auch dem Lukasevangelium und speziell dem Reisebericht: Auch wenn keine genauen Daten und Zeitabstände genannt werden, rechnet er bei fortlaufender Erzählung mit einem Fortschreiten auf der Zeitlinie.

Für die Komposition des lukanischen Reiseberichts wird man durchaus behaupten können, daß die sorgfältige makrostrukturelle Gestaltung chronologische Detailangaben entbehrlich macht. Durch den mit den Formelversen gegebenen Rahmen wird es ermöglicht, auf eine engere chronologische Verknüpfung, wie sie in anderen Partien des Evangeliums (z. B. im Schlußteil Lk 22-24) beobachtet werden kann, zu verzichten[33]. Besonders deutlich ist diesbezüglich der Unterschied innerhalb des Evangeliums zwischen dem Mittelteil und den kurzen Reiseberichten der Kindheitsgeschichte. Im zweiten Kapitel wird die Reise des zwölfjährigen Jesus nach Jerusalem geschildert (2:41-52). In diesem kurzen Abschnitt erscheinen mehr chronologische Angaben als im gesamten Mittelteil[34]. Dies erfordert zum einen die Dramatik der Begebenheit. Eine derartige Erzählweise ist aber vor allem auch aufgrund der Einzelstellung der Perikope im Verhältnis zum vorangehenden und zum folgenden Text begründet.

Im Vergleich mit anderen antiken Reiseberichten ist der lukanische Reisebericht aber in seiner Undatiertheit durchaus keine absolute Ausnahme. Der Bericht der *Historia Augusta* über die Kaiserreise des Hadrian verzichtet z. B. fast vollständig auf die Nennung von Daten und reiht die bereisten Länder samt den dortigen Begebenheiten nur lose aneinander.

---

[32] Vgl. A. Weizsäcker, *Untersuchungen über Plutarchs biographische Technik* (Marburg, 1930), S. 9: "Kompositorisch ist die Undatiertheit der antiken Biographie von grundlegender Wichtigkeit". Im folgenden nur mit Seitenzahl zitiert.
[33] Weiterhin werden auch herausragende Einzelereignisse chronologisch näher bestimmt, z. B. die Verklärung in 9:28 und das Sterben Jesu in 23:44.
[34] Vgl. ὅτε ἐγένετο ἐτῶν δώδεκα (v42); ἡμέρας ὁδόν (v44); τελειωσάντων τὰς ἡμέρας (v43); μετὰ ἡμέρας τρεῖς (v46).

6.2.3 Die Dominanz der Rede im biographischen Mittelteil

Nachdem nun eine relativ vage geographische Verankerung und eine lose chronologische Verkettung des lukanischen Reiseberichts festgestellt wurden, soll noch nach der Bedeutung dieses Sachverhaltes gefragt werden, denn: "Die Konstatierung eines vagen und unbestimmten Raum-Zeit-Gefüges kann für das Verständnis der Aufbauformen von ebensolchem Belang sein wie der Nachweis markanter Einzelereignisse"[35]. Zu erwägen ist wohl auch mit Grundmann, ob hierdurch die "grundsätzlich-bleibende Bedeutung" des im Mittelteil gebotenen Materials angezeigt werden soll[36].

Dabei ist die Beobachtung von entscheidender Bedeutung, daß der Knappheit der geographischen und chronologischen Daten einerseits eine Fülle von Redestoff andererseits entspricht. Der lukanische Reisebericht besteht zum allergrößten Teil aus der Wiedergabe von Worten und Reden Jesu, die dieser auf der Reise gesprochen bzw. gehalten hat. Diese Tatsache ist so auffällig, daß man sogar versucht hat, anknüpfend an Act 1:1 eine Gliederung des Evangeliums in Taten (Lk 4-9) und Worte (Lk 9-19) Jesu vorzunehmen[37]. In der Dominanz des Redestoffs liegt das eigentliche Charakteristikum des lukanischen Reiseberichts im Rahmen seiner Gattung.

Ein Erklärungsansatz für dieses Phänomen ergibt sich, wenn schließlich noch einmal in Betracht gezogen wird, daß der Reisebericht im Lukasevangelium den Mittelteil der Lebensbeschreibung (βίος) Jesu darstellt[38]. Bei einer ganzen Reihe antiker Autoren war

---

[35] E. Lämmert, *Bauformen des Erzählens*. 6. Aufl. (Stuttgart, 1976), S. 27.
[36] "Komposition," S. 259.
[37] B. Orchard und H. Riley, *The Order of the Synoptics: Why Three Synoptic Gospels?* (Macon, 1987), S. 51.
[38] Vgl. O. Gigon, *Erwägungen eines Altphilologen zum Neuen Testament* (Basel, 1972), S. 10: "Philologisch gesehen sind die vier Evangelien vier Biographien. Anders lassen sie sich gattungsmäßig nicht einordnen. In den allgemeinsten Umrissen entsprechen sie gewiß Philosophenbiographien". S. neuerdings R. A. Burridge, *What are the Gospels? A comparison with Graeco-Roman biography* (Cambridge, 1992), S. 292: "The genre of βίος is flexible and diverse, with variation in the pattern of features from one βίος to another. The gospels also diverge from the pattern in some aspect, but not to any greater degree than other βίοι; in other words, they have at least as much in common with Graeco-Roman βίοι as the βίοι have with each other".

es üblich, die Kernstücke der eigenen Biographien von den sie einrahmenden Anfangs- und Schlußteilen abzuheben: "Anfang und Schluß eines Bios sind in der Regel in chronologischer Abfolge berichtet. Für die Darstellung der 'Mitte' gelten regelmäßig andere als chronologische Gesichtspunkte. Hier geht es nicht um den durchgehenden Lebenslauf, sondern eher um ein statisches Bild der Persönlichkeit, um ein literarisches Portrait"[39]. So erläutert Cancik anläßlich seiner Analyse von Lukians *Demonax*: Eine "Spruchsammlung" füllt "den Mittelteil des Textes" aus. "Während in kunstvoller Unordnung die Anekdoten, Wortwitze, Streitgespräche vorgetragen werden, läuft hinterszenisch die Zeit weiter. Am Ende der Sprüche ist Demonax 'fast hundert Jahre alt' geworden ... Die Spruchsammlung ist durch einige wenige, wohlbekannte Kompositionsmittel zu einer eigenen lockeren Einheit gestaltet. Gespräche mit denselben Personen werden zusammengerückt ... Apophthegmata mit ähnlichem Inhalt stehen beieinander. Dabei werden gelegentlich längere Reihen von Stichworten und gleichen Motiven gebildet. Einzelne Sprüche und Spruchserien werden antithetisch gegeneinander gestellt ... Trennstücke verhindern Monotonie ... Anfang und Ende der Spruchsammlung sind formal und thematisch hervorgehoben. Das Thema ist die Stellung des Demonax zu den zeitgenössischen, bzw. zu den klassischen Philosophen"[40].

Ein wesentliches Merkmal, das den lukanischen Mittelteil kompositorisch von den Mittelteilen vieler antiker Philosophenbiographien unterscheidet, ist jedoch die noch relativ feste Verankerung der einzelnen Szenen in einem fortlaufenden Erzählkontext[41]. Lu-

---

[39] Berger, "Gattungen," S. 1240. Vgl. auch Wehrli, "Gnome," S. 194: "Da die Darstellung des Kernstückes, der Lebensmitte, sich besonders in Weisen- und Dichtermonographien nicht an die zeitliche Abfolge der Geschehnisse hält, ist sie hier mehr literarisches Portrait als Biographie im heutigen Sinne".

[40] H. Cancik, "Bios und Logos: Formgeschichtliche Untersuchungen zu Lukians 'Demonax'," *Markus-Philologie*. Hg. ders. (Tübingen, 1984), S. 122-4.

[41] Man vergleiche z. B. die folgenden Formulierungen biographischer Kernstücke, die immer wieder das ganz unbestimmte ποτέ aufweisen: Lukian, *Dem.* 13: "Ἄλλοτε δέ ποτε ...; 14: Τοῦ Σιδωνίου ποτὲ σοφιστοῦ ...; 62: Ἐρωτηθεὶς δέ ποτε ...; Diogenes Laertius, *Diog.* VI.25: Καί ποτε Πλάτωνα ἐν δείπνῳ πολυτελεῖ κατανοήσας ἐλάας ἀψάμενον ...; VI.26: Πατῶν αὐτοῦ ποτε τὰ στρώματα κεκληκότος φίλους

kas ordnet die Episoden im Mittelteil nicht einfach nach Stichwortverbindungen, Personengleichheit oder Motivverwandtschaft und somit unter Absehung von der historischen Ereignisfolge zusammen. Daß es sich beim lukanischen Mittelteil nicht um eine Gnomologie handelt, betont mit Recht daher schon Schleiermacher: "für eine Gnomologie enthält sie zuviel faktisches und stellt zu wenig das ähnliche zusammen, sondern scheint doch, was innerhalb eines bestimmten Zeitraumes sich zugetragen hat und geredet worden ist, also auch wol wie es aufeinander gefolgt ist, zu enthalten" (158).

Wenn Lukas aber dennoch die genannte literarische Gepflogenheit antiker Biographen vor Augen hatte, dann läßt sich dies als Motiv dafür werten, daß er sowohl bzgl. der geographischen Verankerung als auch bzgl. der chronologischen Verkettung der von ihm im Mittelteil geschilderten Ereignisse so knapp wie nur möglich ist. Lukas will einerseits den chronologischen Erzählfluß in seinem ganzen Evangelium beibehalten. Andererseits sieht er sich aber auch verpflichtet, die kompositorischen Techniken des antiken Biographen nicht völlig zu vernachlässigen; auch er möchte den Mittelteil von dem vorangehenden und dem folgenden Hauptteil seines Evangeliums abheben. So findet er zu einem Kompromiß zwischen den beiden von ihm verwendeten Gattungen Reisebericht und Bios: Er nähert den Reisebericht so weit wie möglich an die Optimalform eines biographischen Mittelteils an. Das Ergebnis ist die Schilderung einer Reise, die zwar nicht grundsätzlich den chronologischen Erzählfaden aufgibt, aber doch als fast ausschließliche Ansammlung von Redestoff ("Spruchsammlung") mit nur minimalen chronologischen und geographischen Daten ausgestattet ist.

Sollte diese Hypothese zutreffen, dann hätte Lukas tatsächlich weit mehr topographische Informationen und geographische Kenntnisse besessen, als er im Reisebericht selbst erkennen läßt[42]. Er dürfte diese aber zuallermeist aus dem ihm zur Verfügung stehenden

---

... Häufig lautet die Einleitung bei Diog. L. nur Ἐρωτηθείς (VI.56,67,68,69). Diese Aufzählung ließe sich beliebig fortsetzen.

[42] Anders Blinzler, "Eigenart," S. 41: "Zweifellos hätte der Schriftsteller Lukas lieber einen geschlossenen, fortlaufenden Bericht gegeben. Aber dazu war er in Anbetracht seiner Quellen nicht imstande".

Material beiseite gelassen haben. Dann aber hatte schon Schleiermacher (s. o. 1.1.2) auch darin das Richtige getroffen, daß er annahm, Lukas (bzw. bei Schleiermacher ein früherer Redaktor) habe hier und da entsprechende Notizen "weggeschnitten" (170, 193, 222), "abgeschnitten" (175, 178), "gelöscht" (171), "verkürzt" (191), "unterdrückt" (201) oder uns deren "beraubt" (172). Lukas hat allem Anschein nach bei weitem nicht alle durch seine Forschungen zusammengetragenen Informationen in seine Evangelienschrift einfließen lassen.

7. Zusammenfassung

Die Ausgangsfrage dieses dritten Hauptteils lautete, ob Schleiermacher mit seiner Bezeichnung des lukanischen Mittelteils als Reisebericht nicht trotz vielfachen Widerspruchs im Recht war. Zur Beantwortung dieser Frage wurde eine Reihe antiker Reiseberichte zum Vergleich herangezogen, sowohl in Form von Rahmen- als auch in Form von inkorporierten Gattungen (Kapitel 5). Dabei hat sich gezeigt, daß die Gattung Reisebericht eine große formale Spannweite und eine entsprechende inhaltliche Vielfalt aufweist (5.1-3). Auch der lukanische Mittelteil läßt sich innerhalb dieses Spektrums einordnen und somit durchaus als Reisebericht auffassen (Kapitel 6).

Als Grenzen des Reiseberichts konnten die Anfangsnotiz 9:51 und die Abschlußnotiz 19:28 erhoben werden. Zusammen mit den beiden verwandten Reisenotizen 13:22 und 17:11 ergibt sich ein aus vier Formelversen bestehender Makrorahmen, der das narrative Grundgerüst des lukanischen Reiseberichts ausmacht (6.1). Ähnliche Kompositionstechniken können sowohl im Tobitbuch als auch bei Homer beobachtet werden. Der lukanische Reisebericht erweist sich aber insgesamt als sorgfältiger strukturiert und deutlicher abgeschlossen als viele andere Texte seiner Gattung. Sein narratives Grundgerüst hat zum einen die Funktion, den seit der antizipierenden Anfangsnotiz (9:51) grob über den Verlauf der Reise orientierten Leser immer wieder an das Reiseziel zu erinnern. Der Makrorahmen macht somit aber auch eine detaillierte chronologische und geographische Datierung des Mittelteils grundsätzlich entbehrlich.

Die Hauptcharakteristika des lukanischen Reiseberichts sind im Unterschied zu anderen Vertretern seiner Gattung (aber auch im Unterschied zu ähnlichen Abschnitten der Evangelien) seine vage geographische Verankerung und seine lose chronologische Verkettung (6.2.1-2). Diese Eigenart erklärt sich bis zu einem gewissen Maß daraus, daß Lukas offenbar kein Interesse an der Mitteilung topographischer oder ethnographischer Informationen hatte. Der inhaltliche Schwerpunkt seines Berichts liegt auf der Wiedergabe der vielfältigen auf der Reise gehaltenen Reden Jesu (6.2.3). Hinzu kommt aber noch die Tatsache, daß eine ganze Reihe antiker Biographen die Kernstücke ihrer Werke bewußt als Spruchsammlungen ohne feste chronologische und geographische Verankerung komponiert haben. Dieser Sachverhalt bietet Anlaß zu der Vermutung, daß Lukas für den Mittelteil seines Evangeliums dieses Kompositionsprinzip vor Augen hatte. Weil der Bericht des Lukas von der letzten Jesusreise gerade den Mittelteil seiner Evangelienschrift ausfüllt, weist er eine chronologische und geographische Fixiertheit auf, die für einen Reisebericht beinah schon zu gering, für das Kernstück einer Biographie aber deutlich zu groß ist. Aus dem Wunsch des Lukas, den Reisebericht als Mittelteil in seine Jesusbiographie zu inkorporieren, entstand die vorliegende Kompromißlösung, die bei seinen neuzeitlichen Lesern gelegentlich Befremden ausgelöst hat.

Nachdem somit eine literarische Abgrenzung vorgenommen und eine Erklärung der formalen Besonderheit des lukanischen Reiseberichts vorgeschlagen werden konnte, wird nun in einem vierten Hauptteil die Frage nach seiner historischen Plausibilität zu stellen sein.

Teil IV

Der lukanische Reisebericht als historisches Dokument

Der diese Arbeit einleitende Forschungsbericht (Kapitel 1) hat gezeigt, daß der lukanische Reisebericht heute in der Regel keineswegs mehr als faktengetreue Aufzeichnung über die historischen Ereignisse der letzten Reise Jesu nach Jerusalem verstanden wird. Wenn nun in einem dritten Hauptteil der Reisebericht als historisches Dokument aufgefaßt werden soll, so geschieht dies zwar im Gegensatz zum Trend der Forschung, liegt aber andererseits in der Konsequenz der obigen Prologinterpretation (Teil II). Die folgende Untersuchung des Mittelteils unter historischem Blickwinkel geschieht in der Überzeugung, daß das im Prolog entfaltete historiographische Programm (bis zum Erweis des Gegenteils) auch für den Mittelteil des Evangeliums gültig ist. Lukas beansprucht auch für diesen Abschnitt seines Evangeliums Wirklichkeitskongruenz und Chronologie. Darum soll nun zunächst versucht werden, die Reiseroute und die Reisestrategie nachzuzeichnen, die Lukas bei der Abfassung seines Reiseberichts vor Augen hatte (Kapitel 8). Denn will man nicht zu der Ansicht zurückkehren, daß Lukas beim Erstellen des Reiseberichts "sichtlich manchmal ermüdet ist" (K. L. Schmidt), dann wird man zugestehen müssen, daß wenigstens ihm selbst als Autor ein sinnvoller Reiseverlauf vor Augen gestanden haben dürfte. Als Ausgangspunkt der Analyse muß daher folgendes Prinzip gelten: "auch wenn ein Text Ergebnis einer Redaktion ist, so muß die vorliegende Textgestalt dann doch zumindest für diesen Redaktor und seine Rezipienten sinnvoll gewesen sein"[1].

In einem weiteren Kapitel wird die historische Fragestellung dann über das Lukasevangelium hinaus auszudehnen sein. Während sich – wie schon die Formanalyse (Kapitel 6)[2] – die Rekonstruktion des von Lukas gezeichneten Reiseverlaufs (Kapitel 8) bewußt auf die

---

[1] Berger, *Exegese*, S. 31.
[2] Vgl. Lämmert, *Bauformen*, S. 27: Man "verfehlt ... den Sinn einer Gestaltuntersuchung, wenn man eine Geschichte mit Hilfe von Daten anderer Realien rekonstruiert, die der Text selbst nicht bietet".

innerlukanischen Angaben beschränkt, muß aus historischem Blickwinkel auch gefragt werden, ob und gegebenenfalls welche außerlukanischen Daten zur möglichst vollständigen Rekonstruktion des Reiseverlaufs hinzugezogen werden können (Kapitel 9)[3]. Zu behandeln sind in diesem Zusammenhang einige historische Notizen der synoptischen Seitenreferenten und die Angaben des Johannesevangeliums.

In einem dritten Schritt soll dann gefragt werden, welche Quellen dem Historiker Lukas für die Abfassung seines Mittelteils zur Verfügung gestanden haben könnten (Kapitel 10). Dabei wird ebenfalls von innen nach außen vorgegangen, indem zunächst auf die innersynoptische Problematik der matthäisch-lukanischen Zweiertradition eingegangen wird. Anschließend soll dann gefragt werden, welche Quellen von anderen Biographen und Reiseberichtsautoren berücksichtigt wurden. Daraus kann dann per Analogie abgeleitet werden, welche Informationsquellen Lukas gebraucht haben könnte.

---

[3] Vgl. die oben (5.3.2) zitierte Studie Dürrs, der zur Rekonstruktion der Kaiserreisen Hadrians nicht nur Hinweise anderer Historiker, sondern selbst Münzen usw. heranzieht.

8. Die innerlukanischen Daten zur letzten Jesusreise

Zunächst wenden wir uns also den von Lukas selbst gemachten Angaben über Reiseroute (8.1), Reisestrategie (8.2) und Reisedauer (8.3) zu.

8.1 Die Reiseroute

8.1.1 Der Reisebeginn (9:52-56)

Für die Reise von Galiläa nach Jerusalem standen dem Reisenden in Palästina vier verschiedene Wege zur Verfügung[4]. Ein westlicher Weg führte durch die Küstenebene, ein zweiter über den Gebirgsrücken Samariens, ein weiterer durch den Jordangraben, und eine östliche Route verlief über das transjordanische Hochland[5]. Der gewöhnliche Weg nach Jerusalem führte für die Festpilger durch Samarien: "Die Galiläer, die zu den Festen nach Jerusalem zogen, pflegten ihren Weg durch Samarien zu nehmen (ἔθος ἦν τοῖς Γαλιλαίοις ἐν ταῖς ἑορταῖς εἰς τὴν ἱερὰν πόλιν παραγινομένοις ὁδεύειν διὰ τῆς Σαμαρέων χώρας)" (Jos., Ant. XX.118)[6]. Dieser Weg "führte stets durch bewohnte Gegend, das bedeutete für den Reisenden große Sicher-

---

[4] Schleiermacher, *Lukas*, S. 169, versucht die Möglichkeit verschiedener Reiserouten auch dem Reisebericht selbst zu entnehmen. Er schreibt zu 9:57: "Das ὅπου ἄν ἀπέρχῃ bezieht man wol am natürlichsten auf die verschiedenen Straßen die Jesus reisen konnte". Damit wird die betreffende Aussage aber doch zu eng verstanden.
[5] Vgl. G. Dalman, *Orte und Wege Jesu*. 3. Aufl. (Gütersloh, 1924), S. 222; E. Orni und E. Efrat, *Geographie Israels* (Jerusalem, 1966), S. 302.
[6] Vgl. Joh 4:4: ἔδει δὲ αὐτὸν διέρχεσθαι διὰ τῆς Σαμαρείας (vgl. weiter 2:13. 22; 5:1). S. auch S. Safrai, *Die Wallfahrt im Zeitalter des zweiten Tempels* (Neukirchen, 1981), S. 135: "Die Hauptstrecke der Pilger aus Galiläa verlief ... durch Samaria". Daher ist anzunehmen, daß auch die Reisegesellschaft (2:44: συνοδία), mit der der zwölfjährige Jesus gemeinsam mit seinen Eltern zum Passafest nach Jerusalem zog, den üblichen Weg durch das samaritanische Bergland nahm. Anders K. Wieseler, *Chronologische Synopse zu den vier Evangelien* (Hamburg, 1843), S. 320: "Gewöhnlich schlug man den weitern Weg durch Peräa ein, um nicht durch das zumal den Festreisenden feindliche Land der Samariter zu ziehen".

heit und leichte Ernährung, auch die stete Möglichkeit zu Nachtquartieren. An diesem Wege war gewiß auch durch Karawansereien an bestimmten Stationen für die Unterkunft von Menschen und Tieren Sorge getragen"[7]. Die Binnentäler Samariens bedingen einen gewundenen Verlauf des Reiseweges[8]. Die bedeutendste Straße war der λεωφόρος, auf dem Titus mit seinem Heer durch Samarien nach Jerusalem zog (*Bell.* V.54)[9]. "Auf dieser Straße vollzog sich fast ausschließlich der Passanten- und Pilgerverkehr"[10].

Eine Reihe von Forschern nimmt an, daß Lukas mit 9:51-56 sagen will, daß auch diese letzte Reise Jesu durch Samarien führte[11]. U. a. R. Bultmann meint aber dann an den Situationsangaben und dem Durchzug durch Jericho deutlich feststellen zu können, "daß Lk diese Fiktion der samaritanischen Reise nicht durchzuführen vermocht hat"[12]. Ob fiktiv oder nicht, jedenfalls war es nach Ansicht einiger Exegeten die Absicht des Lukas, eine Reise Jesu durch Samarien zu erzählen. Ob dies zutreffend ist, muß eine nähere Analyse der Perikope über den Reisebeginn ergeben.

---

[7] Dalman, *Wege*, S. 222. Vgl. aber auch Lightfoot, *Commentary*, III, 93: "It may be a question, whether the Jews, in their journeying to and from Jerusalem, would ordinarily deign to lodge in any of the Samaritan towns".

[8] Orni/Efrat, *Geographie*, S. 304.

[9] Vgl. dazu die Karte in Y. Aharoni und M. Avi-Yonah, *Der Bibel Atlas* (Augsburg, 1990), S. 160. Einen Überlick über die durch die Angaben des Josephus belegten Straßen durch Samarien gibt L. Haefeli, *Samaria und Peräa bei Flavius Josephus* (Freiburg, 1913), S. 29-35.

[10] Haefeli, *Samaria*, S. 31.

[11] Schon J. Wellhausen, *Das Evangelium Lucae* (Berlin, 1904), S. 46, meint: "Die Reise geht bei ihm ebenso wie bei Jo[h]a[nnes] durch Samarien, und nicht durch Peräa wie bei M[ar]c[us] und M[a]t[thäus]". Auch F. Hauck, *Das Evangelium des Lukas* (Leipzig, 1934), S. 134-5, wählt für den Abschnitt 9:51-19:27 die Überschrift: "Die Reise durch Samarien nach Jerusalem". Als Begründung führt er an, daß die Perikope 9:51-56 aufgrund ihrer Spitzenstellung die Route der gesamten anschließenden Reise anzeige. Und auch Morgenthaler geht offenbar von dieser Route aus, wenn er unter Verweis auf 9:52; 10:33 und 17:11.16 den Abschnitt 9:51-19:44 überschreibt: "Unterwegs (in Samaria) nach Jerusalem" (*Zeugnis*, I, 172).

[12] *Die Geschichte der synoptischen Tradition*. 7. Aufl. (Göttingen, 1967), S. 388. Vgl. weiterhin M. S. Enslin, "The Samaritan Ministry and Mission," *HUCA*, 51 (1980), 29-38.

8.1.1.1 Der Vorgang der Botenaussendung

Wie bei einigen der angeführten Reiseberichte steht auch am Beginn der lukanischen Reisebeschreibung eine reisetechnische Erläuterung: καὶ ἀπέστειλεν ἀγγέλους πρὸ προσώπου αὐτοῦ. καὶ πορευθέντες εἰσῆλθον εἰς κώμην Σαμαριτῶν ὡς ἑτοιμάσαι αὐτῷ. καὶ οὐκ ἐδέξαντο αὐτόν (vv52-53a). Jesus handelt so, wie es ganz ähnlich auch von anderen Reisenden geschildert wird. Aelius Aristides etwa sendet auf seiner Reise zum Zeustempel die ihn begleitende Dienerschaft voraus[13]. Und Plutarch berichtet ganz ähnliche reisetechnische Details wie Lukas von der bereits erwähnten Reise des Cato Minor (s. o. 5.3.1), wobei allerdings zu beachten ist, daß die Reiseausrüstung Catos wesentlich umfangreicher gewesen ist als die Jesu: "Auf der Reise ging es so zu und her: Frühmorgens schickte er (προὔπεμπεν) den Bäcker und den Koch voraus an den Ort, wo er nächtigen wollte (ὅπου καταλύσειν ἔμελλεν). Diese betraten die Stadt in aller Stille, jedes Aufsehen vermeidend, und wenn Cato keine Freunde (φίλος) oder Bekannten (γνώριμος) vom Vater her am Orte hatte, sorgten sie, um niemand zur Last zu fallen, im Gasthaus für ein Unterkommen (ἐν πανδοκείῳ τὴν ὑποδοχὴν αὐτῷ παρεσκεύαζον). Wo keine Herberge zu finden war, wandten sie sich an die Behörden (πρὸς τοὺς ἄρχοντας) und ließen sich ohne Widerrede die Unterkunft gefallen, die ihnen geboten wurde. Bisweilen glaubte man ihnen überhaupt nicht und sah verächtlich über sie hinweg, weil sie ihre Bitte ohne Lärm und Drohungen den Behörden gegenüber vorbrachten. Dann konnte es vorkommen, daß Cato eintraf, ehe sie etwas ausgerichtet hatten" (*Cat. Mi.* XII.2-5). In einem solchen Fall pflegte Cato sich persönlich an die verantwortlichen Stellen zu wenden.

---

[13] *Heilige Berichte* V.2-5: "so daß wir erst gerade bei Sonnenuntergang in der Herberge vor dem Hermos ankamen. Ich kam in Verlegenheit, was ich tun sollte. Doch da ich den Widerwillen gegen die Räume, die ich betrat, nicht ertragen konnte und meine Dienerschaft nicht da war, da ich sie ja vorausgeschickt hatte (διὰ τὸ προεκπέμψαι), hielt ich es für notwendig, den Weg weiter zu verfolgen ... Als ich etwa zur Zeit des Hahnenschreis Myrina erreicht hatte, da sehe ich meine Leute vor einer der Herbergen, bepackt wie sie waren, weil auch sie, wie sie sagten, nichts offen gefunden hatten".

Wenn Jesus bisher keine Vorboten aussandte, so mag dies damit zusammenhängen, daß er in Galiläa unter seinen Volksgenossen ohne weiteres regelmäßig Quartier gefunden hatte[14]. Nun aber berührt er nichtjüdisches Gebiet und muß offiziell um Aufnahme nachsuchen. Ganz ähnlich wie Plutarch sendet auch Jesus zwei Boten zur Vorbereitung eines Quartiers voraus. Die Quartiersuche des jüngeren Cato läßt drei Aufnahmemöglichkeiten erkennen. Zunächst kommen als Quartiergeber Bekannte und sonstige Gastfreunde der Familie in Frage[15]. Gibt es solche vor Ort nicht, sieht man sich nach einer öffentlichen Herberge um[16]. Und wenn auch diese Möglichkeit ausfällt, wendet man sich an die kommunale Verwaltung der Ortschaft. Daß die Vorboten Jesu in samaritanischem Gebiet Gastfreunde aufgesucht haben[17], ist unwahrscheinlich; auch wären sie von diesen kaum abgewiesen worden. Daß die Ablehnung durch ein Gasthaus des Dorfes erfolgt ist[18], ist auch nicht anzunehmen. Es ist zwar nicht unwahrscheinlich, daß es in diesem Dorf Herbergen (vgl. 2:7: ἐν τῷ καταλύματι) bzw. Gasthäuser (vgl. 10:34-5: εἰς πανδοχεῖον[19])[20] gab; und obwohl es nur einen (apokryphen) Beleg für

---

[14] Vgl. P. Schegg, *Evangelium nach Lukas übersetzt und erklärt* (München, 1861-65), II, 52-3.

[15] Von derartigen Unterkunftsmöglichkeiten war bereits im Zusammenhang der Abenteuerreise des Lukios (5.1.5) die Rede.

[16] S. auch Valerius Maximus I.7 *ext*. 10: "Zwei befreundete Arkadier kamen auf einer gemeinschaftlichen Reise nach Megara. Einer derselben begab sich zu einem Gastfreund; der andere stieg in einer öffentlichen Herberge ab (*duo familiares Arcades iter una facientes Megaram uenerunt, quorum alter se ad hospitem contulit, alter in tabernam meritoriam deuertit*)"; vgl. Cicero, *Div*. I.57.

[17] Jesus erwähnt in Lk 11:5-8 eine entsprechende Begebenheit, bei der ein Mann sich an seinen Nachbarn wendet mit den Worten: φίλος μου παρεγένετο ἐξ ὁδοῦ πρός με (v6). Vgl. dazu J. D. M. Derrett, "The Friend at Midnight: Asian Ideas in the Gospel of St. Luke," *Donum Gentilicium* (Oxford, 1978), S. 78-87.

[18] Diese Möglichkeit erwägt R. Egger, *Josephus Flavius und die Samaritaner: Eine terminologische Untersuchung zur Identitätsklärung der Samaritaner* (Göttingen, 1986), S. 194.

[19] Aus den Angaben über den vom Samaritaner gezahlten Geldbetrag will A. Ben-David, *Talmudische Ökonomie: Die Wirtschaft des jüdischen Palästina zur Zeit der Mischna und des Talmud* (Hildesheim, 1974), I, 271, ableiten, daß "eine Übernachtung, vermutlich mit Verpflegung" zur Zeit des Evangelisten "zwei Denare" gekostet habe. Vgl. zu der Erzählung in Lk 10:25-37 auch bJev 122a: "Einst gingen

einen eventuellen Aufenthalt Jesu in einem Gasthaus gibt[21], ist es trotz deren schlechten Rufes[22] nicht grundsätzlich undenkbar, daß Jesus sich gelegentlich in einem solchen aufgehalten hat. Aber hätten die Boten lediglich um Aufnahme in einem Gasthaus nachgesucht, dann würde es kaum pauschal im Blick auf das Dorf als Ganzes heißen: οὐκ ἐδέξαντο αὐτόν (v53).

Am wahrscheinlichsten ist es daher anzunehmen, daß sich die beiden Boten an die Dorfverwaltung gewandt haben. So, wie eine hellenistische Stadt von den πρῶτοι τῆς πόλεως verwaltet wurde, die – von den Juden aufgewiegelt – den Paulus aus Antiochien auswiesen (Act 13:50), dürfte es auch in den Ortschaften Palästinas Verwaltungsorgane gegeben haben, die u. a. die Aufnahme einer Reisegesellschaft verweigern konnten. Wenn Josephus für die römische Zeit die Existenz von κωμογραμματεῖς (*Ant.* XVI.203) bzw. κωμῶν γραμματεῖς (*Bell.* I. 479) voraussetzt, so hat man sich deren Funktion wohl in

---

Leviten nach der Palmenstadt Çoâr, und als einer von ihnen erkrankte, brachten sie ihn in ein Gasthaus. Auf ihrer Rückkehr fragten sie die Gastwirtin, wo ihr Gefährte sei, und diese erwiderte, er sei gestorben und sie habe ihn begraben ...".

[20] S. u. a. Varro, *Res Rustica* I.2.23: "Wenn ein Grundstück am Straßenrand liegt und der Platz für die Reisenden geeignet gelegen ist, sind Wirtshäuser zu bauen, die gleichwohl, wenn sie auch noch so fruchtbar sein mögen, ebensowenig Teil des Landbaus sind (*si ager secundum uiam et opportunus uiatoribus locus, aedificandae tabernae deuorsoriae, quae tamen, quamuis sint fructuosae, nihilo magis sunt agri culturae partes*)". Vgl. Friedlaender, *Sittengeschichte*, I, 335: Es kann "keine Frage sein, daß es an allen Straßen, wo der Reiseverkehr lebhaft war, Gasthäuser gab, in Italien wie in den Provinzen".

[21] Je nach Rekonstruktion des zerstörten Textes in dem auf etwa 150 n. Chr. datierbaren Papyrus Egerton 2 (Fragment 1, *recto*): "*Und siehe, ein Aussätziger nahte sich <ihm> und sagte: 'Meister Jesus, mit Aussätzigen wandernd und essend mit <ihnen> ... in der Herberge (ἐν τῷ πανδοχείῳ) ...*'" (Übers. von J. Jeremias). Den griechischen Text bietet mit einem Rekonstruktionsvorschlag K. Aland (Hg.), *Synopsis Quattuor Evangeliorum*. 13. Aufl. (Stuttgart, 1985), S. 315. Die Übersetzung stammt aus *Neutestamentliche Apokryphen in deutscher Übersetzung*. Hg. W. Schneemelcher. 5. Aufl. (Tübingen, 1987), I, 84.

[22] In späteren Jahrhunderten war es selbst der Kirche nicht möglich, ihren Würdenträgern den völligen Verzicht auf den Gasthausbesuch vorzuschreiben. Vgl. T. Kleberg, *In den Wirtshäusern und Weinstuben des antiken Rom* (Berlin, 1963), S. 33: "Verbote für den gesamten Klerus, Gasthäuser aufzusuchen ... begegnen oft in Synodalbeschlüssen. Nur auf der Reise waren Ausnahmen gestattet".

Analogie zur Verwaltungsstruktur im ptolemäischen und römischen Ägypten[23] vorzustellen[24]. Leider läßt sich die Verwaltungsstruktur auf dieser Ebene nur noch sehr bruchstückhaft und ohne absolute Sicherheit rekonstruieren. Und es mag auch graduelle Unterschiede zwischen den Verwaltungssystemen in ägyptischen, jüdischen und samaritanischen Ortschaften gegeben haben. Dennoch kann man wohl davon ausgehen, daß es auch in der in Lk 9:52 genannten κώμη Σαμαριτῶν ein kommunales Verwaltungsorgan gegeben hat, das an der Abweisung Jesu und seiner Reisegruppe maßgeblich beteiligt war[25].

---

[23] Vgl. F. Preisigke, "*Komogrammateus*," *PRE*, 11/2 (1922), 1281: Ein κωμογραμματεύς ist ein "ägyptischer Dorfbeamter in ptolemäischer und römischer Zeit". G. M. Harper, "Village Administration in the Province of Syria," *YCS*, 1 (1928), 121, stellt fest: "In Egypt the *komogrammateus* was the assistant of the *komarchos* ... He appears to have been the second highest officer of the Egyptian village". Nach M. Hengel, *Judentum und Hellenismus* (Tübingen, 1969), S. 38, steht in der Verwaltungshierarchie Palästinas in hellenistischer Zeit "das Dorf unter dem κωμάρχης ... wie in Ägypten am Ende der Stufenleiter". So wie die Ortsvorsteher (κωμάρχης) unter sich die Dorfschreiber (κωμογραμματεῖς) haben, werden diese wiederum vertreten durch die Dorfältesten (πρεσβύτεροι κώμης). "Um die Steuerbücher auf dem laufenden zu erhalten, werden dem κ[ωμογραμματεύς] alle Veränderungen im Bestand der Bewohnerschaft ... gemeldet ... Er empfängt ... die Anzeigen über Fortzug ... und Zuzug der Bewohner" (Preisigke, "*Komogrammateus*," S. 1283). S. dazu auch Lk 7:3: πρεσβυτέρους τῶν Ἰουδαίων. F. Godet, *Das Evangelium des Lukas* (1890; Gießen, 1986), S. 240, versteht darunter "die städtischen Behörden"; etwas anders Zahn, *Lucas*, S. 304, der "Vorsteher der jüdischen Gemeinde" annimmt: "das sind die Mitglieder der συνέδρια Mt 10,17, der Ortsgerichte und Gemeinderäte".

[24] A. Schalit, *König Herodes: Der Mann und sein Werk* (Berlin, 1969), S. 216-7, über die Vergleichsmöglichkeiten: "Wir haben keinen Grund, uns unter diesen [d. i. palästinischen] Beamten etwas anderes vorzustellen als die mit demselben Titel bezeichneten Beamten im ptolemäischen und römischen Ägypten".

[25] Ein entfernt vergleichbarer Fall liegt in Jdt 13:10-12 vor, insofern hier, als Judith und ihre Sklavin (nachts) um Aufnahme bitten, auch das örtliche Verwaltungsorgan (τοὺς πρεσβυτέρους τῆς πόλεως) hinzugezogen wird. Vgl. auch Sophokles, der in seiner Tragödie *Oidipus auf Kolonos* (*OC* 3-4) dem auf der Reise befindlichen Oidipus folgende Frage in den Mund legt: "Wer nimmt am heutigen Tag den Wandrer Oidipus (τὸν πλανήτην Οἰδίπου) mit kärglichen Geschenken auf in sein Haus (δέξεται)?" Ein Koloner, dem Oidipus vor der Stadt begegnet, fordert ihn dann auf (77-80): "bleibe hier, wo du nun bist, bis ich den Mitbewohnern von hierselbst, nicht in der Stadt, dies melden gehe; denn entscheiden müssen sie, ob du hier bleiben oder

8.1.1.2 Das Ergebnis der Botenaussendung

Der genannte Grund für die Ablehnung[26] hat einen spezifisch religiösen Charakter. Denn mit der Aussage ὅτι τὸ πρόσωπον αὐτοῦ ἦν πορευόμενον εἰς Ἰερουσαλήμ (v53b) wird deutlich auf die traditionelle jüdisch-samaritanische Religionskonkurrenz angespielt[27]. Es wird zwar nicht gesagt, daß die samaritanische Ortschaft Jesus und seiner Reisegesellschaft (8:1-3) den Durchzug durch Samarien verweigert[28]. Aber sie verweigert dem galiläischen Propheten, der deutlich

---

weiterziehen sollst (εἰ χρή σε μίμνειν ἢ πορεύεσθαι πάλιν)".

[26] Ein Beispiel für die Ablehnung eines Rabbinen ohne Angabe eines Grundes findet sich in bBer 60b: "R. Hona sagte im Namen Rabhs, im Namen R. Meïrs, und ebenso wurde es im Namen R. Âqibas gelehrt: Der Mensch pflege stets zu sagen: Alles, was der Allbarmherzige tut, tut er zum Guten. So befand sich R. Âqiba einst auf der Reise, und als er in eine Stadt kam und um Beherbergung bat, gewährte man sie ihm nicht. Da sprach er: Alles, was der Allbarmherzige tut, tut er zum Guten. Hierauf ging er und übernachtete auf dem Felde".

[27] Joh 4:20 und verschiedene Notizen des Josephus (*Ant.* XII.7-10; XIII. 74-9; XVIII.29-30.85-9) zeigen die Konkurrenz zwischen Jerusalem und dem Garizim auch im ersten nachchristlichen Jahrhundert. S. auch Sir 50:25-6: "Zwei Völker verabscheue ich, und das dritte ist überhaupt kein Volk: Die Bewohner von Seir und Philistäa und das törichte Volk, das in Sichem haust". Vgl. weiterhin Tacitus, *Ann.* XII.54: Die Galiläer und Samaritaner waren "beide von jeher verfeindet" und hielten "jetzt infolge der Verachtung gegenüber ihren Gebietern ihre Haßgefühle noch weniger im Zaum ... So beraubten sie sich gegenseitig, sandten Räuberbanden aus, legten sich Fallen und prallten manchmal in Gefechten zusammen". Vielleicht ist der Vorfall in 9:52-3 auch im Zusammenhang einer allgemeinen Verschlechterung der Beziehungen zwischen Samarien und Galiläa zu erklären. Egger vermutet: "Wahrscheinlich hat sich das samar. Verhältnis zu Jerusalem seit einem Vorfall im Jahre 8 n. Chr. zugespitzt, hierin könnte ein Grund für die Nichtaufnahme von Juden bzw. von Jesus gelegen haben" (*Samaritaner*, S. 194). Das Verhältnis scheint sich nach den Angaben des Josephus im Laufe der Jahre noch weiter verschlechtert zu haben, so daß es unter Cummanus (48-52 n. Chr.) sogar zu blutigen Auseinandersetzungen mit tödlichem Ausgang kommen konnte (Jos., *Bell.* II.232): "Bei dem Dorfe Gema nämlich, das in der großen Ebene Samariens liegt, wurde aus der großen Zahl der Juden, die zum Fest hinaufzogen (πολλῶν ἀναβαινόντων Ἰουδαίων ἐπὶ τὴν ἑορτήν), ein Galiläer ermordet"; vgl. *Ant.* XX.118-33.

[28] So richtig C. F. Keil, *Commentar über die Evangelien des Markus und des Lukas* (Leipzig, 1879), S. 317. Für eine Durchzugsverweigerung s. Num 21:21-23: "Und Mose sandte Boten (ἀπέστειλεν ... πρέσβεις) zu Sihon, dem König der

das Ziel Jerusalem vor Augen hat, die gastfreundliche Aufnahme[29]. Angesichts der in 8:1-3 und 13:22 gemachten Angaben über eine langfristig angelegte Reisetätigkeit Jesu ist aber nicht anzunehmen, daß dieser vorhatte, in kürzestmöglicher Zeit durch Samarien nach Jerusalem zu ziehen. Ihm lag gemäß der in 10:1-12 entwickelten Strategie (s. u. 8.2) daran, auf seiner letzten Reise nach Jerusalem möglichst viele Ortschaften mit seiner Botschaft vom Gottesreich zu erreichen. Dann aber sollte die Botensendung lediglich erweisen, ob die Samaritaner sich einer solchen Wirksamkeit Jesu öffnen würden, ob es folglich grundsätzlich sinnvoll wäre, die geplante Vorbereitungstätigkeit der 70 Boten auch auf das samaritanische Gebiet auszudehnen[30]. Theophylact (*Enarratio in Evangelium Lucae 9:51-56*) vermutet sogar, Jesus habe einen Durchzugsversuch durch Samarien nur angedeutet, um die ablehnende Haltung der Samaritaner ihm gegenüber zu erweisen[31], was aber wohl etwas zu weit gehen

---

Amoriter, mit den friedlichen Worten: Wir wollen durch dein Land ziehen (Παρελευσόμεθα διὰ τῆς γῆς σου) ... Aber Sihon gestattete Israel nicht, durch sein Gebiet zu ziehen" (vgl. Dtn 2:26-30).

[29] Vgl. den Midrasch zu Cant. IV.4.5: "R. Jonathan ging einmal hinauf nach Jerusalem, um daselbst zu beten. Als er an eine der Platanen (am Berge Garizim) kam, begegnete ihm ein Cuthäer (ein Samariter). Wohin gehst du? fragte ihn dieser. Nach Jerusalem, um zu beten. Willst du nicht lieber auf diesem gesegneten Berge als auf jenem Schmutzhaufen beten?" (Übers. von A. Wünsche).

[30] Damit ist aber davon auszugehen, daß die Quartiermacher noch nicht tief in das samaritanische Land eingedrungen waren, sondern in ein Dorf im nördlichen Bereich des Landes gesandt worden waren. Vgl. Haefeli, *Samaria*, S. 62: "Sicher hat es zu des Josephus Zeit eine ganze Reihe blühender samaritanischer Ortschaften gegeben am Südrand der großen Ebene". Um welches Dorf es sich dabei handelte, läßt sich nur vermuten. Haefeli (36-7) und Zahn, *Lucas*, S. 599, denken an das bei Jos., *Bell*. III.48, genannte Ginäa.

[31] Er schreibt (PG 123, Sp. 829A): "Er sendet aber Boten vor seinem Angesicht her, damit sie ihm ein Mahl (Aufnahme) bereiten (Ἐκπέμπει δὲ ἀγγέλους πρὸ προσώπου αὐτοῦ, ἵνα ἑτοιμάσωσιν δοχήν τινα αὐτῷ), obwohl er weiß, daß sie nicht von den Samaritanern aufgenommen werden (γινώσκων μὲν ὅτι οὐχ ὑποδεχθήσεται ὑπὸ τῶν Σαμαρειτῶν). Er sendet sie nun aber dennoch, um jeden Entschuldigungsgrund der Samaritaner wegzunehmen, damit sie später nicht sagen können: wir hätten ihn aufgenommen, wenn er jemanden vor sich her gesandt hätte (ὅμως δ' οὖν ἀποστέλλει αὐτούς, ὡς ἂν πᾶσαν πρόφασιν τῶν Σαμαρειτῶν περιέλῃ, καὶ μὴ ἔχωσι λέγειν ὕστερον, ὅτι, Ἐδεξάμεθα ἂν αὐτὸν εἰ ἀπέστειλέ

dürfte. Die Sendung der Quartiermacher ergibt jedenfalls, daß die noch zu beauftragenden Botenpaare (10:1) auf samaritanischem Gebiet keinerlei Aufnahme finden würden. Die grundsätzlich-religiöse Motivation der Abweisung macht die in 10:5-12 getroffene Differenzierung überflüssig: Wo Jesus keine Aufnahme findet, wird man seine Boten erst recht nicht aufnehmen. Weil diese Ortschaft stellvertretend für das gesamte samaritanische Gebiet die Aufnahme aus grundsätzlichen Erwägungen bewußt verweigert, spart Jesus die samaritanischen Ortschaften auf seiner letzten Reise nach Jerusalem aus[32].

Damit ist aber auch klar, daß die abschließende Notiz καὶ ἐπορεύθησαν εἰς ἑτέραν κώμην (v56)[33] keinesfalls auf ein samaritanisches Dorf zu beziehen ist[34]. Denn es ist kaum denkbar, daß Jesus nach der grundsätzlichen Ablehnung in einem samaritanischen Dorf in einer anderen Ortschaft Samariens Aufnahme gefunden hätte[35]. Hier mußte dieselbe religiöse Haltung ebenso zu einer Abweisung Jesu führen. Dann aber ist die in 9:56 genannte Ortschaft nicht unbedingt als Station auf der noch nicht wirklich angetretenen (sondern nach 6.1.1 mit 9:51 erst ins Auge gefaßten) Jerusalemreise anzusehen, sondern kann durchaus noch eine der Ortschaften sein, die Jesus seit 8:1-3 gemeinsam mit einer Gruppe von Jüngern und Jüngerinnen in Galiläa durchwandert. Auch der in 9:57 genannte Weg (πορευομένων αὐτῶν ἐν τῇ ὁδῷ) muß noch nicht zur eigentlichen Jerusalemer Reiseroute gehören, sondern kann ebenfalls durchaus noch ein Abschnitt der schon länger andauernden Predigtwanderung Jesu sein. Eine

---

τινας πρὸ αὐτοῦ)".

[32] Dies bestätigt sich dann auch in 17:11, sofern man aus der großen Überzahl der jüdischen Aussätzigen ableiten kann, daß der von Jesus berührte Ort ein galiläischer gewesen sein dürfte.

[33] Schlatter, *Lukas*, S. 274, verweist für ähnliche Formulierungen auf Jos., *Vi.* 231: εἰς τὰς ἄλλας κώμας ἐπορεύοντο. S. auch noch *Bell.* II.70: ἔνθεν εἰς Σάμφω πρόεισιν κώμην ἑτέραν ἐρυμνήν. Diese zeigen, daß die lukanische Ausdrucksweise an sich nichts über die Lage des Ortes sagt.

[34] Z. B. E. Klostermann, *Das Lukasevangelium*. 2. Aufl. (Tübingen, 1929), S. 112, versteht unter ἑτέραν κώμην "ein gastfreundlicheres samaritanisches Dorf".

[35] So mit Recht W. Gasse, "Zum Reisebericht des Lukas," *ZNW*, 34 (1935), 294, und neuerdings wieder Sellin, "Komposition," S. 115-6.

schrittweise Annäherung an Jerusalem dürfte erst begonnen haben, nachdem die Vorbereitungspaare zurückgekehrt waren (s. u. 8.2.6).

Festhalten läßt sich jedenfalls, daß Jesus nach Lk 9:52-56 nicht durch Samarien gezogen ist, sondern das samaritanische Gebiet ausgespart hat. Nun gibt es einige Belege dafür, daß es üblich war, für die Reise zwischen Judäa und Galiläa den Weg durch das Küstenland zu benutzen[36]. Dagegen aber, daß Jesus und seine Begleiter diese Route gewählt hätten, spricht vor allem die Erwähnung von Jericho als Station der Reiseroute (18:35; 19:1)[37]. In Frage kommt somit allein die östliche Route, die entweder durch den Jordangraben oder durch das transjordanische Hochland führt[38]. Daß Jesus diesen für eine Reise von Galiläa nach Jerusalem ziemlich ungewöhnlichen Weg[39] nimmt, kann seinen Grund darin haben, daß "er vor seinem Sterben noch in dem Teile des jüdischen Volkes tätig sein wollte, dem er bisher nicht nahe getreten war"[40]. Die Landschaft Peräa stand seit den Eroberungszügen des Alexander Jannäus unter jüdischer Herrschaft[41], und seine Bevölkerung war überwie-

---

[36] In bGit 76a wird erwähnt, daß ein Mann von Judäa über Antipatris nach Galiläa reist.

[37] Safrai, *Wallfahrt*, S. 134: "Eine von Pilgern aus vielen Gegenden des Landes benutzte Straße ist die von Jericho nach Jerusalem. Auf diesem Weg zogen in erster Linie die Bewohner von Jericho und Umgebung hinauf ... Auch Pilger aus dem jüdischen Transjordanien, insbesondere Peräa, benutzten diesen Weg".

[38] Anders Lohse, "Handeln," S. 5: "Der Reiseweg Jesu durch Peräa wird zwar bei Markus erwähnt, bei Lukas aber kann er nur durch harmonisierende Ausgleichsversuche zwischen den unterschiedlich aufgebauten Evangelien hineingedeutet werden".

[39] Nach Dalman, *Orte*, S. 235, ist "keine alte Nachricht vorhanden, ... daß zwischen Galiläa und Judäa der Weg oft durch das Jordantal genommen wurde"; S. 249: "Vom See von Tiberias aus würde niemand heutzutage nach Jerusalem den Weg durch das Jordantal bis Jericho nehmen"; S. 250: "Im Sommer würde man ohnehin das Tal wegen seiner Hitze meiden; nur im Winter und Frühjahr möchte seine wärmende Luft und sein seltener Regen anziehend erscheinen, Nachtquartiere unter freiem Himmel wären hier nicht unmöglich".

[40] Dalman, *Orte*, S. 252.

[41] E. Schürer, *Geschichte des jüdischen Volkes im Zeitalter Jesu Christi*. 3./4. Aufl. (Leipzig, 1907), II, 13.

gend jüdisch⁴². Jesus wird dort folglich ebenso wie in Galiläa vornehmlich auf ein jüdisches Publikum gestoßen sein. Dies paßt dann gut zu der im Blick auf Samarien befremdlichen Beobachtung, daß Jesus im Reisebericht noch "von demselben Publikum umgeben, von denselben Gegnern gefragt [ist] wie in Galiläa"⁴³.

Ob diese aufgrund einer Analyse des Reisebeginns (9:52-6) gewonnene Sicht sich am Reisebericht als Ganzem und im Detail bestätigt, muß sich im folgenden herausstellen. Dabei sind vor allem die beiden Perikopen 10:38-42 und 17:11-19 zu behandeln, da diese den soeben angenommenen Verlauf der Reiseroute in Frage zu stellen scheinen.

8.1.2 Die Quartiernahme im Haus der Martha (10:38-42)

Ein historisches Problem entsteht für den heutigen Leser dieser Perikope von der Einkehr Jesu bei Martha und Maria erst aus einem Vergleich mit dem Johannesevangelium. Aber es dürfte doch unter den ersten Lesern des Lukasevangeliums auch solche gegeben haben, die ohne Kenntnis des vierten Evangeliums aus der Überlieferung darüber orientiert waren, daß Maria und Martha traditionell der Ortschaft Bethanien bei Jerusalem zugeordnet wurden. Darum soll dieses Problem an dieser Stelle und nicht erst beim Vergleich der lukanischen Darstellung mit dem Bericht des Johannes (9.2) behandelt werden. Geht man mit Origenes davon aus, daß die κώμη τίς identisch ist mit dem in Joh 11:1 genannten Bethanien⁴⁴, dann erhebt sich natürlich die Frage, wie sich diese Ortsbestimmung in den Reiseweg Jesu einfügt, der doch nach den Angaben des Lukas Judäa im allgemeinen und speziell Bethanien (19:29) erst viel später berühren wird: Ist Lukas also im Gesamtaufriß seines Reiseberichts ein

---

⁴² Schürer, *Geschichte*, II, 15: "Auch die Mischna setzt durchweg Peräa ... als von Juden bewohntes Land voraus".
⁴³ Bultmann, *Geschichte*, S. 388.
⁴⁴ Origenes, *Fragmente zum Lukasevangelium* 170 (GCS 49, S. 297): "Der Heiland nimmt nun bei heiligen Frauen in einem Dorf Quartier (Κατέλυσε μὲν οὖν ὁ σωτὴρ παρὰ γυναιξὶν ἁγίαις ἔν τινι κώμῃ), dessen Namen Lukas zwar verschweigt (ἧς τὸ ὄνομα Λουκᾶς μὲν παρασιωπᾷ), Johannes aber mitteilt, indem er von Bethanien spricht ('Ιωάννης δὲ σαφηνίζει, τὴν Βηθανίαν εἰπών)".

geographischer und/oder chronologischer Fehler unterlaufen? Ist ihm seine Chronologie durcheinandergeraten, oder geht er vielleicht davon aus, daß Bethanien in Galiläa liegt?

Daß es sich bei einem solchen geographischen Fehler auch in der Antike nicht um ein unbedeutendes Mißgeschick handelte, dem man weiter keine Beachtung beimaß, zeigt ein Blick auf die diesbezüglichen Ausführungen des schon mehrfach zitierten Lukian. Dieser zieht (*Hist. Conscr.* 24) mit spitzer Feder über vergleichbare Irrtümer anderer Historiker her: "Ein Schriftsteller z. B. hat es sich so leicht gemacht, daß er nicht einmal das berichtet, was er von jedem Syrer oder, wie man sagt, beim Barbier um die Ecke, wo über derlei geschwätzt wird, hätte erfahren können, sondern einfach folgendes behauptet hat: 'Europos liegt in Mesopotamien, 2 Tagreisen vom Euphrat entfernt; Edessäer haben es gegründet'. Aber nicht genug damit: der gleiche wackere Autor versetzt (μετέθηκεν) in demselben Buch sogar meine Vaterstadt Samosata mitsamt Akropolis und Mauern nach Mesopotamien und läßt sie von den beiden Flüssen eingeschlossen sein, die in unmittelbarer Nähe vorbeifließen und beinah ihre Mauern netzen. Es käme dir, lieber Philon, gewiß komisch vor, wenn ich dir nun beweisen müßte, daß ich weder aus dem Partherland noch aus Mesopotamien stamme, wohin mich dieser wunderliche Autor (ὁ θαυμαστὸς συγγραφεύς) verpflanzt hat"[45].

---

[45] Anders Origenes, *Comm. X.5.19-20 in Joh 2:12* (GCS 10, S. 175): "Ich verwerfe es keineswegs, daß sie [d. s. die Evangelisten] gelegentlich etwas, was historisch anders geschehen war, um des mystischen Sinnes dieser Vorgänge willen abänderten, so daß sie etwas, was an einem bestimmten Ort oder zu einer bestimmten Zeit geschehen war, als an einem anderen Ort oder zu einer anderen Zeit geschehen berichten (ὥστε εἰπεῖν τὸ ἐν <τῷδε τῷ> τόπῳ γενόμενον ὡς ἐν ἑτέρῳ, ἢ τὸ ἐν τῷδε τῷ καιρῷ ὡς ἐν ἄλλῳ ... πεποιηκέναι), und daß sie etwas in bestimmter Weise Berichtetes mit einer gewissen Veränderung wiedergeben. Denn ihre Absicht war, wo immer es möglich war, zugleich in geistiger und wörtlicher Hinsicht die Wahrheit zu sagen, wo beides zusammen aber nicht anging, die geistige der wörtlichen Wahrheit überzuordnen (προκρίνειν τὸ πνευματικὸν τοῦ σωματικοῦ), wobei oftmals die geistige Wahrheit sozusagen durch eine buchstäbliche Lüge gewahrt wird (σῳζομένου πολλάκις τοῦ ἀληθοῦς πνευματικοῦ ἐν τῷ σωματικῷ ... ψευδεῖ) ..." (Übers. von H. Merkel). Vgl. auch die Äußerungen, die Origenes in seiner Dogmatik zum Thema macht: *De principiis* IV.3.1-5.

8.1.2.1 Ein Exkurs nach Judäa?

Will man hier aber nicht sofort folgern, daß Lukas nachlässigerweise den Jerusalemer Wohnsitz des Schwesternpaares nach Galiläa/Peräa verpflanzt oder seinem Grundsatz, korrekt der Reihe nach (1:3) zu erzählen, untreu geworden ist, so sind zwei Beobachtungen zu berücksichtigen. Sollte mit dem nicht namentlich genannten Dorf tatsächlich das judäische Bethanien gemeint sein, so ließe sich annehmen, daß Lukas hier historisch gesehen eine kurze exkursartige Reise Jesu nach Jerusalem voraussetzt. Dann hätte Jesus (z. B. in der Zeitspanne, in der die 70 Vorboten unterwegs waren) für kurze Zeit aus unbekannten Gründen Jerusalem aufgesucht, dabei auch das in Bethanien gelegene Haus der Martha besucht, um dann auf die ursprüngliche Reiseroute zurückzukehren und auf dieser (etwa nach der Rückkehr der Siebzig) seine Reise fortzusetzen[46]. Daß Lukas den Ortsnamen nicht nennt und auch den Reiseabstecher nach Jerusalem nicht erwähnt, würde dann seine Erklärung darin finden, daß er eben im Mittelteil seines Evangeliums gemäß biographischer Gepflogenheit (s. o. 6.2.3) so weit wie möglich auf geographische Einzelheiten verzichtet[47]. Lukas wollte einerseits seinen Reisebericht nicht unnötig verkomplizieren, andererseits aber auch nicht auf diese kleine Szene verzichten.

8.1.2.2 Die Identität der κώμη τις?

Hält man es aber für unwahrscheinlich, daß in 10:38 Bethanien gemeint ist, dann kann man auch annehmen, daß es sich um eine sonst unbekannte Ortschaft auf dem eingeschlagenen Weg (8.1.1.2) von Galiläa durch das Ostjordanland nach Jerusalem handelt[48].

---

[46] So z. B. Godet, *Lukas*, S. 348.
[47] Vgl. die Nichtnennung von Cäsarea Philippi in Lk 9:18-27. Auch dieser Exkurs wird von Lukas, trotz datiertem Umfeld (9:28.37), nicht lokalisiert.
[48] So Schegg, *Lukas*, II, 129: "Wenn wir ... dabei bleiben, was vom exegetischen Standpunkt aus nicht angefochten werden kann, daß die Synoptiker bloß eines Aufenthaltes Jesu in Jerusalem und consequent bloß einer Reise dahin erwähnen (vgl. 9,51), ferner, daß Jesus noch ferne von Jericho ist (18,15), woselbst er den

Dem steht nicht im Wege, daß in Joh 11 Bethanien als das Heimatdorf von Martha und Maria angegeben wird (v1b: ἀπὸ Βηθανίας, ἐκ τῆς κώμης Μαρίας καὶ Μάρθας τῆς ἀδελφῆς αὐτῆς). Denn der Formulierung in Lk 10:38-42 nach ist es durchaus möglich, daß wenigstens Martha ihren Hauptwohnsitz inzwischen aus ihrem Geburtsort Bethanien in die von Lukas erwähnte κώμη τίς verlegt hatte[49]. Jedenfalls ist sie es, und nicht etwa ihr Bruder Lazarus, die als Hausherrin auftritt. Wenn z. B. in Tob 7 [BA] davon die Rede ist, daß Tobit und sein Begleiter von Sara empfangen werden (v1b: Σαρρα δὲ ὑπήντησεν αὐτοῖς καὶ ἐχαιρέτισεν αὐτοὺς καὶ αὐτοὶ αὐτήν, καὶ εἰσήγαγεν αὐτοὺς εἰς τὴν οἰκίαν), so wird dennoch deutlich gesagt, daß es sich nicht um das Haus der Sara, sondern um das des Raguel handelt (v1a: εἰς τὴν οἰκίαν Ραγουηλ)[50]. Er ist der eigentliche Gastgeber[51]. Anders verhält es sich in Lk 10. Martha nimmt nicht nur die Gäste auf, was sie an sich schon als Hausherrin erscheinen läßt[52], sondern das Haus wird (je nach textkritischer Entscheidung) sogar ausdrücklich als das ihre bezeichnet (𝔐: εἰς τὸν οἶκον αὐτῆς)[53].

---

jüdischen Boden erst betrat: so darf der obige unbenannte Ort nur in einer galiläischen oder peräischen Landschaft (vgl. auch 13,33) gesucht werden". Noch anders J. A. Bengel, *Gnomon Novi Testamenti* ... (1733; Stuttgart, 1915), S. 257, der davon ausgegangen, daß das von Lukas genannte Schwesternpaar nicht mit dem in Joh 11-12 genannten identisch ist (s. u. 9.2.2.4).

[49] Ein vergleichbarer Wohnortwechsel ist auch für den Apostel Petrus anzunehmen, der nach Joh 1:45 aus Bethsaida stammte, später aber in Kapernaum wohnte (Lk 4:38-39).

[50] S. auch Jos 2:1 über Rahab: καὶ πορευθέντες εἰσῆλθοσαν οἱ δύο νεανίσκοι εἰς Ιεριχω καὶ εἰσήλθοσαν εἰς οἰκίαν γυναικὸς πόρνης, ᾗ ὄνομα Ρααβ, καὶ κατέλυσαν ἐκεῖ (vgl. 6:22). Vgl. weiterhin Lk 1:40, wo es über den Besuch der Maria bei Elisabeth heißt: καὶ εἰσῆλθεν εἰς τὸν οἶκον Ζαχαρίου καὶ ἠσπάσατο τὴν Ἐλισάβετ (vgl. v23).

[51] Vgl. A. M. Rihbany, *Morgenländische Sitten im Leben Jesu: Ein Beitrag zum Verständnis der Bibel.* 5. Aufl. (Basel, 1968), S. 89: Gewöhnlich "ist der Mann der Gastgeber, nie die Frau. Im Namen des Hausherrn wird die Einladung ausgesprochen, nach seinem Tod im Namen des ältesten Sohnes. Hat eine Witwe keinen Sohn, so wird ein Verwandter damit beauftragt".

[52] Weiss, *Lukas*, S. 465.

[53] Die äußere Bezeugung für die kürzere (von Nestle/Aland und UBS bevorzugte) Lesart ist ziemlich schwach. Die Entscheidung scheint hier eher auf inneren Kriterien zu beruhen; B. M. Metzger (Hg.), *A Textual Commentary on the Greek New*

Dieser Sachverhalt scheint dafür zu sprechen, dieser zweiten Theorie gegenüber der vorher genannten einen leichten Vorzug einzuräumen. Denn hätte Martha noch im Hause ihres Bruders Lazarus in Bethanien gewohnt, dann wäre schwer verständlich, warum dieses im Reisebericht als *ihr* Haus bezeichnet wird. Martha könnte also ihren Wohnsitz von ihrem Heimatort Bethanien in Judäa in eine namentlich nicht genannte Ortschaft in Galiläa/Peräa verlegt haben. Sie wäre dann in Joh 11 nur deshalb im Haus ihres Bruders anzutreffen, weil dieser schwer erkrankt ist (Joh 11:3-6). Vielleicht wohnte ihre Schwester Maria noch im Haus des Lazarus und war gerade bei Martha zu Besuch, als Jesus und seine Jünger bei dieser Quartier nahmen[54]. Dann wäre Jesus auf seiner Reise nach Jerusalem an einem unbekannten Ort im Haus der Martha eingekehrt[55], ohne daß ein chronologischer oder topographischer Irrtum im Reisebericht angenommen werden müßte.

Für welches Lösungsmodell man sich auch entscheidet, wichtig ist es jedenfalls, der Komplexität des historischen Geschehens Rechnung zu tragen, das in den Evangelienberichten nur in groben Zügen nachgezeichnet wird.

8.1.3 Die Aussätzigenheilung im Grenzgebiet (17:11-19)

Ein weiteres historisches Problem im Reisebericht stellt der Einleitungssatz der Perikope von der Heilung der zehn Aussätzigen dar. Conzelmann meint aus dieser Angabe schließen zu müssen, daß der

---

Testament (London, 1971), S. 153. Eine ähnliche Situation findet sich in Act 16:15, wo Lydia ihre Gäste auffordert: εἰσελθόντες εἰς τὸν οἶκόν μου μένετε. Auch im Falle der Lydia scheint kein männlicher Verwandter vorhanden gewesen zu sein.

[54] Daß man sich unter weiblichen Verwandten auch über weite Strecken für längere Besuche aufsuchen konnte, ist durch Lk 1:39-56 belegt.

[55] Vgl. Schegg, *Lukas*, II, 131: "Martha ... hatte sich nach Galiläa (oder) Peräa verheiratet. Da lernte sie Jesum kennen, da wurde sie gläubig und hatte das Glück, den Herrn selbst in ihrem Hause bewirthen zu können. Das Evangelium erwähnt ihres Mannes nicht; vielleicht also war sie eine Witwe ... Daß wir sie später in Bethanien treffen, hat seinen hinreichenden Grund in der gefährlichen Erkrankung des Lazarus. Maria, die Unvermählte, mochte abwechselnd in Galiläa bei Martha und in Bethanien bei ihrem Bruder sein".

Verfasser des Evangeliums "sich im Lande nicht auskennt"[56]. Die Formulierung καὶ αὐτὸς διήρχετο διὰ μέσον [𝔐: μέσου] Σαμαρείας καὶ Γαλιλαίας bedeutet wohl kaum, daß Jesus mitten durch die Gebiete von Samarien und Galiläa hindurchzog, vielleicht gar in nördlicher Richtung[57]. Grammatikalisch wird man in Parallele zu Formulierungen Xenophons[58] jedenfalls daran zu denken haben, daß Jesus nach den Angaben des Lukas zwischen den Gebieten Samarien und Galiläa hindurchzog, daß ihn sein Weg also an der Grenze dieser beiden Gebiete entlangführte[59]. Demnach wäre Jesus also zur Zeit der Begegnung mit den zehn Aussätzigen durch die Jesreelebene gezogen[60]. Diese Information fügt sich gut in den Gesamtaufriß der Reiseroute ein: Der Weg verläuft durch die Jesreelebene an der galiläisch-samaritanischen Grenze entlang Richtung Osten und dann weiter durch Peräa Richtung Süden.

Allerdings läßt sich diese Einleitungsformulierung auf den ersten Blick nicht ohne weiteres in den chronologisch-geographischen Gesamtzusammenhang des Reiseberichts einordnen. Denn der Leser, der weiß, daß Jesus schon in 9:51 den Entschluß zur Reise nach Jerusalem gefaßt hat, muß sich fragen, wie nun viel später (nach acht Kapiteln) plötzlich vorausgesetzt werden kann, er sei jetzt erst dabei,

---

[56] *Mitte*, S. 61. Dem hat Hengel, "Historiker,", S. 177, mit Recht entgegen gehalten, daß Act 15:3 "gegenüber einer überzogenen Auslegung" von Lk 17:11 zeige, daß Lukas bezüglich der Lage Samariens keineswegs völlig desorientiert war.

[57] Lohse, "Handeln," S. 7: "Sieht man genauer zu, so scheint es näher zu liegen, an eine Reise von Süden nach Norden, also von Samaria nach Galiläa zu denken, als den umgekehrten Weg, den wir in der Abfolge des Lukasevangeliums erwarten sollten, sich vorzustellen". Diese Deutung findet sich z. B. schon bei Osiander (s. u. 9.2.2.1). Dann hätte Lukas aber wohl (wie Joh 4:4: διέρχεσθαι διὰ τῆς Σαμαρείας) formuliert: διήρχετο διὰ τῆς Σαμαρείας καὶ τῆς Γαλιλαίας.

[58] Liddell/Scott, *Lexicon*, S. 1107, verweist auf Xenophon, *An*. I.4.4: "Dort waren zwei Mauern (ἦσαν δὲ ταῦτα δύο τείχη) ... Mitten zwischen ihnen hindurch fließt ein Fluß namens Karsos (διὰ μέσου δὲ ῥεῖ τούτων ποταμὸς Κάρσος ὄνομα)".

[59] So auch Zahn, *Lucas*, S. 597.

[60] Orni/Efrat, *Geographie*, S. 4: "Die Täler Sebulon, Jesreel und Harod trennen Galiläa von Samarien". Aharoni, *Land*, S. 23: "Dieses Tal ist das größte, das die zentrale Bergkette unterteilt, und das einzige, das die Küstenebene mit dem Jordantal verbindet".

Galiläa zu verlassen[61]. Diese Notiz erweckt den Eindruck, als habe die Reise eben erst begonnen und die Reisegruppe befinde sich noch ganz am Anfang der Reiseroute in der Jesreelebene. Man muß also in der Tat fragen: "Wo befinden wir uns eigentlich?"[62].

Um die geographische Unstimmigkeit innerhalb des Evangeliums aufzulösen, hat man auf den Sprachgebrauch des Lukas in 3:1 hingewiesen[63]. Dort nämlich wird der Machtbereich des Herodes Antipas mit Galiläa angegeben (τετρααρχοῦντος τῆς Γαλιλαίας Ἡρῴδου), wobei

---

[61] Das Problem stellt sich freilich nicht in dieser Form, wenn man mit Gasse, "Reisebericht," S. 296, annimmt, daß sich Lukas nach 9:51-56 weiterhin bis 17:11 in Galiläa aufgehalten und dieses erst nach der Aussätzigenheilung verlassen habe. Auch 13:31 wird dann in Galiläa lokalisiert: "Daß er dabei das südliche Grenzgebiet im Auge hat, wird durch die pharisäische Warnung zum mindesten nicht unwahrscheinlich gemacht: Ihr Erfolg konnte um so eher erwartet werden, als die Ausführung dem, dem sie galten, leichter fallen mußte. Den an der Grenze Wandernden zu veranlassen, diese zu überschreiten, mochte dem, der ein Interesse daran hatte, um so aussichtsreicher erscheinen, als Jesus die Absicht dazu bereits einmal bekundet hatte: die gute Gelegenheit mußte benutzt werden". Vgl. auch M. Luther (WA VIII, 344): Ihm zufolge zeigt das Lukasevangelium "bis ins dreizehnte Kapitel, wie Christus mit Predigen und Zeichen in Kapernaum angefangen hat, wo er von Nazareth hingezogen war und wohnte ... Von ihr [d. i. Kapernaum] ging er aus in alle Städte und Dörfer, predigte und tat Wunder. Da er nu alles ausgerichtet und im Land herum gepredigt hatte, machte er sich auf und reiste nach Jerusalem. Diese Reise gen Jerusalem und wie er auf derselben predigte und Wunder tat, beschreibt Lukas vom 13. Kapitel an bis ans Ende; denn diese Reise ist seine letzte und am Ende seines Lebens vollbracht" [zitiert nach *Evangelien-Auslegung*. Hg. E. Mühlhaupt. 2. Aufl. (Göttingen, 1953), III, 276].

[62] Schmidt, *Rahmen*, S. 261. Schleiermacher, *Lukas*, S. 214-5, meint, "daß die Geschichte ... etwas nachläßig sei erzählt worden". Vgl. Schlatter, *Lukas*, S. 389: "Der einleitende Satz ... bleibt ... rätselhaft". Pixner, *Wege*, S. 380, bezeichnet 17:11 als "ziemlich konfuse geographische Bemerkung".

[63] So erwähnt I. H. Marshall, *The Gospel of Luke*. 2. Aufl. (Grand Rapids, 1983), S. 650, die Deutungsmöglichkeit, "that the reference is to the border between Samaria and Peraea (the latter being reckoned as part of Galilee)". Von dieser Deutung geht auch C. F. Nösgen, *Die Evangelien nach Matthäus, Markus und Lukas*. 2. Aufl. (München, 1897), S. 392, aus, ohne diese Beobachtung allerdings im Blick auf die Chronologie des Reiseberichts auszuwerten: "Im Jordanthale hatte die häufig nur als Galiläa bezeichnete Tetrarchie des Herodes (3,1) mit Samaria eine lange Grenze gemein; daher wird der Vorfall in diese Gegend zu verlegen sein"; ähnlich schon Lightfoot, *Commentary*, I, 296.

ganz offensichtlich Peräa eingeschlossen ist. Auch Josephus kann so formulieren. In *Ant.* XVIII.136 schreibt er über Antipas: τὴν δὲ Γαλιλαίων τετραρχίαν οὗτος εἶχεν. Faßt man in diesem Sinne in 17:11 Galiläa als Bezeichnung für das gesamte Herrschaftsgebiet des Antipas auf, dann wäre nicht allein die Jesreelebene, sondern auch der Jordangraben gemeint, insoweit er die Grenze zwischen Peräa und Galiläa markiert. Aber diese verkürzte Redeweise ist doch so selten belegt, daß Lukas wohl auf eine andere eindeutigere Formulierung zurückgegriffen hätte, hätte er hier den Wegabschnitt durch das Jordantal bezeichnen wollen. Anders will wiederum B. Reicke die Stelle erklären. Er schlägt (ohne jedoch in 9:51-19:28 mehrere Reisen Jesu annehmen zu wollen) vor, daß Jesus auf seiner letzten Reise das Grenzgebiet zwischen Samarien und Galiläa mehrmals durchwandert habe. Dafür spricht seiner Ansicht nach eine iterative Verwendung des Imperfekts διήρχετο in 17:11[64].

Hält man aber auch diese Lösung nicht für völlig befriedigend, dann empfiehlt es sich, die Perikope zunächst in ihrer Gesamtheit zu betrachten, da sich möglicherweise von hier aus Ansatzpunkte für die geographische Vorstellung des Lukas ergeben. Dabei zeigt sich, daß die Erzählung auch intern gewisse historische Unstimmigkeiten aufzuweisen scheint. Wellhausen kleidet seine Anfragen an die Darstellung des Lukas in folgende Worte: "Soll sich dieser (d. h. der Samaritaner) übrigens gemeinsam mit den anderen neun einem jüdischen Priester vorstellen? und ging das so geschwind, daß Jesus hinterher noch an Ort und Stelle zu treffen ist? es war doch ein Opfer mit der Vorstellung verbunden und dies konnte nicht außerhalb des Tempels dargebracht werden. Man darf solche realistischen Fragen an unsere Geschichte nicht stellen"[65]. Auch bei der Interpretation dieser Perikope muß jedoch zunächst der Grundsatz gelten, daß der Erzählung in ihrer jetzigen Form für den Autor Lukas und auch für seine ersten Leser die Vorstellung eines in sich schlüssigen Handlungsablaufes zugrunde liegen muß.

---

[64] "Der barmherzige Samariter," *Verborum Veritas* (Wuppertal, 1970), S. 109. Wieder anders erklärt Reicke, *Roots*, S. 63: "... the reference to Samaria in 17,11 being a mere retrospect caused by the catchword 'gratitude' in 17,9".
[65] *Evangelium Lucae*, S. 93-4.

8.1.3.1 Die Reinigungszeremonie in Jerusalem

Die Frage, zu welchen Priestern Jesus die Aussätzigen gesandt hat, läßt sich zunächst ganz einfach beantworten: nach Jerusalem, denn nur dort konnte die Opferforderung erfüllt werden, die zwar in 17:14b nicht ausdrücklich genannt ist, aber sicherlich nach 5:14b (προσένεγκε περὶ τοῦ καθαρισμοῦ σου καθὼς προσέταξεν Μωυσῆς) hinzugedacht werden muß. Allerdings wird verschiedentlich angenommen, die Reinigungszeremonie sei in zwei Stufen vorgenommen worden. Jesus habe die Reinsprechung zunächst vor Ort vornehmen lassen; denn daß nicht nur in Jerusalem und Judäa Priester wohnten, ist durch die rabbinische Literatur belegt[66]. In der Zeit, in der sie nicht am Tempel Dienst tun mußten, lebten die Priester in ihrer Heimat. Dort standen sie laut Jeremias für Aufgaben wie die Reinsprechung genesener Aussätziger zur Verfügung[67]. Und erst nach dieser Reinsprechung vor Ort sei im Falle der Heilung die Reise nach Jerusalem zum Zweck der Opferdarbringung angetreten worden. Diesen Ablauf nimmt Jeremias auch für Lk 17:11-19 an[68].

Es ist allerdings fraglich, ob die rituellen Reinigungshandlungen, bei denen man sich ja (auch laut tNeg) nach Lev 14 richtete, derartig aufgeteilt wurden. Denn der Priester, der laut den alttestamentlichen Bestimmungen am achten Tag das Schuldopfer darbringt (vv10-20), ist ganz offensichtlich derselbe, der schon die Reinsprechung vorgenommen hat (vv2-8). Derselbe Priester, der den vom Aussatz Genesenen reinigt bzw. für rein erklärt (v7a: וְטִהֲרוֹ), führt auch die Opferzeremonie am Zentralheiligtum durch: "Und der reinigende Priester (הַכֹּהֵן הַמְטַהֵר [LXX: ὁ ἱερεὺς ὁ καθαρίζων]) soll den Mann, der

---

[66] Safrai, *Wallfahrt*, S. 60: "unzweifelhaft bestanden Priesterorte in vielen galiläischen Städten. In tannaitischen Quellen kommen galiläische Priester vor ..., die zeitweilig sogar Hochpriesterwürde erlangten".

[67] J. Jeremias, *Jerusalem zur Zeit Jesu*. 3. Aufl. (Göttingen, 1962), S. 233. Auch Zahn, *Matthäus*, S. 333, geht etwa für Mt 8:1-4 davon aus, daß der Geheilte zunächst bei einem Priester vor Ort seine Heilung konstatieren und die in Lev 14:1-8 vorgeschriebenen Handlungen vornehmen lassen sollte. Danach erst sollte er nach Jerusalem ziehen, um dort im Tempel am achten Tag nach der Reinigung ein Opfer darzubringen (vgl. Lev 14:10).

[68] *Jerusalem*, S. 233.

zu reinigen ist, ... an den Eingang des Zeltes der Begegnung vor den Herrn stellen" (v11). Auch im Tosefta-Traktat Nega'im[69] wird betont, daß die Besichtigungs- bzw. Reinigungszeremonien an einem Aussätzigen von Anfang bis Ende von einem und demselben Priester durchzuführen sind. So liest man in tNeg I.15: "Der Priester, welcher einen [Kranken] zu Anfang besichtigt hat, ist ihm [auch zur weiteren Besichtigung] am Ende der ersten Woche verpflichtet. Hat er ihn am Ende der ersten Woche besichtigt, so ist er ihm [zur weiteren Besichtigung] am Ende der zweiten Woche verpflichtet. War er ihm am Ende der zweiten Woche verpflichtet, so ist er ihm auch am Ende der dritten Woche verpflichtet. Stirbt [d]er [Priester] oder wird er krank, so ist dem [Kranken] ein anderer Priester verpflichtet, und [dies]er darf nicht zu ihm sagen: Geh [jetzt] weg und komm [später] wieder! Vielmehr ist er ihm sofort verpflichtet"[70]. Zwar trifft es zu, daß sich diese Vorschrift zunächst nur auf die Behandlung des Aussatzausbruchs bezieht. Billerbeck bemerkt allerdings zu seiner Zusammenstellung der Vorschriften für die Behandlung Aussätziger: "Die hier folgenden Bestimmungen sind zum Teil für die Besichtigung des Aussätzigen *nach dem Ausbruch* der Krankheit gegeben, sie gelten aber auch für die Besichtigung *nach dem Aufhören* der Krankheit"[71]. Trifft dies zu, so kann die oben angeführte Bestimmung zur Behandlung des Aussatzausbruchs mit einiger Wahrscheinlichkeit auch auf die Behandlung vom Aussatz Genesener bzw. Geheilter bezogen werden.

Die Geheilten wurden demnach von Jesus aller Wahrscheinlichkeit nach direkt nach Jerusalem geschickt, um dort die verschiedenen

---

[69] Zur Entstehungszeit der Tosefta vgl. H. L. Strack und G. Stemberger, *Einleitung in Talmud und Midrasch.* 7. Aufl. (München, 1982), S. 157: "Sicher ist T in der Endfassung nach-mischnaisch und somit schon amoräisch, doch wohl aus den Anfängen der amoräischen Zeit. Der Annahme einer Endredaktion von T im späten 3. oder frühen 4. Jh. lassen sich jedenfalls kaum schwerwiegende Gründe entgegenhalten". Es läßt sich daher nicht sicher sagen, ob die im folgenden angeführten Vorschriften in die Zeit Jesu zurückreichen.

[70] Vgl. weiterhin VIII.1: "der[selbe] Priester, der [jemanden] für unrein erklärt hat, ist [auch] verpflichtet, [ihn wieder] für rein zu erklären".

[71] H. L. Strack und P. Billerbeck, *Kommentar zum Neuen Testament aus Talmud und Midrasch.* 2. Aufl. (München, 1956), IV/2, 757.

Phasen der in Lev 14 bzw. den entsprechenden rabbinischen Verordnungen vorgeschriebenen Reinigungszeremonie zu durchlaufen, d. h. sowohl die rituellen Handlungen der ersten als auch die Opferhandlungen der zweiten Woche im Zentralheiligtum von einem und demselben Priester vornehmen zu lassen.

8.1.3.2 Die Rückkehr aus Jerusalem

Weiter bestehen unterschiedliche Ansichten darüber, wohin Jesus den einen Samaritaner geschickt hat. Luther etwa geht davon aus, daß er sich zusammen mit den anderen neun einem jüdischen Priester zu zeigen hatte[72]. Die neuere Exegese geht fast durchweg davon aus, daß der Samaritaner von Jesus allein zum Garizim geschickt wurde[73], wo man ja den Pentateuch anerkannte und somit auch die mosaischen Reinigungsgebote befolgt haben dürfte[74]. Zahn meint, diese Frage nicht entscheiden zu können[75]. Es erscheint aber zweifelhaft, daß Jesus den samaritanischen Kult auf dem Garizim anerkannt hat (vgl. auch 9:52-6)[76]. Eher könnte man annehmen, daß der Samaritaner sich um der Aussicht auf Heilung willen darauf eingelassen hat, die Grenze zum jüdischen Glauben zu überschreiten (womit

---

[72] In diesem Sinne äußert sich Luther in einer seiner Tischreden im August 1540 (WA *Tischreden* IV, 702,18-703,2 = Nr. 5183): "Man fragte den Doktor, ob denn der Samariter auch mit den neun zu den Priestern gegangen wäre. Er sprach: ganz gewiß. Dagegen sagte man: aber die Juden verkehren doch nicht mit den Samaritern. Da sagte der Doktor: zu Tübingen legte einmal einer die Dekretalen aus. Und als er an die Stelle kam '*Laicus non stet in choro*' ..., da unterstrich er den Satz gewaltig, fügte aber doch hinzu: merkt euch eins, ihr Jünglinge: wenn ein Laie einen Groschen geben will, dann soll man ihn nicht aus dem Altar- und Chorraum weisen! So ging es zu Jerusalem auch: wenn einer etwas brachte, schlugen sei [sic] keinen aus. Denn Pfaffen sind je und je geizig gewesen" (zitiert nach *Evangelien-Auslegung*, III, 276).
[73] Vgl. Plummer, *Luke*, S. 404. Und Bultmann, *Geschichte*, S. 33, fragt: "was sollte der Samariter bei den jüdischen Priestern?"
[74] Schanz, *Lucas*, S. 432.
[75] *Lucas*, S. 600.
[76] Vgl. Joh 4. Anders Schegg, *Lukas*, III, 21, der meint, da es sich um eine zivile, nicht um eine religiöse Verordnung gehandelt habe, lag darin, daß Jesus den Samaritaner auf den Garizim sandte, "keine Art Gutheißung des samaritischen Kultes".

er faktisch ja schon mit seinem Vertrauen in den jüdischen Propheten Jesus begonnen hatte)[77]. Weiterhin ist zu fragen, wie Lukas sich den Sachverhalt vorgestellt hat, wenn er davon ausging, daß der Samaritaner sich von den Neunen trennte, um zum Garizim zu gehen. Welchen Sinn hätte es dann gehabt, an ihn die Frage: οἱ δὲ ἐννέα ποῦ; (v17) zu richten? Diese Beobachtungen sprechen dafür, daß Lukas davon ausging, daß alle Zehn gemeinsam zum jüdischen Tempel in Jerusalem zogen und der Samaritaner die anderen Neun erst durch seine Rückkehr aus den Augen verlor.

Wichtiger für das Verständnis der Perikope im Gesamtkontext des Reiseberichts ist aber nun vor allem die Beantwortung der Frage, wann der geheilte Samaritaner zurückkam. Falls die Rückkehr von einem örtlichen Priester gemeint wäre, hätte er Jesus noch nahezu am selben Ort angetroffen[78]. Falls aber (was nach dem oben Gesagten wahrscheinlicher ist) die Rückkehr vom Tempel in Jerusalem gemeint ist, ergeben sich wiederum zwei Möglichkeiten. Entweder der Samaritaner kehrte um, sobald er seine Heilung bemerkt hatte; davon gehen, sofern man diese Frage überhaupt berührt, einige Exegeten aus[79]. Der anderen Möglichkeit haben eine Reihe älterer Ausleger (wie z. B. Luther und Calvin) zugeneigt. Luther schreibt in seiner ausführlichen Kommentierung der betreffenden Perikope im Blick auf die Rückkehr des Samaritaners: "Dies Umkehren muß geschehen sein, nachdem er sich mit den andern den Priestern gezeigt hatte. Der Evangelist schweigt davon, wie sie zu den Priestern gekommen sind und was da geschehen ist. Aber in dem Wiederkommen und der Dankbarkeit des einen gibt er zu verstehen, wie es gegangen ist"[80]. Calvin führt zur Stützung dieser Interpretation noch zwei Argumente an: "Es ist nicht recht klar, ob dieser eine mitten auf dem Weg umgekehrt ist, wie es die Worte des Lukas anzudeuten scheinen. Es kommt mir jedoch wahrscheinlicher vor,

---

[77] Vgl. Bengel, *Gnomon*, S. 286: *Sic Samarita ad fidem Israelis adducitur*.
[78] So Hahn, *Lucas*, II, 378.
[79] Z. B. Dalman, *Orte*, S. 225: "Das Natürliche bleibt die sofortige Umkehr des Dankbaren, der noch vor dem priesterlichen Akte dem Lobe Gottes und dem Danke gegen seinen Gesandten Ausdruck geben will ... Gerade wenn es vom Orte der Heilung noch weit nach Jerusalem war, ist die Umkehr zu Jesus um so erklärlicher".
[80] WA VIII, 372, 30-34; zitiert nach *Evangelien-Auslegung*, III, 292.

daß er erst zum Danksagen zurückkam, nachdem er das Urteil der Priester vernommen hatte. Denn der Priester mußte ihm erst die Erlaubnis geben, wieder mit anderen Menschen verkehren zu dürfen; auch durfte er nicht einfach Christi Befehl übergehen und dem Tempel das Dankopfer gegen Gott entziehen"[81]. Und schließlich wäre Jesu Frage nach dem Verbleib der Neun (v17b) schwer verständlich. Diese Frage setzt nämlich voraus, daß zum betreffenden Zeitpunkt alle zehn Geheilten mit Recht zurück erwartet werden konnten. Sie wäre unpassend, wenn die neun jüdischen Aussätzigen noch unterwegs nach Jerusalem gedacht werden müßten, um dort ihrer gesetzlich vorgeschriebenen Verpflichtung nachzukommen.

Zwar ist es zutreffend, wie schon Calvin bemerkte, daß der Wortlaut zunächst dafür zu sprechen scheint, daß der Geheilte direkt nach seiner Heilung zurückkehrte[82]. Die Aussage ἰδὼν ὅτι ἰάτη, ὑπέστρεψεν (v15) darf allerdings nicht gepreßt werden. In ihrer raffenden Knappheit sagt sie nichts über den Verlauf der Ereignisse im einzelnen aus. Die genannten Gründe sprechen deutlich dafür, daß der Geheilte erst nach seinem offiziellen Erscheinen beim Priester zu Jesus zurückgekehrt ist.

---

[81] *Ioannis Calvini Opera* XLV, 423; zitiert nach *Johannes Calvins Auslegung der Evangelien-Harmonie* (Neukirchen, 1974), II, 7. Auch 5:14 zeigt, daß Jesus dem Gang zum Priester große Bedeutung beimaß; auch noch, nachdem die Heilung schon vollzogen war. Unter späteren Exegeten war es dann u. a. Schleiermacher, *Lukas*, S. 214-5, der annahm, der Geheilte sei erst nach dem Besuch in Jerusalem zu Jesus zurückgekehrt: Daß die Aussätzigen "dem Befehl Jesu folgend zu den Priestern gingen, und auch der Samariter erst nach dieser gesetzlichen Erklärung Jesu nachging, um sich ihm dankbar darzustellen ... ist, da ein Aussäziger in den wenigsten Fällen im Stande war selbst zu beurtheilen, ob er rein sei, das natürlichste; auch klingt Jesu Frage v. 17 wol etwas hiernach; aber man muß befremdet davon sein, daß dieser Umstand nicht in der Erzählung deutlicher sollte herausgetreten sein". Daß der Geheilte nicht in der Lage gewesen sei, seine eigene Heilung festzustellen, ist allerdings kein zwingendes Argument, denn offenbar ist bei dem ἰάθη in v15 an einen ähnlichen Vorgang gedacht, wie er in 2Kön 5 geschildert wird (worauf Jesus in 4:27 ausdrücklich Bezug nimmt). Dort heißt es in v14b: "Da wurde das Fleisch wieder wie das Fleisch eines jungen Knaben, und er wurde rein". Vgl. auch Schmidt, *Rahmen*, S. 262.

[82] Vgl. J. Chr. K. von Hofmann, *Das Evangelium des Lukas* (Nördlingen, 1878), S. 427; ähnlich Plummer, *Luke*, S. 404.

8.1.3.3 Der Rückgriff (v11)

Geht man also davon aus, daß Jesus alle zehn Aussätzigen zum Tempel in Jerusalem geschickt hat, und daß sie dort zunächst tatsächlich die vom Gesetz geforderten Opfer für ihre Reinigung dargebracht haben (Lev 14), dann erstreckt sich die in 17:11-19 geschilderte Begebenheit insgesamt ohne Frage über einen Zeitraum von mehreren Wochen. Darin unterscheidet sich diese Szene von den meisten anderen Episoden des Reiseberichts. Und damit ergibt sich für Lukas die Frage, wo und wie er diese Perikope in seine Darstellung der Reise Jesu nach Jerusalem einordnen soll, da er sich doch um eine chronologische Darstellung bemüht. Im Grunde hat er zwei Möglichkeiten: Entweder er fügt die Begebenheit von der Heilung der zehn Aussätzigen da ein, wo sie ihrem Beginn nach hingehört – dann wären die vv11-14a chronologisch korrekt eingeordnet –, oder aber er gliedert die Erzählung dort seinem Reisebericht ein, wo der Reiseabschluß historisch seinen Platz hat – dann stünden die vv15-19 chronologisch gesehen am richtigen Ort. Lukas scheint sich für die zweite Möglichkeit entschieden zu haben. Zu diesem Schluß veranlaßt ein Blick auf die bereits erwähnte Eingangsformulierung der Perikope. Diese versetzt den Leser zurück in den ersten Reiseabschnitt, weil hier die Begebenheit, deren Ausgang Lukas nun (chronologisch korrekt) erzählen will, ihren Anfang genommen hat. Lukas bedient sich also eines Stilmittels, das in der neueren Erzählforschung als *Rückgriff* bezeichnet wird[83]: "An beliebiger Stelle der Erzählung holen Erzähler ... ein Erlebnis aus der Vergangenheit bei, um damit die augenblickliche Situation in Zusammenhänge einzuweisen ... Hier bleibt der gegenwärtige Vorgang durchaus im Blick des Lesers; und der Erzähler greift nur 'mit einem Arm' zurück auf Ereignisse der Vergangenheit, die zur Gegenwart Bezug haben, gibt aber die Gegenwart dabei nicht auf"[84]. Da im Grunde keine Erzählung ohne dieses Stilmittel auskommt[85], ist es nicht verwunderlich,

---

[83] In der englischsprachigen Literatur spricht man unter dem Einfluß der Filmtechnik vor allem von *flashback* oder *cutback*.
[84] Lämmert, *Bauformen*, S. 122-3.
[85] Lämmert, *Bauformen*, S. 128: "Ein Erzählen ohne Rückgriff ist ... undenkbar".

daß es auch für das Alte Testament⁸⁶, für die griechisch-römische Literatur⁸⁷ und für die neutestamentlichen Evangelien⁸⁸ nachgewiesen werden kann.

Van Bruggen wendet die Unterscheidung zwischen dem Gegenwartsgeschehen einerseits und der Beiholung eines Ereignisses aus der Vergangenheit andererseits dann auch auf die Perikope 17:11-19 an. Er unterscheidet "tussen het tijdstip van de genezing enerzijds en het moment van de terugkeer van de Samaritaan anderzijds ... Om te begrijpen wat zich afspeelde toen eens een Samaritaan zich dankbaar

---

⁸⁶ Z. B. wird in 1Sam 22:20 berichtet, wie Abjatar zu David flieht (ἔφυγεν ὀπίσω Δαυιδ). Es folgen sein Lagebericht (v21) und Davids Reaktion (v22) sowie die Aufforderung zum Bleiben (v23). Dann wird berichtet, wie David die Stadt Keila rettet (23:1-5). Nun wird in v6 noch einmal auf das in 22:20 Berichtete zurückgegriffen: Καὶ ἐγένετο ἐν τῷ φυγεῖν Αβιαθαρ υἱὸν Αβιμελεχ πρὸς Δαυιδ ... Die nachgetragene Information über das Ephod ist hier eingefügt, um verständlich zu machen, wie David in v9 nach dem Ephod verlangen kann. Dieser Rückgriff (v6) schiebt also eine Information nach, deren Relevanz für die Erzählung an früherer Stelle weniger verständlich gewesen wäre, die an ihrem Platz aber wichtig für die Schlüssigkeit von deren Fortgang ist. M. Weiss, "Weiteres über die Bauformen des Erzählens in der Bibel," *Bib*, 46 (1965), 181-206, zeigt, wie die Annahme eines Rückgriffs an dieser und anderen Stellen Interpolierungshypothesen überflüssig macht.

⁸⁷ Theon, *Prog.* 193, weist die Technik des Rückgriffs schon bei Homer nach: "die Umkehr der Reihenfolge praktizieren wir auf vielfache Weise (τὴν δὲ ἀναστροφὴν τῆς τάξεως πολλαχῶς ποιησόμεθα)". Daß das Mittel des Rückgriffs auch dazu dienen konnte, in einem Bericht aus Nachlässigkeit übergangene Informationen nachzutragen, zeigt ein Brief des Plinius an Cornelius Minicianus (*Ep*. III.9), in welchem er ihm über den Verlauf eines Staatsprozesses in der Provinz Baetica berichtet, an dem er selbst aktiv beteiligt war (III.9.1). Gegen Ende seines Berichts findet sich in seinem Brief folgende Notiz (28): "Das alles meine ich ebenso kurz wie genau dargelegt zu haben. Voreilig habe ich 'genau' gesagt; eben fällt mir ein, was ich übergangen habe, und zwar zu spät; aber wenn auch nachträglich, will ich es doch berichten (*succurrit, quod praeterieram, et quidem sero; sed quamquam praepostere reddetur*). Homer verfährt so, und viele folgen seinem Vorbild (*facit hoc Homerus multique illius exemplo*)". Anschließend an diese Bemerkung berichtet Plinius die versehentlich übergangene Begebenheit. Er schließt seinen Brief dann mit den Worten (37): "Damit schließe ich den Brief, schließe ihn wirklich, füge keinen einzigen Buchstaben mehr hinzu, selbst wenn ich merke, daß ich immmer noch etwas vergessen habe. Leb' wohl!" Vgl. Cicero, *Att*. I.16.1, und dann auch Lausberg, *Handbuch*, I, 440 (§ 891).

⁸⁸ Einen Rückschritt beobachtet Berger, *Exegese*, S. 81, der sich terminologisch an Lämmert anschließt, z. B. in Mk 6:17-29 in den vv17-20.

tot Jezus richtte, moet men vooraf weten dat Jezus ... bij het trekken door het grensgebied van Samaria en Galilea tien melaatsen had gereinigd"[89]. Der Einleitungsvers der Perikope (v11) kann also einen solchen Rückgriff auf den Punkt des ersten Reiseabschnitts darstellen, als Jesus die Aussätzigen auf den Weg nach Jerusalem geschickt hatte. Während diese nach Jerusalem zogen, um sich dort den Priestern zu zeigen sowie ihre Opferpflicht zu erfüllen, und bis der Samaritaner zu Jesus zurückkehrte, war dieser natürlich auf seinem Weg nach Jerusalem schon weiter vorgerückt.

Lukas gibt in seiner bewußt an geographischen und chronologischen Datailangaben armen Erzählweise nicht an, wann und wo der gereinigte Samaritaner mit Jesus zusammentraf. Bei Annahme eines narrativen Rückgriffs in v11 läßt sich die Episode von der Aussätzigenheilung aber dennoch gut in die fortlaufende Reise nach Jerusalem einordnen.

8.1.4 Der geographische Zuordnungsspielraum

Die in 8.1.1 gezeichnete Reiseroute ist durch die in 8.1.2-3 besprochenen Perikopen nicht in Frage gestellt worden. Die letzte Reise nach Jerusalem beginnt in Galiläa (9:51-6), folgt dann der galiläisch-samaritanischen Grenze in östlicher Richtung (17:11) und führt durch das Ostjordanland über Jericho (18:35-19:27) bis vor die Tore Jerusalems. Es soll nun abschließend zusammengefaßt werden, welche Schlußfolgerungen der lukanische Bericht über die geographische Lokalisierung der letzten Jesusreise bzw. ihrer einzelnen Abschnitte zuläßt, welcher Reiseabschnitt noch in Galiläa und welcher schon in Peräa spielt. Der Zuordnungsspielraum, den Lukas hier läßt, indem er nicht einmal die Überschreitung des Jordan markiert, läßt sich anhand zweier Extremmodelle veranschaulichen.

Nach einem ersten Modell könnte sich von den von Lukas erzählten Reiseszenen die Mehrzahl noch in Galiläa, und zwar wohl vornehmlich im südlichen Landesteil abgespielt haben. Nach diesem innerlukanisch denkbaren Modell hält sich Jesus bis 18:30 in Galiläa

---

[89] *Christus*, S. 90-1.

auf, faßt dann dort den Entschluß, endgültig Jerusalem aufzusuchen (18:31-34), überquert den Jordan, zieht durch Peräa, überquert weiter südlich erneut den Jordan und erreicht so Jericho (18:35). Über Begebenheiten, die sich auf dem Zug durch Peräa zugetragen haben, erfährt der Leser nach diesem Modell nichts, was der Tatsache entspräche, daß im Reisebericht weder Peräa noch eine dort gelegene Ortschaft Erwähnung findet[90].

09:51-18:34	Reisebeginn in Südgaliläa
	Doppelter Jordanübertritt
18:35-19:28	Weiterreise in Judäa

Andererseits ist es aber theoretisch ebensogut vorstellbar, daß der Reisebericht schwerpunktmäßig in Peräa zu lokalisieren ist. Dies wäre der Fall, wenn man annimmt, daß 9:51-56 gleichzeitig die erste und die letzte in Galiläa spielende Szene des Berichtes ist und der Jordanübertritt noch vor den in 9:57-62 erwähnten Nachfolgegesprächen stattgefunden hat. Alles der Samaritanerszene folgende spielt dann in Peräa (9:57-18:34), und der Peräa-Aufenthalt wird erst mit dem Erreichen Jerichos (18:35) abgeschlossen. Für die Aussätzigenheilungsperikope wäre in diesem Fall anzunehmen, daß 17:11 als Rückgriff in die Zeit vor dem Jordanübertritt zurückblendet (8.1.3). Zwingend wäre dieses zweite Modell mit Schwerpunkt Peräa, wenn Schlatter mit seiner Deutung, daß mit 9:51 "der Auszug aus Galiläa feierlich angezeigt" sei, im Recht wäre[91]. Dies ist aber nicht der

---

[90] So Gasse, "Reisebericht," S. 293-9; S. 198: "Erster Reiseabschnitt in Galiläa 9,51-18,34, zweiter Reiseabschnitt in Judäa 18,35-19,27". Ähnlich schon Schegg, *Lukas*, der 9:56 als Anfang eines Rückzugs nach Galiläa deutet (II, 65), der bis nach Kapernaum führt. Erst mit 13:22 schlägt Jesus von neuem die Richtung nach Jerusalem ein (II, 313-4). In 17:11 nähert er sich dann "zum zweitenmal dem Gebiet der Samariter" und reist, "auf der Grenze angelangt, gegen Osten" (III, 17). Vgl. auch Meyer, *Lukas*, S. 382, der zu 13:31-3 bemerkt: "Nach 17,11 fiel der Akt in Galiläa vor".

[91] *Lukas*, S. 331; vgl. S. 270 u. 275. S. weiterhin Weiss, *Lukas*, S. 503: "doch befindet sich ja Jesus seit 9,51 ausserhalb Galil.'s".

Fall, da in 9:51 lediglich der Entschluß Jesu, seine Reisetätigkeit (8:1-3) nun auf das Ziel Jerusalem auszurichten, ausgesagt wird (vgl. u. 12.2). Über den Zeitpunkt des Verlassens von Galiläa ist damit noch nichts gesagt.

09:51-56	Reisebeginn in Galiläa
	Jordanübertritt
09:57-18:34	Weiterreise in Peräa

An Stelle der beiden Extremmodelle, die zwar möglich aber innerlukanisch nicht zu verifizieren sind, muß somit ein offenes Modell treten, das sich nur im Bezug auf den Reiseanfang und das Reiseende festlegen kann. Eine genauere Lokalisierung der einzelnen Szenen wollte Lukas seinen Lesern im Mittelteil, den er bewußt vom Redestoff dominiert sein läßt (6.2.3), nicht geben. Damit muß innerlukanisch auch offen bleiben, ob 17:11 sich einfach in den chronologischen Verlauf des Berichtes einfügt, oder als Rückgriff aufzufassen ist.

09:51-56	Reisebeginn in Galiläa
09:57-18:34	Durch Galiläa und Peräa nach Jerusalem
18:35-19:28	Reiseabschluß in Judäa

Schließlich könnte man noch probieren, den aufgezeigten Spielraum etwas einzugrenzen, indem man versucht, aus einigen Perikopen indirekte Informationen über ihre Lokalisierung zu entnehmen. So will z. B. Zahn für 13:1-5 aus "dem objektiven Ton, in welchem außerdem auch von allen Galiläern und allen Bewohnern Jerusalems geredet wird", schließen, "daß ebensowenig Galiläa wie Jerusalem, also wohl Peräa der Schauplatz der Verhandlung war"[92]. Und aus 13:32-33 folgert Zahn, Jesus befände sich hier "nicht mehr allzufern

---

[92] *Lucas*, S. 521.

Die Reiseroute

von Jerusalem, also nicht mehr in Galiläa, sondern in ... Peräa"[93]. Aber diese Schlußfolgerungen bleiben doch so vage, daß man ihnen besser kein allzugroßes Gewicht zuerkennt.

In Kapitel 9 muß sich zeigen, ob und inwiefern der innerlukanische Spielraum durch die von den anderen Evangelisten gebotenen Daten noch eingeschränkt werden kann.

8.2 Die Reisestrategie (10:1.4-12.17)

In Lk 10 wird die Strategie entfaltet, nach der die im Reisebericht (9:51-19:28) geschilderte Reise nach Jerusalem abläuft. Da sich aus diesem Abschnitt weitere Einsichten im Blick auf den Ablauf der letzten Jesusreise ergeben, wird dieser hier gesondert behandelt.

Die Historizität des lukanischen Berichts von der Aussendung der 70 Boten ist verschiedentlich bezweifelt worden[94]. Zur Begründung verweist man darauf, daß ihre Funktion historisch nicht plausibel gemacht werden könne: "Welches überflüssige Ceremoniell, sich und die Ankunft des Reiches Gottes vorläufig ankündigen zu lassen, wenn er bald darauf selbst die Stadt besuchte!" (II, 195). Dieser Einwand beachtet aber nicht in ausreichendem Maße den weiteren Kontext, in welchem der Aussendungsbericht bei Lukas steht. Wie in Lk 9:1-6 geht es auch in 10:1-17 um eine Erweiterung des Mitarbeiterstabes zum Zweck der Arbeitsintensivierung. Nachdem sich in 8:40-56 gezeigt hatte, wie sehr Jesus vom Volk in Anspruch genommen ist, werden in 9:2 zwölf Boten ausgewählt, die ihn im Verkündigungs- und Heilungsdienst (v6) unterstützen sollen. Ganz ähnlich verhält es sich in Kapitel 10. Nachdem Jesus seine Predigttätigkeit bisher (Lk 4-9) vor allem in Galiläa ausgeübt hat, wendet er sich nun schwerpunktmäßig südlicheren Gebieten, u. a. dem Ostjordanland, zu. Da ihm für die Durchdringung dieses Teiles Palästinas mit der Evangeliumspredigt nur eine vergleichsweise kurze Zeit zur Ver-

---

[93] *Lucas*, S. 538. In seiner *Einleitung*, II, 397, gibt Zahn als Ort allerdings "entweder in Galiläa oder in Peräa" an.
[94] Z. B. durch B. Bauer, *Kritik der evangelischen Geschichte der Synoptiker* (1841; Hildesheim, 1974), II, 194: "Die Siebenzig sind ein frei gebildetes Geschöpf des Lukas".

fügung steht, bedient er sich auf seiner Reise einer besonderen Strategie: er sendet Botenpaare vor sich her, die seine Ankunft in den einzelnen Ortschaften vorbereiten sollen. Dadurch wird es möglich, daß Jesus auf seiner Reiseroute nur die Ortschaften besucht, die seinen Boten gegenüber ihre Offenheit für seine Botschaft gezeigt haben. Außerdem ermöglicht die vorbereitende Tätigkeit der Boten eine wesentlich kürzere Verweildauer in den einzelnen Ortschaften[95]. Er benötigt so zur evangelistischen Durchdringung der zu durchziehenden Gebiete viel weniger Zeit als etwa für die Verkündigung des Evangeliums in Galiläa, die er bis zur Aussendung der Zwölf allein betrieben hatte[96].

Somit ist es also keineswegs überzeugend, den Abschnitt 10:1-17 als ein fiktives Gebilde des Lukas anzusehen. Er stellt keinen historisch unmotivierten Fremdkörper im lukanischen Evangelium dar. Will man aber aufgrund der formalen Ähnlichkeit mit 9:1-6.10 auf eine Dublette schließen[97], so traut man Lukas einen gravierenden, nicht nur historischen, sondern auch narrativen Fehler zu. Denn für den Historiker gilt nicht nur, daß er die chronologische Ordnung nicht vernachlässigen darf, er sollte auch Dublettenbildung vermeiden (Theon, *Prog.* 185): "Man muß darauf achten, daß man die Zeiten und die Ordnung der Handlungen nicht verwischt (φυλακτέον δὲ καὶ τὸ μὴ συγχεῖν τοὺς χρόνους καὶ τὴν τάξιν τῶν πραγμάτων) und auch nicht dasselbe zweimal erzählt (ἔτι τε καὶ τὸ δὶς τὰ αὐτὰ λέγειν)". Daß für die Annahme eines solchen narrativen Mißgriffs die Konstatierung einer Ähnlichkeit mit 9:1-6 ausreicht, kann bezweifelt werden.

Im folgenden soll nun gefragt werden, wie die Aussendung der Boten nach dem Bericht des Lukas im Detail vor sich gegangen ist

---

[95] Vgl. Godet, *Lukas*, S. 328: Jesus hat "jedem Ort nur wenig Zeit zu widmen. Es lag ihm daher daran, jedesmal seine Ankunft vorbereitet ... zu finden".

[96] Ein geringerer Zeitaufwand ist zudem wohl auch deswegen anzunehmen, weil laut Josephus (*Bell.* III.44) Peräa im Vergleich zu Galiläa relativ "dünn besiedelt (ἔρημος)" war.

[97] J. A. Fitzmyer, *The Gospel According to Luke* (New York, 1985), II, 843: "Since none of the other Gospels knows of a separate sending-out of 'other' disciples than the Twelve and since what is addressed here to the 'others' is already found in part in the charge to the Twelve in Matthew, Luke has clearly created this literary 'doublet' from the 'Q' material".

und was sich daraus über den Verlauf der letzten Jesusreise ableiten läßt.

8.2.1 Die Aussendung der Vorboten (v1)

Das Mittel der Botenaussendung, dessen Jesus sich zu Beginn seiner letzten Jerusalemreise bedient, ist durchaus nicht ungewöhnlich[98]. Denn grundsätzlich gilt "für die mündliche und schriftliche Nachrichtenbeförderung des Altertums, namentlich bei den Römern, ebenso im Mittelalter und in der Neuzeit bis an die Schwelle des 19. Jahrhunderts, als Universalorgan der Bote"[99]. So haben sich verständlicherweise auch religiöse oder philosophische Gruppierungen dieser Propagandamöglichkeit bedient. Lukian etwa berichtet in seiner Schrift über den um 150-70 n. Chr. aktiven Asklepiospriester Alexander von Abonuteichos (*Alex.* 24): "Er sandte schon einige [Mitarbeiter] in die Fremde (Ἤδη δέ τινας καὶ ἐπὶ τὴν ἀλλοδαπὴν ἐξέπεμπεν), um den Völkern Kunde zu bringen über das Orakel und zu berichten, daß er voraussagte und entlaufene Sklaven ausfindig machte und Diebe und Räuber überführte und Schätze zum Ausgraben darböte und Kranke heilte (καὶ νοσοῦντας ἰάσαιτο), einige schon Gestorbene aber auch auferweckte (ἐνίους δὲ καὶ ἤδη ἀποθανόντας ἀναστήσειεν)"[100]. In entsprechender Weise ist auch die Botenaussendung Jesu als Mittel einer möglichst intensiven Ausbreitung seiner Predigt- und Heiltätigkeit aufzufassen.

Darüber hinaus lassen sich aber eine ganze Reihe von Parallelen der Botenaussendung Jesu speziell mit dem antiken Gesandtschaftswesen beobachten. So wie die Gesandten im politischen Bereich die Interessen ihres Staates in der Fremde zu vertreten haben, werden

---

[98] Zum altorientalischen Hintergrund vgl. S. A. Meier, *The Messenger in the Ancient Semitic World* (Atlanta, 1988).

[99] W. Riepl, *Das Nachrichtenwesen des Altertums: Mit besonderer Rücksicht auf die Römer* (Leipzig, 1913), S. 123. Vgl. Friedländer, *Sittengeschichte*, I, 384-5.

[100] Vgl. *Alex.* 36: "überallhin im römischen Reich sandte er Orakeldeuter (πάντοσε τῆς Ῥωμαίων ἀρχῆς ἔπεμπε χρησμοφόρους), um die Städte im voraus zur Wachsamkeit vor Seuchen und Feuersbrünsten und Erdbeben zu warnen; und er versprach ihnen, sicher zu helfen, so daß nichts davon geschähe".

hier 70 Jünger von Jesus unter religiösem Vorzeichen als seine Vertreter ausgesandt. So wie die römischen Legaten die vom römischen Senat verabschiedeten Botschaften zu überbringen haben, sollen die Gesandten Jesu seine Botschaft ausrichten. Dabei werden sie mit einer besonderen Stellvertretervollmacht ausgestattet (v16a): Ὁ ἀκούων ὑμῶν ἐμοῦ ἀκούει, καὶ ὁ ἀθετῶν ὑμᾶς ἐμὲ ἀθετεῖ. Denn Gesandte und Apostel haben gemeinsam, "daß sie die oder den Entsendenden voll vertreten und das Amt des Auftraggebers für die Dauer des Auftrags unverkürzt wahrnehmen"[101]. So wie Paulus sich später als Gesandter des Messias verstehen wird (2Kor 5:20: ὑπὲρ Χριστοῦ οὖν πρεσβεύομεν), sendet Jesus schon hier Gesandte aus, deren Tätigkeit von diesem Selbstverständnis geprägt sein soll.

Der Bericht über die Aussendung der Siebzig wird eingeleitet mit den Worten Μετὰ δὲ ταῦτα (10:1). Die Verknüpfung zweier Ereignisse durch ein *und dann* oder eine vergleichbare Formulierung ist "die Grundform allen Erzählens"[102]. Eine Erzählung ohne derartige Verknüpfungen wäre nicht denkbar. Es ist daher äußerst fragwürdig, wenn einige neuere Kommentatoren versuchen, diese temporale Anknüpfung ihres chronologischen Aussagegehaltes zu entkleiden[103] oder sie anderweitig umzudeuten[104]. Am natürlichsten erscheint es, das *danach* auf den gesamten vorhergehenden Abschnitt

---

[101] J. F. Matthews, "Gesandtschaft," *RAC*, 10 (1978), 654.

[102] G. Müller, *Die Bedeutung der Zeit in der Erzählkunst* (Bonn, 1947), S. 10. Vgl. Lämmert, *Bauformen*, S. 21: "'Es ward ... und dann ...' – fügt man beides zusammen, so hat man den idealen Grundriß des Erzählens, das Schema des vom Anstoß der ersten Begebenheit sich abspinnenden Geschehens".

[103] Fitzmyer, *Luke*, II, 845, erläutert zu 10:1: "This is a stereotyped Lucan transitional phrase ... It is not to be pressed in a temporal sense". Und J. Ernst, *Das Evangelium nach Lukas* (Regensburg, 1977), S. 331, fügt hinzu: "Die Anknüpfung muß literarisch verstanden werden, eine erzählerische Abfolge ist mit dem 'hiernach' nicht beabsichtigt".

[104] Schleiermacher, *Lukas*, S. 169: "Das Μετά δὲ ταῦτα X,1. möchte ich ... nicht sowol übersezen 'nach diesem,' denn es wäre eine wunderliche Maaßregel gewesen, erst weiterhin auf dieser Reise die Siebzig zu versenden, sondern ich überseze es 'außerdem,' nämlich zugleich mit dieser Aufforderung und jener ersten Aussendung". Vgl. aber z. B. 17:8.

zu beziehen[105]: Nach dem Entschluß zur Reise (9:51-56) und nach der Formulierung der Anforderungen an potentielle Reisebegleiter (9:57-62) findet die Aussendung der Siebzig noch ganz zu Anfang der Reise statt.

Der Ort, an dem diese Aussendung stattfindet, wird von Lukas, wie es im Mittelteil seine Art ist, nicht genannt. Es ist allerdings aus dem historischen und narrativen Zusammenhang als wahrscheinlich zu erschließen, daß die Aussendung noch in Galiläa stattfand[106]: In Lk 4-9 hatte Jesus sich schwerpunktmäßig in Galiläa aufgehalten. Der letzte namentlich genannte Ort ist Bethsaida (9:11). Und nachdem Jesus in Samarien keine Aufnahme findet, wird man sich ihn und seine Reisegruppe nun in Südgaliläa zu denken haben[107]. Außerdem dient die Botenaussendung ja zur Vorbereitung der Reise, die Jesus erst noch durch das Ostjordanland nach Jericho und schließlich nach Jerusalem führen wird. Von den Zielgebieten, in welche die Siebzig gesandt werden, wird man mit Sicherheit Samarien ausschließen können. Denn die in 9:52-56 geschilderte Begebenheit hatte deutlich gemacht, daß man in den samaritanischen Ortschaften Jesus aus religiösen Gründen nicht aufnehmen wollte (8.1.1). Zu einer weiteren Eingrenzung des Wirkungsfeldes der Vorboten besteht allerdings kein Anlaß. Sie werden sowohl in Südgaliläa als auch in Peräa und möglicherweise auch in Judäa das Kommen Jesu angekündigt und vorbereitet haben[108].

Mit der Aussendung der Siebzig ist eine evangelistische Beauftragung verbunden, die weit über die rein reisetechnische Funktion der in 9:52-56 genannten Boten hinausgeht. Darum liegt es trotz der Wiederaufnahme der Formulierung πρὸ προσώπου αὐτοῦ (9:52a) näher,

---

[105] Godet, *Lukas*, S. 328. Anders Schanz, *Lucas*, S. 296: μετὰ ταῦτα "bezieht sich weder auf 9:57-62 ..., noch auf 9:51-62 ..., sondern ist in seiner Unbestimmtheit zu lassen".

[106] Schanz, *Lucas*, S. 295.

[107] Nicht verifizierbar ist die rein hypothetische Annahme von Schegg, *Lukas*, II, 67: "der Ort [der Aussendung] läßt sich nicht ermitteln, aber ich wüßte kein Hinderniß für die Annahme Kapharnaum, von wo Jesus auch die Apostel gesendet hatte".

[108] Vgl. Schegg, *Lukas*, II, 66.

in ἑτέρους keinen Rückverweis auf die Quartiermacher (9:52-56)[109], sondern eine Anknüpfung an die Aussendung der 12 Apostel zu sehen. Das Verbum ἀπέστειλεν kann in 10:1 daher auch (anders als in 9:52) als Anklang an das politische Gesandtschaftswesen aufgefaßt werden[110]. Ein Unterschied zur Position des Zwölferkreises läßt sich möglicherweise darin sehen, daß im weiteren Verlauf des lukanischen Werkes von einer längerfristigen Amtsausübung der Siebzig keine Rede ist. Anscheinend verhält es sich also mit ihrer Tätigkeit so wie im politischen Bereich, wo "die Gesandtschaft kein Amt, sondern ein befristetes sachlich begrenztes Mandat" ist[111].

Jesus sendet seine Botschafter in Zweiergruppen aus, was der Sicherheit diente[112]. Allerdings sendet Jesus die 70 Gesandten nicht an seiner Stelle, sondern nur vor sich selbst her (πρὸ προσώπου αὐτοῦ)[113]. Die Siebzig sollen in jede Ortschaft ziehen[114], die Jesus

---

[109] So sieht z. B. Weiss, *Lukas*, S. 440, in 10:1 eine deutliche Bezugnahme auf die beiden Vorboten. Anders auch Miyoshi, *Anfang*, S. 27, der davon ausgeht, "dass die Aussendung der Jünger in ein samaritanisches Dorf ihre Fortsetzung in der Aussendung der 72 hat", was nur chronologisch zutrifft.

[110] D. Kienast, "Presbeia (Πρεσβεία), griechisches Gesandtschaftswesen," *PRE.S*, 13 (1973), 510: "Für das Aussenden einer Gesandtschaft werden die Verben ἀποστέλλειν (διαποστέλλειν, ἐξαποστέλλειν) und πέμπειν gebraucht, deren Partizipien ebenfalls zur Bezeichnung der Gesandten verwendet werden können; z. B. ἀποστελλόμενοι ..., οἱ ἐξαποστελλόμενοι ...". Die Bezeichnung ἀπόστολος ist für einen Gesandten allerdings nur gelegentlich bei Herodot (I.21; V.38) belegt.

[111] Kienast, "Presbeia," Sp. 559.

[112] Das zeigt z. B. Epiktet IV.1.91: "So machen es auch die Vorsichtigeren unter den Reisenden; er hat gehört, daß Räuber den Weg unsicher machen; allein getraut er sich nicht ihn anzutreten, sondern er erwartet ein Geleit (Reisegesellschaft) (συνοδίαν) eines Gesandten oder Quästors oder Prokonsuls; und diesem sich anschließend zieht er sicher mit". Vgl. S. Krauss, *Talmudische Archäologie* (Hildesheim, 1911), II, 319: "Das erste, was man zur Begegnung der Gefahr unternehmen zu müssen glaubte, war, in Begleitung von Genossen zu reisen; allein ... zu reisen, war ernstlich verboten".

[113] J. P. Lange, *Das Leben Jesu nach den Evangelien dargestellt* (Heidelberg, 1845), II, 1057-8, meint, Jesus sandte die Boten in die Dörfer, denen er vorher selbst seinen Besuch zugedacht hatte, die er aber nun doch nicht aufsuchen konnte; Jesus habe die Siebzig also durch Samarien gesandt. Dann aber hätte man eine Formulierung mit ἀντί erwarten müssen, etwa: ἀπέστειλεν αὐτοὺς ἀνθ' ἑαυτοῦ.

selbst noch besuchen will, und sein eigenes Kommen vorbereiten. Ähnlich wie Karawanen "von Etappe zu Etappe einen bezahlten Kundschafter" vor sich hersenden[115], sendet Jesus auf seiner letzten Reise nach Jerusalem seine 70 Boten in alle für einen Besuch in Frage kommenden Ortschaften.

8.2.2 Die Ausrüstung der Vorboten (v4a)

Als Gesandte des Messias sind auch die 70 Vorboten an einen ihnen von Jesus selbst vorgeschriebenen Verhaltenskodex gebunden[116]. Dieser betrifft zunächst ihre Reiseausrüstung, die Jesus auf das äußerste beschränkt. Mit der Anweisung: μὴ βαστάζετε βαλλάντιον, μὴ πήραν[117], μὴ ὑποδήματα (v4a) wird den Jüngern die Möglichkeit genommen, sich selbst zu versorgen. Sogar auf die selbstverständlichsten Ausrüstungsgegenstände, die ein Reisender gewöhnlich mit sich führte, müssen sie verzichten. Zunächst war es selbstverständlich, daß ein Reisender sich nicht ohne finanzielle Mittel auf den Weg machte[118]. Der Geldbeutel (βαλλάντιον)[119] wurde gewöhnlich entweder

---

[114] Einen gewissen Anhaltspunkt für die Unterscheidung zwischen Dorf und Stadt liefert Pausanias in X.4.1, wo er von Panopeis spricht, "einer phokischen Stadt, wenn man auch einen solchen Ort eine Stadt nennen darf, der weder Amtsgebäude, noch ein Gymnasion, noch ein Theater, noch einen Markt besitzt". Daß in den Evangelien terminologisch nicht immer scharf zwischen πόλις und κώμη unterschieden wurde, zeigt z. B. ein Vergleich von Lk 2:4, wo Bethlehem πόλις Δαυίδ heißt, und Joh 7:42, wo derselbe Ort als κώμη bezeichnet wird. Und für Josephus gilt nach S. J. D. Cohen, *Josephus in Galilee and Rome* (Leiden, 1979), S. 70: "Josephus uses *polis* and *kome* almost indiscriminately".

[115] Krauss, *Archäologie*, II, 320.

[116] Matthews, "Gesandtschaft," Sp. 655: "Zu allen Zeiten kann der Gesandte als der beauftragte Repräsentant einer öffentlichen Autorität bezeichnet werden, dessen Handlungsvollmacht an einen strengen Verhaltens- und Verantwortlichkeitskodex gebunden ist".

[117] Schegg, *Lukas*, II, 521: βαλλάντιον und πήραν stehen "metonymisch, *continens pro contento*".

[118] So sagt z. B. in Prov 7:19-20 die Ehebrecherin: "Mein Mann ist nicht zu Hause, er hat sich auf eine weite Reise gemacht. Den Beutel mit dem Geld (ἔνδεσμον ἀργυρίου) nahm er in seine Hand, nach vielen Tagen erst kommt er zurück nach Haus".

am Gürtel[120] oder an einer Schnur um den Hals getragen[121]. Ebenso war es normalerweise üblich, daß der Reisende in einem Proviantsack (πήραν) Lebensmittel mit sich führte[122]. Wenn davon die Rede ist, daß die Boten keine Schuhe tragen sollten, so ist nicht daran zu denken, daß sie sich barfüßig auf die Reise machen sollten. Das Verbum βαστάζειν legt nahe, daß an die Mitnahme eines Ersatzpaares gedacht ist. Ebenso wie keiner der zwölf Apostel zwei Unterkleider haben sollte (9:4: δύο χιτῶνας), können die Siebzig auf ein zweites Paar Schuhe verzichten.

All dies läßt erkennen, daß die Boten ihre Versorgung jeweils vor Ort erhalten sollten. Sie sind vollständig auf fremde Unterstützung angewiesen[123]. Diese Tatsache unterscheidet die Siebzig deutlich

---

[119] A. Hug, "*Marsupium*," PRE, 14/2 (1930), 1982: Nach Plut., *Mor.* 526d und Plat., *Symp.* 190e "war der Geldbeutel ein kleiner Sack, gewöhnlich aus Leder, der oben mittels einer in einer Schnurrinne ringsum laufenden Schnur ... zusammengezogen wurde. Beim Öffnen faßte man den Beutel oben und zog die Falten auseinander".

[120] Vgl. Euth. Zig., *Comm. in Mt 9:9* (PG 129, Sp. 328A): "Denn es war bei Reisenden üblich (Ἔθος γὰρ ἦν τοῖς ὁδοιποροῦσι), von den Gürteln herabhängende Beutel zu tragen (φασκώλια φέρειν παρηωρτημένα ταῖς ζώναις), in denen sie die Münzen hatten (ἐν οἷς εἶχον τοὺς ὀβολούς)"; s. auch W. Speyer, "Gürtel," RAC, 12 (1983), 1248. Die Münzen konnten aber wohl auch in einem dafür vorgesehenen Gürtel direkt auf dem Leib getragen werden; Rihbany, *Sitten*, S. 108-9: "Auf unseren Reisen im Morgenland trugen wir immer unser Geld im Gürtel und nur einige Münzen in der Börse ... Man sieht daraus, daß bei einem Zusammenstoß mit Räubern das Geld erst entwendet werden kann, wenn der Besitzer völlig unterlegen ist"; vgl. Lk 10:30b. Wenn es in Lk 10:35 vom Samaritaner heißt: ἐκβαλὼν ἔδωκεν δύο δηνάρια, so ist wohl sinngemäß zu ergänzen "aus dem Gürtel, in welchem das Geld verwahrt wurde" (Schanz, *Lucas*, S. 310).

[121] Casson, *Reisen*, S. 206-7: "Geld und Wertsachen wurden in einer Börse am Gürtel oder in einem kleinen Beutel (*crumena*, *ballantion*) an einer Schnur um den Hals getragen".

[122] Wie ein solcher Proviantsack getragen wurde, zeigt wohl eine Schilderung Homers (*Od.* XVII. 197-203), wo es von Odysseus heißt: "Also sprach er und warf um die Schulter den häßlichen Ranzen (πήρην). Überall war er zerfetzt. Nur eine Schnur diente als Träger".

[123] Rihbany, *Sitten*, S. 107-8: "Der Herr verlangte gerade das Gegenteil von dem, was beim gewöhnlichen morgenländischen Reisenden üblich ist ... nach allgemeiner Sitte verlangt die Selbstachtung, daß ein Reisender sich selbst mit Nahrung versieht und nur im Notfall Gastfreundschaft beansprucht. Der Anstand fordert, daß ein

von politischen Legaten, denn diese hatten selbstverständlich "Anspruch auf eine Ausstattung für die Reise ..., insbesondere die notwendigen Geldmittel"[124]. Gesandte "erhielten regelmäßig Reisekosten (ἐφόδιον) aus der Staatskasse" (Demosthenes XIX.158)[125]. Davon kann bei den Gesandten Jesu keine Rede sein. Auch auf die Versorgung der Reisegesellschaft Jesu durch die Gaben einiger wohlhabender Frauen, von denen in 8:3 (αἵτινες διηκόνουν αὐτοῖς ἐκ τῶν ὑπαρχόντων αὐταῖς)[126] die Rede ist, konnten die Siebzig während ihrer Vorbereitungsreise nicht zurückgreifen. Nach dem Johannesevangelium hat Jesus seinen Jüngern nicht grundsätzlich den Besitz von Geld untersagt (4:8; 12:6; 13:29). Jetzt aber mußten die Boten selbständig für ihr Auskommen sorgen. Die Möglichkeit etwa, in einem Gasthaus einzukehren oder sich sonst Lebensmittel zu kaufen, war ihnen verwehrt.

Dieser Lebensstil, den Jesus hier von seinen Jüngern verlangt, weist gewisse Ähnlichkeiten mit dem der kynischen Wanderphilosophen auf[127]. Die Ähnlichkeit besteht zunächst vor allem darin, daß auch die Kyniker nur mit dem Nötigsten ausgerüstet heimatlos von Ort zu Ort zogen, um ihre Lehren zu verbreiten. Ein wesentlicher

---

Reisender, wenn er an eines anderen Tisch eingeladen wird, seine eigene Wegzehrung herausnimmt und vor sich hinlegt". Vgl. dazu Jdc 19:19, wo der Wanderer seinem potentiellen Gastgeber mitteilt: "wir haben sowohl Stroh als auch Futter für unsere Esel, und auch Brot und Wein habe ich für mich und für deine Magd und für den Diener, der bei deinen Knechten ist, <wir haben> keinen Mangel an irgend etwas (οὐκ ἔστιν ὑστέρημα παντὸς πράγματος)". Daraufhin wird eine Einladung ausgesprochen.

[124] Von Premerstein, "*Legatus*," *PRE*, 12/1 (1924), 1134.

[125] Matthews, "Gesandtschaft," Sp. 657.

[126] Vgl. EvThom 61: "Salome sagte: Wer bist du, o Mann, wie aus (dem) Einen? Du stiegst auf mein Speiselager und aßest von meinem Tisch! Jesus sprach zu ihr: Ich bin der, der von dem Gleichen ist. Man gab mir von den Sachen meines Vaters. – Ich bin deine Jüngerin!" (Übers. von E. Haenchen).

[127] Nach dem früheren Kynismus (3.-5. Jh. v. Chr.) entsteht im ersten nachchristlichen Jahrhundert eine neue Kynikerbewegung. Im Unterschied zum älteren Kynismus aber kommt es jetzt zu einer starken Vermischung mit der stoischen Ethik, was jedoch dazu führt, daß sich eine äußerst populäre Anschauung herausbildet, die als "kynisch-stoische Popularphilosophie" bezeichnet werden kann; M. Billerbeck, *Der Kyniker Demetrius: Ein Beitrag zur Geschichte der frühkaiserzeitlichen Popularphilosophie* (Leiden, 1979), S. 3.

Unterschied ist aber neben den Lehrinhalten und der Art der Vermittlung derselben auch in der Lebensweise festzustellen. Denn trotz der jeweiligen Bereitschaft zum Verzicht auf materielle Sicherheit geht dieser im Falle der Boten Jesu in eine andere Richtung. Wenn die kynischen Missionare auch Heimatlosigkeit und Armut auf sich nehmen, so ist dennoch das Tragen einer Provianttasche für sie selbstverständlich. Diogenes Laertius (VI.13) schreibt etwa über Antisthenes: "Er verdoppelte, wie Diokles berichtet, zuerst seinen alten Mantel und beschränkte sich ganz auf ihn; dazu führte er Stock und Quersack mit sich (πήραν)"[128]. Daß dieser Proviantsack eine gewisse Autonomie sicherte, zeigt die Schilderung über Diogenes, der zum Schüler des Antisthenes wird. Über ihn berichtet Diogenes Laertius (IV.22): "Er war es nach einigen, der zuerst seinen Mantel durch Übereinanderschlagen gleichsam verdoppelte, um jedem Bedarf zu genügen und auch das Bett zu ersetzen. Auch rüstete er sich mit einem Ranzen aus, der seine Nahrung barg (πήραν δ' ἐκομίσατο ἔνθα αὐτῷ τὰ σιτία ἦν), und so war ihm jeder Ort recht zum Frühstück, zum Schlafen, zur Unterhaltung, kurz für alles"[129]. Diese Autonomie aber ist den Boten Jesu verwehrt. Ihre Mission ist streng konzentriert auf die Adressaten ihrer Botschaft und nur bei diesen soll ihr Quartier sein. Und in den Häusern, in denen sie ein Unterkommen finden, sollen sie dann auch alle ihnen gebotene Gastfreundschaft in Anspruch nehmen. Davon handeln ausführlich die Verse über die Hausmission (vv5-7) und über die Stadtmission (vv8-16).

---

[128] Billerbeck, *Kynismus*, S. 57: "Stock und lederne Umhängetasche für die erbettelte Tagesration gelten wie der Mantel seit Antisthenes als feste Bestandteile der Tracht". Diese Ausstattung ist aber nicht ausschließlich kynisch, sondern wird so oder ähnlich bei den meisten Reisenden zu beobachten gewesen sein. In bYeb 122a wird z. B. berichtet, wie eine Reisegruppe in einem Gasthaus, in dem ihr Reisegefährte gestorben war, seine Utensilien entgegennimmt: "Die Gastwirtin überreichte ihnen seinen Stab, seinen Reisesack und die Torarolle, die er bei sich geführt hatte".

[129] Vgl. R. Helm, "Kynismus," *PRE*, 12/1 (1924), 11: "Ihre Wohnung waren die Straßen, Plätze und öffentlichen Gebäude".

8.2.3 Das Grußverbot (v4b)

Das von Jesus im Zusammenhang der Aussendungsrede ausgesprochene Grußverbot ist besonders auffällig[130]. Denn in der gesamten Antike galt es als unhöflich, einen Gruß zu unterlassen oder nicht zu erwidern. Dies geht jedenfalls deutlich aus der griechisch-römischen[131], wie auch aus der apokryphen[132], neutestamentlichen[133] und rabbinischen[134] Literatur hervor. Daß Jesus seinen Gesandten das Grüßen verbietet, muß also einen besonderen Grund haben.

Eine Untersuchung der antiken Grußpraxis zeigt, daß der Gruß zwischen Reisenden selten mit dem Austausch weniger Worte erle-

---

[130] Für eine Auflistung verschiedener Auslegungsvorschläge s. I. Bosold, *Pazifismus und prophetische Provokation: Das Grußverbot Lk 10,4b und sein historischer Kontext* (Stuttgart, 1978), S. 13-23.

[131] Xen., *Mem.* III.13.1: "Als einmal jemand darüber zornig war, daß er einen anderen gegrüßt habe, und daß sein Gruß nicht erwidert worden sei (ὅτι προσειπών τινα χαίρειν οὐκ ἀντιπροσερρήθη), da sagte er [d. i. Sokrates]: Das ist doch lächerlich; wenn du jemandem begegnet wärest, der in schlechterer körperlicher Verfassung ist, du wärst nicht zornig; weil du aber jemandem begegnetest, der seelisch ungeschliffen ist, das kränkt dich". Vgl. auch A. Hug, "*Salutatio*," *PRE*, 1A2 (1920), 2061: "Daß es griechische Sitte war, einander auf der Straße zu grüßen, folgt aus Herodot II.80; I.134".

[132] Sir 41:20: "Hüte dich "davor, vor dem Grüßenden zu schweigen".

[133] In Mt 5:47 (καὶ ἐὰν ἀσπάσησθε τοὺς ἀδελφοὺς ὑμῶν μόνον, τί περισσὸν ποιεῖτε;) liegt sicherlich indirekt die Aufforderung, ohne Unterschied jedermann zu grüßen.

[134] Billerbeck, *Kommentar*, I, 380: "Der Gruß ... gilt als Ehrenbezeugung; seine Unterlassung bedeutet Geringschätzung u. Verachtung". Dazu s. vor allem noch bBer 6b: "Ferner sagte R. Helbo im Namen von R. Honas: Wenn jemand von seinem Nächsten weiß, daß er ihn zu grüßen pflegt, so komme er diesem mit seinem Gruß zuvor ... Wenn er ihm aber seinen Gruß nicht erwidert, so wird er Räuber genannt". Eine Ausnahme bildet bMQ 21b: "In den ersten drei Tagen ist dem Leidtragenden der Gruß verboten; von drei bis sieben darf er den Gruß erwidern, jedoch keinen bieten; von dann ab darf er wie gewöhnlich einen Gruß bieten und erwidern". Vgl. auch bBer 32b-33a, wo berichtet wird, daß ein Betender sein Gebet nicht unterbricht, um den Gruß eines Hegemon zu erwidern.

digt war, sondern häufig[135] ein ausführliches Gespräch nach sich zog: "Wenn man jemanden trifft und mit ihm ein Gespräch beginnen will, so gibt man in den meisten Fällen diesem Wunsche durch den bloßen Gruß Ausdruck"[136]. Das Gespräch unter Reisenden beginnt in der Regel mit ausführlichen die Reise selbst betreffenden Fragen[137] und kann als solches den Fortgang derselben erheblich verzögern[138]. Dabei mußte es im Falle der Boten bald auch auf deren

---

[135] I. Lande, *Formelhafte Wendungen der Umgangssprache im Alten Testament* (Leiden, 1949), S. 1: Nach dem Aussprechen der Grußformel "wird es im täglichen Leben des Hebräers nicht immer zu einem Gespräch gekommen sein. Es ist leicht begreiflich, dass im Alten Testament alleinstehende Begrüßungen, denen kein Gespräch folgt, nicht aufgezeichnet sind, da sie für den Gang der Erzählung belanglos sind. Dass sie trotzdem vorgekommen sein müssen, zeigen uns verschiedene Formeln, die man braucht, um den bereits Begrüssten noch einmal ausdrücklich zu einem Gespräch aufzufordern. Das sind die Formeln der Gesprächseröffnung".

[136] Lande, *Wendungen*, S. 12-3. Vgl. auch Rihbany, *Sitten*, S. 110-1: "Im Osten gehen Wanderer nicht mit der kurzen Frage 'Wie geht es dir? Schönes Wetter!' aneinander vorbei. Vielmehr erfolgt ein überschwänglicher Herzensgruß, dessen Wärme und Zudringlichkeit dem Westländer fremd ist".

[137] Lande, *Wendungen*, S. 39: "Trifft man jemanden an, so will man alles Mögliche von ihm wissen. Ist er ein Fremder, so wüßte man gerne, wie er heisst [Gen 32:30; Jdc 13:17; 2Sam 1:8; 20:17], aus welcher Familie [Gen 24:23; 1Sam 17:58], welchem Lande er stammt [Jdc 12:5], was er hier zu suchen hat und anderes dergleichen. Auch an einen Bekannten hat man allerlei Fragen zu stellen: Woher er komme [2Sam 1:3], wohin er gehe [Gen 32:18], was er im Sinne habe [Jdc 18:3], usw. Alle diese Fragen kommen im täglichen Leben so häufig vor, dass sie zu Formeln erstarrt sind"; S. 2: "Der Mensch des Alten Testaments kennt keine Zurückhaltung bei Fragen dieser Art". Die Unterhaltung dauert, "bis jeder Reisende über die Person, die Familie und die häuslichen Angelegenheiten des andern genau unterrichtet ist. Handel, Einkommen, Beruf, Freud und Leid eines jeden sind dem andern bekannt, bevor ihre Wege auseinandergehen" (Rihbany, *Sitten*, S. 110-1). Vgl. z. B. Jdc 19:17-18: "Und der alte Mann sagte: Wohin gehst du? Und woher kommst du? Und er sagte zu ihm: Wir reisen von Bethlehem <in> Juda an das äußerste Ende des Gebirges Ephraim. Von dort bin ich her, und ich war nach Bethlehem <in> Juda gegangen, und ich gehe <nun> in mein Haus <zurück>".

[138] Dies ist durch Plautus, *Aul.* 114-6, bezeugt. Dort äußert ein Reisender, der es eilig hat, folgende Empfindung: "es grüßt mich jedermann weit freundlicher, als man mich früher grüßte. Sie kommen her, sie bleiben stehen, sie drücken mir die Hand, sie fragen, wie ich mich befinde, wie mir's geht, was ich treibe (*rogitant me ut valeam, quid agam, quid rerum geram*). Nunmehr will ich gehen, wohin mein Weg mich führt, hernach begeb ich mich so eilig, wie es möglich ist, wieder zum Haus zurück". Von

Mission und Botschaft zu sprechen kommen[139], deren Ausrichtung aber von Jesus ausdrücklich für die jeweiligen Ortschaften vorgesehen war.

Weiterhin konnte sich aus derartigen Begegnungen bei ähnlichem Reiseziel ganz selbstverständlich eine Reisegemeinschaft ergeben[140], die unter Umständen auch die gemeinsame Mahlzeit in einem Gasthaus[141] oder gar eine gastfreundliche Einladung durch den Reisebegleiter nach sich zog. Denn "in orientalischer Gastfreundschaft pflegte der Hebräer einen, den er antraf, in der Regel auch gleich zu sich einzuladen"[142]. Ein Beispiel dafür findet sich im Lukasevangelium selbst (24:13-29): "Und siehe, zwei von ihnen

---

der Begegnung mit einem lästigen Bekannten, der ihm seine Gesellschaft und ein Gespräch förmlich aufzwingt, berichtet Horaz in einer seiner Satiren (I.9.1-78): "Ging da kürzlich auf der heiligen Straße ...: da rennt ein Herr auf mich zu – ich kenne ihn eben dem Namen nach – drückt mir hastig die Hand: 'Wie geht's mein Verehrtester?' 'O, soweit ganz leidlich', sagte ich; 'und ich hoffe, daß es dir nach Wunsch ergeht'" (1-5). Der Erzähler wird trotz verschiedener Versuche den aufdringlichen Begleiter nicht los (6-74), bis schließlich der Kläger des lästigen Gesprächspartners auftaucht und den Reisenden von dessen Gesellschaft befreit (75-78).

[139] Interessant ist in diesem Zusammenhang, daß schon Theodoret, *Quaest. in IV. Reg. Cap. IV.* (PG 80, Sp. 756B) die Anweisung des Elisa an Gehasi in 2Kön 4:29 in ähnlichem Sinne interpretiert: "Er [d. i. Elia] wußte, daß er [d. i. Gehasi] ehrliebend und ruhmbegierig war, und daß er denen, die ihm unterwegs begegnen (τοῖς κατὰ τὴν ὁδὸν ἐντυγχάνουσι) den Grund seiner Reise mitteilen wird (τοῦ δρόμου τὴν αἰτίαν ἐρεῖ)".

[140] Darauf weist schon Nicolaus de Lyra hin, wenn er in seiner Auslegung zur Stelle ein Verbot sieht, unterwegs Freundschaften anzuknüpfen (vgl. Bosold, *Pazifismus*, S. 16).

[141] Das wird etwas in der folgenden Schilderung deutlich (Achilleus Tatios VII.3.1-3): "Ich wanderte gestern zufällig stadtauswärts; ich war auf dem Weg nach Smyrna. Ich hatte schon vier Stadien zurückgelegt, da kam aus den Feldern ein junger Mann auf mich zu, grüßte, und nachdem er ein Stück Weges neben mir gegangen war, sagte er unvermittelt: 'Wohin führt denn dein Weg?' 'Nach Smyrna', antwortete ich. 'Mich auch', sagte er; 'das trifft sich ja sehr gut!' Von da an wanderten wir gemeinsam und redeten miteinander, was man unterwegs eben so redet. Als wir in ein Gasthaus kamen, aßen wir zusammen zu Mittag". Vgl. auch Cicero, *Inv.* II.14. In diesem Sinne interpretiert auch J. Jeremias, *Neutestamentliche Theologie* (Gütersloh, 1971), I, 134: "Wahrscheinlich ist ... an den Anschluß an die in gleicher Richtung Wandernden, etwa an eine Karawane gedacht".

[142] Lande, *Wendungen*, S. 2.

gingen an diesem Tag nach einem Dorf mit Namen Emmaus, sechzig Stadien von Jerusalem entfernt. Und sie unterhielten sich miteinander über dies alles, was sich zugetragen hatte. Und es geschah, während sie sich unterhielten und miteinander überlegten, daß Jesus selbst nahte und mit ihnen ging (συνεπορεύετο αὐτοῖς) ... Und sie nahten dem Dorf, wohin sie gingen; und er stellte sich, als wolle er weitergehen. Und sie nötigten ihn und sagten: Bleibe bei uns (Μεῖνον μεθ᾽ ἡμῶν), denn es ist gegen Abend, und der Tag hat sich schon geneigt. Und er ging hinein, um bei ihnen zu bleiben".

So beinhaltet das Verbum ἀσπάζεσθαι zwar nicht schon an sich die Einkehr in ein gastfreundliches Haus, wie gelegentlich angenommen wurde[143]; der Gruß unter Reisenden zieht aber häufig sowohl längere Gespräche als auch gastfreundliche Einladungen usw. nach sich. Dadurch aber mußte die Reise der Boten verlängert[144] und ihre Ankunft am Zielort verzögert werden. Eine Verzögerung der Mission der Siebzig aber mußte angesichts der Nähe der Hinaufnahme Jesu (9:51) die erfolgreiche Durchführung der für die letzte Jerusalemreise entwickelten Strategie (10:1.5-12) gefährden. Jegliche Ablenkung von der Konzentration auf das eigentliche Ziel, die gemäß vorheriger Absprache zu erreichenden Ortschaften, die sich auf dem Wege (κατὰ τὴν ὁδόν) ergeben könnte, erstickt Jesus daher im Keim, indem er seinen Boten das Grüßen überhaupt untersagt.

---

[143] Brüchig ist die von Hahn, *Lucas*, II, 34-5, vorgeschlagene Interpretation: "Nach unserer Ansicht erklärt sich die Vorschrift nur, wenn man unter ἀσπάσασθαι ... nicht eine gewöhnliche Höflichkeits-Ceremonie versteht, sondern wie Act 18,22; 21,7; 25,13 ein Einkehren bei den auf dem Wege Wohnenden, nicht etwa nur, um dort Nachtquartier zu finden, sondern um alte Bekannte und Freunde bei dieser Gelegenheit zu besuchen". Diese Erklärung wird zwar von B. Lang, "Grußverbot oder Besuchsverbot? Eine sozialgeschichtliche Deutung von Lukas 10,4b," *BZ*, 26 (1982), 75-9, neuerdings ausdrücklich wieder aufgegriffen, überfordert aber das Verbum ἀσπάζεσθαι. Denn in den angeführten Belegstellen Act 25:13-4 und 21:7 wird der Gastaufenthalt neben der Erwähnung des Grußes ausdrücklich genannt, was darauf schließen läßt, daß das Verbum für sich genommen keineswegs eine Einkehr einschließt. Darum ist Fitzmyer, *Luke*, II, 847, Recht zu geben, wenn er eine solche Deutung von ἀσπάζεσθαι als "eisegetical" bezeichnet.

[144] Vgl. auch Sidonius (*Ep.* I.5.2): "eine Verzögerung der Reise verursachte nicht der Mangel an Postpferden, sondern die Menge der Freunde (*vianti moram non veredorum paucitas sed amicorum multitudo faciebat*)".

Der Gruß ist das Einfallstor für mannigfaltige Verzögerungen, die die Boten angesichts des herannahenden Todespassas Jesu (vgl. 13:32-33) unbedingt vermeiden müssen, wenn die Evangelisierung der ins Auge gefaßten Gebiete noch rechtzeitig abgeschlossen werden soll[145]. Was bisher für die Reisegesellschaft selbstverständlich war (vgl. 9:56-62), wird nun den Gesandten für die Dauer ihrer Vorbereitungsmission untersagt, denn die Zeit drängt und muß optimal ausgenutzt werden[146].

8.2.4 Die Missionsstützpunkte vor Ort (vv5-7)

Jesus hat bisher die Ortschaften ohne Vorankündigung durch Boten besucht. Dabei hatte er von den Orten als Ganzen Ablehnung und Aufnahme erfahren. In Nazareth (4:29a: ἐξέβαλον αὐτὸν ἔξω τῆς πόλεως) war er abgewiesen worden. In Kapernaum hatte man ihn aufgenommen und sogar zu längerem Verweilen bewegen wollen, so daß er selbst seinem Aufenthalt ein Ende setzen mußte (4:43a: Καὶ ταῖς ἑτέραις πόλεσιν εὐαγγελίσασθαί με δεῖ). Dennoch gab es gelegentlich auch in ablehnenden Orten (8:37: καὶ ἠρώτησεν αὐτὸν ... ἀπελθεῖν ἀπ'

---

[145] Dann aber handelt es sich beim Grußverbot (wenn überhaupt) nicht in erster Linie um bewußt zum Ausdruck gebrachte "positive hostility", wie A. O'Hagan, "Greet No One on the Way' (Lk 10,4b)," *SBFLA*, 16 (1965/6), 71, annimmt, und auch nicht um ein prophetisches Provokationszeichen (Bosold, *Pazifismus*, S. 84-92), sondern um eine rein praktischen Erwägungen entstammende strategische Notwendigkeit. Man könnte sogar vermuten, daß den Boten nicht absolut jedes grüßende Wort verboten war, wie ja auch dem Sünder nicht ein tatsächliches Abhacken seiner Hand zugemutet wurde (Mt 5:30); sie sollten aber sicher der Verbotsintention bedingungslos nachkommen.

[146] Schanz, *Lucas*, S. 298, hat darauf hingewiesen, daß in v4b statt des präsentischen Imperativs wie in v4a (μὴ βαστάζετε) eine Aoristform verwendet wird. Daraus dürfte sich aber kaum etwas im Sinne von BDR § 335a ("Der Imp. Präs. ist durativ oder iterativ" und drückt daher "mit Vorliebe allgemeine Vorschriften ... über das Verhalten und Tun" aus) ableiten lassen. Denn B. Fanning, *Verbal Aspect in New Testament Greek* (Oxford, 1990), S. 356-7, weist zutreffend darauf hin, daß "ἀσπάζομαι ... occurs predominantly in the aorist tense in commands and prohibitions. In the NT there are twenty-seven aorists and one present command [3Joh 15] of ἀσπάζομαι". Zu Lk 10:4 merkt Fanning an: "The aorist is used here because of an idiomatic preference with this verb rather than by conscious choice".

αὐτῶν), sofern die Abweisung nicht von vornherein ein dortiges Wirken unmöglich machte (vgl. 9:53), einzelne Menschen, die sich trotz der allgemeinen Ablehnung Jesu Wirken öffneten. Einer von diesen war der geheilte Besessene, der sich sogar Jesus anschließen wollte (8:38). Diese Unterscheidung zwischen der Stadt oder dem Dorf einerseits und den einzelnen Einwohnern andererseits findet sich auch in der Aussendungsrede Jesu an die Siebzig. Auf die allgemeinen einleitenden Worte (vv1-4) folgen zunächst Anweisungen über das Verhalten gegenüber einzelnen Hausgemeinschaften (vv5-7) und dann Verhaltensmaßregeln, die gegenüber der Ortschaft als Ganzer zu beachten sind (vv8-16)[147].

Wenn die Boten in einen Ort kommen, sollen sie sich nicht sofort an die örtlichen Organe wenden, sondern erst in Privathäusern vorsprechen (v5a). Beim Eintritt in ein solches Haus soll zunächst der Friedensgruß gesprochen werden (v5b: Εἰρήνη τῷ οἴκῳ τούτῳ)[148]. Man kann davon ausgehen, "dass der ursprüngliche Sinn des hebräischen Grusses der war, den Angetroffenen davon zu überzeugen, dass man ihm friedlich gesinnt sei"[149]. Da Jesus das Aussprechen dieser selbstverständlichen Grußworte extra hervorhebt, ist anzunehmen, daß er sie nicht als abgeschliffene Formel verstanden wissen will, sondern ihrem Inhalt besondere Bedeutung beimißt[150]. Die

---

[147] Weniger überzeugend ist die von Godet, *Lukas*, S. 330, vorgenommene Aufteilung in die Abschnitte vv5-9 (Aufnahme) und vv10-16 (Abweisung). Denn zum einen wird damit die deutliche Gegenüberstellung von οἰκία (vv5.7) und πόλις (vv8.10.11.12) unterbewertet, und zum anderen ist auch schon in v6b von der möglichen Abweisung der Boten die Rede.

[148] Neben den kurzen Grußformeln שָׁלוֹם לְךָ (Jdc 19:20a) und שָׁלוֹם (2Sam 18:28) gibt es auch eine erweiterte Form. Denn: "Will man ganz besonders höflich sein, so erstreckt man den im Gruss enthaltenen Wunsch gleich auf die ganze Familie des Angeredeten, ja sogar auf seinen Besitz" (Lande, *Wendungen*, S. 4). So heißt es in 1Sam 25:6: "Friede sei mit dir und Friede mit deinem Haus und Friede mit allem, was dein ist!" Zu dieser Kategorie der erweiterten Grußformel gehört auch die in Lk 10:5 angeordnete Formulierung.

[149] Lande, *Wendungen*, S. 1.

[150] Daß der Inhalt gängiger Grußformeln in der Antike auch sonst gelegentlich auf seine Bedeutung hin befragt wurde, zeigt eine Bemerkung des Lukian über Platon (*Laps* 4). Dieser zog dem Gruß χαίρειν die Worte εὖ πράττειν vor, weil sie nicht nur die Seele, sondern auch den Körper betreffen.

Gesandten grüßen ja nicht nur in ihrem eigenen Namen, sondern richten den Friedensgruß als Repräsentanten des Messias (v16) aus. Der Friedensgruß des Messias aber bedeutet: Die Boten bringen nicht das vom Täufer angekündigte Strafgericht (3:7b), sondern kommen in positiver, friedlicher Absicht. In ähnlicher Weise hatte Jesus schon bei seinem ersten Auftreten in Nazareth den gnadenreichen (4:22) Charakter seines Wirkens (4:18) betont. In diesem Sinne wird nun auch die alltägliche jüdische Grußformel neu mit Inhalt gefüllt[151]. "Der Gruß ... bekommt im Mund der Jünger den höchsten, den messianischen Sinn, jenen Sinn, den die Engel bei der Geburt Jesu der Verkündigung des Friedens gaben, als sie sagten, daß zwischen dem Himmel und der Erde Friede sei" (2:14)[152].

Mit dem sofortigen Aussprechen (πρῶτον)[153] des messianischen Friedensgrußes soll von Anfang an klargestellt werden, daß es sich bei der Aufnahme der Boten nicht um die Gewährung gewöhnlicher orientalischer Gastfreundschaft handelt, sondern um den bewußten Empfang der stellvertretenden Gesandten des Messias. Der, an dessen Tür die Boten Jesu treten, muß sich darüber im klaren sein, daß sich für ihn nicht die alltägliche Frage stellt, ob er einem gewöhnlichen Reisenden (für eine Nacht) Unterkunft und Verpflegung gewähren will, sondern ob er die Botschafter des Messias, die vor Ort die ihnen aufgetragene Mission ausführen werden, aufzunehmen bereit ist.

Von den Gesandtschaftspaaren ihrerseits sollen die angemessenen Gastgeber[154], die Jesus als Friedenssöhne (v6a: υἱὸς εἰρήνης) be-

---

[151] Vgl. dazu G. von Rad: "Schwerlich findet sich im AT noch ein Begriff, der derart im Alltag des Volkes als abgegriffenste Münze umging und der sich doch nicht selten mit konzentriertem religiösem Inhalt gefüllt hoch über die Ebene der vulgären Vorstellungen erheben konnte, wie שָׁלוֹם" (ThW, II, 400).

[152] Schlatter, Lukas, S. 276.

[153] Vgl. Gen 24:33b: "Ich will nicht essen, bis ich meine Worte geredet habe".

[154] Daß mit den Friedenssöhnen in erster Linie die Hausherren gemeint sind, ergibt sich daraus, daß nach Jesu eigenen Worten die Haltung gegenüber seiner Botschaft in einem Haus auch gemischt ausfallen konnte (Lk 12:51-53). Für die Boten aber kommt es darauf an, welche Haltung das Familienoberhaupt einnimmt. Vgl. A. Edersheim, *Life and Times of Jesus the Messiah* (1883; New York, 1931), II, 138: "The expression, 'if the Son of Peace be there,' ... refers to the character of the head of the house and the tone of the household".

zeichnet, daran erkannt werden, daß sie ihren messianisch gefüllten Friedensgruß dankbar aufnehmen. Solche Menschen haben sich bereits vor dem Kommen der Boten für die Botschaft Jesu interessiert und dieser geöffnet[155]. Sie zählen entweder bereits zu den Anhängern Jesu[156], oder aber der Friedensgruß der Boten stellt für sie den letzten Anstoß zu einem Anschluß an den Messias Jesus dar[157]. Es handelt sich bei ihnen somit um Konfessionsgenossen, die dem jeweiligen Botenpaar als Stützpunkt und Versorgungsbasis

---

[155] Man hat wohl davon auszugehen, daß es zu diesem Zeitpunkt bereits in ganz Palästina Menschen gab, die direkt oder indirekt von der Bußpredigt des Täufers (Lk 3:3) und dem Wirken Jesu (Lk 4:37.44; 6:17; 7:17) erreicht worden waren und sich dafür geöffnet hatten. Somit war es nicht unwahrscheinlich, daß die Boten auch in den bisher nicht systematisch erreichten Gebieten auf Menschen stießen, denen die von ihnen gebrachte Botschaft nicht völlig neu war.

[156] Es ist daher unnötig, wenn Augustinus zur Erklärung des Terminus *Friedenssohn* den Prädestinationsgedanken heranzieht (*De correptione et gratia* XV.46): "Wenn jene diesen Frieden verkünden, von denen geschrieben steht: 'Wie schön sind die Füße derer, die Frieden verkünden, die gute Botschaft bringen' (Is 52,7), dann beginnt zwar für uns jeder ein Sohn des Friedens zu sein (*nobis quidem tunc incipit esse quisque filius pacis*), sobald er auf das Evangelium hört und daran glaubt und aus dem Glauben gerechtfertigt, seinen Frieden mit Gott zu haben anfängt (*pacem ad Deum habere coeperit*), gemäß der Vorherbestimmung Gottes aber war er schon ein Kind des Friedens (*secundum autem praedestinationem Dei, iam filius pacis erat*). Denn es ist nicht gesagt worden: Auf dem euer Frieden ruht, der wird ein Kind des Friedens (*fiet filius pacis*), sondern er sagt: 'Wohnt dort ein Kind des Friedens, so wird euer Friedensgruß auf jenem Hause ruhen'. Also auch schon bevor ihm dieser Friedensgruß gebracht wurde, wohnte dort ein Kind des Friedens (*Iam ergo et antequam illi annuntiaretur haec pax, filius pacis ibi erat*), wie es nicht der Evangelist, sondern Gott wußte und sogar vorausgewußt hat. Für uns also, die wir nicht wissen, wer ein Sohn des Friedens ist oder nicht, gehört es sich, keine Ausnahme zu machen und niemanden auszuscheiden, sondern zu wünschen, daß alle, denen wir diesen Frieden predigen, gerettet werden. Es ist nämlich nicht zu befürchten, daß wir ihn verlieren, wenn der, dem wir ihn verkündigen, kein Sohn des Friedens ist, was wir ja nicht wissen. Denn der Friede kehrt zu uns zurück, das heißt jene Verkündigung nützt uns, nicht auch ihm; ruht dagegen der verkündete Frieden auf ihm, dann nützt er sowohl uns als auch ihm".

[157] Der Genitiv εἰρήνης kann als übertragener "Genitiv der Herkunft und Zugehörigkeit" (BDR § 162.6) aufgefaßt werden. Vgl. z. B. in 1Thess 5:5 die Söhne des Lichts (υἱοὶ φωτός) und die Söhne des Tages (υἱοὶ ἡμέρας), die dem Tag angehören (v8: ἡμέρας ὄντες). Die Friedenssöhne stellen somit das Gegenstück zu den τέκνα ὀργῆς (Eph 2:3) dar.

für die evangelistische Durchdringung ihrer Ortschaft dienen können. Insofern stimmt die Strategie, die Jesus seinen Gesandten vorschreibt, weitgehend mit dem Versorgungssystem überein, das die Essener für reisende Gesinnungsgenossen eingerichtet hatten[158]. Ein Unterschied besteht aber immerhin darin, daß Angehörige des schon lange existierenden Essenerordens ohne weiteres auf ihnen bekannte Versorgungsstützpunkte in den einzelnen Ortschaften zurückgreifen konnten, während die Boten Jesu ihre eventuellen Quartiergeber erst selbständig ausfindig machen müssen.

Den Gesinnungsgenossen der Boten Jesu wird der messianische Friede kraft des ausgesprochenen Grußes mitgeteilt (v6a). Bei abweisender Reaktion wird der Friedensgruß wie ein ausgeschlagenes Angebot nichts ausrichten. Wo sie die nötigen Voraussetzungen finden, sollen die Boten in vollem Umfang die häusliche Gastfreundschaft in Anspruch nehmen (v7a: ἐν αὐτῇ τῇ οἰκίᾳ μένετε ἐσθίοντες καὶ πίνοντες τὰ παρ' αὐτῶν). Sie sollen sich ausdrücklich nicht als Bettler verstehen. Denn zum einen war das Betteln, das in Palästina nicht selten praktiziert wurde[159], eine demütigende Angelegenheit (vgl.

---

[158] Zu den reisetechnischen Einrichtungen der Essener s. Jos., Bell. II.124-127: "Es ist aber nicht eine einzelne Stadt die ihrige, sondern in jeder wohnen viele (ἐν ἑκάστῃ μετοικοῦσιν πολλοί). Den von auswärts kommenden Angehörigen der Sekte steht deren ganzer Besitz zur Verfügung gleich wie eigener, und bei Menschen, die sie nie vorher sahen, treten sie ein wie bei längst Vertrauten (καὶ πρὸς οὓς οὐ πρότερον εἶδον εἰσίασιν ὡς συνηθεστάτους). Deshalb nehmen sie auch bei ihren Reisen gar nichts mit, außer Waffen zum Schutz gegen Räuber. Ein Fürsorger aber wird in jeder Stadt eigens für die Gäste des Ordens eingesetzt, der Kleider und das sonst Notwendige bewirtschaftet ... Weder Kleider noch Schuhe wechseln sie, ehe das bisherige Stück ganz und gar zerrissen oder mit der Zeit verbraucht ist. Nichts aber kaufen oder verkaufen sie untereinander, sondern dem, der Bedarf hat, gibt jeder seinen Besitz und empfängt umgekehrt von jenem das, was er brauchen kann; ja auch ohne Gegenleistung ist die Entnahme von Gütern, bei wem man will, unverwehrt".

[159] Für den Umgang mit Bettlern gab es laut rabbinischer Literatur bestimmte Regeln; mPea VIII.7a: "Man soll dem Armen, der von Ort zu Ort wandert (לְעָנִי הָעוֹבֵר מִמָּקוֹם לְמָקוֹם) nicht weniger geben als einen Brotlaib im Werte eines Pondion, falls vier Sea [Weizen] einen Sela gelten. Bleibt er über Nacht, so soll man ihm geben, was zum Übernachten nötig ist. Am Sabbat soll man ihm Speise für drei Mahlzeiten geben"; bBB 9a: "Es wird gelehrt: Geht er [d. i. der Arme] an den Türen [betteln], so befasse man sich nicht mit ihm. Einst kam ein Armer, der an den Türen

16:3: ἐπαιτεῖν αἰσχύνομαι); und daß Jesus wie die Kyniker "in der damit verbundenen Erniedrigung, zumal bei Ablehnung der Bitte, ein besonderes Verdienst gesehen" hätte[160], wird man keinesfalls sagen können. Vor allem aber hätte das Betteln nicht dem Status der Boten als messianischen Gesandten entsprochen, und der Ruf von Bettelpriestern hätte ihrem Auftreten und ihrer Botschaft entscheidend geschadet[161]. Die ihnen angebotene Gastfreundschaft sollten sie in dem Bewußtsein annehmen, daß es sich dabei nicht um eine milde Gabe, sondern um den gerechten Lohn ihrer Tätigkeit handelt (v7b: ἄξιος γὰρ ὁ ἐργάτης τοῦ μισθοῦ αὐτοῦ). Denn Jesus "wollte nicht, daß sie wie Landstreicher und Bettler in die Häuser kommen (οὐχ ὡς ἀλήτας καὶ προσαίτας εἰσιέναι κελεύων), sondern wie Leute, die an Würde weit über denen stehen, von denen sie aufgenommen werden (ἀλλ' ὡς τῶν ὑποδεχομένων πολλῷ σεμνοτέρους)"[162]. Andererseits ist es den Gesandten aber auch untersagt, ohne weiteres ihr Quartier zu wechseln (v7b: μὴ μεταβαίνετε ἐξ οἰκίας εἰς οἰκίαν).

8.2.5 Das Auftreten in der Öffentlichkeit (vv8-12)

In den vv5-7 wurde beschrieben, wie die Boten sich in bezug auf die Häuser und ihre Einwohner verhalten sollen. Anschließend werden

---

[betteln] ging, zu R. Papa; dieser aber gab ihm nichts. Da sprach R. Sama, Sohn des R. Jeba, zu R. Papa: Wenn der Meister ihm nichts gibt und ein anderer ihm ebenfalls nichts gibt, so kann er ja sterben! – Es wird ja aber gelehrt, daß man sich mit einem Armen, der an den Türen [betteln] geht, nicht befasse!? Dieser erwiderte: Man gebe ihm keine große Gabe, wohl aber gebe man ihm eine kleine Gabe".

[160] Helm, "Kynismus," Sp. 11.

[161] D. Flückiger-Guggenheim, *Göttliche Gäste: Die Einkehr von Göttern und Heroen in der griechischen Mythologie* (Frankfurt, 1984), S. 21: "Bei den Griechen standen Bettelpriester, ἀγύρτης oder weiblich ἀγύρτρια genannt, schon von alters her in ziemlich zweifelhaftem Ruf und wurden oft mit Bettlern (πτωχοί) gleichgesetzt". Einige derartige Beschimpfungen erwähnt Aischylos, *A* 1273-4: "Beschimpfungen wie ein landstreichend Bettelweib: 'Strolchin (ἀγύρτρια)!' – ich Arme – 'Hungerleiderin (λιμοθνής)!' hielt ich aus". Vgl. auch Sophokles, *OT* 387-8: "diesen Zauberer und Ränkeschmied, den listigen Landstreicher (ἀγύρτην), der für den Gewinn nur Augen hat".

[162] Chrysostomos, *Hom. XXXIII.1 in Mt 10:16* (PG 57, Sp. 387).

nun die Verhaltensmaßregeln aufgestellt, die gegenüber der jeweiligen Ortschaft als Ganzer beachtet werden müssen. Mit der Aufnahme bei Privatleuten ist ja noch nicht entschieden, wie sich die Ortschaft den Boten gegenüber verhält. Es ist durchaus denkbar, daß die Boten zunächst in einem Privatquartier Aufnahme finden, um dann dennoch von der Stadt offiziell ausgewiesen zu werden[163]. Erst wenn sich die Boten im Ort niedergelassen haben, stellt sich die Frage, wie sich die Öffentlichkeit bzw. die kommunale Obrigkeit zu ihrem Vorhaben, hier öffentlich das Evangelium zu verkündigen und die Ankunft Jesu vorzubereiten, stellt[164].

In den vv8-9 wird der Fall erläutert, daß die Boten in einer Stadt offiziell aufgenommen werden (v8a: καὶ δέχωνται ὑμᾶς). Die erste diesbezügliche Anweisung (v8b: ἐσθίετε τὰ παρατιθέμενα ὑμῖν) bezieht sich daher kaum auf die Versorgung im Privatquartier (vv5-7), was außerdem eine Wiederholung von v7b darstellen würde. Eher wird man an Einladungen durch wichtige Personen des öffentlichen Lebens zu denken haben, wie sie auch an Jesus selbst herangetragen worden sind (7:36; 11:37; 14:1)[165]. Darum liegt in diesen Worten Jesu auch weniger ein Verbot[166], als vielmehr eine Erlaubnis[167]: Zwar soll das Quartier unbedingt bei Friedenssöhnen genommen, Einladungen zum Gastmahl dürfen daneben aber durchaus angenommen werden[168]. Ebenso wie ihr Meister sollen auch die Boten die

---

[163] Plummer, *Luke*, S. 275.

[164] Daß die Meinung der Öffentlichkeit und der politisch-religiösen Führung dabei nicht immer konform gewesen sein dürfte, legt etwa 19:47-8 nahe.

[165] Für den Empfang von Gesandten gilt (Kienast, "Presbeia," Sp. 566): "Die gewöhnlichsten Ehren waren die einfache Belobigung und die öffentliche Bewirtung".

[166] Etwa im von Epiktet, *Fragm.* 17, formulierten Sinne: "Wenn wir zu einem Gastmahl eingeladen sind, nehmen wir, was da ist (Εἰς συμπόσιον μὲν οὖν παρακληθέντες τῷ παρόντι χρώμεθα); wenn aber jemand den Gastgeber auffordern würde, ihm Fisch oder Kuchen vorzusetzen, würde er unschicklich erscheinen (εἰ δέ τις κελεύοι τὸν ὑποδεχόμενον ἰχθῦς αὐτῷ παρατιθέναι ἢ πλακοῦτας ἄτοπος ἂν δόξειεν)".

[167] Man hat hier wohl kaum an eine Erlaubnis zum Verzehr unreiner Speisen zu denken, wie Zahn, *Lucas*, S. 416, annimmt; vgl. Act 10.

[168] Darum kann auch v7b nicht als Verbot gewertet werden, Einladungen in andere Häuser anzunehmen. Anders Plummer, *Luke*, S. 275: "Perhaps also this is a warning against accepting numerous invitations which would waste precious time. To

sich bietenden Gelegenheiten nutzen, um ihren Auftrag auszuführen. So wie Jesus geheilt und gepredigt hat, sollen auch sie heilen und predigen (v9). Dabei kann auch ihre Heiltätigkeit ähnlich wie bei Jesus (11:14) den Ausgangspunkt für die Verkündigung der Botschaft vom Königreich Gottes unter freiem Himmel vor dem Volk (11:15-36; 12:1-13:9) und bei Gastmählern mit der religiös-politischen Führungsschicht (11:37-54) bilden. In einem Ort, wo die Boten positiv aufgenommen werden, gleicht ihr Wirken unter Umständen "einem Triumpheinzug: man wartet ihnen auf; man bringt ihnen Kranke; sie bringen öffentlich ihre Botschaft vor, und diese wird mit Achtung aufgenommen"[169]. Sie werden allerdings sicherlich auch damit rechnen müssen, daß anfängliche Offenheit und Begeisterung aufgrund der Härte der Botschaft gelegentlich in tiefe Feindschaft umschlagen kann (vgl. 11:53-54). Solange man ihnen und ihrer Botschaft aber freundlich gesinnt ist, ist die Verkündigung der Nähe des Gottesreiches eine Heilsbotschaft.

Dies ändert sich im Falle der offiziellen Abweisung, der in vv10-12 verhandelt wird (v10a: καὶ μὴ δέχωνται ὑμᾶς). Einen Ort, der sie ausweist, sollen die Boten ohne Zögern verlassen. Dabei aber sollen sie für alle sichtbar (v10b: εἰς τὰς πλατείας αὐτῆς) den Bewohnern den für sie daraus resultierenden Gerichtscharakter der Gottesreichsbotschaft vor Augen führen. Das Abschütteln des Staubes von den Füßen symbolisiert die Trennung der Boten von dieser Ortschaft, nach rabbinischen Zeugnissen sogar deren Einstufung als nichtjüdisches und somit heidnisches Gebiet[170]: "die Jünger müssen sich von solchen Städten feierlich lossagen, weil sie von Gott abgefallen und heidnisch geworden sind"[171]. Die Abweisung der Boten des Messias bedeutet die Abweisung des Messias selbst und damit letztlich Gottes (v16), sie ist also tatsächlich Abfall von Gott. Diese Orte wird Jesus auf seiner letzten Jerusalemreise (9:51-19:28) nicht mehr berühren.

---

this day in the East travellers who arrive at an Arab village are overwhelmed with a round of invitations".

[169] Godet, *Lukas*, S. 331.

[170] Billerbeck, *Kommentar*, I, 571: "Schüttelte man ... den Staub einer Stadt von den Füßen ab, so drückte man damit aus, daß man den Ort dem Gebiet der Heiden gleichstelle u. mit seinen Bewohnern keine Gemeinschaft habe".

[171] Schegg, *Lukas*, II, 83.

Dorthin, wo die Boten aufgenommen werden, wird auch der Messias kommen. Wo die Boten ausgewiesen werden, wird auch der Messias nicht mehr einkehren.

Ein solcher Abfall wird ein furchtbares Strafgericht zur Konsequenz haben, das das über Sodom (und Gomorra) hereingebrochene Unheil noch übertreffen wird (v12)[172]. In derselben Weise, wie sich die Jünger gegenüber ablehnenden Ortschaften verhalten sollen (vv10-12), wendet sich auch Jesus mit einem Gerichtswort von den Städten ab, die ihn nicht aufgenommen haben (vv13-15). Den Hauptstätten seiner Wirksamkeit am See Genezareth[173], Chorazim, Bethsaida (9:10) und Kapernaum (4:31), wird ein Gericht angekündigt, das schwerer sein wird als das, das die syro-phönizischen Küstenstädte Tyrus und Sidon zu erwarten haben, die von Jesu Botschaft nur indirekt erreicht worden sind (6:17).

8.2.6 Die Rückkehr der Vorboten (v17)

In 10:17a wird die Rückkehr der Boten nach erfülltem Auftrag beschrieben: Ὑπέστρεψαν δὲ οἱ ἑβδομήκοντα [δύο]. Wie jede Gesandtschaft, von der in der griechisch-römischen[174] oder alttestamentlichen Literatur[175] berichtet wird, mußten auch die 70 Gesandten Jesu über die Ergebnisse ihrer Mission berichten. Im politischen Gesandtschaftswesen erfolgte die Meldung vor dem Rat "meist in Form eines kurzen Berichtes mit Hervorhebung der wesentlichen Punkte (ἐπὶ κεφαλαίων: Aischin. II.45)"[176]. In der Berichterstattung der messianischen Botschafter nimmt diese Stellung die Dämonen-

---

[172] Vgl. auch noch Godet, *Lukas*, S. 331: "*An jenem Tage* kann sich auf die Zerstörung des Volks durch die Römer oder auf das jüngste Gericht beziehen. Die beiden Strafgerichte ... fließen in dieser Drohung des Herrn zusammen, wie in der des Täufers 3,9. Indessen scheint die Idee des jüngsten Gerichts, nach dem, was V. 14 folgt, hier vorzuherrschen".

[173] Vgl. dazu Pixner, *Wege*, S. 79-101.

[174] Matthews, "Gesandtschaft," Sp. 656: "Die Gesandten mußten über das Ergebnis ihrer Mission berichten". Vgl. dazu z. B. Liv. IX.4.6: *renuntiare*.

[175] Vgl. 1Sam 25:12.

[176] Kienast, "Presbeia," Sp. 573.

austreibung ein (v17b). Tatsächlich wird ihr Bericht aber auch noch andere Aspekte beinhaltet haben. So wie politische Legaten "über die Art der Aufnahme beim Partnerstaat und über die Atmosphäre, in der die Gespräche stattfanden", berichteten, werden die Siebzig Jesus über entsprechende Reaktionen auf ihre Verkündigungstätigkeit informiert haben (vgl. 9:10).

Nicht deutlich gesagt wird, wie man sich die Rückkehr der Siebzig vorzustellen hat. Es ist jedoch aufgrund der Unwägbarkeiten des zu erfüllenden Auftrags kaum anzunehmen, daß sie alle zeitgleich zu Jesus zurückkehrten[177]. Auch wenn ein ungefährer Zeitpunkt für die Rückkehr festgelegt worden sein sollte, werden sich die Botenpaare doch erst nach und nach wieder bei Jesus eingefunden haben[178]. Die in vv18-24 wiedergegebene Rede Jesu, die eine Reaktion auf den Bericht der Boten darstellt, wird daher gehalten worden sein, nachdem sich die gesamte Gruppe wieder bei ihrem Auftraggeber versammelt hatte. Nach Schleiermacher[179] wäre die Rückkehr der Siebzig erst kurz vor der Ankunft in Jerusalem erfolgt. Daher spricht er von "der anticipirten Rükkunft der Siebzig"[180], die dann ebenso wie etwa die Gefangensetzung des Täufers (3:19-20) vorweggenommen wäre. Das ist nicht unmöglich. Man wird die Botenrückkehr aber mit einiger Sicherheit spätestens vor 13:22 (διεπορεύετο κατὰ πόλεις καὶ κώμας) anzusetzen haben, denn hier liegt ein deutlicher Rückbezug auf 10:1 (εἰς πᾶσαν πόλιν καὶ τόπον) vor: Jesus ist nun dabei, die von den Boten vorbereiteten Ortschaften zu durchwandern. Somit ergibt sich daher für die Rückkehr der Boten (und damit auch für die eigentliche Ausrichtung der Reise auf Jerusalem) ein zeitlicher Spielraum zwischen Lk 10:12 und 13:22. Die Verwirklichung der in 9:51 ins Auge gefaßten und in 10:1-12 strategisch vorbereiteten Reise kann frühestens noch vor der Einkehr im Haus der Martha (10:38-42) und spätestens nach der Heilung der verkrümmten Frau in der Synagoge (13:10-21) angesetzt werden.

---

[177] Anders Weiss, *Lukas*, S. 447. Richtig Schanz, *Lucas*, S. 301: "Das allmähliche Zurückkommen entspricht ... der Sachlage besser".
[178] Bengel, *Gnomon*, S. 255: *alii post alios*.
[179] *Lukas*, S. 163.
[180] *Lukas*, S. 170.

Damit aber führt die Frage nach dem Zeitpunkt der Botenrückkehr weiter zur Frage nach der Gesamtdauer der letzten Reise Jesu nach Jerusalem.

8.3 Die Reisedauer (13:31-33)

Die Entfernung von der Südgrenze Galiläas bis nach Jerusalem beträgt etwa 100 km Luftlinie[181]. Geht man davon aus, daß im Altertum für eine Tagesreise zu Fuß etwa 30 km angesetzt wurden[182], so werden die Jerusalempilger für den direkten Weg durch Samarien drei bis vier Tagesreisen benötigt haben, was durch die Angaben des Josephus bestätigt wird[183]. Daß für die letzte Jesusreise allerdings nicht von diesen Berechnungen ausgegangen

---

[181] Dalman, *Wege*, S. 223.
[182] Vgl. Prokopius, *Bell. Vand.* I.1.17: "Eine Tagesreise (μιᾶς δὲ ἡμέρας ὁδός) macht aber etwa zweihundertzehn Stadien aus, soviel wie der Weg von Athen nach Megara"; Friedlaender, *Sittengeschichte*, I, 335, notiert unter Verweis auf Dig. II.1 und XXVII.1.13.2: "Wie billig, wurde für diejenigen, die sich zur Wahrnehmung gerichtlicher Termine, zur Übernahme einer Vormundschaft usw. von auswärts einzufinden hatten, kurze Tagesreisen (von 20 Millien=30 km) angenommen". Vgl. aber auch Ben-David, *Ökonomie*, S. 266: "An anderer Stelle wird als Tagesleistung eines Reisenden die Weglänge von zehn Parasangen (64 km) genannt, die aber nur an kühlen Tagen im Herbst und Frühling möglich war, an denen man zwölf Stunden lang 5-6 km/h zurücklegen konnte. Während der heißen Jahreszeit reiste man nur in den frühen Morgen- und den späten Nachmittagsstunden und mußte sich mit 12-13 km zufrieden geben, falls man vier Mil (6,4 km) in der Stunde zurücklegen konnte".
[183] In *Vi.* 266-70 beschreibt Josephus, wie er von Galiläa aus eine Gesandtschaft nach Jerusalem sendet. Diese soll den Weg durch Samarien nehmen, denn "es ist für die, die schnell reisen wollen, durchaus nötig, dort hindurchzuziehen (πάντως ἔδει τοὺς ταχὺ βουλομένους ἀπελθεῖν δι' ἐκείνης πορεύεσθαι). So nämlich ist es möglich, Jerusalem von Galiläa aus in drei Tagen zu erreichen (τρισὶν γὰρ ἡμέραις ἀπὸ Γαλιλαίας ἔνεστιν οὕτως εἰς Ἱεροσόλυμα καταλῦσαι)" (269). Vgl. aber auch Haefeli, *Samaria*, S. 32: "Wenn es indes von Jerusalem nach Sebaste ein Tagemarsch ist (*Ant.* XV.8.3), so sollte man glauben, in einem zweiten Tag von Sebaste aus Galiläa ... zu erreichen". Textkritisch schwierig ist die Stelle Jos., *Ap.* 9, wonach Dora vier Tagesmärsche von Idumäa (Thackeray) bzw. Judäa (Niese) entfernt ist.

werden kann[184], ergibt sich aus der soeben dargestellten Reisestrategie. Die Reise führt nicht auf schnellstem Weg nach Jerusalem, sondern dient der Evangeliumspredigt von Ort zu Ort, und wird daher erheblich länger als drei Tage gedauert haben. Die absolute Dauer der letzten Jesusreise läßt sich innerlukanisch jedoch nicht feststellen. Der Leser erfährt auch nicht, zu welchem Zeitpunkt der Reisebeginn anzusetzen ist (8.1), wann Galiläa verlassen wird, wann der Jordanübertritt nach Peräa stattfindet und wie viele Tage Jesus überhaupt unterwegs gewesen ist. Eine Ausnahme könnte allerdings Lk 13:31-33 darstellen, wo Jesus auf die von den Pharisäern überbrachte Todesdrohung antwortet: Ἰδοὺ ἐκβάλλω δαιμόνια καὶ ἰάσεις ἀποτελῶ [𝔐: ἐπιτελῶ] σήμερον καὶ αὔριον καὶ τῇ τρίτῃ τελειοῦμαι. πλὴν δεῖ με σήμερον καὶ αὔριον καὶ τῇ ἐχομένῃ πορεύεσθαι, ὅτι οὐκ ἐνδέχεται προφήτην ἀπολέσθαι ἔξω Ἰερουσαλήμ. Da diese Aussage auch für den anschließenden Vergleich mit dem Zeitrahmen des Johannesevangeliums (9.2) von Bedeutung ist, soll die betreffende Perikope hier näher behandelt werden.

Für die Abfolge σήμερον καὶ αὔριον καὶ τῇ τρίτῃ[185] bzw. die vergleichbare Angabe in v33 sind sehr verschiedene Deutungen vorgeschlagen worden, von denen einige von vornherein ausscheiden[186]. Ernsthafte Alternativen bilden die wortwörtliche Deutung[187] und das Verständnis des Ausdrucks als Hinweis auf eine

---

[184] Anders J. Wellhausen, *Einleitung in die drei ersten Evangelien*. 2. Aufl. (Berlin, 1911), S. 53, der zur Dauer der seiner Ansicht nach durch Samarien verlaufenden Reise notiert: "Für die wenigen Tage, die sie nur dauern kann, ist ihr Inhalt außerordentlich reich. Es ist alles Mögliche in dieses Fach hineingestopft".

[185] S. BDR § 241.2: τῇ τρίτῃ (vgl. Act 27:19) steht elliptisch für τῇ τρίτῃ ἡμέρᾳ (Lk 24:7).

[186] J. E. Belser, *Das Evangelium des Heiligen Johannes* (Freiburg, 1905), S. 326-7, will die Angabe symbolisch auf die drei jüdischen Feste deuten: "Er meint mit 'heute' das Tempelweihfest, mit 'morgen' das Purimfest und mit τῇ τρίτῃ das zweite Osterfest oder Leidenspassa". C. Weizsäcker, *Untersuchungen über die evangelische Geschichte ihre Quellen und den Gang ihrer Entwicklung*. 2. Aufl. (Tübingen, 1901), S. 199, will in der Angabe einen Hinweis auf die dreijährige Wirksamkeit Jesu erkennen.

[187] Hahn, *Lukas*, II, 251-2: Jesus gibt "den Pharisäern ... genau die Zahl der Tage an, während welcher er seine Wirksamkeit im Gebiete des Herodes unbedenklich fortzusetzen gedenke".

kurze¹⁸⁸ oder festgesetzte¹⁸⁹ Zeitdauer. Daß die Formulierung tatsächlich im eigentlichen Sinn als Aussage über drei aufeinander folgende Tage verstanden werden kann, zeigt z. B. der Sprachgebrauch der LXX. In Ex 19:10-11 gibt Gott Mose den Auftrag: "Steige hinab, bezeuge dem Volk und heilige sie heute und morgen (ἅγνισον αὐτοὺς σήμερον καὶ αὔριον), und sie sollen die Kleider waschen. Und sie sollen für den dritten Tag bereit sein (καὶ ἔστωσαν ἕτοιμοι εἰς τὴν ἡμέραν τὴν τρίτην). Denn am dritten Tag (τῇ γὰρ ἡμέρᾳ τῇ τρίτῃ) wird der Herr vor dem ganzen Volk auf den Berg Sinai herabsteigen"¹⁹⁰. Auch Plutarch (*Lys.* X.3) kann in ähnlicher Weise formulieren: "Am folgenden Tage geschah wiederum dasselbe und ebenso am dritten und vierten (τῇ δ' ὑστεραίᾳ πάλιν ἐγίνοντο ταὐτά καὶ τῇ τρίτῃ μέχρι τετάρτης)".

Allerdings ist eine Interpretation in diesem wörtlichen Sinne nicht zwingend, denn die Redeweise von mehreren Tagen kann auch uneigentlich als Andeutung eines kurzen Zeitraumes verwendet werden. Schon Wettstein (749) verweist als alttestamentliche Parallele auf Hos 6:2: "Er [d. i. Jahwe] wird uns nach zwei Tagen gesund machen (ὑγιάσει ἡμᾶς μετὰ δύο ἡμέρας), am dritten Tag werden wir aufstehen und vor ihm leben (ἐν τῇ ἡμέρᾳ τῇ τρίτῃ ἀναστησόμεθα καὶ ζησόμεθα ἐνώπιον αὐτοῦ)". Und auch Jesus selbst kann mit den Worte *heute* und *morgen* durchaus einen kurzen Zeitraum anzeigen (Lk 12:28: τὸν χόρτον ὄντα σήμερον καὶ αὔριον εἰς κλίβανον βαλλόμενον)¹⁹¹. Zweitens aber kann mit einer entsprechenden Formulierung im uneigentlichen Sinn statt einer kurzen Frist auch ein unbegrenzt langer Zeitraum gemeint sein. Dies wird deutlich, wenn es bei Plutarch (*Phoc.* XXII.4) heißt: "Nun, wenn er heute tot ist, dann wird er

---

[188] Vgl. z. B. Schlatter, *Lukas*, S. 331-2.
[189] Vgl. Weiss, *Lukas*, S. 514: "eine bestimmt bemessene Zeit ..., die natürlich ihm von Gott vorgeschrieben ist".
[190] Billerbeck, *Kommentar*, II, 201, verweist auf MidrPs 12,2: "Ich habe heute u. morgen zu pflügen; übermorgen wollen wir zusammen gehen".
[191] Vgl. 1Kor 15:32. S. weiterhin Demosthenes XVIII.195: "Ist dir klar, daß so, wie es geschah, ein, zwei, drei Tage (μί' ἡμέρα καὶ δύο καὶ τρεῖς) es der Stadt ermöglicht haben, einen Halt einzuschalten, sich zu sammeln, Atem zu schöpfen ...". Vgl. auch Billerbeck, *Kommentar*, II, 201, der auf MekhEx 13,14 (27b) hinweist: "Es gibt ein 'morgen' jetzt, u. es gibt ein 'morgen' nach einiger Zeit".

auch morgen und übermorgen tot sein (εἰ σήμερον τέθνηκε, καὶ αὔριον ἔσται καὶ εἰς τρίτην τεθνηκώς)"¹⁹².

Die Entscheidung für die uneigentliche Bedeutung legt der Kontext nahe. Das Verbum τελειοῦμαι wird von einigen Auslegern medial aufgefaßt. Sie übersetzen daher aktivisch: "am dritten Tage vollende ich ... diese Austreibungen und Heilungen"¹⁹³. Allerdings ist diese Interpretation unwahrscheinlich, weil ein entsprechendes Objekt neben τελειοῦμαι fehlt¹⁹⁴ und die mediale Fassung im NT gar nicht und sonst nur bei Iamblichus¹⁹⁵ sicher belegt ist. Man wird τελειοῦμαι also als (theologisches) Passiv aufzufassen haben. Der Tod wird hier, wie schon in 9:31 (ἔξοδον) und 12:50 (βάπτισμα), nicht mit dem gewöhnlichen Wort (ἀποθανεῖν) bezeichnet, sondern Jesus spricht bedeutungsvoll von seiner τελείωσις. Daß damit sein Lebensende gemeint ist, läßt der Kontext erkennen (vgl. v31: ἀποκτεῖναι; v33: ἀπολέσθαι). Mit diesem Ende hat es etwas Besonderes auf sich: es ist nicht nur Sterben, sondern Vollendung. So wird auch in Weish 4:13-14 ("Er wurde vollendet [τελειωθείς] in kurzer Zeit ... Deswegen eilte er hinweg aus der Mitte der Bosheit") durch den Zusammenhang (4:10: "während er unter den Sündern lebte, wurde er entrückt") deutlich, daß τελειοῦν hier keinen gewöhnlichen Lebensausgang, sondern eine Entrückung meint. Wie in Hebr 5:9 (τελειωθεὶς ἐγένετο ... αἴτιος σωτηρίας αἰωνίου; vgl. 2:10) wird man in Lk 13:32 also spezieller "an die durch Tod, Auferstehung und Erhöhung erfolgte Erhebung des Herrn in den Stand vollendeten Lebens und ab-

---

[192] Vgl. auch die ganz ähnliche Stelle Plutarch, *Mor.* 188D. H. Almquist, *Plutarch und das Neue Testament* (Uppsala, 1946), S. 66-7, bemerkt zu diesen beiden Stellen: "Die Redewendung 'heute, morgen und übermorgen' bedeutet hier einfach 'künftig', 'in aller Zukunft'".

[193] Meyer, *Lukas*, S. 382.

[194] Vgl. z. B. Neh 6:16 (καὶ ἔγνωσαν ὅτι παρὰ τοῦ θεοῦ ἡμῶν ἐγενήθη τελειωθῆναι τὸ ἔργον τοῦτο) und Joh 4:34 (τελειώσω αὐτοῦ τὸ ἔργον).

[195] H. J. Holtzmann, *Die Synoptiker*. 3. Aufl. (Tübingen, 1901), S. 379. Jamblichus schreibt (*VP* XXIX.158): "Sodann lehrte er [d. i. Pythagoras] auch alle Gebiete der Naturlehre, hat die Ethik und Logik vollständig bewältigt (ἐτελειώσατο)".

schließender Erreichung seiner Bestimmung" zu denken haben[196], die in Kürze stattfinden wird[197]. Diese in v32 für den dritten Tag angekündigte Vollendung Jesu wird aber keineswegs schon "übermorgen" stattfinden. Und ebensowenig wird Jesus am dritten Tag bereits Jerusalem erreicht haben, da die in Lk 13:34-19:44 geschilderten Begebenheiten unmöglich in einer so kurzen Frist unterzubringen sind. Den Vorzug verdient daher die Deutung, daß Jesus sowohl seine Ankunft in Jerusalem (v33) als auch seine dortige Vollendung (v32) als in naher Zukunft bevorstehend ankündigt[198].

Weiterhin aber läßt sich in der Reihung der drei aufeinander folgenden Tage in v32b eine Zäsur zwischen dem σήμερον καὶ αὔριον einerseits und dem τῇ τρίτῃ andererseits feststellen. Den beiden

---

[196] E. Riggenbach, *Der Brief an die Hebräer* (Leipzig, 1913), S. 136-7. Vgl. auch Philo, *Leg. all.* III.74: "Wann also, o Seele, wirst du in erster Linie dir bewußt sein, Trägerin des toten Körpers zu sein? Doch wohl dann, wenn du zur Vollendung gelangt bist (ὅταν τελειωθῇς) und Preis und Kränze erringst ... denn wenn der Geist den Siegespreis der Tugend davonträgt, so beschließt er den Tod (θάνατον) des Leichnams, des Körpers".

[197] HvS § 197c: Der Indikativ des Präsens mit Zukunftsbedeutung dient "im NT recht häufig ... zur Bezeichnung unmittelbar bevorstehender, wahrscheinlicher, sicherer oder drohender Vorgänge".

[198] In diesem Sinne interpretiert schon Cyrill von Alexandrien, *Explanatio in Lucae Evangelium 13:32*, die Aussage Jesu in Lk 13: καὶ οὐ τί γε ἐπὶ πλείονα χρόνον· τοῦτο γάρ τὸ σήμερον καὶ τὸ αὔριον (PG 72, Sp. 781D). So legt auch Theophylact, *Enarratio in Evangelium Lucae 13:31-33*, diesen Vers aus: "Aber das *heute und morgen* zeigt mehrere Tage an (Τὸ δὲ, σήμερον καὶ αὔριον, πλείονας ἡμέρας δηλοῖ). Wie nun auch wir es gewohnt sind, im gewohnten Umgang zu sagen (Ὥσπερ οὖν καὶ ἡμεῖς εἰώθαμεν ἐν τῇ συνήθει ὁμιλίᾳ λέγειν), heute und morgen geschieht dies (Σήμερον καὶ αὔριον γίνεται τόδε), ... so das baldige Geschehen anzeigend (τὸ ταχέως γενήσεσθαι δηλοῦντες), so hat auch der Messias, wenn er sagt: Heilungen vollbringe ich heute und morgen, und am dritten Tag werde ich vollendet, nicht angezeigt, daß er notwendigerweise am dritten Tag vollendet werden würde (οὕτως οὖν καὶ ὁ Χριστὸς εἰπών, ὅτι Ἰάσεις ἐπιτελῶ σήμερον, καὶ αὔριον, καὶ τῇ τρίτῃ ἡμέρᾳ τελειοῦμαι, οὐ πάντως τοῦτο ἐδήλωσε, τὸ ἐν τῇ τρίτῃ ἡμέρᾳ ἀναγκαίως τελειωθῆναι), sondern angedeutet, daß in Kürze sein Tod geschehen werde (ἀλλὰ τὸ συντόμως τόν θάνατον αὐτοῦ γενήσεσθαι δηλοῖ)" (PG 123, Sp. 925A). J. Jeremias, "Die Drei-Tage Worte der Evangelien," *Tradition und Glaube*. Hg. G. Jeremias (Göttingen, 1971), S. 226, weist auf die "Spracheigentümlichkeit" des Hebräischen und Aramäischen hin, daß dort sowohl ein direktes Äquivalent zu unserem *Tag* als auch zur Mengenangabe *ein paar* fehle.

Zeitabschnitten sind unterschiedliche Verben zugeordnet. Der das Heute und Morgen umfassende Zeitraum der Heiltätigkeit Jesu steht im Kontrast zu seiner am dritten Tag sich vollziehenden Vollendung. Darauf hat mit Recht unter Verweis auf u. a. Jes 22:13b (Φάγωμεν καὶ πίωμεν, αὔριον γὰρ ἀποθνῄσκομεν) und Jos 22:18b (καὶ ἔσται ἐὰν ἀποστῆτε σήμερον ἀπὸ κυρίου, καὶ αὔριον ἐπὶ πάντα Ισραηλ ἔσται ἡ ὀργή) A. H. Gilbert hingewiesen: "This contrast, rather than any particular space of time, is apparently in the mind of Jesus ... the third day is to present a complete contrast to the days preceding"[199]. V32b bedeutet folglich: Ich werde in der Tat bald sterben, aber doch erst nach einer kurzen Zeit der weiteren Wirksamkeit; dann aber wird mein Tod nicht lediglich eine Ermordung durch Herodes sein, sondern den Charakter einer Vollendung haben. Die drei Glieder der parallelen Aussage in v33a sind dann nicht als direkte Entsprechung zu den drei zuvor genannten Tagen aufzufassen, sondern als erweitertes Äquivalent zur ersten Hälfte der vorangehenden Aussage[200]: Bis die Zeit meiner Vollendung gekommen sein wird, werde ich meine begonnene Wanderung nach Jerusalem (13:22) trotz der Drohung des Herodes fortsetzen (v33a), denn erst Jerusalem wird der angemessene Ort meines Todes sein (v33b).

Es besteht somit kein Anlaß, für Lk 13:32-33 eine Ausnahme von der grundsätzlichen Undatiertheit (s. o. 6.2) des lukanischen Mittelteils anzunehmen. Für die verbleibende Reisedauer zu irgendeinem Zeitpunkt der Reise läßt sich aus diesen Versen nichts ableiten.

8.4 Die Plausibilität des historischen Rahmens

Die Kritik am lukanischen Reisebericht betrifft vor allem seinen historischen Rahmen (1.2). Regelmäßig ist von Exegeten die Ansicht wiederholt worden, daß die Vorstellung des Lukas von der letzten

---

[199] "σήμερον καὶ αὔριον, καὶ τῇ τρίτῃ (Luke 13:32)," *JBL*, 35 (1916), 316. Vgl. Jeremias, "Worte," S. 222: "hier folgt am dritten Tag die Wende". So ist es allgemein in den Drei-Tage Worten: "immer ... ruht der Akzent darauf, *daß Gott den Zeitpunkt der Wende bestimmt*" (227).

[200] Vgl. Jeremias, "Worte," S. 223, der ebenfalls meint, daß in v33 der dritte Tag "noch zum Auftakt vor der Wende gehört".

Jesusreise in sich nicht plausibel sei, daß sie chronologische Widersprüche aufweise und sich in die Geographie Palästinas nicht sinnvoll einfügen lasse. Daher ist man weitestgehend dazu übergegangen, im lukanischen Mittelteil eine Sammlung von Perikopen zu sehen, die lediglich durch einen literarischen und/oder theologischen Grundgedanken miteinander verbunden sind und ohne historische Rücksichten in den sekundären Rahmen einer Reise Jesu von Galiläa nach Jerusalem eingefügt wurden[201].

Lukas läßt deutlich erkennen (8.1), daß die Reiseroute Jesu ihn keineswegs durch Samarien (9:52-6), sondern eindeutig unter Umgehung Samariens in östlicher Richtung entlang der galiläisch-samaritanischen Grenze (17:11) und somit durch das Ostjordanland über Jericho (18:35-19:27) nach Jerusalem (19:28) führte. Die im Prolog geweckte Lesererwartung, daß diese letzte Jesusreise im Mittelteil

---

[201] Ähnlich ist es z. B. dem Reisebericht des Pausanias ergangen. Unter der Überschrift "Pausanias und seine Kritiker" hat C. Habicht eindrücklich dargestellt, welchen Wandel die historische Bewertung der *Beschreibung Griechenlands* aus der Feder des Pausanias seit dem Ende des 19. Jahrhunderts durchgemacht hat. Das vernichtende Urteil von U. von Wilamowitz-Moellendorf, das wesentlichen Anteil an der weithin geringen Veranschlagung des historischen Wertes von Pausanias Angaben hatte, führt Habicht auf folgende, von Wilamowitz selbst in seinen *Erinnerungen* berichtete Begebenheit zurück: Bei seinem ersten Griechenlandaufenthalt im Jahre 1873 schloß sich Wilamowitz dem Erbprinzen Bernhard von Meiningen und seinem Gefolge für einen Ausflug auf den Peloponnes an. "Natürlich galt der junge Gelehrte als der Sachverständige für die geographischen und topographischen Fragen, und Wilamowitz hatte sich nicht nur ... in Athen vorbereitet, sondern auch seinen Pausanias zur Hand. Als aber die Reisegesellschaft am 18. April Olympia verließ und den Weg nach Arkadien einschlug, ergab der Text des Pausanias keinerlei Sinn. Die Gruppe verlief sich. Wilamowitz bemerkt ausdrücklich, daß seine geringe Achtung für Pausanias von diesem Erlebnis herrühre. Es gehört nicht viel Phantasie dazu, sich vorzustellen, daß er an jenem Tage als Führer der Gruppe eine schlechte Figur gemacht hat, wahrscheinlich verspottet wurde, daß er sich schämte und Bitterkeit empfand. Er lernte erst später, daß er allenfalls Grund hatte, sich selbst zu grollen: es war nämlich, wie er in den 'Erinnerungen' zugibt, damals schon bekannt (freilich nicht ihm selbst), daß Pausanias nach Olympia von Süden gekommen war und den Weg aus dieser Richtung, von Heraia nach Olympia, beschrieb. Aber auch diese Entdeckung vermochte nicht mehr, Wilamowitz' Zorn auf Pausanias zu besänftigen" (174). Nicht nur die Reisenotizen des lukanischen Reiseberichts hat man gelegentlich vorschnell für unzutreffend und sinnlos erklärt.

des Evangeliums im wesentlichen ihrem historischen Ablauf gemäß erzählt wird, wird auch durch die beiden auf den ersten Blick deplaziert erscheinenden Abschnitte 10:38-42 und 17:11-19 nicht notwendigerweise durchbrochen. Dies ergibt sich im Fall der Perikope von der Einkehr Jesu im Haus der Martha aus der Berücksichtigung der Komplexität des hinter der äußerst komprimiert formulierten Evangelienperikope liegenden historischen Geschehens. Die chronologische Stellung dieser Perikope ist durchaus plausibel, wenn man die Möglichkeiten einer exkursartigen Reise nach Judäa oder der Lokalisierung dieses Hauses im Herrschaftsgebiet des Antipas in Rechnung stellt. Der Sachverhalt, daß von der Aussätzigenheilung an der samaritanischen Grenze erst relativ spät die Rede ist, läßt sich entweder mit einer Lokalisierung der Hauptmasse des Reiseberichts in (Süd-) Galiläa, oder aber mit dem narrativen Stilmittel eines Rückgriffs in 17:11 erklären.

In dem im Vergleich mit der galiläischen Periode relativ kurzen Zeitraum bis zum Todespassa konnte Jesus die bisher von ihm nicht systematisch erreichten Gebiete (u. a. das Transjordanland) nur unter Verwendung einer besonderen Strategie evangelistisch durchdringen. Durch die Friedensmission der 70 messianischen Gesandten (10:1-17) konnte zu Beginn der Reise eine Auswahl der dem Wirken Jesu offen gegenüberstehenden Ortschaften und in diesen eine Vorbereitung auf das Kommen Jesu vorgenommen werden. Jesus selbst brauchte somit nur ausgewählte Orte zu besuchen und diesen nur vergleichsweise wenig Zeit zu widmen. Somit spricht die historische Funktionalität der Perikope von der Aussendung der 35 Gesandtenpaare deutlich gegen ihre Einstufung als eine unhistorische Dublette.

Über die absolute Dauer der letzten Reise Jesu nach Jerusalem (8.3) lassen sich innerlukanisch keine genauen Angaben machen. Den eigentlichen Reisebeginn hat man zwischen dem Reiseentschluß (9:51) und der zweiten Reisenotiz (13:22) anzusetzen. Die Rückkehr (10:17) der in 10:1 ausgesandten Boten wird zwischen 10:16 und wiederum 13:22 anzusetzen sein. Der in Lk 13:31-33 getroffenen Aussage Jesu läßt sich kein Datum über die Dauer des verbleibenden Reiseabschnitts entnehmen, da die Zeitangaben aller Wahrscheinlichkeit nach uneigentlich gemeint sind.

Somit läßt sich festhalten, daß Lukas in seinem Evangelium keinerlei Anlaß dazu bietet, den den Mittelteil seines Werkes ausfüllenden Reisebericht aufgrund interner historischer, d. h. geographischer oder chronologischer Unstimmigkeiten als sekundären Rahmen einer anderweitig verbundenen Stoffmasse aufzufassen. Die Reisenotizen machen zwar nicht den Schwerpunkt seines Mittelteils aus, sie stellen aber ein in sich durchaus plausibles historisches Gerüst dar, das nicht aufgrund innerer Widersprüche für fiktiv erklärt werden kann. Daß Lukas seinem Anspruch der Wirklichkeitstreue in seinem Evangelium nicht überall gerecht geworden sei, läßt sich jedenfalls anhand des historischen Rahmens des Reiseberichts nicht belegen.

9. Die außerlukanischen Daten zur letzten Jesusreise

Nachdem die Angaben analysiert wurden, die sich über den Verlauf und Charakter der letzten Jesusreise aus dem Lukasevangelium selbst entnehmen lassen (Kapitel 8), sollen nun die Daten zusammengetragen werden, die die übrigen Evangelisten über diesen Zeitraum bieten; zunächst die Angaben der Seitenreferenten (9.1), anschließend die des vierten Evangeliums (9.2).

9.1 Die Reiseroute bei den Seitenreferenten

Mit Hilfe einer Evangeliensynopse läßt sich leicht feststellen, daß von Lk 18:15 an der Erzählfaden des Lukasevangeliums wieder mit dem der beiden Seitenreferenten übereinstimmt. Auch Matthäus und Markus berichten einige Episoden von der letzten Jesusreise (Mt 19-20; Mk 10)[1] und leiten diesen Abschnitt jeweils mit einer kurzen Reisenotiz (Mt 19:1; Mk 10:1) ein. Auf die mit diesen beiden Notizen verbundene exegetische (und textkritische) Problematik soll nun, nachdem oben (1.1.3-4) bereits einige ausgefallene Erklärungen behandelt wurden, näher eingegangen werden.

9.1.1 Die Reiseroute nach Mt 19:1 und Mk 10:1

Die exegetische Schwierigkeit liegt in Mt 19:1 in den Worten ἦλθεν εἰς τὰ ὅρια τῆς Ἰουδαίας πέραν τοῦ Ἰορδάνου. Die entscheidende Frage

---

[1] Eine originelle Erklärung für die Auslassung des in Lk 9:51-18:14 gebotenen Materials bei Markus bietet F. C. Burkitt, *The Gospel History and its Transmission* (Edinburgh, 1906), S. 97, indem er von der Beobachtung ausgeht, daß Petrus in 9:52-6 nicht genannt ist. Er vermutet, Jesus sei mit Johannes und Jakobus durch Samarien gezogen, wärend Petrus und die meisten anderen Jünger die Route durch Peräa gewählt hätten. Erst in Judäa seien die beiden Reisegruppen wieder zusammengetroffen. Markus konnte daher von seinem Informanten Petrus nichts über die Jerusalemreise Jesu erfahren. Allerdings scheitert diese Erklärung daran, daß zum einen Jesus keineswegs durch Samarien zog (s. o. 8.1.1) und zum anderen etwa in 17:5 die Anwesenheit aller Apostel bei Jesus vorausgesetzt wird. Für eine ausführlichere Kritik vgl. C. West-Watson, "The Perean Ministry," *JThS*, 11 (1910), 269-70.

lautet, auf welchen Satzteil sich die Ortsbestimmung πέραν τοῦ Ἰορδάνου bezieht, auf das Verbum ἦλθεν oder auf die Zielangabe εἰς τὰ ὅρια τῆς Ἰουδαίας². Verbindet man πέραν als Näherbestimmung mit τὰ ὅρια τῆς Ἰουδαίας, so wäre zu übersetzen "er kam in den Teil Judäas, der jenseits des Jordan liegt"³, also nach Transjordanien bzw. Peräa⁴. Fraglich ist allerdings, ob das Gebiet jenseits des Jordan je als Judäa bezeichnet wurde. Schon Lightfoot verweist als Parallele auf Jos., *Ant.* XII.233⁵. Josephus schreibt über Hyrkanus (XII.229-233): "Hyrkanus ... setzte sich jenseits des Jordan fest (προσκαθίσας δὲ τοῖς πέραν τοῦ Ἰορδάνου) ... Er erbaute sich eine feste Burg ... An dem gegenüberliegenden Gebirge ließ er die vorspringenden Felsgräten durchbohren und stadienlange Höhlen daselbst anlegen ... Die ganze Ansiedlung nannte er Tyrus. Sie liegt zwischen Arabien und Judäa, jenseits des Jordan und nicht weit von Essebonitis (οὗτος ὁ τόπος ἐστὶ μεταξὺ τῆς τε Ἀραβίας καὶ τῆς Ἰουδαίας, πέραν τοῦ Ἰορδάνου, οὐ πόρρω τῆς Ἐσσεβωνίτιδος)"⁶. Hyrkanus ließ sich laut XII.229 ausdrücklich *in* Peräa nieder. Tyrus kann folglich nicht kurz darauf *zwischen* Peräa (bezeichnet als ostjordanisches Judäa) und Arabien angesiedelt werden. Es ist also im Blick auf Josephus unberechtigt, mit Dalman davon auszugehen, daß "auch von einem transjordanischen Judäa geredet wurde"⁷.

---

² Daß πέραν mit μετῆρεν zu verbinden wäre, ist durch den Satzbau nahezu ausgeschlossen; vgl. H. A. W. Meyer, *Kritisch exegetisches Handbuch über das Evangelium des Matthäus*. 5. Aufl. (Göttingen, 1864), S. 397.

³ Es handelt sich dann um einen partitiven Genitiv, der dem chorographischen sehr nahe kommt: "Im *Gen. part.* steht auch das Land, innerhalb dessen eine Stadt usw liegt" (BDR § 164.3). S. z. B. Mt 2:1.5: ἐν Βηθλέεμ τῆς Ἰουδαίας. Mit Judäa wäre dann in Mt 19:1 ganz Palästina gemeint. Vgl. die Parallelität von Act 10:37 (καθ᾽ ὅλης τῆς Ἰουδαίας) mit 10:39 (ἔν τε τῇ χώρᾳ τῶν Ἰουδαίων) und zum lukanischen Sprachgebrauch Zahn, *Lucas*, S. 62.

⁴ Schlatter, *Matthäus*, S. 565: "Er kam in das zu Judäa gehörende Gebiet, das östlich vom Jordan lag ... Dieses jüdische Gebiet reichte von Machärus bis zur Südgrenze des Gebiets von Pella".

⁵ *Commentary*, II, 259.

⁶ In der LCL-Ausgabe ist (im Unterschied zum Niese-Text) πέραν τοῦ Ἰορδάνου mit Recht durch Kommata eingefaßt.

⁷ *Orte*, S. 177. Vgl. Haefeli, *Samaria*, S. 66: "Nach Josephus gab es nicht nur eine Ἰουδαία südlich von der Σαμαρεῖτις, sondern auch eine Ἰουδαία πέραν τοῦ

Es ist aber neuerdings auch wieder der schon von Delitzsch gemachte Vorschlag aufgegriffen worden, Mt 19:1 als Indiz für einen ostjordanischen Ursprung des ersten Evangeliums zu werten[8]. Dann wäre πέραν durchaus mit εἰς τὰ ὅρια τῆς Ἰουδαίας zu verbinden, allerdings aus östlicher Perspektive auf das westlich des Jordan gelegene Judäa zu beziehen. Dagegen sprechen aber nach wie vor die schon von Zahn geäußerten Einwände, daß πέραν τοῦ Ἰορδάνου sonst bei Matthäus eindeutig Peräa bezeichnet (4:15.25) und daß Jesus sich bei Antritt der Reise eindeutig westlich vom Jordan befindet (17:24; 19:1), πέραν also kaum ebenfalls nach Westen weisen dürfte[9].

Folglich wird man πέραν τοῦ Ἰορδάνου auf ἦλθεν zu beziehen haben. Dabei bedeutet πέραν nicht *hinüber* auf die Frage *wohin*[10], sondern *jenseits* auf die Frage *wo*[11]. Zu übersetzen ist: "er kam in das Gebiet von Judäa auf der Route jenseits des Jordan". Judäa ist dann gemäß dem üblichen Sprachgebrauch des Matthäus die Prokuratur, das ursprüngliche Herrschaftsgebiet des Archelaus (2:22), im Unterschied zu den Gebieten Galiläa, Peräa und Dekapolis (4:25)[12]. Da es ver-

---

Ἰορδάνου".

[8] H. D. Slingerland, "The Transjordanian Origin of St. Matthew's Gospel," *JSNT*, 3 (1979), 26: "'beyond the Jordan' refers to the western side of the river in both passages. Matthew writes, therefore, from somewhere east of the Jordan". Bemerkenswert ist immerhin, daß Slingerland im Titel seines Aufsatzes selbst die gewöhnliche Bedeutung von πέραν (*trans*) voraussetzt.

[9] *Matthäus*, S. 579; vgl. *Einleitung*, II, 314: "Daß πέραν τοῦ Ἰορδάνου ... unter Umständen die Westseite des Jordans bezeichnen kann, wo nämlich durch den Zusammenhang einer Erzählung oder eine ausdrückliche Angabe deutlich ist, daß der Standort des Redenden im Osten des Jordans liegt (Deut 3,25), versteht sich von selbst. Aber eben dies liegt in Mt 19,1 nicht vor. Es kann daher nur der unveränderliche technisch geographische Sinn obwalten".

[10] Wie in 1Makk 9:34: "Aber Bakchides ... ging mit all seinen Leuten auf die andere Seite des Jordan (καὶ ἦλθεν αὐτὸς καὶ πᾶν τὸ στράτευμα αὐτοῦ πέραν τοῦ Ἰορδάνου)"; vgl. Mt 8:28: Καὶ ἐλθόντος αὐτοῦ εἰς τὸ πέραν; Joh 6:17: ἤρχοντο πέραν τῆς θαλάσσης.

[11] Wie in 1Makk 11:60: "Darauf brach Jonathan auf, zog durch das Gebiet jenseits des Stroms (καὶ ἐξῆλθεν Ιωναθαν καὶ διεπορεύετο πέραν τοῦ ποταμοῦ) und wandte sich dann gegen die Städte ..."; vgl. Joh 1:28: Ταῦτα ἐν Βηθανίᾳ ἐγένετο πέραν τοῦ Ἰορδάνου.

[12] Der Genitiv ist dabei appositiv bzw. epexegetisch aufzufassen: das Gebiet, das Judäa ist (vgl. BDR § 167).

schiedene Möglichkeiten gibt, um von Galiläa aus Judäa zu erreichen (vgl. 8.1.1), gibt Matthäus an, daß Jesus den Weg durch das Ostjordanland wählte[13].
In Mk 10:1 ist die ursprüngliche Textgestalt unsicher. Sollte die "westlich-cäsareanisch-antiochenische" Lesart (πέραν) ursprünglich sein, so stimmt der Text mit Mt 19:1 überein. Die äußere Bezeugung ist für diese Variante aber am schwächsten[14]. Sollte das (alexandrinische) καί πέραν den ältesten Text bieten, so wäre καί im explikativen bzw. epexegetischen Sinne aufzufassen: "er kam in das Gebiet Judäas, und zwar auf der Route jenseits des Jordan"[15]. Inhaltlich gleichlautend wäre die Aussage des Verses auch, falls διὰ τοῦ als echt anzusehen ist: "durch das Gebiet jenseits des Jordan"[16]. Bei keiner der drei Lesarten ergibt sich somit ein inhaltlicher Unterschied zur Aussage des Matthäus.

9.1.2 Konsequenzen für den Reiseverlauf

Es stellt sich nun aber noch die Frage, in welchem Gebiet die folgenden Reiseepisoden denn nun nach Mt 19:1 par stattgefunden haben. Bezieht sich das ἐκεῖ (v2) auf die Zielangabe (εἰς τὰ ὅρια τῆς Ἰουδαίας) oder auf die Routenangabe (πέραν τοῦ Ἰορδάνου)? Befinden wir uns seit Mt 19:2 par in Judäa[17] oder Peräa[18]? Für Peräa scheint zu-

---

[13] Vgl. Zahn, *Matthäus*, S. 579; *Einleitung*, II, 315.

[14] Nach Nestle-Aland und dem UBS-Komitee (Metzger, *Commentary*, S. 103) könnte es sich dabei um eine Angleichung an die Matthäusparallele handeln.

[15] So Lang, "Geographie," S. 146. Der Einwand von E. Klostermann, *Das Markusevangelium* (Tübingen, 1936), S. 98, eine solche Verwendung des καί entspräche "nicht dem Stil des Markus", wird gegenstandslos beispielsweise durch den Verweis von BDR § 442.6a auf Mk 1:19 für ein καί *epexegeticus*.

[16] G. Wohlenberg, *Das Evangelium des Markus* (Leipzig, 1910), S. 265; van Bruggen, *Marcus*, S. 217.

[17] D. A. Carson, *Matthew* (Grand Rapids, 1984), S. 408: "The large crowds (v.2) and the many healings show that Jesus did in Judea what he had already done in Galilee"; van Bruggen, *Matteüs*, S. 360: "voortaan houdt Hij spreekuur *in Judea*".

[18] Meyer, *Matthäus*, S. 398: "ἐκεῖ) nämlich im eben bezeichneten *Peräa* auf dem Zuge nach den Judäischen Gränzen hin"; Zahn, *Matthäus*, S. 580: "Peräa also ist der Schauplatz der folgenden Handlungen und Reden"; P. Schanz, *Commentar über das*

nächst immerhin zu sprechen, daß für seine Erwähnung keinerlei Grund ersichtlich wäre, wenn keine der folgenden Perikopen dort zu lokalisieren ist. Für den Leser ist es ja an sich nicht von Bedeutung, auf welchem Wege Jesus nach Jerusalem gereist ist. Unterstützt wird diese Vermutung durch eine Beobachtung zur Verwendung doppelter Ortsangaben bei Markus. Denn eine ähnliche Formulierung wie in 10:1 findet sich in 7:31 (ἦλθεν [...] εἰς τὴν θάλασσαν τῆς Γαλιλαίας ἀνὰ μέσον τῶν ὁρίων Δεκαπόλεως). In seiner Studie zu diesem Vers stellt Lang fest: "Das 'galiläische Meer' ist in 7,31 nur als Reiseziel genannt, das nicht schon erreicht sein muß. Vielmehr erklärt sich das merkwürdige Nachklappen von 'mitten im Gebiet der Dekapolis', wenn damit die folgende Geschichte lokalisiert ist"[19]. In Analogie hierzu wäre dann auch in Mk 10:1 das nachgestellte [καὶ] πέραν τοῦ Ἰορδάνου als Schauplatzangabe für die folgende Begebenheit gemeint. Dann aber ist in Mk 10:1 die Routenangabe bewußt ans Satzende gestellt, um hierauf den Aussageschwerpunkt zu legen. Mit der Angabe ἔρχεται εἰς τὰ ὅρια τῆς Ἰουδαίας wäre das Reiseziel genannt, mit dem (zunächst etwas mehrdeutig) nachgestellten [καὶ] πέραν τοῦ Ἰορδάνου wären die folgenden Begebenheiten lokalisiert.

Andererseits scheinen aber der Aorist Indikativ ἦλθεν (Mt 19:1) bzw. das *Praesens historicum* ἔρχεται (Mk 10:1) darauf hinzuweisen, daß Jesus von v2 an Judäa bereits erreicht hat[20]. Insofern wird man

---

Evangelium des heiligen Marcus (Freiburg, 1881), S. 316: "Judäa ist das Ziel der Reise, Peräa als Weg zu diesem Ziel bezeichnet. An letzteren knüpfen sich die unmittelbar folgenden Ereignisse"; Wenigstens strukturell vergleichbar ist die ausführlichere Angabe in Joh 4:3-4, wo auf die allgemeine Angabe über die Reisebewegung (ἀφῆκεν τὴν Ἰουδαίαν καὶ ἀπῆλθεν πάλιν εἰς τὴν Γαλιλαίαν) eine spezifizierende Routenangabe folgt (ἔδει δὲ αὐτὸν διέρχεσθαι διὰ τῆς Σαμαρείας), die die folgende Szene lokalisiert.

[19] "Geographie," S. 154-5. Und er fügt unter Verweis auf Mk 10:1; 11:1 hinzu: "Die nachgestellte spezifizierende Ortsangabe scheint eine Stileigentümlichkeit in Routenbeschreibungen des Markus zu sein".

[20] Vgl. aber auch Lk 8:37-39, wo nach v37b (αὐτὸς δὲ ἐμβὰς εἰς πλοῖον ὑπέστρεψεν) noch berichtet wird, daß Jesus *vor* der Rückkehr mit dem geheilten Gerasener ein Gespräch geführt hat. Ähnlich wird in Gen 22 nach v3 (ἐπορεύθη καὶ ἦλθεν ἐπὶ τὸν τόπον, ὃν εἶπεν αὐτῷ ὁ θεός) noch geschildert, was bereits *vor* der Ankunft an dem genannten Ort geschieht; in v9 heißt es dann erneut: ἦλθον ἐπὶ τὸν τόπον, ὃν εἶπεν αὐτῷ ὁ θεός. In Gen 28 spielen nach v10 (Καὶ ἐξῆλθεν Ιακωβ

eine genaue Lokalisierung der anschließend geschilderten Vorgänge, die von den evangelischen Autoren auch kaum beabsichtigt worden sein dürfte, nicht vornehmen können: "ob schon auf dem Wege durch Peräa, oder erst bei seiner Ankunft in Judäa, wird nicht gesagt"[21]. Die geographische Angabe in Mt 19:1 par steht nicht im Gegensatz zur lukanischen Geographie. Eine Präzisierung des obigen *offenen Modells* (8.1.4) läßt sich aus ihr allerdings auch nicht gewinnen.

9.2 Die Reisebewegungen Jesu im Johannesevangelium

Selbst eine Reihe von konservativen Exegeten hat es vermieden, nach der Kombination des lukanischen Reiseberichts mit entsprechenden johanneischen Daten zu fragen. Theodor Zahn etwa hat weder in seinem Johannes-, noch in seinem Lukaskommentar eine Harmonie der letzten Jesusreise zu geben versucht[22]. Dies wirft ein Licht auf die Problematik eines solchen Unternehmens. Dennoch kann die Fragestellung, auch wenn sie nicht zu eindeutigen Ergebnissen führen sollte, hier nicht ausgespart werden, sondern soll, wie oben (1.1.2) angekündigt, im folgenden behandelt werden. Sie liegt in der Konsequenz dieser Untersuchung.

ἀπὸ τοῦ φρέατος τοῦ ὅρκου καὶ ἐπορεύθη εἰς Χαρραν) die vv11-22 in Bethel; erst in 29:1 heißt es dann wieder: ἐπορεύθη εἰς γῆν ἀνατολῶν πρὸς Λαβαν. S. auch Ex 4:20: "Da nahm Mose seine Frau und seine Söhne ... und kehrte in das Land Ägypten zurück (ἐπέστρεψεν εἰς Αἴγυπτον)"; v 24: "Und es geschah auf dem Weg, in der Herberge ...".

[21] Wohlenberg, *Markus*, S. 266.

[22] Zahns grundsätzliche Haltung hinsichtlich einer Evangelienharmonie wird aus einigen Bemerkungen deutlich, die er in seiner Untersuchung zu *Tatian's Diatessaron* (Erlangen, 1881) macht. Er begrüßt an Tatians Werk, daß er einerseits "im vollen Glauben an die wesentliche Geschichtlichkeit des gesamten Inhalts der vier Evangelien" steht, aber gleichzeitig "keine abergläubische Stellung zu seinen Quellen einnimmt". Dadurch habe er viele "Thorheiten" vermieden, "welche die Harmonistik späterer Zeiten zum Gespött gemacht haben" (S. 260-1).

9.2.1 Der Wert des johanneischen Geschichtsrahmens

Das Johannesevangelium weist bekanntlich eine "*fast lückenlose* topographische Verankerung der *Taten* und *Reden* Jesu"[23] auf. Und ebenso "nehmen die Zeitangaben im vierten Evangelium gegenüber den Synoptikern eine in die Augen springende Bedeutung ein"[24]. Allerdings sind die chronologischen und topographischen Angaben gerade dieses Evangelisten stark in Zweifel gezogen worden, was ein kurzer Forschungsrückblick schlaglichtartig verdeutlichen soll.

Einen entscheidenden Einschnitt in der Beurteilung des Johannesevangeliums stellen die Forschungsergebnisse von D. F. Strauß dar[25]. War man bisher weitgehend davon ausgegangen, daß der Geschichtsrahmen des Johannesevangeliums dem der Synoptiker vorzuziehen sei[26], so kehrte Strauß (auch aufgrund der Vorarbeiten anderer[27]) dieses Urteil um. Während die Berichte der Synoptiker gelegentlich einen Mythos zweiten Grades darstellen, muß bei Johannes schon ein Mythos dritten Grades diagnostiziert werden.

---

[23] K. Kundsin, *Topologische Überlieferungsstoffe im Johannes-Evangelium* (Göttingen, 1925), S. 12. Eine Auflistung der topologischen Notizen bietet Kundsin auf S.11-12. Vgl. auch S. 13: "Zu jeder johanneischen Perikope ... *gehört ein ganz bestimmter geographischer Ort*".

[24] V. Hartl, *Die Hypothese einer einjährigen Wirksamkeit Jesu kritisch geprüft* (Münster, 1917), S. 312. Nach Hartl ist Johannes ein "Erzähler, der jedes Ereignis örtlich ausnahmslos und zeitlich fast ausnahmslos bis ins kleinste, stets aber genügend fixiert".

[25] Vgl. zum folgenden Kümmel, *Geschichte*, S. 147-76.

[26] So z. B. noch Schleiermacher, wie auch aus seinen oben (1.1.3) angeführten Bemerkungen zum lukanischen Reisebericht hervorgeht. Vgl. D. F. Stauß, *Das Leben Jesu für das deutsche Volk bearbeitet*. 16. Aufl. (Stuttgart, 1864), I, 45: "das johanneische Evangelium war ... das Mittel, durch welches sich Schleiermacher's moderne Frömmigkeit mit dem Christenthum zusammenschloß, und je unentbehrlicher dieser Anschluß für ihn war, desto weniger konnte er geneigt sein, Zweifeln Gehör zu geben, welche die Geltung dieses Evangeliums als einer ächten Darstellung Christi in Frage stellten".

[27] S. z. B. A. Schweitzer, *Geschichte der Leben-Jesu-Forschung*. 9. Aufl. (1913; Tübingen, 1984), S. 76, über Herder: "es bleibt ihm die Ehre, als erster und einziger vor Strauß erkannt zu haben, daß man das Leben Jesu nach den Synoptikern und dasselbe nach Johannes darstellen könne, daß aber ein Leben-Jesu auf Grund der vier Evangelien ein Unding ist".

Einen Schritt weiter geht F. C. Baur, indem er grundsätzlich die historische Aussageabsicht des vierten Evangeliums in Frage stellt. Johannes will keine historischen Angaben über das Leben und Wirken Jesu machen, sondern lediglich eine theologische Idee darstellen. Daher können die Daten seines Evangeliums nicht verwendet werden, um die Angaben der Synoptiker in Frage zu stellen. "In demselben Verhältniss, in welchem der historische Werth des Johannes sinkt, steigt der der Synoptiker, indem man keinen Grund hat, um des Johannes willen ihre Glaubwürdigkeit in Zweifel zu ziehen"[28]. Als Ergebnis dieser Phase der Johannesforschung hält Kümmel fest: "Das Johannesevangelium fällt damit nicht nur als Werk eines Augenzeugen, sondern überhaupt als Quelle für die Geschichte Jesu aus"[29].

Diesen Forschungsergebnissen gegenüber steht das ausdrückliche Selbstverständnis des vierten Evangelisten. Der Autor des vierten Evangeliums rechnet sich nach 1:14 und nach der in einer historischen Schrift ganz einzigartigen Bemerkung 19:35 jedenfalls deutlich zu denen, die Lukas als die "Autopten von Anfang an" bezeichnet hat (Lk 1:2)[30]. Seine Augenzeugenschaft nennt er als grundlegende Voraussetzung seiner Verfasserschaft[31]. Daß dieser Augenzeuge sich in 1:35-42 als der Zebedaide Johannes zu erkennen gibt, hat Zahn wahrscheinlich gemacht[32]. Die altkirchliche Tradition bestätigt diese These: "Einstimmig ist alle alte und überhaupt beachtenswerte Tradition darin, daß Jo[hannes] sein Ev[angelium] ... in hohem Alter und während seines Aufenthalts in der Provinz Asien oder genauer

---

[28] Zitiert nach Kümmel, *Geschichte*, S. 158.
[29] Kümmel, *Geschichte*, S. 169. Vgl. Schweitzer, *Geschichte*, S. 50: "Es gilt hier: Niemand kann zween Herren dienen". Diese Auffassung findet sich dann in modifizierter Form auch in der modernen Johannesexegese wieder; s. z. B. R. Schnackenburg, *Das Johannesevangelium* (Freiburg, 1971), II, 458: "der Evangelist erzählt nicht unter historischen Rücksichten".
[30] Zahn, *Einleitung*, II, 476.
[31] Wenn, wie die altkirchliche Überlieferung nahelegt (Zahn, *Einleitung*, II, 355-6), auch die Johannesbriefe vom Verfasser des Evangeliums stammen, wäre 1Joh1:1-4 noch als weiterer Beleg für den Autopsieanspruch des vierten Evangelisten heranzuziehen.
[32] *Einleitung*, II, 476-7.

in Ephesus geschrieben habe"³³. Dann aber wird der Autor des Johannesevangeliums in Lk 9:54 sogar namentlich als Teilnehmer der letzten Jerusalemreise Jesu genannt und dürfte also über ihren chronologischen und geographischen Verlauf bestens orientiert gewesen sein. Es ist dann nicht zu erwarten, daß sein Bericht über die Wochen und Monate vor dem Todespassa Jesu dem des Lukas in historischer Hinsicht unterlegen ist. Aber auch ohne die Annahme, daß das vierte Evangelium vom Apostel Johannes verfaßt worden ist, bleibt doch der Autopsieanspruch (1:14; 19:35) des Verfassers bestehen.

Die Diskrepanz zwischen der extremen Kritik am Johannesevangelium einerseits und dem Selbstanspruch seines Autors andererseits ist offensichtlich. Angesichts dessen wird in diesem Kapitel die Frage nach dem historischen Wert des vierten Evangeliums zunächst bewußt offengelassen. Inwiefern speziell die chronologischen und geographischen Daten des vierten Evangeliums, die für den Zeitraum der letzten Jesusreise von Bedeutung sind oder sein könnten, Vertrauen verdienen, muß sich erst im Laufe der folgenden Analyse ergeben. Wenn sich dabei zeigen sollte, daß der lukanische Reisebericht und der Geschichtsrahmen des Johannesevangeliums sich nicht notwendigerweise widersprechen, bedeutet dies zum einen, daß die Darstellung des Lukas durch die johanneischen Daten nicht in Frage gestellt wird. Ob man darüber hinaus dann die vom Johannesevangelium für diesen Zeitraum gebotenen Informationen tatsächlich mit denen des Lukasevangeliums zu einem Gesamtbild zusammenfügen will, hängt wiederum davon ab, ob man dem vierten Evangelisten den Willen zur historischen Wahrheit zutraut und welchen Wert man seinen genannten Selbstaussagen zuerkennen will.

---

³³ Zahn, *Einleitung*, II, 455. Anders M. Hengel, *The Johannine Question* (London, 1989), S. 130: "There are too many historical reasons against supposing that the Gospel was composed by John the son of Zebedee, which was the predominant view from the middle of the second century on".

9.2.2 Wichtige Harmonisierungsmodelle

Im folgenden werden zunächst einige wichtige Harmonisierungsmodelle vorgestellt. Als wichtig wurden dabei solche Modelle eingestuft, die entweder in der Geschichte der Bibelauslegung besonders einflußreich waren (Osiander, Chemnitz, Clericus, Bengel, Wieseler, Broadus), oder aber speziell für die Kombination des lukanischen Mittelteils mit dem vierten Evangelium originelle Erklärungen anbieten (Krafft, Resch, Godet, van Bruggen)[34]. Anschließend sollen aufgrund der Auswertung dieser Modelle Folgerungen für das Verhältnis des lukanischen Reiseberichts zum geschichtlichen Aufriß des Johannesevangeliums gezogen werden (9.3).

9.2.2.1 Andreas Osiander (1537)

Der Prediger Andreas Osiander (1496-1552) veröffentlicht im Jahre 1537 in Basel sein Werk *Harmoniae evangelicae libri quatuor Graece et Latine*[35], das besonders in der Zeit der lutherischen Orthodoxie

---

[34] Über ältere Evangelienharmonien im allgemeinen informieren Th. Zahn, "Evangelienharmonie," *RE*, 5 (1898³), 653-61, und D. Wünsch, "Evangelienharmonie," *TRE*, 10 (1982), 626-36. Für neuere katholische Harmonien vgl. die Bibliographie von Girard (s. o. unter 1.1.4). Neuere englischsprachige Harmonien nennen vor allem Thomas/Gundry, *Harmony*, S. 254-9. S. weiterhin R. Youngblood, "From Tatian to Swanson, from Calvin to Bendavid: The Harmonization of Biblical History," *JETS*, 25 (1982), 415-23.

[35] A. Osiander, *Harmoniae evangelicae libri quatuor* (1537). Bearbeitet von D. Wünsch und G. Zimmermann in: *Andreas Osiander d. Ä. Gesamtausgabe. Bd 6: Schriften und Briefe 1535 bis 1538.* Hg. G. Müller und G. Seebaß (Gütersloh, 1985), S. 229-396; im folgenden nur mit Seiten- und Zeilenangaben dieser Ausgabe zitiert. Vgl. die ausführliche Darstellung von D. Wünsch, *Evangelienharmonien im Reformationszeitalter: Ein Beitrag zur Geschichte der Leben-Jesu-Darstellungen* (Berlin, 1983), S. 84-179. Als wesentliches Charakteristikum der osiandrischen Harmonie, "die ihm die schärfste Kritik eingetragen hat", nennt Wünsch, *Evangelienharmonien*, S.95: "Die Dissimilierung von Parallelerzählungen aufgrund scheinbar nebensächlicher Differenzen".

in Ansehen stand[36]. Osiander erklärt zum Titel seines Werkes, daß er diesen in Anlehnung an die *harmonia musica* gewählt habe: "Und wenn ich mich nicht täusche, wird diese heilige Harmonie die Seelen der Frommen viel mehr erfreuen, als jene wertlose und vergängliche (musikalische Harmonie) die Ohren der Müßiggänger streicheln würde (*Et nisi fallor divina haec harmonia multo magis delectabit animos piorum quam inanis illa et evanida demulceat aures otiosorum*)" (246,33-247,4). Die Harmonie besteht aus vier Büchern mit insgesamt 181 Kapiteln. Buch 1 reicht von Lk 1:5-25 bis zur Ordination der 12 Apostel (Mt 10:1-4 par). Buch 2 führt bis zur Wanderung Jesu von Galiläa nach Judäa (Lk 9:51-7). Buch 3 reicht bis zur letzten Predigt Jesu im Tempel. Und Buch 4 findet seinen Abschluß mit dem Anfang der apostolischen Predigt in den ersten beiden Kapiteln der Apostelgeschichte (247,4-11).

Osiander meint, *quod ea, quae Matthaeus et Marcus de migratione Christi in Iudaeam tradunt, eadem sint cum iis, quae Ioannes principio septimi* [10] *et fine decimi capitis* [40] *describit* (374,6-8)[37]. Vor An-

---

[36] Vgl. aber auch die Bemerkungen Luthers, der gelegentlich feststellt (WA XXXXVIII, 691,13-14): "An der *Harmonia* hat sich Osiander zu tode geschrieben, aber die leute *deberent etiam aliquid conferre ad ecclesiam conservandam* mit schreiben". Weiterhin ist folgende Aussage Luthers überliefert (WA Tischreden III, 491,21-4): *De Osiandro. Doctor Martinus dixit eum superbire sua Harmonia, et quod nostri licentiarii in hanc superbiam ducantur*. Grundsätzlich äußert sich Luther unter homiletischem Vorzeichen in WA XLVI,726,20-727,2 zur Frage der Evangelienharmonie: "Aber es sind fragen und bleiben fragen, die ich nicht wil auffloesen, es liget auch nicht viel dran, one das viel leute sind, die so spitzig und scharffsinnig sind und allerley fragen auffbringen und davon gnaw rede und antwort haben wollen ... jm sey nu, wie jm wolle ..., so bricht's uns an unserm glauben nichts ab". Zu den Unterschieden im Schriftverständnis zwischen Osiander und Luther s. auch G. Müller, "Osianders 'Evangelienharmonie'," *Histoire de l'exégèse au XVIe siècle*. Hg. O. Fatio und P. Fraenkel (Genf, 1978), S. 256-64.

[37] Ähnlich interpretiert (unabhängig von Osiander) z. B. West-Watson, "Ministry," S. 272, die Notiz Mk 10:1: "St Peter, remembering that in that winter of rapid movements, Judaea was first visited, may have expressed the events compendiously" (vgl. auch u. 9.2.2.7). Ablehnend reagierte auf diesen Vorschlag F. C. Burkitt, "The Perean Ministry: A Reply," *JThS*, 11 (1910), 412: "I think that the Bishop's [d. i. W.-W.'s] theory does do violence to the Marcan narrative"; S. 413: "it is to me impossible to believe that Mk ix 30-xi 1 is not intended to describe a practically continuous journey from Galilee to Jerusalem". S. zur Exegese von Mk 10:1 par oben 9.1.1.

tritt der in Lk 9:51 beginnenden Jerusalemreise, begibt sich Jesus somit zum Laubhüttenfest nach Judäa (Mt 19:1a par; Joh 7:7-18). Als er sich auf diesen Weg macht, weiß er, daß er damit seinen Wohnsitz in Galiläa endgültig aufgegeben hat (374,9-10): *ut qui habitandi causa se in Galilaeam non rediturum esse sciret*. Nach dem Laubhüttenfest (Joh 7:19-10:21) verbringt er die Zeit bis zum Tempelweihfest (Joh 10:22-39) in Jerusalem (374,27-28), bis ihn sein Weg von dort ins Transjordanland (Joh 10:40-42) führt. *Mansit autem Christus in praedictis Iudaeae finibus, qui sunt Samaritanis et Galilaeis contermini, a festo Renovaliorum usque ad proximum vernum tempus, quod Lucas vocat dies assumptionis eius* (374,29-31). Im Frühjahr zieht Jesus dann, wie in Lk 9:51 beschrieben, von Peräa aus erneut nach Jerusalem.

LUKAS	JOHANNES	
[Mt 19:01a par]	07:02-18	Aufbruch zum Laubhüttenfest
	07:19-10:21	Laubhüttenfest in Jerusalem
[Mt 19:01b par]	10:22-42	Vom Tempelweihfest nach Peräa
09:51-62		Reiseantritt im Frühjahr
10:01-37		Aussendung und Rückkehr der 70
10:38-42	11:01-44	Im judäischen Bethanien
	11:45-54	Rückzug nach Ephraim
11:01-17:10		In Ephraim
17:11-18:30		Durch Samarien und Galiläa
18:31-34	11:55-57	Aufbruch nach Jerusalem
18:35-19:28		Durch Jericho
	12:01-11	Im judäischen Bethanien
19:29-40	12:12-18	Einzug in Jerusalem

Nach der Aussendung und Rückkehr der Siebzig (Lk 10:1-37) gelangt er ins judäische Bethanien (Lk 10:38-40). Dort weckt Jesus Lazarus von den Toten auf (Joh 11:1-44). Von Bethanien aus, zieht er sich dann nach Ephraim zurück (Joh 11:45-54). *In quo secessu ea docuit atque fecit, quae Lucas a principio undecimi capitis usque ad decimum septimum describit* (376,13-15). Von Ephraim aus zieht Jesus mitten durch Samarien und Galiläa (376,17: *per mediam Samariam ac Galilaeam*; Lk 17:11) über Jericho (Lk 18:35-19:28) nach Bethanien (Joh 12:1-11) und erreicht so schließlich endgültig Jerusalem (Lk 19:29-40).

9.2.2.2 Martin Chemnitz u. a. (1626)

Neben der Harmonie Osianders gilt vor allem die von Martin Chemnitz[38] begonnene, von Polykarp Leyser weitergeführte und schließlich von Johann Gerhard[39] abgeschlossene, erstmals 1626 vollständig publizierte Evangelienharmonie[40] als "epochales Werk" der Harmonistik. Kennzeichnend für dieses Werk ist, "daß zwar die auffal-

---

[38] Chemnitz wollte mit seiner Harmonie u. a. einen apologetischen Zweck erfüllen, indem er bewußt denjenigen entgegentrat, die – wie schon Celsus und Porphyrus – aus der angeblichen Widersprüchlichkeit der Evangelien ihre Unglaubwürdigkeit folgerten (*Prolegomena*, S. 2). Für die Vertrauenswürdigkeit der synoptischen Evangelien spricht nach Chemnitz u. a. die Tatsache, daß sie in einer Zeit verfaßt wurden, als noch Augenzeugen des Lebens Jesu lebten: "Weil sie in jener Zeit schrieben: wodurch ihre Schriften sowohl von der ursprünglichen Kirche, deren Ohren noch die ungeschwächte Stimme Christi und der Apostel durchtönte, als auch von den noch lebenden Aposteln Billigung erwarben (*Quia illo tempore scripserunt: quo scripta illorum & à primitiua Ecclesia, cuius aures recentes Christi & Apostolorum voces adhuc personabant, & ab ipsis in carne adhuc manentibus Apostolis approbari meruerunt*)" (*Prolegomena*, S. 1). Zur Evangelienharmonie von M. Chemnitz (1522-1586) vgl. neuerdings B. T. Oftestad, "*Harmonia Evangelica*: Die Evangelienharmonie von Martin Chemnitz – theologische Ziele und methodologische Voraussetzungen," *StTh*, 45 (1991), 57-74.

[39] Charakteristisch für Gerhards Schriftauffassung ist die Aussage (*Loci*, II.1.1.§7): *Inter verbum Dei et scripturam sacram, materialiter acceptam, non esse reale aliquod discrimen*; zitiert nach E. Schnabel, *Inspiration und Offenbarung* (Wuppertal, 1986), S. 208.

[40] Im folgenden aus der Genfer Ausgabe von 1641 mit Spaltenangabe zitiert.

lendsten der Dissimilierungen Osianders vermieden werden, aber auch den Unterschieden bei Perikopen ähnlichen Inhalts Rechnung getragen wird"[41]. Chemnitz beobachtet im Blick auf den lukanischen Mittelteil: *Lucas vero à cap. 9. vsque ad caput 18. multa interiecit* (1355). In Abgrenzung von früheren Exegeten stellt er hinsichtlich dieser "Interjektion" (Eichhorn spricht später von einer "Einschaltung"; 1.1.1) fest: *Multi etiam sunt, qui putant Lucam in his capitibus à 9. vsque ad finem 18. non continuam texere historiam, sed scribere miscellanea, & congerere ea, quae in praecedentibus narrationibus ipse omiserat, à reliquis autem Euangelistis annotata essent. Sed si quis recte attendat, deprehendet Christum hoc vltimo semestri instituisse quasi generalem quandam visitationem, per omnia loca, per Iudaeam, mediam Samariam, Galilaeam & Peraeam; in quibus hactenus per triennium docuerat, valedicturus suis auditoribus* (1356)[42].

Im Unterschied zu Osiander setzt Chemnitz den in Lk 9:51 geschilderten Aufbruch mit der johanneischen Reise zum Laubhüttenfest (7:10) gleich (1361-2) und verlängert somit die Dauer der im lukanischen Mittelteil geschilderten Reise erheblich. Die Aussendung der Siebzig nimmt Jesus dann in Samarien vor: *Dixerat Iohannes cap. 7. v. 10. Christum Hierosolymam ad festum tabernaculorum ascendisse, non manifeste, sed velut in occulto. Iam vero quia secum ducebat tantum numerum discipulorum, non potuisset occulte in vrbem ingredi. In finibus itaque Samariae adhuc constitutus maiorem eorum partem à se ablegat* (1373). Als Ziel der Aussendung gibt Chemnitz an: *Miserat autem eos in Iudaeam, Samariam, Galilaeam, Peraeam: quae loca omnia Christus adhuc semel ante passionem perlustrare volebat, satis multum temporis ad illud perficiendum requirebatur. Quod ipsum tamen commode fieri potuit, si vnam partem ante festum Encoeniorum, reliquas vero post illud festum visitauit* (1472).

Zur Mitte des Laubhüttenfestes trifft Jesus mit seinen zwölf Aposteln in Jerusalem ein (Joh 7:11-53) und nimmt am Fest teil (1387). *QVia Dominus Iesus Luc. 9. versis. 51. faciem suam firmauerat, vt iret Hierosolymam, noluit statim finito festo tabernaculorum cum reliquis*

---

[41] Wünsch, "Evangelienharmonien," S. 634.

[42] Zu vergleichen ist hier auch, was Chemnitz über den lukanischen Prolog sagt (3-4).

peregrinis discedere. Sed partim Hierosolymis, partim in eius vicinia, in terra Iudaea haesit, vsque ad festum Encoeniorum (1417). In dieser Zeit ist Joh 8:1-59 anzusetzen. Anschließend findet die Rückkehr der Siebzig (Lk 10:17-24) bei Jerusalem auf dem Ölberg (vgl. Joh 18:2) statt (1471-4), und der gesamte Block Lk 10:25-13:21 wird hier eingeschoben.

LUKAS	JOHANNES	
09:51-62	07:10	Aufbruch zum Laubhüttenfest
10:01-16		Aussendung der 70 in Samarien
	07:11-08:59	Laubhüttenfest in Jerusalem
10:17-24		Rückkehr der 70 auf dem Ölberg
10:25-13:21		In Judäa
13:22		Rundreise in Judäa
	09:01-10:21	Bei Jerusalem
	10:22-39	Tempelweihfest in Jerusalem
	10:40-42	Rückzug nach Peräa (Bethabara)
13:23-33		In Peräa
14:01-17:10		In Judäa
17:11-19		Durch Samarien nach Galiläa
17:20-18:14		In Galiläa
[Mt 19:01-12]		Von Galiläa nach Peräa
18:15-30		In Peräa
18:31-34	11:01-16	Aufbruch ins judäische Bethanien
18:35-19:28		Durch Jericho
	11:17-46	Im judäischen Bethanien

Lk 13:22 bezeichnet dann Jesu "Visitationsreise" durch die von den 70 Vorboten aufgesuchten Ortschaften (1611), an die sich Joh 9:1-10:21 anfügt. *Interim autem in ipsius absentia Pharisaei primam suam constitutionem fecerunt & promulgarunt, Iohan. 9. vers. 22. de excommunicatione; si quis Iesum Christum profiteretur. Iesus ergo ne videretur confessionem sui fugere, Hierosolymam rediit. Non tamen recta vrbem ingressus est, sed ad portas eiusdem delatus, ipsam quasi circuiuit ... & in transitu, ipse quodam die sabbati illustre miraculum edidit in homine, qui à natiuitate coecus erat* (1611-2).

Auf dem Tempelweihfest (Joh 10:22-39) begibt sich Jesus in den Tempel, wo es zum Konflikt kommt (1658). Daher zieht er sich zurück nach Peräa (Joh 10:40-42): *Hic ergo Christus hybernauit, & possumus huic mansioni in Peraea attribuere Decembrem* (1675)[43]. Was Jesus dort tat und lehrte, geht aus Joh 10 nicht hervor, läßt sich aber aus dem Lukasevangelium ergänzen: *Huic tamen tempori attribuere possumus quaestionem illam cuiusdam interrogantis, an pauci sint qui saluentur. Luc. 13. vers. 23* (1675). Auch Lk 13:31-35 ist noch in Peräa zu lokalisieren. Danach aber setzt Jesus seine begonnene "Kirchenvisitation" fort: *Christus ergo inde exiens, rursus transiit in Iudaeam, ibique residuum Visitationis Ecclesiarum absoluit, atque eo sine dubio pertinent conciones, disputationes & commonefactiones, quas Lucas annotauit Capp. 14.15.16.&17.* (1675).

Nach halbmonatigem Aufenthalt in Judäa (*Commorationi itaque in Iudaea tribuatur dimidius munsis*) zieht Jesus laut Lk 17:11-18:14 einen Monat lang von Judäa aus in Richtung Norden: *peragrationi autem per Samariam & Galilaeam spacium menstruum, quo eo acciderunt, quae Lucas capit. 17. & in principio 18. recenset* (1675). Für den letzten Monat vor der Kreuzigung treffen die drei Synoptiker wieder zusammen. Nach Lk 18:14 macht Jesus sich wieder auf die Reise nach Süden, die Matthäus in 19:1 erwähnt. Aber auch diese letzte Reise führt nicht auf kürzestem Wege nach Jerusalem, son-

---

[43] H. E. Guilleband, "The Travel Narrative in St. Luke (IX:51-XVIII:14)," *BS*, 80 (1923), 237-45, ist in diesem Zusammenhang insofern von Interesse, als er das Modell von Chemnitz bis Joh 10:42 (selbständig) wiederholt. Guilleband stellt fest: "the substantial chronological accuracy of the Travel Narrative ... results in a striking series of obviously undesigned correspondences with the Fourth Gospel" (244).

dern dient dem Abschluß der "Kirchenvisitation" und dauert bis Lk 18:30. Von Peräa aus begibt sich Jesus auf den Weg ins judäische Bethanien. Die Apostel versuchen ihn von dieser Wanderung abzuhalten (Joh 11:1-16), aber Jesus spricht erneut von seiner Passion (Lk 18:31-34). *Circa vesperam eius diei, cum appropinquaret Iericho, accidit historia de Zachaeo* (1676). Von Jericho aus gelangt Jesus nach Bethanien (Joh 11:17-46) und so schließlich nach Jerusalem.

9.2.2.3 Johann Clericus (1699)

Im Jahre 1699 veröffentlicht der remonstrantische Theologe Johann Clericus (le Clerc)[44] in Amsterdam seine *Harmonia Evangelica cui subjecta est Historia Christi ex quatuor evangeliis concinnata*[45]. Auf den Seiten 516-29 seines Werkes legt Clericus in einer *Dissertatio Secunda, in quâ traduntur Canones Harmonici, quos in concinnanda Harmonia sequuti sumus* seine Harmonisierungsgrundsätze ausführlich dar. Die erste zentrale Voraussetzung seines Werkes (Canon I) lautet: *Lucas & Joannes, imò & Marcus, ordinem temporum accuratiùs sequuti sunt, quam Matthaeus.*

Nach Clericus ist der in Joh 7 geschilderte Aufbruch zum Laubhüttenfest mit dem in Lk 9:51-56 geschilderten Reiseantritt identisch. Nach der Aussendung der Siebzig (Lk 10:1-16) hält sich Jesus bis zum Ende des Laubhüttenfestes in Jerusalem auf (Joh 7:11-10:21). Dann erfolgt die Rückkehr der 70 Boten: *Exacto festo Tabernaculorum, Jesus Jerosolimâ egressus est, quo tempore ad eum redierunt septuaginta discipuli* (265). Jesus macht sich auf den Rückweg nach Galiläa (269): *Jesus autem Jerosolimâ, ut in Galilaeam iret, profectus transivit per Bethaniam* (Lk 10:38-42). In Lk 13:10-21 handelt es sich somit um eine galiläische Synagoge (291), und auch die in Lk 13:22 genannten Ortschaften liegen noch in Galiläa: *Haec & alia docens peragrabat urbes & pagos Galilaeae, lentis itineribus se se Jerosolimam,*

---

[44] Vgl. über J. Clericus (1657-1736) Rogges Artikel in der dritten Aufl. der *RE*, 5 (1898), 179-80.

[45] Im folgenden nur mit Seitenangaben zitiert. Eine gekürzte niederländische Übersetzung liegt vor unter dem Titel: *Overeenstemming der Evangelisten, volgens de Tydreekening der Evangelise Historien, door Joannes le Clerc* (Amsterdam, 1759).

ad festum Dedicationis, conferens (293). Lk 17:11 interpretiert Clericus dann anders als Osiander und Chemnitz: *Jesus ... interea progrediebatur Jerosolimam versùs, nec per mediam tamen Samariam transibat, quâ brevissima est via, sed per confinia Samariae & Galilaeae* (314). So erreicht Jesus Jerusalem, wo er am Tempelweihfest teilnimmt. Von hier aus führt ihn eine letzte Rundreise über Galiläa (vgl. Mt 19:1-2 par) und Peräa (Joh 10:40-42) zum Leidenspassa: *Post Dedicationis festos dies, Jesus è Judaea in Galilaeam rediit, in qua tamen diu moratus non est; nam paullò pòst, relictâ ditione Herodis, profectus est versùs fines Judaeae, itérque fecit per tractus ad ortum Jordanis sitos* (324). Dieser Weg führt schließlich über das judäische Bethanien (Joh 11:1-53), Ephraim (Joh 11:54), Jericho (Lk 18:31-19:27) und wiederum Bethanien (Joh 11:55-12:11) nach Jerusalem (Lk 19:28-35).

LUKAS	JOHANNES	
09:51-10:16		Reise zum Laubhüttenfest
	07:11-10:21	Laubhüttenfest in Jerusalem
10:17-18:14		Reise durch Galiläa und Peräa
	10:22-39	Tempelweihfest in Jerusalem
[Mt 19:01-02 par]	10:40-42	Reise durch Galiläa und Peräa
18:15-30		In Peräa
	11:01-53	Im judäischen Bethanien
	11:54	In Ephraim
18:31-19:27		In Jericho
	11:55-12:11	Im judäischen Bethanien
19:28-35		Nach Jerusalem

9.2.2.4 Johann Albrecht Bengel (1736)

Im Jahre 1736 erscheint in Tübingen erstmals *Johann Albrecht Bengels Richtige Harmonie Der Vier Evangelisten, Da Die Geschichten, Wercke und Reden JEsu Christi unsers HErrn, in ihrer geziemend natürlichen Ordnung zur Befestigung der Wahrheit, wie auch zur Ubung und Erbauung in der Gottseeligkeit vorgestellt werden*[46]. Bengel ist überzeugt: "wann man es recht trifft, so kan man aus den vier Evangelisten zusammen einen viel reichern Nutzen ziehen, als wann man einen jeden nur besonders lieset" (37). Denn "wann man ... alle Viere vereiniget, und recht ineinander füget, so geben die zusammen fliessende Stralen ein gewisses Licht von sich, welches man vorher nicht wahrgenommen hat" (390). "Desto mehr aber ist es zu bedauern, wann man des rechten Wegs verfehlet, und es ist besser, einen jeden Evangelisten mit seiner Beschreibung des Lebens JEsu Christi allein betrachten, als dieselbe samtlich auf eine irrige Weise in einander fügen, weil man ersten falls nur einen nicht eben gar aufgeräumten, andern falls aber einen noch dazu in vielen Stücken unrichtigen Begriff von dem Wandel des Sohnes GOttes auf Erden bekomt" (47-8). Über seine Vorgänger meint Bengel: "Wann man nun die alte und neue Harmonisten gegen einander hält, so kan man mit allem Recht sagen, daß die meiste von jenen es nicht füglich genug, und von diesen hingegen nur allzu künstlich gemacht haben" (38).

---

[46] Eine zweite Aufl. erscheint 1747, eine dritte 1765. Im folgenden wird die erste Auflage nur mit Nennung der Seitenzahl zitiert. Schnabel, *Inspiration*, S. 45, notiert über Bengels Schriftverständnis: "Bengel war es aufgrund seiner heilsgeschichtlichen Gesamtkonzeption möglich, die strenge Verbalinspiration (und Unfehlbarkeit) der Heiligen Schrift zu vertreten und gleichzeitig die menschliche Persönlichkeit ihrer Schreiber stärker als dies in der Orthodoxie der Fall war, zu berücksichtigen". S. nun auch B. Köster, "Evangelienharmonien im frühen Pietismus," *ZKG*, 103 (1992), 224: "im Hinblick auf die in den Evangelienharmonien des 17./18. Jahrhunderts vielfach tradierte Osiandrische Methode muß man heute ... feststellen, daß Bengel ... eine Wende in der Geschichte der Evangelienharmonie einleitete, die alsbald zur endgültigen Aufgabe der Osiandrischen Methode führte". Köster geht ausführlich auch auf die von Christian Knorr von Rosenroth verfaßte und 1699 von August Hermann Francke neu herausgegebene *Harmonia Evangeliorum* (S. 198-205) sowie auf die 1718 von Carl Hildebrand von Canstein verfaßte *Harmonie und Auslegung der Heiligen vier Evangelisten* (S. 205-219) ein.

Sein Verständnis des Abschnitts Lk 9:51-19:28 legt Bengel grundsätzlich mit folgenden Worten dar (245): "Die Stellen Luc. IX.51. X.38. XIII. 10.22.33. XVII.11. XVIII.31.35. XIX.11.28. vergl. cap. IX. [31.] führen den Heiland immer näher gen Jerusalem, und können von nicht mehr als einer Reise verstanden werden". Und er fügt hinzu (245-6): "Es ist eine nahmhaffte, aber nicht gute Frucht, von der unrichtigen *Harmonie*, wann man diese Stelle von einer frühern, und nicht von der letzten Reise des Heylandes nach Jerusalem verstehet". Für seine Einfügung von Lk 9:51 in den johanneischen Aufriß (nach Joh 10:40) beruft sich Bengel dabei ausdrücklich auf Osiander (245), was allerdings nicht ganz berechtigt ist, da Osiander den Aufbruch erst nach Joh 10:42 ansetzt (s. o. 9.2.2.1). Bengel erläutert seine Rekonstruktion so (228): "Daß alsobald nach der Kirchweihe der Heiland von Jerusalem weggegangen seye, ist daraus zu schliessen, weil Johannes c. X.40. sein gewohnliches μετὰ ταῦτα darnach hier nicht gebrauchet. Es ist aber der Heiland nicht gerades Wegs in die Gegend jenseit des Jordans, sondern vorher in Galiläam gegangen, welches Johannes nicht nöthig gehabt zu melden, weilen die andern Evangelisten, und sonderlich Lucas, ausführlich genug melden, was der Heiland damalen in Galiläa gethan hat" (vgl. 258)[47]. Daher hat die Aussendung der Siebzig (Lk 10:1-24) nur "wenig Wochen vor dem Leyden JEsu" stattgefunden und "gar nicht lange gewähret" (247).

Zu Lk 10:38-42 stellt Bengel fest (248): "Daß der Heyland damalen nicht zu Bethanien gewesen seye, zeiget die gantze Folge der Geschichten ... Es mag also bey Luca wol ein anders par Schwestern, und also eine andere Geschichte seyn, als zu Bethanien, Joh. XII.2.3. Es gibt aller Orten manches par Schwestern, da die eine zum Exempel Elisabeth, und die andere, Maria, heisset". Erst Lk 13:31-35 markiert den "Abschied von Galiläa" (223). Aus Lk 17:11 geht dann

---

[47] Nach *D. Joh. Alberti Bengelii Gnomon Novi Testamenti in quo ex nativa verborum vi simplicitas, profunditas, concinnitas, salubritas sensuum coelestium indicatur* (1773). Hg. P. G. Steudel (Stuttgart, 1915), S. 253, scheint es, als ginge Bengel davon aus, daß mit Lk 9:51 die Reise zum Laubhüttenfest (Joh 7:10) zu kombinieren sei: *Aliud iter nullum huic itineri et ipsi passioni interponi potest, nisi occulta ista ad festum scenopegias profectio, Joh. 7,10.*

hervor, daß sich Jesus "aus Galiläa durch Samaria in das Jüdische Land begiebt" (256). Allerdings nicht direkt, sondern "durch die Gegend jenseit des Jordans" (257), wie aus Mt 10:1-2 par und Joh 10:40 hervorgeht. Nach der Auferweckung des Lazarus in Bethanien (Joh 11:1-53), zieht Jesus sich nach Ephraim zurück (Joh 11:54-7). Von dort aus zieht er nach Jericho (Lk 18:31-19:28) und erreicht kurz vor dem Passafest Bethanien (Joh 12:1-11) und von da aus Jerusalem (Lk 19:29-36)[48].

LUKAS	JOHANNES	
	07:01-10:21	Laubhüttenfest in Jerusalem
	10:22-39	Tempelweihfest in Jerusalem
	10:40	Von Jerusalem nach Galiläa
09:18-50		In Galiläa und Umgebung
09:51-17:10		Durch Galiläa
17:11-18:14		Durch Samarien nach Judäa
	10:40	Durch Peräa
18:15-30		Reise durch Peräa nach Judäa
	11:01-53	Im judäischen Bethanien
	11:54-57	Rückzug nach Ephraim
18:31-19:28		In Jericho
	12:01-11	Im judäischen Bethanien
19:29-36	12:16	Einzug in Jerusalem

---

[48] Aufgegriffen wird Bengels Entwurf durch C. F. Werner, *Harmonie der vier Evangelisten nach Bengels deutschem Neuen Testament* (Ludwigsburg, 1862).

9.2.2.5 Karl Wieseler (1843)

Gut hundert Jahre nach Bengel, im Jahre 1843, veröffentlicht Karl Wieseler seine *Chronologische Synopse der vier Evangelien: Ein Beitrag zur Apologie der Evangelien und evangelischen Geschichte vom Standpuncte der Voraussetzungslosigkeit*[49]. Nach Wieseler beginnt Jesus mit seiner "letzten Reise" nach Jerusalem erst in Lk 17:11 (319). Die beiden vorherigen Reisenotizen 9:51 und 13:22 verbindet er mit früheren bei Johannes genannten Reisen, indem er Lk 9:51-13:21 mit Joh 7:10-10:40 und Lk 13:22-17:10 mit Joh 11:1-54 gleichsetzt (320). Somit akzentuiert Wieseler sehr deutlich die Abgrenzung dreier unterschiedlicher Reisen.

Nach Joh 7:10 und Lk 9:51 zieht Jesus durch Samarien, wo er die Siebzig aussendet (326-8). Über Bethanien (10:38-42) reist er weiter zum Laubhüttenfest nach Jerusalem (Joh 7:11-10:21). Nach einer nicht weiter erwähnten Wirksamkeit in Judäa (318) nimmt er auch am Tempelweihfest teil (Joh 10:22-39), um sich dann nach Bethanien in Peräa zurückzuziehen (Joh 10:40-42). Während seiner zweiten Reise berührt Jesus Jerusalem nicht[50]. Er reist vom transjordanischen ins judäische Bethanien (Joh 11:1-16). Vom Antritt dieser Reise berichtet ausführlich auch Lk 13:31-33: "Das Gespräch Jesu mit den Pharisäern, welches hier berichtet wird, fiel auf *denselben* Tag, da Jesus abreiste (Luc. 13,31: ἐν αὐτῇ τῇ ἡμέρᾳ), und an einem Orte, der noch drei Tagereisen (δεῖ με σήμερον καὶ αὔριον καὶ τῇ ἐχομένῃ πορεύεσθαι, Luc. 13,33) von dem Ziele seiner Reise, wie aus Johannes hervorgeht, von Bethanien entfernt war" (321). Auf seiner "letzten judäischen Reise" ging Jesus "*mitten durch Samarien und Galiläa*, zuerst durch Samarien und dann durch Galiläa! Ist da nicht deutlich genug die Meinung ausgesprochen, daß Jesus sich an der Südgrenze *Samariens*, wie Johannes ergänzend und bestätigend aussagt, in *Eph-*

---

[49] (Hamburg, 1843); vgl. zum folgenden bes. S. 316-32. S. weiterhin ders., *Beiträge zur richtigen Würdigung der Evangelien und der evangelischen Geschichte: Eine Zugabe zu des Verfassers "Chronologischer Synopse der vier Evangelien"* (Gotha, 1869), S. 127-33.

[50] Er wird die Stadt erst beim folgenden Passafest wieder besuchen, wie er mit der Ankündigung des Passagrußes Lk 13:35 ("Gepriesen <sei>, der da kommt im Namen des Herrn") für diese Zeit (vgl. 19:38) selbst sagt (321-2).

raim aufgehalten habe? Von *hieraus* ging er mitten durch Samarien und Galiläa (und Peräa) nach Jerusalem" (322)[51].

LUKAS	JOHANNES	
Erste judäische Reise		
09:51	07:10	Aufbruch zum Laubhüttenfest
09:52-62		Durch Samarien und Judäa
10:01-17		Aussendung der Siebzig
10:38-42		Im judäischen Bethanien
	07:11-10:21	Laubhüttenfest in Jerusalem
	10:22-39	Tempelweihfest in Jerusalem
	10:40-42	Im transjordanischen Bethanien
Zweite judäische Reise		
13:22-30		Aufbruch zur zweiten Reise
13:31-35	11:01-16	Dreitägige Reise zum judäischen Bethanien
	11:17-53	Im judäischen Bethanien
	11:54-57	Rückzug nach Ephraim
Dritte judäische Reise		
17:11-18:14		Durch Samarien und Galiläa
18:15-34	[Mt 19:01 par]	Durch Peräa
18:35-19:28		Über Jericho nach Jerusalem

---

[51] Aufgegriffen wurde die strikte Unterteilung des lukanischen Reiseberichts in drei unterschiedliche Reisen des Wieselerschen Modells mit gewissen Korrekturen z. B. von G. L. Hahn in seinem Kommentar *Das Evangelium des Lucas*. 2 Bde (Breslau, 1892/4).

Wieseler meint mit seinem Modell einerseits erwiesen zu haben, daß Lukas "auch in unserm Abschnitte chronologisch geschrieben hat, was bei seiner ausdrücklichen Erklärung, καθεξῆς zu schreiben ..., auch von vorn herein zu erwarten war", und gleichzeitig "sämmtliche Einwürfe ..., welche Strauß ... gegen die Evangelienharmonie an unserer Stelle macht", beseitigt zu haben (323)[52].

9.2.2.6 Christian Krafft (1848)

Bald nach Wieselers Studie erscheint von Johann Christian Gottlob Leberecht Krafft[53] in Erlangen eine *Chronologie und Harmonie der vier Evangelien, für Vorlesungen bearbeitet*[54]. Krafft faßt Lk 9:51 als Beginn der in Joh 7:1-10 erwähnten Reise Jesu zum Laubhüttenfest auf. Auf dieser Reise gelangt Jesus durch Samarien (Lk 9:52-56) nach Jerusalem. Was sich auf dem Laubhüttenfest in Jerusalem zugetragen hat, berichtet Johannes in 7:11-10:21. Mit dem von Johannes berichteten Aufenthalt Jesu in Jerusalem verknüpft Krafft dann Lk 10:1-24: "Die Aussendung der 70 fand nicht, wie gewöhnlich angenommen wird, auf dem Wege nach Jerusalem, sondern von Jerusalem aus statt, wie ja dort auch die ganz geeignete Gelegenheit war zur Aussendung so vieler auf einmal" (110-1). Problemlos fügt sich nun, da Jesus sich bereits in Judäa befindet, sein Besuch in Bethanien an (Lk 10:38-42). Von Lk 11:1 an befindet Jesus sich dann

---

[52] Vgl. über Wieseler (1813-83) den Artikel Zöcklers in der dritten Aufl. der *RE*, 21 (1908), 267-70. Wieseler hörte seit Herbst 1831 in Göttingen u. a. Kirchengeschichte bei J. C. L. Gieseler (267). "Im Herbst 1843 erfolgte – nicht ohne den mitveranlassenden Einfluß seiner ersten größeren Publikation, der chronologischen Synopse der vier Evangelien ... – seine Ernennung zum a. o. Professor" (268).

[53] Über Krafft (1784-1845) vgl. den Artikel von K. Goebel in der dritten Aufl. der *RE*, 11 (1902), 59-60. Krafft war reformierter Pfarrer und Professor, von dem gesagt wurde, er habe "den Heidelberger Katechismus in der Tasche herumgetragen". Er galt manchen Zeitgenossen als "ein wahrhaft apostolischer Charakter" (59). Theologisch nahm er laut Goebel "den Standpunkt eines bibelgläubigen Supranaturalisten" ein (60). Nach Aussage Joh. Chr. K. von Hofmanns ist Krafft sein "geistlicher Vater" gewesen (59).

[54] Aus seinem Nachlaß herausgegeben von Dr. C. H. A. Burger; s. zum folgenden S. 107-120.

wieder "auf der Reise" in nördlicher Richtung (111). Nachdem in Lk 11:1-13:21 berichtet wird, was sich auf dieser Reise zugetragen hat, faßt Krafft Lk 13:22 als "Angabe des Wendepunkts der gegenwärtigen Rundreise Jesu durch die Städte und Dörfer Galiläas" auf. "Von hier an war das Ziel der Reise wieder Jerusalem; der Richtung nach blieb sie noch Rundreise. Der Weg nach Jerusalem durch Samaria folgt erst c. 17,11" (114).

LUKAS	JOHANNES	
09:51-56	07:01-10	Reise durch Samarien
	07:11-10:21	Laubhüttenfest in Jerusalem
10:01-37		Aussendung der Siebzig
10:38-42		Im judäischen Bethanien
11:01-13:21		Reise nach Galiläa
13:22		Reiserichtung wieder Jerusalem
14:01-17:10		In Galiläa
17:11		Reise durch Samarien
17:12-18:14		In Judäa
	10:22-39	Tempelweihfest in Jerusalem
	10:40-42	Rückzug ins transjordanische Bethanien
18:15-17		In Peräa
	11:01-16	Aufbruch ins judäische Bethanien
18:18-19:28		Reise durch Jericho
	11:17-53	Im judäischen Bethanien
	11:54-57	Rückzug nach Ephraim
	12:01-08	Im judäischen Bethanien
19:29-40	12:09-19	Nach Jerusalem

Lk 13:31-35 stellt dann folgerichtig einen Versuch der Pharisäer dar, "Jesum aus Galiläa zu entfernen" (114). Nach weiteren galiläischen Ereignissen (Lk 14:1-17:10) erfolgt in 17:11 endgültig die "Abreise Jesu aus Galiläa nach Jerusalem durch Samaria" (vgl. Mt 19:1 par), woraufhin die Aussätzigenheilung (Lk 17:12-19) "wahrscheinlich schon auf dem Gebiet von Judäa" erfolgt. Spätestens nach Lk 18:14 ist dann der Besuch Jesu auf dem Tempelweihfest (Joh 10:22-39) einzureihen, von wo aus er sich nach Peräa zurückzieht (Joh 10:40-42). Dort findet u. a. die Kindersegnung (Lk 18:15-17) statt.

Auf der Joh 11:7 angetretenen Reise nach Bethanien ereignen sich die in Lk 18:18-19:27 geschilderten Begebenheiten. Erst danach erreicht Jesus Bethanien, wo er Lazarus von den Toten auferweckt (Joh 11:17-53), bevor er sich nach Ephraim zurückzieht (Joh 11:54-7). Nach einem erneuten Besuch im judäischen Bethanien (Joh 12:1-8) gelangt Jesus endlich kurz vor dem Passafest in die Hauptstadt Jerusalem (Lk 19:29-40).

9.2.2.7 *Alfred Resch (1876-77)*

In den Jahren 1876/7 schreibt Alfred Resch[55] in den *Jahrbüchern für deutsche Theologie* eine Artikelserie unter dem Titel "Pragmatische Analyse der großen Einschaltung des Lukas: Lukas 9,51-18,14"[56]. Hier bietet er eine Harmonisierung des chronologisch aufgefaßten Reiseberichts mit den historischen Angaben des Johannesevangeliums, die sich wiederum grundlegend von den Modellen Wieselers und Krafts unterscheidet.

Laut Resch kehrt Jesus nach dem Laubhüttenfest (Joh 7:1-10:21) noch einmal nach Galiläa zurück, da er sich in den zwei Monaten zwischen Laubhütten- und Tempelweihfest unmöglich in Jerusalem hätte aufhalten können. Daher "muß die Joh. 10,22 vorausgesetzte Reise zu dem Eukänienfeste mit der Lk. 9,51-10,42 so ausführlich

---

[55] Über Resch vgl. die kurze Notiz in der zweiten Aufl. der *RGG*, 4 (1930), 1910-1, von A. Meyer.
[56] 21 (1876), 654-96; 22 (1877), 65-92. Im folgenden nur mit Seitenangabe zitiert.

geschilderten Reise nach Jerusalem zusammenfallen" (680). Wie sich aus Lk 9:52-56 ergibt, handelt es sich dabei um eine "Reise durch Samaria" (673).

LUKAS	JOHANNES	
	07:01-10:21	Laubhüttenfest in Jerusalem
09:51-10:42		Reise ins judäische Bethanien
	10:22-39	Tempelweihfest in Jerusalem
11:01-13	10:40-42	Im transjordanischen Bethanien
11:14-13:30		Reise nach Machärus
13:31-33	11:01-16	Zwei Tage bei Machärus
	11:17-44	Lazarusauferweckung in Bethanien
13:34-35	11:45-53	Nachspiel in Bethanien
14:01-24		Bei Jerusalem
14:25-35		Wanderung zur jud.-sam. Grenze
15:01-17:10		In einer "Grenzzollstadt"
17:11-18:14	11:54	In Ephraim
18:18-35		Reise nach Jericho
19:01-28		Durch Jericho nach Jerusalem

Nach dem Tempelweihfest (Joh 10:22-39) zieht Jesus sich nach Peräa zurück, wo ein längerer Abschnitt des lukanischen Reiseberichts anzusiedeln ist (Lk 11:1-13:30): "An die frühere Wirksamkeit des Täufers werden wir auch sofort beim Beginn dieses nach Peräa gehörigen Abschnittes ... durch die Lk. 11,1 zu lesende Bitte der Jünger erinnert ... Wie durch diese Bitte der Jünger gleich am Anfange die unbestimmte Oertlichkeit ἐν τόπῳ τινί Lk. 11,1 als der ehemalige Schauplatz des Täufers sich enthüllt, so läßt uns auch am Schlusse dieses Abschnittes Lk. 13,31 die Rede der Pharisäer ... die Nähe von Machärus wittern, wo der Mörder des Täufers hauste. Aus

Lk. 13,22 ergiebt sich übrigens, daß Jesus die ganze Landschaft Peräa durchzog, aber, als diese Wirksamkeit zu Ende ging, wieder der nach Jerusalem führenden Jordansfurt (Joh. 10,40; 1,28) sich näherte ... Somit bietet in der That die erste Hälfte der großen Einschaltung Lk. 9,51-13,35 eine Ausführung der compendiösen Markusworte: καὶ ἐκεῖθεν ἀναστάς, ἔρχεται εἰς τὰ ὅρια τῆς ἰουδαίας καὶ πέραν τοῦ ἰορδάνου" (683).

Lk 13:31-35 identifiziert Resch dann als "den Endpunkt für die Wirksamkeit Jesu in Peräa", der chronologisch mit Joh 11:1-53 in Verbindung zu bringen ist, weil auch dort der "Wendepunkt für die Rückkehr Jesu aus Peräa nach Judäa" bezeichnet ist (385)[57]. Jesu Antwort an die Pharisäer in v31 bedeutet: "Heute und morgen setze ich mein alltägliches Wirken fort, und am dritten Tage komme ich im Bezug auf mein Wirken zu meiner Selbstvollendung", womit die nur von Johannes geschilderte Auferweckung des Lazarus gemeint sein muß (689). Somit ist das "zweitägige Verweilen Jesu in Peräa [Joh 11:6] pragmatisch auf das Beste motiviert durch die dort vor dem Verlassen jener Landschaft noch zu bewältigende Arbeit [Lk 13:32]" (65). Mit 13:34 versetzt Lukas seine Leser dann "mit einem Schlage in die Nähe von Jerusalem" (693), so daß der Abschnitt 14:1-18:14 "nach der auf Lk. 1,3 gegründeten Voraussetzung, daß das Lukasevangelium wirklich eine chronologische Fortentwicklung der Thatsachen ἀκριβῶς καθεξῆς darbietet, ... zwischen der Auferweckung des Lazarus und der letzten Reise Jesu nach Jerusalem" in Judäa zu lokalisieren ist (72-3). Lk 14:1 entspricht dann auch "genau der Situation unmittelbar nach der Erweckung des Lazarus" (81).

Zu 15:1-2 führt Resch aus, daß alle in der Nähe "stationierten Zolleinnehmer zu Jesus gekommen seien", was auf die samaritanisch-judäische Grenze hindeute (82-3). Die geographische Angabe in Lk 17:11 ist nach Resch "entweder ein alter in die uns erhaltenen Manuskripte übergegangener Schreibfehler oder – was noch wahrscheinlicher sein dürfte – eine aus der uns bekannten geographischen Interesselosigkeit des Redaktors entstandene Ungenauigkeit" (75-6). Im Blick auf Mk 10:1 kann man "für das in Lk. 17,11 zu streichende

---

[57] Für seine Erklärung von Lk 13:31-33, besonders die Annahme von drei wörtlichen Tagen, verweist Resch ausdrücklich (686) auf Wieseler, *Synopse*, S. 321ff.

γαλιλαίας als einzig möglichen Ersatz und als die ursprüngliche Lesart ... ἰουδαίας" rekonstruieren (76). Dann aber läßt sich weiter folgern, "daß wir hier ... in der χώρα ἐγγὺς τῆς ἐρήμου angelangt sind, wohin Jesus nach Joh. 11,54 von Bethanien aus sich zurückzog, um daselbst das Nahen des Osterfestes zu erwarten, und daß mithin die κώμη τις des Lukas, in deren Nähe die Aussätzigen wohnten, mit der ἐφραὶμ πόλις λεγομένη des Johannes identisch sei" (86-7). Die in Lk 18:18-35 par erwähnten Begebenheiten spielen "auf dem Wege zwischen Ephraim und Jericho" (89). Von Jericho (Lk 19:1-27) aus führt der Weg dann endgültig nach Jerusalem (Lk 19:28).

9.2.2.8 Frédéric Godet (1864)

Frédéric Godet[58] schlägt erstmals 1864 in seinem Kommentar zum Johannesevangelium eine weitere Kombination des lukanischen Reiseberichts mit den Angaben des Johannesevangeliums vor[59]. Er nimmt den Ausgangspunkt seiner Rekonstruktion bei der Speisung der 5000 (Lk 9:10-17; Joh 6:1-15), die er ein Jahr vor dem Todespassa Jesu (Joh 6:4), also im Frühling ansetzt. Der Rest des Frühlings und der Sommer werden durch die in Mt 16-18 bzw. Mk 8-9 erzählten Ereignisse ausgefüllt. Was im Herbst und im Winter dieses letzten Lebensjahres Jesu geschieht, ist aus den Berichten der Seiten-

---

[58] Auf der Grundlage der 1913 durch Philippe Godet verfaßten Biographie bietet G. Hörster in seinem Geleitwort zum Nachdruck des Lukaskommentars (s. u.) einige Informationen über F. Godet (1812-1900): Er studiert u. a. in Berlin bei Neander, Hengstenberg und Schleiermacher. "Die Veröffentlichung seines Kommentars zum Johannes-Evangelium im Jahre 1864 löste ein starkes Echo in der Schweiz, in Frankreich, in Deutschland, in den Niederlanden und in Großbritannien aus" (S. x).
[59] *Commentaire sur L'Évangile de Saint Jean*. 2 Bde. Bibliothèque Théologique (Paris, 1864), II, 297-300, 316-17 u. 320. Godet geht davon aus, daß "les deux évangélistes racontent une histoire, et non un roman" (II, 298-9). Wieselers Vorschlag aber, der auf ähnlichen Voraussetzungen beruht, lehnt Godet ausdrücklich als unsachgemäß ab (II, 161). Im folgenden werden jeweils die deutschen Ausgaben von Godets Kommentaren zitiert (und zwar lediglich mit den Kürzeln *Lk* bzw *Joh* samt Seitenzahl): *Das Evangelium des Lukas*. Nachdruck der 2. vom Verfasser autorisierten deutschen Ausgabe von 1890 (Gießen, 1986) und *Kommentar zu dem Evangelium des Johannes. Zweiter Band: Die Exegese*. 4. Aufl. (Hannover, 1903).

referenten nicht zu entnehmen. "Zu dieser chronologischen Lücke kommt eine geographische. Wir sehen bei Matthäus und Markus Jesum in Kapernaum und der Umgegend einen Besuch machen und dann nach drei Richtungen seine Thätigkeit ausdehnen, nach Osten (Gadara [Mt 8:28; Mk 5:1]), nach Westen (Nazareth [Mt 13:54; Mk 6:1]) und nach Norden (Phönizien [Mt 14:21; Mk 7:24.31] und Cäsarea Philippi [Mt 16:13; Mk 8:27]). Nach diesen Evangelien selbst hatte also Jesus, um in ganz Galiläa das Evangelium verkündigt zu haben, noch eine Lücke auszufüllen. Noch hatte ja der ganze südliche, an Samaria grenzende Teil dieser Provinz seine Predigt nicht gehört. Es läßt sich daher erwarten, daß Jesus vor seiner letzten Abreise aus Galiläa auch diese Gegend noch besucht hat" (*Lk* 320).

LUKAS	JOHANNES	
[Mt 16-18 par]	07:01	In Galiläa
	07:02-10:21	Laubhüttenfest in Jerusalem
09:51-62		Reiseantritt in Galiläa
10:01-16		Aussendung der Siebzig
10:38-42	10:22-39	Tempelweihfest in Jerusalem
10:17-24		Rückkehr der Siebzig
11:01-17:10		In Galiläa
17:11-19		An der gal.-sam. Grenze
18:15-30		In Peräa
	10:40-42	Im transjordanischen Bethanien
	11:01-53	Im judäischen Bethanien
18:31-34	11:54-57	Rückzug nach Ephraim
18:35-19:28		In Jericho
	12:01-11	Im judäischen Bethanien

Die in Mt 16-18 par geschilderte galiläische Tätigkeit Jesu wird in Joh 7:1 zusammenfassend erwähnt und dürfte somit die Zeit zwischen dem in 6:4 angedeuteten Passafest und dem Laubhüttenfest (7:2), also die Monate April bis September (bzw. Nisan bis Elul) ausgefüllt haben (*Lk* 321). Nach dem in Jerusalem verbrachten Laubhüttenfest (Joh 7:2-10:21) kehrt Jesus nach Galiläa zurück. Daß er die zwei Monate zwischen Laubhütten und Tempelweihfest in Jerusalem zugebracht haben soll, hält Godet für unmöglich, denn: "Ein solcher Aufenthalt hätte nur die letzte Entscheidung vor der Zeit herbeiführen können" (*Joh* 380). In Galiläa nimmt Jesus seine durch den Festbesuch unterbrochene Tätigkeit wieder auf. "Sodann (Luk. 9,51ff.) forderte er seine Anhänger auf, die letzten Bande zu zerreißen, um ihm nach Jerusalem zu folgen" (*Joh* 381). So fällt der Reiseantritt also zwischen Laubhüttenfest (Joh 7:2-10:21) und Tempelweihfest (Joh 10:22-39). Die Reise führt zunächst "durch die südlichen, an Samaria angrenzenden Teile Galiläas" (*Lk* 318), wo Jesus "eine länger dauernde Evangelisationsthätigkeit" ausübt (*Lk* 320). Der Besuch bei Maria und Martha in Bethanien (Lk 10:38-42) stellt eine kurze Unterbrechung der Predigtreise dar und fällt mit dem von Johannes in 10:22-39 berichteten Jerusalembesuch Jesu zum Tempelweihfest zusammen (*Joh* 381-2.391)[60]. Diese Reise kann stattgefunden haben "während die 70 Jünger ihre vorbereitende Mission" in Südgaliläa und Peräa (*Joh* 381) "ausführten" (*Lk* 348). Nach dem Tempelweihfest "setzt Jesus seine langsame Wanderung in Süd-Galiläa weiter fort" (*Joh* 381). Auch als einige Pharisäer ihn vor dem angeblichen Tötungsvorhaben des Herodes warnen (Lk 13:31-35), befindet er sich noch in Südgaliläa (*Lk* 407). Und ebenso findet die in Lk 17:11-19 geschilderte Heilung der 10 Aussätzigen im galiläisch-samaritanischen Grenzgebiet noch (kurz) vor dem Überschreiten des Jordan statt (*Lk* 455). Ab 18:15 befindet sich Jesus dann, wie aus den Seitenreferenten (Mt 19:1; Mk 10:1) hervorgeht, in Peräa. Der von Johannes (10:40-42) berichtete Besuch in Bethanien bildet "den Abschluß dieses Aufenthalts" in Peräa (*Joh* 392; vgl. *Lk* 321). Die in 18:31 durch παραλαβών angedeutete Absonderung Jesu mit seinen

---

[60] Vgl. auch Schegg, *Lukas*, II, 66: "Ich räume gern ein, daß in diese Zeit der Sendung der siebzig, die von Johannes erzählte Reise Jesu nach Jerusalem falle".

Jüngern setzt Godet mit dem in Joh 11:54 berichteten Rückzug nach Ephraim gleich (*Lk* 474; vgl. *Joh* 420)[61]. Von Ephraim aus steigt Jesus schließlich mit seinen Jüngern ins Jordantal hinab und schließt sich dort der aus Peräa nach Jericho ziehenden Pilgerkarawane an (*Joh* 415.420). So erreicht er schließlich über Jericho (Lk 18:35-19:28) und das judäische Bethanien (Joh 12:1-11) Jerusalem.

9.2.2.9 John Albert Broadus u. a. (1893)

Im Jahre 1893 veröffentlicht John Albert Broadus, Professor am Southern Baptist Theological Seminary in den USA, erstmals seine Evangelienharmonie, die 1922 in leicht überarbeiteter Form durch Archibald Thomas Robertson herausgegeben wird[62]. Im Anschluß an diese beiden Ausgaben veröffentlichen 1988 Robert L. Thomas und Stanley N. Gundry *The NIV Harmony of the Gospels with Explanations and Essays: A Revised Edition of the John A. Broadus and A. T. Robertson Harmony of the Gospels*[63]. Ein eigenes Kapitel ist

---

[61] Hier ergibt sich eine gewisse Unstimmigkeit. Einerseits verbindet Godet die dritte Leidensankündigung (Mt 20:17-19; Mk 10:32-34; Lk 18:31-34) mit dem von Johannes geschilderten Rückzug nach Ephraim (11:54-7): "Der Ausdruck παραλαβών, *nachdem er zu sich genommen hatte*, bezeichnet einen Augenblick, wo Jesus sich mit seinen Aposteln zurückzog und während dessen diese Unterredung und wahrscheinlich die Bitte der Söhne Zebedäi sowie die in den beiden andern Synoptikern folgenden Reden [Mt 20:20-28; Mk 10:35-45] stattfanden. Dieser Umstand stimmt mit dem Bericht des Johannes über den Rückzug Jesu nach Ephraim um dieselbe Zeit unmittelbar vor seinem Einzug in Jerusalem, vollkommen überein (11,54)" (*Lk* 474). Nach *Joh* 392 allerdings ist Mt 19:3-20:28 in Peräa zu lokalisieren, und zwar noch vor der Ankunft im transjordanischen Bethanien (Joh 10:40-42). Der ersten Lösung ist sicher der Vorzug zu geben.

[62] *A Harmony of the Gospels for Students of the Life of Christ: Based on the Broadus Harmony in the Revised Version* (London, 1922).

[63] (San Francisco, 1988). Im folgenden nur mit Seitenangaben zitiert. Eine mit der von Broadus initiierten Harmonie übereinstimmende Kombination des lukanischen Mittelteils mit dem Johannesevangelium bieten R. D. Culver, *The Life of Christ* (Grand Rapids, 1976), S. 171-204, J. D. Pentecost, *The Words and Works of Jesus Christ: A Study of the Life of Christ* (Grand Rapids, 1981), S. 270-376, und K. Zarley (Hg.), *Das Leben Jesu: Die authentische Biographie* (Stuttgart, 1991).

den "Problems and Principles of Harmonization" (293-9) gewidmet[64].

Der in Lk 9:51-56 geschilderte Aufbruch führt Jesus zum Laubhüttenfest in Jerusalem (Joh 7:11-10:21). Im Anschluß an das Laubhüttenfest finden in Judäa die in Lk 10:1-13:21 geschilderten Ereignisse statt. Nach dem Tempelweihfest (Joh 10:22-39) zieht Jesus sich nach Peräa zurück (Joh 10:40-42), wo die in Lk 13:22-17:10 berichteten Begebenheiten spielen.

LUKAS	JOHANNES	
09:51-56	07:10	Durch Samarien nach Jerusalem
	07:11-10:21	Laubhüttenfest in Jerusalem
10:01-13:21		In Judäa
	10:22-39	Tempelweihfest in Jerusalem
	10:40-42	Im transjordanischen Bethanien
13:22-17:10		In Peräa
	11:01-44	Im judäischen Bethanien
	11:45-54	In Ephraim
17:11-18:14		Durch Samarien und Galiläa
[Mt 19:01-02 par]		In Peräa
18:15-34		In Peräa
18:35-19:28		In Jericho
	11:55-12:01.09-11	Im judäischen Bethanien
19:29-44	12:12-19	Einzug nach Jerusalem

---

[64] Hier formulieren die Herausgeber: "the editors of this *Harmony* without equivocation hold to both the historical integrity and verbal plenary inspiration of the gospels" (294).

Von Peräa aus wandert Jesus ins judäische Bethanien (Joh 11:1-44) und von dort aus nach Ephraim (11:45-54). Von Ephraim aus führt ihn sein Weg in nördlicher Richtung durch Samarien nach Galiläa (Lk 17:11-18:14) und anschließend nach Peräa (Lk 18:15-34). Über Jericho (Lk 18:35-19:28) erreicht Jesus so erneut das judäische Bethanien (Joh 11:55-12:1.9-11) und schließlich Jerusalem (Lk 19:29-44).

9.2.2.10 Jakob van Bruggen (1987)

Von Jakob van Bruggen erscheint 1987 ein Einleitungswerk zu den vier Evangelien mit dem Titel *Christus op aarde: Zijn levensbeschrijving door leerlingen en tijdgenoten*[65]. Diese Studie beinhaltet den wahrscheinlich jüngsten Versuch einer Evangelienharmonie. Van Bruggen geht einleitend auf die Harmonisierungsmodelle von Augustin, Gerson, Osiander und Wieseler (59-61) ein und stellt fest, daß die Harmonisierung seit der Mitte des letzten Jahrhunderts einen negativen Klang bekommen hat: "Sinds de moderne bijbelwetenschap er aanspraak op maakt de juiste benadering voor de bijbel te hebben gevonden in de historisch-literaire kritiek, wordt alles wat daarvan afwijkt gemakkelijk gedoodverfd als verouderde harmonistiek. De gedachte dat de evangeliën niet met elkaar zijn te verenigen ... is gaan fungeren als een dogma waarvoor weinigen meer het bewijs verlangen en dat gemakkelijk op allen die met dit dogma in strijd komen het odium legt van ouderwetse onwetenschappelijkheid" (61)[66]. Gegenüber dieser Einschätzung hält van Bruggen das Ver-

---

[65] (Kampen, 1987). Im folgenden nur mit Seitenangaben zitiert.

[66] Ganz in Übereinstimmung mit dieser Erwartung fällt dann das Urteil von M. Rese in *ThLZ*, 114 (1989), 30, aus, der das Buch denen empfiehlt, die wissen wollen, "wie auch heute noch ein Fundamentalist mit den Evangelien umgeht". Bemerkenswert sind demgegenüber einige selbstkritische Überlegungen von O. Cullmann, *Die Christologie des Neuen Testaments*. 5. Aufl. (Tübingen, 1975), S. 67: "Gewiß sind gewaltsame Harmonisierungsversuche unzulässig, und tatsächliche Aporien im Neuen Testament sollen durchaus stehenbleiben. Aber laufen wir Neutestamentler nicht Gefahr, sozusagen einer professionellen Verbildung anheimzufallen, die sich darin äußert, daß man geradezu eine sadistische Freude empfindet, wenn sich Unausgeglichenheiten feststellen lassen und sich über jede These ärgert, die an irgendeinem

ständnis der Evangelien als Geschichtsbücher, wie es 18 Jahrhunderte lang vorgeherrscht hat, keineswegs für überholt. Die genannten Harmonisten waren in methodischer Hinsicht, auch wenn sie manchmal des Guten zu viel getan haben, gegenüber der "anti-harmonisatie-mentaliteit in onze dagen" durchaus im Recht (77).

LUKAS	JOHANNES	
	07:01-10:21	Laubhüttenfest in Jerusalem
09:51-10:37		Reise durch Peräa
10:38-42		Im judäischen Bethanien
	10:22-39	Tempelweihfest in Jerusalem
	10:40-42	Reise ins transjordanische Bethanien
11:01-13:30		In Peräa
13:31-35	11:01-16	Reisebeschluß nach Judäa
14:01-35		Noch in Peräa
	11:17-44	Im judäischen Bethanien
15:01-18:30		In Judäa
	11:45-53	Tötungsbeschluß des Sanhedrin
	11:54-57	Rückzug nach Ephraim
18:31-34		Aufbruch nach Jerusalem
18:35-19:27		In Jericho
19:28-29	12:01-11	Im judäischen Bethanien
19:30-44	12:12-19	Einzug in Jerusalem

Für die von Lk 9:51 an geschilderte Reise Jesu schlägt van Bruggen folgende Kombination mit den Angaben des Johannesevangeli-

---

Punkte eine Verbindungslinie, etwa nur zwischen Jesus und Paulus, aufzeigt?"

ums vor (die gewisse Berührungspunkte mit dem von Resch entwikkelten Modell aufweist). Die Reise beginnt in den Monaten nach dem Laubhüttenfest (Joh 7:1-10:21). Sie führt zunächst von Galiläa nach Peräa (9:51-10:37) und wird dann durch einen exkursartigen Jerusalemaufenthalt unterbrochen. Wie schon Godet hält auch van Bruggen es für möglich, daß der Jerusalembesuch zum Tempelweihfest (Joh 10:22-39) zeitlich mit der Einkehr Jesu im Haus des Schwesternpaares Maria und Martha (Lk 10:38-42) zusammengefallen ist (89): Jesus hat auf seinem Weg zum Fest im judäischen Bethanien Station gemacht. Es handelt sich dabei allerdings nicht um eine gleichwertige Reise neben der in Lk 9:51 begonnenen, sondern um ein "*Intermezzo in Jeruzalem*" (170).

Von Jerusalem aus kehrt Jesus wieder an den Punkt zurück, von wo aus er schon seinen Festbesuch unternommen hatte, ins transjordanische Bethanien. "In Johannes 10,40 lezen wij immers dat Jezus *weer* naar de overzijde van de Jordaan vertrok" (85), er wird sich also schon vorher dort aufgehalten haben[67]. In die Zeit nach der Rückkehr Jesu nach Bethanien fällt die Jüngerbitte um Belehrung zum Gebet (Lk 11:1-13): "In een omgeving waar alles herinnerde aan Johannes de Doper: in die situatie vragen de leerlingen dan of Jezus hen wil leren bidden zoals ook Johannes het zijn leerlingen deed" (89; vgl. 172). Im transjordanischen Bethanien versammeln sich dann wieder viele Menschen bei Jesus (Lk 11:14.29; 12:1) und von diesem Stützpunkt aus "heeft Jezus nog rondgereisd in het Overjordaanse (Lc.13,10.22)" (89). Diese Wirksamkeit dauert bis zum Aufbruch nach Judäa, der bei Lukas durch die in 13:31-5 geschilderte Pharisäermitteilung und bei Johannes durch den Ruf ins judäische Bethanien (Joh 11:1-16) markiert wird. Die in Lk 13:33 angekündigte Reise bringt Jesus innerhalb von drei Tagen aus Peräa, dem Herrschaftsgebiet des Antipas, nach Judäa. "Deze reis voltrekt Jezus in de

---

[67] Van Bruggen schließt sich hier offensichtlich der Interpretation Zahns an. Ihm zufolge (*Johannes*, S. 464) "bezeichnet πάλιν in Verbindung mit ἔρχεσθαι sowie mit dessen Zusammensetzungen und Synonymen in der Regel, seiner ursprünglichen Bedeutung entsprechend, eine rückläufige Bewegung, Rückkehr an den Ort, von dem man zuletzt ausgegangen ist [14:3; 16:28; 18:33; Mk 2:13]. Wir erfahren also beiläufig, ohne daß der Erzähler ein Interesse daran verrät, es die Leser wissen zu lassen, daß Jesus von Peräa aus zum Tempelweihfest nach Jerus. gekommen war".

dagen waarin Lazarus ziek is en sterft: pas enkele dagen na diens dood komt Jezus vanuit Perea in het Judese Betanië aan (Joh.11,6-7.17)" (89-90)[68]. Die Reise vom transjordanischen zum judäischen Bethanien nimmt mehr als ein bis zwei Tage in Anspruch, weil sie durch einen Sabbat unterbrochen wird (Lk 14:1-24), den Jesus noch in Peräa zubringt. Und auch die Unterweisung der mitreisenden Menge (Lk 14:25-35) ist noch in Peräa zu lokalisieren (173).

Dann erreicht Jesus schließlich das judäische Bethanien, wo er Lazarus heilt und eine kurze Lehrtätigkeit ausübt (Joh 11:17-44): "Het is niet van lange duur geweest, maar er was toch een korte tijd dat Hij op één plaats mensen ontving en gesprekken voerde, zowel met vrienden als met vijanden ... In deze korte periode sprak Jezus waarschijnlijk de gelijkenissen over het verlorene (Lc.15) ... Lucas heeft nog meer toespraken en gelijkenissen uit deze dagen bewaard (Lc. 16-18 ...)" (174). Das Gleichnis vom reichen Mann und dem armen Lazarus (Lk 16:19-31) gewinnt aufgrund der Verbindung zur Lazarusauferweckung in Bethanien besondere Transparenz. Von Bethanien aus zieht Jesus sich dann aufgrund des Tötungsbeschlusses des Sanhedrin (Joh 11:45-53) nach Ephraim zurück (Joh 11:54-7). Und von Ephraim aus führt ihn, eingeleitet durch Lk 18:31-34, der Weg über Jericho (Lk 18:35-19:27) und Bethanien (Lk 19:28-9; Joh 12:1-11) nach Jerusalem (Lk 19:30-44; Joh 12:12-19).

9.3 Der interevangelische Kombinationsspielraum

Der Überblick über die verschiedenen Harmonisierungsmodelle hat bestätigt, was schon Chemnitz erkannt hat: "Bei denjenigen nämlich, die eine Harmonie verfaßt haben, besteht eine große Vielfalt (*Magna enim apud illos, qui Harmonias conscripserunt, diuersitas est*): eine so große, daß nicht einmal zwei von ihnen miteinander übereinstimmen (*adeo vt ne vnus quidem cum altero consentiat*)" (1355). Eine kritische Sichtung aufgrund der oben (8.1-4 und 9.1) getroffe-

---

[68] Für eine ausführlichere Kommentierung von Lk 13:31-35, in der er sich offenbar an Wieseler anschließt, verweist van Bruggen auf seinen noch nicht erschienenen Lukaskommentar.

nen Vorentscheidungen muß nun zeigen, inwieweit die dargestellten Vorschläge als möglich gelten können. Für denjenigen, der die johanneischen Daten zunächst als ernstzunehmend akzeptiert, ergibt sich somit das folgende Bild.

9.3.1 Der Reiseabschluß

Eine recht sichere Aussage läßt sich über die Kombination des Johannesevangeliums mit dem letzten Abschnitt des lukanischen Reiseberichts machen: Von Ephraim aus, wohin er sich nach der Lazarusauferweckung zurückgezogen hatte (Joh 11:54-57), schließt Jesus sich der durchs Ostjordanland ziehenden Pilgerkarawane an und zieht so durch Jericho (Lk 18:35-19:28) über Bethphage und Bethanien (Joh 12:1-11)[69] nach Jerusalem (Lk 19:28-40)[70]. Darin stimmen Clericus, Bengel, Resch, Godet und van Bruggen grundsätzlich überein. Bengels Begründung ist überzeugend: "Der verborgene Aufenthalt des HErrn JEsu zu Ephrem ist vor der Ankunfft zu Jericho hergegangen: Denn ehe er gen Jericho gekommen, befand er sich mit seinen Jüngern allein: zu Jericho aber hat sich das grosse Volck zu ihm versammlet, welches ihn bey seinem Eintritt begleitet, und der Menge deren von Jerusalem entgegen geführet hat" (264)[71].

---

[69] Pixner, *Wege*, S. 372-4: "Dabei benutzte er selbstverständlich die alte Römerstraße von Jericho nach Jerusalem" (vgl. Lk 10:30). "Beim östlichen Aufstieg zum Ölberg überquerte die Römerstraße den sogenannten alten 'Heiligtümerweg', der in antiker Zeit Beerscheba, Hebron, Mamre, Bethlehem, Rama, Bethel, Schilo und Sichem verbunden hatte. Diesen letzteren Weg mußte Jesus nun einschlagen, um über den Sattel von Bethphage das Dorf Bethanien zu erreichen". Daß die Salbung in Bethanien bei Matthäus (26:6-13) und Markus (14:3-9) erst später erzählt wird, ließe sich durch einen narrativen Rückgriff erklären (van Bruggen, *Christus*, S. 179). Diese Frage braucht aber im Rahmen dieser Arbeit nicht näher diskutiert zu werden.

[70] Pixner, *Wege*, S. 375, bemerkt zu Lk 19:41: "Der Verfasser weiß also, daß die Stadt vom Ölbergübergang nicht sofort sichtbar ist. So kann ein Ausländer wie Lukas nur schreiben, wenn er eine persönliche Kenntnis des Geländes besitzt ... Hinter einem Schreibtisch in Antiochien sitzend hätte er nie so genau die Lage erraten können".

[71] Dieses Argument findet sich dann auch bei Zahn, *Lucas*, S. 619, wieder.

Die Durchreise durch Jericho kann also nicht auf dem Weg von Peräa ins judäische Bethanien zur Lazarusauferweckung, und damit vor dem Rückzug nach Ephraim, angesetzt werden, wie Chemnitz und Krafft vorschlagen. Aber auch, daß nach dem Rückzug nach Ephraim mit Osiander der Hauptteil (Lk 11:1-18:30) oder mit Wieseler und Broadus der letzte Abschnitt (Lk 17:11-18:34) des lukanischen Reiseberichts einzuschieben wäre, ist nahezu unmöglich: für eine im nördlichen Judäa beginnende, dann durch Samarien und Galiläa führende und schließlich durch Peräa Jericho erreichende Reisebewegung bleibt nach dem Rückzug nach Ephraim kein Raum mehr[72]. Außerdem setzt diese Kombination eine Interpretation von Lk 17:11 voraus, die oben (8.1.3) als unzutreffend abgewiesen wurde[73].

Jesus hat sich gegen Ende seiner Reise mit einiger Sicherheit von Ephraim aus in den transjordanischen Festpilgerzug eingereiht, um zunächst durch Jericho und dann über Bethphage nach Bethanien zu ziehen und so schließlich Jerusalem zu erreichen.

9.3.2 Der Reisebeginn

Wie gezeigt, geht nun allerdings eine Reihe von Exegeten (Chemnitz, Clericus, Wieseler, Krafft, Broadus) davon aus, daß der Beginn des lukanischen Reiseberichts mit dem von Johannes geschilderten Aufbruch zum Laubhüttenfest gleichzusetzen sei. Demgegenüber muß aber die grundsätzliche Frage gestellt werden, ob die Einbeziehung des johanneischen Laubhüttenbesuches in den vom lukanischen Reisebericht abgedeckten Zeitraum nicht eine allzu weite Entfernung von der oben (8.1.4 und 9.1.2) nachgezeichneten Reisevorstellung im Lukasevangelium zur Folge hat. Bei Chemnitz etwa begibt sich Jesus in Lk 9:51 auf eine Reise, die ihn von Galiläa aus durch Samarien nach Jerusalem, dann durch viele Ortschaften Judä-

---

[72] Eine entsprechende Kritik an Osiander äußert schon Molinäus (Wünsch, *Evangelienharmonien*, S. 217), der Lk 11:1-18:14 dann allerdings vor Joh 7-10 einfügt.

[73] Noch viel weniger Recht kann natürlich der von Resch vorgeschlagene Eingriff in den Wortlaut von Lk 17:11 beanspruchen, der jeder Grundlage in den Manuskripten entbehrt.

as, von Jerusalem aus nach Peräa, wiederum nach Judäa, durch Samarien nach Galiläa, von dort nach Peräa, und erst dann über Jericho und Bethanien nach Jerusalem führt. Jesus wäre demnach nach seinem Aufbruch aus Galiläa noch einmal dorthin zurückgekehrt, darüber hinaus aber noch je zweimal in Samarien und Peräa gewesen und hätte bei seinem letzten Einzug nach Jerusalem Judäa seit 9:51 bereits zum drittenmal aufgesucht. Krafft wiederum stellt selbst fest, daß der Abschnitt 10:1-18:14 in seinem Modell "wirklich nichts anderes als eine Rundreise von Jerusalem aus und wieder zurück nach Jerusalem" (115) ist. Und Wieseler, der im lukanischen Reisebericht bekanntlich von vornherein scharf zwischen drei verschiedenen Reisen Jesu unterscheidet, gibt denn auch zu, daß sein Harmonisierungsmodell nicht mit der "gewöhnliche[n] ... Erklärung" von Lk 9:51 übereinstimmt: "Denn dann könnte mit diesen Worten allerdings kaum etwas Anderes als die Schilderung der *letzten* Reise Jesu eingeführt sein, deren End-Resultat eben seine Himmelfahrt war" (324). Wie allerdings unten (12.2) noch dargelegt werden wird, ist die von Wieseler abgewiesene gewöhnliche Erklärung von Lk 9:51 die einzig mögliche. Sein Entwurf kann damit insgesamt nicht als gelungen gelten. Die Modelle, die das Laubhüttenfest mit in die letzte Jesusreise einbeziehen wollen, können Lk 9:51 kaum als Auftakt für den endgültigen Abschied Jesu aus Galiläa auffassen und überdehnen den von Lukas vorausgesetzten historischen Rahmen.

Geht man aber von einem Reisebeginn nach dem Laubhüttenfest aus, so ergeben sich für die Einfügung von Lk 9:51 in den johanneischen Zeitrahmen zwei verschiedene Möglichkeiten. Bengel setzt den Reiseentschluß zwischen der Tempelweihe und dem Rückzug nach Peräa an. Damit wird vorausgesetzt, daß sich Jesus nach dem Tempelweihfest in Jerusalem nicht direkt nach Peräa zurückgezogen hat, sondern zuvor ein letztes Mal Galiläa aufgesucht hat[74]. Die

---

[74] Es sei immmerhin vermerkt, daß auch G. W. F. Hegel in seiner mit 25 Jahren verfaßten Evangelienharmonie, "Das Leben Jesu" (1795). *Frühe Schriften* 1. Gesammelte Werke I (Hamburg, 1989), S. 207-78, (in etwa) diese Lösung vertreten hat. Er notiert, ohne allerdings auf seinen Landsmann Bengel Bezug zu nehmen, zu Joh 10:22-39: "Nach längern Aufenthalt in Jerusalem als Jesus sonst machte (denn er blieb vom Laubhüttenfest bis zum Fest der Tempelweihe im Dezember) kehrte Jesus – und zwar zum letzten male nach der Gegend, die der gewöhnliche Schauplatz

Formulierung in Joh 10:40 (Καὶ ἀπῆλθεν πάλιν πέραν τοῦ Ἰορδάνου εἰς τὸν τόπον ὅπου ἦν Ἰωάννης τὸ πρῶτον βαπτίζων καὶ ἔμεινεν ἐκεῖ) wäre dann als starke Raffung aufzufassen, was in Parallele zu 6:1 (Μετὰ ταῦτα ἀπῆλθεν ὁ Ἰησοῦς πέραν τῆς θαλάσσης τῆς Γαλιλαίας τῆς Τιβεριάδος) durchaus möglich erscheint. Denn auch bei dieser ganz ähnlichen Formulierung hat man nicht ohne weiteres davon auszugehen, daß Jesus sich von Jerusalem (5:1) aus direkt in das Gebiet östlich des Sees Genezareth zurückzog[75]. Nimmt man also auch in Joh 10:40 eine erzählerisch übergangene Rückkehr nach Galiläa an[76], dann könnte Jesus auch dort seinen Entschluß zur letzten Jerusalemreise gefaßt haben, die dann über Peräa (Lk 18:15-30 par; Joh 10:40-42) nach Jericho und schließlich über Bethanien nach Jerusalem führt.

Zweitens meinen Resch einerseits und (unabhängig von ihm sowie voneinander) Godet und van Bruggen andererseits, der Reisebeginn sei zwar durchaus nach dem Laubhütten-, aber bereits vor dem Tempelweihfest anzusetzen. Gegen Resch, der Lk 9:51-10:42 mit der Reise zum Tempelweihfest gleichsetzt, ist dann aber nach dem oben zu Lk 9:56 Gesagten (8.1.1.2) Godet und van Bruggen recht zu geben, wenn sie die Reise Jesu zur Tempelweihe lediglich als einen Exkurs bzw. ein Intermezzo ansehen, das nicht in Konkurrenz zu der großen, langsam fortschreitenden Reisebewegung von Galiläa durch

---

seines Lebens war, nach Galiläa zurück" (235,6-9). Dann folgen Mt 17:22-27ff und darauf der Reisebeginn (Lk 9:51): "Jesus entschloß sich izt wieder nach Jerusalem zurückzugehen, und zwar den Weg durch Samaria zu nehmen" (237,30-1). Nebenbei: Die Heilung des Blinden (Joh 9) und die Auferweckung des Lazarus (Joh 11) haben in Hegels Evangelienharmonie (verständlicherweise) keinen Platz.

[75] Nach Zahn (*Johannes*, S. 318) hätte Johannes in 6:1 mit dem einleitenden μετὰ ταῦτα wie selbstverständlich den Schauplatz wieder nach Galiläa verlegt. Denn "welcher einfältigste Erzähler wird eine Reise, deren Ausgangspunkt das mehr als 3 Tagereisen weit vom See Genezareth entfernte Jerus. und deren Ziel das, Kapernaum gegenüberliegende, Ostufer dieses Sees ist ..., als eine Überfahrt über diesen See beschreiben?" Und auch nach Hartl bezieht sich das ἀπῆλθεν in 6:1 nicht auf "Jerusalem als Ausgangspunkt der Abreise", sondern "es schwebte dem Verfasser als selbstverständlicher Schauplatz ... Galiläa vor Augen, und er durfte voraussetzen, vom Leser ebenso verstanden zu werden" (*Hypothese*, S. 205-6).

[76] Zahn, *Johannes*, S. 464: "Ob er die ganze Zwischenzeit zwischen den beiden Festen in Peräa zugebracht, oder inzwischen auch noch einmal in Galiläa gewesen ist, läßt sich dem 4. Ev nicht entnehmen".

Peräa nach Judäa tritt. Die Vorbereitungsmission der 70 Gesandten wäre dann in der Zeit zwischen dem Laubhütten- und dem Tempelweihfest, also vor dem eigentlichen Winteranbruch anzusetzen. Nach dem Tempelweihfest hätte Jesus dann in Peräa (van Bruggen) oder in Galiläa (Godet) seine Reise fortgesetzt[77].

Osiander wählt einen äußerst späten Termin und setzt Lk 9:51 erst nach Jesu Rückzug nach Peräa (Joh 10:40-42) an. Dabei weist er selbst ausdrücklich darauf hin, daß seiner Ansicht nach Jesus in Peräa den Winter, also die Monate Dezember und Januar abgewartet hat, bevor er sich endgültig auf den Weg nach Jersualem machte. Dann umfaßt der lukanische Reisebericht einen Zeitraum von nur etwa einem Monat, was seinem Aufriß durchaus nicht widersprechen muß, denn große Teile desselben ließen sich aufgrund seiner Undatiertheit sogar innerhalb weniger Tage unterbringen[78]. Osianders Modell scheitert aber daran, daß ihm zufolge der lukanische Reisebericht in Peräa seinen Ausgangspunkt nimmt, und nicht in Galiläa, was nach Lk 9:51-56 und 17:11 höchst unwahrscheinlich ist.

So bleiben als Möglichkeiten für den Reisebeginn (9:51) einerseits die Zeit zwischen dem Laubhütten- und dem Tempelweihfest und andererseits der Zeitpunkt zwischen dem Tempelweihfest und dem Rückzug nach Peräa. Die erste Lösung scheint die einfachere zu

---

[77] Eine gewisse Schwierigkeit besteht für van Bruggens Modell aber in der Dauer der Abwesenheit des geheilten Samaritaners (17:11). Die Sendung der 10 Aussätzigen nach Jerusalem (17:14; vgl. oben 8.1.3) hat noch vor dem Tempelweihfest und somit spätestens im November stattgefunden. Erst als Jesus das judäische Bethanien erreicht hat (15:1-18:30 spielen im Heimatdorf des Lazarus), also wohl nicht allzu lange vor dem Todespassa (etwa Anfang bis Mitte März), kehrt der Geheilte zu ihm zurück. Für die Reise von der Nordgrenze Samariens nach Jerusalem (nicht mehr als drei Tage), die Reinigungsvorgänge im Tempel (nicht viel mehr als zwei Wochen) und den kurzen Weg von Jerusalem nach Bethanien hätte der Samaritaner demnach mehr als ein Vierteljahr gebraucht.

[78] Dies zeigt bis zu einem gewissen Grad die Untersuchung von Sellin, "Komposition," S. 110, der als chronologisch eng verwobene Abschnitte 11:1-13:9; 15:1-17:10 und 17:11-18:34 identifiziert; s. dazu Weiteres unten unter 10.1.1. Insofern verfängt die Kritik von Cornelius Jansen d. Ä. an Osiander (Wünsch, *Evangelienharmonien*, S. 217-8) nicht, wenn er ihm vorhält, die Zeitspanne zwischen Tempelweihe und Passa sei für die im lukanischen Reisebericht aufbewahrten Begebenheiten zu kurz.

sein, die zweite hat die Vermeidung des Winters für sich. Die von den Evangelisten gebotenen Daten reichen an diesem Punkt zu einer zwingenden Kombination ihrer Berichte offensichtlich nicht aus.

9.3.3 Der Hauptteil der Reise

Hinsichtlich des Hauptteils der Reise stellt sich vor allem die Frage nach der Kombination von Joh 11:1-53 mit dem von Lukas gezeichneten Reiseverlauf: Wo ist in Lk 9:51-19:28 ein Anknüpfungspunkt für die Auferweckung des Lazarus im judäischen Bethanien und den anschließenden Rückzug nach Ephraim gegeben? Von Osiander stammt der Vorschlag, den in Lk 10:38-42 geschilderten Bethanienbesuch bereits mit dem Besuch der Lazarusauferweckung (Joh 11) zu identifizieren, was nach dem oben zum Reisebeginn Gesagten (9.3.2) nicht möglich ist. Wieseler, Resch und van Bruggen verbinden die Reise nach Bethanien (Joh 11:1-16) mit den drei in Lk 13:31-33 genannten (und wörtlich aufgefaßten) Tagen. Diese Kombination ist unvereinbar mit der oben (8.3) dargelegten Bedeutung von Lk 13:32-33. Dazu kommt, daß bei Wieseler diese Kombination mit einem Mißverständnis von Lk 17:11 und bei Resch gar mit einem Eingriff in den Wortlaut dieses Verses verbunden ist. Und eine Ankopplung von Joh 11 an Lk 17:10 (Broadus) setzt ebenso wie Wieselers Modell eine Fehlinterpretation von Lk 17:11 voraus.

Dann aber wird man die Ereignisse in Bethanien am ehesten mit Lk 18:31-34 in Verbindung zu bringen haben. Es gibt allerdings wiederum zwei Möglichkeiten, Lk 18:31-34 mit Joh 11 zu kombinieren. Chemnitz identifiziert Lk 18:31-34 mit dem Aufbruch ins judäische Bethanien (Joh 11:1-16). Clericus, Bengel, Krafft, Godet und van Bruggen kombinieren Lk 18:31 mit dem Aufbruch von Ephraim in Richtung Jerusalem. Beide Kombinationen sind möglich, keine ist zwingend, und auch an dieser Stelle muß die Entscheidung offengelassen werden.

Der mit der dritten Leidensankündigung verbundene Entschluß zur endgültigen Wanderung nach Jerusalem (Lk 18:31-34) bezeichnet entweder den Aufbruch von Peräa ins judäische Bethanien oder den Aufbruch von Ephraim nach Jerusalem.

9.4 Ein offenes Harmonisierungsmodell

Die Untersuchung führt zu einer zweifachen Schlußfolgerung. Erstens wurde deutlich, daß die chronologischen und geographischen Daten, die Lukas und Johannes bezüglich der letzten Jesusreise bieten, sich keineswegs notwendigerweise widersprechen, sondern durchaus in Einklang gebracht werden können[79]. Dieser Nachweis reicht aus, um zu zeigen, daß die obige Auffassung des lukanischen Reiseberichts (Kapitel 8) nicht grundsätzlich mit den Angaben des Johannesevangeliums kollidiert.

Der historische Rahmen des vierten Evangeliums stellt die vorgeschlagene Deutung des Reiseberichts nicht in Frage. Wenn nämlich, wie schon Chrysostomos (*Hom. I.2 in Mt*) feststellt, die vier Evangelisten "im Hinblick auf Zeit- oder Ortsangaben unterschiedlich berichtet haben (Εἰ δέ τι περὶ καιρῶν ἢ τόπων διαφόρως ἀπήγγειλαν), dann beeinträchtigt dies die Wahrheit ihrer Ausführungen überhaupt nicht"[80] (PG 57, Sp. 16). "Denn es ist nicht dasselbe, ob man eine unterschiedliche oder eine widersprüchliche Darstellung gibt (Καὶ γὰρ ἕτερόν ἐστι διαφόρως εἰπεῖν, καὶ μαχομένους εἰπεῖν)" (*Hom. I.4 in Mt*; PG 57, Sp. 18). Zweitens aber muß verneint werden, daß eine eindeutige Kombination des lukanischen Reiseberichts mit den Angaben des Johannesevangeliums möglich ist. Es bleiben verschiedene Modelle denkbar. Zwar kann über den Abschluß der Reise eine relativ sichere Kombination zwischen Lukas und Johannes erschlossen werden. Für den Reisebeginn und den Hauptteil der Reise sind jedoch wenigstens jeweils zwei verschiedene Modelle möglich. Eine Evangelienharmonie kommt an diesen Punkten über Vermutungen nicht hinaus.

---

[79] Schon Augustin hatte als Ziel seiner harmonistischen Bemühungen formuliert (*De consensu* I.7.10): "Und damit dies geschieht, muß gezeigt werden, wie diese vier Schreiber sich nicht gegenseitig widersprechen (*quod ut fiat, quam non sibi aduersentur idem scriptores quattuor, ostendendum est*). Dieses nämlich pflegen sie [die Kritiker] (als Sieg ihres eigenen eitlen Denkens) vorzubringen (*hoc enim solent quasi palmare suae uanitatis obicere*), daß die Evangelisten untereinander nicht übereinstimmen (*quod ipsi euangelistae inter se ipsos dissentiant*)" (CSEL 43, 11,12-15).

[80] H. Merkel, *Die Pluralität der Evangelien als theologisches und exegetisches Problem in der alten Kirche* (Frankfurt, 1978), S. 139, übersetzt διαφόρως hier dem Zusammenhang nach unzutreffend mit "widersprüchlich".

308   *Die außerlukanischen Daten zur letzten Jesusreise*

Es läßt sich somit ein aus verschiedenen alternativen Bausteinen zusammengesetztes Modell erstellen, das daher als *offenes Harmonisierungsmodell* bezeichnet wird.

LUKAS	JOHANNES	LUKAS	JOHANNES
			07:01-10:21
	07:01-10:21	09:51-10:37	
	10:22-39	10:38-42	10:22-39
09:51-18:14		11:01-18:14	
18:15-30	10:40-42	18:15-30	10:40-42

LUKAS	JOHANNES	LUKAS	JOHANNES
18:31-34	11:01-16		11:01-57
	11:17-57	18:31-34	

LUKAS	JOHANNES
18:35-19:28	
	12:01-11
19:29-40	12:12-19

So bestätigt die vorangehende Analyse hinsichtlich des lukanischen Mittelteils die These, die Blomberg im Blick auf eine umfassende Evangelienharmonie aufgestellt hat: "a *detailed* harmony of the life of Christ is no longer recoverable, not because the Gospels contradict each other in chronology, but because they provide too little chronological data. At best, any harmony must be judged merely 'possible' and not 'demonstrable'"[81].

---

[81] C. L. Blomberg, "The Legitimacy of Harmonization," *Hermeneutics, Authority and Canon*. Hg. D. A. Carson (Grand Rapids, 1986), S. 157.

10. Denkbare Quellen des lukanischen Reiseberichts

Bisher wurden in diesem vierten Hauptteil die inner- und die außerlukanischen Daten zur letzten Jesusreise diskutiert (Kapitel 8 und 9). Offen geblieben ist die Frage nach möglichen Quellen des lukanischen Reiseberichts. Selbstverständlich kann im folgenden keineswegs die äußerst umfassende und gegenwärtig recht lebhafte Diskussion der synoptischen Problematik aufgerollt werden. Dies ist nicht die Aufgabe der vorliegenden Arbeit. Es soll aber dennoch angedeutet werden, in welche Richtung sich eine Beantwortung der synoptischen Frage auf der Grundlage der bisher erzielten Ergebnisse bewegen muß. Auf eine Diskussion der sogenannten Tripeltradition[1] kann hierbei verzichtet werden, da die historische Problematik mit der der Doppeltradition im Grundsatz vergleichbar ist. Daher wird nun zunächst auf die lukanisch-matthäische Doppeltradition eingegangen werden (10.1): Wie verträgt sich die Beobachtung dieser Zweiertradition mit der Auffassung des lukanischen Mittelteils als historisches Dokument[2]? Es soll aber die Quellenfrage nicht auf die in hohem Maße hypothetische innersynoptische Diskussion beschränkt werden. Unter der Maßgabe, daß der lukanische Mittelteil ein Reisebericht und als solcher Baustein einer Biographie ist, wird daher anschließend in groben Zügen auf einige wichtige Quellen antiker Biographien (vor allem bei Plutarch und Sueton) und der bereits oben (Kapitel 5) dargestellten Reiseberichte eingegangen (10.2). In einem dritten Abschnitt soll dann per Analogieschluß und aufgrund lukanischer Hinweise (sowie in Anlehnung an altkirchliche Traditionen) nach denkbaren oder wahrscheinlichen Quellen des Lukas für seinen Reisebericht gefragt werden (10.3).

---

[1] Vgl. für eine Durchführung des seit Holtzmann gängigen Erklärungsmodells der Markuspriorität T. Schramm, *Der Markus-Stoff bei Lukas: Eine literarkritische und redaktionskritische Untersuchung* (Cambridge, 1971), der die oben getroffene Unterscheidung zwischen Vorgängern und Quellen (3.1.1) nicht vornimmt und das Markusevangelium als eine der "Hauptquellen" des Lukas betrachtet (S. 4-5).

[2] Vgl. den Einwand von Egelkraut, *Mission*, S. 39, gegen die u. a. von Godet und Plummer vertretene Auffassung, der lukanische Mittelteil sei ein chronologischer Bericht einer Reise: "It cannot account for the relocation of the double and triple tradition from its place in the Mkan and Mtan frame".

10.1 Die synoptische Frage und der lukanische Reisebericht

10.1.1 Das Problem

Das synoptische Problem[3] läßt sich im Blick auf die matthäisch-lukanische Doppeltradition für den lukanischen Reisebericht statistisch folgendermaßen beschreiben. Der lukanische Mittelteil (9:51-19:28) kann in 71 Perikopen eingeteilt werden[4]. Von diesen lassen sich 45 mehr oder weniger deutlich der Doppeltradition zurechnen[5]. Alle diese Parallelpassagen sind bei Matthäus dem Dienst Jesu vor Reiseantritt in Galiläa oder nach Reiseabschluß in Judäa zugeordnet. Darüber hinaus weisen die Parallelperikopen bei Matthäus keine der lukanischen entsprechende Reihenfolge auf. Wie läßt sich die große Übereinstimmung zwischen beiden Evangelien innerhalb der genannten Perikopen erklären?

Die These, daß Matthäus und Lukas das nur ihnen gemeinsame Material aus einer gemeinsamen Spruchquelle (Q) geschöpft haben, ist aus verschiedenen Gründen fragwürdig. Zum einen gibt es für die Existenz einer solchen Schrift keinerlei äußere Hinweise. Die von Schleiermacher vertretene Deutung des Papiaszitats, unter den λόγια des Matthäus (Eus., *Hist. Eccl.* III.39.16) sei eine Sammlung von Herrenworten zu verstehen[6], hat sich als Irrtum erwiesen[7]. Damit

---

[3] Eine Sammlung der schier unübersehbaren Literatur bieten T. R. W. Longstaff und P. A. Thomas, *The Synoptic Problem: A Bibliography, 1716-1988* (Macon, 1988).

[4] Die im folgenden verwendete Perikopeneinteilung richtet sich der Übersichtlichkeit wegen nach Aland, *Synopsis*, S. 562-8.

[5] Dem entspricht eine Zuordnung von 20 Perikopen zur Tripeltradition sowie von 25 Perikopen zum lukanischen Sondergut.

[6] F. D. E. Schleiermacher, "Ueber die Zeugnisse des Papias von unsern beiden ersten Evangelien," *ThStKr*, 5 (1832), 738, leitet aus den Worten des Papias ab: "Matthäus hat eine Sammlung von Aussprüchen Christi geschrieben, das mögen nun einzelne Sprüche gewesen seyn, oder längere Reden, oder beides, wie es wol am wahrscheinlichsten ist. Denn etwas anderes kann einmal der Ausdruck des Papias nicht bedeuten. Das Wort λόγιον ist überall ... aus seiner gewöhnlichen Bedeutung Götterspruch ... zu erklären". Das heißt (S. 745), "daß der Apostel Matthäus in palästinischer Mundart eine Zusammenstellung von Reden und Aussprüchen Christi verfaßt habe, über welche hernach viele Andere, jeder auf seine Weise, gearbeitet haben".

entfällt das einzige äußere Zeugnis für die Existenz einer solchen Schrift. Darüber hinaus sprechen auch gewichtige interne Überlegungen gegen die Existenz einer solchen Quelle, wie Reicke überzeugend aufweist: "Die eigenartige Streuung der betreffenden Einheiten ... läßt ... jede Annahme einer schriftlichen oder mündlichen irgendwie fixierten Unterlage der matthäisch-lukanischen Zweiertradition im Stil der angeblichen Logienquelle oder Spruchquelle als Trugbild erscheinen. Trotz der Popularität des Begriffes kann dieser Eckstein neuerer Forschung keine materielle Grundlage aufweisen". Ebenso ist eine Benutzung von Matthäus durch Lukas (oder umgekehrt) unwahrscheinlich, denn auf diese Weise "wird das Problem der erwähnten Streuung um die Hälfte reduziert, aber nicht behoben"[8].

Reicke zieht daher (teilweise im Anschluß an Gieselers Traditionshypothese[9]) die "Annahme von frei zirkulierenden, nicht geordneten Traditionen, aus denen Matthäus und Lukas nach Bedarf größere und kleinere Einheiten übernahmen" vor. Diese erkläre "die offenbar konstitutive Flexibilität der Zweiertradition"[10]. Dem entgegen steht allerdings einerseits die oben geäußerte Vermutung, daß Lukas die einzelnen Bausteine seines Reiseberichts durchaus nicht rahmenlos aus der Tradition geschöpft, sondern unter bewußter Entfernung detaillierterer Datierungen in den Mittelteil seines Evangeliums eingefügt hat (6.2.3). Weiterhin hätte der lukanische Reisebericht

---

[7] Vgl. Zahn, *Matthäus*, S. 11-2: "Wie wenig damit [τὰ λόγια] Erzählung von Handlungen Jesu durch Mt ausgeschlossen sein soll, beweist seine Aussage über Mr, worin er als Objekt von dessen nicht sonderlich geordneter Darstellung τὰ κυριακὰ λόγια ... nennt, während sein Lehrer, der Presbyter Johannes, eben dasselbe als τὰ ὑπὸ τοῦ Χριστοῦ ἢ λεχθέντα ἢ πραχθέντα bezeichnet hatte ... und die gelehrtesten Kenner der älteren Literatur unter den Vätern: Irenäus, Origenes, Eusebius wissen trotz Papias nichts von einem apostolischen Werk unter dem Titel λόγια, dessen Bedeutung für die Entstehungsgeschichte der Evv ihnen doch nicht hätte verborgen bleiben können". Ähnlich argumentiert neuerdings z. B. U. H. J. Körtner, *Papias von Hierapolis: Ein Beitrag zur Geschichte des frühen Christentums* (Göttingen, 1983), S. 154-5.
[8] Reicke, "Entstehung," S. 1773.
[9] Vgl. auch K. Veit, *Die Synoptischen Parallelen und ein alter Versuch ihrer Enträtselung mit neuer Begründung* (Gütersloh, 1897), der durch seine synoptischen Studien zur Übernahme von Gieselers Lösungsmodell geführt wurde (S. vi-vii).
[10] Reicke, "Entstehung," S. 1773.

nach Reickes These als Sammelbecken von undatierten und weitgehend ungerahmten Traditionsstücken zu gelten[11]. Als Ergebnis hätte man dann aber im Mittelteil eine Gnomologie erwarten müssen, was mit Recht schon Schleiermacher ausgeschlossen hat (1.1.2). Der lukanische Mittelteil weist eine Reihe von eindeutigen chronologischen Angaben auf, die ihn deutlich von der Kompositionstechnik etwa des Thomasevangeliums abheben.

Dies läßt sich exemplarisch anhand des Abschnitts Lk 11:14-13:9 zeigen. In v14a wird zunächst eine Tätigkeit Jesu geschildert: Καὶ ἦν ἐκβάλλων δαιμόνιον [καὶ αὐτὸ ἦν] κωφόν. Diese Dämonenaustreibung Jesu veranlaßt zwei Reaktionen. Der Vorwurf, daß Jesus mit dem Beelzebub gemeinsame Sache macht (v15), wird in vv17-26 beantwortet. Auf die Forderung nach einem Zeichen vom Himmel (v16) geht Jesus anschließend (vv29-36) ein[12]. Unterbrochen wird Jesu Reaktion auf die beiden kritischen Herausforderungen durch einen Zwischenruf (v27: Ἐγένετο δὲ ἐν τῷ λέγειν αὐτὸν ταῦτα ἐπάρασά τις φωνὴν γυνὴ ἐκ τοῦ ὄχλου εἶπεν αὐτῷ ...). Direkt im Anschluß an diese durch die Dämonenaustreibung veranlaßte Auseinandersetzung wird Jesus zu einem Gastmahl eingeladen (11:37: Ἐν δὲ τῷ λαλῆσαι ἐρωτᾷ αὐτὸν Φαρισαῖος ὅπως ἀριστήσῃ παρ' αὐτῷ). Auch die im folgenden geschilderte Rede Jesu an das Volk und an seine Jünger (12:1-59) schließt sich zeitlich direkt an (12:1: Ἐν οἷς ἐπισυναχθεισῶν τῶν μυριάδων τοῦ ὄχλου)[13]. In 13:1 folgt dann noch eine etwas losere Anknüpfung (Παρῆσαν δέ τινες ἐν αὐτῷ τῷ καιρῷ)[14]. Mit Lk 13:10 (Ἦν δὲ διδάσ-

---

[11] Vgl. etwa A. D. Perry, "An Evangelist's *Tabellae*: Some Sections of Oral Tradition in Luke," *JBL*, 48 (1929), 206-32. Dieser hält es für wahrscheinlich, daß Lukas "his tablets, or maybe a papyrus scroll, to which to record from time to time the notable bits of tradition which came to his ears", mit sich führte: "the evangelist is incorporating such a notebook (most probably his own) containing miscellaneous traditions of Jesus gathered under various circumstances" an bestimmten Stellen seines Evangeliums, beispielsweise in 14:1-18:14 und 19:1-27.

[12] Vgl. zu dieser Zuordnung von Frage und Antwort Godet, *Lukas*, S. 360.

[13] Schleiermacher, *Lukas*, S. 181: "Wir können also alles von XI,14 bis XII,53 als ein zusammenhängendes Ganze ansehen"; S. 190 zu 12:54-59: "Wiewol sich nun der Zusammenhang nur bis hierher unmittelbar nachweisen läßt: so ist doch sehr wahrscheinlich, daß auch das folgende noch unter denselben Umständen gesprochen ist".

[14] Schleiermacher, *Lukas*, S. 191: "Auch das nächste noch XIII,1-9 ist keine gegründete Ursach von dem bisherigen ursprünglich getrennt zu denken".

κων ἐν μιᾷ τῶν συναωγῶν ἐν τοῖς σάββασιν) setzt dann eine neue Erzählphase ein.

Neuerdings hat Sellin wieder darauf hingewiesen, daß der Abschnitt 11:14-13:9 durch die Einheit von Ort und Zeit zusammengehalten wird[15]. Freilich hat diese Beobachtung für Sellin keine historische Bedeutung. Sie spielt lediglich auf der narrativen Ebene eine Rolle, die wenigstens teilweise fiktiv ist: "Der Redenstoff wird von Lk. gewissermaßen *narrativiert*"[16]. Diesen Schluß verlangt auch die von Reicke als Alternative zur Q-Hypothese vorgeschlagene Erklärung zum Ursprung der matthäisch-lukanischen Zweiertradition. Nach dem oben (Kapitel 3) über die historiographischen Grundsätze des Lukas Gesagten stellt eine derartige Loslösung der narrativen von der historischen Ebene keine akzeptable Lösung des Problems dar. Der lukanische Prologanspruch müßte dann als grobe Täuschung der Leserschaft bewertet werden. Hält man eine solche Konsequenz aber für verfehlt, wird man der Frage nachzugehen haben, wie sich die Parallelen bei Matthäus und Lukas erklären lassen, ohne von einer nicht an der Historie orientierten (und daher fiktiven) Narrativierung des den beiden Evangelisten gemeinsamen Redestoffs auszugehen.

10.1.2 Die Lösungsansätze

Vor der Suche nach eventuellen Erklärungen ist allerdings zu bedenken, daß einige der in der Aland-Synopse angezeigten Parallelen derart geringe inhaltliche Berührungspunkte aufweisen, daß von einer eigentlichen Parallelität keine Rede sein kann. Dies gilt etwa

---

[15] "Reisebericht," S. 109. Vgl. I. J. du Plessis, "Reading Luke 12:35-48 as Part of the Travel Narrative," *Neotestamentica*, 22 (1988), 221, zu 11:14-13:9: "everything seems to happen in one place and on the same day". Als weitere narrativ verknüpfte Abschnitte kristallisieren sich für Sellin 15:1-17:10 und 17:11-18:34 heraus (110). Es ist daher eine unkorrekte Verallgemeinerung, wenn Egelkraut, *Mission*, S. 40, behauptet: "most logia lack a topographical and chronological setting. They are *situationslos*".

[16] Sellin, "Reisebericht," S. 112. In einer Fußnote merkt Sellin an: "Dieser Ausdruck paßt besser als der häufig gewählte Terminus 'historisiert'".

für den Abschnitt Lk 12:54-6, der sich inhaltlich deutlich von Mt 16:2-3 unterscheidet. Für die echten Parallelen sind dann aber unter der Voraussetzung der grundsätzlichen historischen Intention der Evangelisten zwei Erklärungen denkbar.

10.1.2.1 Systematische Stoffanordnung bei Matthäus

Eine Reihe von Exegeten neigt dazu, die Parallelperikopen bei Matthäus und Lukas mehrheitlich zu identifizieren. Dies hat zur Folge, daß man entweder für das Matthäusevangelium oder für das Lukasevangelium eine systematische Stoffanordnung annimmt. Schleiermacher[17] und Godet[18] etwa tendieren häufig dazu, dem Evangelisten Matthäus (vor allem in den von ihm gebotenen großen Reden Jesu) eine thematische Anordnung aufgrund von Stichwortverbindungen, inhaltlicher Ähnlichkeit usw. zuzuschreiben. Auch nach Zahn "spricht im allgemeinen die Wahrscheinlichkeit dafür, daß Lc das geschichtlich Genauere gibt, Mt dagegen das ihm durch Überlieferung oder eigene Erinnerung dargebotene Gerüst besonders der größeren, aber auch der kleineren Reden durch Einfügung verwandter Aussprüche Jesu ausgefüllt hat"[19]. Andererseits kann man aber z. B. für Lk 9:57-62 durchaus auch annehmen, daß nur die vv61-2 am chronologisch korrekten Ort stehen, während Mt 8:18-22 die ursprüngliche Lokalisierung der beiden anderen Kurzdialoge bietet[20]. Mit einer systematischen Stoffanordnung kann allerdings unter den obigen Voraussetzungen grundsätzlich nur dann gerechnet

---

[17] Nach Schleiermacher, *Lukas*, S. 185, stehen z. B. die auch in Mt 10:26-33 berichteten Worte an ihrem lukanischen Ort (12:2-9) "natürlicher ... und in besserem Zusammenhange als in jener allgemeinen Anweisung an die Jünger bei Matth. X, 26-33, in der alles ziemlich durcheinander geworfen zu sein scheint".

[18] Godet, *Lukas*, S. 386, bemerkt etwa zu Lk 12:22-32: "In dem aus der Natur entnommenen Beispiel ist beachtenswert, daß alle angewendeten Ausdrücke: *säen, ernten, Keller, Scheune*, sich an das vorangegangene Gleichnis von dem reichen Thoren [12:16-21] anschließen. In der Bergpredigt, wohin Matthäus diese Worte gestellt hat, sind sie ohne alle Beziehung zu diesem Gleichnis, welches er gar nicht erwähnt. Wiederum also bei Matthäus die Blumenkrone von dem Stengel abgelöst".

[19] *Lucas*, S. 537-8.

[20] Van Bruggen, *Christus*, S. 170.

werden, wenn keine deutliche chronologische Einbindung in den jeweiligen Kontext gegeben ist. Und darüber hinaus muß der Exeget sich davor hüten, dem jeweils detailliert kommentierten Evangelium auf Kosten der Seitenreferenten einen (nicht immer begründbaren) Vorzug einzuräumen.

Als Beispiel sei der Abschnitt Lk 12:22-32 angeführt. Hier ist die Wortgleichheit mit der Parallele in Mt 6:25-34 recht groß. Wie eben festgestellt, ist der Abschnitt 11:14-13:9 bei Lukas als Ereignisfolge eines Tages dargestellt. Man könnte also folgern, daß Lukas die Rede Jesu über das Sorgen an ihrem korrekten historischen Ort, auf der letzten Reise nach Jerusalem bietet, während Matthäus sie nur aus systematischen Erwägungen in die Bergpredigt Jesu zu Beginn seiner Wirksamkeit in Galiläa eingefügt hat. Diese Erklärung ist allerdings z. B. hinsichtlich der Beelzebubauseinandersetzung in Lk 11:14-23 nicht möglich. Denn die Erzählung der parallelen Begebenheit bei Matthäus (12:22-30) wird ausdrücklich mit einem Τότε eingeleitet. Daher kommt für diesen Fall lediglich die folgende Erklärung in Frage.

10.1.2.2 Wiederholungen des Wanderpredigers Jesus

Für Parallelen, die fest in ihrem jeweiligen Kontext verankert sind, muß angenommen werden, daß sie nicht auf einen gemeinsamen schriftlichen oder auch mündlichen Ursprung zurückgehen. Wer davon ausgeht, daß Jesus einen großen Teil seiner Lehrtätigkeit als Wanderprediger ausgeübt hat, wird in Rechnung zu stellen haben, daß er wichtige Lehreinheiten mehrfach wiederholt hat[21]. Eine be-

---

[21] Das nimmt schon Chemnitz an: "Und zwar wollten sie so zeigen, daß Christus dieselben Hauptstücke der Lehre in allen Orten wiederholt hat. Dieselben, die er in Galiläa lehrte, lehrte er auch in Jerusalem. Und eine derartige Wiederholung der Lehre erfolgte im letzten Dienstjahr Christi (*Atque sic ostendere voluerunt, Christum eadem doctrinae Capita repetiuisse in omnibus locis. Quae in Galilaea docuit, eadem etiam docuit Hierosolymis. Et talis fuit repetitio doctrinae in postremo anno Ministerij Christi*)" (1675). Vgl. H. Lesêtre, "La méthode historique de saint Luc," *RB*, 1 (1892), 178: "Chemin faisant, le Sauveur reproduit un certain nombre d'instructions rapportées par saint Matthieu à une date antérieure". S. neuerdings Wenham, "Independence," S. 509: "It is inevitable that an itinerant preacher must repeat himself again and

trächtliche inhaltliche Wiederholung der Lehrtätigkeit Jesu wird allein schon dadurch wahrscheinlich, daß er in Südgaliläa nichts wesentlich anderes verkündigt haben dürfte als im Norden des Landes, und wiederum in Peräa nichts anderes als in Galiläa[22]. Und so gilt u. a. für Lk 12, daß "auch der wirkliche mehrmalige Vortrag einzelner Redetheile ... zuzugeben" ist[23].

Ganz besonders sprichwortartige Aussprüche Jesu dürften von ihm mehrfach bei unterschiedlichen Gelegenheiten und in unterschiedlichen Zusammenhängen wiederholt worden sein. Daß Jesus zum Beispiel den Sauerteig (Lk 12:1b: Προσέχετε ἑαυτοῖς ἀπὸ τῆς ζύμης) nicht nur einmal als "Sinnbild jedes starken, guten oder schlechten Prinzips, welches Assimilationskraft besitzt"[24] erwähnt, sondern mehrmals von diesem Bild Gebrauch gemacht haben dürfte, ist äußerst wahrscheinlich. Es besteht also keinerlei Notwendigkeit, Mt 16:6 und Lk 12:1 als einen und denselben Ausspruch zu identifizieren. Beispielsweise war auch die Zeichenforderung (Lk 12:16) für die jüdische Theologie so charakteristisch (1Kor 1:22a; Joh 2:18; 4:48), daß sie in der Zeit der Lehrtätigkeit Jesu häufiger an ihn herangetragen worden sein wird. Dabei muß eine große Übereinstimmung im Wortlaut einen unterschiedlichen Ursprung von Parallelstücken bei Matthäus und Lukas keineswegs ausschließen. Denn Jesus dürfte mit recht großer Wahrscheinlichkeit die zentralen Inhalte seiner Verkündigung in relativ fixierter Form vorgetragen haben[25]. Dann aber ist es nicht verwunderlich, daß einerseits noch in Galiläa und andererseits schon auf der letzten Jerusalemreise gemachte Lehraussagen Jesu unabhängig voneinander in z. T. nahezu identischer Form Eingang in die Evangelien gefunden haben. Entsprechendes gilt für

---

again, sometimes in identical words, sometimes with slight variations, sometimes with new applications; sometimes an old idea will appear in an entirely new dress".

[22] Wenham, "Independence," S. 513: "Indeed if we release the travel narrative from the procrustean bed of literary dependence and accept it for what it purports to be, the strains and distortions of the other theories vanish".

[23] Meyer, *Lukas*, S. 362.

[24] Godet, *Lukas*, S. 379.

[25] Vgl. dazu R. Riesner, *Jesus als Lehrer*. 2. Aufl. (Tübingen, 1984), z. B. S. 499: "Um den ... Zuhörern seine ... Botschaft unverlierbar einzuprägen, faßte Jesus Grundgedanken in kurzen, mnemotechnisch geformten Lehrsummarien zusammen".

ähnliche Situationen. Im Blick auf Lk 11:14 ist zu beachten, daß Jesus ausdrücklich mehr als nur einen Stummen, einen Blinden oder einen Gelähmten geheilt hat (4:18; 7:22). Dann aber gilt: "Hat Jesus viele Blinde und viele Taubstumme geheilt ..., so bedürfte die Annahme, daß ein einzelner Stummer, dessen Heilung berichtet wird, mit einem Stummen der außerdem auch blind war, und dessen Heilung derselbe Autor in anderem Zusammenhang berichtet, identisch sei, sehr starker sonstiger Beweisgründe"[26].

Bei einer ganzen Reihe von Parallelperikopen läßt sich nicht bestimmen, ob sie bei Matthäus (oder bei Lukas) systematisch eingeordnet wurden oder aber auf einen unterschiedlichen "Sitz im Leben Jesu" zurückgehen. Die konstatierbare Übereinstimmung des im lukanischen Reisebericht gebotenen Materials mit dem Matthäusevangelium bietet aber andererseits auch keinen zwingenden Anlaß, von einer unhistorischen Narrativierung frei umlaufender Traditionsstücke im lukanischen Mittelteil auszugehen. Wenn die Quellenfrage aber innersynoptisch derart offengelassen werden muß, dann läßt sich eventuell aus dem Vergleich mit der Quellenlage anderer antiker Biographien und Reiseberichte eine Annäherung an das wahrscheinliche Vorgehen des Lukas bei der Abfassung seines Reiseberichts erreichen. Dabei beschränkt sich der folgende Vergleich aber selbstverständlich nicht auf die genannte Zweiertradition, sondern betrifft den lukanischen Mittelteil als Ganzes.

10.2 Quellen profaner Biographien und Reiseberichte

Bevor die Quellengrundlage antiker Biographien im folgenden skizziert werden kann, muß vorausgeschickt werden, daß diese gelegentlich als in weiten Teilen historisch uninteressiert bezeichnet werden[27], weil ihren Autoren an sauberem Quellenstudium nicht gele-

---

[26] Zahn, *Matthäus*, S. 453.
[27] Momigliano, *Second*, S. 14-5: "Hellenistic biography ... never felt bound to tell the truth in the way Polybius told the truth". Berger, "Gattungen," S. 1239: "Biographien haben immer auch in hohem Maße fiktiven Charakter".

gen gewesen sei[28]. Dies trifft aber jedenfalls in dieser Form für Plutarch und Sueton nicht zu. Wäre eine generelle Unschärfe des historischen Wahrheitsbegriffs antiker Biographen zu konstatieren, würde Lukas mit seinem Evangelium einen Ausnahmestatus beanspruchen (s. o. 3.2.2.1). Daß er dies nicht tut, zeigt die Tatsache, daß etwa für Plutarch und Sueton keineswegs pauschal von einem Desinteresse an der historischen Wahrheit gesprochen werden kann[29]. Dies ist in

---

[28] J. Fairweather, "Fiction in the Biographies of Ancient Writers," *AncSoc*, 5 (1974), 249: "The biographers did not necessarily go to the primary source for their information, but might rely instead on the material provided by other types of historical writers". S. neuerdings auch J. B. Chance, "Fiction in Ancient Biography: An Approach to a Sensitive Issue in Gospel Interpretation," *PRSt*, 18 (1991), 141-2: "The study of ancient biography makes clear that Christians were not alone in their refusal to 'draw the line' between fact and fiction in their narrative presentations of their hero. They would have been alone had they not employed fiction in their narratives about their hero, for fiction was a fact of ancient biography".

[29] Nachdem sich Plutarch bis zum Ende des 18. Jahrhunderts als Schriftsteller großer Beliebtheit und Anerkennung erfreute, erfolgte diesbezüglich laut C. Theander, "Plutarch und die Geschichte," *Bulletin de la Société Royale des Lettres de Lund 1950/1* (Lund, 1951), S. 1, zu Beginn des 19. Jahrhunderts "gleichzeitig mit dem Beginn einer mehr methodischen Geschichtsforschung ... ein Umschwung": Plutarch wurde vorgeworfen, die historische Wahrheit um des moralischen Zwecks willen manipuliert zu haben. M. Plevoets, "Over de historische Methode van de biograaf Ploutarchos," Diss. Leuven, 1959, S. 53-4, weist auf die Bedeutung hin, die das Urteil Barthold Georg Niebuhrs für die Plutarchforschung hatte, obwohl dieser sich nie ausführlich mit Plutarch beschäftigt habe. In seinem Werk *Vorträge über alte Geschichte, an der Universität zu Bonn gehalten* notierte Niebuhr im Jahre 1848: "Bei der griechischen Geschichte erwägt man gar nicht, daß der Stoff zu den Biographieen [sic] des Plutarch meist ganz elend ist. In der alexandrinischen Zeit war unendlich viel Erbärmliches geschrieben, besonders Anekdoten und Biographieen, und von diesen ging er aus, obgleich er unendlich viel besser schrieb. Seine Anekdoten sind aus Anekdotensammlungen entnommen, die gar keinen Anspruch auf Glaubwürdigkeit haben und theils aus Hörensagen entstanden sind, theils aus Schriftstellern von der größten κακοήθεια; dazu kommt, daß Plutarch selbst ganz unkritisch ist. Seinem persönlichen Charakter, seiner Gesinnung nach ist er allerdings einer der liebenswürdigsten Schriftsteller ... Beide [Plutarch und Montaigne] sind aber unkritisch, und würden über Kritik gelächelt haben, weil sie eigentlich die Ueberzeugung hatten, man könne doch der Geschichte nicht auf den Grund kommen, und es sei daher die Aufgabe des Historikers die Geschichte ansprechend zu machen; das Ansprechende war Plutarch's eigentlicher Zweck. Daher wird der Historiker, der ihn mit dem Ernst einer gereiften Zeit liest, sich hundert Mal über ihn ärgern, nämlich wenn man ihn

jüngerer Zeit durch eine Reihe von Forschern nachdrücklich gezeigt worden.

Zum einen kann darauf verwiesen werden, daß Plutarch sein eigenes Werk durchaus nicht grundsätzlich aus der Geschichtsschreibung ausgliedert[30], sondern es gelegentlich selbst als ἱστορία bezeich-

---

nimmt wie er gewöhnlich genommen wird, als historischen Zeugen. Das ist er durch und durch nicht: unbegreiflich was für alberne Geschichten er mit der größten Ruhe erzählt! ... Der Erste der mich vor zwanzig Jahren darauf aufmerksam machte, daß Plutarch so aufgefaßt werden müsse, was mich damals sehr frappirte, war Wilhelm von Humboldt: 'Es soll mir alles Recht sein, wenn man Plutarch nur nicht als Geschichtschreiber betrachtet'. Ich war damals noch ein junger Mann, aber es ist mir sein Wort oft eingefallen" (II, 359-60; vgl. II, 375-6).

[30] Dies ist gelegentlich unter Verweis auf Plut., *Alex.* I.1-3; *Kim.* II.3-5; *Nik.* I.1-5 angenommen worden. In diesen Absichtserklärungen wird aber nicht grundsätzlich das Wahrheitsstreben des Biographen von dem des Historikers unterschieden, sondern vielmehr auf die besondere Fragestellung des Biographen hingewiesen. Er will nicht vollständig berichten, sondern trifft im Blick auf die Darstellung seiner Hauptperson eine wohlüberlegte Auswahl aus dem ihm zur Verfügung stehenden Material: "Wenn ich in diesem Buche das Leben (βίον) des Königs Alexander und das des Caesar, von dem Pompejus bezwungen wurde, darzustellen unternehme, so will ich wegen der Fülle des vorliegenden Tatsachenmaterials (διὰ τὸ πλῆθος τῶν ὑποκειμένων πράξεων) vorweg nichts anderes bemerken als die Leser bitten, wenn ich nicht alles und nicht jede (μὴ πάντα μηδὲ καθ' ἕκαστον) der vielgerühmten Taten in aller Ausführlichkeit erzähle, sondern das meiste kurz zusammenfasse, mir deswegen keinen Vorwurf zu machen. Denn ich schreibe nicht Geschichte, sondern zeichne Lebensbilder (οὔτε γὰρ ἱστορίας γράφομεν, ἀλλὰ βίους), und hervorragende Tüchtigkeit oder Verworfenheit (ἀρετῆς ἢ κακίας) offenbart sich nicht durchaus in den aufsehenerregendsten Taten, sondern oft wirft ein geringfügiger Vorgang, ein Wort oder ein Scherz ein bezeichnenderes Licht auf einen Charakter (ἤθους) als Schlachten mit Tausenden von Toten und die größten Heeresaufgebote und Belagerungen von Städten. Wie nun die Maler die Ähnlichkeiten dem Gesicht und den Zügen um die Augen entnehmen, in denen der Charakter (τὸ ἦθος) zum Ausdruck kommt, und sich um die übrigen Körperteile sehr wenig kümmern, so muß man es mir gestatten, mich mehr auf die Merkmale des Seelischen (τὰ τῆς ψυχῆς σημεῖα) einzulassen und nach ihnen das Lebensbild (βίον) eines jeden zu entwerfen, die großen Dinge und Kämpfe aber anderen zu überlassen" (Plut., *Alex.* I.1-3). Vgl. Plut., *Galba* II.5: "Alle diese Ereignisse im einzelnen genau zu erzählen, ist Aufgabe der Tatsachengeschichte (τὰ μὲν οὖν καθ' ἕκαστα τῶν γενομένων ἀπαγγέλλειν ἀκριβῶς τῆς πραγματικῆς ἱστορίας ἐστίν); was aber Bemerkenswertes an Taten und Leiden dabei den Kaisern zugestoßen ist, darf auch ich nicht übergehen".

net³¹. Zum anderen läßt sich beobachten, daß er sich deutlich für die Wirklichkeitstreue seiner Quellen interessiert³². Und auch Sueton wägt durchaus widersprüchliche Quellenaussagen gegeneinander ab³³. Unwahrscheinliche Überlieferungen werden von ihm als solche gekennzeichnet³⁴, und gelegentlich wird sogar ihr Ursprung aufgezeigt³⁵. Natürlich können diese Beobachtungen nicht zu einer pauschalen Sanktionierung der beiden Biographen und ihrer Werke dienen. Man darf ihnen ein historisches Interesse aber wohl durchaus zutrauen³⁶. Nach diesen Vorbemerkungen³⁷ soll nun (in aller Kür-

---

[31] *Fab.* I.1: "Nachdem wir erzählt haben, was im Leben des Perikles erwähnenswert war, wenden wir uns der Biographie des Fabius Maximus zu (ἐπὶ τὸν Φάβιον τὴν ἱστορίαν μετάγωμεν)"; *Tib. Grach.* I.1: "Nachdem wir die erste Geschichte (ἱστορίαν) erzählt haben ..."; vgl. weiterhin *Kim.* II.5; *Thes.* I.1.

[32] *Alex.* XLVI.1-2: "So erzählen die meisten ... Aristobul hingegen, Chares ... erklären, daß es eine Erfindung (πλάσμα) sei, und Alexander selbst, so scheint es, zeugt für sie, denn in einem Brief an Antipatros, in dem er alles genau berichtet (ἅπαντα γράφων ἀκριβῶς), sagt er ...".

[33] Sueton, *Cl.* 44.2-3: "Daß Claudius durch Gift beseitigt wurde, steht allgemein fest. Nur über das 'wo' und 'von wem' weichen die Ansichten voneinander ab (*ubi autem et per quem dato, discrepat*). Einige sagen (*Quidam tradunt*) ..., andere (*alii*) ... Auch über den weiteren Verlauf gehen verschiedene Gerüchte um (*Etiam de subsequentibus diversa fama est*). Viele behaupten (*Multi statim*) ... Andere wiederum berichten (*Nonulli*) ..."; *Cal.* 58.2: "Über den weiteren Verlauf der Dinge liegen zwei Berichte vor (*Duplex dehinc fama est*). Die einen erzählen (*alii tradunt*) ... Nach der anderen Überlieferung (*alii*) ...".

[34] Vgl. Plutarch, *Alex.* LXXVII.4: "Die meisten halten jedoch die ganze Erzählung von dem Giftmord für reine Erdichtung (πεπλάσθαι), und sie haben als nicht geringen Beweis dafür die Tatsache anzuführen, daß ...". Sueton, *Cl.* 1.5: "Ich erwähne dies nur der Vollständigkeit halber, denn ich halte es keineswegs irgendwie für wahrscheinlich (*Quod equidem magis ne praetermitterem rettuli, quam quia verum aut veri simile putem*)".

[35] Sueton, *Nero* 6.4: "Dieses Märchen (*fabula*) entstand dadurch ...".

[36] Theander, "Geschichte," S. 78, notiert, "dass Plutarch, wenn er auch in seinen früheren Schriften bisweilen unkritisch verfahren ist, dennoch in den später geschriebenen Biographien, anders als eine zeitweilige *communis opinio* annahm, nicht selten ein Bestreben, das geschichtlich Tatsächliche zu ermitteln, bekundet hat, welches durch die Notwendigkeit, zwischen widerstreitenden Überlieferungen zu entscheiden, ins Leben gerufen sein mag; vielleicht kann man sagen, dass er in dieser Weise fast wider seinen Willen zum Historiker geworden ist. Dabei hat er auch den Wert von Primärquellen, besonders von Inschriften aller Art, vollkommen klar eingesehen".

ze) etwas detaillierter auf die Quellenbasis antiker Biographien und Reiseberichte eingegangen werden.

10.2.1 Autobiographische Aufzeichnungen

Bei vielen Reiseberichten handelt es sich um autobiographische Aufzeichnungen der reisenden Hauptperson selbst (5.1.1-4,6-7)[38]. Gelegentlich stellt die Endfassung aber auch schon eine Überarbeitung ursprünglich nur in Notizform gemachter eigener Aufzeichnungen dar: "Rutil hat während der Fahrt Tagebuch geführt und dabei jeweils bestimmte Eintragungen vorgenommen. Dieses Tagebuch bildete dann die Grundlage des zu Hause in Ruhe geschaffenen Gedichts"[39]. Und Philostratos kann sich für einen Teil seiner Reisebeschreibungen auf eine eigene Darstellung des Apollonius berufen (VA I.23): "Seine Reise nach Kissia hat Apollonius selbst erwähnt im Brief, den er an den Sophisten von Klazomenai gerichtet hat".

Biographen geben überhaupt immer wieder an, bei der Erstellung ihrer Lebensbilder auto(bio)graphische Aufzeichnungen der Dargestellten als Quellen benutzt zu haben. Dem Plutarch etwa stand für seine Biographie des Sulla ein von diesem selbst verfaßter Bericht über seine Taten, der von Lucullus sprachlich überarbeitet worden war (Luc. I.4), zur Verfügung: "so daß Sulla, als er einen Bericht über seine Taten niederschrieb (τὰς αὐτοῦ πράξεις ἀναγράφων), die

---

[37] Für Vorwürfe der Geschichtsverfälschung gegenüber einem modernen Biographen vgl. den Artikel "'Powerplay' im rheinischen Bonn: Rudolf Augstein über den zweiten Band der Adenauer-Biographie von Hans-Peter Schwarz," *Der Spiegel* 41/1991, 84-103, sowie die darauf reagierenden Leserbriefe in *Der Spiegel* 44/1991, 10. Augstein wirft dem Autor, obwohl er seiner Ansicht nach "der ohne Zweifel kenntnisreichste Fachmann für Konrad Adenauer und seine Epoche" ist, u. a. vor, er befolge "den Grundsatz, daß man auch mit der Wahrheit lügen kann" (85), und verwende "eine nicht sehr subtile Form der Geschichtsklitterung" (99): "So werden 'Tatsachen' für die Geschichtsbücher geschaffen" (87). Vgl. aber auch die positivere Rezension von C. Hacke, "Revolutionär deutscher Außenpolitik: Zum zweiten Band der großen Adenauer-Biographie von Hans-Peter Schwarz," *Die Zeit* 46/1991, 17-8.
[38] Seneca (*Ep.* 87.2-4) war nach eigener Aussage auf seiner Reise "niemals ohne Schreibtafel (*numquam sine pugillaribus*)".
[39] Grupp, "Reisegedicht," S. 123.

Arbeit ihm [d. i. Lucullus] widmete". Und in seiner Alexanderbiographie gibt er an, sich auf Tagebuchaufzeichnungen stützen zu können[40], die er teils sogar wortwörtlich wiedergibt[41]. Ähnliches läßt sich bei Sueton beobachten. Er beruft sich auf (z. T. autographische) Briefe des Augustus[42] und Cäsars[43], auf Kriegsbeschreibungen Cäsars[44] und auf autographische Gedichte Neros[45].

10.2.2 Zeugnisse von Zeit- und Reisegenossen

Nicht alle biographiewürdigen Personen haben schriftliche Aufzeichnungen hinterlassen. Der Kyniker Demetrius etwa beschränkte seine Tätigkeit, ähnlich wie Epiktet und Musonius, auf mündliche Vorträge[46]. Eine wichtige Gruppe von Zeugen sind daher auch für den

---

[40] Alex. XXIII.4: "... wie aus den Tagebüchern (ἐκ τῶν ἐφημερίδων) zu entnehmen ist"; LXXVI.1: "In den königlichen Tagebüchern (Ἐν δὲ ταῖς ἐφημερίσιν) steht jedoch folgender Krankheitsbericht".

[41] Alex. LXXVII.1: "So steht es größtenteils wörtlich in den Tagebüchern beschrieben (Τούτων τὰ πλεῖστα κατὰ λέξιν ἐν ταῖς ἐφημερίσιν οὕτως γέγραπται)".

[42] Aug. 87.1-3: "In der Sprache des täglichen Verkehrs gebrauchte Augustus, wie seine eigenhändigen Briefe (*litterae ipsius autographae*) bezeugen, bestimmte Ausdrücke sehr oft und andere auf eigentümliche Art und Weise ... Ferner habe ich in seiner Handschrift unter anderem noch folgende Eigentümlichkeit wahrgenommen (*Notavi et in chirographo eius illa praecipue*) ...".

[43] Caes. 26.3: "..., wie aus seinen Briefen hervorgeht (*quod epistulis eius ostenditur*), ..."; 56.6: "Auch Briefe von ihm an den Senat sind noch vorhanden (*Epistulae quoque eius ad senatum extant*) ... Ferner existieren noch Briefe von ihm an Cicero, ebenso an seine Vertrauten über häusliche Angelegenheiten".

[44] Caes. 56.1: "Ferner hinterließ Cäsar 'Denkwürdigkeiten (*commentarios*) seiner Taten im Gallischen Kriege' und im 'Bürgerkrieg', den er gegen Pompejus geführt hatte".

[45] Nero 52: "Es sind nämlich Schreibtafeln und Hefte von ihm in meine Hände gekommen mit einigen sehr bekannten, von seiner eigenen Hand geschriebenen Versen (*Venere in manus meas pugillares libellique cum quibusdam notissimis versibus ipsius chirographo scriptis*); ihnen konnte man auf den ersten Blick ansehen, daß sie weder anderswoher entlehnt noch nach dem Diktat eines andern nachgeschrieben, sondern ganz wie von Einem, der genau überlegt und aus Eigenem schafft, aufgesetzt worden waren. Soviel war darin getilgt oder durchgestrichen oder übergeschrieben".

[46] Billerbeck, *Demetrius*, S. 11.

Biographen "de mensen die met bepaalde leidende personages in nauw verband geleefd hebben. Zij zijn tijdgenoten van de personen in kwestie en zijn bovendien nog van veel gebeurtenissen of toestanden ooggetuigen geweest"⁴⁷. Schon Polybius (X.3.1-2) bezieht z. B. seine Kenntnisse über Scipio von denen, "die mit ihm zusammen gelebt und mit eigenen Augen sich ein Bild von seinem Wesen haben machen können (τῶν συμβεβιωκότων καὶ τεθεαμένων ὑπ' αὐγὰς αὐτοῦ τὴν φύσιν). Einer von diesen war C. Laelius, der von Jugend an bis zum Tode bei allem, was er sagte und tat, als sein treuester Gefährte und Helfer zugegen war (ἀπὸ νέου μετεσχηκὼς αὐτῷ παντὸς ἔργου καὶ λόγου μέχρι τελευτῆς). Er ist es auch, der mir zu der soeben geäußerten Ansicht über Scipio verholfen hat, denn sein Urteil schien überzeugend und mit den Taten im Einklang zu stehen (διὰ τὸ δοκεῖν εἰκότα λέγειν καὶ σύμφωνα τοῖς ὑπ' ἐκείνου πεπραγμένοις)"⁴⁸. Und er schreibt (IX.25.2-4) zur Quellengrundlage seiner Ausführungen über Hannibal: "Den folgenden Bericht habe ich erstens von Karthagern selber erhalten (παρέλαβον μὲν καὶ παρ' αὐτῶν Καρχηδονίων), denn Einheimische (ἐγχώριοι) wissen nicht nur, wie das Sprichwort sagt, wo der Wind herweht, sondern kennen auch am besten den Charakter ihrer Landsleute; noch genauer aber habe ich ihn von Massinissa gehört (ἔτι δὲ Μασαννάσου ... ἀκριβέστερον διήκουσα), der sich im allgemeinen über die Geldgier der Karthager insgesamt, insbesondere aber über die Hannibals und Magos ... aussprach"⁴⁹.

Lukian (*Demon.* 1) schreibt die Biographie des Demonax als Schüler desselben. Und Sueton beruft sich für umstrittene Detailangaben auf enge Vertraute der geschilderten Hauptperson (*Jul.* 81.2): "Niemand darf diese Tatsache für eine Fabel oder für erdichtet halten; denn sie wird bezeugt durch Cäsars vertrautesten Freund Cornelius Balbus (*Cuius rei, ne quis fabulosam aut commenticiam*

---

⁴⁷ G. Machiels, "Onderzoek naar het belang von de tijdgenoten en de ooggetuigen in de Griekse historiografie," Diss. Leuven, 1957, S. 45.

⁴⁸ Vgl. hierzu M. Treu, "Biographie und Historie bei Polybios," *Polybios*. Hg. K. Stiewe u. N. Holzberg (Darmstadt, 1982), S. 198-210.

⁴⁹ Vgl. Plut., *Sulla* XVII.1: "Darüber erzählen die Einheimischen noch mehreres (περὶ ὧν οἱ μὲν ἐπιχώριοι πλείονα λέγουσιν)". Vgl. H. Raemdonck, "Onderzoek naar het belang van de epichorioi-getuigenissen in de Griekse historiografie: Herodotos, Thukydides, Polybios," Diss. Leuven, 1958.

putet, auctor est Cornelius Balbus, familiarissimus Caesaris)"[50]. Ebenso verfährt Plutarch, wenn er schreibt (*Otho* IX.3): "Dies erzählte der Rhetor Secundus, welcher Othos Korrespondenz besorgt hatte (ἐπὶ τῶν ἐπιστολῶν γενόμενος τοῦ Ὄθωνος), von anderen dagegen bekam man zu hören (ἑτέρων δ' ἦν ἀκούειν) ..."[51]. Ein entsprechendes Verfahren ist selbstverständlich auch in modernen Biographien üblich.

Auf eine gute Quellenlage konnte sich ein Reiseberichtsautor auch dann stützen, wenn er über die Reisen der Hauptperson auf Aufzeichnungen eines Reiseteilnehmers zurückgreifen konnte. Daß ihm dies möglich war, gibt Philostratos (*VA* I.3) an, indem er berichtet: "Es wohnte einst im alten Ninive ein Mann namens Damis ... Dieser ... zeichnete die Reisen seines Meisters auf, an denen er selbst, wie er uns versichert, teilgenommen hatte (ἀποδημίας τε αὐτοῦ ἀναγέγραφεν, ὧν κοινωνῆσαι καὶ αὐτός φησι). Dabei vergaß er auch nicht, dessen Gedanken, Reden und Weissagungen zu erwähnen (καὶ γνώμας καὶ λόγους καὶ ὁπόσα ἐς πρόγνωσιν εἶπε). Irgendein Verwandter des Damis zeigte dann diese Denkschriften (ὑπομνημάτων τούτων), die vorher noch nicht bekannt waren, der Kaiserin Julia. Da ich nun in ihrem Kreise verkehrte, trug mir die Herrscherin, die auch rhetorische Übungen jeglicher Art schätzte und begünstigte, auf, diese Aufsätze umzuschreiben und dabei besonders auf den Stil und die Ausdrucksweise zu achten. Der Mann von Ninive war zwar in seiner Darstellung sehr genau, aber nicht gerade geschickt und gewandt in der Formulierung"[52]. Die Historizität des Reisetagebuchs des Damis

---

[50] Erleichtert wurde die biographische Arbeit, wenn die dargestellte Person eventuellen Schülern eigene Gedanken bewußt ins Gedächtnis eingeprägt hatte. Vgl. Diogenes Laertius VI.5: "Als einst ein Schüler ihm sein Leid klagte, daß er seine Hefte (τὰ ὑπομνήματα) verloren habe, sagte er: 'Du hättest den Inhalt in deine Seele und nicht auf deine Blätter schreiben sollen (ἐν τῇ ψυχῇ αὐτὰ καὶ μὴ ἐν τοῖς χαρτίοις καταγράφειν)'" (vgl. VI.3,7).

[51] Dazu Theander, "Geschichte," S. 10: "Ich glaube, dass jedermann, der diese Darlegungen unbefangen ohne Seitenblick auf die Parallelschilderung bei Tacitus liest, den Eindruck bekommt, dass Plutarch hier wiedergibt, was er während seines Aufenthalts in Rom, spätestens ein Dezennium nach den fraglichen Ereignissen, persönlich über diese erfahren hatte".

[52] Vgl. I.19: "So kam er in das alte Ninive ... Während er sich hier aufhielt ... schloß sich ihm Damis, ein Mann aus Ninive, an, der ihn ... auf seiner Reise begleitete, an seiner Weisheit teilgenommen und vieles von ihm aufbewahrt hat (ὃν ... πολλὰ

ist jedoch umstritten[53]. Die Grenzen der Forschung scheint Petzke zutreffend zu markieren, wenn er schreibt: "die Überführung der Damispapiere als Fiktion ist nicht gelungen ... Der positive Beweis ist allerdings auch nicht zu führen"[54]. Jedenfalls stellen die Zeugnisse von Vertrauten bzw. Reisegenossen der Hauptperson in der Regel die Hauptquelle antiker Biographien und (in ihnen enthaltener) Reiseberichte dar.

10.2.3 Reisetätigkeit des Autors

Schließlich sei hier noch die auch bei den Biographen keineswegs grundsätzlich vernachlässigte Reisetätigkeit (s. o. 2.2.1.2) erwähnt. Wie schon Polybius (III.48.12)[55] hat auch Plutarch viele von ihm geschilderte Plätze selbst besucht, um sich einen eigenen Eindruck zu verschaffen. Dies geht immer wieder aus seinen Bemerkungen hervor, wenn er z. B. über die Säulen eines von Domitian erbauten Tempels notiert (*Publ.* XV.4): "ich habe sie in Athen gesehen (εἴ-

---

τοῦ ἀνδρὸς διασώσασθαι) ... Aber eine Denkschrift (διατριβήν) über die täglichen Gespräche und Unterhaltungen und über alles, was er hörte und sah, zu verfassen, dazu genügte sein Können vollkommen ... Das Buch, das er eine Sammelschrift nannte, weist also die Tendenz auf, nichts von den Taten des Apollonios unerwähnt zu lassen, sondern auch zu verzeichnen, was jener nur nebenbei oder ohne Nachdruck gesagt hatte" (vgl. III.45).

[53] J. Miller, "Die Damispapiere in Philostratos' Apolloniosbiographie," *Ph.*, 66 (1907), 523, hält "den Damisbericht für eine Fiktion des Philostratos". Und auch E. Meyer, "Apollonius von Tyana und die Biographie des Philostratus," *Hermes*, 52 (1917), 420, meint nachgewiesen zu haben, "daß Damis' Werk lediglich eine Fiktion des Schriftstellers selbst ist". Für J. Merk, "Die Damisquelle des Philostratus in der Biographie des Apollonius von Tyana," *WSt*, 41 (1919), 138, scheint sich beim Abwägen des Für und Wider bzgl. der "Realität des Damisberichtes ... das Zünglein der Waage mehr nach der bejahenden Seite hinzuneigen". Und vgl. auch K. Charpentier, *The Indian Travels of Apollonius of Tyana* (Uppsala, 1934), S. 65: "To me there can ... be no doubt concerning the real existence of the diary composed by Damis, and that it formed the main source, from which Philostratus drew his material".

[54] *Traditionen*, S. 72.

[55] Vgl. dazu Machiels, "Tijdgenoten," S. 154.

δομεν)"[56], oder von einem Haus berichtet, "dessen Platz man noch heutzutage zeigt (ἧς ἔτι νῦν τὸν τόπον ἐπιδεικνύουσιν)" (*Numa* XIV.1)[57].

10.3 Denkbare Quellen des lukanischen Reiseberichts

Fragt man nun in Analogie zu den skizzierten Quellenangaben antiker Biographen und Reiseberichtsautoren nach den vorstellbaren Quellen des Lukas, so kann zunächst mit einiger Wahrscheinlichkeit ausgeschlossen werden, daß Lukas den Reisebericht als Ganzen übernommen und lediglich in der vorliegenden Form in sein Evangelium eingefügt hat[58]. Denn etwa die Konzeption der oben dargestellten Makrostruktur (6.1) ist doch wohl viel eher dem nachweislich literarisch gebildeten Autor Lukas selbst als einem *Anonymus* zuzutrauen. Über Wahrscheinlichkeitsurteile kommt man hier aber selbstverständlich nicht hinaus[59]. Fest steht jedenfalls, daß Lukas kein

---

[56] Dazu Theander, "Geschichte," S. 4: "Wieviel nämlich Plutarch auch gelesen haben mag und wieviele Bücher er auch verfasste, so ist er doch in keiner Weise nur ein Stubengelehrter gewesen; dann und wann finden sich bei ihm Stellen, die davon zeugen, dass er mit offenem Blick auch für seine Umgebung durch das Leben gegangen ist".

[57] Vgl. zum Ganzen in J. Bucklers Artikel, "Plutarch and Autopsy," *ANRW*, II.33.6 (1991), 4788-4830, den Abschnitt "Plutarch's Travels" (S. 4799-4828).

[58] Anders Godet, *Lukas*, S. 617: "Der Reisebericht (9,51-19,28) bildet ein so abgerundetes Ganzes, daß Lukas ihn wahrscheinlich in dieser Form vorgefunden hat". S. neuerdings auch Wenham, "Independence," S. 512: "I would like to offer for consideration the hypothesis that the travel narrative as a whole came to Luke from one of the seventy"; S. 513: "It is no longer necessary to suppose that Luke darted hither and thither in search of material, which he put together sometimes without revealing his connection of thought. It is only necessary to suppose that Luke trusted his source, and that he copied faithfully even when the notes were too concise to make clear the relations between the *logia*".

[59] Für eine in hohem Maße hypothetische Lösung der Quellenfrage s. auch die von D. R. Wickes, *The Sources of Luke's Perean Section* (Chicago, 1912), vorgenommene Unterscheidung zwischen einem "'first' document" (S. 66-83) und einem "'second' or 'Judean' document" (S. 83-7).

Reiseteilnehmer⁶⁰ und auch sonst kein Augenzeuge des Lebens Jesu gewesen ist und daß er sich nicht auf schriftliche Äußerungen Jesu stützen konnte⁶¹. Statt dessen hat er aber den Kontakt mit Augenzeugen des Lebens Jesu ausdrücklich gesucht (1:2-3). Welche Personen dafür eventuell in Frage kommen, läßt sich aufgrund einiger Angaben u. a. der Apostelgeschichte in etwa rekonstruieren.

---

⁶⁰ Vgl. Epiphanius, *Panarion haer.* 51.11.6 (GCS 31, S. 263): Das dritte Evangelium "wurde Lukas aufgetragen, der auch zu den Zweiundsiebzig gehörte (ὄντι καὶ αὐτῷ ἀπὸ τῶν ἑβδομήκοντα δύο)". Hug, *Einleitung*, S. 126-7, schließt sich dieser Meinung an.

⁶¹ Schon Augustin (*De consensu* I.7.11) setzt sich mit der folgenden Frage auseinander, die von heidnischen Kritikern der Evangelien gestellt wurde: "warum der Herr selbst nichts schrieb, so daß es nötig ist, anderen, die über ihn schrieben, zu glauben (*cur ipse Dominus nihil scripserit, ut aliis de illo scribentibus necesse sit credere*)". Augustins Antwort lautet zum einen, daß diejenigen, die derartige Einwände vorbringen, aufgrund grundsätzlicher Zweifel auch Aufzeichnungen Jesu keinen größeren Glauben schenken würden. Weiterhin aber richtet er an sie die Frage (I.7.12), "warum sie über gewisse sehr berühmte Philosophen das glaubten, was über diese ihre Schüler in geschriebener Form zum Gedächtnis hinterließen, da sie nichts über sich selbst geschrieben hatten (*cur de quibusdam nobilissimis philosophis suis hoc crediderint, quod de illis eorum discipuli scriptum memoriae reliquerunt, cum de se ipsi nihil scripsissent*)". Als Beispiele nennt Augustin Pythagoras und Sokrates (CSEL 43, S. 12). Auch dieses schon in der Antike gebrauchte Argument zeigt, daß die Einschätzung des historischen Wertes anderer antiker Lebensbeschreibungen (10.2) für die Bewertung der Evangelien durchaus nicht unerheblich ist. – Eusebius berichtet allerdings in *Hist. Eccl.* I.13.2-3 immerhin die folgende Begebenheit: "So wandte sich König Abgar, welcher ruhmreich über die Völker jenseits des Euphrat regierte und an einer schweren körperlichen, mit menschlicher Kraft nicht zu heilenden Krankheit litt, als er von dem berühmten Namen Jesu und von seinen allgemein beglaubigten Wundern hörte, durch einen Boten mit einem Brief hilfeflehend an ihn und bat, von der Krankheit geheilt zu werden. Auf sein Verlangen, zu kommen, ging Jesus damals allerdings nicht ein, doch würdigte er ihn eines eigenen Briefes (ἐπιστολῆς γοῦν αὐτὸν ἰδίας καταξιοῖ), in welchem er versprach, einen seiner Jünger an ihn zu schicken, um ihn von der Krankheit zu befreien und zugleich ihm und allen seinen Angehörigen das Seelenheil zu geben".

10.3.1 Reisetätigkeit des Lukas

Lukas schildert in Act 20:3-21:18 die Jerusalemreise des Paulus. Bereits in 20:5-6 läßt er erkennen, daß er selbst an dieser Reise teilgenommen hat: "wir aber (ἡμεῖς δέ) segelten nach den Tagen der ungesäuerten Brote von Philippi ab". Die Erzählung setzt er dann in der ersten Person Plural fort, bis man über Troas (20:6), Assos, Mitylene, Samos und Milet (20:14-15), Kos, Rhodus und Patara (21:1) in Tyrus syrischen Boden betritt (21:3): "Nachdem wir die Jünger gefunden hatten, blieben wir sieben Tage dort" (21:4). Von Tyrus fährt man weiter nach Ptolemais (21:7a): "wir begrüßten die Brüder und blieben einen Tag bei ihnen" (21:7b). Die nächste Station ist Cäsarea (21: 8a): "wir gingen in das Haus des Philippus, des Evangelisten, der <einer> von den Sieben war, und blieben bei ihm. Dieser aber hatte vier Töchter, Jungfrauen, die weissagten" (21:8b-9). Auch dort hält man sich mehrere Tage auf (21:10). In 21:15-18 wird endlich Jerusalem erreicht: "Nach diesen Tagen aber machten wir uns bereit und gingen hinauf nach Jerusalem (ἀνεβαίνομεν εἰς Ἱεροσόλυμα). Es gingen aber auch <einige> der Jünger aus Cäsarea mit uns und brachten uns zu einem gewissen Mnason, einem Cyprer, einem alten Jünger, bei dem wir herbergen sollten. Als wir aber in Jerusalem angekommen waren (Γενομένων δὲ ἡμῶν εἰς Ἱεροσόλυμα), nahmen uns die Brüder freudig auf. Am folgenden Tag aber ging Paulus mit uns zu Jakobus und alle Ältesten kamen dahin"[62].

Bis ins 18. Jahrhundert wurde aufgrund dieses Berichtes davon ausgegangen, daß Lukas hier als Augenzeuge selbst Erlebtes berichtet. Erstmals wurde diese Ansicht (ähnlich wie das historische Interesse des Plutarch) gegen Ende des 18. Jahrhunderts durch B. L. Koenigsmann in Frage gestellt, der meinte, Lukas habe seine Vorlage in den Wir-Stücken so treu wiedergegeben, daß er selbst die erste Person Plural nicht getilgt habe – ohne allerdings damit bewußt den Eindruck eigener Autopsie erwecken zu wollen. Diese These fand in modifizierter und erweiterter Form durch F. D. E. Schleier-

---

[62] Th. Zahn, *Die Apostelgeschichte des Lucas*. 3./4. Aufl. (Leipzig, 1927), II, 734: "Wir können auch nur aus dem Schweigen des Lc über die älteren Apostel in AG 21,17 bis 23,30 schließen, daß sie sämtlich von Jerus. abwesend waren".

macher weitere Verbreitung[63]. Dem ist mit Thornton entgegenzuhalten: "Zumindest aus der hellenistisch-römischen Historiographie gibt es nicht ein einziges Beispiel dafür, daß ein Autor versehentlich und fälschlich die in Ich-Form abgefaßte autobiographische Erzählung eines anderen ohne Änderung der Erzählform übernommen habe" (104). Nach Thornton konnten antike Leser in den Wir-Stükken der Apostelgeschichte "nur einen Bericht über die wirklichen Erlebnisse des Autors erblicken. Hätte der Autor die in Wir-Form geschilderten Reisen gar nicht mitgemacht, so wären seine Erzählungen darüber – auch nach antikem Verständnis – Lügen" (141)[64]. Inwieweit Lukas nun tatsächlich in 20:3-21:18 im Detail wirklichkeitsgetreu berichtet hat, braucht hier nicht untersucht zu werden. Nach allem, was bisher über sein historiographisches Selbstverständnis (Kapitel 3) und seine Umsetzung desselben (Kapitel 8) gesagt werden konnte, besteht aber kein begründeter Anlaß, an der Tatsache eines Palästinaaufenthalts des Lukas an sich zu zweifeln[65]. Der Verdacht, Lukas hätte in den Wir-Stücken einen unberechtigten Autopsieanspruch erhoben und sei womöglich gar kein Begleiter des Paulus gewesen, hat jedenfalls die bisher aufgezeigte Qualität des lukanischen Werkes gegen sich.

Weiterhin kann mit der Jerusalemreise des Lukas die Annahme verbunden werden, daß Lukas nicht nur die genannten Reisestationen Tyrus, Ptolemais und Cäsarea besucht hat, sondern seinen Palästinaaufenthalt auch zur Inaugenscheinnahme des Schauplatzes der

---

[63] Vgl. den Forschungsüberblick bei Thornton, *Zeuge*, S. 93-8.

[64] Im übrigen ist Lukas keineswegs der einzige antike Reiseschriftsteller, dem sein Autopsieanspruch von modernen Gelehrten abgesprochen worden ist. Habicht, *Pausanias*, S. 170, zitiert den berühmten Altphilologen U. von Wilamowitz-Moellendorf mit den 1884 geäußerten Worten: "wenn ... Pausanias sagt θεασάμενος οἶδα, so hat das nur stilistischen Wert". Darüber hinaus behauptete Wilamowitz, daß Pausanias einige der von ihm zitierten Quellen schlicht erfunden habe. Habicht kommentiert (171-3): "Für längere Zeit hat Wilamowitz Gefolgsleute gefunden, die, wie er selbst, in dieser Sache eher lautstark als überzeugend waren ... Heute ist Pausanias längst von allen wesentlichen Vorwürfen gereinigt, die Wilamowitz und seine Anhänger ausgesprochen haben".

[65] Dies ist gegen McCown, "Fiction," S. 18, zu sagen, der in Lukas nicht mehr als einen "study-table geographer" zu sehen vermag und konstatiert: "One may doubt whether he had ever visited Palestine".

von ihm geschilderten evangelischen Ereignisse genutzt hat. Als Historiker, dem die von Polybius ausführlich dargestellten Prinzipien einer angemessenen Quellenarbeit bekannt gewesen sein dürften (2.2.2), müßte er auch die vom selben Autor betonte Notwendigkeit eigener geographischer Anschauung (2.2.1.2) gekannt haben. Vielleicht hat er keine Palästinakarte einsehen können[66]. Daß er aber die sich ihm (wenigstens einmal) bietende Gelegenheit zu einer Reise durch Judäa, Peräa und Galiläa nicht genutzt haben soll[67], kann keineswegs als wahrscheinlich gelten[68]. Für die Frage nach den Quellen des Lukas ist seine Jerusalemreise auch insofern bedeutsam, als sich ihm durch diese Reise Gelegenheit zum Kontakt mit einer ganzen Reihe von Augenzeugen des Lebens Jesu geboten haben dürfte.

10.3.2 Zeugnisse von Zeitgenossen und Reiseteilnehmern

Aus einigen der im Reisebericht geschilderten Szenen meinte Schleiermacher einen geradezu authentischen Ton heraushören zu können. Er bemerkte zu 14:1-24: Es "klingt das Ganze auch wieder recht wie

---

[66] Conzelmann, *Mitte*, S. 56: "Lukas besaß keine moderne Karte". Hengel, "Geographie," S. 150: "Ob Evangelisten wie Markus oder Lukas je eine Karte Palästinas zu Gesicht bekamen, ist ... mehr als fraglich" (vgl. S. 183).

[67] So Hengel, "Geographie," S. 150: "Da nicht anzunehmen ist, daß der Grieche Lukas jemals Galiläa, Samaria oder die Jordanauen bereist hat, kann man von ihm auch nicht erwarten, daß er über den Verlauf der Grenzen von Samaria und Galiläa oder das Verhältnis von Galiläa zum Jordangebiet oder zu Judäa genauer Bescheid wußte" (vgl. S. 152 u. 182). Daß Lukas den Norden Palästinas nicht besucht habe, leitet Pixner, *Wege*, S. 372-81, daraus ab, daß die entsprechenden Passagen seines Evangeliums im Gegensatz zur Schilderung Jerusalems eine schlechte Ortskenntnis verraten. Kundsin, *Überlieferungsstoffe*, S. 59, hält es im Blick auf das (seiner Meinung nach nicht vom Apostel Johannes stammende) vierte Evangelium durchaus für möglich, "daß der Evangelist oder sein Gewährsmann ... etwa in der Art des Periegeten Pausanias ... die denkwürdigen Stätten bereist und an denselben die vorhandenen Überlieferungen gesammelt hat".

[68] So mit Recht Dobschütz, "Wanderung," S. 366-7: "Lukas als Historiker weiß, daß Geschichte nicht ohne Kenntnis des Schauplatzes möglich ist. Wahrscheinlich war er selbst (in Begleitung des Paulus) in Palästina und hat dort die Hauptstätten des Lebens Jesu besucht".

der unmittelbare Bericht eines Mitanwesenden, der die ausführlicheren Tischreden Christi auf diesem Gastmahl mit ihrer Veranlassung erzählt oder aufzeichnet"[69]. Als Zeugen dieser und ähnlicher Begebenheiten kommen zunächst ganz allgemein alle in Palästina noch lebenden Augenzeugen in Frage, die entweder die Reise als Ganze mitgemacht, oder an einzelnen Reisestationen die geschilderten Begebenheiten miterlebt haben[70].

Der Herrenbruder Jakobus, mit dem Lukas nach eigenen Angaben mit Sicherheit zusammengetroffen ist, konnte ihm zwar einiges über die Familie Jesu mitteilen (man denke an das ἄνωθεν; s. o. 3.2.1.2)[71], wird aber kaum Reiseteilnehmer gewesen sein. Eher könnte man neben den Aposteln an die von Lukas genannten Jüngerinnen (8:1-3), die in 23:49.55 nochmals ausdrücklich als Reisebegleiterinnen Jesu genannt werden, denken[72]. Vielleicht wird man auch an einige namentlich genannte Gastgeber Jesu zu denken haben (Maria und Martha, Zachäus). Weiter sind die 70 Vorboten (10:1) in Erwägung zu ziehen, von denen Eusebius einige namentlich nennt[73]. Wenigstens mit Barnabas, einem der von Eusebius Ge-

---

[69] *Lukas*, S. 196-7.

[70] Nach Reicke beruht die "erhebliche Verschiebung des Blickfeldes von Galiläa nach Peräa und Judäa" darauf, "daß Lukas nicht ausschließlich galiläische Jünger wie Petrus und andere Apostel berücksichtigte, als er die Überlieferung sammelte (Lk 1,2), sondern auch peräische und judäische Augenzeugen und Mitarbeiter des Wortes" ("Entstehungsverhältnisse," S. 1783).

[71] Von Hofmann, "Geschichtswerk," S. 340-1.

[72] M. Hengel, "Maria Magdalena und die Frauen als Zeugen," *Abraham unser Vater*. Hg. O. Betz u. a. (Leiden, 1963), S. 245, meint, in Lk 24:10 seien die Frauen betont genannt, "so wie bei einem Zeugnisprotokoll am Ende die Namen der Augenzeugen erscheinen". Entsprechend könnte man vermuten, daß in Lk 8:1-3 durch die Nennung der Frauen bewußt von vornherein eine Quelle für den Reisebericht angedeutet ist. Vgl. dagegen aber Blinzler, "Eigenart," S. 39: "Die Behauptung, Lukas habe sich bei den galiläischen Frauen nach den Einzelheiten der Reise Jesu erkundigt, ist reines Postulat. Alles weist darauf hin, daß der Evangelist das Material in 9:51-18:14 nicht mündlichen Augenzeugenberichten verdankt, sondern schriftlichen Quellen".

[73] *Hist. Eccl.* I.12.1-3: "Von den siebzig Jüngern ... findet sich nirgends ein Verzeichnis. Einer von ihnen soll Barnabas gewesen sein ... Unter ihnen war auch, wie man erzählt, Sosthenes, welcher zugleich mit Paulus an die Korinther schrieb [1Kor 1:1]. So berichtet wenigstens Klemens im fünften Buch seiner Hypotyposen ...

nannten, der für die antiochenische Gemeinde von recht großer Bedeutung war (Act 11:22; 13:1), dürfte Lukas, der wahrscheinlich selbst aus dem syrischen Antiochien stammte (*Evv. Prologi Vetustissimi*), in persönlichem Kontakt gestanden haben.

Im Prolog hatte Lukas sogar beansprucht, alles in seinem Evangelium Berichtete wirklichkeitsgetreu niedergeschrieben, also auch die Reden und Aussprüche Jesu in weitgehender Übereinstimmung mit ihrem wirklichen Wortlaut festgehalten zu haben (3.2.2.1). Das könnte ihm zum einen der schon erwähnte Sachverhalt ermöglicht haben, daß Jesus selbst eine wörtliche Fixierung der von ihm vermittelten Lehrinhalte durch Auswendiglernen initiiert hatte[74]. Daneben ist es aber auch denkbar, daß einzelne Begebenheiten oder Aussagen Jesu auch während seiner letzten Reise nach Jerusalem schriftlich festgehalten wurden[75].

10.3.3 Philippus der Evangelist

Eine häufiger genannte Quelle für den Reisebericht ist der Evangelist und ehemalige Jerusalemer Diakon Philippus, der daher hier gesondert erwähnt wird. Von ihm ist ebenfalls bekannt, daß Lukas mit ihm zusammengetroffen ist (Act 21:8-9). Laut A. Harnack, der

---

Auch Matthias, der an Stelle des Judas in die Zahl der Apostel aufgenommen wurde [Act 1:23-26], sowie derjenige, welcher gleich ihm durch das Los ausgezeichnet worden war [Act 1:23-26: Justus], sollen gewürdigt worden sein, zu den Siebzig zu zählen. Wie man erzählt, gehörte auch Thaddäus zu ihnen" (vgl. I.13.4).

[74] S. z. B. Diogenes Laertius VI.31: "Die Knaben prägten sich viele Stellen aus Dichtern und Schriftstellern, auch aus des Diogenes eigenen Schriften ein (Κατεῖχον), und er ruhte und rastete nicht, ihnen den Lernstoff in möglichster Kürze für das Gedächtnis leicht behaltbar zu machen (πᾶσάν τ' ἔφοδον σύντομος πρὸς τὸ εὐμνημόνευτον ἐπήσκει)"; vgl. VI.3,5,7.

[75] E. E. Ellis, "New Directions in Form Criticism," *Jesus Christus in Historie und Theologie*. Hg. G. Strecker (Tübingen, 1975), S. 307, äußert immerhin folgende vorsichtig formulierte Vermutung: "As has been observed above, certain disciples were trained and sent out by Jesus to transmit his teachings orally. But did they, in the brief mission tour, so train their hearers? It is more plausible to suppose that at least some written paradigms of the Lord's pronouncements would be left with those who received his message of the kingdom. There existed in any case a *Sitz im Leben* for such literary forms".

voraussetzt, daß das Lukasevangelium ein "Plagiat" des Markusevangeliums ist und damit auf eine auch von Matthäus benutzte "Herrengeschichte" zurückgeht, benutzte Lukas als Quelle auch "besondere jerusalemische oder judäische Traditionen, deren Glaubwürdigkeit fast durchgehend fragwürdig ist und die größtenteils als Legenden bezeichnet werden müssen ... Sie sind aller Wahrscheinlichkeit nach weder zu Lukas noch zu 'Johannes' in schriftlicher Form gelangt, sondern gehen auf jerusalemische bzw. judäische Christen zurück, die zur Zeit des großen Krieges oder nach ihm aus Palästina bzw. Jerusalem ausgewandert sind. An ekstatische, von aller Nüchternheit und Glaubwürdigkeit verlassene Personen, wie Philippus und seine vier weissagenden Töchter, die nach Asien kamen, wird man zu denken haben. Sind sie es nicht wirklich? Lukas hat sie nachweisbar in Cäsarea kennengelernt, und es ist sehr wohl möglich, daß er sie später noch einmal in Asien getroffen hat. Daß sie Geschichten überliefert haben, sagt Papias[76], der die Töchter noch gesehen hat, ausdrücklich"[77]. Das lukanische Sondergut sei auch deswegen wahrscheinlich Philippus und seinen Töchtern zuzuschreiben, weil es zum großen Teil "weiblich bestimmt" sei (110). Erneut aufgegriffen wurde die Rückführung des lukanischen Reiseberichts auf den Evangelisten Philippus in jüngerer Zeit durch B. Reicke: "substantial elements of

---

[76] Eusebius, *Hist. Eccl.* III.39.9: "Bereits oben wurde mitgeteilt, daß sich der Apostel Philippus mit seinen Töchtern in Hierapolis aufgehalten habe; hier sei noch bemerkt, daß ihr Zeitgenosse Papias erzählt, er habe von den Töchtern des Philippus eine wunderbare Geschichte (διήγησιν) erfahren ...". Vgl. III.31.3, wo aus einem Brief des ephesischen Bischofs Polykrates an den römischen Bischof Viktor zitiert wird: "Denn auch in Asien haben große Sterne ihre Ruhestätte gefunden, welche am Jüngsten Tage bei der Wiederkunft des Herrn auferstehen werden. An diesem Tage wird der Herr mit Herrlichkeit vom Himmel kommen und alle Heiligen aufsuchen: nämlich Philippus, einen der zwölf Apostel, der in Hierapolis ruht, mit seinen beiden bejahrten, im jungfräulichen Stande gebliebenen Töchtern, während eine andere Tochter, die im Heiligen Geiste wandelte, in Ephesus entschlafen ist".
[77] *Lukas der Arzt, der Verfasser des dritten Evangeliums und der Apostelgeschichte* (Leipzig, 1906), S. 108-9; vgl. S. 111. Wie Harnack Lukas als Historiker im allgemeinen eingeschätzt hat, wird in der folgenden Aussage deutlich (116): "Reich entschädigt er für seine Magie, seine kolossale Leichtgläubigkeit und theologische Oberflächlichkeit durch die ihm eigene Zuversicht, Freudigkeit und – die echt griechische Lust am Fabulieren".

Luke's middle section were taken over from Philip in Caesarea"[78], der allerdings auf eine pauschale Charakterisierung dieses Materials als legendarisch verzichtet. Auch diese Quellenangabe kann jedoch nicht mehr als eine Vermutung sein, die die Augenzeugenschaft des Evangelisten Philippus voraussetzt. Festhalten läßt sich immerhin, daß Lukas, nach allem, was über ihn bekannt ist, ausreichend Gelegenheit dazu hatte, seinem Prologanspruch, eine kritische Befragung von Augenzeugen vorzunehmen, gerecht zu werden.

10.4 Der lukanische Reisebericht und seine denkbaren Quellen

Die Quellenlage des Reiseberichts läßt sich somit folgendermaßen skizzieren. Als Quelle für die lukanisch-matthäische Zweiertradition kommt eine nur hypothetisch zu erschließende schriftliche Spruchsammlung Q wegen des Fehlens äußerer Zeugnisse sowie wegen der konstitutiven Flexibilität der Traditionsstücke kaum in Frage. Aufgrund der chronologischen Verkettung der einzelnen Perikopen kann man aber den lukanischen Mittelteil auch nicht als Sammlung frei umlaufender Traditionseinheiten ansehen. Denn eine völlig willkürliche Einfügung solcher Einzelstücke in einen weitgehend fiktiven Rahmen darf man dem Historiker Lukas nicht zutrauen. Daher wird man die Möglichkeit in Rechnung zu stellen haben, daß die matthäisch-lukanische Zweiertradition zum erheblichen Teil keinen gemeinsamen mündlichen oder schriftlichen Ursprung hat.

Es spricht dann aber nichts dagegen, daß der Autor Lukas, ähnlich wie andere antike Biographen und Reiseberichtsautoren, das im Mittelteil seines Evangeliums dargebotene Material Reiseteilnehmern und sonstigen Augenzeugen der letzten Jerusalemreise Jesu verdankt. Daß er die Möglichkeit zum persönlichen Kontakt mit solchen Zeugen hatte, lassen die Wir-Stellen in der Apostelgeschichte erkennen. Gegen einen Besuch des Lukas in Palästina lassen sich

---

[78] Reicke, *Roots*, S. 173; vgl. "Entstehungsverhältnisse," S. 1784. Vgl. noch Clem., *Strom.* III § 25.3, und dazu Zahn, *Lucas*, S. 406: "alt genug und nicht unglaubwürdig ist die Überlieferung, welche den 'Evangelisten' Philippus (AG 6,5; 8,4-40; 21,8) als den Mann bezeichnet, der seinen Vater begraben wollte, eher er der Aufforderung zum Anschluß an Jesus folgte" (9:59).

keine überzeugenden Einwände vorbringen. Ein Gewährsmann für die Ereignisse der letzten Jesusreise könnte etwa der Evangelist Philippus gewesen sein.

Somit hat sich gezeigt, daß die Prologaussage des Lukas, er könne sich zur Erhebung des historischen Sachverhalts durchweg auf Augenzeugenaussagen stützen, auch für den Mittelteil seines Evangeliums nicht unwahrscheinlich ist. Die lukanisch-matthäische Doppeltradition kann diesen Anspruch nicht widerlegen, und die Quellenlage vergleichbarer antiker Schriften läßt ein analoges Vorgehen anderer Autoren erkennen.

11. Zusammenfassung

Im Teil IV wurde der lukanische Reisebericht als historisches Dokument untersucht. Dabei hat sich gezeigt, daß die innerlukanischen Daten zur letzten Jesusreise (Kapitel 8) zwar kein vollständiges, aber doch ein in sich schlüssiges Bild von dieser Reise bieten. Jesus ist unter Umgehung Samariens entlang der galiläisch-samaritanischen Grenze und durch das Ostjordanland nach Jerusalem gereist (8.1). Die Perikopen 10:38-42 und 17:11-19 stellen bei Berücksichtigung der Komplexität des dem Reisebericht zugrunde liegenden historischen Geschehens diesen Reiseverlauf nicht in Frage. Auf seiner letzten Reise nach Jerusalem hat Jesus sich einer Reisestrategie (8.2) bedient, die es ihm ermöglichte, durch die Aussendung detailliert instruierter Gesandtenpaare das ins Auge gefaßte Gebiet in relativ kurzer Zeit evangelistisch zu durchdringen. Über die Dauer der (verbleibenden) Reise (8.3) läßt der Reisebericht auch in 13:31-33 keine exakten Schlüsse zu.

Die Untersuchung der außerlukanischen Daten zur letzten Jesusreise (Kapitel 9) hat ergeben, daß die Angaben in Mt 19:1-2 par (9.1) einerseits nicht im Widerspruch zum von Lukas gezeichneten Reiseverlauf stehen, daß sie andererseits aber auch nicht dazu dienen können, die lukanischen Angaben zur Geographie der Reise zu präzisieren. In einem Überblick (9.2) wurden die wichtigsten Harmonisierungsmodelle zum Verhältnis zwischen dem lukanischen Reisebericht und den Daten des Johannesevangeliums dargestellt. Zwar haben sich nicht alle diese Modelle als angemessen erwiesen (9.3), es konnte aber dennoch gezeigt werden, daß die im vierten Evangelium gebotenen geographischen und chronologischen Angaben nicht mit dem von Lukas gezeichneten Reiseverlauf im Streit sind. Während andererseits die von den Evangelisten gebotenen Informationen für ein eindeutiges Kombinationsmodell nicht ausreichen, ermöglichen sie doch ein auf wenige Alternativen einzugrenzendes offenes Modell.

Bei der Frage nach den denkbaren Quellen des lukanischen Reiseberichts (Kapitel 10) wurde zunächst die diesbezügliche synoptische Problematik untersucht (10.1). Als Ergebnis konnte festgehalten werden, daß die Annahme, die matthäisch-lukanische Zweiertradition habe großenteils keinen gemeinsamen mündlichen oder schriftlichen Ursprung, dem zu beobachtenden Sachverhalt am ehesten gerecht werden dürfte. Es lag somit nahe, die Suche nach möglichen Quellen für den Reisebericht auch in Analogie zur Quellenlage anderer antiker Reiseberichte (und Biographien) durchzuführen (10.2). Dabei hat sich ergeben, daß es durchaus plausibel ist anzunehmen, Lukas habe selbst die Schauplätze seiner Schilderungen bereist und Zeugnisse von Zeitgenossen und Reiseteilnehmern ausgewertet, unter denen einer z. B. Philippus der Evangelist gewesen sein könnte (10.3).

Als Schlußfolgerung aus dieser historisch ausgerichteten Analyse des lukanischen Reiseberichts läßt sich festhalten, daß es durchaus möglich und plausibel ist, diesen im Sinne des im Prolog von Lukas selbst entfalteten historiographischen Programms aufzufassen. Es besteht kein zwingender Anlaß, den lukanischen Reisebericht unter Ausblendung der lukanischen Prologaussagen zu interpretieren.

Teil V

Der lukanische Reisebericht als theologische Komposition

Lukas hat in seinem Prolog programmatisch formuliert, daß für ihn faktengetreue Historiographie und theologische Intention zusammengehören (s. o. 3.3). Damit stellt er als Historiker keine Ausnahmeerscheinung dar, insofern eine derartige Kombination in der Geschichtsschreibung häufiger zu finden ist[1]. Man kann sogar fragen, ob eine ideologiefreie Geschichtsschreibung überhaupt denkbar wäre[2]. Wenn Lukas selbst in seinem Werk die exakte Quellenforschung in den Dienst einer seelsorgerlich-missionarischen Intention stellt, so darf dieses theologische Anliegen bei einer am Aussagewillen des Autors orientierten Interpretation des Reiseberichts keinesfalls übergangen werden und soll daher in diesem abschließenden Hauptteil der Arbeit zur Darstellung kommen.

Dieser fünfte und letzte Hauptteil der Arbeit umfaßt zwei Arbeitsschritte. Zunächst wird der Reisebericht für sich und weitgehend isoliert von seiner Einbindung in das Gesamtevangelium auf seine theologische Intention hin befragt (Kapitel 12). Erst wenn dies geschehen ist, soll dann eine Bestimmung der Position des Reiseberichts im Evangelium des Lukas vorgenommen werden (Kapitel 13).

---

[1] Vgl. F. Cornelius, *Die Glaubwürdigkeit der Evangelien: Philologische Untersuchungen* (München, 1969), S. 69: "Alle monumentale Geschichtsschreibung ... dient zugleich erbaulichen Zwecken – Herodot, wenn er das Walten der Götter in den Perserkriegen schildern will, oder Livius, wenn er den Aufstieg Roms gestaltet, genauso wie z. B. Ranke's Geschichte der Reformationszeit".

[2] Insofern ist Egelkraut, *Mission*, S. 40, einerseits durchaus Recht zu geben, wenn er als "shortcoming" des von ihm so benannten "Historicist Approach" (Girard u. a.) bemängelt: "It does not even attempt to offer a theological explanation for Lk's labors". Dieser Einwand kann aber keineswegs grundsätzlich die Berechtigung der streng historischen Fragestellung widerlegen. Denn es beruht auf einem Mißverständnis sowohl antiker wie auch moderner Geschichtsschreibung, wenn Egelkraut behauptet (S. 37): "In terms of the modern understanding of historiography the authors of the gospels were not historians, because their concern was confessional and kerygmatic". Egelkraut scheint diesbezüglich zu stark von Conzelmann geprägt zu sein, der formulieren kann: "Von der historischen Frage, wie es wirklich gewesen sei, ist abzusehen, wenn man den Bericht des Lukas verstehen will" (*Mitte*, S. 25).

Die in Kapitel 12 gewonnenen Ergebnisse werden auf diesem Wege in ihren narrativen und theologischen Kontext eingefügt.

12. Die theologische Struktur des Reiseberichts

In bezug auf die rein erzähltechnische Ebene kann es sicher zunächst als unumstritten gelten, wenn L. Goppelt feststellt: "Der Reisebericht verfolgt das schriftstellerische Ziel, Jesus in Kontinuität von Galiläa nach Jerusalem zu führen"[3]. Darüber hinaus ist aber eine ganze Reihe verschiedener Vorschläge gemacht worden, was Lukas theologisch mit seinem Reisebericht aussagen wollte. Die wichtigsten Vorschläge sollen hier kurz dargestellt werden (12.1), um anschließend in Anlehnung an und in Auseinandersetzung mit diesen Entwürfen eine eigene Position zu begründen (12.2-5).

12.1 Bisherige Lösungsvorschläge

12.1.1 Der thematische Ansatz

Eine Reihe von Exegeten hat versucht, den Reisebericht in verschiedene thematisch voneinander abgegrenzte Abschnitte zu untergliedern. E. E. Ellis gliedert den Mittelteil unter der Überschrift "The Teaching of Messiah" (9:51-19:44) in sechs Abschnitte: 1. "The meaning and reception of the kingdom message" (9:51-10:42); 2. "The kingdom and the power" (11:1-12:34); 3. "The kingdom and the judgment" (12:35-13:21); 4. "Who will enter the kingdom?" (13:22-16:13); 5. "The coming of the kingdom" (16:14-18:14); 6. "The road to Jerusalem: Discipleship and the rejected king" (18:15-19:44)[4]. Ellis räumt allerdings ein: "The limits of the third and fifth section ... are not so obvious"[5].

Eine vierfache Unterteilung des Reiseberichts nimmt D. W. Gooding vor und unterscheidet dementsprechend vier thematische

---

[3] *Theologie des Neuen Testaments*. 3. Aufl. (Göttingen, 1985), II, 611.
[4] *The Gospel of Luke*. 2. Aufl. (London, 1974), S. 34-5.
[5] *Luke*, S. 150.

Schwerpunkte: 1. "The path to glory" (9:51-10:37); 2. "On judging aright life's necessities, priorities and proportions" (10:38-13:21); 3. "The destination that awaits us" (13:22-17:10); 4. "Preparing to reign with Christ" (17:11-19:28)[6].

Mehrere Autoren wollen aufgrund einer (oben unter 6.1 näher begründeten) Dreiteilung des Reiseberichts eine dreifache Thematik feststellen. W. Wilkens entscheidet sich für die Überschriften 1. "Die Verheißung des Reiches" (9:51-31:21); 2. "Die Einlassbedingungen für das Reich" (13:22-17:10); 3. "Der Anbruch des Reiches" (17:11-19:27)[7]. G. Schneider meint: "Wegen der (leichten) sachlichen Schwerpunkte können die Unterabschnitte überschrieben werden: 1. Jüngerschaft und Mission (9,51-13,21); 2. Die Rettung der Verlorenen (13,22-17,10); 3. Jüngerschaft und Enderwartung (17,11-19,27)". Er fügt aber relativierend hinzu: "thematisch lassen sich die drei Unterabschnitte kaum unterscheiden"[8]. Und nach F. Bovon orientiert Lukas seine Leser in 9:51-13:21 "über die christliche Existenz nach dem Willen Jesu". In 13:22-17:10 stellt er "das Thema der Großzügigkeit Gottes gegenüber den Verlorenen" in den Vordergrund. Der dritte Abschnitt (17:11-19:27) "hat gleichnisartigen Charakter, und zwar mit eschatologischer Ausrichtung"[9].

Einen anderen Weg schlägt G. W. Trompf ein, indem er von einer Verkoppelung der thematischen Fragestellung mit der Gliederung des Reiseberichts absieht und drei in unregelmäßiger Folge wechselnde Schwerpunkte ausmacht: 1. "la sécurité matérielle et ... sa contrepartie spirituelle" (11:5-13; 14:7-14; 16:1-13; 18:18-30; 19:1-10). 2. "l'appel à l'apostolat est à ses conséquences" (10:25-11:4; 12:2-12; 14:25-35; 17:1-10; 18:1-17). 3. "principes de rétribution (récompense pour celui qui se repent et obéit, châtiments pour celui qui ne se repent pas et désobéit)" (11:14-12:1; 12:49-14:6; 14:15-24; 15:1-32;

---

[6] *According to Luke: A New Exposition of the Third Gospel* (Leicester, 1987), S. 179-302.
[7] "Die theologische Struktur der Komposition des Lukasevangeliums," *ThZ*, 34 (1978), 7-8.
[8] *Das Evangelium nach Lukas*. 2. Aufl. (Gütersloh, 1984), I, 226.
[9] *Das Evangelium nach Lukas* (Zürich, 1989), I, 15.

16:14-31; 17:11-37). Alle drei Elemente finden sich laut Trompf in 9:51-10:24 und 19:11-27[10].

12.1.2 Der konzeptuelle Ansatz

Ein andersgearteter Versuch, der im Reisebericht verarbeiteten theologischen Idee auf die Spur zu kommen, besteht in der Suche nach einem übergreifenden Konzept, das die einzelnen Elemente des Abschnitts als sinnvolle Bestandteile eines übergreifenden Zusammenhangs erweist. Joh. Peter Lange faßte bereits Mitte des letzten Jahrhunderts den lukanischen Reisebericht als Darstellung der Lebensreise des Christen auf: "Die Wanderung Jesu nach Jerusalem entfaltet sich in einer Reihe der bedeutungsreichsten Geistesakte, die sich, abgesehen von der chronologischen Folge, dem Betrachtenden leicht zu einem Bilde der idealen Reise in das Reich Gottes, zu einer Heilslehre in Lebens- und Wanderbildern gestaltet"[11]. Eine ähnliche Auffassung läßt auch Gooding erkennen, wenn er formuliert, der Reisebericht zeige: "following him ... is altogether a question of pursuing a road of moral and spiritual progress that leads to glory"[12]. Bei Gooding werden somit der thematische (12.1.1) und der konzeptuelle Ansatz verbunden. In jüngster Zeit ist die Betrachtung des Reiseberichts als christliche Lebensreise erneut von R. Schnackenburg entfaltet worden[13].

H. Conzelmann hat seiner Deutung des Reiseberichts in einer prägnanten Formulierung Ausdruck verliehen: "Jesu Leidensbewußtsein wird als Reise ausgedrückt". Nachdem in Lukas 9 das bevorstehende Leiden angekündigt worden ist, wird anschließend im

---

[10] "La section médiane de l'évangile de Luc: l'organisation des documents," *RHPhR*, 53 (1973), 144-5.

[11] *Das Leben Jesu nach den Evangelien dargestellt* (Heidelberg, 1847), III, 431; vgl. III, 348.

[12] *Luke*, S. 181.

[13] *Der Jesusweg: Meditationen zum lukanischen 'Reisebericht'* (Stuttgart, 1990), S. 7: "Die Darstellung des Evangelisten von der Wanderung Jesu nach Jerusalem gebraucht ein uns menschlich naheliegendes Bild für unsere irdische Existenz: Wir sind alle auf einer 'Lebensreise'".

Reisebericht gezeigt wurde, wie Jesus bewußt auf seine Passion zugeht[14]. In 13:33 findet Conzelmann "das sachliche Darstellungsprinzip des Abschnitts"[15]. Schon M. Rese hat zur Begründung für die besondere Gewichtung der Verse 13:31-33 argumentiert, daß Lk 13:31-33 "ziemlich genau in der Mitte des lukanischen Reiseberichts" steht: "Diese zentrale Stellung ... berechtigt dazu, diesen Versen für das Verständnis des Reiseberichts entscheidende Bedeutung einzuräumen"[16]. Die betonte Mittelstellung von 13:31-33/5 scheint neuerdings durch den konzentrischen Erklärungsansatz für den Reisebericht bestätigt zu werden, denn diesem zufolge gehört diese Stelle überwiegend zum Zentrum des Mittelteils[17].

Ein drittes Konzept hat W. G. Kümmel in seinem Einleitungswerk, wenn auch zögernd, aufgegriffen. Er meint zunächst angesichts der ganz verschiedenen Deutungsansätze, "daß die leitenden Gesichtspunkte dieser Komposition nicht eindeutig hervortreten", fährt dann aber fort: "man wird sich mit der Einsicht begnügen müssen, daß in 9,51-19,27 der nach Gottes Willen zum Leiden gehende Herr seine Jünger für den Auftrag der Verkündigung nach seinem Tode ausrüstet"[18]. Diese Ansicht findet sich relativ häufig in den verschiedenen Studien zum Reisebericht. J. Schneider meint, "daß es Lk im Reisebericht in der Hauptsache darauf ankam, eine Jüngerlehre zu geben, die klare Weisungen für das Leben und Wirken der Jünger und die zukünftige Missionsarbeit der Jünger enthält"[19]. B. Reicke formuliert ganz ähnlich: "the material contained in the Travel Narrative seems to have a setting that throughout is to be referred to the

---

[14] *Mitte*, S. 57.
[15] Vgl. von Dobschütz, "Wanderungen," S. 375, über 13:33: "dies Wort erscheint als das Motiv für den ganzen 'Reisebericht' des Lukas".
[16] "Einige Überlegungen zu Lukas XIII,31-35," *Jésus aux origines de la christologie*. Hg. J. Dupont u. a. (Leuven, 1975), S. 208.
[17] S. Goulder 1964; Talbert 1974; Bailey 1976; Talbert 1982; Rius-Camps 1983; Farrel 1986; Kariamadam 1987; Baarlink 1992. Talbert, *Patterns*, S. 112, betont, daß antike Texte oft Schlüsseltexte in Mittelstellung aufweisen.
[18] *Einleitung*, S. 111.
[19] "Zur Analyse des lukanischen Reiseberichtes," *Synoptische Studien*. Hg. J. Schmidt u. A. Vögtle (München, 1953), S. 220.

practical needs of the missionary Church"[20]. M. Miyoshi meint: "Lukas betrachtet den Reisebericht als eine Vorwegnahme der Tätigkeit seiner Kirche, besonders seiner Missionskirche"[21]. G. Sellin schreibt: Diese letzte Reise Jesu "stellt ... proleptisch einen Typos der künftigen missionarischen Existenz der Kirche (Acta) dar"[22]. Und W. Wilkens bringt sogar die sogenannte große Auslassung bei Lukas mit der theologischen Intention des Reiseberichts in Verbindung: "Die Auslassung von Mark. 6,45-8,26 liegt also darin begründet, dass Lukas die markinische Missionsprolepse im Zuge seiner Komposition nicht gebrauchen kann. Er wird seine Missionsprolepse im Reisebericht Luk. 9,51ff. entfalten"[23].

Auf einen besonderen Aspekt innerhalb der Missionsthematik hatte schon J. Schneider unter Verweis auf 9:51-56; 10:1-12.29-37; 13:22-30 und 17:11-19 hingewiesen: "die universalistische Tendenz ... tritt ... in dem Mittelstück besonders deutlich hervor"[24]. Diese Tendenz haben dann auch E. Lohse[25] und vor allem M. S. Enslin hervorgehoben: "It is a section of Lukan artistry deliberately intended to indicate Jesus's anticipation and blessing of the gentile mission"[26].

Eine neuartige Interpretation des Reiseberichts hat kürzlich D. P. Moessner mit seinem Buch *Lord of the Banquet: The Literary and Theological Significance of the Lukan Travel Narrative*[27] vorgelegt, das bisher eine recht positive Aufnahme gefunden hat[28]. Moessners Entwurf kann als modifizierte Weiterentwicklung in der von Evans, Goulder und Miyoshi eingeschlagenen Richtung betrachtet werden,

---

[20] "Instruction and Discussion in the Travel Narrative," *StEv*, 1 (1959), 216.
[21] *Anfang*, S. 154.
[22] "Reisebericht," S. 134-5.
[23] "Die Auslassung von Mark. 6,45-8,26 bei Lukas im Licht der Komposition Luk. 9,1-50," *ThZ*, 32 (1976), 197.
[24] "Analyse," S. 219.
[25] "Handeln," S. 13.
[26] "The Samaritan Ministry and Mission," *HUCA*, 51 (1980), 31.
[27] (Minneapolis, 1989); im folgenden nur mit Seitenangabe zitiert.
[28] I. H. Marshall schreibt in *SJTh*, 44 (1991), 407: "I think that he has succeeded in persuading this rather sceptical reviewer of the main lines of his argument". Ähnlich äußert sich R. B. Sloan in *ThZ*, 47 (1991), 367: "I admit that I find myself persuaded".

insofern er ebenfalls eine starke Bezogenheit des lukanischen Reiseberichts (9:51-19:44) auf das Deuteronomium bzw. das deuteronomistische Geschichtswerk annimmt: "this Deuteronomistic understanding provides the conceptual world in which the disparate traditions of the Central Section of Luke become coherent and present a cohesive picture of a prophet rejected by the unmitigating obduracy of Israel" (84).

Den Ansatzpunkt zur Deutung des Reiseberichts findet Moessner in 9:1-50. Die Grundaussage dieses Kapitels, das er als Vorbereitung des anschließenden Reiseberichts auffaßt, lautet für ihn, "that the story of the Prophet like Moses of Deuteronomy is about to unfold in a New Exodus journey to the promised salvation" (69)[29]. Daraus ergibt sich für den Reisebericht: "In 9:1-19:44 Luke presents nothing less than the Prophet like Moses (Deut. 18:15-19) in a New Exodus" (46). Dieser neue Exodus wird zu einer Befreiungstat durch den Tod Jesu, der parallel zum Tod Moses[30] als stellvertretende Sühnung aufzufassen ist: "*Because of* the intransigent sin of the people, a stiffnecked resistance ... Moses/Jesus *must* suffer and die" (67).

Der gesamte Reisebericht wird dann auch durch das deuteronomistische Motiv vom gewaltsamen Geschick der Propheten regiert, das Moessner in seiner vierfachen Entfaltung aus einer Studie von H. O. Steck[31] gewinnt: 1. Die gegenwärtige Generation ist böse. 2. Gott hat Jesus wie alle Propheten vor ihm zu Israel gesandt. 3. Dennoch brachte die gegenwärtige Generation Jesus um. 4. Darum wird Gott wie 722 v. Chr. und 587 v. Chr. Israel richten. Steck hatte das deuteronomistische Motiv vom gewaltsamen Prophetenschicksal (s. vor allem Neh 9:26) im Neuen Testament in Mt 5:11-12 par Lk 6:22-23;

---

[29] Vgl. hierzu auch D. P. Moessner, "Luke 9:1-50: Luke's Preview of the Journey of the Prophet like Moses of Deuteronomy," *JBL*, 102 (1983), 575-603.

[30] "'On account of' (1:37; 3:26) the people's intransigence, Moses must suffer the anger of the Lord, the anguish of being choked off from the land of promise, and thus ultimately die without the promised deliverance – all because of the sin of his people (1:37; 3:26; 4:21-22; cf. 9:18-20,25-29; 10:10-11; 31:2,14; 32:49-52; 34:4)" (57).

[31] *Israel und das gewaltsame Geschick der Propheten: Untersuchungen zur Überlieferung des deuteronomistischen Geschichtsbildes im Alten Testament, Spätjudentum und Urchristentum* (Neukirchen-Vluyn, 1967).

Mt 23:29-36 par Lk 11:47-51; Lk 13:31-33 und Lk 13:34-5 gefunden[32]. Laut Moessner läßt sich das gesamte im Reisebericht verarbeitete Material ohne weiteres den vier genannten Kategorien zuordnen (211).

Allerdings lassen sich diese vier Linien nicht nur im Reisebericht selbst feststellen, denn dieser bildet seinerseits "the dynamic center of Luke's unfolding drama of the journeying history of Israel's salvation" (325), das im gesamten lukanischen Werk entfaltet wird: "As that great work of the Deuteronomist historian consists of the deliverance wrought for Israel in the Exodus story of Moses (Deuteronomy) and is completed by the unfolding history of that salvation (Joshua-2 Kings), even as Moses foresaw and prophesied, so Luke's first volume presents the consummation of the first Exodus in the New Exodus story of Jesus and is completed in the unfolding history of that salvation, even as Jesus foresaw and prophesied" (325).

12.1.3 Schlußfolgerungen

Die genannten Ansätze enthalten neben manchen offensichtlichen Fehldeutungen viele zutreffende Beobachtungen. Es stellt sich aber angesichts dieser Übersicht die Frage, welcher der Ansätze am ehesten das theologische Hauptanliegen erkannt hat, das Lukas bei der Abfassung seines Reiseberichts vor Augen hatte, und welchen der genannten Motive nach Meinung des Evangelienautors eine nur untergeordnete Rolle zukommt.

Festhalten läßt sich zunächst, daß die Suche nach thematisch eindeutig voneinander abgrenzbaren Textabschnitten (12.1.1) bisher erfolglos geblieben ist. Die Autoren, die diesen Weg beschritten haben, weisen z. T. selbst darauf hin, daß eine thematische Abgrenzung problematisch bleibt (Ellis, Schneider), oder tun sich sichtlich schwer mit der Formulierung der thematischen Überschriften (s. Bovons dritten Punkt). Insofern stellt Trompfs Loslösung der thematischen Schwerpunktsuche von der Gliederung des Reiseberichts einen deutlichen Fortschritt dar. Es bleibt aber bei seiner themati-

---

[32] *Israel*, S. 20-58.

schen Zuordnung die Frage offen, worin die Überlegenheit der drei von ihm genannten gegenüber anderen denkbaren Themenschwerpunkten besteht und ob seine Themen tatsächlich mit der dem Reisebericht zugrunde liegenden theologischen Idee des Lukas deckungsgleich sind.

Diese Frage nach der Verankerung der thematischen Schwerpunkte in der Intention des Lukas muß auch auf die vorgeschlagenen Konzepte (12.1.3) ausgeweitet werden. Natürlich lassen sich alle Perikopen des Reiseberichts in irgendeiner Form dem Obergedanken des Christenlebens unterordnen. Woran aber läßt sich erkennen, daß diese Zuordnung die Hauptintention des Autors gewesen ist und nicht erst sekundär durch die Interpreten an den Text herangetragen wird? Der Vorschlag, die Reise als Ausdruck des Leidensbewußtseins Jesu aufzufassen, ist insofern besser begründet, als er auf die Vorbereitung dieses Gedankens im neunten Kapitel des Evangeliums und anscheinend auch auf die zentrale Aussage in 13:31-35 hinweisen kann. Da aber, wie oben (1.4.3.2) gezeigt, 13:31-33 als strukturell begründete Zentralstelle ausfällt[33] und das Leidensbewußtsein Jesu im Reisebericht nur viermal (12:50; 13:33; 17:25; 18:32-3) ausdrücklich zur Sprache kommt, während es auch und gerade in Lk 19-24 eine wichtige Rolle spielt, scheint dieser Erklärungsansatz doch auf schwachen Füßen zu stehen. Die Deutung des Reiseberichts als didaktische Vorbereitung für die Zeit der missionierenden Kirche ist mittlerweile häufig wiederholt worden, kann aber nicht als den vorhergenannten überlegen angesehen werden, wenn nicht nachzuweisen ist, daß sie dem bewußten schriftstellerischen Anliegen des Lukas entspricht. Und die Behauptung einer universalistischen Tendenz[34]

---

[33] Vgl. immerhin den anderen Vorschlag von F. Bovon, "Das Gleichnis vom verlorenen Sohn (Lk 15,11-32): Erste Lesung," *Lukas in neuer Sicht* (Neukirchen-Vluyn, 1985), S. 141: "Lk 15, in der Mitte dieses zweiten Teils [9:51-19:28], also im Herzen des Evangeliums, erinnert in seiner Struktur an die Struktur des ganzen Werkes", indem "das 15. Kapitel, entsprechend dem gesamten Lukasevangelium, zuerst die aktive Gegenwart des Retters offenbart, bevor es die Entscheidung des Geretteten beschreibt".

[34] Das heidenmissionarische Grundmotiv findet sich eher im Reisebericht in Mk 7:24-8:9, worauf neuerdings besonders Wilkens, "Auslassung," S. 195, und Lang, "Sidon," S. 159, hingewiesen haben.

wird jedenfalls deutlich dadurch geschwächt, daß sie auf einer Fehlinterpretation von Stellen wie 9:51 und 17:11 beruht (s. o. 8.1).
Moessner schließlich ist sich der Gefahr einer Fehl- bzw. Überinterpretation des Reiseberichts ausdrücklich bewußt[35]. Neben einigen bereits von Rezensenten geäußerten Einwänden[36] muß auch Moessners beeindruckender Gesamtentwurf mit der Frage konfrontiert werden, in welchem Maße er tatsächlich in der von ihm ausführlich gewürdigten Intention des Lukas verankert ist und inwieweit er von einem in erster Linie von außen herangetragenen (deuteronomistischen) Konzept abhängig ist. Es ist deutlich, daß das Wirken Jesu lediglich in 9:28-36 explizit zum Wirken Moses in Beziehung gesetzt wird (v35: αὐτοῦ ἀκούετε). Und es ist ebenfalls unbestreitbar, daß das deuteronomistische Prophetenschicksal laut Steck von Lukas nur in 6:22-23; 11:47-51 und 13:31-35 ausdrücklich angesprochen wird. Stellen aber diese wenigen und nicht gerade an Kraftstellen positionierten[37] expliziten Aussagen eine ausreichende Basis

---

[35] "How do we avoid superimposing a schema and plot that are alien to the author's intention? Since the name 'Moses' appears only twice in the Central Section, and both times in the same pericope (16:29,31), we must be careful in proposing grandiose typologies and parallels that Luke himself did not perceive and thus certainly did not intend" (82).

[36] J. T. Carroll, *JBL*, 110 (1991), 166-7: "In my judgment, the author finds too much coherence in the Lucan travel narrative, now and then forcing the data to fit the interpretive grid being placed upon Luke's story ... We are told that the parable of the dishonest steward [16:1-13] exposes the *Pharisees'* faulty stewardship, and that the motif of the master's coming in 12:35-48 directly concerns Jesus' imminent arrival as the journeying guest, *not* the parousia of the Lord"; J. Weatherly, *EvQ*, 63 (1991), 272: "Another fundamental problem concerns Moessner's assertion that in Deuteronomy Moses dies because of Israel's sin. The picture appears to be more complex: Dt. 32:50-51, for example, asserts that Moses dies outside the land because of his own sin. Moessner offers no evidence that Jewish interpreters understood Moses' death as vicarious, the absence of which makes his view that Luke so understood Deuteronomy less likely".

[37] Moessner legt allerdings Wert auf die Entsprechung von 10:25-28 und 18:18-23 und schreibt diesen beiden Passagen eine besondere strukturelle Bedeutung zu, indem er sie als "the Deuteronomic pillars" auffaßt (126). Es ist jedoch äußerst zweifelhaft, ob diesem Paar gegenüber anderen Paaren eine besondere Bedeutung zuerkannt werden darf. Ebensogut könnte man die beiden verwandten Gebetsunterweisungen 11:1-13 und 18:1-8, die beiden im Wortlaut recht ähnlichen Krankenheilungen

für die Bestimmung des theologischen Schwerpunkts im lukanischen Reisebericht dar? Faßt man aber andererseits, wie Moessner es tut, das deuteronomistische Konzept vom gewaltsamen Prophetenschicksal in einem sehr weiten (und unscharfen) Sinn auf, kann es dann noch als besonderes Charakteristikum des lukanischen Reiseberichts bezeichnet werden? Moessner weist selbst darauf hin, daß sich die von ihm im Reisebericht beobachteten thematischen Linien auch im übrigen Lukasevangelium und sogar in der Apostelgeschichte nachzeichnen lassen. Und es wäre zu erwägen, ob das von ihm vorausgesetzte deuteronomistische Geschichtsbild sich nicht auch bei den andern beiden Synoptikern und im Johannesevangelium nachweisen ließe. Dann aber hätte dieses Konzept eine so große Spannbreite, daß es keineswegs mehr als theologisches Spezifikum des lukanischen Reiseberichts angesehen werden könnte.

Aus diesen Erwägungen zu den bisherigen Interpretationen des Reiseberichts erwächst die Notwendigkeit, noch einmal ganz konsequent den methodischen Ausgangspunkt für die Bestimmung eines theologischen Schwerpunkts zu fixieren, um auf diesem Wege eine nachweislich an der Intention des Autors orientierte Deutung zu gewinnen. Dabei kann von einigen grundlegenden literaturwissenschaftlichen Einsichten ausgegangen werden. Eine erste Einsicht lautet: "Der Eröffnungssatz bestimmt die Erwartungs- und Verstehensebene für alle späteren Zeichenfolgen"[38]. Wendet man diesen Grundsatz auf den lukanischen Reisebericht an, so ist zu erwarten, daß bereits in 9:51 wesentliche Aussagen über seine theologische Ausrichtung getroffen werden. Darum wird im folgenden die Exposition des Reiseberichts (9:51) relativ ausführlich diskutiert (12.2). Ebenso wird der Abschluß des Reiseberichts besonders zu unter-

---

17:11-19 und 18:35-43 oder mit Sellin, "Reisebericht," S. 106, die beiden Einkehrgeschichten 10:38-42 und 19:1-10 als von Lukas für besonders wichtig angesehene Abschnitte bezeichnen.

[38] Berger, *Exegese*, S. 19; vgl. S. 21: "Narrative Texte beginnen häufig mit Angaben zu Ort, Zeit und Umständen, die selbst nicht erzählend, sondern beschreibend sind, der sog. Exposition (z. B. Lk 1,5-7)". Der Reisebericht beginnt mit einer sehr knappen Exposition, da er ein narrativer Baustein einer größeren Einheit ist und somit die meisten Umstandsangaben bekannt sind (etwa 8:1-3) und nicht extra wiederholt werden müssen.

suchen sein, denn "für den Schluß argumentativer Texte hat bereits die antike Rhetorik Regeln entwickelt: Der Schluß soll die Argumente zusammenfassen ... Der Intention des Autors sind wir besonders dicht auf der Spur, wenn wir die Schlußpassagen von Paränesen oder Argumentationen ermitteln oder analysieren". Dies gilt auch für Erzähltexte: "In narrativen Texten bedeutet der Schluß Lösung und inhaltlichen Endpunkt ... Besondere Beachtung verdienen Gleichnisse in Schlußposition"[39]. Wie die Feldrede (6:12-49)[40] mit einem Gleichnis endet (6:47-9), so schließt auch der Reisebericht mit einem Gleichnis (19:11a: παραβολήν) ab[41]. Somit ergibt sich im Blick auf dieses Gleichnis (19:12-27) die Erwartung (12.3), daß es einen inhaltlich sinnvollen Abschluß des Reiseberichts darstellt, in den die thematischen Hauptlinien einmünden und der somit für die Bestimmung des vom Autor gesetzten theologischen Schwerpunkts von besonderer Bedeutung ist.

Es kann dann schließlich untersucht werden, ob und inwiefern die am Anfang und am Schluß des Reiseberichts positionierten theologischen Aussagen sich auch in diesem selbst wiederfinden (12.5).

12.2 Die Exposition des Reiseberichts (9:51)

Mit 9:51 wird sowohl der Reisebericht als Ganzer als auch seine erste Szene eingeleitet: Ἐγένετο δὲ ἐν τῷ συμπληροῦσθαι τὰς ἡμέρας τῆς ἀναλήμψεως αὐτοῦ καὶ αὐτὸς τὸ πρόσωπον ἐστήρισεν τοῦ πορεύεσθαι εἰς Ἰερουσαλήμ. Die Formel καὶ ἐγένετο ist eine von Lukas häufig gebrauchte Möglichkeit, den Übergang zu einer neuen Szene seines

---

[39] Berger, *Exegese*, S. 21.

[40] Vgl. Schlatter, *Matthäus*, S. 262: "Mit einem Gleichnis schließen die Rede über den Täufer 11,16, die über das Himmelreich 13,51.52, die über die Gemeinschaft der Jünger 18,21-35 und die eschatologische Rede 24,45-25,30".

[41] Zutreffend hat schon W. Eltester, "Israel im lukanischen Werk und die Nazarethperikope," *Jesus in Nazareth*. Hg. ders. (Berlin, 1972), S. 83-4, angedeutet, daß Lukas "das Ende des Reiseberichtes theologisch ausgebaut" habe. Seine Interpretation dieses Endabschnitts kann dann allerdings nicht überzeugen.

Evangeliums anzuzeigen[42]. Daß der in 9:51 angezeigte Übergang nicht nur den Wechsel zu einer neuen Szene, sondern eine Schaltstelle im Evangelium markiert, wurde oben (6.1) bereits begründet. Der Anfang des Reiseberichts wird zeitlich mit der Formulierung ἐν τῷ συμπληροῦσθαι τὰς ἡμέρας τῆς ἀναλήμψεως αὐτοῦ bestimmt. Um die genaue Funktion dieses Satzes zu erheben, ist es nötig, sowohl die Bedeutung des von Lukas nur hier gebrauchten Wortes ἀνάλημψις[43] als auch dessen syntaktische Einbindung in den Kontext zu bestimmen.

Es ist immer wieder vermutet worden, das Wort ἀνάλημψις bezeichne nicht die Entrückung Jesu, sondern seinen Tod[44]. Zur Begründung wird vor allem auf die Verwendung des *Substantivs* in der zeitgenössischen jüdischen Literatur hingewiesen. G. Friedrich behauptet: "Es gibt keine einzige vorneutestamentliche Stelle, in der ἀνάλημψις Entrückung heißt"[45]. Und G. Delling stellt fest: "In der spätjüdischen Literatur bezeichnet es den Tod überhaupt (Ps Sal 4,18) ... Daher ist ἀνάλημψις Lk 9,51 zunächst der *Tod* Jesu" (*ThW*, IV, 9). Der Wert einer solchen Argumentation ist allerdings fraglich.

---

[42] Delebeque, *Études*, S. 124: "La formule καὶ ἐγένετο ... est en principe chargée d'assurer une transition". Die Wendung καὶ ἐγένετο in Anfangsstellung begegnet besonders häufig in der LXX, aber sie "ist auch klassisch" (BDR § 472.3).

[43] Nicht näher diskutiert wird im folgenden die von D. Flusser, "Lukas 9:51-56 – ein hebräisches Fragment?" *The New Testament Age*. Hg. W. C. Weinrich (Macon, 1984), I, 167-9, vorgeschlagene Deutung. Er will durch Rückübersetzung ins Hebräische wahrscheinlich machen, daß das originale שלמ statt mit 'Himmelfahrt' besser mit 'Pilgerfahrt' hätte übersetzt werden müssen, und erhält so als ursprünglichen Text von v51: "Und es war, als die Tage seiner Pilgerfahrt sich vollendeten, setzte er sein Angesicht, um nach Jerusalem zu gehen". Ebenfalls unberücksichtigt bleibt die von Wieseler, *Synopse*, S. 325, vertretene Interpretation von ἀνάλημψις als "Aufnahme ... in Galiläa" bzw. durch "die Menschen, namentlich Israel" (*Beiträge*, S. 130), der sich Lange, *Leben*, II, 1054, zunächst zwar angeschlossen, von der er sich aber später (*Leben*, III, 423) wieder distanziert hat.

[44] Vgl. schon Calvin, *Opera*, 45, 525: "Der Tod Christi wird hier Aufnahme genannt (*mors Christi assumptio vocatur*)". S. neuerdings besonders G. Lohfink, *Die Himmelfahrt Jesu: Untersuchungen zu den Himmelfahrts- und Erhöhungstexten bei Lukas* (München, 1961), S. 213: "So zielt also die Nennung der ἀνάλημψις in 9,51 mit Sicherheit auf den Tod Jesu".

[45] "Lk 9,51 und die Entrückungschristologie des Lukas," *Orientierung an Jesus*. Hg. P. Hoffmann (Herder, 1973), S. 72-3.

Denn zum einen ist die Interpretation von PsSal 4:18 durchaus umstritten[46]. Und weiterhin ist die im obigen Argumentationsgang vorausgesetzte scharfe Unterscheidung zwischen Substantiv (ἀνάλημ-ψις) und Verb (ἀναλαμβάνειν)[47] nicht gerechtfertigt. Es ist also wenigstens eine Mehrdeutigkeit von ἀναλαμβάνειν κτλ. zuzugeben.

Wenn man aber davon ausgeht, daß diese Wortfamilie für sich genommen ambivalent ist[48], ja sogar eine befristet-innerweltliche

---

[46] In PsSal 4:18 heißt es: "Sein Greisenalter sei in kinderloser Einsamkeit, bis er weggerafft wird (εἰς ἀνάλημψιν)". Lohfink sieht hier und in Ps.-Clemens, *Homiliae* III.47 (Μετὰ δὲ τὴν Μωυσέως ἀνάληψιν ἐγράφη ὑπό τινος, οὐ μὴν ὑπὸ Μωυσέως; PG 2, Sp. 141) "sichere Belege" dafür, daß ἀνάλημψις Tod bedeutet. Und auch für Friedrich, "Entrückungschristologie," S. 49, ist hier "eindeutig" der Tod gemeint. Holm-Nielsen allerdings relativiert in einer Anmerkung zu seiner Übersetzung der Stelle diese Sicherheit: "Zweifelhaft ist, ob ἀνάλημψις generell für den Tod gebraucht wird ... Möglicherweise liegt ... ein Mißverständnis des Übersetzers vor" (S. 72). Weiterhin wird verwiesen auf syrBar 46:7 ("Doch daß ich weggenommen werden sollte, tat ich ihnen nicht kund, nicht einmal meinem Sohn") und AssMos 10:12 ("Denn von meinem Tode, meiner Aufnahme [*a morte receptione<m>*] bis zu seiner Ankunft werden 250 Zeiten sein". Friedrich, "Entrückungschristologie," S. 49, merkt selbst an, daß in AssMos 10:12 "die Bedeutung umstritten" ist.

[47] Das Verbum ἀναλαμβάνειν bezeichnet nicht regelmäßig, aber häufig eine Entrückung bzw. Himmelfahrt. Lohfink führt auch ein Reihe von Stellen an, in denen das Verb seiner Ansicht nach "nichts anderes als ein gehobener Ausdruck für 'sterben' ist" (*Himmelfahrt*, S. 212): Philo, *De vita Mosis* II.291: "Wie er bereits im Begriff ist hinweggenommen zu werden (ἤδη γὰρ ἀναλαμβανόμενος) und unmittelbar auf der Schwelle steht, um im Fluge in den Himmel zu enteilen (τὸν εἰς οὐρανὸν δρόμον), kommt der Geist Gottes über ihn, und noch lebend weissagt er in Verzückung genau über seinen Tod noch vor dem Tode"; TestAbr 15[A]: "Denn siehe, wir glaubten, daß er von uns weggenommen sei (ἀναληφθῆναι ἀφ' ἡμων)"; PerJer 9:3: ἕως οὗ ἀναληφθῶ πρὸς σέ; EvPetr 5:19: "Und indem er dies sagte, wurde er aufgenommen"; Hermes 1:5.

[48] Dieser Befund würde sich übrigens mit der Beobachtung decken, daß auch die anderen Entrückungstermini sowohl der jüdischen als auch der griechisch-römischen Literatur an sich durchaus mehrdeutig sind. Vgl. dazu Friedrich, "Entrückungschristologie," S. 53: "Die Terminologie, mit der die Entrückung ausgedrückt wird, ist nicht einheitlich. Es gibt keinen wirklichen *terminus technicus* wie im Deutschen das Wort 'entrücken', sondern die Griechen verwenden eine Vielfalt von Verben, die ganz verschieden sind, je nachdem, von welchem Standpunkt aus die Vorgänge beschrieben werden". Dies gilt auch für die neutestamentliche Terminologie. So kann etwa ἁρπάζειν sowohl eine irreversibel-außerweltliche (1Tim 4:17) als auch eine befristet-innerweltliche (Act 8:39; 2Kor 2:2.4) Entrückung bezeichnen. Für die Entrückungs-

Entrückung von einem Ort zum anderen ausdrücken kann[49], dann muß die exakte Wortbedeutung in Lk 9:51 aufgrund des Kontextes bestimmt werden. Folgert man allerdings unter Verweis auf Lk 13:33 (ἀπολέσθαι), das immer wieder anklingende Todesmotiv (11:49-51; 12:59-60; 13:31-32.34; 17:25; 18:31-33), die Leidensankündigungen (9:22.44) und die Aussage in 9:31 (ἔξοδον), daß in 9:51 der Tod Jesu gemeint sei[50], so kann auch dies methodisch nicht befriedigen, da die Relation der angeführten Stellen zu 9:51 und ihre Bedeutung für das Verständnis von 9:51 nicht überzeugend nachgewiesen werden. Daß im Lukasevangelium häufig vom Tod die Rede ist, heißt noch nicht, daß dies auch in 9:51 der Fall sein muß.

Daher soll im folgenden von der Beobachtung ausgegangen werden, daß der unmittelbare Kontext des in der Exegese so umstrittenen Wortes erstaunlicherweise keinerlei Näherbestimmung desselben bietet. Das deutet darauf hin, daß Lukas offenbar der Ansicht war, daß das Wort auch ohne Näherbestimmung seinen Lesern keinen Anlaß zu Mißverständnissen bieten würde. Darum ist hier der rezeptionskritische Begriff der Assoziation anzuwenden, d. h.: "Es ist zu fragen, ob nicht die Hörer bei bestimmten Stellen zwangsläufig bekannte Bibelstellen assoziieren mußten und so diesem Text erst seine eigentliche Bedeutung gaben"[51]. Für Lk 9:51 wäre also zu fragen, ob die Leser des Lukasevangeliums durch die Verwendung des Wortes ἀνάλημψις aufgrund ihrer (zu postulierenden) Vertrautheit mit dem Alten Testament nicht "zwangsläufig" an die Begebenheit von der Entrückung Elias erinnert werden mußten[52], die auch in

---

termini gilt also in besonderem Maße das "Prinzip der ... *relativen semantischen Autonomie*", welches besagt, "daß Bedeutungen nicht fest an Wörtern haften, sondern zum großen Teil abhängig sind von der Bestimmtheit durch den Kontext" (Berger, *Exegese*, S. 65).

[49] S. Ez 3:12-15; 8:3; 11:1.24.

[50] Lohfink, *Himmelfahrt*, S. 213; Friedrich, "Entrückungschristologie," S. 51.

[51] Berger, *Exegese*, S. 95-6. Berger fährt fort: "So wird es kaum abzuweisen sein, daß Hörer, denen der Anfang des AT auch nur einigermaßen geläufig war, bei Joh 1,1-5 an Gen 1 denken mußten".

[52] Der Bericht über die Entrückung Elias wird (in der LXX) eingeleitet mit den Worten (2Reg 2:1): Καὶ ἐγένετο ἐν τῷ ἀνάγειν κύριον τὸν Ηλιου ἐν συσσεισμῷ ὡς εἰς τὸν οὐρανόν ... In vv3.5 findet sich zweimal die Aussage: κύριος σήμερον λαμβάνει τὸν κύριόν σου ἐπάνωθεν τῆς κεφαλῆς σου. Nach zwei weiteren

den Apokryphen und Pseudepigraphen unter Verwendung eben dieses Verbums mehrfach Erwähnung gefunden hat[53]. Sollte dies der Fall gewesen sein, dann war für jeden mit der Eliageschichte vertrauten Leser ohne weiteres klar, daß in Lk 9:51 auch ohne Näherbestimmungen eine ἀνάλημψις (ὡς) εἰς τὸν οὐρανόν, und zwar nicht der Seele im Tod, sondern des ganzen Menschen in Form einer Entrückung gemeint sein muß.

Aber auch, wenn man von der Eliageschichte einmal ganz absehen will, ist über die Leser des Lukas doch wenigstens bekannt, daß sie mit der christlichen Lehre in ihren Grundzügen vertraut waren. Das geht jedenfalls aus dem Prolog (1:4) hervor, denn es kann wohl kaum angenommen werden, daß die Kenntnis des Theophilus über die christliche Lehre (die λόγοι) ausgerechnet den Glauben an die Himmelfahrt Jesu nicht eingeschlossen haben sollte. Daß die Himmelfahrt Jesu nämlich von Anfang an zum Grundbestand der christlichen Verkündigung gehörte, ist nicht nur durch Lukas selbst in der Apostelgeschichte, und zwar unter Verwendung des Wortes ἀναλαμβάνειν (1:2.11.22) belegt[54], sondern hat auch im ersten Timotheusbrief (3:16: ἀνελήμφθη ἐν δόξῃ) seinen Niederschlag gefunden[55]. Auch dies macht es äußerst wahrscheinlich, daß Theophilus und die ersten Leser des Lukasevangeliums in 9:51 einen Hinweis auf die Himmelfahrt Jesu erkennen mußten. So kann also als Ergebnis dieses Wortstudiums festgehalten werden, daß ἀνάλημψις in Lk 9:51

Bezugnahmen auf die Entrückung (v9: πρὶν ἢ ἀναλημφθῆναί με ἀπὸ σοῦ; v10: ἐὰν ἴδῃς με ἀναλαμβανόμενον ἀπὸ σοῦ) findet die Entrückung dann in v11 tatsächlich statt: καὶ ἀνελήμφθη Ἠλιου ἐν συσσεισμῷ ὡς εἰς τὸν οὐρανόν

[53] S. Sir 48:9 (ἀναλημφθείς); Sir 48:12a (ἐσκεπάσθη), 1Makk 2:58 (ἀνελήμφθη). Auch von Henoch, dessen Entrückung sonst mit anderen Termini ausgesagt wird – Gen 5:24 (μετέθηκεν); Sir 44:16 (μετετέθη) und wohl auch Weish 4:10 (μετετέθη) –, wird in Sir 49:14 gesagt: καὶ γὰρ αὐτὸς ἀνελήμφθη ἀπὸ τῆς γῆς. Vgl. auch Friedrich, "Entrückungschristologie," S. 41: "*Acta Pilati* 15,1 wird die Entrückung des Elia zur Erklärung der Himmelfahrt Jesu herangezogen".

[54] Vom Verbum ἀναλαμβάνειν gibt Lohfink, *Himmelfahrt*, S. 42, durchaus zu, daß es "der eigentliche *terminus technicus* des Lukas für die Himmelfahrt Jesu" ist.

[55] Vgl. auch noch Berger, *Exegese*, S. 137: "Bedeutungen entstehen nur aus dem Gebrauch, der der Praxis einer Sprach- und Handlungsgemeinschaft zugrundeliegt". Diese Gemeinschaft wäre im vorliegenden Fall sicher im christlichen Umfeld zu suchen.

nicht Tod im Sinne von Aufnahme der Seele, sondern Himmelfahrt im Sinne von Hinaufnahme der Person in den Himmel bedeutet[56].

Um nun aber auch noch die Einbettung in den syntaktischen Zusammenhang von 9:51 zu verstehen, müssen sowohl die Genitivverbindung τὰς ἡμέρας τῆς ἀναλήμψεως αὐτοῦ als auch deren Verbindung mit ἐν τῷ συμπληροῦσθαι bestimmt werden. Eine enge Parallele findet sich in Act 2:1: Καὶ ἐν τῷ συμπληροῦσθαι τὴν ἡμέραν τῆς πεντηκοστῆς. Hier ist es zunächst befremdlich, daß statt von einem Zeitraum von einem Zeitpunkt, dem Pfingsttag, gesagt wird, daß er voll wird. Ähnlich verhält es sich in Joh 7:8 (ὁ ἐμὸς καιρὸς οὔπω πεπλήρωται), wo allerdings aus dem unmittelbaren Kontext (7:6: Ὁ καιρὸς ὁ ἐμὸς οὔπω πάρεστιν) hervorgeht, daß mit einem so elliptischen Ausdruck gesagt werden soll, daß die Zeitspanne bis zum Eintreten eines bestimmten Zeitpunkts abgelaufen und dieser also eingetreten ist[57]. Daher muß Act 2:1 bedeuten, daß die Zeitperiode bis zum Pfingstfest vorbei (vgl. 1:5) und dieses nun gekommen ist[58].

Was nun den Genitiv betrifft, so könnte man zunächst an einen *genitivus qualitatis* denken[59]. Parallel zu dem Ausdruck ὡς ἐπλήσθησαν αἱ ἡμέραι τῆς λειτουργίας αὐτοῦ (1:23) würden in 9:51 dann die ἡμέραι als Tage qualifiziert, an denen die Hinaufnahme stattfindet. Was diese Deutung des Genitivs schwierig macht, ist vor allem die Tatsache, daß die Hinaufnahme dann kein punktueller Akt mehr ist, sondern als lang währender Prozeß verstanden werden muß, der strenggenommen in 9:51 bereits begonnen hat. Die Himmelfahrt

---

[56] Ähnlich P. von der Osten-Sacken, "Zur Christologie des lukanischen Reiseberichts," *EvTh*, 33 (1973), 479-80.

[57] In diesem Sinne ist auch Mk 1:15 aufzufassen, wo Πεπλήρωται ὁ καιρός bedeutet: Der Zeitpunkt ist da. Ähnlich kann auch Josephus (*Ant.* VI.49) formulieren: "Samuel saß daher an diesem Tag auf dem Dach seines Hauses und erwartete den Zeitpunkt (ἐξεδέχετο τὸν καιρὸν γενέσθαι). Sobald aber die bestimmte Zeit da war (πληρωθέντος δ' αὐτοῦ), stieg er hinunter und begab sich zu Tisch".

[58] Anders H. A. W. Meyer, *Kritisch exegetisches Handbuch über die Apostelgeschichte*. 2. Aufl. (Göttingen, 1854), S. 37: "Der Tag ist als ein Zeitmaass [sic] vorgestellt, welches, so lange derselbe dauert, im Vollwerden ist".

[59] Vgl. BDR § 165.2 zum *genitivus qualitatis*: "Besonders beliebt sind die Verbindungen mit σῶμα und ἡμέρα".

Jesu würde dann Lk 9:51-24:53 umfassen⁶⁰. Diese Interpretation muß jedoch eine starke Zerdehnung des in der LXX und dem NT auf den Vorgang der eigentlichen Himmelfahrt an sich bezogenen Wortstamms ἀναλαμβάνειν κτλ. in Lk 9:51 annehmen. Eine derartige Ausdehnung der Himmelfahrt über eine wenigstens mehrwöchige Zeitperiode dürfte aber kaum im Sinne des Lukas gewesen sein, da er die Himmelfahrt in Act 1:2 (ἄχρι ἧς ἡμέρας ... ἀνελήμφθη) und 1:22 (ἕως τῆς ἡμέρας ἧς ἀνελήμφθη ἀφ' ἡμῶν) als Ereignis eines einzigen Tages darstellt.

Weiterhelfen kann an dieser Stelle der alttestamentliche Sprachgebrauch, der neben dem singularischen⁶¹ auch den Gebrauch des Plurals in entsprechenden Formulierungen kennt. In Gen 47:29 wird über den Erzvater Jakob berichtet: "Und als die Tage Israels nahten, daß er sterben sollte (ἤγγισαν δὲ αἱ ἡμέραι Ισραηλ τοῦ ἀποθανεῖν [וַיִּקְרְבוּ יְמֵי־יִשְׂרָאֵל לָמוּת]), rief er seinen Sohn Joseph und sprach zu ihm ...". Mit dieser Ausdrucksweise soll jedenfalls nicht gesagt werden, daß Jakobs Tod sich über einen längeren Zeitraum erstreckte, daß er viele Tage lang starb, denn sein Tod tritt dann an einem ganz bestimmten Tag ein (49:33). In ähnlicher Weise wird von der Ankündigung des Todes Moses gesprochen, wobei hier sogar eine gewöhnliche Genitivverbindung verwendet wird (Dtn 31:14): "Und der Herr sprach zu Mose: Siehe, deine Tage sind herangekommen, daß du sterben wirst (Ἰδοὺ ἠγγίκασιν αἱ ἡμέραι τοῦ θανάτου σου [קָרְבוּ יָמֶיךָ לָמוּת])". Auch der Tod Moses tritt dann an einem bestimmten Tag ein (34:1-14). Über das nahe Ende Davids wird im ersten Samuelbuch in

---

⁶⁰ Es ist daher in diesem Sinne nur konsequent, wenn J. H. Davies, "The Purpose of the Central Section of Luke's Gospel," StEv, 2 (1964), 164-5, zu dem Schluß gelangt: "The journey to Jerusalem is thus the first stage of the ἀνάλημψις". Und Ibid.: "The turning to Jerusalem is his deliberate commencement of the ἀνάλημψις, which comprises the entire movement of Jesus from this world to heaven". Ähnlich Gooding, Luke, S. 179-85.

⁶¹ S. Jdc 13:7: "denn ein Nasiräer Gottes soll der Junge sein, vom Mutterleib an bis zum Tag seines Todes (עַד־יוֹם מוֹתוֹ)"; 1Sam 15:34: "Und Samuel sah Saul nicht mehr bis zum Tag seines Todes"; 2Sam 6:23: "Michal aber ... bekam kein Kind bis zum Tag ihres Todes"; 2Reg 15.5: "und er war aussätzig bis zum Tag seines Todes"; Jer 52:35: "bis zum Tag seines Todes, alle Tage seines Lebens"; vgl. auch 1Sam 24:10: "sicher wird ihn der HERR schlagen, wenn sein Tag kommt, daß er sterbe, oder er wird in den Krieg ziehen und umkommen".

entsprechender Weise gesprochen (1Reg 2:1): "Als nun die Tage Davids herannahten, daß er sterben sollte (Καὶ ἤγγισαν αἱ ἡμέραι Δαυιδ ἀποθανεῖν αὐτόν [וַיִּקְרְבוּ יְמֵי־דָוִד לָמוּת])..."[62]. Der Tod Davids erfolgt dann aber ebenfalls an einem bestimmten Tag (v10). In allen genannten Stellen weist der Plural *Tage* keineswegs auf einen sich über eine längere Zeitperiode ausdehnenden Sterbeprozeß hin, sondern bringt zum Ausdruck, daß der Tod in Kürze eintreten wird, daß die verbleibenden Tage ganz im Zeichen des nahen Todes stehen, dessen exaktes Eintrittsdatum noch nicht bekannt ist.

In Lk 9:51 tritt an die Stelle des Todes die Himmelfahrt. Der Ausdruck αἱ ἡμέραι τῆς ἀναλήμψεως αὐτοῦ (vgl. Dtn 31:14) läßt sich umschreiben mit den Worten αἱ ἡμέραι Ἰησοῦ τοῦ ἀναλαμβάνεσθαι (vgl. Gen 47:29) oder αἱ ἡμέραι Ἰησοῦ ἀναλαμβάνεσθαι αὐτόν (vgl. 1Reg 2:1)[63]. Auch hier zeigt der Plural αἱ ἡμέραι selbstverständlich nicht an, daß die Himmelfahrt ein lang andauernder Prozeß ist, sondern bezeichnet einen nicht exakt bestimmten Zeitraum, innerhalb dessen die Hinaufnahme Jesu erfolgen wird und der daher ganz unter dem Vorzeichen der bevorstehenden Himmelfahrt Jesu steht, deren genaues Datum noch nicht genannt wird[64].

Auf diesem Hintergrund ist es dann durchaus berechtigt, zur Erklärung von Lk 9:51 auch die ähnlichen Formulierungen in Lk 1:57 (Τῇ δὲ Ἐλισάβετ ἐπλήσθη ὁ χρόνος τοῦ τεκεῖν αὐτήν) und 2:6 (ἐπλήσθησαν αἱ ἡμέραι τοῦ τεκεῖν αὐτήν)[65] heranzuziehen. Der hier in Abhängigkeit von einem Substantiv (χρόνος, ἡμέραι) verwendete "substantivierte Inf[initiv] ohne Präp[osition] im Genitiv" (vgl. 10:19; 22:6; Act 20:3)[66] bezeichnet die Zeitspanne, die dem Eintritt eines erwar-

---

[62] Vgl. die Wiedergabe dieser Stelle bei Josephus (*Ant.* VII.383): "Als ... David aus Altersschwäche in eine Krankheit fiel und seinen Tod herannahen fühlte (καὶ συνειδὼς ὅτι μέλλει τελευτᾶν), beschied er den Salomo zu sich".

[63] Schon Eichhorn, *Bibliothek*, V/5, 993-4, bemerkt im Reisebericht "einige gar zu harte Hebraismen": "Wie hart ist z. B. der Ausdruck ... Luk. IX.51.? und gleich darauf V.53.".

[64] Daß im Unterschied zu Lk 9:51 in Act 2:1 der Singular τὴν ἡμέραν gebraucht wird, mag damit zusammenhängen, daß der Pfingsttag ein feststehender Termin ist. Daß latt syp den Plural lesen, dürfte eine Angleichung an die Lukasstelle sein.

[65] Vgl. auch 2:21: Καὶ ὅτε ἐπλήσθησαν ἡμέραι ὀκτὼ τοῦ περιτεμεῖν αὐτόν.

[66] BDR § 400: "τοῦ mit Inf. gehört einer höheren Schicht der Koine an".

teten Ereignisses, in 1:57 und 2:6 der Geburt, vorausgeht. Mit Recht interpretiert also Euthymios Zigabenos, *Comm. in Evangelium secundum Lucam 9:51* (PG 129, Sp. 953A): "Der Ausdruck 'Tage seiner Hinaufnahme' meint die bestimmte Zeit bis zu seiner Hinaufnahme von der Erde in den Himmel (Ἡμέρας τῆς ἀναλήψεως αὐτοῦ λέγει τὸν καιρὸν τὸν ἀφορισθέντα μέχρι τῆς ἀναλήψεως αὐτοῦ, τῆς ἀπὸ γῆς εἰς οὐρανόν). Denn es nähert sich schon seine Ermordung und die Auferstehung und die Hinaufnahme (Ἤγγιζε γὰρ ἤδη καὶ ἡ ἀναίρεσις αὐτοῦ, καὶ ἡ ἀνάστασις, καὶ ἡ ἀνάληψις)"[67].

Für die Übersetzung des gesamten Adverbialausdrucks in v51a ergeben sich somit zwei Übersetzungsmöglichkeiten. Man kann in Anlehnung an Dtn 31:14 *etc.* und bei Auffassung von συμπληροῦσθαι im Sinne von Joh 7:6.8 übersetzen: "Und als die Tage seiner Himmelfahrt kamen" bzw. "als die Zeit seiner Himmelfahrt kam". Man kann aber auch im Blick auf Lk 1:57 und 2:6 und unter Beibehaltung des Erfüllungsaspekts wiedergeben: "Als die Tage bis zu seiner Hinaufnahme voll wurden bzw. im Ablauf begriffen waren". In beiden Fällen wird ausgedrückt, daß die Himmelfahrt Jesu, die zu Beginn des Evangelienberichts (Lk 1-2) noch in ferner Zukunft lag, nun nahe bevorsteht und darum beginnt, verstärkt Einfluß auf das evangelische Geschehen zu nehmen. Die kommende Zeit, und damit auch der anschließende Reisebericht, steht in besonderer Weise unter dem Vorzeichen der Himmelfahrt Jesu und damit seiner Trennung von seinen Jüngern.

Lukas fährt, wiederum im Anklang an alttestamentliche Ausdrucksweise, fort: καὶ αὐτὸς τὸ πρόσωπον αὐτοῦ ἐστήριξεν τοῦ πορεύεσθαι εἰς Ἰερουσαλήμ (s. auch oben 6.1.1). Die Wendung στηρίζειν τὸ πρόσωπον ist mehrfach im Hesekielbuch belegt[68], und zwar durchweg mit einem feindlichen Ton. Daß daraus aber abzuleiten wäre, daß auch Lukas diese Formulierung hier gebraucht, um eine feindliche Haltung Jesu zum Ausdruck zu bringen[69], ist unwahrscheinlich. Denn

---

[67] Meyer, *Lukas*, S. 328, schließt sich dieser Interpretation an.

[68] Ez 6:2; 13:17; 14:8; 15:7; 21:2.7; 25:2; 28:21; 29:2; 38:2.

[69] So Davies, "Purpose," S. 167, und C. A. Evans, "'He set His Face': A Note on Luke 9,51," *Bib*, 63 (1982), 545-8; "'He Set His Face': Luke 9,51 Once Again," *Bib*, 68 (1987), 80-4.

zum einen fehlt die bei Hesekiel regelmäßig gebrauchte Präposition ἐπί[70]. Und zum anderen unterstützen weder der unmittelbare Kontext (vv52-6) noch der Reisebericht als Ganzer diese Interpretation. Vielmehr bringt die von Lukas verwendete Formulierung sehr deutlich den Willensentschluß Jesu zu seiner Reise nach Jerusalem zum Ausdruck[71], die ihn angesichts des dort zu erwartenden Schicksals einige Überwindung kostet.

12.3 Das Abschlußgleichnis des Reiseberichts (19:11-28)

Als Einleitung zu diesem Gleichnis notiert Lukas den Anlaß desselben: διὰ τὸ ἐγγὺς εἶναι Ἱερουσαλὴμ αὐτὸν καὶ δοκεῖν αὐτοὺς ὅτι παραχρῆμα μέλλει ἡ βασιλεία τοῦ θεοῦ ἀναφαίνεσθαι (v11b). Das Gleichnis wendet sich also ausdrücklich gegen ein Mißverständnis der Zuhörer Jesu. Dieses Mißverständnis bestand in der irrtümlichen Erwartung, daß das Gottesreich mit der nahe bevorstehenden Ankunft in Jerusalem[72], also in nächster Zukunft[73] anbrechen werde. Dabei stellt man sich das Anbrechen des Reiches als Enthüllung einer bisher verborgenen Wirklichkeit vor[74]. Diese irrtümliche Erwartung wird man

---

[70] Daß ἐπί mit dem Akkusativ in bestimmten Zusammenhängen "gegen in feindl. Absicht" bedeuten kann (Bauer, *WB*, Sp. 571), steht außer Frage und ist auch in den lukanischen Schriften belegt (Lk 14:31; Act 7:57).

[71] Das läßt sich belegen durch die vergleichbare Ausdrucksweise in 2. Reg 12:18 (καὶ ἔταξεν Αζαηλ τὸ πρόσωπον αὐτοῦ ἀναβῆναι ἐπὶ Ιερουσαλημ); vgl. Gen 31:21 (MT). Deutlich wird der Bezug auf den Willen auch in der Erklärung des Theophylact, *Enarratio in Evangelium Lucae 9:51* (PG 123): Τὸ γοῦν, ἐστήριξε τὸ πρόσωπον αὐτοῦ, τοῦτο δηλοῖ ὅτι ἀφώρισεν, ἐκύρωσεν, ἔστη.. βουλὴν, ὥστε ἀπελθεῖν εἰς Ἱερουσαλήμ (Sp. 828D-829A). Vgl. auch die anschauliche Erläuterung, die Schlatter, *Lukas*, S. 270, gibt: "Wohin das Gesicht gerichtet wird, dahin geht es, und dahin geht der Mensch, und wenn man es stützt, verändert es die Richtung nicht, und die Wanderung geschieht ohne Schwankungen" (vgl. v53b).

[72] Vgl. 2:38: Die Prophetin Hanna "redete von ihm [Jesus] zu allen, die auf die Erlösung für/in Jerusalem warteten (πᾶσιν τοῖς προσδεχομένοις λύτρωσιν [𝔐: ἐν] Ἱερουσαλήμ)".

[73] Godet, *Lukas*, S. 480: "Das Wort παραχρῆμα ... steht an der Spitze, weil sich darin die Idee concentrirt, gegen welche das Gleichnis gerichtet ist".

[74] ἀναφαίνεσθαι kann u. a. bedeuten "ans (Tages-)Licht bringen", "enthüllen" (Gemoll, *WB*, S. 62).

vor allem unter den Jüngern und Anhängern Jesu vermuten müssen (vgl. 24:21). Damit ist aber nicht gesagt, daß nur diese als Zuhörer gedacht sind. Wahrscheinlicher ist es, daß ebenfalls die in 18:36.43 und 19:3 erwähnte Volksmenge, die Jesus in Jericho umlagert, Zeuge des Gleichnisses von den anvertrauten Pfunden ist (vgl. 6:17)[75].

Das hier von Jesus vorgetragene Gleichnis weist hinsichtlich seines Bildmaterials viele Parallelen mit dem Herrschaftsantritt damaliger Regenten auf. Die Romreise des Archelaos nach dem Tod Herodes des Großen bildet hierfür ein deutliches Beispiel. Josephus (*Bell.* II.1-116) berichtet darüber, wie Archelaos nach Rom reist, um seine Königsherrschaft offiziell in Empfang zu nehmen: "Die unumgängliche Romreise brachte für Archelaos den Anfang neuer Wirren ... Er wollte sich ... so lange nicht nur der Machtausübung, sondern auch der königlichen Würdenamen enthalten, bis der Kaiser, dem nach dem Testament die letzte Entscheidung über alles zusteht, seine Nachfolge bestätigt habe ... Da rottete sich gegen Abend eine Menge Menschen zusammen, die einen Umsturz im Schilde führte" (1-5)[76]. In II.14 wird dann berichtet, daß Archelaos einen Verwalter seines Besitzes zurückläßt: "als Hüter (ἐπίτροπόν) der Paläste und Treuhänder (κηδεμόνα) für den Familienbesitz ließ er Philippus zurück". In Rom tritt gegen ihn auch eine gegnerische Gesandtschaft auf (II.80): "Dem Archelaos erwuchs in Rom noch ein zweiter Rechtsstreit, und zwar gegen diejenigen Juden, welche vor dem Aufstand mit der Erlaubnis des Varus um der Selbstherrschaft ihres Volkes willen als Gesandte (πρέσβεις) gekommen waren". Archelaos kann seinen Herrschaftsanspruch aber durchsetzen und nimmt nach seiner Rückkehr Rache an seinen politischen Gegnern (II.111): "Als Archelaos die Herrschaft über die Ethnarchie übernommen hatte, behandelte er in Erinnerung an vergangene Streitigkeiten sowohl die Juden als auch

---

[75] Vgl. Johnson, "Parable," S. 145: "In the journey narrative, Luke is generally careful to specify Jesus's audience, and purposefully ... His failure to make *this* audience clearer to his readers leads one to think that the group to whom the parable was spoken was meant to consist in all those with Jesus on the way to Jerusalem, with the parable addressing each segment in diverse ways, and Luke's readers most of all".

[76] Vgl. II.20: "Zu dieser Zeit machte sich auch Antipas auf den Weg, der seinerseits Ansprüche auf die Thronfolge erhob".

die Samaritaner so grausam, daß beide Gruppen gegen ihn Gesandtschaften zum Kaiser schickten"[77].
Indem Jesus die Elemente Reise zum Herrschaftsempfang, Zurücklassen eines Verwalters, Auftreten einer gegnerischen Gesandtschaft und Bestrafung derselben auf sich selbst anwendet, zeichnet er ein sehr differenziertes Bild von seinem Selbstverständnis als Thronanwärter der βασιλεία τοῦ θεοῦ (v11). Dabei lassen sich zwei Gedankenlinien unterscheiden, die am Anfang des Gleichnisses begonnen und dann je für sich weitergeführt werden[78]. In v13 werden die Knechte (δούλους) als Nachlaßverwalter eingesetzt. In vv15-26 wird ausführlich geschildert, wie sie nach erfolgter Rückkehr ihres Herrn (v15a: ἐν τῷ ἐπανελθεῖν αὐτόν) je nach Verhalten entlohnt werden. Der zweite Gedanke wird sehr viel kürzer ausgeführt. Zunächst wird in v14 gesagt, daß die Bürgerschaft (οἱ πολῖται) durch ihren Haß gegen den Thronanwärter (ἐμίσουν αὐτόν) dazu veranlaßt wird, durch die Sendung einer Gesandtschaft ihr Mißfallen an seiner Machteinsetzung zum Ausdruck zu bringen. Im letzten Satz des Gleichnisses (v27) wird dann abschließend erwähnt, daß der inzwischen zur Herrschaft gelangte König seine politischen Gegner (ἐχθρούς) auf grausame Weise hinrichten läßt (κατασφάξατε αὐτούς). Dabei erhält die schon in v14b wiedergegebene Aussage: Οὐ θέλομεν τοῦτον βασιλεῦσαι ἐφ᾽ ἡμᾶς dadurch besonderes Gewicht, daß sie gegen Ende des Gleichnisses vom König noch einmal fast wörtlich aufgegriffen wird (v27: τοὺς μὴ θελήσαντάς με βασιλεῦσαι ἐπ᾽ αὐτούς).

---

[77] Vgl. weiterhin *Ant.* XVII.8.4-9.7; 11.1-4; 13.2.
[78] J. Jeremias, *Die Gleichnisse Jesu.* 10. Aufl. (Göttingen, 1984), S. 56, meint hinsichtlich vv12.14.15a.27: "Vermutlich haben wir in diesen Zügen ein ursprünglich selbständiges zweites Gleichnis vom Thronprätendenten vor uns". In der Tat ist dies nicht mehr als eine Vermutung.

12.3.1 Der Messias und seine Knechte (19:13.15-26)

Die Berechtigung, diese παραβολή nun Zug um Zug als Metapher zu deuten, sie also als Allegorie aufzufassen[79], ergibt sich aus der Beobachtung, daß hier viele Elemente aufgegriffen und in einem Gesamtbild zueinander in Beziehung gesetzt werden, die sich schon zuvor allgemein in der Verkündigung Jesu und speziell im Reisebericht nachweisen lassen. Dies läßt sich schon am ersten Vers (12) des Gleichnisses zeigen. Das zu empfangende Reich (v12: βασιλείαν) ist nach v11 eindeutig ein Bild für die βασιλεία τοῦ θεοῦ. Im Ἄνθρωπός τις εὐγενής, dem Thronanwärter, ist dann aber für den Leser des Lukasevangeliums nur unschwer Jesus zu erkennen, von dem schon in 1:32-33 angekündigt worden war: δώσει αὐτῷ κύριος ὁ θεὸς τὸν θρόνον Δαυὶδ τοῦ πατρὸς αὐτοῦ, καὶ βασιλεύσει ἐπὶ τὸν οἶκον Ἰακὼβ εἰς τοὺς αἰῶνας (vgl. 18:39). Die Reise in das ferne Land (ἐπορεύθη εἰς χώραν μακράν) ist ein bildlicher Ausdruck für die Hinaufnahme (9:51: ἀνάλημψις)[80], die auch sonst als Reise beschrieben werden kann (Act 1:10.11). Somit bilden die einleitende Notiz über die herannahende Hinaufnahme und die bildhafte Rede von der bevorstehenden Reise in ein fernes Land geradezu eine *inclusio* für den gesamten Reisebericht[81].

Der Allegoriecharakter zieht sich durch die ganze Parabel. Daß in v13 mit den Knechten die Jünger Jesu gemeint sind, ergibt sich daraus, daß sie schon in früheren Gleichnissen unter diesem Bild erwähnt werden, so z. B. in der Ermahnung in Lk 12:35-48, die sich eindeutig an die Jünger richtet (vv22.42), und auch in 14:17-24. Der

---

[79] W. Bühlmann u. K. Scherer, *Stilfiguren in der Bibel* (Stuttgart, 1973), S. 65: "Die Allegorie ... besteht in einer Gruppierung von Metaphern. Ein bestimmtes Geschehen oder eine bestimmte Größe werden Zug um Zug mit einem andern identifiziert".

[80] Vgl. Origenes, *Lukasfragmente*, Nr. 227 (GCS 49, S. 325): "Ἐπορεύθη εἰς χώραν μακρὰν λαβεῖν ἑαυτῷ βασιλείαν· ὁ Χριστὸς μετὰ τὴν ἀνάλημψιν.

[81] Es sei hier im Rückblick auf den Forschungsüberblick darauf hingewiesen, daß diese doch recht deutlich erkennbare *inclusio* bei der Mehrzahl der Autoren, die das konzentrische Erklärungsmodell vertreten, keinerlei Berücksichtigung findet. Lediglich bei Bailey 1976 und Talbert 1982 wird diese in etwa durch die Inbezugsetzung von 9:51-56 mit 19:10-48 bzw. mit 19:11-28 sichtbar.

Thronanwärter ruft seine Knechte zu sich, gibt ihnen je zehn Pfunde und weist sie an, damit bis zu seiner Rückkehr Handel zu treiben (Πραγματεύσασθε ἐν ᾧ ἔρχομαι)[82]. Die dreigliedrige Beauftragungshandlung des Thronanwärters (καλέσας – ἔδωκεν – εἶπεν) erinnert an die Aussendung der zwölf Apostel (9:1-3a: Συγκαλεσάμενος – ἔδωκεν – ἀπέστειλεν – εἶπεν) und der siebzig Vorboten (10:1-2: ἀνέδειξεν – ἀπέστειλεν – ἔλεγεν). Dies läßt vermuten, daß auch bei der bildlichen Rede von den anvertrauten Finanzmitteln, die vermehrt werden sollen, in erster Linie an die Ausbreitung des Evangeliums gedacht ist. So wie das Wort des Evangeliums einem Samenkorn vergleichbar ist, das Frucht hervorbringt (8:4-15), so ist es auch einem Geldbetrag (vv15b.23: ἀργύριον) vergleichbar, der bei Investition Gewinn bringt (v16b: προσεργάζεσθαι) oder auf der Bank (v23: ἐπὶ τράπεζαν) Zinsen (τόκος) abwirft. Darum können in v21 Geldinvestition und Aussaat ohne weiteres parallel als Bilder für denselben Sachverhalt gebraucht werden: αἴρεις ὃ οὐκ ἔθηκας καὶ θερίζεις ὃ οὐκ ἔσπειρας (vgl. v22). Der bildlich beschriebene Sachverhalt ist in beiden Fällen die Ausbreitung des Evangeliums bzw. deren Erfolg. Die Tätigkeit der Knechte soll erst mit der Rückkehr des eingesetzten Königs ihr Ende finden.

Bei der Rückkehr des Herrschers (v15: ἐν τῷ ἐπανελθεῖν αὐτόν) werden die Verwalter je nach Erfolg mit größerer Machtbefugnis (v17b: ἐξουσίαν) entlohnt bzw. gehen aufgrund ihres kleinmütigen Ungehorsams leer aus (v24).

---

[82] πραγματεύειν wird hier als Terminus der Finanzsprache verwendet und bedeutet "ein Handelsgeschäft betreiben" (Gemoll, *WB*, S. 626) und wohl nicht nur allgemein "einem Beruf nachgehen", wie Bauer (*WB*, Sp. 1383) vorschlägt. Vgl. auch W. Resenhöfft, "Jesu Gleichnis von den Talenten, ergänzt durch die Lukasfassung," *NTS*, 26 (1979/80), 320: "Angesichts der Reise ist die Teilung der Vermögensverwaltung angebracht; im gleichen Sinn sorgt Jesus, der seine Jünger demnächst verlassen wird, für die Verwaltung seines geistigen Nachlasses".

12.3.2 Der Messias und seine Feinde (19:14.27)

Die in v12 genannten Bürger, die den Thronanwärter hassen, stehen für das Volk, über das Jesus in 11:29 sagt: Ἡ γενεὰ αὕτη γενεὰ πονηρά ἐστιν. Als Feinde Jesu (v27) hat sich die Mehrheit des Volkes samt seiner Führer schon bisher immer wieder zu erkennen gegeben (4:28-29; 6:7.11; 8:37; 9:53; 11:14-15.53-54; 13:31; vgl. auch 19:47; 20:19), und sie war auch von Jesus selbst so gekennzeichnet worden (9:22.44; 18:31-34; vgl. 11:37-52). Für die Jünger verwendet Jesus ausdrücklich das Antonym (12:4: τοῖς φίλοις μου). In den Worten der feindlichen Bürgerschaft, daß sie den Thronanwärter nicht als König akzeptieren wollen (vv14b.27), klingen Jesu eigene Worte über das Schicksal des Menschensohns wider (17:25): δεῖ αὐτὸν ... ἀποδοκιμασθῆναι ἀπὸ τῆς γενεᾶς ταύτης (vgl. 9:22). Mit dieser in betonter Schlußstellung wiederholten Abweisung Jesu durch das Volk (v27) erscheint hier erneut das Motiv der Ablehnung Jesu, das schon in 9:52-56 beobachtet werden konnte (v53a: οὐκ ἐδέξαντο αὐτόν). Während zu Beginn allerdings das Gericht für die Gegenwart durch Jesus scharf zurückgewiesen wurde (9:55), wird es im Abschlußgleichnis ausdrücklich für die Zeit nach seiner Parusie angekündigt (19:27).

Exkurs: Der Reisebericht als Testament?

An dieser Stelle ist nun noch einmal auf die Diskussion über die Gattung des seit 6.2 bewußt so bezeichneten Reiseberichts zurückzukommen. Vor allem aufgrund einiger Beobachtungen zu Lk 9:51 meint Sellin, im Reisebericht der Form nach eine Verwandtschaft mit der jüdischen Testamentenliteratur erkennen zu können[83]. Eindeutig zu weit geht allerdings U. Busse, wenn er im Anschluß an Sellin behauptet: "Lukas ... gestaltet sein Textmaterial ... unter dem Formprinzip der jüdischen Testamentsliteratur ... Die Bezeichnung 'Reisebericht' läßt sich also wegen der redaktionellen Intention durch den

---

[83] S. "Reisebericht," S. 134-5: "Im Sinne der jüdischen Testamenten-Literatur gibt der dahingehende Jesus seinen Jüngern ein *Testament für die Zeit der Kirche*".

Begriff 'Testament' oder 'Vermächtnis' ersetzen"[84]. Denn keineswegs kann der Reisebericht der Gattung Testament oder Testamentarische Rede zugeordnet werden. Dagegen spricht allein schon die Tatsache, daß er die "äußeren, stilistischen Kriterien der Gattung", die von Nordheim[85] nach gründlicher Einzelanalyse der in Frage kommenden (jüdischen) Texte aus der hellenistisch-römischen Zeit zusammengestellt worden sind, nicht aufweist.

Die Ähnlichkeit des lukanischen Reiseberichts mit der jüdischen Testamentenliteratur ist, wenn man davon überhaupt sprechen will, eine inhaltliche. Für das Testament gilt: "Der bevorstehende Tod ist Anlaß zu einer letzten Belehrung"[86]. Dies läßt sich auch von den (teils schon erwähnten) verwandten alttestamentlichen und apokryphen Texten[87], wie etwa Gen 47:29; 1Reg 2:1; 1Makk 2:49 (Καὶ ἤγγισαν αἱ ἡμέραι Ματταθιου ἀποθανεῖν, καὶ εἶπεν τοῖς υἱοῖς αὐτοῦ ...); Tob 14:3 [S] (καὶ ὅτε ἀπέθνησκεν, ἐκάλεσεν Τωβιαν τὸν υἱὸν αὐτοῦ καὶ ἐνετείλατο αὐτῷ λέγων ...), sagen[88]. Ebenso ist auch in Lk 9:51, womit die Präsentation vorwiegend von Redestoff eingeleitet wird, als Anlaß für diese Unterweisung die bevorstehende Trennung Jesu von seinen Jüngern und seinem Volk genannt. Allerdings wird die Tren-

---

[84] *Die Wunder des Propheten Jesus: Die Rezeption, Komposition und Interpretation der Wundertradition im Evangelium des Lukas* (Stuttgart, 1977), S. 272.

[85] E. von Nordheim, *Die Lehre der Alten. Bd 1: Das Testament als Literaturgattung im Judentum der hellenistisch-römischen Zeit* (Leiden, 1980), S. 230-2. Seine Analyse hat gezeigt, daß man von der Gattung Testament dann sprechen kann, wenn die drei Elemente Anfangsrahmen, Mittelteil und Schlußrahmen in folgender Weise gestaltet sind: Der Anfangsrahmen nennt u. a. Titel, Verfassernamen und Adressaten und gibt einen Hinweis auf den bevorstehenden Tod des Redenden. Der Mittelteil bietet die Rede des Sterbenden, die Rückblick, Verhaltensanweisung und Zukunftsansage enthält. Im Schlußrahmen finden sich Bestattungsanweisungen und eine Notiz über den Tod des Redenden. Mit Recht vorsichtiger als Busse ist daher G. Nebe, *Prophetische Züge im Bilde Jesu bei Lukas* (Stuttgart, 1989), S. 181, wenn er, ebenfalls unter Verweis auf Sellin, lediglich "einen testamentarischen Charakter" des Reiseberichts ausmachen will.

[86] Von Nordheim, *Lehre*, I, 237.

[87] Vgl. dazu ausführlich E. von Nordheim, *Die Lehre der Alten. Bd 2: Das Testament als Literaturgattung im Alten Testament und im alten vorderen Orient* (Leiden, 1985), S. 5-72.

[88] Vgl. weiterhin Dtn 31:14; Jos 23:14; Tob 4:2.

nung nicht durch den Tod, sondern durch die Hinaufnahme (ἀνάλημ-ψις) Jesu erfolgen.

Zieht man dies in Betracht, so lassen sich noch engere Parallelen aus der pseudepigraphischen Literatur heranziehen, in denen eine direkte Verbindung zwischen bevorstehender Entrückung und Abschiedsbelehrung gezogen wird. Es sind vor allem zwei Stellen, die hier angeführt werden können. In äthHen 81:5-6 wird in einer autobiographischen Erzählung die schon erwähnte Notiz über die Entrückung des Henoch ausgesponnen: "Und jene sieben Heiligen brachten mich und setzten mich auf die Erde vor die Tür meines Hauses, und sie sprachen zu mir: 'Verkündige alles deinem Sohn Methusala und zeige allen deinen Kindern, daß kein Sterblicher vor dem Herrn gerecht ist, denn er ist ihr Schöpfer. Ein Jahr werden wir dich bei deinem Sohn lassen, denn (es wird) ein zweites Gebot (ergehen), daß du deine Kinder lehrst und (es) ihnen niederschreibst und ihnen, all deinen Kindern, Zeugnis ablegst, aber im andern Jahr wird man dich von ihnen nehmen/aufheben"[89].

Auch über Esra wird in 4Esr 14 berichtet, daß er durch eine Offenbarung von seiner bevorstehenden Entrückung erfährt: "Du wirst von den Menschen hinweg entrückt werden und wirst fernerhin mit meinem Sohn und mit deinesgleichen verweilen, bis die Zeiten zu Ende sind". Im Hinblick auf diese bevorstehende Entrückung erhält er seine Anweisungen (14:13): "Daher ordne nun dein Haus, ermahne dein Volk, tröste seine Bedrängten, belehre seine Weisen". Esra versammelt daraufhin das Volk zur Belehrung über Gegenwart und Zukunft (14:27-36) und schreibt die Offenbarung nieder. Dann heißt es (14:47): "Damals wurde Esra entrückt und an den Ort derer geführt, die ihm gleichen, nachdem er alles dieses geschrieben hatte".

---

[89] Ähnliche Aussagen finden sich in syrBar 76:1-5, wobei allerdings nicht ganz deutlich ist, ob von einer Entrückung die Rede ist: "Und er antwortete und sprach zu mir: 'Weil dir die Offenbarung dieses Gerichts gedeutet worden ist, wie du erbeten hast, so höre das Wort des Höchsten, damit du weißt, was dich nach diesen Dingen treffen wird. Zwar wirst du sicher abscheiden von dieser Erde, doch nicht zum Tod; vielmehr wirst du bewahrt (fürs Ende) der Zeiten ... Dies aber wird geschehen nach vierzig Tagen. Gehe darum jetzt in diesen Tagen hin. Belehre das Volk, soviel du kannst, damit sie lernen, daß sie nicht sterben müssen in den letzten Zeiten. Sie sollen vielmehr erkennen: Sie werden leben in den letzten Zeiten'".

Es läßt sich somit festhalten, daß eine inhaltliche Verwandtschaft des Reiseberichts mit testamentarischen Texten der alttestamentlich-jüdischen Literatur lediglich insofern besteht, als jeweils der bevorstehende Abschied den Anlaß zur ausführlichen und intensiven Belehrung der Zurückbleibenden darstellt. Dabei ist aber, was die Art des zu erwartenden Abschieds betrifft, eine größere Ähnlichkeit zu den pseudepigraphischen Berichten über die Entrückung des Henoch und des Esra festzustellen, denn der Abschied ist auch dort eine Hinaufnahme in den Himmel. Die Entrückung nämlich "ist ein geeignetes Schema, um die Trennung Jesu von seinen Jüngern zu beschreiben und den Einschnitt zwischen dem Wirken des irdischen Jesus und der von ihm beauftragten Boten in der Zeit der Kirche bis zur Parusie zu charakterisieren"[90]. Bereits von 9:51 an beginnt die Vorbereitung der Jünger auf diese Trennung von ihrem Meister. Andererseits muß aber in aller Deutlichkeit festgestellt werden, daß der Abschnitt Lk 9:51-19:28 praktisch keinerlei testamentarische Gattungselemente aufweist und es daher ganz verfehlt wäre, mit Busse den Namen Reisebericht durch die Gattungsbezeichnung Testament zu ersetzen.

12.4 Der theologische Schwerpunkt des Reiseberichts

Die in der Anfangs- und der Abschlußperikope ausgesprochenen Grundgedanken können nur dann als maßgebend für den theologischen Schwerpunkt des Reiseberichts angesehen werden, wenn sie sich durch den gesamten gerahmten Abschnitt hindurch wiederfinden lassen. Ob dies der Fall ist, soll nun (wenn auch relativ knapp) untersucht werden.

Es konnte bisher festgestellt werden, daß in 9:51 und 19:12-27 vom Abschluß des gegenwärtigen irdischen Wirkens des Messias und von seinem zukünftigen Wirken bei seiner Wiederkunft gesprochen wird. Dem entspricht die Tatsache, daß der gesamte Abschnitt 9:51-19:28 in christologischer Hinsicht den Schwerpunkt auf das zukünftige Wirken Jesu legt. Die Zukunft des Messias beginnt mit seiner Hin-

---

[90] Friedrich, "Entrückungschristologie," S. 52.

aufnahme (9:51), die bildlich als Reise in ein fernes Land beschrieben wird (19:12). Die Hinaufnahme des Messias wird gefolgt von seiner Parusie (12:40: ὁ υἱὸς τοῦ ἀνθρώπου ἔρχεται; 17:22-36, bes. v24: οὕτως ἔσται ὁ υἱὸς τοῦ ἀνθρώπου [ἐν τῇ ἡμέρᾳ αὐτοῦ]; 18:8: ὁ υἱὸς τοῦ ἀνθρώπου ἐλθών), die im Bild als Rückkehr eines Hausherrn von einer Hochzeit (12:35-38, bes. v37: ἐλθὼν ὁ κύριος; 12:42-48, bes. v43: ἐλθὼν ὁ κύριος) bzw. von einer Auslandsreise (19:15) ausgedrückt wird. Bei seiner Parusie tritt der Messias als Richter auf (19:15-27), als Hausherr (οἰκοδεσπότης), der die Tür zum Festsaal und somit den Zugang zum messianischen Reich endgültig verschließt (13:25-28) und keinen der ursprünglich Geladenen am Abendmahl teilnehmen läßt (14:24).

Zur weiteren Untersuchung des Reiseberichts als Ganzem ist eine von Reicke vorgeschlagene Unterscheidung hilfreich. Er hat darauf hingewiesen, daß "the pericopes of the Travel Narrative concern either *instruction* of the apostles, regarded as leaders of the faithful and as missionaries, or *discussion* with opponents"[91]. Diese Unterscheidung ließe sich zwar auch auf andere Teile des Evangeliums anwenden und bezeichnet insofern kein absolutes Spezifikum des Reiseberichts; sie ist aber auch bei der Interpretation des Reiseberichts zu berücksichtigen, da Lukas die unterschiedlichen Adressaten der Worte und Reden Jesu in aller Regel ausdrücklich nennt. Allerdings bedeutet diese Unterscheidung keine völlige Scheidung zwischen Jüngerbelehrung einerseits und Volkspredigt andererseits. Denn viele an die Jünger gerichtete Mahnungen spricht Jesus in Anwesenheit der Volksmenge aus, und die Jünger wiederum sind regelmäßig Zeugen der Volkspredigt Jesu. Unter dieser Voraussetzung werden nun zunächst die an die in der Abschlußszene des Reiseberichts in erster Linie angesprochenen Jünger (und Apostel) adressierten Passagen behandelt (12.4.1), um anschließend auf die an das Volk (und seine Leiter) gerichteten Abschnitte einzugehen (12.4.2).

---

[91] Reicke, "Instruction," S. 210. Die Arbeit von J. L. Resseguie, "Instruction and Discussion in the Central Section of Luke: A Critical Study of Luke 9:51-19:44," Diss. Pasadena, 1978, war mir nicht zugänglich.

12.4.1 Die Dienstanweisung für die Jünger

Das Abschlußgleichnis weist die Jünger Jesu in aller Deutlichkeit darauf hin, welche Aufgabe ihnen nach der Himmelfahrt Jesu zukommen wird und daß die Erfüllung dieser Aufgabe maßgebend sein wird für ihre Beurteilung bei seiner Parusie. Der zweistufigen christologischen Zukunftsperspektive (Hinaufnahme/Parusie) entspricht insofern eine zweistufige Zukunftsperspektive für die Jünger (Dienst/Belohnung). Eine Untersuchung aller in Frage kommenden Perikopen zeigt dann auch, daß sich sämtliche an die Jünger adressierten Reden Jesu im Reisebericht (mit Ausnahme von 18:31-34) unter dem Generalthema ihrer Ausrüstung und Beauftragung für die Zeit der Kirche zusammenfassen lassen. Auch die zukünftige Belohnung der Jünger taucht in den an sie gerichteten Ermahnungen im Reisebericht immer wieder auf. Dabei stehen die Vorstellungen von einer Vergeltung nach dem Tod im Jenseits und bei der Wiederkunft des Messias in der Zukunft nebeneinander. Dieses Generalthema wird im folgenden, wenn auch in aller Kürze, für jeden dieser Abschnitte aufzuweisen sein.

Die Perikope 9:52-56 berichtet, wie im Jüngerkreis der Wunsch aufkommt, eine die Aufnahme Jesu verweigernde samaritanische Ortschaft durch ein vom Himmel herabgerufenes Feuergericht zu strafen. Offenbar halten die Jünger nun, da das Wirken Jesu sich seinem Höhepunkt nähert (9:51), die Zeit für das vom Täufer angekündigte göttliche Strafgericht (3:17) für gekommen. Daß Jesus diesen Gedanken in aller Schärfe zurückweist (v55), macht deutlich, daß die Jünger ihren Dienst jetzt und auch nach der Trennung von Jesus im Geist der Bergpredigt (6:20-38) und nicht geleitet durch Rachegedanken erfüllen sollen.

Der Abschnitt 9:57-62 enthält in Form von drei knappen Dialogen die Anforderungen, die Jesus an diejenigen stellt, die ihn bei seiner Reise nach Jerusalem begleiten wollen oder sollen. Sie sollen in die Reichsgottesarbeit eintreten (v62) und das Evangelium verkünden (v60). Da das Μετὰ δὲ ταῦτα in 10:1 bewußt einen Zusammenhang zwischen 9:57-62 und 10:1-16 herstellt, dürfte diejenige Auslegung grundsätzlich im Recht sein, die an eine Verbindung der drei genannten Nachfolgekandidaten mit den 70 Gesandten denkt: Nachdem Jesus in einem kritischen Auswahlverfahren weitere Mitarbeiter versammelt hat, sendet er diese ähnlich wie die Zwölf als Gesandte in den Dienst der Reichsgottesverkündigung. Insofern handelt es sich bei den Worten Jesu um Anforderungen an potentielle Mitarbeiter, die auch für die Zeit nach der Himmelfahrt von exemplarischer Bedeutung sein sollen[92].

Dem schließen sich in 10:1-24 Dienstanweisungen für Missionare an, die nicht nur den Siebzig gelten, sondern nach v2 als Grundlage für alle zukünftige Missionsarbeit bestimmt sind. Da Jesus angesichts seiner nahe bevorstehenden Hinaufnahme (9:51) die Notwendigkeit weiterer Erntearbeiter herausstellt, rechnet er deutlich damit, daß nach seinem Abschied von seinen derzeitigen Jüngern noch andere die Botschaft vom Reich Gottes verbreiten werden. Die hier von Jesus entwickelte Strategie wird nach dem Bericht der Apostelgeschichte später von den urchristlichen Missionaren angewendet. Petrus hat beim Gerber Simon in Joppe ein Quartier (Act 10:6.10.18); Paulus, Silas, Timotheus und Lukas machen das Haus der Purpurkrämerin Lydia zu einem Missionsstützpunkt in Philippi (Act 16:15). Paulus und Barnabas schütteln bei ihrer Vertreibung aus dem pisidischen Antiochien den Staub von ihren Füßen (Act 13:51). Die Verheißung der Unverletzlichkeit durch Schlangen und Skorpione bewahrheitet sich ausdrücklich im Missionsdienst des Paulus (Act 28:1-6). Es ließen sich noch weitere Aspekte nennen.

In 10:38-42 richtet sich Jesus an zwei Jüngerinnen[93]. Diese belehrt er darüber, wie ihr Verhältnis zu ihm beschaffen sein soll. Ihre Tätigkeit im Dienst für Jesus darf ihre Bereitschaft zum empfangenden Hören nicht verdrängen. Das Dienen ist nicht unwichtig, aber es ist dem Hören im Konfliktfall untergeordnet. Diese Grundregel ist von Bedeutung für den gesamten Jüngerkreis auch in der Zeit nach

---

[92] Anders Reicke, "Instruction," S. 211: "This was of great significance for Christian ministers who had to insist that everyone wishing to be a member of the Church should give up all connections with the old eon. So this pericope may be understood to be a piece of instruction for ministers".

[93] Die Anrede Κύριε (v40) scheint hier nicht als inhaltslose Formel verwendet zu werden (6:46; vgl. 13:28), sondern spezifische Jüngeranrede zu sein (5:8; 9:54; 10:17; 11:1; 12:41; 17:37; 19:8; 22:33.38.49).

Jesu Abschied. Nach Schlatter[94] regelt diese Szene "die ganze gottesdienstliche Arbeit der Kirche".

Auch die Gebetsunterweisung (11:1-13) dient im Reisebericht der Ausrüstung der Jünger für ihren zukünftigen Dienst. Dies geht besonders deutlich aus der diese Lehreinheit abschließenden Aussage Jesu über den hauptsächlichen Gebetsinhalt hervor (v13: πνεῦμα ἅγιον). Denn mit der Gabe des Heiligen Geistes ist sowohl auf dem Hintergrund des AT[95] als auch im Kontext des Evangeliums (3:22; 4:1.14) die Ausrüstung zum Dienst im Namen Gottes gemeint. So wie er Jesus gegeben wurde, sollen auch die Mitglieder seiner Jüngergemeinde den sie zum Dienst befähigenden Geist vertrauensvoll erbitten. Hier "ist die Vorstellung nicht die, daß der Geist durch eine einmalige Sendung in den Jünger hineingelegt werde. Für das jetzt zu vollbringende Werk wird er ihm je und je gegeben"[96].

Der Abschnitt 12:01-12 geht ausführlicher auf die Situation ein, die in 10:3 bereits kurz angedeutet wurde. Er handelt von der für die Zukunft immer wieder zu erwartenden (v12: ἐν αὐτῇ τῇ ὥρᾳ) Konfrontation der Jünger Jesu mit ihren Gegnern im allgemeinen und den offiziellen religiösen und staatlichen Organen (v11) im speziellen. In der Apostelgeschichte werden derartige Situationen häufiger erwähnt (4:1-22; 5:27-42; 7:8-60; 24:1-26:32). Bei seiner Wiederkunft wird der Menschensohn einige der von ihm Angeredeten "vor den Engeln Gottes" verleugnen, andere wird er bekennen (v9).

Die Verse 12:22-34 enthalten eine Ermahnung zur Sorglosigkeit, die sich inhaltlich mit dem in 10:4 gegebenen Auftrag berührt. Die Jünger Jesu sollen jetzt und zukünftig die Sorge um den Lebensunterhalt im Vertrauen auf Gottes väterliche Fürsorge dem Streben nach dem Gottesreich unterordnen. Der richtige Umgang mit dem materiellen Besitz schließt auch die Überzeugung ein, daß man schon

---

[94] *Lukas*, S. 293.

[95] So wie die Menschen Jahwe ihren Lebensodem verdanken (Jes 42:5), begabt er sie zur Vollbringung besonderer Aufgaben auch in besonderer Weise mit seinem Geist (Jdc 3:10; 14:6; s. auch 16:28). H. W. Wolff, *Anthropologie des Alten Testaments*. 4. Aufl. (München, 1984), S. 61: "Mit der r[uᵃh] Gottes wird dem Menschen also eine außerordentliche *Begabung* zuteil".

[96] Schlatter, *Lukas*, S. 507.

im gegenwärtigen Diesseits durch Wohltätigkeit "einen unvergänglichen Schatz in den Himmeln" erwerben kann (v33).

In der anschließenden Ermahnung der Jünger und Apostel zur Treue (12:35-48) wird die Ausrichtung der Jüngerunterweisung Jesu im Reisebericht auf die Zeit der Kirche wieder besonders deutlich. Die Verwandtschaft dieses Doppelgleichnisses mit dem Abschlußgleichnis des Reiseberichts liegt auf der Hand. Den Jüngern (vv35-40) steht eine Zeit bevor, in der sie auf die Wiederkunft Jesu (v40) warten werden. Wie es ihnen dann ergehen wird, hängt davon ab, ob sie in dieser Zeit des Wartens den Erwartungen ihres Herrn gerecht geworden sind. Die Knechte, die bis zu seiner Wiederkunft treu ausgeharrt haben, wird der Menschensohn "sich zu Tisch legen lassen und wird hinzutreten und sie bedienen" (v37). Den Aposteln (vv41-48) kommt eine besondere Verantwortung für die Jüngergemeinde zu. Diejenigen, die sich als treue Verwalter erweisen, wird Jesus bei seiner Parusie "über seine ganze Habe setzen" (v44). Wer sich aber als untreuer Verwalter erweist, den wird er "entzweischneiden und ihm sein Teil setzen mit den Ungläubigen" (v46).

Die direkt anschließenden Worte Jesu (12:49-53) sollen offenbar, allgemein formuliert, den Jüngern Jesu "angesichts des Ernstes der Zeit bis zu seiner Wiederkunft die notwendige Nüchternheit vermitteln"[97]. Ihnen steht zunächst nicht eine Zeit des (messianischen) Friedens bevor, sondern eine Zeit der Spaltung und Feindschaft. Darauf müssen sie sich einstellen.

Das Gleichnis vom ungerechten Verwalter (16:1-13) ist ebenfalls ausdrücklich an die Jünger gerichtet. Es stellt ihnen das ungerechte Verhalten des Verwalters insofern als nachahmenswertes Beispiel vor Augen, als dieser das ihm verfügbare Geld zur Entlastung anderer einsetzt. Damit ist den Jüngern für ihren Umgang mit dem materiellen Gut eine klare Handlungsanweisung gegeben. Die, welche die ihnen von Gott anvertrauten Gaben in seinem Sinn einsetzen, wird man bei ihrem Tod "aufnehmen in die ewigen Zelte" (v9). Ihnen wird man "das Wahrhaftige anvertrauen" und "das Eure geben" (vv11-12). Wie wichtig der Umgang mit dem Besitz in der Urgemein-

---

[97] K. H. Rengstorf, *Das Evangelium nach Lukas*. 17. Aufl. (Göttingen, 1978), S. 166.

de ist, zeigt an vielen Stellen wiederum die Apostelgeschichte (2:44-5; 5:1-11 u. ö.).

Der Abschnitt 17:1-10 läßt sich mit den Worten "Ernste Blicke in die Zukunft der Gemeinde"[98] überschreiben. Dabei werden, wie schon öfter (z. B. 12:35-48), neben den gewöhnlichen Gemeindegliedern die Apostel als Träger eines besonderen Maßes an Verantwortung für die Gemeinde besonders angesprochen (vv5-10).

In 17:22-36 kündigt Jesus an, daß seine Jünger nach der bevorstehenden Trennung von ihm (9:51) eine Zeit der unerfüllten Sehnsucht nach den Tagen des Menschensohns durchleben werden (v22). Dann werden sie die Rückkehr des Menschensohns erwarten (vv24.30). Für diese spannungsvolle Situation gibt Jesus seiner Jüngergemeinde konkrete Anweisungen.

Die der früheren (11:1-13) ähnliche Gebetsermahnung in 18:1-8 ist wie diese speziell auf die Situation der Jünger nach dem Abschied Jesu zugeschnitten. Die Situation der Witwe im Gleichnis (v3: Ἐκδίκησόν με ἀπὸ τοῦ ἀντιδίκου μου) entspricht der von Jesus den Jüngern für die Zukunft in Aussicht gestellten Lage (10:3; 12:1-12). Vielleicht ist die Jüngergemeinde sogar bewußt in der Person der Witwe angedeutet, die ihren Mann verloren hat (vgl. 5:34-35)[99]. Die Deutung auf die Lage der Jünger nach der Hinaufnahme Jesu wird jedenfalls durch v8 bestätigt, insofern hier auf das Gegenstück zur Himmelfahrt, die Parusie des Menschensohns vorausgeschaut wird.

Auch in dem direkt sich anschließenden Bericht von der Kindersegnung (18:15-17) sind die Jünger die Adressaten der Worte Jesu. Ihnen wird geboten, auch und gerade die kleinen Kinder nicht vom segensreichen Wirken Jesu fernzuhalten. Daß diese Aussage Jesu auch für das zukünftige Leben der Jüngergemeinde von Bedeutung ist, liegt auf der Hand.

Schließlich wendet sich Jesus in 18:28-30 auf eine Frage des Petrus nochmal an die Apostel und bestätigt diese in ihrer Bereitschaft, um der Nachfolge willen Verzicht zu üben. Die verzichtsbereiten Jünger dürfen "in dem kommenden Zeitalter ewiges Leben" erwarten (v30).

---

[98] Zahn, *Lucas*, S. 591.

[99] Zahn, *Lucas*, S. 611, weist in diesem Zusammenhang noch auf die Bezeichnung der Jünger als Waisen in Joh 14:18 hin.

Es läßt sich somit festhalten, daß sämtliche an die Jünger gerichteten Passagen des Reiseberichts gut unter dem in 9:51 ausgesprochenen Grundgedanken zusammengefaßt werden können und ihrerseits in vielen Details auf die der Parusie vorausgehende Zeit der Kirche vorausblicken. Alle genannten Abschnitte stehen inhaltlich in mehr oder weniger deutlicher Relation zum zukünftigen Leben der Jüngergemeinde (10:38-42; 11:1-13; 12:1-12.22-34.35-48.49-53; 16:1-13; 17:1-4; 18:1-8.15-17) und sind zum Teil sogar besonders auf die Verantwortung der Leiter dieser Gemeinde zugeschnitten (12:41-48; 17:5-10). Daß eine zentrale Aufgabe der zukünftigen Gemeinde Jesu die Ausbreitung der Gottesreichsbotschaft sein wird, lassen die ausführlichen Anweisungen im Blick auf die Tätigkeit von Missionaren und Evangelisten (9:57-62; 10:1-24; 18:28-30) erkennen.

12.4.2 Die Gerichtsankündigung für das Volk

Die Thematik der Reden Jesu an das Volk läßt sich nicht *direkt* aus dem Abschlußgleichnis des Reiseberichts ableiten, insofern dieses in erster Linie als Jüngerunterweisung gemeint ist. Es enthält aber zu Beginn und am Schluß Aussagen, die eindeutig auf die Volksmenge gemünzt sind, die doch auch anwesend zu denken ist. Daß das Gottesreich erst in der Zukunft anbrechen wird (vgl. 19:11), bedeutet für das Volk und seine Leiter, daß es aufgrund seines Widerstands gegen die Herrschaft des Messias in der Zeit seiner Abwesenheit (19:14) bei seiner zukünftigen Wiederkunft mit einer schonungslosen Bestrafung rechnen muß (19:27).

Die Aussendungsrede an die 70 Gesandten enthält u. a. die Aufforderung an die Jünger, den abweisenden Orten das zukünftige Gericht anzukündigen (10:10-12). Direkt im Anschluß an diese Anweisung (10:13-16) wendet sich Jesus selbst mit seinen Weherufen an die Städte Chorazin, Bethsaida und Kapernaum und kündigt ihnen ein besonders schweres Urteil "im Gericht (ἐν τῇ κρίσει)" (v14) an. Speziell Kapernaum wird dann "bis in den Hades (ἕως τοῦ ᾅδου) hinabgestoßen werden" (v15).

In 10:25-37 liegt der Ausgangspunkt für das von Jesus erzählte Gleichnis vom barmherzigen Samariter in der Frage des Gesetzesgelehrten nach den Voraussetzungen dafür, "ewiges Leben (ζωὴν αἰώνιον) zu erben" (v25). Das von Jesus vorgetragene Gleichnis knüpft die Erlangung des (messianischen) Heils daran, ob das gegenwärtige Leben des Einzelnen am göttlichen Gebot der Nächstenliebe ausgerichtet wird.

Die Auseinandersetzung Jesu mit dem Vorwurf der Kollaboration mit dem Satan sowie mit der Zeichenforderung seiner Gegner (11:14-36) enthält in seinem Argument von der Gegenwart des Gottesreiches (v20) eine implizite Aufforderung, sich diesem Reich und seinem Bringer nicht länger ungläubig zu verweigern. Dem "bösen Geschlecht" (v29), das "nicht mit mir ist", sondern "gegen mich", das "nicht mit mir sammelt", sondern "zerstreut" (v23), kündigt Jesus an, daß es "im Gericht (ἐν τῇ κρίσει)" sogar von der heidnischen Königin und den heidnischen Bewohnern Ninives "verdammt" werden wird, weil es keine Buße tut (vv31-32).

In der direkt anschließenden Scheltrede wird speziell den Pharisäern und den Gesetzesgelehrten (11:37-54) in einem je dreifachen Weheruf (ähnlich wie in 10:13-16 den galiläischen Städten) die Gerichtswürdigkeit ihrer Lebensführung angesagt: οὐαὶ ὑμῖν!

Wie im Gleichnis vom barmherzigen Samariter nimmt Jesus in 12:13-21 erneut den einzelnen in den Blick. Die Warnung vor der Habsucht wird in einem Gleichnis entfaltet, das dem gegenwärtigen Umgang mit dem Besitz das Ergehen im Jenseits gegenüberstellt. Das Gleichnis warnt die Hörer davor, ihr Leben ohne die Frage nach dem Reichtum "im Blick auf Gott" (v21) zu führen, die sich angesichts der Unausweichlichkeit und Unberechenbarkeit des Todes (v20: τὴν ψυχήν σου ἀπαιτοῦσιν ἀπὸ σοῦ) stellt.

Auch in der Bußmahnung in 12:54-59 wird dem Volk das Gericht angekündigt. Im Gerichtsgleichnis (vv57-59) wird deutlich, daß gegenwärtig noch die Zeit besteht, Schulden auf gütlichem Wege aus der Welt zu schaffen. Es wird aber eine Zeit kommen, wo in aller Strenge und ohne eine Möglichkeit zum Schuldenerlaß das Recht durchgesetzt werden wird.

In 13:1-9 verdeutlicht Jesus anhand der Beispiele von der Bluttat des Pilatus und vom Turm von Siloa zweifach den Ernst seiner Gerichtsankündigung: "wenn ihr nicht Buße tut, werdet ihr alle ebenso umkommen" (vv3.5). In den beiden verhältnismäßig kleinen Unglükken sieht Jesus unter Umständen ein "Vorspiel derjenigen, welche das römische Heer bald im ganzen heiligen Land durchführen soll"[100]. Ebenso ist im Gleichnis vom unfruchtbaren Feigenbaum das ἔκκοψον [οὖν] αὐτήν (v7) ein Bild des für die Zukunft (v9: εἰς τὸ μέλλον) zu erwartenden Gerichts. "Ist nun der Weinberg von altersher und nicht minder in der Bildsprache Jesu regelmäßige Bezeichnung der israelitischen Gemeinde als des Eigentums Gottes, was anders könnte dann der Feigenbaum in diesem Weinberg bedeuten als Jerusalem?"[101].

Das Gleichnis von der engen Pforte (13:22-30) ist die Antwort Jesu auf die Frage, ob tatsächlich nur eine relativ kleine Gruppe von Menschen gerettet aus Gottes Gericht hervorgeht (v23: εἰ ὀλίγοι οἱ σωζόμενοι). Der Zeitpunkt, zu dem der Hausherr sich erhebt und die Tür verschließt (v25), dürfte im Bild der Parusie entsprechen, die das Gericht einleitet. ὁ κλαυθμὸς καὶ ὁ βρυγμὸς τῶν ὀδόντων (v28) beschreibt den "Zustand der im Endgericht Verdammten"[102] in der "äußersten Finsternis" (Mt 8:13; 22:13; 25:30) bzw. im "Feuerofen" (Mt 13:42.50).

In 13:31-35 kündigt Jesus den Pharisäern, die ihm aufgrund der Tötungsabsichten des Antipas zur Flucht raten, erneut (vgl. 13:6-9) den endgültigen Untergang Jerusalems an (v35).

Der Vergleich in 14:07-11 macht anhand der Situation bei einem Gastmahl deutlich, daß auch im Verhältnis zu Gott der Verzicht auf die eigene Ehre der richtige Weg zu ihrem zukünftigen (v11: ὑψωθήσεται) Empfang ist. Nicht, wer sich selbst erhöht, sondern nur wer sich selbst erniedrigt, wird vor Gottes Urteil bestehen können. "Der Ausdruck: *Du wirst Ehre haben*, wäre kindisch, wenn er nicht auf eine himmlische Wirklichkeit hinausweisen würde"[103].

Im direkt anschließenden Gleichnis (14:12-14) kritisiert Jesus den Gastgeber, weil er bei der Auswahl seiner Gäste auf Vergeltung aus ist. Wenn dieser diejenigen einladen würde, die ihm seine Gastfreundschaft nicht vergelten können, dürfte er auf zukünftige göttliche Vergeltung ἐν τῇ ἀναστάσει τῶν δικαίων hoffen (v14). Jesus weist

---

[100] Godet, *Lukas*, S. 399.
[101] Zahn, *Lucas*, S. 524.
[102] Zahn, *Lucas*, S. 535.
[103] Godet, *Lukas*, S. 411.

damit die Pharisäer darauf hin, daß nicht sie, die "nach dem schlechten Brauch dieses Weltlaufs weiterleben, Anwartschaft auf den Gnadenlohn im Gottesreich haben, sondern ganz andere Leute, welche in dieser gegenwärtigen Welt nach den Grundgesetzen der zukünftigen Welt leben"[104].

In einem dritten Gleichnis (14:15-24) geht es wieder (vgl. 13:29) um die Teilnahme am δεῖπνον μέγα (v16) ἐν τῇ βασιλείᾳ τοῦ θεοῦ (v15). Statt der ursprünglich Geladenen, die die Einladung nicht angenommen haben, werden die Armen und Krüppel und Lahmen und Blinden (v21) eingeladen. Diejenigen, deren Teilnahme man am ehesten erwartet hätte, werden vom Gottesreich ausgeschlossen werden (v24: οὐδεὶς ... γεύσεταί μου τοῦ δείπνου), was wiederum ein Bild für das kommende Gericht ist.

Die folgende Rede Jesu an die ihn begleitende Volksmenge (14:25-35) formuliert in aller Schärfe die Konsequenzen, die es mit sich bringt, in die Jüngerschaft (vv26.27.33) einzutreten. Wer nicht mit ganzem Ernst Jesus nachfolgt, dem wird es wie dem kraftlosen Salz ergehen: ἔξω βάλλουσιν αὐτό (v35). Jüngerschaftsanwärter ohne den Willen zur Konsequenz "werden schließlich ihren Platz draußen, d. h. außerhalb des Reiches Gottes angewiesen bekommen"[105]. Wer ohne innere Überzeugung aus anderen Gründen dem Jüngerkreis beitritt, dem wird es letztlich nicht anders ergehen als denen, die sich von vornherein eindeutig gegen einen Anschluß an Jesus entscheiden.

Im Gleichnis vom reichen Mann und dem armen Lazarus (16:14-31) wird das jenseitige Schicksal des reichen Mannes im Totenreich (v23: ἐν τῷ ᾅδῃ) als Resultat seines Verhaltens während seines Erdenlebens dargestellt (v25). Als Kontrast dient Lazarus, der εἰς τὸν κόλπον Ἀβραάμ (v22) getragen wird; offenbar, weil er (ohne daß dies ausdrücklich gesagt wird) nicht nur im Sinne von 3:8, sondern auch im Sinne von 19:9 als Abrahamskind angesehen wird.

In 18:09-14 führen der Zöllner und der Pharisäer die richtige und die falsche Gebetshaltung vor. Die aus diesem Vergleich gezogene

---

[104] Zahn, *Lucas*, S. 548-9.
[105] Zahn, *Lucas*, S. 557.

Lehre stimmt mit 14:11 überein. Anerkennung vor Gott wird nur der finden, der sich durch echte Buße selbst erniedrigt.

Das Gespräch mit dem Reichen (18:18-27) hat wie das Gespräch mit dem Schriftgelehrten (10:25-37) seinen Ausgangspunkt in der Frage nach dem Erben des ewigen Lebens (v18: ζωὴν αἰώνιον). Jesus weist den Fragesteller darauf hin, daß eine Trennung von seinem Besitz im Diesseits ihm einen θησαυρὸν ἐν [τοῖς] οὐρανοῖς (v22) einbringen würde.

Auch in den an das Volk und seine Leiter gerichteten Reden Jesu im Reisebericht läßt sich, parallel zur Jüngerunterweisung, eine Ausrichtung auf die Zukunft feststellen. Diese ist allerdings nicht so differenziert wie in den Belehrungen Jesu für seine Jüngergemeinde. Wo er sich an das Volk richtet, faßt Jesus nicht speziell die von Himmelfahrt und Parusie eingegrenzte Zeit der Kirche ins Auge, sondern spricht allgemeiner von der drohenden Bestrafung (11:37-54; 12:54-9) oder Belohnung (10:25-37; 18:18-27) seiner Gegner, entweder im göttlichen Endgericht (10:13-16; 11:14-36; 13:22-30; 14:7-11.12-14.15-24.25-35; 18:9-14) oder nach dem Tod (12:13-21; 16:14-31). Gelegentlich deutet Jesus dabei auch den zukünftigen Untergang Jerusalems an (13:1-9.31-5). Hand in Hand mit dieser Gerichtsansage geht die in allen denkbaren Variationen vorgetragene dringende Aufforderung des Volkes und seiner Leiter zu Umkehr und Buße.

12.5 Die "Theologie" des Reiseberichts

Bei der Suche nach der theologischen Intention des Reiseberichts wurde dieser zunächst wiederum als selbständiges Dokument betrachtet. Als methodisch nachvollziehbarer Ausgangspunkt für die Bestimmung der Theologie dieses Dokuments wurden in Anlehnung an allgemeine literaturwissenschaftliche Einsichten sein Anfangs- und sein Schlußabschnitt gewählt (12.1.3). Die Analyse der Exposition (9:51) ließ den Schluß zu, daß der Reisebericht als Ganzer unter dem Vorzeichen der nahe bevorstehenden Himmelfahrt Jesu steht (12.2). Im Abschlußgleichnis des Reiseberichts (19:11-28) konnte eine deutliche Entsprechung zu diesem Aspekt nachgewiesen werden. Jesus stellt sich selbst als König dar, der seine Jüngergemeinde vor seiner Himmelfahrt als seine Nachlaßverwalter einsetzt und ihr eine zukünftige Belohnung bei seiner Parusie in Aussicht stellt. Das ihn hassende Volk wird bei seiner Rückkehr ein schreckliches Strafgericht erleiden (12.3). Insofern umfaßt das Abschiedsmotiv als *inclusio* den gesamten im Reisebericht dargebotenen Stoff.

Eine knappe Analyse des im Reisebericht gebotenen Redestoffs (12.4) hat ergeben, daß die im Abschlußgleichnis angesprochenen Jünger hier durch verschiedenste Dienstanweisungen auf die Zeit zwischen der Himmelfahrt und der Parusie Jesu vorbereitet werden (12.4.1). Insofern bestätigt unsere Untersuchung diejenige (oben unter 12.1.2 genannte) Interpretation des Reiseberichts, die als seinen leitenden Gesichtspunkt die Vorbereitung auf die zukünftige Zeit der Kirche Jesu Christi bestimmt. Einschränkend muß aber gesagt werden, daß es überzogen wäre, den Reisebericht z. B. als "Missionsprolepse" (Wilkens) zu bezeichnen. Denn es trifft zwar zu, daß das missionarische Anliegen in der Jüngerunterweisung Jesu eine wichtige Rolle spielt, es läßt sich aber durchaus nicht in allen den Jüngern gegebenen Anweisungen nachweisen.

Und weiterhin ist mit diesem Oberthema der an das Volk und seine Leiter adressierte Redestoff des Reiseberichts nicht abgedeckt. Dieser weist, parallel zur Jüngerbelehrung, ebenfalls eine (wenn auch allgemeinere) Zukunftsorientierung auf. Die Gerichtsankündigung für das Volk (12.4.2) ist nicht speziell auf die Zeitspanne zwischen Himmelfahrt und Parusie bezogen, sondern ruft angesichts des jenseitigen Schicksals bzw. des schon vom Täufer (3:17) angekündigten zukünftigen Strafgerichts Gottes über alle Feinde des Messias dringend zu Buße und Umkehr. Aus Feinden sollen Knechte des Messias werden.

Nicht berücksichtigt wurden in der vorangehenden Analyse zur Theologie des Reiseberichts vor allem diejenigen Abschnitte, die Jesus in seiner Tätigkeit als Heiler von Kranken (13:10-21; 14:1-6; 17:11-19; 18:35-43) und als Bringer des Heils für die Sünder (15:1-32; 19:1-10) zeigen. Diese Perikopen werden erst beim folgenden Arbeitsschritt, der eine Einordnung des Reiseberichts in den theologischen Gesamtkontext des Evangeliums vornimmt, eine sinnvolle Erklärung erhalten. Die Tatsache, daß selbst eine am Eröffnungssatz und am Abschlußgleichnis orientierte Themasuche nicht dem gesamten im Reisebericht dargebotenen Stoff gerecht wird, läßt erkennen, daß von einer eigenständigen Theologie des Reiseberichts, wenn überhaupt, so doch nur in einem sehr relativen Sinn gesprochen werden kann. Daher wird hier und im anschließenden Kapitel das Wort "Theologie" mit Anführungszeichen versehen und lediglich von theologischen Akzenten die Rede sein. Bisher hat sich somit die durch den Prolog geweckte Erwartung bestätigt, daß Lukas nicht unter Vernachlässigung der historischen Chronologie eine strenge thematische Strukturierung seines Evangeliums vornimmt. Gerade weil Historie und Theologie bei ihm Hand in Hand gehen, läßt sich im Reisebericht keine strikte, sondern lediglich eine leichte thematische Gestaltung erkennen.

13. Der Reisebericht im Kontext des Evangeliums

Abschließend soll nun versucht werden, die Position des Reiseberichts im Rahmen des Gesamtevangeliums zu bestimmen. Ähnlich wie bei der Feststellung der Struktur des Reiseberichts (6.1) wird es vor allem darauf ankommen, die von Lukas gesetzten Struktursignale zu beachten und ihr Verhältnis untereinander korrekt zu deuten. Dabei ist aufgrund der historisch-chronologischen Anlage des Evangeliums von vornherein keine allzu ausgeprägte Strukturgebung zu erwarten, die den historischen Verlauf der Ereignisse zu stark schematisieren würde.

Das Evangelium beginnt mit dem Prolog (1:1-4), der oben (Kapitel 3) ausführlich behandelt wurde. Mit der chronologischen Angabe in v5 beginnt deutlich ein neuer Abschnitt, der die Kindheitsgeschichte (1:5-2:52) einleitet. Daß Lukas diesen Bericht über die Geburt Jesu und die damit verbundenen Besonderheiten der eigentlichen Darstellung seiner Wirksamkeit im reifen Mannesalter voranstellt, entspricht antiker biographischer Praxis. So hat z. B. Sueton in seinen Kaiserbiographien regelmäßig zunächst über Kindheit und Jugend der von ihm geschilderten Persönlichkeiten berichtet. Und schon Polybius berichtet in seinem Geschichtswerk (X.21.5) über eine von ihm verfaßte Biographie des Philopoimen, "in der ich [einleitend] berichtet habe, wer er war, welches seine Eltern und was für eine Erziehung er in der Jugend genossen hat (καὶ τίς ἦν καὶ τίνων καὶ τίσιν ἀγωγαῖς ἐχρήσατο νέον ὤν)". Bei Quintilian wird ein solches Vorgehen ausdrücklich gefordert (*Inst.* III.7.10-11): "Dem Menschen voran wird man Vaterland, Eltern und Vorfahren stellen (*ante hominem patria ac parentes maioresque erunt*) ... Zuweilen wird man auch aus der Zeit, die dem betreffenden Menschen vorausliegt, das heranziehen, was durch Orakelworte oder Vogelzeichen ihm Ruhm für die Zukunft verheißen hat, so, wenn es vom Sohn, den Thetis erwartete, heißt, größer als sein Vater werde er sein, so hätten die Orakelverse verkündet". Daß dem Autor Lukas eine ganz ähnliche Zielsetzung vor Augen geschwebt haben muß, liegt auf der Hand. Auf die auch strukturell parallele Darstellung von Johannes und Jesus, die häufig untersucht worden ist[1], braucht hier nicht näher eingegangen zu werden.

Einen Neueinsatz stellt dann der sechsfache Synchronismus in 3:1-2a dar, der häufig mit einer ähnlichen Angabe bei Thukydides (II.1) verglichen worden ist. Diese Datierung bietet für das Auftreten des Johannes und damit auch für die Zeit der Wirksamkeit Jesu einen historischen Orientierungspunkt. Der Abschnitt 3:1-20 weist eine deutliche Dreiteilung auf. Er beginnt mit einer Einleitung, die in aller Knappheit den Dienstantritt des Johannes notiert (v2b). Darauf folgt eine relativ lange Schilderung seiner Wirksamkeit (vv3-18), die mit v18 deutlich abgeschlossen wird. Sein (vorläufiges) Ende wird dann in einer wiederum kurzen Schlußbemerkung erwähnt (vv19-20). Treffend hat H. Cancik diese komprimierte Darstellung des Wirkens Johannes des Täufers als "ein Prophetenbuch *in nuce*" charakterisiert[2].

01:05-02:52
03:01-20
03:21-24:53

Nach dieser klar abgegrenzten Einheit verwendet Lukas nun keine besondere Einleitungsformel für einen neuen Abschnitt, sondern leitet mit einem einfachen Ἐγένετο δέ (v21) vom Täufer zur Wirksamkeit Jesu über[3]. Die Wirksamkeit Jesu füllt dann den Rest des Evangeliums (3:21-24:53) aus. Er handelt von der "Sache, die, angefangen von Galiläa, durch ganz Judäa hin geschehen ist, nach der Taufe, die

---

[1] G. Erdmann, *Die Vorgeschichten des Lukas- und Matthäus-Evangeliums und Vergils vierte Ekloge* (Göttingen, 1932), S. 8, vergleicht diese Parallelsetzung mit dem antiken Prinzip der biographischen Synkrisis z. B. bei Plutarch, worauf Nebe, *Züge*, S. 55-6, zustimmend hinweist.

[2] "Die Berufung des Johannes: Prophetische Tradition des Alten Testaments in der Geschichtsschreibung des Neuen Testaments," *Der altsprachliche Unterricht*, 25 (1982), 59.

[3] Aufgrund der klaren Geschlossenheit von 3:1-20 ist es unberechtigt, wenn z. B. S. J. Kistemaker, "The Structure of Luke's Gospel," *JETS*, 25 (1982), 39, als Grenzen für den ersten Hauptteil 3:1-9:50 annimmt.

Johannes predigte" (Act 10:37). Lukas berichtet in seinem Evangelium "von allem, was Jesus angefangen hat, zu tun und auch zu lehren, bis zu dem Tag, an dem er aufgenommen wurde" (Act 1:1-2), "angefangen von der Taufe des Johannes bis zu dem Tag, an dem er von uns hinweg aufgenommen wurde" (Act 1:22).

13.1 Der geographische Dreischritt

Die Darstellung der Wirksamkeit Jesu (3:21-24:53) wird durch den in sich strukturell geschlossenen Reisebericht (9:51-19:28) klar untergliedert und vollzieht sich somit in drei Etappen. Der erste Abschnitt (3:21-9:50) spielt schwerpunktmäßig in Galiläa. An ihn schließt sich als zweiter Abschnitt (9:51-19:28) die Reise an, die von Galiläa nach Jerusalem führt. Und der dritte Abschnitt (19:29-24:53) spielt schwerpunktmäßig in Jerusalem. Daß diese Einteilung im Sinne des Lukas ist, legt auch die Notiz in Act 13:31 nahe, daß Jesus nach seiner Auferweckung denen erschien, "die mit ihm hinaufgezogen waren von Galiläa nach Jerusalem (τοῖς συναναβᾶσιν αὐτῷ ἀπὸ τῆς Γαλιλαίας εἰς Ἰερουσαλήμ)" (vgl. Lk 23:49.55).

Lukas erwähnt keine der früheren Reisen Jesu nach Jerusalem, von denen Johannes berichtet (s. o. 9.2). Ebensowenig liest man bei ihm etwas von einer Rückkehr der Jünger aus Jerusalem nach Galiläa nach dem Begräbnis Jesu (vgl. Mt 28:16; Joh 21:1-23). Er beschränkt sich ganz auf die eine große Bewegung: den Dreischritt Galiläa – Reise – Jerusalem.

03:21-09:50
09:51-19:28
19:29-24:53

13.1.1 Galiläa (3:21-9:50)

Der erste Abschnitt beginnt mit einem kurzen Bericht von der Taufe Jesu im Jordan (3:21-22), an den sein Stammbaum (3:23-38) angehängt wird. Auf dem Rückweg vom Jordan (4:1) findet die vierzigtägige Versuchung Jesu (4:1-13) statt. In 4:14 kehrt Jesus dann nach Galiläa zurück und nimmt seine öffentliche Wirksamkeit auf. Lukas läßt im folgenden bis 9:50 nirgends erkennen, daß Jesus Galiläa in dieser ersten Periode seines öffentlichen Wirkens für länger verlassen hätte. Die Episode in der Landschaft der Gerasener (8:26-39) stellt lediglich einen kurzen Exkurs dar.

Inhaltlich weist der Abschnitt 3:21-9:50, ähnlich wie der Reisebericht, einen theologischen Schwerpunkt auf. Am Anfang steht die Himmelsstimme bei der Taufe (3:22b): Σὺ εἶ ὁ υἱός μου ὁ ἀγαπητός, die gegen Ende des Galiläa-Abschnitts auf dem Berg der Verklärung erneut ertönt (9:35). Das direkt im Anschluß an die Taufe Jesu eingeschobene Geschlechtsregister läßt erkennen, daß Jesus auch durch die Abstammung von dem aus der Hand Gottes hervorgegangenen Adam Gottes Sohn ist (3:38). Auf die Gottessohnschaft Jesu nimmt dann der Satan in der Versuchung Bezug (4:3.9), und als solcher wird Jesus auch von den Dämonen angesprochen (4:34.41). In Nazareth tritt Jesus ausdrücklich als Gesalbter auf (4:18).

Inwiefern dieser Anspruch Jesu sich bei den Menschen durchsetzt, zieht sich als leitmotivartige Frage durch den ganzen Galiläa-Abschnitt des Evangeliums. In seiner Heimatstadt fragt man sich angesichts seines messianischen Auftretens (4:18): Οὐχὶ υἱός ἐστιν Ἰωσὴφ οὗτος; (4:22). Petrus erschrickt angesichts der göttlichen Wundermacht Jesu (5:8-9). Die Schriftgelehrten und Pharisäer kritisieren (5:21): Τίς ἐστιν οὗτος ὃς λαλεῖ βλασφημίας; τίς δύναται ἁμαρτίας ἀφεῖναι εἰ μὴ μόνος ὁ θεός; Johannes der Täufer läßt ihn fragen (7:19): Σὺ εἶ ὁ ἐρχόμενος ἢ ἄλλον προσδοκῶμεν; In 7:16 verleiht das Volk der Überzeugung Ausdruck: Προφήτης μέγας ἠγέρθη ἐν ἡμῖν. Die Gäste Simons wundern sich (7:49): Τίς οὗτός ἐστιν ὃς καὶ ἁμαρτίας ἀφίησιν; Bei den Zwölfen ruft seine Wundermacht die Frage hervor (8:25): Τίς ἄρα οὗτός ἐστιν ὅτι καὶ τοῖς ἀνέμοις ἐπιτάσσει καὶ τῷ ὕδατι, καὶ ὑπακούουσιν αὐτῷ; Herodes Antipas fragt sich (9:9): τίς δέ ἐστιν οὗτος περὶ οὗ ἀκούω τοιαῦτα;

Im Petrusbekenntnis geben die Jünger wieder, für wen die Volksmenge Jesu gemeinhin hält (9:19): Ἰωάννην τὸν βαπτιστήν ... Ἠλίαν ... προφήτης τις τῶν ἀρχαίων ἀνέστη. Über diese Position kommt die Mehrheit nicht hinaus. Und die Weigerung, Jesus als den Messias

Gottes anzuerkennen, trennt sie vom Jüngerkreis. In 9:20 zeigt sich dann, daß sich bei den Aposteln die Erkenntnis der Messianität Jesu als feste Überzeugung festgesetzt hat. Ihre Antwort auf die Frage Jesu lautet: Τὸν Χριστὸν τοῦ θεοῦ! Direkt im Anschluß an die offizielle Formulierung dieser Einsicht teilt Jesus seinen Jüngern dann erstmals sein Leidensgeheimnis mit (9:22).

Das Petrusbekenntnis ist im neunten Kapitel des Evangeliums auch strukturell herausgehoben. Das neunte Kapitel (9:1-50) weist eine Struktur auf, die durch ein christologisches Zentrum bestimmt ist, in dem Jesu Sendung verhandelt wird: "Dieser ... christologische Mittelabschnitt 9,18-36 wird gerahmt von den Seitenabschnitten 9,1-17 und 9,37-50. Diese zeigen auf der einen Seite die Zwölf in der ihnen vom Herrn verliehenen Vollmacht zur Sendung und Verkündigung und Heilung (9,1f.). Und doch sind sie ... auf der anderen Seite Ohnmächtigen gleich (9,37ff.), auf eigene Größe bedacht (9,46ff.)"[4]. Das christologisch geprägte Zentrum von 9:1-50 umfaßt das Petrusbekenntnis samt der ersten Leidensankündigung (vv18-27) und die Verklärung Jesu auf dem Berg (vv28-37). Letztere erweist sich für den weiteren Verlauf der evangelischen Erzählung als besonders bedeutsam.

13.1.2 Reise (9:51-19:28)

In der Verklärungsszene (9:28-37) wird der Blick in die Zukunft gerichtet. Hier fällt erstmals das Stichwort Jerusalem als Ortsangabe für das in v22 noch ohne diese Lokalisierung angekündigte Todesgeschick Jesu. Diese Ortsangabe wird dann im Reisebericht in den vier Rahmennotizen aufgegriffen und festgehalten. Seine letzte Reise führt Jesus an den Ort, wo sich sein Schicksal vollenden wird. Vor allem aber schon die Exposition des Reiseberichts greift mit ihrer Ankündigung der Hinaufnahme Jesu (9:51) auf 9:31 zurück, wo es heißt: Mose und Elia "erschienen in Herrlichkeit und besprachen

---

[4] Wilkens, "Auslassung," S. 200. Vgl. Gooding, *Luke*, S. 115-7: "the most important part of the material lies in the two central paragraphs 9:18-27 and 9:28-36".

seinen Ausgang (τὴν ἔξοδον αὐτοῦ), den er in Jerusalem erfüllen sollte (ἣν ἤμελλεν πληροῦν ἐν Ἱερουσαλήμ)".
Das Wort Ausgang (Exodus) weist darauf hin, daß Jesus die Welt verlassen wird. Daß dabei nicht an einen gewöhnlichen Tod gedacht ist, machen die besondere Wortwahl und der Kontext (v22) deutlich. Wie der bevorstehende Ausgang Jesu aus der Welt, so hatte auch sein Eingang in die Welt, der allerdings nicht als εἴσοδος (vgl. Act 13:24) bezeichnet wird[5], einen außergewöhnlichen Charakter (1:35). Die genaue Bedeutung des Wortes ist allerdings umstritten. Ausgeschlossen ist die von Rengstorf[6] als Möglichkeit genannte und von J. Mánek ausdrücklich vertretene Deutung als Ausgang aus dem Grab und damit Auferstehung Jesu von den Toten[7], da diese Bedeutung nirgends belegt ist und der Kontext sie nicht unterstützt. Zu erwägen ist, ob der Exodus ausschließlich den Tod Jesu meint[8]. Dies legt die sonstige Verwendung des Wortes zunächst nahe[9]. Allerdings

---

[5] Die Geburt wird unter Verwendung des Wortes εἴσοδος als Eingang ins Leben bezeichnet in Weish 3:2-3.
[6] *Lukas*, S. 124.
[7] "The New Exodus in the Books of Luke," *NT*, 2 (1959/60), 12.
[8] Vgl. schon Theophylact (PG 123, Sp. 821B): Ἔλεγον δὲ τὴν ἔξοδον ἣν ἔμελλε πληροῦν ἐν Ἱερουσαλήμ, τουτέστι τὸν θάνατον.
[9] S. Weish 3:2-3: "Nach dem Wahne der Unverständigen [nur] scheinen sie [d. h. die Gerechten] tot zu sein (τεθνάναι), und ihr Dahingang (ἡ ἔξοδος αὐτῶν) wird für ein Unglück gehalten und ihr Weggang (ἡ ἀφ' ἡμῶν πορεία) von uns für einen Untergang; aber sie sind im Frieden"; Weish 7:4-6: "In Windeln ward ich aufgezogen und unter [allerlei] Fürsorge. Denn kein König hatte einen anderen Anfang seines Daseins; denselben Eingang haben alle in das Leben (εἴσοδον εἰς τὸν βίον) und auch den gleichen Ausgang (ἔξοδός)"; Jos., *Ant.* IV.177: "Ich muß aus dem Leben gehen (δεῖ με τοῦ ζῆν ἀπελθεῖν)"; *Ant.* IV.179: "So gehe ich aus dem Leben (οὕτως ἀπέλθω τοῦ βίου)"; IV.189: "angesichts meines Ausgangs aus dem Leben (ἐπ' ἐξόδῳ τοῦ ζῆν)"; Sir 38:23: "Wenn der Tote zur Ruhe eingegangen ist, so höre auf, an ihn zu denken, und tröste dich über ihn, da sein Geist [nun einmal] von ihm geschieden ist (ἐν ἐξόδῳ πνεύματος αὐτοῦ)"; Philo, *Virt.* 76-7: "... begann er aus dem sterblichen Leben in das unsterbliche hinüberzuwandern und merkte allmählich, daß die Bestandteile, aus denen er zusammengesetzt war, sich voneinander schieden, indem der nach Art einer Muschel ihn umgebende Körper abgetan, die Seele aber ihrer Hülle entkleidet wurde und das natürliche Verlangen hatte, von hinnen zu scheiden. Darauf bereitete er sich zum Weggang vor (εἴθ' ἑτοιμασάμενος τὰ πρὸς ἔξοδον)"; 2Petr 1:15: "nach meinem Abschied (μετὰ τὴν ἐμὴν ἔξοδον)" (vgl. v14).

ist in einer Reihe der Belegstellen die Bedeutung keineswegs auf den Vorgang des Sterbens für sich eingegrenzt, sondern in einem weiteren Sinn der Übergang vom diesseitigen ins jenseitige Leben ins Auge gefaßt (z. B. in Philo, *Virt.* 76-7). Daher, und auch weil das Wort – anders als die ἀνάλημψις – nicht als fest umrissener christlicher Terminus verwendet wurde, ist es vorzuziehen, den Exodus als Oberbegriff für den Übergang Jesu aus seinem irdischen Leben in seine himmlische Herrlichkeit aufzufassen[10]. Dieser Übergang wird in 24:26 beschrieben: "Mußte nicht der Christus dies leiden und in seine Herrlichkeit eingehen (εἰσελθεῖν εἰς τὴν δόξαν αὐτοῦ)?" Er schließt somit auch die Himmelfahrt Jesu ein, die den Zielpunkt des Evangeliums (24:50-3) und den Ausgangspunkt der Apostelgeschichte (Act 1:4-14) darstellt (vgl. 13.2.3) und daher auch in 9:51 besonders hervorgehoben wird. Während sich bei der Verklärung der Himmel vorübergehend auf Jesus herabsenkt, nimmt er ihn bei der Himmelfahrt endgültig wieder auf, um ihn erst bei der Parusie des Menschensohns, dann aber in Herrlichkeit (Lk 21:27), sichtbar erscheinen zu lassen (Act 1:11b).

Es ist somit jedenfalls deutlich geworden, daß der lukanische Reisebericht fest im vorangehenden Evangelienabschnitt verankert ist. Mit der inneren Verknüpfung des Galiläa-Abschnitts mit dem Reisebericht erfüllt Lukas eine Forderung, die Lukian für die Abfassung eines historischen Werkes ausdrücklich formuliert hat (*Hist. Conscr.* 55): "Der Autor wird zunächst alles Einzelne getrennt und in sich abgerundet ausarbeiten; hat er dann den ersten Teil abgeschlossen, so fügt er den zweiten daran; dieser soll sich so anschließen und anpassen wie ein Kettenglied an das andere (ἁλύσεως τρόπον συνηρμοσμένον), so daß das Ganze nicht abgehackt in viele nebenein-

---

[10] Vgl. Zahn, *Lucas*, S. 384-5, und Schürmann, *Lukas*, I, 558. S. schon Bengel, *Gnomon*, S. 251: *Res magna: vocabulum valde grave, quo continetur Passio Crux Mors Resurrectio Adscensio*. S. R. Garrett, "Exodus from Bondage: Luke 9:31 and Acts 12:1-24," *CBQ*, 52 (1990), 659, nimmt, ähnlich wie Moessner, eine besondere soteriologische Füllung des Wortes Exodus an: "Luke regarded the death, resurrection, and ascension as an 'exodus' because *in these events Jesus, 'the one who is stronger,' led the people out of bondage of Satan*". Daß eine solche lukanische Aussageabsicht tatsächlich vorliegt, scheint allerdings nur schwer nachzuweisen zu sein und wird im folgenden nicht vorausgesetzt.

anderstehende Einzelerzählungen zerfällt (ὡς μὴ διακεκόφθαι μηδὲ διηγήσεις πολλὰς εἶναι ἀλλήλαις παρακειμένας) – nein, der vorangehende Teil soll stets dem nächstfolgenden nicht nur benachbart sein, sondern auch zu ihm gehören und sich ihm lückenlos anfügen (ἀλλ' ἀεὶ τὸ πρῶτον τῷ δευτέρῳ μὴ γειτνιᾶν μόνον ἀλλὰ καὶ κοινωνεῖν καὶ ἀνακεκρᾶσθαι κατὰ τὰ ἄκρα)"[11]. Es spricht nichts dagegen, die narrative Verkettung des Galiläa-Abschnitts mit dem Reisebericht durch 9:31 und 9:51 als historisch begründet aufzufassen.

Diese enge Verknüpfung paßt zu der Tatsache, daß eine scharfe inhaltliche Abgrenzung zwischen dem Galiläa-Abschnitt (3:21-9:50) und dem Reisebericht (9:51-19:28) von Lukas nicht vorgenommen worden ist. Wie bisher (6:22) wirkt Jesus auch auf seiner (letzten) Reise nach Jerusalem als wohltätiger Wundertäter (13:32). Er heilt am Sabbat (13:10-21; 14:1-6; vgl. 6:6-11), reinigt Aussätzige (17:11-19; vgl. 5:12-16) und schenkt Blinden das Augenlicht (18:35-43). Auch im Reisebericht wendet Jesus sich in besonderem Maße den Zöllnern und Sündern zu (19:1-10; vgl. 5:27-32) und verteidigt dieses Verhalten ausführlich (15:1-32; vgl. 7:36-50). Und ebenso finden die Leidensankündigungen (9:22.44-45) eine Fortsetzung (18:31-34).

---

[11] Ähnliches sagt Quintilian (*Inst.* VII, pr. 1) über die Disposition der Rede: "Aber wie es bei einem Bauvorhaben nicht hinreichend ist, Steine, Bauholz und was sonst zum Bauen dienlich ist, zusammenzutragen, wenn zu seiner Anordnung und Aufstellung nicht die eigentliche handwerkliche Geschicklichkeit hinzukommt, so kann beim Reden eine noch so überreiche Stoffülle nur einen Überschuß bilden und Materialhaufen, wenn nicht ebenfalls die Anordnung (*dispositio*) das Material richtig verteilt und zusammengefügt verbindet"; VII.1.1: "Es sei also ... die Anordnung (*ordo*) eine Form der Zusammenstellung, die in der rechten Weise das Folgende mit dem Vorausgehenden verknüpft, und die Anlage (*dispositio*) (des Ganzen) die nützliche Verteilung der Gegenstände und der Teile an die passenden Stellen". S. weiterhin Dionys von Halikarnaß (*de Thuk.* 9), der über Thukydides bemerkt: "Es ist nämlich notwendig, daß die Darstellung historischer Ereignisse kontinuierlich und bruchlos erfolgt (χρὴ δὲ τὴν ἱστορικὴν πραγματείαν εἰρομένην εἶναι καὶ ἀπερίσπαστον), besonders wenn es sich um viele schwer verständliche Ereignisse handelt". Vgl. weiterhin Diod. Sic. V.1: "Unter allem, was der Verfasser eines geschichtlichen Werkes zu beobachten hat, wenn er eine nützliche Schrift liefern will, ist das Wichtigste die Anordnung der einzelnen Teile (μάλιστα δὲ τῆς κατὰ μέρος οἰκονομίας)". S. auch oben 3.2.2.2.

Dennoch kann aber auch von einer relativen Schwerpunktverlagerung gesprochen werden. Diese besteht darin, daß in 9:51-19:28 nicht mehr die Identität Jesu (13.1.1), sondern seine Zukunft im Vordergrund der Darstellung steht[12]. Zwar ist auch schon im vorangehenden Evangelienabschnitt gelegentlich von einem in der Zukunft eintretenden grundlegenden Wandel die Rede (5:34-35; 6:20-26.36-38; 9:26). Diese Hinweise waren aber recht allgemein geblieben. Erst von Kapitel 9 an ist der Evangelienbericht in besonderem Maße auf die Zukunft ausgerichtet und faßt betont die Himmelfahrt und die Parusie Jesu ins Auge. Der Jüngerkreis, der Jesu göttliche Messianität anerkennt (9:18-22), muß nun lernen, was sich aus seinem nahe bevorstehenden Abschied und angesichts seiner zu erwartenden Wiederkunft als Aufgabenstellung für die Zukunft ergibt (12.4.1). Dem Volk andererseits, das Jesus bestenfalls als Propheten anerkennt, wird von diesem für die nationale sowie für die persönliche Zukunft des Einzelnen ein schweres Strafgericht Gottes angekündigt (12.4.2).

13.1.3 Jerusalem (19:29-24:53)

Den Abschnitt 19:29-24:53 "kann man unter dem geographischen Gesichtspunkt, daß der ganze Abschnitt in und um Jerusalem spielt, als letzten Hauptteil des Evangeliums zusammenfassen"[13]. Eine gewisse Kohärenz erhält der Abschnitt auch dadurch, daß der Ort Bethanien in der ersten (19:29) und in der letzten (24:50) Perikope (und sonst nie im Evangelium) genannt wird[14].

Bisher hatte Lukas, von 9:31 ausgehend, Jerusalem als Ziel der Reise immer wieder genannt (9:51; 13:22; 13:33; 17:11; 18:31; 19:28). Hier wird nun berichtet, wie Jesus nach Jerusalem einzieht (19:29-

---

[12] Vgl. Nebe, *Züge*, S. 186, der "ein thematisches sukzessives Wachsen von der Schilderung der Jesusheilszeit zu Ausblicken auf die Parusie Jesu im Ablauf der Lk-Darstellung im Rahmen der Blöcke" beobachtet.
[13] W. Radl, *Das Lukas-Evangelium* (Darmstadt, 1988), S. 47.
[14] Eventuell hat Lukas sogar die Abfolge Bethanien (24:50), Jerusalem (24:52), Tempel (24:53) bewußt wiederholt: Bethanien (19:29), Jerusalem (19:41); Tempel (19:45).

44), die Verkäufer aus dem Tempel treibt (19:45-46) und im Tempel seine letzte öffentliche Lehrtätigkeit ausübt (19:47-21:38). Damit, daß kurz vor dem Passafest der Satan in Judas fährt und dieser sich bereit erklärt, Jesus der jüdischen Obrigkeit auszuliefern (22:1-6), beginnt die in den Leidensankündigungen vorausgesagte Ereignisfolge von Verwerfung, Auslieferung, Tötung und Auferweckung des Menschensohnes (9:22.44; 18:32-33; vgl. Act 2:23-24; 3:13-15; 5:30; 7:52; 10:39-40; 13:28-30; 17:3.31), sein ἔξοδος (9:31), der in seiner ἀνάλημψις (9:51) zum Ziel kommt.

13.2 Struktursignale außerhalb des Reiseberichts

Um die Position des Reiseberichts im Lukasevangelium nun strukturell noch etwas genauer beschreiben zu können, sind vor allem die weiteren von Lukas gesetzten Struktursignale zu berücksichtigen. Neben den vier Reisenotizen (9:51; 13:22; 17:11; 19:28) lassen sich im Evangelium noch weitere Markierungen ausmachen, die dem Leser helfen, die bewußt vom Autor abgegrenzten Erzählblöcke zu erkennen.

13.2.1 Die inclusio in 4:14-44

Eine deutliche *inclusio* faßt den Abschnitt 4:14-44 ein. Am Anfang stehen die Worte (4:14-15): Καὶ ὑπέστρεψεν ὁ Ἰησοῦς ἐν τῇ δυνάμει τοῦ πνεύματος εἰς τὴν Γαλιλαίαν. καὶ φήμη ἐξῆλθεν καθ' ὅλης τῆς περιχώρου περὶ αὐτοῦ. καὶ αὐτὸς ἐδίδασκεν ἐν ταῖς συναγωγαῖς αὐτῶν δοξαζόμενος ὑπὸ πάντων. Aufgegriffen werden diese Worte in leicht veränderter Form in v44: καὶ ἦν κηρύσσων εἰς τὰς συναγωγὰς τῆς Ἰουδαίας/ἐν ταῖς συναγωγαῖς τῆς Γαλιλαίας[15]. Wenn Bovon behauptet, daß man v44 "mit der

---

[15] Sollte die Lesart τῆς Ἰουδαίας (p[75] ℵ B u. a.) ursprünglich sein (so z. B. Zahn und UBS), so wäre Judäa als Bezeichnung für ganz Palästina aufzufassen (vgl. 1:5); 4:44 blickt dann voraus auf den ganzen öffentlichen Dienst Jesu. Sollte, wie Godet annimmt, τῆς Γαλιλαίας original sein (A 𝔐 u. a.), so wäre hier zunächst nur die Anfangsphase des Wirkens Jesu in Galiläa ins Auge gefaßt. Vgl. noch Ó Fearghail, *Introduction*, S. 26: "all the modern editions of the Greek New Testament and the commentaries prior to the publication of the mid-fourth century Codex Vaticanus

voranstehenden oder der folgenden Perikope verbinden kann"[16], so trifft dies nicht zu. V44 ist Abschluß der vorausgehenden Szenenfolge, die den Messias "in Lehre (4,16-30) und Tat (4,31-44)"[17] vorstellt. In seiner Heimatstadt Nazareth wird Jesus abgewiesen und entgeht nur knapp einem Tötungsanschlag. In Kapernaum steht man ihm offen gegenüber und er entfaltet dort eine ausgebreitete Heilungstätigkeit. Damit sind die beiden grundsätzlichen Möglichkeiten, auf Jesu Auftreten zu reagieren, dem Leser exemplarisch vor Augen gestellt.

| 04:14-30 |
| 04:31-44 |

13.2.2 Die inclusio in 19:47-21:38

Ein ähnlich geschlossener Block zeichnet sich in 19:47-21:38 ab. Im Anschluß an die sogenannte Tempelreinigung schreibt Lukas (19:47-8): Καὶ ἦν διδάσκων τὸ καθ' ἡμέραν ἐν τῷ ἱερῷ ... ὁ λαὸς γὰρ ἅπας ἐξεκρέματο αὐτοῦ ἀκούων. Dieser die Tätigkeit Jesu im Tempel einleitenden Formulierung entsprechen am Ende dieses Blockes die Worte (21:37-8): Ἦν δὲ τὰς ἡμέρας ἐν τῷ ἱερῷ διδάσκων ... καὶ πᾶς ὁ λαὸς ὤρθριζεν πρὸς αὐτὸν ἐν τῷ ἱερῷ ἀκούειν αὐτοῦ. Der Tempelabschnitt Jesu ist durch einen Adressatenwechsel zweigeteilt. Er besteht aus Konfrontation Jesu mit seinen Gegnern (19:47-20:44) und einer letzten öffentlichen Belehrung seiner Jünger (20:45-21:38).

| 19:47-20:44 |
| 20:45-21:38 |

---

concidered Γαλιλαίας to be the authentic reading".
[16] *Lukas*, I, 218.
[17] Bovon, *Lukas*, I, 228.

13.2.3 Der Grundriß des Evangeliums

Die Gliederung des Lukasevangeliums ist bekanntermaßen ein schwieriges Unterfangen[18]. Ein grober Grundriß des Evangeliums läßt sich jedoch nach dem bisher Gesagten zeichnen. Zieht man neben dem Reisebericht (9:51-19:28) auch noch die Blöcke 4:14-44 und 19:29-21:38 in Betracht, und fügt man diese drei Einheiten in das durch den geographischen Dreischritt gegebene Schema (s. o. 13.1) ein, so ergibt sich das folgende Bild.

03:21-04:13
04:14-44
05:01-09:50
09:51-13:21
13:22-17:10
17:11-19:28
19:29-46
19:47-21:38
22:01-24:53

Der Galiläa-Abschnitt (3:21-9:50) ist durch den Anfangsbericht (4:14-44) dreigeteilt. Er umfaßt einleitend Jesu Einzug nach Galiläa (3:21-4:13), sein anfängliches Wirken in Nazareth und Kapernaum (4:14-44) sowie seine galiläische Tätigkeit bis zum Reisebeginn (5:1-

---

[18] Radl, *Lukas*, S. 46: "Die Kommentare zum Lukas-Evangelium versuchen diese Schrift gewöhnlich auch zu gliedern ... Die Tatsache, daß kaum einmal zwei solcher Versuche übereinstimmen, zeigt ihre Schwierigkeit". Unzugänglich geblieben sind mir die Studien von M. F. Nola, "Towards a Positive Understanding of the Structure of Luke-Acts," Diss. Aberdeen, 1987 [vgl. *DissAb*, 50 (1990), 3268-9], und J. R. Dongell, "The Structure of the Gospel of Luke," Ph. D. diss. Union Theological Seminary in Virginia, 1991 [vgl. M. A. Powell u. a. (Hg.), *The Bible and Modern Literary Criticism: A Critical Assessment and Annotated Bibliography* (London, 1992), S. 311].

9:50). Darauf folgt der Reisebericht (9:51-19:28). Der Jerusalem-Abschnitt ist durch den Tempelbericht (19:47-21:38) ebenfalls wiederum dreigeteilt. Er beinhaltet Jesu Einzug nach Jerusalem (19:29-46), sein letztes Wirken im Tempel (19:47-21:38) und seinen Exodus in Jerusalem (22:1-24:53). Deutlich geworden ist bisher immerhin, daß der relativ klar durch vier Rahmennotizen strukturierte Reisebericht angesichts der Abschnitte 4:14-44 und 19:47-21:38 (vgl. auch 1:5-2:52; 3:1-20) im Lukasevangelium keinen Fremdkörper darstellt.

Das Evangelium schließt mit einer kurzen Notiz über die Hinaufnahme Jesu (24:50-53). Hier wird "die Himmelfahrt in höchst spannender Weise angedeutet, man weiß, da ist noch ein großes Geheimnis verborgen und rollt interessiert das 2. Buch auf, da wird das Geheimnis denn auch enthüllt. Mit dieser Kunst macht man in der antiken Literatur die Buchübergänge seit Gilgamesch, seit Homer, seit dem Pentateuch"[19]. Andererseits aber ist mit der Himmelfahrt Jesu ein deutlicher Endpunkt erreicht. Sein Erdenleben ist zum Abschluß gekommen (1:1: πεπληροφορημένων) und stellt gleichzeitig den Ausgangspunkt (Act 1:1: ἤρξατο) für seine weitere Wirksamkeit dar.

13.3 Der Reisebericht als Bauelement des Evangeliums

Das Lukasevangelium schildert, eingeleitet von der Kindheitsgeschichte (1:5-2:52) und dem Prophetenbuch *in nuce* über den Täufer (3:1-20), die öffentliche Wirksamkeit Jesu während seines Erdenlebens (3:21-24:53). Diese wird durch den vorwärts und rückwärts klar abgegrenzten Reisebericht in drei Etappen eingeteilt (13.1): In Galiläa (3:21-9:50), auf der Reise (9:51-19:28) und in Jerusalem (19:29-24:53).

Ähnlich wie der Reisebericht (12.4) hat auch der Galiläa-Abschnitt trotz vielfältiger Übereinstimmungen mit dem Rest des Evangeliums einen relativen theologischen Schwerpunkt (13.1.1). Durch diesen Hauptteil zieht sich wie ein thematischer Faden die Frage nach der Identität Jesu. Im neunten Kapitel (9:1-50) wird diese Frage in

---

[19] F. Dornseiff, "Lukas der Schriftsteller," *ZNW*, 35 (1936), 135-6.

exemplarischer Form zweifach beantwortet. Das Volk vermag in Jesus nicht mehr zu sehen als einen großen Propheten (9:19). Die Zwölf haben in ihm endgültig den Messias erkannt (9:20).

In der anschließenden Verklärungsszene (9:28-36) liegt dann der Ausgangs- und Anknüpfungspunkt für den Reisebericht (3.1.2). Hier kommt erstmalig Jerusalem in den Blick. Dort wird Jesus gemäß dem göttlichen Heilsplan den ihm bestimmten Ausgang aus dieser Welt "vollbringen" (v31). Auf dieses Ziel richtet er von 9:51 an seinen Weg, der ihn an den Ort seiner Hinaufnahme führt. Das bisher überwiegende Thema der Identität Jesu wird durch den von nun an das Geschehen bestimmenden Gedanken an den bevorstehenden Abschied Jesu abgelöst. Der thematische bzw. theologische Schwerpunkt liegt von nun an auf der Vorbereitung der Jünger auf die Zeit zwischen Himmelfahrt und Parusie und auf der Gerichtsandrohung für das Volk, das auch auf der letzten Reise nach Jerusalem nicht mit Ernst in die Nachfolge Jesu eintreten will.

Der Jerusalem-Abschnitt (13.1.3) zeigt, wie Jesus sein Reiseziel Jerusalem erreicht. Nach einer letzten öffentlichen Lehrtätigkeit im Tempel schildert er das von diesem selbst vorausgesagte Schicksal Jesu. Sein Exodus in Jerusalem endet mit seiner Hinaufnahme (24:50-53).

Daß der Reisebericht als in sich strukturell relativ abgeschlossener Block im Evangelium keine Ausnahme darstellt, haben einige weitere strukturelle Beobachtungen erkennen lassen (13.2). Der Galiläa-Abschnitt wird von einem durch eine *inclusio* zusammengehaltenen Block (4:14-44) unterteilt (13.2.1). Ebenso wird der Jerusalem-Abschnitt vom durch eine *inclusio* zusammengefaßten Tempelbericht (19:47-21:38) unterteilt (13.2.2). Der Reisebericht stellt das Verbindungsglied zwischen diesen beiden ähnlich gebauten Abschnitten dar, das beide an Länge übertrifft.

14. Zusammenfassung

Die Untersuchung des Reiseberichts als theologische Komposition (Teil V) wurde in zwei Schritten vorgenommen. Zunächst wurde die theologische Struktur des Reiseberichts untersucht (Kapitel 12). Den Ansatzpunkt bildete die Feststellung, daß bisher trotz zahlreicher hilfreicher Beobachtungen weder die thematischen (12.1.1) noch die konzeptuellen (12.1.2) Deutungsvorschläge überzeugend nachweisen können, tatsächlich das theologische Hauptanliegen des Autors Lukas erfaßt zu haben. Daher wurde als Ausgangspunkt der vorliegenden Analyse der gängige Interpretationsgrundsatz gewählt, daß die Erzählintention eines Verfassers am ehesten anhand des Eröffnungssatzes und des Abschlußabschnitts eines narrativen Textes bestimmt werden kann (12.1.3). Die Exegese der Exposition des Reiseberichts (9:51) hat ergeben, daß Lukas hier – im Anklang an alttestamentliche Formulierungen – bereits auf die Nähe des Himmelfahrtstages Jesu hinweist. Die letzte Reise Jesu führt nach Jerusalem, an den Ort seiner Hinaufnahme, und steht daher ganz im Zeichen des bevorstehenden Abschieds Jesu (12.2). Den Abschluß des Reiseberichts (12.3) bildet das Gleichnis von den Talenten (19:11-27), das den Jüngern Jesu für ihren Dienst in der Zeit nach der Himmelfahrt eine himmlische Belohnung bei seiner Parusie in Aussicht stellt (12.3.1). Dem feindlich eingestellten Volk, das den Messias ablehnt, wird demgegenüber ein schreckliches Strafgericht angekündigt (12.3.2). Auf der Suche nach diesen beiden Motiven im übrigen Stoff des Reiseberichts (12.4) hat sich ergeben, daß sowohl die Dienstanweisung für die Jünger Jesu (12.4.1) als auch die Gerichtsandrohung für das ihn ablehnende Volk (12.4.2) zwar nicht in allen, aber doch in den meisten Perikopen des Reiseberichts eine wichtige Rolle spielen. So weist der Reisebericht zwar keine absolute thematische Strukturierung auf – das wäre bei einem in erster Linie historisch-chronologisch angelegten Text auch nicht zu erwarten gewesen –, er läßt aber doch durch seine inhaltliche Ausrichtung auf die Zeit zwischen Himmelfahrt und Parusie Jesu einen gewissen thematischen Schwerpunkt erkennen.

Ein Anlaß, aufgrund dieser Beobachtung die Gattungsbezeichnung *Reisebericht* durch den Namen *Testament* zu ersetzen, was neuerdings gelegentlich gefordert wurde (Exkurs), besteht allerdings nicht. Obwohl der Abschnitt Lk 9:51-19:28 sicherlich gewisse testamentarische Züge aufweist, fehlen die formalen Gattungselemente der alttestamentlich-jüdischen Testamentenliteratur fast völlig. Man könnte daher bestenfalls von einem Reisebericht mit testamentarischem Charakter sprechen.

In einem zweiten Schritt (Kapitel 13) wurde dann der Reisebericht in den Kontext des Gesamtevangeliums hineingestellt. Dabei hat sich gezeigt, daß im Zuge eines geographischen Dreischritts (13.1) der Reisebericht den ersten Hauptteil des Evangeliums, der schwerpunktmäßig in Galiläa spielt (3:21-9:50), und den dritten Hauptteil mit Schwerpunkt in Jerusalem (19:29-24:53) miteinander verbindet. In Ankoppelung an 9:31 führt der Reisebericht von 9:51 an unter wiederholter Erinnerung an das Ziel der Reise an den Ort des Ausgangs (Exodus) Jesu, der in seine Himmelfahrt mündet. Dieser Dreischritt ist allerdings nicht nur ein geographischer, sondern – wie aufgrund der Beobachtungen in Kapitel 12 zu erwarten – auch ein thematisch-theologischer. Während Lukas in seiner Darstellung der galiläischen Wirksamkeit vor allem Jesu Identität betont (13.1.1), vollzieht sich – ausgehend von 9:31 – mit 9:51 eine inhaltliche Schwerpunktverlagerung. Von nun an steht der Evangelienbericht im Zeichen der bevorstehenden Himmelfahrt Jesu (13.1.2). In Jerusalem schließlich vollzieht sich nach einer letzten öffentlichen Lehrtätigkeit Jesu mehrfach angekündigtes Schicksal in Leiden, Tod und Auferstehung (13.1.3). Daß der Reisebericht auch in seiner deutlichen Strukturierung und Abgrenzung im Evangelium keinen Fremdkörper darstellt, hat die Suche nach weiteren Struktursignalen ergeben (13.2). Sowohl das anfängliche Wirken Jesu in Nazareth und Kapernaum (4:14-44) als auch sein abschließendes öffentliches Auftreten im Tempel (19:47-21:38) sind je durch eine *inclusio* eingefaßt. Sie teilen somit den Galiläa- und den Jerusalem-Abschnitt in jeweils drei Blöcke (13.2.3). Der Reisebericht erweist sich somit geographisch, thematisch und strukturell als sinnvolles Bauelement im Gesamtkontext des Evangeliums (13.3).

Teil VI

Schluß

15. Ergebnisse

Die vorliegende Arbeit beschäftigt sich unter dem Titel *Lukas als Historiker der letzten Jesusreise* mit dem sogenannten lukanischen Reisebericht (Lk 9-18/19). Ein Forschungsüberblick (Teil I) zeigt, daß für das Verständnis des lukanischen Mittelteils vor allem in der neueren Forschung eine Vielfalt von Interpretationsansätzen entwickelt worden ist. Eine kritische Auswertung dieser Ansätze (1.4) ergibt, daß gerade dieser umstrittene Abschnitt des Evangeliums nicht unter Absehung vom schriftstellerischen Selbstverständnis des Autors Lukas analysiert werden darf, welches dieser in seinem Evangelienprolog (1:1-4) entfaltet hat. So ergibt sich für den Aufbau der Arbeit ein doppelter Schwerpunkt (1.5). Sie untersucht, wie der Titel erkennen läßt, in einem ersten Schritt das Selbstverständnis des Lukas als Historiker. Darauf aufbauend wendet sie sich dann in einem zweiten Schritt einer gründlichen Analyse des Mittelteils seines Evangeliums zu.

Den methodischen Ausgangspunkt stellt die Analyse des historischen Programms dar, das Lukas im Prolog formuliert hat (Teil II). Dabei stellt sich einerseits die Frage, inwieweit Lukas als antiker Historiker überhaupt mit modernen Maßstäben gemessen werden darf (Kapitel 2). Die Antwort lautet, daß – entgegen den Behauptungen einiger Exegeten – sowohl der Wahrheitsbegriff als auch die historische Methode der antiken Historiographie durchaus mit den Grundprinzipien der modernen Geschichtsschreibung kompatibel sind. Auch der seriöse Historiker des Altertums wollte "sagen, wie es eigentlich gewesen" (L. von Ranke) (2.1). Und er bediente sich zur Erreichung dieses Ziels einer durchdachten Methode, der bereits die moderne Unterscheidung zwischen Primär- und Sekundärquellen zugrunde lag (2.2). Das Lukasevangelium darf folglich nicht schon deswegen mit Vorbehalten bezüglich seiner historischen Glaubwürdigkeit gelesen werden, weil sein Autor ein antiker und damit ein von vornherein nur bedingt vertrauenswürdiger Historiker war.

Andererseits ergibt eine Exegese des Lukasprologs selbst (Kapitel 3), daß Lukas sich vor allem in seiner Quellenbehandlung von seinen Vorgängern unterscheidet. Während diese mehr oder weniger passive Empfänger der apostolischen Überlieferung (παρέδοσαν) waren, hat Lukas im Stil der griechisch-römischen Historiographie aktive historische Forschung (παρηκολουθηκότι) betrieben (3.2.1). Diese Forschungstätigkeit hat ihn laut eigenen Angaben in die Lage versetzt, einen wirklichkeitskongruenten (ἀκριβῶς) und chronologischen (καθεξῆς) Bericht des Erdenlebens Jesu niederzuschreiben (3.2.2). Seinem Adressaten Theophilus will er auf diesem Wege die Verankerung der christlichen Lehraussagen in der Historie und somit ihre Zuverlässigkeit (ἀσφάλειαν) vor Augen führen (3.3). Diese von Lukas vorgenommene Zuordnung von Glaube und Geschichte – nicht seine historiographischen Grundprinzipien – ist inkompatibel mit der neuzeitlichen Theologie, sofern diese meint, der "wahrhafte christliche Glaubensinhalt" sei "zu rechtfertigen durch die Philosophie, nicht durch die Geschichte" (G. W. F. Hegel). Diese im Prolog formulierten historiographischen Voraussetzungen des Lukas müssen bei der Interpretation des Mittelteils seines Evangeliums berücksichtigt werden.

Den Ausgangspunkt für die Analyse des lukanischen Mittelteils bietet eine Gattungsbestimmung (Teil III). Ein Vergleich mit einer Reihe antiker Reiseberichte (Kapitel 5) zeigt, daß die wahrscheinlich von F. D. E. Schleiermacher aufgebrachte Gattungsbezeichnung *Reisebericht* den lukanischen Mittelteil durchaus in angemessener Weise charakterisiert. Im narrativen Grundgerüst des Reiseberichts (9:51-19:28) lassen sich einerseits Stilmittel nachweisen, die sich in ähnlicher Form in den *Historien* Herodots, im apokryphen Buch Tobit und in Homers *Odyssee* finden (6.1). Als Erklärung der spezifischen Eigenart (6.2) des lukanischen Reiseberichts scheint es andererseits plausibel, diese auf eine weitestmögliche formale Annäherung desselben an die Undatiertheit, wie sie sich in den Mittelteilen einer ganzen Reihe antiker Biographien nachweisen läßt, zurückzuführen.

Das im Prolog formulierte schriftstellerische Selbstverständnis des Lukas erfordert zweitens die Analyse des Reiseberichts als historisches Dokument (Teil IV). Eine Untersuchung der innerlukanischen

Daten zur letzten Jesusreise (Kapitel 8) ergibt, daß sich historische Widersprüche innerhalb des lukanischen Reiseberichts nicht nachweisen lassen. Lukas hat seinen Lesern eine zwar nur grob umrissene aber dennoch in sich schlüssige Reiseroute vorgeführt (8.1). Plausibel ist auch seine Darstellung der von Jesus und seinen Begleitern verfolgten Reisestrategie, die es ihnen ermöglichte, ein bisher noch nicht systematisch erreichtes Gebiet in relativ kurzer Zeit evangelistisch zu durchdringen (8.2). Genaue Hinweise über die Dauer der letzten Reise Jesu nach Jerusalem lassen sich dem Reisebericht allerdings nicht entnehmen (8.3).

Ein Vergleich der inner- mit den außerlukanischen Daten zur letzten Jesusreise (Kapitel 9) zeigt, daß die geographische Notiz in Mt 19:1 par einerseits die lukanische Reiseroute nicht in Frage stellt, daß sich ihr andererseits aber auch keine Angaben entnehmen lassen, die die von Lukas gebotenen Daten ergänzen könnten (9.1). Anders verhält es sich mit den relevanten Angaben des Johannesevangeliums. Unter der Voraussetzung, daß der johanneische Geschichtsrahmen als Wiedergabe historischer Fakten gemeint ist, sind bis heute eine Fülle von Vorschlägen zur Kombination dieser Daten mit denen des lukanischen Reiseberichts gemacht worden (9.2.2). Eine Auswertung dieser Modelle läßt erkennen, daß auch bei Ausscheidung aller exegetisch unhaltbaren Harmonisierungsversuche verschiedene Vorschläge zur Rekonstruktion des historischen Geschehens als denkbar angesehen werden müssen (9.3). Weil es aber "nicht dasselbe ist, ob man eine unterschiedliche oder eine widersprüchliche Darstellung gibt" (Chrysostomos), besteht zum einen kein Anlaß, den lukanischen oder den johanneischen Geschichtsrahmen grundsätzlich in Zweifel zu ziehen. Eine Evangelienharmonie kommt zum anderen jedoch für den von uns untersuchten Abschnitt über ein offenes Modell nicht hinaus (9.4).

Bezüglich der möglichen Quellen (Kapitel 10) des Reiseberichts ist es vorzuziehen, aufgrund der "konstitutiven Flexibilität" (B. Reicke) der lukanisch-matthäischen Zweiertradition von der Q-Hypothese Abstand zu nehmen (10.1). Immerhin möglich, jedenfalls aber wahrscheinlicher, erscheint es, sich Lukas in Analogie zu anderen Reiseberichtsautoren (10.2) als Forscher vorzustellen, der die Schauplätze seines Berichts wenigstens teilweise bereist und die Zeugnisse von

Augenzeugen und Reiseteilnehmern gesammelt und kritisch ausgewertet hat (10.3).

Eine ergänzende Funktion kommt drittens der Untersuchung des Reiseberichts als theologischer Komposition zu (Teil V). Zur Bestimmung der theologischen Struktur des Reiseberichts (Kapitel 12) sind in Anlehnung an gängige Interpretationsprinzipien (K. Berger) vor allem seine Exposition (9:51) sowie sein Abschlußgleichnis (19:11-28) zu berücksichtigen (12.2-3). Eine Analyse dieser Abschnitte zeigt, daß Lukas in seinem Reisebericht vornehmlich den Zeitabschnitt zwischen Himmelfahrt (ἀνάλημψις) und Parusie Jesu ins Auge faßt. Die Dienstanweisungen für seine Jünger einerseits und die Gerichtsandrohung an das Volk andererseits bilden dann auch den relativen theologischen Schwerpunkt des Reiseberichts (12.4). Daß dieser thematische Akzent sich jedoch nicht überall im Mittelteil nachweisen läßt, macht deutlich, daß Lukas nicht bereit war, seinem Reisebericht auf Kosten der historischen Wirklichkeitstreue eine möglichst umfassende thematische Struktur aufzuprägen. Darin findet der in erster Linie historisch ausgerichtete Interpretationsansatz eine indirekte Bestätigung.

Eine knappe Einordnung des Reiseberichts in den Kontext des gesamten Evangeliums (Kapitel 13) unterstreicht die Beobachtung, daß Lukas sein Werk nur in relativ begrenztem Maße thematisch strukturiert hat. Den Anfang des Reiseberichts hat Lukas, ganz im Stil antiker Erzähltechnik, bewußt "wie ein Kettenglied an das andere" (Lukian) an den vorausgehenden Galiläa-Abschnitt (9:31) angeknüpft (13.1). Als relative thematische Schwerpunkte lassen sich vor dem Reisebericht die Frage nach der Identität Jesu und nach dem Reisebericht (der nahe Abschied Jesu) das Schicksal Jesu ausmachen. Aufgrund einiger weiterer Struktursignale außerhalb des Reiseberichts ergibt sich ein vorläufiger Vorschlag zur Gesamtstruktur des Evangeliums (13.2).

Es ist somit als Ergebnis der vorliegenden Arbeit festzuhalten, daß der lukanische Reisebericht in erster Linie als das Werk eines Historikers aufgefaßt werden muß, dessen vorrangige Zielsetzung darin bestand, einen wirklichkeitsgetreuen und im großen und ganzen chronologischen Bericht von der letzten Reise Jesu nach Jerusalem zu schreiben. Damit weicht diese Studie mehr oder weniger deutlich vom gegenwärtigen Trend der Forschung zum Reisebericht ab. Wo dies der Fall ist, will sie als Diskussionsbeitrag verstanden werden, der auf einige vernachlässigte Aspekte in der Lukasforschung hinweist.

Samenvatting

Deze studie over *Lucas als historicus van Jezus' laatste reis* handelt over het zogenoemde lucaanse reisverslag (Lc 9-18/19). Een overzicht van de stand van het onderzoek (Deel I) laat zien, dat vooral in meer recente literatuur een veelvoud aan interpretatiemodellen is ontwikkeld voor dit middengedeelte van het evangelie naar Lucas. Een kritische evaluatie van deze modellen (1.4) toont vervolgens aan, dat juist dit omstreden onderdeel van het evangelie niet geanalyseerd kan worden zonder aandacht te hebben voor Lucas' taakopvatting als schrijver, zoals die blijkt in de proloog van zijn evangelie (1:1-4). Dit leidt voor de opzet van deze studie tot een tweetal brandpunten (1.5). In eerste instantie wordt, zoals de titel reeds aangeeft, onderzocht op welke manier Lucas zichzelf beschouwde als historicus. Daarop voortbouwend wordt dan in tweede instantie een grondige analyse geboden van het middengedeelte van het evangelie.

De analyse van het historiografisch programma van Lucas, zoals hij dat formuleert in zijn proloog, vormt het methodisch startpunt (Deel II). In hoofdstuk 2 wordt nagegaan, in hoeverre Lucas als klassieke geschiedschrijver aan moderne maatstaven gemeten kan worden. Het onderzoek toont aan, dat (ondanks de bewering van het tegendeel bij een aantal exegeten) zowel het historisch waarheidsbegrip als de historiografische methode van de klassieke historiografie voluit corresponderen met de basisprincipes van de moderne geschiedschrijving. Ook de serieuze historieschrijver uit de Oudheid wilde "zeggen, hoe het eigenlijk geweest is" (L. von Ranke) (2.1). Hij gebruikte om dit doel te bereiken een doordachte methode, waaraan reeds het moderne onderscheid tussen primaire en secundaire bronnen ten grondslag lag (2.2). Zo blijkt dat het evangelie naar Lucas niet gelezen behoeft te worden met een voorbehoud inzake de historische betrouwbaarheid: het feit dat de auteur iemand uit de antieke oudheid was impliceert nog niet dat hij daarom slechts een relatief betrouwbaar historieschrijver kan zijn geweest.

De daarop aansluitende analyse van de proloog (Hoofdstuk 3) toont aan, dat Lucas zich vooral in de behandeling van bronnen van zijn voorgangers wil onderscheiden. Terwijl zij min of meer passieve ontvangers van de apostolische overlevering (παρέδοσαν) waren, heeft Lucas, conform de stijl van de grieks-romeinse historiografie, zelfstandig historisch onderzoek (παρηκολουθηκότι) uitgevoerd (3.2.1).

Deze onderzoeksaktiviteiten hebben hem volgens zijn eigen verklaring in staat gesteld een werkelijkheidsgetrouw (ἀκριβῶς) en chronologisch (καθεξῆς) verslag van het leven van Jezus op aarde op te schrijven (3.2.2). Hij wil Teofilus, tot wie hij zich richt, langs deze weg laten zien, dat de christelijke leeruitspraken in de geschiedenis zijn verankerd en daarom betrouwbaar (ἀσφάλειαν) zijn (3.3). Het is deze door Lucas aangegeven verhouding (Zuordnung) tussen geloof en geschiedenis – niet zijn historiografische werkwijze – die niet te verenigen is met de nieuwere theologie in zoverre deze meent, dat "de werkelijke christelijke geloofsinhoud ondersteund moet worden door de filosofie en niet door de historie" (G. F. W. Hegel). Dit tweede deel wordt afgesloten met een korte samenvatting (Hoofdstuk 4).

Nadat via de analyse van de proloog de uitgangspunten voor de interpretatie van het evangelie naar Lucas zijn verduidelijkt, worden deze vervolgens op het middengedeelte ervan toegepast. Allereerst wordt in Deel III bepaald tot welk genre dit omstreden deel van het evangelie behoort. Vergelijking met een reeks klassieke reisverslagen (Hoofdstuk 5) laat zien, dat de waarschijnlijk door F. D. E. Schleiermacher ingevoerde aanduiding "reisverslag" het lucaanse middengedeelte als geheel op goede manier karakteriseert. In het narratieve raamwerk van het reisverslag (9:51-19:28) kunnen stijlfiguren aangewezen worden, die in vergelijkbare vorm ook aan te treffen zijn in de *Historiën* van Herodotus, het apocriefe boek Tobit en de *Odyssee* van Homerus (6.1). Ter verklaring van het specifiek eigen karakter (6.2) van het lucaanse reisverslag lijkt het plausibel te denken aan een zo ver mogelijk doorgevoerde formele assimilatie aan een typerend kenmerk van vele antieke biografieën: het ongedateerd beschrijven van het middengedeelte. Ook dit derde hoofddeel wordt afgesloten met een samenvatting van de gevonden resultaten (Hoofdstuk 7).

Op de vaststelling van het genre volgt in Deel IV een analyse van het reisverslag als historisch document. Het onderzoek naar de interne lucaanse gegevens met betrekking tot de laatste reis van Jezus (Hoofdstuk 8) laat zien, dat er van historische tegenstrijdigheden binnen het lucaanse reisverslag geen sprake is. Lucas tekent voor zijn lezers een weliswaar slechts grof omlijnde, maar toch intern gesloten reisroute. Zijn voorstelling maakt ook aannemelijk, dat

Jezus en zijn begeleiders een reisstrategie hebben gevolgd, waardoor het voor hen mogelijk werd in relatief korte tijd een tot dusver nog niet systematisch bereikt gebied met het evangelie te bewerken (8.2). Er zijn echter geen nauwkeurige gegevens over de duur van de laatste reis van Jezus naar Jeruzalem in het reisverslag te vinden (8.3).

Een daarop aansluitende vergelijking van de interne met de externe gegevens over deze laatste reis naar Jeruzalem toont aan, dat enerzijds de geografische notitie in Mt 19:1/Mk 10:1 de lucaanse reisroute niet ter discussie stelt, maar dat anderzijds aan deze notitie geen gegevens zijn te ontlenen die een aanvulling kunnen vormen op de door Lucas beschreven feiten (9.1). Anders staat het ervoor met de van belang zijnde gegevens uit het evangelie naar Johannes. Vanuit de vooronderstelling dat het historisch raamwerk van dit evangelie teruggaat op historische feiten, zijn tot op heden vele voorstellen gedaan, om te komen tot een combinatie van deze gegevens met die uit het lucaanse reisverslag (9.2.2). Een evaluatie van deze modellen toont echter aan, dat ook wanneer alle exegetisch niet houdbare harmonisatiepogingen ter zijde worden geschoven, nog verschillende reconstructies van het historische gebeuren als mogelijk beschouwd moeten worden (9.3). Daar het echter "niet hetzelfde is, of men een verschillende dan wel een tegenstrijdige voorstelling voorstaat" (Chrysostomos), is er geen reden om hetzij het lucaanse, hetzij het johanneïsche historische raamwerk principieel in twijfel te trekken. Aan de andere kant echter komt een evangeliënharmonie met betrekking tot het door ons onderzochte deel niet boven een open model uit (9.4).

De analyse van het reisverslag als historisch document wordt afgerond met enkele overwegingen ten aanzien van de bronnen (Hoofdstuk 10). In dit hoofdstuk wordt in overweging gegeven om op grond van de "constitutieve flexibiliteit" (B. Reicke) van de lucaans-matteaanse dubbeltraditie afstand te nemen van de Q-hypothese (10.1). Goed mogelijk, in elk geval waarschijnlijker, lijkt het om Lucas, naar analogie met andere auteurs van reisverslagen (10.2), te zien als een onderzoeker, die de lokaties van zijn verslag voor een deel zelf heeft bezocht en de verklaringen van ooggetuigen en deelnemers aan de reis heeft verzameld en kritisch beoordeeld (10.3). In een samenvatting (Hoofdstuk 11) worden de gevonden resultaten van het vierde deel bijeengebracht.

Tenslotte wordt in Deel V het reisverslag van Lucas als theologische compositie beoordeeld. Om de theologische structuur van het reisverslag te kunnen bepalen (Hoofdstuk 12) worden in aansluiting bij gangbare interpretatieprincipes (K. Berger) in het bijzonder zijn expositio (9:51) en de afsluitende gelijkenis (19:11-28) geanalyseerd (12.2-3). Daarbij blijkt, dat Lucas in zijn reisverslag vooral de periode tussen de hemelvaart (ἀνάλημψις) en de wederkomst van Christus op het oog had. De richtlijnen voor de taak van zijn leerlingen en de gerichtsaankondiging aan het volk vormen dan ook samen het relatieve theologische zwaartepunt van het reisverslag (12.4). Het feit dat deze thematische accenten niet in alle delen van het reisverslag vallen aan te wijzen, maakt duidelijk dat Lucas niet bereid was, zijn reisverslag ten koste van een historisch betrouwbare beschrijving van de werkelijkheid te modelleren vanuit een allesomvattende theologische structuur. Indirect wordt zo bevestigd, dat het boek allereerst gelezen moet worden als historisch document.

Het slot van de studie geeft in het kort een inpassing van het reisverslag in de context van het totale evangelie (Hoofdstuk 13). Hierbij blijkt opnieuw dat Lucas' werk slechts in beperkte mate thematisch gestructureerd is. Het begin van het reisverslag heeft de auteur, geheel in de stijl van de klassieke verteltechniek, bewust "als de ene schakel aan de andere" (Lucianus) verbonden aan het voorafgaande gedeelte over Galilea (9:31) (13.1). Het deel dat vooraf gaat aan het reisverslag kent de identiteit van Jezus als relatief thematisch zwaartepunt, en het deel dat volgt op het reisverslag (het naderend afscheid van Jezus) is vooral gericht op wat met Hem gaat gebeuren. Op basis van enkele andere structuuraanwijzingen buiten het reisverslag volgt ter afsluiting een voorlopig voorstel voor een analyse van de totale structuur van het evangelie (13.2). Ook dit vijfde hoofddeel sluit af met een samenvatting (Hoofdstuk 14).

Deze studie concludeert dat het lucaanse reisverslag in eerste instantie als het werk van een historicus moeten worden gezien met als hoofddoel, een werkelijkheidsgetrouw en over het geheel genomen chronologisch verslag te schrijven over Jezus' laatste reis naar Jeruzalem. Deze conclusie wijkt deels meer deels minder duidelijk af van de tegenwoordige trend in het onderzoek naar dit reisverslag. Waar dit het geval is, wil deze studie bijdragen aan die discussie door te herinneren aan enkele verwaarloosde aspekten in het onderzoek naar de waarde en de betekenis van Lucas' evangelieboek.

Bibliographie

Die im folgenden verwendeten Abkürzungen richten sich – wie schon im Text selbst – in aller Regel nach:

Siegfried Schwertner (Hg.), *Theologische Realenzyklopädie: Abkürzungsverzeichnis* (Berlin, 1976).

Henry George Liddell, Robert Scott und Henry Stuart Jones, *A Greek-English Lexicon* (Oxford, 1940ff).

Oxford Latin Dictionary (Oxford, 1968).

1. Quellen

Nur die benutzten Ausgaben derjenigen Quellen, die mehr als ein- bis zweimal zitiert werden, sind im folgenden aufgeführt. Sofern dort nicht anders angegeben, richten sich der originale Wortlaut und die deutschen Übersetzungen im Text nach den hier angegebenen Ausgaben.

Achilleus Tatios, *Leukippe und Kleitophon*: *Achilles Tatius*. With an English Translation by S. Gaselee. LCL. London: Heinemann, 1947. 461 S. [Dt.: Achilleus Tatios. *Leukippe und Kleitophon*. Bibliothek der griechischen Literatur 11. Eingeleitet, übers. und erläutert von Karl Plepelits. Stuttgart: Hiersemann, 1980. 264 S.]

Aelian, *VH*: *Claudii Aeliani Varia Historia*. Hg. M. R. Dilts. BSGRT. Leipzig: Teubner, 1974. 199 S.

Aelius Aristides, *Heilige Berichte*: *Aelii Aristidis Smyrnaei qvae svpersvnt omnia*. Hg. Bruno Keil. Bd II: Orationes XVII-LIII. Berlin: Weidemann, 1898, S. 376-467. [Dt.: Publius Aelius Aristides: *Heilige Berichte*. Einleitung, dt. Übers. und Kommentar von Heinrich Otto Schröder. Heidelberg: Winter, 1986. 150 S.]

äthHen: Siegbert Uhlig. *Das Äthiopische Henochbuch*. JSHRZ V/6. Gütersloh: Mohn, 1984, S. 463-780.

Ammianus Marcellinus: Ammianus Marcellinus. *Römische Geschichte*. Lat. u. Dt. Mit einem Kommentar versehen von Wolfgang Seyfarth. 4 Bde. SQAW 21. Berlin: Akademie, 1968ff.

ANET: *Ancient Near Eastern Texts Relating to the Old Testament.* Hg. James B. Pitchard. Third Edition with Supplement. Princeton: University Press, 1969. 710 S.

Apokryphen NT: *Evangelia Apocrypha ... collegit atque recensuit Constantinus de Tischendorf.* Hildesheim: Olms, 1987. 486 S. [Dt.: *Neutestamentliche Apokryphen in deutscher Übersetzung.* Hg. Wilhelm Schneemelcher. 5. Aufl. 2 Bde. Tübingen: Mohr, 1987-9. 422 u. 703 S.]

Apuleius, *Met.*: Apuleius. *Metamorphosen oder Der Goldene Esel.* Lat. u. Dt. von Rudolf Helm. 4. Aufl. Berlin: Akademie, 1959. 376 S.

Aristoteles, *Po.*: Aristoteles. περὶ ποιητικῆς. Mit Einleitung, Text und Adnotatio Critica, exegetischem Kommentar, kritischem Anhang und Indices von Alfred Gudeman. Berlin: de Gruyter, 1934. 495 S. [Dt.: Aristoteles. *Poetik.* Übers., Einleitung und Anmerkungen von Olof Gigon. Stuttgart: Reclam, 1962. 87 S.]

Aristoteles, *Rh.*: *Aristotelis Ars Rhetorica.* Hg. Rudolf Kassel. Berlin: de Gruyter, 1976. 259 S. [Dt.: Aristoteles. *Rhetorik.* Übers., mit einer Bibliographie, Erläuterungen und einem Nachwort von Franz G. Sieveke. München: Fink, 1980. 354 S.]

Arrian, *An.*: Arrian. *Der Alexanderzug. Indische Geschichte.* Gr. und dt. Hg. und übers. von Gerhard Wirth und Oskar von Hinüber. München: Artemis, 1985. 1153 S.

AssMos: Egon Brandenburger. *Himmelfahrt Moses.* JSHRZ V/2. Gütersloh: Mohn, 1976, S. 59-84.

Ausonius, *Mosella*: *Decimi Magni Ausonii Mosella.* Mit einer Einführung in die Zeit und die Welt des Dichters. Übers. und erklärt von Walther John. Trier: Paulinus, 1932. 150 S.

Biblia Hebraica: *Biblia Hebraica Stuttgartensia.* Editio Minor. Hg. K. Elliger und W. Rudolph. Stuttgart: Deutsche Bibelgesellschaft, 1984. 1574 S. [Dt.: *Die Heilige Schrift. Erster Teil: Das Alte Testament.* Revidierte Elberfelder Übersetzung. Wuppertal: Brockhaus, 1985. 1158 S.]

Cicero, *Brut.*: Marcus Tullius Cicero. *Brutus.* Lat.-dt. Hg. Bernhard Kytzler. 3. Aufl. München: Artemis, 1986. 363 S.

Quellen 411

Cicero, *de Orat.*: Marcus Tullius Cicero. *De oratore: Über den Redner*. Lat./Dt. Übers. u. hg. von Harald Merklin. Stuttgart: Reclam, 1976. 652 S.

Cicero, *Fam.*: Marcus Tullius Cicero. *An seine Freunde*. Lat. und dt. Hg. und übers. von Helmut Kasten. 4. Aufl. Darmstadt: Wissenschaftliche Buchgesellschaft, 1989. 1076 S.

Cicero, *Inv.*, in: *Cicero in Twenty-Eight Volumes*. With an English Translation by H. M. Hubbell. LCL. London: Heinemann, 1949, II, 1-346.

Cicero, *Leg.*, in: Cicero. *Staatstheoretische Schriften*. Lat. und Dt. von Konrat Ziegler. SQAW 31. 2. Aufl. Berlin: Akademie, 1979, S. 212-341.

Cicero, *Orat.*: Marcus Tullius Cicero. *Orator*. Lat.-dt. Hg. Berhard Kytzler. 3. Aufl. Darmstadt: Wissenschaftliche Buchgesellschaft, 1988. 267 S.

Cicero, *Rep.*, in: Cicero. *Staatstheoretische Schriften*. Lat. und Dt. von Konrat Ziegler. SQAW 31. 2. Aufl. Berlin: Akademie, 1979, S. 36-210.

Demosthenes: Demosthenes. 7 Bde. With an English Translation by J. H. Vince. LCL. London: Heinemann, 1930ff. [Dt.: Demosthenes. *Werke*. Uebers. von Heinrich August Pabst. 18 Bde. Stuttgart: Metzler, 1839-41.] – Demosthenes. *Rede für Ktesiphon über den Kranz*. Mit kritischen und erklärenden Anmerkungen hg. und übers. von Walter Zürcher. Darmstadt: Wissenschaftliche Buchgesellschaft, 1983. 201 S.

Diodorus Siculus: *Diodori Bibliotheca Historica*. Hg. F. Vogel. 5 Bde. BSGRT. Stuttgart: Teubner, 1964.

Diogenes Laertius: *Diogenis Laertii Vitae Philosophorvm*. 2 Bde. Hg. H. S. Long. Oxford: University Press, 1964. 597 S. [Dt.: Diogenes Laertius. *Leben und Meinungen berühmter Philosophen*. Buch I-X. Aus dem Gr. übers. von Otto Apelt. Hg. Klaus Reich. 2. Aufl. Hamburg: Meiner, 1967. 411 S.]

Dionys von Halikarnassus, *Th.*, in: Dionysius of Halicarnassus. *The Critical Essays in two Volumes*. With an English Translation by Stephen Usher. LCL. London: Heinemann, 1974, I, 462-633.

Epiktet: Epictetus. *The Dicourses as Reported by Arrian, the Manual, the Fragments*. 2 Bde. Hg. W. A. Oldfather. LCL. London: Heinemann, 1925-28. 443 u. 559 S. [Dt.: Epiktetos. *Unterredungen, aufgezeichnet von Arrhianos*. Aus dem Gr. in das Dt. übertragen von K. Enk. Wien: Gerold, 1866. 384 S.]

4Esr: Josef Schreiner. *Das 4. Buch Esra*. JSHRZ V/4. Gütersloh: Mohn, 1981, S. 291-412.

Gorgias: Gorgias von Leontinoi. *Reden, Fragmente und Testimonien*. Gr.-dt. Hg. mit Übers. und Kommentar von Thomas Buchheim. Hamburg: Meiner, 1989. 225 S.

Herakleides: *Die Reisebilder des Herakleides*. Einleitung, Text, Übers. und Kommentar mit einer Übersicht über die Geschichte der griechischen Volkskunde. Von Friedrich Pfister. Wien: Rohrer, 1951. 252 S.

Hermogenes, *Prog.*, in: *Rhetores Graeci*. Bd 2. Hg. Leonard Spengel. Leipzig: Teubner, 1854, S. 3-18.

Herodot: Herodot. *Historien*. 2 Bde. Gr.-dt. Hg. von Josef Feix. München: Heimeran, 1963. 1434 S.

Historia Augusta: *The Scriptores Historiae Augustae*. With an English Translation by David Magie. 3 Bde. LCL. London: Heinemann, 1921ff. [Dt.: *Historia Augusta*. Römische Herrschergestalten. 2 Bde. Eingeleitet und übers. von Ernst Hohl. Bearbeitet und erläutert von Elke Merten und Alfons Rösger. München: Artemis, 1976/85. 538 und 512 S.]

Homer, *Od*.: Homer. *Odyssee*. Gr. u. dt. Übertragung von Anton Weiher. 3. Aufl. München: Heimeran, 1967. 760 S.

Horaz: Horaz. *Sämtliche Werke*. Lat. und dt. Hg. von Hans Färber. München: Heimeran, 1960. 340 S.

Isidor: *Isidori Hispalensis Episcopi Etymologiarum sive Originum*. 2 Bde. Hg. W. M. Lindsay. Oxford: Clarendon, 1911.

Isokrates: Isocrates. With an English Translation by George Norlin. 3. Bde. LCL. London: Heinemann, 1928ff.

Josephus, *Ant.*: Josephus. *Jewish Antiquities*. Josephus in nine volumes 4-10. Hg. von H. St. J. Thackeray (IV-V), Ralph Marcus (V-VIII), Louis H. Feldman (IX-X). LCL. London: Heinemann, 1930-65. [Dt.: *Des Flavius Josephus Jüdische Altertümer*. 2 Bde. Übers. und mit Einleitung und Anmerkungen versehen von Heinrich Clementz. 10. Aufl. Wiesbaden: Fourier, 1990. 646 u.724 S.]

Josephus, *Ap.*, in: Josephus. *The Life. Against Apion*. Josephus in nine volumes 1. Hg. H. St. J. Thackeray. LCL. London: Heinemann, 1926, S. 162-411.

Josephus, *Bell.*: Flavius Josephus. *De Bello Judaico: Der jüdische Krieg*. Gr. u. Dt. 3 Bde. Hg. Otto Michel und Otto Bauernfeind. 3. Aufl. Darmstadt: Wissenschaftliche Buchgesellschaft, 1982.

Josephus, *Vi.*, in: Josephus. *The Life. Against Apion*. Josephus in nine volumes 1. Hg. H. St. J. Thackeray. LCL. London: Heinemann, 1926, S. 2-159.

Livius: Titus Livius. *Römische Geschichte*. Lat. u. dt. von Hans Jürgen Hillen und Josef Feix. 8 Bde. München: Artemis, 1977ff.

Lucilius: Lucilius: *Satiren*. Lat. und Dt. von Werner Krenkel. 2 Bde. Leiden: Brill, 1970. 771 S.

Lukian: *Luciani Opera*. Hg. M. D. MacLeod. 4 Bde. Oxford: University Press, 1972-87. – Lukian. *Wie man Geschichte schreiben soll*. Gr.-dt. Ausgabe. Hg. H. Homeyer. München: Fink, 1965. 312 S.

LXX: *Septuaginta*. 2 Bde. Hg. Alfred Rahlfs. Stuttgart: Deutsche Bibelgesellschaft, 1979. 1184 u. 941 S.

Mischna: *Die Mischna: Text, Übersetzung und ausführliche Erklärung*. Hg. G. Beer und O. Holtzmann. Gießen: Töpelmann, 1921ff.

Neues Testament: *Novum Testamentum Graece*. Hg. Kurt Aland u. a. 26. Aufl. Stuttgart: Deutsche Bibelgesellschaft, 1979. 779 S. – *The Greek New Testament According to the Majority Text*. 2. Aufl. Hg. Zane C. Hodges und Arthur L. Farstad. New York: Nelson, 1985. 810 S. [Dt.: *Die Heilige Schrift. Zweiter Teil: Das Neue Testament*. Revidierte Elberfelder Übersetzung. Wuppertal: Brockhaus, 1985. 333 S.]

Pausanias: Pavsanias. *Graeciae Descriptio.* Hg. Maria Helena Rocha-Pereira. 3 Bde. Leipzig: Teubner, 1973ff. [Dt.: Pausanias. *Reisen in Griechenland.* Aufgrund der kommentierten Übers. von Ernst Meyer hg. von Felix Eckstein. 3 Bde. München: Artemis, 1954ff.]

Philo: *Philonis Alexandrini Opera qvae svpersunt* (1896-1930). Hg. Leopold Cohn. 7 Bde. Berlin: Reimer, 1962-63. [Dt.: *Die Werke Philos von Alexandria.* In dt. Übers. hg. von Leopold Cohn. 7 Bde. Breslau: Mareus, 1909-64].

Philostratos, *VA*: Philostratos. *Das Leben des Apollonios von Tyana.* Gr.-Dt. Hg., übers. und erläutert von Vroni Mumprecht. München: Artemis, 1983. 1168 S.

Platon: Platon. *Werke in acht Bänden.* Gr. und Dt. Dt. Übers. von Friedrich Schleiermacher. Bearbeitet von Heinz Hofmann. Hg. von Gunther Eigler. Darmstadt: Wissenschaftliche Buchgesellschaft, 1977.

Plinius, *Ep.*: Gaius Plinius Cacilius. *Briefe.* Lat. und Dt. von Helmut Kasten. 4. Aufl. München: Heimeran, 1979. 710 S.

Plutarch: *Plvtarchi Vitae Parallelae.* Hg. Konrat Ziegler. 4 Bde. Leipzig: Teubner, 1959ff. [Plutarch. *Große Griechen und Römer.* Eingeleitet und übers. von Konrat Ziegler. 6 Bde. Stuttgart: Artemis, 1954ff.]

Polybius: *Polybii Historiae.* Hg. Theodor Buettner-Wobst. BSGRT. 5 Bde. Stuttgart: Teubner, 1905. [Dt.: Polybios. *Geschichte.* Gesamtausgabe in zwei Bänden. Eingeleitet und übertragen von Hans Drexler. Stuttgart: Artemis, 1961. 1615 S.]

Quintilian, *Inst.*: Marcus Fabius Quintilianus. *Ausbildung des Redners.* Zwölf Bücher. 2 Bde. Hg. und übers. von Helmut Rahn. 2. Aufl. Darmstadt: Wissenschaftliche Buchgesellschaft, 1988.

Rutilius: Rutilius Claudius Namatianus. *De reditu suo sive Iter Gallicum.* 2 Bde. Hg., eingeleitet und erklärt von Ernst Doblhofer. Heidelberg: Winter, 1972/7. 170 und 288 S.

Sextus Empiricus: Sextus Empiricus. With an English Translation by R. G. Bury. 4 Bde. LCL. London: Heinemann. 1933-49.

Sidonius, *Ep.*, in: Sidonius. *Poems and Letters.* With an English Translation, Introduction, and Notes by W. B. Anderson. 2 Bde. LCL. London: Heinemann, 1936.

Strabo: *The Geography of Strabo*. With an English Translation by Horace Leonard Jones. 8 Bde. LCL. London: Heinemann, 1917-32. [Dt.: *Strabo's Erdbeschreibung*. Übers. und durch Anmerkungen erläutert von A. Forbiger. 8 Bde. Stuttgart: Hoffmann, 1856-62.]

Sueton: Suetonius. With an English Translation by J. C. Rolfe. LCL. 2 Bde. London: Heinemann, 1914. 497 u. 556 S. [Dt.: Sueton. *Cäsarenleben*. Übertragen und erläutert von Max Heinemann. 7. Aufl. Stuttgart: Kröner, 1986. 532 S.]

syrBar: A. F. J. Klijn. *Die syrische Baruch-Apokalypse*. JSHRZ V/2. Gütersloh: Mohn, 1976, S. 107-91.

Tacitus, *Ann.*: P. Cornelius Tacitus. *Annalen*. Lat. und dt. Hg. Erich Heller. München: Artemis, 1982. 975 S.

Tacitus, *Historiae*: P. Cornelius Tacitus. *Historien*. Lat. und dt. Hg. Joseph Borst u. a. 5. Aufl. München: Artemis, 1984. 633 S.

Talmud: *Der Babylonische Talmud mit Einschluß der vollstaendigen Misnah*. Hg. und übers. von Lazarus Goldschmidt. 9 Bde. Berlin: Harz, 1925ff.

TestXII: *The Testaments of the Twelve Patriarchs: A Critical Edition of the Greek Text*. Hg. M. de Jonge u. a. PVTG I/2. Leiden: Brill, 1978. 251 S. [Dt.: Jürgen Becker. *Die Testamente der zwölf Patriarchen*. JSHRZ III/1. Gütersloh: Mohn, 1974. 163 S.]

TestAbr: *The Testament of Abraham: The Greek Recensions*. Hg. Michael E. Stone. Texts and Translations 2. Pseudepigraphe Series 2. Missoula: SBL, 1972. 89 S. [Dt.: Enno Janssen. *Testament Abrahams*. JSHRZ III/2. Gütersloh: Mohn, 1975, S. 193-256.]

TestHiob: *Testamentum Iobi*. Hg. S. P. Brock. PVTG II. Leiden: Brill, 1967, S. 1-59. [Dt.: Berndt Schaller. *Das Testament Hiobs*. JSHRZ III/3. Gütersloh: Mohn, 1979, S. 303-87.]

Theon, *Prog.*, in: *Rhetores Graeci*. Bd 2. Hg. Leonard Spengel. Leipzig: Teubner, 1854, S. 56-130. [S. neuerdings auch J. R. Butts. "The *Progymnasmata* of Theon: A New Text with Translation and Commentary." Diss. 1987. – Mir nicht zugänglich.]

Thukydides: Thucydide. *La guerre du Péloponnèse*. 5 Bde. Paris: Les Belles Lettres, 1953ff. [Dt.: Thukydides. *Geschichte des peloponnesischen Krieges*. Eingeleitet und übertragen von Georg Peter Landmann. Zürich: Artemis, 1960. 730 S.]

Tosefta: *Die Tosefta. VI: Seder Toharot.* Rabbinische Texte. Hg. Karl Heinrich Rengstorff. Stuttgart: Kohlhammer, 1976. 438 S. [Dt.: *Die Tosefta. Seder VI: Toharot.* Übers. und erklärt von Walter Windfuhr. Rabbinische Texte. Hg. Karl Heinrich Rengstorff. Stuttgart: Kohlhammer, 1960. 464 S.]

Xenophon, *An.*: Xenophon. *Der Zug der Zehntausend.* Gr. und dt. Hg. Walter Müri. München: Heimeran, 1954. 504 S.

Xenophon, *HG* : Xenophon. *Hellenika.* Gr.-dt. Hg. Gisela Strasburger. München: Heimeran, 1970. 831 S.

Xenophon, *Mem.*: Xenophon. *Erinnerungen an Sokrates.* Gr.-dt. Hg. Peter Jaerisch. 4. Aufl. München: Artemis, 1978. 408 S.

2. Sekundärliteratur

In der folgenden Auflistung der verwendeten Sekundärliteratur sind die gängigen Hilfsmittel (Konkordanzen, Wörterbücher etc.) und Lexika nicht extra aufgeführt. Man vergleiche dazu die Angaben in der jeweils neuesten Auflage der gebräuchlichen Einleitungswerke.

Aberle, Moritz von. "Exegetische Studien 2: Ueber den Prolog des Lucasevangelium." *ThQ*, 45 (1863), 98-120.

Aharoni, Yohanan und Michael Avi-Yonah. *Der Bibel Atlas: Die Geschichte des Heiligen Landes 3000 Jahre vor Christus bis 200 Jahre nach Christus*. Augsburg: Weltbild, 1990. 172 S.

Alexander, Loveday. "Luke's Preface in the Context of Greek Preface-Writing." *NT*, 28 (1986), 48-74.

Almquist, Helge. *Plutarch und das Neue Testament*. ASNU 15. Uppsala: Appelberg, 1946. 164 S.

Ambrosius von Mailand. *Expositio Evangelii secundum Lucam*. Sancti Ambrosii Opera IV. CSEL 32. Wien: Tempsky, 1902. 590 S. [Dt.: *Des heiligen Ambrosius von Mailand Lukaskommentar, mit Ausschluß der Leidensgeschichte*. Erstmals übers. von Joh. Ev. Niederhuber. BKV 21. Kempten: Kösel, 1915. 517 S.]

Annand, Rupert. "Papias and the Four Gospels." *SJTh*, 9 (1956), 46-62.

Augustinus, *De consensu*: *Sancti Avreli Avgvstini De consensv evangelistarvm*. CSEL 43. Hg. Franz Weihrich. Leipzig: Freytag, 1904. 467 S.

Augustinus, *De correptione et gratia*: Aurelius Augustinus. *Schriften gegen die Semipelagianer*. Würzburg: Augustinus-Verlag, 1955, I, 160-239.

Avenarius, Gert. *Lukians Schrift zur Geschichtsschreibung*. Meisenheim: Glan, 1956. 183 S.

Baarlink, Heinrich. "Die zyklische Struktur von Lukas 9.43b-19.28." *NTS*, 38 (1992), 481-506.

Baarlink, Heinrich. *Inleiding tot het Nieuwe Testament*. Kampen: Kok, 1989. 348 S.

Baarlink, Heinrich. "'Toen de dagen van zijn opneming in vervulling gingen ...' (Lucas 9,51): De cyclische structuur van Lucas 9,43b-19,28." *Christologische perspectieven. Exegetische en hermeneutische studies van en voor Prof. Dr. Heinrich Baarlink*. Kampen: Kok, 1992, S. 89-115.

Bacon, B. W. "The 'Order' of the Lukan 'Interpolations'." *JBL*, 34 (1915), 166-79.

Bailey, Kenneth Ewing. *Poet and Peasant: A Literary Cultural Approach to the Parables in Luke*. Grand Rapids: Eerdmans, 1976. 238 S.

Bauer, Bruno. *Kritik der evangelischen Geschichte der Synoptiker*. Bd 2 (1841). Hildesheim: Olms, 1974. 392 S.

Bauer, J. "πολλοί Luk 1,1." *NT*, 4 (1960), 263-6.

Belser, Johannes Evangelist. *Das Evangelium des Heiligen Johannes*. Freiburg: Herder, 1905. 576 S.

Belser, Johannes Evangelist. "Der sog. Reisebericht im Lukasevangelium." *ThQ*, 97 (1915), 336-57.

Ben-David, Arye. *Talmudische Ökonomie: Die Wirtschaft des jüdischen Palästina zur Zeit der Mischna und des Talmud*. Bd 1. Hildesheim: Olms, 1974. 454 S.

Benario, Herbert W. *A Commentary on the Vita Hadriani in the Historia Augusta*. American Classical Studies 7. Ann Arbor: Scholars Press, 1980. 167 S.

Bengel, Johann Albrecht. *Gnomon Novi Testamenti* ... Ed. 3 (1773). Hg. Paul G. Steudel. Stuttgart: Steinkopf, 1915. 1149 S.

Bengel, Johann Albrecht: *Johann Albrecht Bengels Richtige Harmonie Der Vier Evangelisten* ... Tubjngen: Berger, 1736. 390 S. [3. und letzte Aufl. 1765.]

Berg, Gunter. *Leopold von Ranke als akademischer Lehrer: Studien zu seinen Vorlesungen und seinem Geschichtsdenken*. Göttingen: Vandenhoeck, 1968, S. 180-218 ("Rankes Reflexionen über die Objektivität historischen Verstehens und ihre Grenzen").

Berger, Klaus. *Exegese des Neuen Testaments: Neue Wege vom Text zur Auslegung*. UTB 658. 2. Aufl. Heidelberg: Quelle und Meyer, 1984. 288 S.

Berger, Klaus. *Formgeschichte des Neuen Testaments*. Heidelberg: Quelle und Meyer, 1984. 400 S.

Berger, Klaus. "Hellenistische Gattungen im Neuen Testament." *ANRW*, II.25.2 (1984), 1031-1432.

Bernadicou, Paul J. "The Spirituality of Luke's Travel Narrative." *RR(StM)*, 36 (1977), 455-66.

Bernhard, J. H. "The Historical Value of the Acts of the Apostles." *Criticism of the New Testament*. St. Margaret's Lectures 1902. New York: Scribner, 1902.

Bernheim, Ernst. *Lehrbuch der historischen Methode und der Geschichtsphilosophie*. 4. Aufl. Leipzig: von Duncker, 1903. 781 S.

Billerbeck, Margarethe. *Der Kyniker Demetrius: Ein Beitrag zur Geschichte der frühkaiserzeitlichen Popularphilosophie*. PhAnt 36. Leiden: Brill, 1979. 69 S.

Blass, Friedrich. *Die Entstehung und der Charakter unserer Evangelien*. Leipzig: Deichert, 1907. 37 S.

Blass, Friedrich. *Philology of the Gospels* (1898). Amsterdam: Grüner, 1969, S. 7-20 ("The proem of St. Luke"). [Rez. von P. Corssen in *GGA*, 161 (1899), 305-27.]

Bligh, John. *Christian Deuteronomy (Luke 9-18)*. Scripture for Meditation 5. Langley: Bucks, 1970. [Mir nicht zugänglich.]

Blinzler, Joseph. "Die literarische Eigenart des sogenannten Reiseberichts im Lukasevangelium." *Synoptische Studien*. FS Alfred Wikenhauser. Hg. J. Schmid und Anton Vögtle. München: Zink, 1953, S. 20-52.

Blomberg, Craig L. "Midrash, Chiasmus and the Outline of Luke's Central Section." *Studies in Midrash and Historiography*. Gospel Perspectives 3. Hg. R. T. France und David Wenham. Sheffield: JSOT Press, 1983, S. 217-61.

Blomberg, Craig L. "The Legitimacy and Limits of Harmonization." *Hermeneutics, Authority and Canon*. Hg. Donald A. Carson. Grand Rapids: Zondervan, 1986, S. 137-74 u. 388-97.

Boer, Willem den. "Some Remarks on the Beginnings of Christian Historiography." *StPatr* VI/2. Hg. F. L. Cross. Berlin: Akademie, 1961, S. 348-62.

Bonhöffer, Adolf. *Epiktet und das Neue Testament*. RVV 10. Gießen: Töpelmann, 1910. 412 S.

Bosold, Iris. *Pazifismus und prophetische Provokation: Das Grußverbot Lk 10,4b und sein historischer Kontext*. SBS 90. Stuttgart: Katholisches Bibelwerk, 1978. 98 S.

Bovon, François. *Das Evangelium nach Lukas*. EKK III/1. Zürich: Benziger, 1989. 524 S.

Bovon, François. "Das Gleichnis vom verlorenen Sohn (Lk 15,11-32): Erste Lesung." *Lukas in neuer Sicht: Gesammelte Aufsätze*. Biblisch-Theologische Studien 8. Neukirchen-Vluyn: Neukirchener Verlag, 1985, S. 139-60.

Brandt, Ahasver von. *Werkzeug des Historikers: Eine Einführung in die historischen Hilfswissenschaften*. 10. Aufl. Stuttgart: Kohlhammer, 1983. 208 S.

Brouwers, J. H. "Plinius Minor over de historiografie (Ep. V.8)." *Lampas*, 24 (1991), 5-18.

Brown, Schuyler. "The Role of the Prologues in Determining the Purpose of Luke-Acts." *Perspectives on Luke-Acts*. Hg. Charles Harold Talbert. Edinburgh: Clark, 1978, S. 99-111.

Bruggen, Jakob van. *Christus op aarde: Zijn levensbeschrijving door leerlingen en tijdgenoten*. CNT. Kampen: Kok, 1987. 287 S. [Rez. von Martin Rese in *ThLZ*, 114 (1989), 30.]

Bruggen, Jakob van. *Marcus: Het evangelie volgens Petrus*. CNT. Kampen: Kok, 1988. 436 S.

Bruggen, Jakob van. *Matteüs: Het evangelie voor Israël*. CNT. Kampen: Kok, 1990. 510 S.

Bruners, Wilhelm. *Die Reinigung der zehn Aussätzigen und die Heilung des Samariters: Ein Beitrag zur lukanischen Interpretation der Reinigung von Aussätzigen*. fzb 23. Stuttgart: Katholisches Bibelwerk, 1977. 431 S.

Brunt, P. A. "Cicero and Historiography." *Miscellanea di studi classici in onore di Eugenio Manni*. Hg. M. J. Fontana. Rom: Bretschneider, 1980, I, 311-40.

Brutscheck, Jutta. *Die Maria-Martha-Erzählung: Eine redaktionskritische Untersuchung zu Lk 10,38-42*. BBB 64. Frankfurt: Hanstein, 1986. 291 S.

Buckler, John. "Plutarch and Autopsie." *ANRW*, II.33.6 (1991), 4788-4830.

Bühlmann, Walter und Karl Scherer. *Stilfiguren der Bibel: Ein kleines Nachschlagewerk*. BiBe 10. Stuttgart: Katholisches Bibelwerk, 1973. 103 S.

Bullinger, Ethelbert W. *Figures of Speech Used in the Bible Explained and Illustrated* (1898). Grand Rapids: Baker, 1975. 1104 S.

Bultmann, Rudolf. *Die Geschichte der synoptischen Tradition*. 7. Aufl. Göttingen: Vandenhoeck, 1967. 408 S.

Burkitt, Francis Crawford. *The Gospel History and its Transmission*. Edinburgh: Clark, 1906. 359 S.

Burkitt, Francis Crawford. "The Perean Ministry: A Reply." *JThS*, 11 (1910), 412-5.

Burridge, Richard A. *What are the Gospels? A comparison with Graeco-Roman biography*. MSSNTS 70. Cambridge: University Press, 1992. 292 S.

Busch, A. "Das 'Evangelium' im sogenannten Reisebericht des Lukas (9,51-18,24)." *Sächsisches Kirchen- und Schulblatt*, 85 (1935), 430-8. [Mir nicht zugänglich.]

Busse, Ulrich. *Die Wunder des Propheten Jesus: Die Rezeption, Komposition und Interpretation der Wundertradition im Evangelium des Lukas*. fzb 24. Stuttgart: Katholisches Bibelwerk, 1977. 512 S.

Cadbury, Henry Joel. "Commentary on the Preface of Luke." *The Beginnings of Christianity*. Bd I/1. Hg. J. F. Foakes Jackson und Kirsopp Lake. London: Macmillan, 1922, S. 489-510.

Cadbury, Henry Joel. "The Knowledge Claimed in Luke's Preface." *Exp*, 8 (1922), 401-20.

Cadbury, Henry Joel. "The Purpose Expressed in Luke's Preface." *Exp*, 7/21 (1921), 431-41.

Cadbury, Henry Joel. *The Style and Literary Method of Luke* (1920). HThS 6. New York: Kraus, 1969. 205 S.

Cadman, William Healey. *The Last Journey of Jesus to Jerusalem: Its purpose in the light of the Synoptic Gospels*. London: Oxford University Press, 1923. 159 S.

Cadoux, C. J. "The Visits of Jesus to Jerusalem." *Exp*, 9/3 (1925), 175-92.

Callan, Terrance. "The Preface of Luke-Acts and Historiography." *NTS*, 31 (1985), 576-81.

Calvin, Johannes: *Commentarius in Harmoniam Evangelicam*. Ioannis Calvini Opera Quae Supersunt Omnia 45. Hg. Guilielmus Baum, Eduardus Cunitz und Eduardus Reuss. Corpus Reformatorum 73. Brunsvigae: Schwetschke, 1891, S. 1-830. [Dt.: *Johannes Calvins Auslegung der Evangelien-Harmonie*. Übers. von Hiltrud Stadtland-Neumann und Gertrud Vogelbusch. 2 Bde. Neukirchen-Vluyn: Neukirchener Verlag, 1966-74. 457 u. 492 S.]

Cancik, Hubert. "Bios und Logos: Formgeschichtliche Untersuchungen zu Lukians 'Demonax'." *Markus-Philologie*. Hg. ders. WUNT 33. Tübingen: Mohr, 1984, S. 115-30.

Cancik, Hubert. "Die Berufung des Johannes: Prophetische Tradition des Alten Testaments in der Geschichtsschreibung des Neuen Testaments." *Der altsprachliche Unterricht*, 25 (1982), 45-62.

Cancik, Hubert. "Die Gattung Evangelium: Das Evangelium des Markus im Rahmen der antiken Historiographie." *Markus-Philologie*. Hg. ders. WUNT 33. Tübingen: Mohr, 1984, S. 85-113.

Cancik, Hubert. *Mythische und historische Wahrheit: Interpretationen zu Texten der hethitischen, biblischen und griechischen Historiographie*. SBS 48. Stuttgart: Kohlhammer, 1970. 133 S.

Carson, Donald A. *Matthew*. The Expositor's Bible Commentary 8. Grand Rapids: Zondervan, 1984. 599 S.

Casson, Lionel. *Reisen in der Alten Welt*. München: Prestel, 1976. 450 S.

Chance, J. Bradley. "Fiction in Ancient Biography: An Approach to a Sensitive Issue in Gospel Interpretation." *PRSt*, 18 (1991), 125-42.

Charpentier, Karl. *The Indian Travels of Apollonius of Tyana*. Uppsala: Almquist, 1934. 66 S.

Chrysostomos: *S. P. N Joannis Chrysostomi ... Homiliae in Matthaevm*. Opera omnia quae extant 7. PG 57-58. Paris, 1862. 1064 Sp. [Dt.: *Des heiligen Kirchenvaters Johannes Chrysostomos Kommentar zum Evangelium des heiligen Matthäus*. Aus dem Gr. übers. von P. Joh. Chr. Baur. 4 Bde. BKV. München: Kösel, 1915-16.]

Cipriani, Settimio. *L' itinerario spirituale nel vangelo di Luca*. 1987. 165 S. [Mir nicht zugänglich.]

Cohen, Shaye J. D. *Josephus in Galilee and Rome: His Vita and Development as a Historian*. Columbia Studies in the Classical Tradition 8. Leiden: Brill, 1979. 277 S.

Conzelmann, Hans. "Die geographischen Vorstellungen im Lukasevangelium." Diss. Tübingen, 1952. 189 S.

Conzelmann, Hans. *Die Mitte der Zeit: Studien zur Theologie des Lukas*. BHTh 17. 6. Aufl. Tübingen: Mohr, 1977. 242 S.

Conzelmann, Hans und Andreas Lindemann. *Arbeitsbuch zum Neuen Testament*. UTB 52. 6. Aufl. Tübingen: Mohr, 1982. 456 S.

Cook, E. J. "Synoptic Indications of the Visits of Jesus to Jerusalem." *ET*, 41 (1929/30), 121-3.

Cornelius, Friedrich. *Die Glaubwürdigkeit der Evangelien: Philologische Untersuchungen*. München: Reinhardt, 1969. 96 S.

Cornell, J. T. "The formation of the historical tradition of early Rome." *Past Perspectives: Studies in Greek and Roman Historical Writing*. Hg. I. S. Moxon u. a. Cambridge: University Press, 1986, S. 67-86.

Croce, Benedetto. *Theorie und Geschichte der Historiographie*. 3. Aufl. Tübingen: Mohr, 1930. 435 S.

Culver, Robert Duncan. *The Life of Christ*. Grand Rapids: Baker, 1976. 304 S.

Cyrill von Alexandrien: *Sancti Cyrilli ... Explanatio in Lucae Evangelium*. PG 72. Paris, 1864, Sp. 475-950.

Dalman, Gustaf. *Arbeit und Sitte in Palästina*. 7 Bde. Hildesheim: Olms, 1928-42.

Dalman, Gustaf. *Orte und Wege Jesu*. SDPI 1. 3. Aufl. Gütersloh: Bertelsmann, 1924. 427 S.

Davies, David P. "The Position of Adverbs in Luke." *Studies in New Testament Language and Text*. FS George D. Kilpatrick. NT.S 44. Hg. J. K. Elliott. Leiden: Brill, 1976, S. 106-21.

Davies, J. H. "The Purpose of the Central Section of St. Luke's Gospel." *StEv* 2. TU 87. Hg. F. L. Cross. Berlin: Akademie, 1964, S. 164-9.

Dawsey, James M. "Jesus' Pilgrimage to Jerusalem." *PRSt*, 14 (1987), 217-32.

Delebecque, Édouard. *Études grecques sur l'Évangile de Luc*. Paris: Les Belles Lettres, 1976. 181 S.

Denaux, Adalbert. "De sectie Lc 13,22-35 en haar plaats in het Lucaanse reis-bericht." Diss. Leuven, 1967. 400 S.

Denaux, Adalbert. "Het lucaanse reisverhaal (Lc. 9,51-19,44)." *CBG*, 14 (1968), 214-42; 15 (1969), 464-501.

Der Arzt im Altertum. Hg. H. Färber u. M. Faltner. 3. Aufl. München: Heimeran, 1962. 507 S.

Derrett, J. Duncan M. "The Friend at Midnight: Asian Ideas in the Gospel of St. Luke." *Donum Gentilicium.* FS David Daube. London: Clarendon, 1978, S. 78-87.

Derrett, J. Duncan M. "The Lucan Christ and Jerusalem: τελειοῦμαι (Lk 13,32)." *ZNW*, 75 (1984), 36-43.

Deselaeres, Paul. *Das Buch Tobit: Studien zu seiner Entstehung, Komposition und Theologie.* OBO 43. Göttingen: Vandenhoeck, 1982. 534 S.

Devoldere, M. "Le prologue du troisième évangile." *NRTh*, 56 (1929), 714-9.

Dihle, Albrecht. *Die Entstehung der historischen Biographie.* SHAW. Heidelberg: Winter, 1987. 90 S.

Dillon, Richard J. "Previewing Luke's Project from his Prologue (Luke 1:1-4)." *CBQ*, 43 (1981), 205-27.

Dobschütz, Ernst von. "Jesu Wanderungen nach Lukas." *ZWTh*, 54 (1912), 366-80.

Dongell, Joseph R. "The Structure of the Gospel of Luke." Ph. D. diss. Union Theological Seminary in Virginia, 1991. [Mir nicht zugänglich. Abstract in: Powell, Mark Allan u. a. (Hg.). *The Bible and Modern Literary Criticism: A Critical Assessment and Annotated Bibliography.* Bibliographies and Indexes in Religious Studies 22. London: Greenwood, 1992, S. 311.]

Dormeyer, Detlev. *Evangelium als literarische und theologische Gattung.* EdF 263. Darmstadt: Wissenschaftliche Buchgesellschaft, 1989. 200 S.

Dornseiff, Franz. "Lukas der Schriftsteller." *ZNW*, 35 (1936), 129-55.

Droysen, Johann Gustav. *Historik: Vorlesung über Enzyklopädie und Methodologie der Geschichte.* Hg. Rudolf Hübner. 3. Aufl. Darmstadt: Wissenschaftliche Buchgesellschaft, 1958. 444 S.

Drury, John. *Tradition and Design in Luke's Gospel: A Study in Early Christian Historiography.* London: Darton, 1976. 208 S.

Dubois, Jean-Daniel. "Luc 1,1-4." *ETR*, 52 (1977), 542-7.

Duckworth, George Eckel. *Structural Patterns and Proportions in Vergil's Aeneid: A Study in Mathematical Composition*. Ann Arbor: University of Michigan Press, 1962. 268 S.

Dürr, Julius. *Die Reisen des Kaisers Hadrian*. Wien: Gerold, 1881. 124 S.

Earl, Donald. "Prologue-form in Ancient Historiography." *ANRW*, I.2. (1972), 842-56.

Edersheim, Alfred. *The Life and Times of Jesus the Messiah* (1883). 2 Bde. New York: Longmans, 1931. 698 u. 826 S.

Egelkraut, Helmuth L. *Jesus' Mission to Jerusalem: A redaction critical study of the Travel Narrative in the Gospel of Luke, Lk 9:51-19:48*. EHS.T XXIII/80. Frankfurt: Lang, 1976. 257 S.

Egermann, F. "Zum historiographischen Ziel des Thukydides." *Hist*, 10 (1961), 435-47.

Egger, Rita. *Josephus Flavius und die Samaritaner: Eine terminologische Untersuchung zur Identitätsklärung der Samaritaner*. Göttingen: Vandenhoeck, 1986. 412 S.

Eichhorn, Johann Gottfried. *Allgemeine Bibliothek der biblischen Litteratur*. Des fünften Bandes fünftes Stück. Leipzig: Weidmannsche Buchhandlung, 1794. 1144 S.

Ellis, Edward Earl. "New Directions in Form Criticism." *Jesus Christus in Historie und Theologie*. FS Hans Conzelmann. Hg. Georg Strecker. Tübingen: Mohr, 1975, S. 299-315.

Ellis, Edward Earl. "The Composition of Luke 9 and the Sources of its Christology." *Current Issues in Biblical and Patristic Interpretation*. Hg. G. F. Hawthorne. FS Merrill C. Tenney. Grand Rapids: Erdmans, 1975, S. 120-7.

Ellis, Edward Earl. *The Gospel of Luke*. 2. Aufl. London: Marshall, 1974. 300 S.

Eltester, Walter. "Israel im lukanischen Werk und die Nazarethperikope." *Jesus in Nazareth*. Hg. ders. Berlin: de Gruyter, 1972, S. 76-147.

Engel, Georg. "*De antiquorum epicorum, didacticorum, historicorum prooemiis.*" Diss. Marburg, 1910. 101 S.

Enslin, Morton S. "The Samaritan Ministry and Mission." *HUCA*, 51 (1980), 29-38.

Epiphanius, *Panarion haer.*: Ephiphanius. *Ancoratus und Panarion*. Bd 2. Hg. Karl Holl. GCS 31. Leipzig: Hinrichs, 1922. 524 S.

Erdmann, Gottfried. *Die Vorgeschichten des Lukas- und Matthäus-Evangeliums und Vergils vierte Ekloge.* FRLANT 47. Göttingen: Vandenhoeck, 1932. 143 S.

Ernst, Fritz. "Zeitgeschehen und Geschichtschreibung: Eine Skizze." *WG*, 17 (1957), 137-89.

Ernst, Josef. *Das Evangelium nach Lukas.* RNT. Regensburg: Pustet, 1977. 728 S.

Espinel, José Luis. "La vida-viaje de Jesus hacia Jerusalén (Lc 9,51-19,28)." *CuBi*, 37 (1980), 93-111. [Mir nicht zugänglich.]

Eusebius, *Hist. Eccl.*: Eusèbe de Césarée. *Histoire Ecclésiastique.* SC 31/41/55. 3 Bde. Hg. G. Bardy. Paris: Cerf, 1952-67. [Dt.: Eusebius von Caesarea. *Kirchengeschichte.* Hg. und eingeleitet von Heinrich Kraft. Übers. von Philipp Haeuser (1932). 2. Aufl. Darmstadt: Wissenschaftliche Buchgesellschaft, 1984. 474 S.]

Euthymius Zigabenus: *Euthymii Zigabeni Commentarius Evangelium secundum Lucam.* PG 129. Paris, 1898, Sp. 853-1102.

Evans, Christopher Francis. *Saint Luke.* TPI New Testament Commentaries. London: SCM, 1990. 933 S.

Evans, Christopher Francis. "The Central Section of St. Luke's Gospel." *Studies in the Gospels.* FS Robert Henry Lightfoot. Hg. Dennis Eric Nineham. Oxford: Blackwell, 1955, S. 37-53.

Evans, Craig A. "'He Set His Face': A Note on Luke 9,51." *Bib*, 63 (1982), 545-8.

Evans, Craig A. "'He Set His Face': Luke 9,51 Once Again." *Bib*, 68 (1987), 80-4.

Fairweather, Janet. "Fiction in the Biographies of Ancient Writers." *AncSoc*, 5 (1974), 231-75.

Farrell, Hobert K. "The Structure and Theology of Luke's Central Section." *Trinity Journal*, 7 (1986), 33-54.

Fearghail, Fearghus Ó. *The Introduction to Luke-Acts: A Study of the Role of Lk 1,1-4,14 in the Composition of Luke's Two-Volume Work.* AnBib 126. Rom: Biblical Institute, 1991. 256 S.

Feuillet, André. "'Témoins oculaires et serviteurs de la parole' (Lc 1,2b)." *NT*, 15 (1973), 241-59.

Filson, Floyd Vivian. "The Journey Motif in Luke-Acts." *Apostolic History and the Gospel*. FS Frederick Fyvie Bruce. Hg. W. Ward Gasque. Exeter: Paternoster, 1970, S. 68-77.

Finley, Moses I. "'Wie es eigentlich gewesen'." *Quellen und Modelle in der Alten Geschichte*. Frankfurt: Fischer, 1987, S. 62-83 u. 146-50.

Fitzmyer, Joseph A. *The Gospel According to Luke*. 2 Bde. AncB 28. New York: Doubleday, 1981/5. 1642 S.

Flückiger-Guggenheim, Daniela. *Göttliche Gäste: Die Einkehr von Göttern und Heroen in der griechischen Mythologie*. EHS III/237. Frankfurt: Lang, 1984. 225 S.

Flusser, David. "Lukas 9:51-56 – ein hebräisches Fragment?" *The New Testament Age*. FS Bo Reicke. Hg. William Care Weinrich. Bd 1. Macon: Mercer, 1984, S. 165-79.

France, R. T. "Chronological Aspects of 'Gospel Harmony'." *VoxEv*, 16 (1986), 33-59.

Fransen, Irénée. "La montée vers Jérusalem." *BVC*, 11 (1955), 69-87.

Friedländer, Ludwig. *Darstellungen aus der Sittengeschichte Roms in der Zeit von Augustus bis zum Ausgang der Antonine*. Bd 1. 10. Aufl. Leipzig: Hirzel, 1922. 490 S.

Friedrich, Gehrhard. "Lk 9,51 und die Entrückungschristologie des Lukas." *Orientierung an Jesus: Zur Theologie der Synoptiker*. FS Josef Schmid. Hg. Paul Hoffmann u. a. Herder: Freiburg, 1973, S. 48-77.

Fritz, Kurt von. "Der gemeinsame Ursprung der Geschichtsschreibung und der exakten Wissenschaften bei den Griechen." *Philosophia Naturalis*, 2 (1952), 200-23.

Fritz, Kurt von. "Die Bedeutung des Aristoteles für die Geschichtsschreibung" und "Discussion." *Entretiens sur l'Antiquité Classique 4: Histoire et Historiens dans l'Antiquité*. Genf: Vandoeuvres, 1956, S. 85-128.

Fritz, Kurt von. *Die Griechische Geschichtsschreibung*. 2 Bde. Berlin: de Gruyter, 1967. 823 u. 421 S.

Frost, Frank J. *Plutarch's Themistocles: A historical commentary*. Princeton: University Press, 1988. 252 S.

Fuchs, W. P. "Was heißt das: 'bloß zeigen wie es eigentlich gewesen'?" *GWU*, 30 (1979), 655-67.

Garrett, Susan R. "Exodus from Bondage: Luke 9:31 and Acts 12:1-24." *CBQ*, 52 (1990), 656-80.

Gasse, W. "Zum Reisebericht des Lukas." *ZNW*, 34 (1935), 293-9.

Gelpke, C. F. "Ueber den richtigen Standpunct einer Kritik der evangelischen Geschichte." *ZPSTh*, 4 (1839), 255-90.

Gerhardsson, Birger. *Memory and Manuscript: Oral Tradition and Written Transmission in Rabbinic Judaism and Early Christianity.* ASNU 22. Uppsala: Almquist, 1961. 379 S.

Gerhardsson, Birger. *Tradition and Transmission in Early Christianity.* CNT 20. Lund: Gleerup, 1964. 47 S.

Gieseler, Johann Carl Ludwig. *Historisch-kritischer Versuch über die Entstehung und die frühesten Schicksale der schriftlichen Evangelien.* Leipzig: Engelmann, 1818. 203 S.

Gigon, Olof. *Erwägungen eines Altphilologen zum Neuen Testament.* Basel: FETA, 1972. 20 S.

Gilbert, Allan H. "σήμερον καὶ αὔριον, καὶ τῇ τρίτῃ (Luke 13:32)." *JBL*, 35 (1916), 315-8.

Gill, David. "Observations on the Lukan Travel Narrative and Some Related Passages." *HThR*, 63 (1970), 199-221.

Gils, Félix. *Jésus Prophète d'après les Évangiles synoptiques.* OBL 2. Leuven: Publications Universitaires, 1957. 196 S.

Girard, Louis. *L'Évangile des Voyages de Jésus ou La Section 9,51-18,14 de Saint Luc.* Paris: Gabalda, 1951. 130 S. [Rez. von Christopher Francis Evans in *JThS*, 3 (1952), 242-6; Pierre Benoit in *RB*, 60 (1953), 446-8; Xavier Ducros in *BLE*, 56 (1955), 169-70].

Glöckner, Richard. *Die Verkündigung des Heils beim Evangelisten Lukas.* WSAMA.T 9. Mainz: Grünewald, 1975. 246 S.

Godet, Frédéric. *Das Evangelium des Lukas.* Nachdruck der 2. dt. Ausgabe. Gießen: Brunnen, 1986. 621 S. [Erstausgabe: *Commentaire sur L'Évangile de Saint Luc.* 2 Bde. Neuchatel: Jules Sandoz, 1871. 481 u. 553 S.]

Godet, Frédéric. *Kommentar zu dem Evangelium des Johannes.* Dt. Bearbeitung E. Reinecke und C. Schmid. 2 Bde. 4. Aufl. Hannover: Meyer, 1903. 652 S. [Erstausgabe: *Commentaire sur L'Évangile de Saint Jean.* 2 Bde. Bibliothèque Théologique. Paris: Librairie Française et Étrangère, 1864. 522 u. 779 S.]

Goez, Werner. "Die Anfänge der historischen Methodenreflexion in der italienischen Renaissance und ihre Aufnahme in der Geschichtsschreibung des deutschen Humanismus." *AKuG*, 56 (1974), 25-48.

Gomme, Arnold Wycombe u. a. *A Historical Commentary on Thucydides*. 5 Bde. Oxford: Clarendon, 1945ff.

Gooding, David W. *According to Luke: A New Exposition of the Third Gospel*. Leicester: Inter-Varsity, 1988. 362 S.

Goodspeed, Edgar Johnson. "Was Theophilus Luke's Publisher?" *JBL*, 73 (1954), 84.

Goppelt, Leonard. *Theologie des Neuen Testaments*. 2 Bde. Unveränderter Nachdruck der 3. Aufl. Hg. Jürgen Roloff. Göttingen: Vandenhoeck, 1985. 669 S.

Goulder, Michael Douglas. *Luke: A New Paradigm*. JSNT.S 20. 2 Bde. Sheffield: JSOT, 1989. 824 S.

Goulder, Michael Douglas. *Midrash and Lection in Matthew*. London: SPCK, 1974. 528 S.

Goulder, Michael Douglas. "The Chiastic Structure of the Lucan Journey." *StEv* 2. Hg. F. L. Cross. TU 87. Berlin: Akademie, 1964, S. 195-202.

Goulder, Michael Douglas. *The Evangelists' Calendar: A Lectionary Explanation of the Development of Scripture*. London: SPCK, 1978. 334 S. [Rez. von I. Howard Marshall in *ET*, 90 (1978), 183; J. Duncan M. Derrrett in *HeyJ*, 20 (1979), 307-10; Christopher Francis Evans in *Theol*, 82 (1979), 431-2; John Drury in *JSNT*, 7 (1980), 71-3; Moran Hooker in *EpwRev*, 7 (1980), 91-3.]

Grimm, Wilibald. "Das Proömium des Lucasevangeliums." *JDTh*, 16 (1871), 33-78.

Grundmann, Walter. *Das Evangelium nach Lukas*. ThHK 3. 10. Aufl. Berlin: Evangelische Verlagsanstalt, 1984. 460 S.

Grundmann, Walter. "Fragen der Komposition des lukanischen 'Reiseberichts'." *ZNW*, 50 (1959), 252-70.

Grupp, Heinrich. "Studien zum antiken Reisegedicht." Diss. Phil. Tübingen, 1953. 217 S.

Güttgemanns, Erhardt. "In welchem Sinne ist Lukas 'Historiker'? Die Beziehungen von Luk 1,1-4 und Papias zur antiken Rhetorik." *LingBibl*, 54 (1983), 9-26.

Gugel, Helmut. *Studien zur biographischen Technik Suetons*. WSt Beiheft 7. Wien: Böhlau, 1977. 158 S.

Guilleband, H. E. "The Travel Narrative in St. Luke (IX:51-XVIII:14)." *BS*, 80 (1923), 237-45.

Haacker, Klaus. "Verwendung und Vermeidung des Apostelbegriffs im lukanischen Werk." *NT*, 30 (1988), 9-38.

Habicht, Christian. *Pausanias und seine 'Beschreibung Griechenlands'*. München: Beck, 1985. 207 S.

Haefeli, Leo. *Samaria und Peräa bei Flavius Josephus*. Freiburg: Herder, 1913. 120 S.

Haenchen, Ernst. "Das 'Wir' in der Apostelgeschichte und das Itinerar." *ZThK*, 58 (1961), 329-66.

Haenchen, Ernst. *Die Apostelgeschichte*. KEK. 10. Aufl. Göttingen: Vandenhoeck, 1956. 655 S.

Haenchen, Ernst. "Tradition und Komposition in der Apostelgeschichte." *ZThK*, 52 (1955), 205-25.

Händel, Paul. *Beobachtungen zur epischen Technik des Apollonios Rhodios*. Zet. 7. München: Beck, 1954. 138 S.

Hahn, Georg Ludwig. *Das Evangelium des Lucas*. 2 Bde. Breslau: Morgenstern, 1892-4. 635 u. 715 S.

Halbfas, Franz. "Theorie und Praxis in der Geschichtschreibung bei Dionys von Halikarnass." Diss. München, 1910. 67 S.

Halfmann, Helmut. *Itinera principium: Geschichte und Typologie der Kaiserreisen im Römischen Reich*. Stuttgart: Steiner, 1986. 271 S.

Hamm, M. Dennis. "The Freeing of the Bent Woman and the Restoration of Israel: Luke 13:10-17 as Narrative Theology." *JSNT*, 31 (1987), 23-44.

Harnack, Adolf. *Lukas der Arzt, der Verfasser des dritten Evangeliums und der Apostelgeschichte*. Leipzig: Hinrichs, 1906. 160 S.

Harper, George McLean. "Village Administration in the Province of Syria." *YCS*, 1 (1928), 103-68.

Hartl, Vinzenz. *Die Hypothese einer einjährigen Wirksamkeit Jesu kritisch geprüft*. NTA 7. Münster: Aschendorff, 1917. 351 S.

Hartlich, Christian und Walter Sachs. *Der Ursprung des Mythosbegriffes in der modernen Bibelwissenschaft*. Tübingen: Mohr, 1952. 191 S.

Hauck, Friedrich. *Das Evangelium des Lukas*. ThHK 3. Leipzig: Deichert, 1934. 301 S.

Hawkins, John Caesar. "The Disuse of the Marcan Source in St. Luke 9:51-18:14." *Studies in the Synoptic Problem*. Hg. W. Sanday. Oxford: Clarendon, 1911, S. 29-59.

Heberdey, Rudolf. *Die Reisen des Pausanias in Griechenland*. Leipzig: Freytag, 1894. 116 S.

Hegel, Georg Wilhelm Friedrich. "Das Leben Jesu" (1795). *Gesammelte Werke. Bd I: Frühe Schriften 1*. Hg. von der Rheinisch-Westfälischen Akademie der Wissenschaften. Hamburg: Meiner, 1989, S. 207-78.

Hegel, Georg Wilhelm Friedrich. *Vorlesungen über die Philosophie der Religion 2*. Sämtliche Werke 16. Stuttgart: Frommanns, 1928. 551 S.

Heinrici, Carl Friedrich Georg. *Der litterarische Charakter der neutestamentlichen Schriften*. Leipzig: Dürr, 1908. 127 S.

Hellwig, Antje. *Untersuchungen zur Theorie der Rhetorik bei Platon und Aristoteles*. Hyp. 38. Göttingen: Vandenhoeck, 1973. 374 S.

Hemer, Colin J. "Luke the Historian." *BJRL*, 60 (1977/8), 28-51.

Hemer, Colin J. *The Book of Acts in the Setting of Hellenistic History*. WUNT 49. Hg. Conrad H. Gempf. Tübingen: Mohr, 1989. 482 S.

Hempel, Johannes. *Untersuchungen zur Überlieferung von Apollonius von Tyana*. BRW 4. Stockholm, 1920. 88 S.

Hengel, Martin. "Der Historiker Lukas und die Geographie Palästinas in der Apostelgeschichte." *ZDPV*, 99 (1983), 147-83.

Hengel, Martin. *Judentum und Hellenismus: Studien zu ihrer Begegnung unter besonderer Berücksichtigung Palästinas bis zur Mitte des 2. Jahrhunderts vor Christus*. WUNT 10. Tübingen: Mohr, 1969. 692 S.

Hengel, Martin. "Maria Magdalena und die Frauen als Zeugen." *Abraham unser Vater*. FS Otto Michel. Hg. Otto Betz u. a. Leiden: Brill, 1963, S. 243-56.

Hengel, Martin. *The Johannine Question*. London: SCM, 1989. 240 S.

Hengel, Martin. *Zur urchristlichen Geschichtsschreibung*. 2. Aufl. Stuttgart: Calver, 1984. 131 S.

Herkommer, Elmar. "Die Topoi in den Proömien der römischen Geschichtswerke." Diss. Tübingen, 1968. 219 S.

Higgins, A. J. B. "The Preface to Luke and the Kerygma in Acts." *Apostolic History and the Gospel.* FS Frederick Fyvie Bruce. Hg. W. Ward Gasque. Exeter: Paternoster, 1970, S. 78-91.

Hilgenfeld, Adolf. "Das Vorwort des dritten Evangeliums." *ZWTh*, 44 (1901), 1-10.

Hilgenfeld, Adolf. "Prolegomena zum Lucas-Evangelium." *ZWTh*, 40 (1897), 411-32.

Hofmann, Johann Christian Konrad von. *Das Evangelium des Lukas.* Die heilige Schrift neuen Testaments VIII/1. Nördlingen: Beck, 1878. 552 S.

Hofmann, Johann Christian Konrad von. "Das Geschichtswerk des Lukas." *ZPK*, 59 (1870), 335-63.

Holtzmann, Heinrich Julius. *Die Synoptiker.* HC I/1. 3. Aufl. Tübingen: Mohr, 1901. 429 S.

Hug, Johann Leonhard. *Einleitung in die Schriften des Neuen Testaments.* 4. Aufl. Bd 2. Stuttgart: Cotta, 1847. 531 S.

Humboldt, Wilhelm von. "Über die Aufgabe des Geschichtschreibers" (1821). *Schriften zur Anthropologie und Geschichte.* Werke in fünf Bänden 1. 3. Aufl. Darmstadt: Wissenschaftliche Buchgesellschaft, 1980, S. 585-606.

Iggers, Georg G. "The Image of Ranke in American and German Historical Thoughts." *HTh*, 2 (1962), 17-40.

Jacobsen, A. "Der lukanische Reisebericht." *ZWTh*, 29 (1886), 152-79.

Jacoby, Felix. "Griechische Geschichtschreibung." *Abhandlungen zur griechischen Geschichtschreibung.* Hg. Herbert Bloch. Leiden: Brill, 1956, S. 73-99.

Jeremias, Joachim. "Die Drei-Tage-Worte der Evangelien." *Tradition und Glaube: Das frühe Christentum in seiner Umwelt.* FS Karl Georg Kuhn. Hg. Gert Jeremias u. a. Göttingen: Vandenhoeck, 1971, S. 221-9.

Jeremias, Joachim. *Die Gleichnisse Jesu.* 10. Aufl. Göttingen: Vandenhoeck, 1984. 243 S.

Jeremias, Joachim. *Jerusalem zur Zeit Jesu: Eine kulturgeschichtliche Untersuchung zur neutestamentlichen Zeitgeschichte.* 3. Aufl. Göttingen: Vandenhoeck, 1962. 492 S.

Jeremias, Joachim. *Neutestamentliche Theologie. Erster Teil: Die Verkündigung Jesu.* Gütersloh: Mohn, 1971. 314 S.

Johnson, Luke Timothy. "The Lukan Kingship Parable (Lk. 19:11-27)." *NT*, 24 (1982), 139-59.

Junghans, Paul. *Die Erzählungstechnik von Apuleius' Metamorphosen und ihrer Vorlage.* Philologus Suppl. XXIV/1. Leipzig: Dietrich, 1932. 184 S.

Kariamadam, Paul. "Discipleship in the Lucan Journey Narrative." *Jeevadhara*, 16 (1980), 111-30.

Kariamadam, Paul. "The Composition and Meaning of the Lucan Travel Narrative (Lk 9,51-19,46)." *Bible Bhashyam*, 13, (1987), 179-98.

Kariamadam, Paul. "The End of the Travel Narrative (Luke 18,31-19,46): A Redaction-critical Investigation." Diss. Rom, 1979. 418 u. 270 S. [Mir nicht zugänglich.]

Karpp, Heinrich. "*Viva Vox.*" *Mullus.* FS Theodor Klausner. JAC.E 1. Hg. Alfred Stuiber und Alfred Hermann. Münster: Aschendorf, 1964, S. 190-8.

Keil, Carl Friedrich. *Commentar über die Evangelien des Markus und Lukas.* Leipzig: Dörffling, 1879. 501 S.

Kistemaker, S. J. "The Structure of Luke's Gospel." *JETS*, 25 (1982), 33-9.

Kleberg, Tönnes. *In den Wirtshäusern und Weinstuben des antiken Rom.* Lebendiges Altertum 12. Berlin: Akademie, 1963. 59 S.

Klein, Günter. "Lukas 1,1-4 als theologisches Programm." *Das Lukas-Evangelium: Die redaktions- und kompositionsgeschichtliche Forschung.* WdF 280. Darmstadt: Wissenschaftliche Buchgesellschaft, 1974, S. 170-203.

Klingner, Friedrich. *Römische Geisteswelt: Essays zur lateinischen Literatur.* Stuttgart: Reclam, 1984. 807 S.

Klostermann, Erich. *Das Lukasevangelium.* HNT 5. 2. Aufl. Tübingen: Mohr, 1929. 247 S.

Klostermann, Erich. *Das Markusevangelium.* HNT 3. 3. Aufl. Tübingen: Mohr, 1936. 174 S.

Kodell, Jerome. "Luke and the Children: The Beginning and End of the Great Interpolation (Luke 9:46-56; 18:9-23)." *CBQ*, 49 (1987), 415-30.

Körtner, Ulrich H. J. *Papias von Hierapolis: Ein Beitrag zur Geschichte des frühen Christentums.* FRLANT 133. Göttingen: Vandenhoeck, 1083. 371 S.

Köster, Beate. "Evangelienharmonien im frühen Pietismus." *ZKG*, 103 (1992), 195-225.

Kozar, Joseph F. "An Investigation of the Narrative Frame of a Journey to Jerusalem in the Lucan Travel Narrative." Diss. St. Michael, Toronto, 1989. [*Elenchus of Biblica*, 89 (1992), 350; mir nicht zugänglich.]

Krafft, Johann Christian Gottlob Lebrecht. *Chronologie und Harmonie der vier Evangelien, für Vorlesungen bearbeitet.* Aus seinem Nachlaß herausgegeben von Dr. C. H. August Burger. Erlangen: Heyder, 1848. 173 S.

Krauss, Samuel. *Talmudische Archäologie.* 3 Bde (1910-12). Hildesheim: Olms, 1966.

Krug, Antje. *Heilkunst und Heilkunde: Medizin in der Antike.* München: Beck, 1985. 244 S.

Kümmel, Werner Georg. *Das Neue Testament: Geschichte der Erforschung seiner Probleme.* 2. Aufl. OA III/3. München: Alber, 1970. 613 S.

Kümmel, Werner Georg. *Einleitung in das Neue Testament.* 21. Aufl. Heidelberg: Quelle und Meyer, 1983. 593 S.

Kürzinger, Joseph. "Lk 1,3 ... ἀκριβῶς καθεξῆς σοι γράψαι." *BZ*, 18 (1974), 249-54.

Kürzinger, Joseph. *Papias von Hierapolis und die Evangelien des Neuen Testaments.* Eichstätter Materialien 4. Regensburg: Pustet, 1983. 250 S.

Kundsin, Karl. *Topologische Überlieferungsstoffe im Johannes-Evangelium.* FRLANT 39. Göttingen: Vandenhoeck, 1925. 80 S.

Kurz, D. S. "ἀκρίβεια: Das Ideal der Exaktheit bei den Griechen bis Aristoteles." Diss. Tübingen, 1970. 173 S.

Lämmert, Eberhard. *Bauformen des Erzählens.* 6. Aufl. Stuttgart: Metzler, 1976. 301 S.

Lagrange, M.-J. "Le sens de Luc, I, 1, d'après les papyrus." *BALAC*, 2 (1912), 96-100.

Lande, Irene. *Formelhafte Wendungen der Umgangssprache im Alten Testament*. Leiden: Brill, 1949. 124 S.

Lang, Bernhard. "Grußverbot oder Besuchsverbot? Eine sozialgeschichtliche Deutung von Lukas 10,4b." *BZ*, 26 (1982), 75-9.

Lang, Friedrich Gustav. "'Über Sidon mitten ins Gebiet der Dekapolis': Geographie und Theologie in Markus 7,31." *ZDPV*, 94 (1978), 145-60.

Lange, Joh. Peter. *Das Leben Jesu nach den Evangelien dargestellt*. 3 Bde. Heidelberg: Winter, 1844-7.

Lapointe, Roger. "L' Espace-temps de Lc 9,51-19,27." *EeT*, 1 (1970), 275-90.

Lateinische Rechtsregeln und Rechtssprichwörter. 3. Aufl. Hg. Detlef Liebs. Darmstadt: Wissenschaftliche Buchgesellschaft, 1983. 277 S.

Lausberg, Heinrich. *Handbuch der literarischen Rhetorik: Eine Grundlegung der Literaturwissenschaft*. 2 Bde. München: Hueber, 1960. 957 S.

Leal, Juan. "Los viajes de Jesús a Jerusalén segun San Lucas." *14. Semana bíblica española (21-26 Sept. 1953)*. Madrid: Leopoldo, 1954, S. 365-81.

Le Clerc, Johann: *Harmonia Evangelica cui subjecta est Historia Christi ex quatuor evangeliis concinnata. Accesserunt Tres Dissertationes De Annis Christi, déque Concordia & Auctoritate evangeliorum, Auctore Joanne Clerico*. Amsterdam, 1699. 552 S. [Nl.: *Overeenstemming der Evangelisten, volgens de Tydreekening der Evangelise Historien, door Joannes le Clerc*. Amsterdam: van der Kroe, 1759. 407 S.]

Leeman, Anton Daniel. "Antieke en moderne geschiedschrijving: een misleidende Cicero-interpretatie." *Hermeneus*, 61 (1989), 235-41.

Leeman, Anton Daniel. *Orationis Ratio: The Stylistic Theories and Practice of the Roman Orators, Historians and Philosophers*. 2 Bde. Amsterdam: Hakkert, 1963. 558 S.

Leeman, Anton Daniel und Harm Pinkster. *M. Tullius Cicero: De Oratore Libri III*. 3 Bde. Heidelberg: Winter, 1981-9.

Lemcio, Eugene E. *The past of Jesus in the gospels*. MSSNTS 68. Cambridge: University Press, 1991. 190 S.

Lentzen-Deis, Fritzleo. "Methodische Überlegungen zur Bestimmung literarischer Gattungen im Neuen Testament." *Bib*, 62 (1981), 1-20.

Lesêtre, Henri. "La méthode historique de saint Luc." *RB*, 1 (1892), 171-85.

Lesky, Albin. *Geschichte der griechischen Literatur.* 3. Aufl. Berlin: Francke, 1971. 1023 S.

Lessing, Gotthold Ephraim. "Neue Hypothese über die Evangelisten als blos menschliche Geschichtschreiber betrachtet." *Gotthold Ephraim Lessings theologischer Nachlaß.* Berlin: Voß, 1784, S. 45-72.

Lessing, Gotthold Ephraim. *Werke in sechs Bänden. Bd 3: Literaturkritik.* Hg. Fritz Fischer. Zürich: Stauffacher, 1965. 527 S.

Lieberich, Heinrich. "Studien zu den Proömien in der griechischen und byzantinischen Geschichtschreibung. Teil 1: Die griechischen Geschichtschreiber." Diss. München, 1899. 50 S.

Liers, Hugo. *Die Theorie der Geschichtschreibung des Dionys von Halikarnass.* Waldenburg: Schmidt, 1886. 20 S.

Lightfoot, John. *A Commentary on the New Testament from the Talmud and Hebraica.* 4 Bde. Nachdruck der englischen Ausgabe von 1859. Hg. Robert Laird Harris. Grand Rapids: Baker, 1979.

Löning, Karl. "Die Füchse, die Vögel und der Menschensohn (Mt 8,19f par Lk 9,57f)." *Vom Urchristentum zu Jesus.* FS Joachim Gnilka. Hg. Hubert Frankemölle und Karl Kertelge. Freiburg: Herder, 1989, S. 82-102.

Lohfink, Gerhard. *Die Himmelfahrt Jesu: Untersuchungen zu den Himmelfahrts- und Erhöhungstexten bei Lukas.* StANT 26. München: Kösel, 1971. 315 S.

Lohse, Eduard. "Missionarisches Handeln Jesu nach dem Evangelium des Lukas." *ThZ*, 10 (1954), 1-13.

Luschnat, Otto. "Thukydides der Historiker." *PRE.S*, 12 (1970), 1085-1354; "Thukydides (Nachträge)." *PRE.S*, 14 (1975), 760-86.

Luther, Martin. *Evangelien-Auslegung.* 5 Bde. Hg. Erwin Mühlhaupt. 2. Aufl. Göttingen: Vandenhoeck, 1951-4.

Luther, Martin: *D. Martin Luthers Werke.* Kritische Gesamtausgabe. Weimar: Bohlau, 1883ff.

Machiels, Georges. "Onderzoek naar het belang van de tijdgenoten en de oog-getuigen in de Griekse historiografie." Diss. Leuven, 1957. 205 S.

Mackinley, G. "St. Luke's Threefold Narrative of Christ's Last Journey to Jerusalem." *Interp.*, 7 (1911), 260-78.

Maier, Gerhard. *Biblische Hermeneutik.* Wuppertal: Brockhaus, 1990. 404 S.

Mánek, J. "The New Exodus in the Books of Luke." *NT*, 2 (1959/60), 8-23.

Mansion, Jos. "Sur le sens d'un mot grec: ἀνατάσσω." *Bibliothèque de la Faculté de Philosophie et Lettres de l' Université de Liège* 44. Paris: Champion, 1930, S. 261-67.

Marshall, I. Howard. *The Gospel of Luke: A Commentary on the Greek Text.* New International Greek Testament Commentary 3. 2. Aufl. Grand Rapids: Eerdmans, 1983. 928 S.

Marx, Werner G. "A New Theophilus." *EvQ*, 52 (1980), 17-26.

Mazamisa, Llewellyn Welile. *Beatific Comradeship: An Exegetical-Hermeneutical Study on Lk. 10:25-37.* Kampen: Kok, 1987. 212 S.

McCown, Chester Charlton. "Gospel Geography: Fiction, Fact and Truth." *JBL*, 60 (1941), 1-25.

McCown, Chester Charlton. "The Geography of Jesus' Last Journey to Jerusalem." *JBL*, 51 (1932), 107-129.

McCown, Chester Charlton. "The Geography of Luke's Central Section." *JBL*, 57 (1938), 51-66.

McNeil, Brian. "Midrash in Luke?" *HeyJ*, 19 (1978), 399-404.

Mealand, David L. "Hellenistic Historians and the Style of Acts." *ZNW*, 82 (1991), 42-66.

Meeus, X. de. "La composition de Lc 9,51-18,14." Diss. Leuven, 1955. [Mir nicht zugänglich.]

Meier, Samuel A. *The Messenger in the Ancient Semitic World.* HSM 45. Atlanta: Scholars Press, 1988. 269 S.

Merk, J. "Die Damisquelle des Philostratus in der Biographie des Apollonius von Tyana." *WSt*, 41 (1919), 121-38.

Merkel, Helmut. *Die Pluralität der Evangelien als theologisches und exegetisches Problem in der alten Kirche.* TC 3. Frankfurt: Lang, 1978. 172 S.

Meyer, Heinrich August Wilhelm. *Kritisch exegetisches Handbuch über das Evangelium des Matthäus.* 5. Aufl. Göttingen: Vandenhoeck, 1864. 623 S.

Meyer, Heinrich August Wilhelm. *Kritisch exegetisches Handbuch über die Apostelgeschichte.* 2. Aufl. Göttingen: Vandenhoeck, 1854. 471 S.

Meyer, Heinrich August Wilhelm. *Kritisch exegetisches Handbuch über die Evangelien des Markus und Lukas*. 3. Aufl. KEK. Göttingen: Vandenhoeck, 1855. 518 S.

Meyer, Eduard. "Apollonius von Tyana und die Biographie des Philostratus." *Hermes*, 52 (1917), 271ff.

Meyer, Eduard. *Ursprung und Anfänge des Christentums*. 3 Bde. Stuttgart: Cotta, 1921-3.

Miesner, Donald R. "The Missionary Journeys Narrative: Patterns and Implications." *Perspectives on Luke-Acts*. Hg. Charles Harold Talbert. Edinburgh: Clark, 1978, S. 199-214.

Mikkola, Eino. *Isokrates: Seine Anschauungen im Lichte seiner Schriften*. Helsinki: Finnische Literaturgesellschaft, 1954. 347 S.

Miller, J. "Die Damispapiere in Philostratos' Apolloniosbiographie." *Ph.*, 66 (1907), 511-25.

Miller, Konrad. *Itineraria Romana: Römische Reisewege an der Hand der Tabula Peutingeriana dargestellt*. Stuttgart: Strecker, 1916. 992 S.

Minear, Paul S. "Dear Theo: The Kerygmatic Intention and Claim of the Book of Acts." *Interp.*, 27 (1973), 131-50.

Miyoshi, Michi. "Das jüdische Gebet 'shema' und die Abfolge der Traditionsstücke in Lk 10-13." *AJBI*, 7 (1981), 70-123.

Miyoshi, Michi. *Der Anfang des Reiseberichts Lk 9,51-10,24: Eine redaktionsgeschichtliche Untersuchung*. AnBib 60. Rom: Biblical Institute, 1974. 176 S.

Moessner, David P. *Lord of the Banquet: The Literary and Theological Significance of the Lukan Travel Narrative*. Minneapolis: Fortress, 1989. 358 S. [Rez. von Edward Earl Ellis in *SWJT*, 32 (1989), 56; Margaret Davies in *ET*, 101 (1990), 346; John T. Carroll in *JBL*, 110 (1991), 165-7; Jon Weatherly in *EvQ*, 63 (1991), 270-3; I. Howard Marshall in *SJTh*, 44 (1991), 406-7; Robert B. Sloan in *ThZ*, 47 (1991), 366-8].

Moessner, David P. "Luke 9:1-50: Luke's Preview of the Journey of the Prophet like Moses of Deuteronomy." *JBL*, 102 (1983), 575-603.

Momigliano, Arnaldo Dante. *Second Thoughts on Greek Biography*. MNAW.L 34/7. Amsterdam: North-Holland Publishing Company, 1971. 15 S.

Momigliano, Arnaldo Dante. "Polybius' Reappearance in Western Europe." *Polybe*. Fondation Hardt – Entretiens XX. Hg. Emilio Gabba. Genf: Vandoeuvres, 1973, S. 347-72.

Montgomery, Hugo. *Gedanke und Tat: Zur Erzählkunst bei Herodot, Thukydides, Xenophon und Arrian*. Lund: Gleerup, 1965. 270 S.

Morgenthaler, Robert. *Die lukanische Geschichtsschreibung als Zeugnis: Gestalt und Gehalt der Kunst des Lukas*. 2 Bde. Zürich: Zwingli, 1949. 317 S.

Morris, Leon. "The Gospels and Jewish Lectionaries." *Studies in Midrash and Historiography*. Gospel Perspectives 3. Hg. R. T. France u. David Wenham. Sheffield: JSOT Press, 1983, S. 129-56.

Mosley, A. W. "Historical Reporting in the Ancient World." *NTS*, 12 (1965/6), 10-26.

Müller, Gerhard. "Osianders 'Evangelienharmonie'." *Histoire de l'exégèse au XIVe siècle*. Etudes de philologie et d'histoire 34. Hg. Olivier Fatio und Pierre Fraenkel. Genf: Librairie Droz, 1978, S. 256-64.

Müller, Günther. *Die Bedeutung der Zeit in der Erzählkunst*. Bonn: Universitäts-Verlag, 1947. 26 S.

Münzer, Friedrich. "Gesichtspunkte zur Beurteilung antiker Geschichtsschreibung." *AKuG*, 18 (1928), 41-56.

Mulder, Harm. "Theophilus, de 'godvrezende'." *Arcana revelata*. FS F. W. Grosheide. Hg. N. J. Hommes u. a. Kampen: Kok, 1951, S. 77-88.

Murley, Clyde. "The Structure and Proportion of Catullus LXIV." *TPAPS*, 68 (1937), 305-17.

Mußner, Franz. "Die Gemeinde des Lukasprologs." *The New Testament Age*. Bd 2. FS Bo Reicke. Hg. W. C. Weinrich. Macon: Mercer, 1984, S. 373-92.

Mußner, Franz. "Καθεξῆς im Lukasprolog." *Jesus und Paulus*. FS Werner Georg Kümmel. Hg. Edward Earl Ellis und Erich Gräßer. Göttingen: Vandenhoeck, 1975, S. 253-55.

Nadel, George H. "Philosophy of History before Historicism." *HTh*, 3 (1964), 291-315.

Navone, John J. "The Journey Theme in Luke-Acts." *BiTod*, 58 (1972), 616-9.

Navone, John J. "The Way of the Lord." *ScrB*, 20/49 (1968), 24-30.

Nebe, Gottfried. *Prophetische Züge im Bilde Jesu bei Lukas.* BWANT 127. Stuttgart: Kohlhammer, 1989. 302 S.

Niebuhr, Barthold Georg. *Römische Geschichte* (1811/12). 4./5. Aufl. 3 Bde. Berlin: Reimer, 1853. 1186 S.

Niebuhr, Barthold Georg. *Vorträge über alte Geschichte, an der Universität zu Bonn gehalten.* Hg. Marcus Niebuhr. 2 Bde. Berlin: Reimer, 1847/48. 445 u. 508 S.

Nineham, Dennis Eric. "Eye-witness Testimony and the Gospel Tradition." *JThS*, 9 (1958), 13-25 u. 243-52; 11 (1960), 253-60.

Noack, B. *Lukasevangeliets rejseberetning: En fortolkning af B. Noack.* Kopenhagen, 1977. [Mir nicht zugänglich.]

Nösgen, Carl Friedrich. "Das historiographische Verfahren des dritten Evangelisten." *ThStKr*, 50 (1877), 440-97.

Nösgen, Carl Friedrich. "Der schriftstellerische Plan des dritten Evangelisten." *ThStKr*, 49 (1876), 265-92.

Nösgen, Carl Friedrich. *Die Evangelien nach Matthäus, Markus und Lukas.* 2. Aufl. München: Beck, 1897. 447 S.

Nola, Mike F. "Towards a Positive Understanding of the Structure of Luke-Acts." Diss. University of Aberdeen, 1987. 475 S. [*DissAb*, 50 (1990), 3268-9; mir nicht zugänglich.]

Norden, Eduard. *Die Antike Kunstprosa: Vom VI. Jahrhundert v. Chr. bis in die Zeit der Renaissance* (1898). 6. Aufl. 2 Bde. Stuttgart: Teubner, 1971. 968 S.

Nordheim, Eckhard von. *Die Lehre der Alten. Bd 1: Das Testament als Literaturgattung im Judentum der hellenistisch-römischen Zeit. Bd 2: Das Testament als Literaturgattung im Alten Testament und im Alten Vorderen Orient.* ALGHJ 13 u. 18. Leiden: Brill, 1980 u. 1985. 254 u. 163 S.

O'Hagan, Angelo. "'Greet No One on the Way' (Lk 10,4b)." *SBFLA*, 16 (1965/6), 69-84.

O'Leary, A. "The Role of Possession in the Journey Narrative of Luke 9:51-19:27." *Milltown Studies*, 28 (1991), 41-60.

Oftestad, Bernt Torvild. "*Harmonia Evangelica*: Die Evangelienharmonie von Martin Chemnitz – theologische Ziele und methodologische Voraussetzungen." *StTh*, 45 (1991), 57-74.

Ogg, George. "The Central Section of the Gospel According to St Luke." *NTS*, 18 (1971/2), 39-53.

Orchard, Bernard und Harold Riley. *The Order of the Synoptics: Why Three Synoptic Gospels?* Macon: Mercer, 1987. 294 S.

Origenes, *Comm. in Io.*: *Der Johanneskommentar.* Origenes Werke 4. Hg. Erwin Preuschen. GCS 10. Leipzig: Hinrichs, 1903. 662 S.

Origenes, *Homiliae in Lucam*: *Die Homilien zu Lukas in der Übersetzung des Hieronymus und die griechischen Reste der Homilien und des Lukas-Kommentars.* Origenes Werke 9. Hg. Max Rauer. GCS 49. 2. Aufl. Berlin: Akademie, 1959. 404 S; s. jetzt auch: Origenes. *Homilien zum Lukasevangelium.* Übers. und eingeleitet von Hermann-Josef Sieben. Fontes Christiani 4/1-2. Freiburg: Herder, 1991/2. 536 S.

Orni, Efraim und Elisha Efrat. *Geographie Israels.* Jerusalem: Israel University Press, 1966. 410 S.

Osborn, E. F. "Teaching and Writing in the First Chapter of the *Stromateis* of Clement of Alexandria." *JThS*, 10 (1959), 335-43.

Osiander, Andreas. *Harmoniae evangelicae libri quatuor* (1537). Bearbeitet von Dietrich Wünsch und Gunter Zimmermann in: *Andreas Osiander d. Ä. Gesamtausgabe. Bd 6: Schriften und Briefe 1535 bis 1538.* Hg. Gerhard Müller und Gottfried Seebaß. Gütersloh: Mohn, 1985, S. 229-396.

Osten-Sacken, Peter von der. "Zur Christologie des lukanischen Reiseberichts." *EvTh*, 33 (1973), 476-96.

Paulus, Heinrich Eberhard Gottlob. *Über die Entstehungsart der drei ersten kanonischen und mehrerer apokryphischen Evangelien.* Theologisch-Exegetisches Conservatorium oder Auswahl aufbewahrenswerther Aufsätze und zerstreuter Bemerkungen über die alt- und neutestamentlichen Religionsurkunden. Erste Lieferung. Heidelberg: Oswald, 1822. 198 S.

Pentecost, J. Dwight. *The Words and Works of Jesus Christ: A Study of the Life of Christ.* Grand Rapids: Zondervan, 1981. 629 S.

Perry, Alfred M. "An Evangelist's *Tabellae*: Some Sections of Oral Tradition in Luke." *JBL*, 48 (1929), 206-32.

Peter, Hermann. *Wahrheit und Kunst: Geschichtschreibung und Plagiat im klassischen Altertum.* Leipzig: Teubner, 1911. 490 S.

Petzke, Gerd. *Die Traditionen über Apollonius von Tyana und das Neue Testament*. Leiden: Brill, 1970. 264 S. [Rez. von Wolfgang Speyer in *JAC*, 16 (1973), 133-5.]

Pfättisch, Joannes Maria. "Beiträge zur Evangelienharmonie: 4. Analyse des Reiseberichtes. 5. Eingliederung des Reiseberichtes." *Kath.*, 96 (1916), 251-66 u. 341-54.

Pfleiderer, Otto. *Das Urchristentum: Seine Schriften und Lehren in geschichtlichem Zusammenhang*. 2 Bde. 2. Aufl. Berlin: Reimer, 1902. 696 u. 714 S.

Pixner, Bargil. *Wege des Messias und Stätten der Urkirche: Jesus und das Judenchristentum im Licht neuer archäologischer Erkenntnisse*. SBAZ 2. Hg. Rainer Riesner. Gießen: Brunnen, 1991. 435 S.

Plessis, Isak J. du. "Once More: The Purpose of Luke's Prologue (Lk 1,1-4)." *NT*, 16 (1974), 259-71.

Plessis, Isak J. du. "Reading Luke 12:35-48 as Part of the Travel Narrative." *Neotestamentica*, 22 (1988), 217-34.

Plevoets, Maurits. "Over de historische Methode van de biograaf Ploutarchos." Diss. Leuven, 1959. 552 S.

Plümacher, Eckhard. *Lukas als hellenistischer Schriftsteller: Studien zur Apostelgeschichte*. Göttingen: Vandenhoeck, 1972. 164 S.

Plümacher, Eckhard. "Lukas als griechischer Historiker." *PRE.S*, 14 (1974), 235-64.

Plümacher, Eckhard. "Neues Testament und hellenistische Form: Zur literarischen Gattung der lukanischen Schriften." *ThViat*, 14 (1978), 109-23.

Plümacher, Eckhard. "Wirklichkeitserfahrung und Geschichtsschreibung bei Lukas: Erwägungen zu den Wir-Stücken der Apostelgeschichte." *ZNW*, 68 (1977), 2-22.

Plummer, Alfred. *The Gospel According to S. Luke*. ICC. Nachdruck der 5. Aufl. Edinburgh: Clark, 1989. 592 S.

Praeder, Susan Marie. "The Problem of First Person Narrative in Acts." *NT*, 29 (1987), 193-218.

Radl, Walter. *Das Lukas-Evangelium*. EdF 261. Darmstadt: Wissenschaftliche Buchgesellschaft, 1988. 170 S.

Raemdonck, H. "Onderzoek naar het belang van de epichorioi-getuigenissen in de Griekse historiografie: Herodotos, Thukydides, Polybios." Diss. Leuven, 1958. 187 S.

Ranke, Leopold von. *Die deutschen Mächte und der Fürstenbund: Deutsche Geschichte von 1780 bis 1790.* Sämmtliche Werke 31/32. Leipzig: von Duncker und Humblot, 1875. 568 S.

Ranke, Leopold von. *Englische Geschichte vornehmlich im siebzehnten Jahrhundert.* Bd 2. 3. Aufl. Sämmtliche Werke 15. Leipzig: von Duncker und Humblot, 1870. 405 S.

Ranke, Leopold von. *Englische Geschichte vornehmlich im siebzehnten Jahrhundert.* Bd 8. 2. Aufl. Sämmtliche Werke 21. Leipzig: von Duncker und Humblot, 1872. 318 S.

Ranke, Leopold von. *Geschichten der romanischen und germanischen Völker von 1494 bis 1514.* Sämmtliche Werke 33/34. 2. Aufl. Leipzig: von Duncker und Humblot, 1874. 323 S.

Ranke, Leopold von. *Serbien und die Türkei im neunzehnten Jahrhundert.* Sämmtliche Werke 43/44. Leipzig: von Duncker und Humblot, 1879. 558 S.

Ranke, Leopold von. *Über die Epochen der neueren Geschichte: Neunzehn Vorträge gehalten vor König Maximilian von Bayern.* München: von Duncker und Humblot, 1917. 144 S.

Ranke, Leopold von. *Zur Kritik neuerer Geschichtschreiber. Eine Beylage zu desselben romanischen und germanischen Geschichten.* Leipzig: Reimer, 1824. 202 S.

Rassow, Peter. *Der Historiker und seine Gegenwart.* München: Rinn, 1948. 70 S.

Reicke, Bo. "Der barmherzige Samariter." *Verborum Veritas.* FS Gustav Stählin. Wuppertal: Brockhaus, 1970, S. 103-9.

Reicke, Bo. "Die Entstehungsverhältnisse der synoptischen Evangelien." *ANRW*, II.25.2 (1984), 1758-91.

Reicke, Bo. "Instruction and Discussion in the Travel Narrative." *StEv* 1. Hg. Kurt Aland. TU 73. Berlin: Akademie, 1959, S. 206-16.

Reicke, Bo. *The Roots of the Synoptic Gospels.* Philadelphia: Fortress, 1986. 191 S.

Rengstorf, Karl Heinrich. *Das Evangelium nach Lukas.* NTD 3. 17. Aufl. Göttingen: Vandenhoeck, 1978. 294 S.

Repgen, Konrad. "Über Rankes Diktum von 1824: 'Bloß sagen wie es eigentlich gewesen'." *HJ*, 102 (1982), 439-49.

Resch, Alfred. "Pragmatische Analyse der großen Einschaltung des Lukas: Lukas 9,51-18,14." *JDTh*, 21 (1876), 654-96; 22 (1877), 65-92.

Rese, Martin. "Einige Überlegungen zu Lukas XIII, 31-34." *Jésus aux origines de la christologie*. BEThL 40. Hg. J. Dupont u. a. Leuven: University Press, 1975, S. 201-25.

Resenhöfft, Wilhelm. "Jesu Gleichnis von den Talenten, ergänzt durch die Lukas-Fassung." *NTS*, 26 (1979/80), 318-33.

Resseguie, James L. "Instruction and Discussion in the Central Section of Luke: A Critical Study of Luke 9,51-19,44." Diss. Pasadena, 1978. [Mir nicht zugänglich.]

Resseguie, James. L. "Interpretation of Luke's Central Section (Luke 9,51-19,44) Since 1856." *SBTh*, 5 (1975), 3-36.

Resseguie, James L. "Point of View in the Central Section of Luke (9,51-19,44)." *JETS*, 25 (1982), 41-7.

Reuss, Eduard. *Die Geschichte der Heiligen Schriften Neuen Testaments*. 6. Aufl. Braunschweig: Schwetschke, 1887. 686 S.

Riepl, Wolfgang. *Das Nachrichtenwesen des Altertums: Mit besonderer Rücksicht auf die Römer*. Leipzig: Teubner, 1913. 478 S.

Riesner, Rainer. *Jesus als Lehrer*. WUNT 2/7. 2. Aufl. Tübingen: Mohr, 1984. 615 S.

Rihbany, Abraham M. *Morgenländische Sitten im Leben Jesu: Ein Beitrag zum Verständnis der Bibel*. 5. Aufl. Basel: Reinhardt, 1968. 172 S.

Rius-Camps, Josep. "Lc 10,25-18,30: una perfecta estructura concèntrica dins la secció del viatge (9,51-19,46)." *Revista Catalana de Theologia*, 8 (1983), 283-358.

Robbins, Vernon Kay. "Prefaces in Greco-Roman Biography and Luke-Acts." *PRSt*, 6 (1979), 94-108.

Robertson, Archibald Thomas. *A Harmony of the Gospels for Students of the Life of Christ: Based on the Broadus Harmony in the Revised Version*. London, 1922.

Robertson, J. A. "The Passion Journey: An Analysis of Luke's Account of Jesus' Ascent to Jerusalem (Lc 9,51-18,14ss)." *Exp*, 8/17 (1919), 54-73.

Robinson, William C. Jr. "The Theological Context for Interpreting Luke's Travel Narrative (9,51ff)." *JBL*, 79 (1960), 20-31.

Ropes, James Hardy. "St. Luke's Preface; ἀσφάλεια and παρακολουθεῖν." *JThS*, 25 (1924), 67-71.

Rothfels, H. "Zeitgeschichte als Aufgabe." *VZG*, 1 (1953), 1ff.

Safrai, Shmuel. *Die Wallfahrt im Zeitalter des zweiten Tempels.* Forschungen zum jüdisch-christlichen Dialog 3. Neukirchen-Vluyn: Neukirchener Verlag, 1981. 331 S.

Samain, É. "Le récit lucanien du voyage de Jésus vers Jérusalem: Quelques études récentes." *FV*, 72 (1973), 3-24.

Schaarschmidt, [?]. "Der Reisebericht des Lukas (Luk 9,51-18,14)." *ThStKr*, 82 (1909), 12-29.

Schaarschmidt, [?]. "Die Einschaltung Luk 9,51-18,14 als Grundlage der biblischen Geschichte von Jesus." *ThStKr*, 101 (1929), 357-80.

Schadewaldt, Wolfgang. "Die Anfänge der Geschichtschreibung bei den Griechen" (1934). *Hellas und Hesperien: Gesammelte Aufsätze.* Stuttgart: Artemis, 1970, I, 559-80.

Schalit, Abraham. *König Herodes: Der Mann und sein Werk.* SJ 4. Berlin: de Gruyter, 1969. 890 S.

Schanz, Paul. *Commentar über das Evangelium des heiligen Lucas.* Tübingen: Fues, 1883. 772 S.

Schanz, Paul. *Commentar über das Evangelium des heiligen Marcus.* Freiburg: Herder, 1881. 435 S.

Schegg, Peter. *Evangelium nach Lukas übersetzt und erklärt.* 3 Bde. Die heiligen Evangelien. Teil 4-6. München: Lentner, 1861-65. 551, 644 u. 559 S.

Scheller, Paul. "*De hellenistica historiae conscribendae arte.*" Diss. Leipzig, 1911. 82 S.

Schelling, F. W. "Vorlesungen über die Methode des akademischen Studiums" (1802). *Schriften zur Identitätsphilosophie 1801-06.* Schellings Werke 3. München: Beck, 1927, S. 229-374.

Schepens, Guido. "Ephorus, Niebuhr und die Geschichte der historischen Kritik." *Hist.*, 26 (1977), 503-6.

Schepens, Guido. "Het belang van de autopsie in de historische methode van de Griekse geschiedschrijvers van Herodotus tot Polybius." Diss. Leuven, 1974. 216 u. 176 S.

Schepens, Guido. "Some Aspects of Source Theory in Greek Historiography." *AncSoc*, 6 (1975), 257-74.

Schepens, Guido. "The Bipartite and Tripartite Division of History in Polybius (XII 25c&27)." *AncSoc*, 5 (1974), 277-87.

Schlatter, Adolf. *Der Evangelist Matthäus: Seine Sprache, sein Ziel, seine Selbständigkeit*. 7. Aufl. Stuttgart: Calver, 1982. 815 S.

Schlatter, Adolf. *Das Evangelium des Lukas: Aus seinen Quellen erklärt*. 2. Aufl. Stuttgart: Calver, 1960. 720 S.

Schleiermacher, Friedrich Daniel Ernst. *Ueber die Schriften des Lukas: ein kritischer Versuch*. Berlin: Reimer, 1817. 302 S.

Schleiermacher, Friedrich Daniel Ernst. "Ueber die Zeugnisse des Papias von unsern beiden ersten Evangelien." *ThStKr*, 5 (1832), 735-68.

Schmidt, Karl Ludwig. "Der geschichtliche Wert des lukanischen Aufrisses der Geschichte Jesu." *ThStKr*, 91 (1918), 277-92.

Schmidt, Karl Ludwig. *Der Rahmen der Geschichte Jesu: Literarkritische Untersuchungen zur ältesten Jesusüberlieferung*. Berlin: Trowitzsch, 1919. 322 S.

Schnabel, Eckhard. *Inspiration und Offenbarung: Die Lehre vom Ursprung und Wesen der Bibel*. Wuppertal: Brockhaus, 1986. 264 S.

Schnackenburg, Rudolf. *Das Johannesevangelium*. HThK 4. 4 Bde. Freiburg: Herder, 1965-84.

Schnackenburg, Rudolf. *Der Jesusweg: Meditationen zum lukanischen 'Reisebericht'*. Stuttgart: Katholisches Bibelwerk, 1990. 96 S.

Schneider, Gerhard. *Das Evangelium nach Lukas*. 2 Bde. 2. Aufl. Gütersloh: Mohr, 1984. 510 S.

Schneider, Gerhard. "Zur Bedeutung von καθεξῆς im lukanischen Doppelwerk" (1977). *Lukas, Theologe der Heilsgeschichte: Aufsätze zum lukanischen Doppelwerk*. BBB 59. Bonn: Hanstein, 1985, S. 31-4.

Schneider, Johannes. "Zur Analyse des lukanischen Reiseberichtes." *Synoptische Studien*. FS Alfred Wikenhauser. Hg. Josef Schmid u. Anton Vögtle. München: Zink, 1953, S. 207-29.

Schramm, Tim. *Der Markus-Stoff bei Lukas: Eine literarkritische und redaktionsgeschichtliche Untersuchung.* Cambridge: University Press, 1971. 207 S.

Schürer, Emil. *Geschichte des jüdischen Volkes im Zeitalter Jesu Christi.* 4 Bde. 3./4. Aufl. Leipzig: Hinrich, 1901-11.

Schürmann, Heinz. *Das Lukasevangelium (1,1-9,50).* HThK III/1. Freiburg: Herder, 1969. 591 S.

Schürmann, Heinz. "Evangelienschrift und kirchliche Unterweisung: Die repräsentative Funktion der Schrift nach Lk 1,1-4." *Das Lukas-Evangelium.* Hg. Georg Braumann WdF 280. Darmstadt: Wissenschaftliche Buchgesellschaft, 1974, S. 135-69.

Schulze, Winfried. *Einführung in die Neuere Geschichte.* Stuttgart: Ulmer, 1987. 295 S.

Schwartz, Eduard. *Griechische Geschichtschreiber.* Leipzig: Köhler und Amelang, 1957. 603 S.

Schweitzer, Albert. *Geschichte der Leben-Jesu-Forschung.* UTB 1302. 9. Aufl. Tübingen: Mohr, 1984. 651 S.

Schweizer, Eduard. *Das Evangelium nach Lukas.* NTD 3. 18. Aufl. Göttingen: Vandenhoeck, 1982. 264 S.

Scobie, A. "The Structure of Apuleius' *Metamorphoses*." *Aspects of Apuleius' Golden Ass.* Hg. B. L. Hijmans Jr. und R. Th. van der Paardt. Groningen: Bouma, 1978, S. 41-61.

Scott, J. W. "Luke's Preface and the Synoptic Problem." Ph. D. thesis University of St. Andrews, 1985/86. 467 S.

Sellin, Gerhard. "Komposition, Quellen und Funktion des lukanischen Reiseberichtes (Lk. IX 51-XIX 28)." *NT*, 20 (1978), 100-135.

Sherwin-White, A. N. *The Letters of Pliny: A Historical and Social Commentary.* 2. Aufl. Oxford: Clarendon, 1968. 805 S.

Siegert, Folkert. "Lukas – ein Historiker, d. h. ein Rhetor? Freundschaftliche Entgegnung auf Erhardt Güttgemanns." *LingBibl*, 55 (1984), 57-60.

Slingerland, H. Dixon. "The Transjordanian Origin of St. Matthew's Gospel." *JSNT*, 3 (1979), 18-28.

Sneen, D. J. "An Exegesis of Luke 1:1-4 with Special Regard to Luke's Purpose as a Historian." *ET*, 83 (1971/72), 40-3.

Spicq, Ceslas. *Notes de Lexicographie Néo-Testamentaire*. Supplément. Orbis Biblicus et Orientalis 22/3. Göttingen: Vandenhoeck, 1982, S. 71-81 (ἀσφάλεια κτλ.).

Stagg, Frank. "The Journey toward Jerusalem in Luke's Gospel: Luke 9,51-19,27." *RExp*, 64 (1967), 499-512.

Standaert, Benoît. "L' art de composer dans l'oeuvre de Luc." *À cause de l'Évangile: Études sur les Synoptiques et les Actes*. Cerf: Saint-André, 1985, S. 323-47.

Starcky, J. "*Obfirmavit faciem suam ut iret Jerusalem: Sens et portée de Luc ix,51*." *RevSR*, 39 (1951), 197-202.

Steck, Odil Hannes. *Israel und das gewaltsame Geschick der Propheten: Untersuchungen zur Überlieferung des deuteronomistischen Geschichtsbildes im Alten Testament, Spätjudentum und Urchristentum*. WMANT 23. Neukirchen-Vluyn: Neukirchener Verlag, 1967. 380 S.

Steidle, Wolf. *Sueton und die antike Biographie*. Zet. 1. 2. Aufl. München: Beck, 1963. 188 S.

Stein, Robert H. "Luke 1:1-4 and *Traditionsgeschichte*." *JETS*, 26 (1983), 421-30.

Stemberger, Günter. *Midrasch: Vom Umgang der Rabbinen mit der Bibel*. München: Beck, 1989. 241 S.

Sterling, Gregory E. *Historiography and Self-Definition: Josephos, Luke-Acts and Apologetic Historiography*. NT.S 64. Leiden: Brill, 1992. 500 S.

Stosch, G. *Die Inspiration der neutestamentlichen Evangelien*. Gütersloh: Bertelsmann, 1913. 251 S.

Strack, Hermann Lebrecht und Paul Billerbeck. *Kommentar zum Neuen Testament aus Talmud und Midrasch*. 6 Bde. 2. Aufl. München: Beck, 1956-61.

Strack, Hermann Lebrecht und Günter Stemberger. *Einleitung in Talmud und Midrasch*. 7. Aufl. München: Beck, 1982. 341 S.

Strasburger, H. *Die Wesensbestimmung der Geschichte durch die antike Geschichtsschreibung*. SHAW. 3. Aufl. Wiesbaden: Steiner, 1975, S. 47-98.

Strasburger, H. "Umblick im Trümmerfeld der griechischen Geschichtsschreibung." *Historiographia Antiqua*. FS W. Peremans. Hg. T. Reekmans u. a. Leuven: University Press, 1977, S. 3-52.

Strauß, David Friedrich. *Das Leben Jesu*. 2 Bde. Nachdruck der Originalausgabe von 1835. Darmstadt: Wissenschaftliche Buchgesellschaft, 1969. 732 u. 752 S.

Strauß, David Friedrich. *Das Leben Jesu für das deutsche Volk bearbeitet.* Volksausgabe in unverkürzter Form. 2. Bde. 16. Aufl. Stuttgart: Strauß, 1864. 164 u. 162 S.

Strelka, Joesph. "Der literarische Reisebericht." *Jahrbuch für internationale Germanistik*, 3 (1971), 63-75.

Talbert, Charles Harold. *Literary Patterns, Theological Themes and the Genre of Luke-Acts.* Missoula: Scholars Press, 1975. 159 S.

Talbert, Charles Harold. *Reading Luke: A Literary and Theological Commentary on the Third Gospel.* New York: Crossroad, 1982. 246.

Tannehill, Robert Charles. *The Narrative Unity of Luke-Acts: A Literary Interpretation. 1: The Gospel According to Luke.* Philadelphia: Fortress, 1986. 334 S.

Theander, Carl. "Plutarch und die Geschichte." *Bulletin de la Société Royale des Lettres de Lund 1950/1*. Lund, 1951, S. 1-86.

Theophylact: *Theophylacti ... Enarratio in Evangelium Lucae*. PG 123. Paris, 1864, Sp. 683-1126.

Thiersch, Heinrich Wilhelm Josias. *Versuch zur Herstellung des historischen Standpunkts für die Kritik der neutestamentlichen Schriften: Eine Streitschrift gegen die Kritiker unserer Tage.* Erlangen: Heyder, 1845. 443 S.

Thomas, Robert L. und Stanley N. Gundry (Hg.). *The NIV Harmony of the Gospels with Explanations and Essays: A Revised Edition of the John A. Broadus and A. T. Robertson Harmony of the Gospels.* San Francisco: Harper and Row, 1988. 341 S.

Thornton, Claus-Jürgen. *Der Zeuge des Zeugen: Lukas als Historiker der Paulusreisen.* WUNT 56. Tübingen: Mohr, 1991. 430 S.

Trankersley, Arthur J. "Preaching the Christian Deuteronomy; Lk 9,51; 18,14." Diss. Claremont, 1983. 246 S. [Mir nicht zugänglich.]

Traub, Henry W. "Pliny's Treatment of History in Epistolary Form." *THPhA*, 86 (1955), 213-32.

Treu, Max. "Biographie und Historie bei Polybios." *Polybios.* Hg. Klaus Stiewe und Niklas Holzberg. WdF 347. Darmstadt: Wissenschaftliche Buchgesellschaft, 1982, S. 198-210.

Trompf, G. W. "La section médiane de l'évangile de Luc: L'organisation des documents." *RHPhR*, 53 (1973), 141-54.

Unnik, Willem Cornelis van. "Once More St. Luke's Prologue." *Neotestamentica*, 7 (1973), 7-26.

Unnik, Willem Cornelis van. "Remarks on the Purpose of Luke's Historical Writing (Luke I 1-4)" (1955). *Sparsa Collecta. Collected Essays* 1. NT.S 29. Leiden: Brill, 1973, S. 6-15.

Vanhoye, Albert. "Structure du 'Benedictus'." *NTS*, 12 (1965/6), 382-9.

Veit, Karl. *Die Synoptischen Parallelen und ein alter Versuch ihrer Enträtselung mit neuer Begründung*. Gütersloh: Bertelsmann, 1897. 162 S.

Verdin, Herman. "La fonction de l'histoire selon Denys d' Halicarnasse." *AncSoc*, 5 (1974), 289-307.

Vierhaus, R. "Rankes Begriff der historischen Objektivität." *Objektivität und Parteilichkeit in der Geschichtswissenschaft*. Hg. R. Koselleck u. a. München: dtv, 1977, S. 63-76.

Villalba I Varneda, Pere. *The Historical Method of Flavius Josephus*. ALGHJ 19. Leiden: Brill, 1986. 296 S.

Vögtle, Anton. "Was hat die Widmung des lukanischen Doppelwerks an Theophilus zu bedeuten?" *Das Evangelium und die Evangelien: Beiträge zur Evangelienforschung*. KBANT. Düsseldorf: Patmos, 1971, S. 31-42.

Völkel, Martin. "Exegetische Erwägungen zum Verständnis des Begriffes καθεξῆς im lukanischen Prolog." *NTS*, 20 (1973/4), 289-99.

Vogel, Friedrich. "Zu Luk. 1,4." *NKZ*, 44 (1933), 203-5.

Walbank, Frank William. *A Historical Commentary on Polybius*. 3 Bde. Oxford: Clarendon, 1957ff.

Wall, Robert W. "Martha and Mary (Luke 10.38-42) in the Context of a Christian Deuteronomy." *JSNT*, 35 (1989), 19-35.

Wehrli, F. "Gnome, Anekdote und Biographie." *MH*, 30 (1973), 193-208.

Weil, Raymond. *Aristote et l'histoire*. Paris: Klincksieck, 1960. 466 S.

Weiss, Bernhard. *Die Evangelien des Markus und Lukas*. KEK I/2. 9. Aufl. Göttingen: Vandenhoeck, 1901. 694 S.

Weiss, Meir. "Weiteres über die Bauformen des Erzählens in der Bibel." *Bib*, 46 (1965), 181-206.

Weizsäcker, Adolf. *Untersuchungen über Plutarchs biographische Technik*. Marburg: Schulze, 1930. 38 S.

Weizsäcker, Carl. *Untersuchungen über die evangelische Geschichte ihre Quellen und den Gang ihrer Entwicklung*. 2. Aufl. Tübingen: Mohr, 1901. 379 S.

Welch, John W. "Chiasmus in Ancient Greek and Latin Literatures." *Chiasmus in Antiquity*. Hg. ders. Hildesheim: Gerstenberg, 1981, S. 250-68.

Welles, C. Bradford. "Isokrates' View of History." *The Classical Tradition*. FS H. Caplan. Hg. Luidpold Wallach. New York: Cornell University Press, 1966, S. 3-25.

Wellhausen, Julius. *Das Evangelium Lucae*. Berlin: Reimer, 1904. 142 S.

Wellhausen, Julius. *Einleitung in die drei ersten Evangelien*. 2. Aufl. Berlin: Reimer, 1911. 176 S.

Wendland, Paul. *Die hellenistisch-römische Kultur in ihren Beziehungen zum Judentum und Christentum. Die urchristlichen Literaturformen*. HNT I/2-3. 3. Aufl. Tübingen: Mohr, 1912. 448 S.

Wenham, John W. "Gospel Origins." *Trinity Journal*, 7 (1978), 112-34.

Wenham, John W. "Synoptic Independence and the Origin of Luke's Travel Narrative." *NTS*, 27 (1981), 507-15.

Werner, C. F. *Harmonie der vier Evangelisten nach Bengels deutschem Neuen Testament*. Ludwigsburg: Riehm, 1862. 286 S.

Werner, Jürgen. "ὦτα ἀπιστότερα ὀφθαλμῶν." *WZ(L)*, 11 (1962), 577.

Wernle, Paul. *Die synoptische Frage*. Freiburg: Mohr, 1899. 256 S.

West-Watson, C. "The Perean Ministry." *JThS*, 11 (1910), 269-74.

White, Hayden. *Die Bedeutung der Form: Erzählstrukturen in der Geschichtsschreibung*. Frankfurt: Fischer, 1990. 218 S.

Wickes, Dean Rockwell. *The Sources of Luke's Perean Section*. Chicago: University Press, 1912. 87 S.

Wieseler, Karl. *Beiträge zur richtigen Würdigung der Evangelien und der evangelischen Geschichte: Eine Zugabe zu des Verfassers "Chronologischer Synopse der vier Evangelien"*. Gotha: Perthes, 1869, S. 127-33 ("Ueber die Reisen Jesu Lk 9,51ff und ihre Parallelen in den anderen Evangelien").

Wieseler, Karl. *Chronologische Synopse der vier Evangelien: Ein Beitrag zur Apologie der Evangelien und evangelischen Geschichte vom Standpuncte der Voraussetzungslosigkeit*. Hamburg: Perthes, 1843. 496 S.

Wijngaard, J. "Saint Luke's Prologue in the Light of Modern Research." *CleM*, 31 (1967), 172-9 u. 251-8.

Wikenhauser, Alfred. *Die Apostelgeschichte und ihr Geschichtswert*. NTA 8. Münster: Aschendorff, 1921. 439 S.

Wilkens, Wilhelm. "Die Auslassung von Mark. 6,45-8,26 bei Lukas im Licht der Komposition Luk. 9,1-50." *ThZ*, 32 (1976), 193-200.

Wilkens, Wilhelm. "Die theologische Struktur der Komposition des Lukasevangeliums." *ThZ*, 34 (1978), 1-13.

Wiseman, T. P. *Clio's Cosmetics: Three Studies in Greco-Roman Literature*. Leicester: University Press, 1979. 209 S.

Wohlenberg, Gustav. *Das Evangelium des Markus*. KNT 2. Leipzig: Deichert, 1910. 402 S.

Wolf, Erik. *Griechisches Rechtsdenken IV/2: Platon – Dialoge der mittleren und späteren Zeit – Briefe*. Frankfurt: Klostermann, 1970. 479 S.

Woodman, A. J. *Rhetoric in Classical Historiography: Four Studies*. London: Croom Helm, 1988. 236 S.

Wünsch, Dietrich. *Evangelienharmonien im Reformationszeitalter: Ein Beitrag zur Geschichte der Leben-Jesu-Darstellungen*. AKG 52. Berlin: de Gruyter, 1983. 282 S.

Youngblood, Ronald. "From Tatian to Swanson, from Calvin to Bendavid: The Harmonization of Biblical History." *JETS*, 25 (1982), 415-23.

Zahn, Theodor. *Die Apostelgeschichte des Lukas*. 2 Bde. 3./4. Aufl. Leipzig: Deichert, 1929. 887 S.

Zahn, Theodor. *Das Evangelium des Johannes*. KNT 4. 5./6. Aufl. Leipzig: Deichert, 1921. 733 S.

Zahn, Theodor. *Das Evangelium des Lucas*. KNT 3. 2. Aufl. Leipzig: Deichert, 1913. 773 S.

Zahn, Theodor. *Das Evangelium des Matthäus.* KNT 1. Leipzig: Deichert, 1903. 714 S.

Zahn, Theodor. *Einleitung in das Neue Testament.* Bd 2. 3. Aufl. Leipzig: Deichert, 1907. 667 S.

Zahn, Theodor. *Tatian's Diatessaron.* Forschungen zur Geschichte des neutestamentlichen Kanons und der altkirchlichen Literatur 1. Erlangen: Deichert, 1881. 386 S.

Zarley, Kermit (Hg.). *Das Leben Jesu: Die authentische Biographie.* Stuttgart: Hänssler, 1991. 320 S.

Zoepffel, Renate. *Historia und Geschichte bei Aristoteles.* Heidelberg: Winter, 1975. 70 S.

Ausgewähltes Stellenregister

1. Altes Testament

Genesis
5:24	354
47:29	356.365

Exodus
19:10-11	257

Leviticus
14	221-3

Deuteronomium
1-26	15
1-34	17
6:4-5	18
18:15.18	14
31:14	356

Josua
22:18b	260

1. Regum
2:1	357.365

2. Regum
2:1-11	353-4
1-25	17

Jesaja
22:13b	260

Hosea
6:2	257

2. Atl. Apokryphen

1. Makkabäerbuch
2:49	365
2:58	354

Jesus Sirach
38:23	386
44:16	354
48:9	354
48:12a	354
49:14	354

Tobit
	168-70
14:3 [S]	365

Weisheit Salomos
3:2-3	386
4:10	354
4:13-14	258
7:4-6	386

3. Pseudepigraphen

Aristeasbrief
187-190	137

Assumptio Mosis
10:12	352

syrische Baruch-Apokalypse
46:7	352
76:1-5	366

4. Esrabuch
14	366

äthiopisches Henochbuch
81:5-6   366

Psalmen Salomos
4:18   351-2

Testament Abrahams
15 [A]   352

Testament Juda
25:1   137

4. Neues Testament

Matthäus
19:1-2   264-9

Markus
6-8   191
7:31   268
10:1-2   264-9.274

Lukas
1:1-4   103-49
1:2-3   327
1:3   9.17.287.291
1:5-2:52   381
1:23   355
1:57   357
2:6   357
2:41-52   193
3:1   219-20
3:1-20   382
3:21-9:50   383-5
4:14-44   390-1
9:1-6.10   232
9:31   385-6
9:51   181-3.183-5.350-9
9:51-19:28   1-37.189.228-31. 273-308.340-80. 385-9.392-4
9:52-56   203-13
9:57-62   314
10:1.4-12.17   231-55
10:38-42   213-7
11:14-13:9   312-3
12:1   316
12:22-32   315
12:28   257
13:22   183-5
13:31-33   255-60.285.291
17:11   183-5
17:11-19   217-28
19:11-28   359-64
19:28   183-5.186-9
19:29-24:53   389-90
19:47-21:38   391
22-24   193
24:13-29   243-4

Johannes
1:14   271
1:35-42   271
4:4   203
6:1   304
7:6.8   355
7-12   273-308
10:40   304
11   213-7
19:35   271

Acta Apostolorum
1:1   134.194
1:1-2   383
1:2   356
1:22   356.383
2:1   355
10:37   382-3
11:4   141

20:3-21:18	328	Aelian	
21:8-9	332	*VH* 8.7	136

1. Timotheusbrief
3:16   354

Hebräerbrief
5:9   258

2. Petrusbrief
1:15   386

5. Apostolische Väter

1. Clemensbrief
37:3   137

6. Ntl. Apokryphen

Petrus-Evangelium
5:19   352

7. Rabbinisches Schrifttum

bMegilla
31b   30

tNega'im
I.15   221-3

8. Gr. u. röm. Autoren

Achilleus Tatios
VII.3.1-3   243

Aelius Aristides
Heilige Berichte
V.2-5   205

Ammianus Marcellinus
XV.1.1   138
XVI.1.2   138-9
XXVI.1.1   139

Antiochus von Syrakus
FGrHist 555F2   45

Aristoteles
Po.
IX.1451a36-1451b11   53-4
Rh.
III.14.6   182

Arrian
An.
pr. 2   92
pr. 3   118
V.1.2   48

Ausonius
Mosella   166-7

Cicero
Brut.
42-44   55-7
62   49
de Orat.
II.12.51   69
II.15.62   68.73
II.15.63   68.137

(Cicero)
Fam.
V.13.3 68.70
Inv.
I.19.27 47
Leg.
I.1.4 57
I.1.5 60-1
I.2.5 60
I.4 153

Demosthenes
XVIII.172 124
XVIII.195 257
XIX.257 121
XXIII.187 121
XXIV.10 123
XLIII.23 123
XLIV.8 123
XLVIII.39-40 121
L.13 121
LII.8 130
LVII.4 123.131

Diodorus Siculus
I.2.2-3 48.68
V.1 388

Diogenes Laertius
IV.22 240
VI.13 240

Dionys von Halikarnaß
Th.
6 46
8 67.68.69
9 136.388

Ephorus von Kyme
FGrHist 70F9 78-9

Epiktet
I.5.5 122
I.26.13 122

Gellius
V.18.1-2 97-8

Gorgias
Pal. 22 130-1

Hekataios von Milet
FGrHist 1F1 44-5

Herakleides
Reisebilder 157-9

Herodian
I.1.6 138

Herodot
I.8.2 88
II.99.1 78
III.17 181
VII.152.3 69

Historiae Augustae Scriptores
De vita Hadriani
X.1-XIV.5 174

Homer
Od.
100-104 185-6
177-180 185-6
471-472 185-6
561-564 185-6

Horaz
Satiren
I.5 160-2
I.9.1-78 243

Inscriptiones Graecae
4.1432	137

Isokrates
II.22	59
V.4	60
IX.66	60
XI.38	59-60
XII.150	92

Josephus
Ant.
I.1	143
IV.177	386
IV.179	386
IV.189	386
XII.229-33	265
XVIII.136	220
XX.118	203

Ap.
I.53	121
I.53-56	131
I.218	123
II.115	12

Bell.
I.2-9	131-2
I.7	68
I.11	69
II.1-116	360-1
II.124-7	249
II.387-538	27
IV.486-629	27

Vi.
266-70	255
357	121

Livius
XLV.27.5-28.11	171-2

Lucilius
Satiren
I.3	159-60

Lukian
Alex.
24	233
36	233

Asin. 164-6

Demon.
1	323

Hist. Conscr.
8	55
10	153
13	62.71
24	214
29	86
34	85
37	86
39	70.72
40	47-8
41	69.73.129
45	52-3
47	94
51	63
55	387-8
60	48.69

Symp.
1	121

Macrobius
Sat. V.14.11-12	138

Pausanias
Graec. Descr.	162-3.261.329

Philo
Conf.
57	88

(Philo)		Plutarch	
De vita Mosis		*Alex.*	
II.291	352	I.1-3	319
Dec.		*Cat. Mi.*	
88	121	XII.2-XVI.1	172-3
Leg. all.		XII.2-5	205
III.74	259	XXV.13	139-40
Virt.		*Galba*	
76-77	386	II.5	319
		Luc.	
Philostratos		I.4	321-2
VA	175-7	*Lys.*	
I.3	324	X.3	257
I.23	321	*Mor.*	
		615b	136
		968b-d	109
Platon		*Otho*	
Lg.		IX.3	324
730c	65	*Per.*	
766e	94	XXIV.7	140
855e	94	XXVIII.1-2	49-50
Phdr.		*Phoc.*	
275c-276a	90	XXII.4	257-8
R.		*Them.*	
459c-d	65	XXXII.4	50
535e	65-6		

Plautus		Polybius	
Aul.		I.4.2	105
114-6	242	I.12.7	124
Truc.		I.14.1-2	66-7
489	89	II.56.1-12	50-1
		II.56.10	74
Plinius (Minor)		III.7.7	125
Ep.		III.9.3-5	96
I.1.1	137-8	III.32.2	123
III.9	227	III.33.17-18	95
V.8.9	61	III.48.12	84
VII.33.10	61.68	III.58.9	69
		III.59.7-8	84
		IV.2.1-3	78

IV.28.5	138	Sextus Empiricus	
IX.25.2-4	323	*M.*	
X.3.1-2	323	I.263-4	47
X.11.4	84	I.297	52
X.21.5	381	*P.*	
XII.4c.3	92	I.147	46-7
XII.4c.4-5	92		
XII.4c.5	93	Sidonius	
XII.7.6	66	*Ep.*	
XII.11.7-8	68	I.5.1-11	167-8
XII.12.3	68.69		
XII.25a.2	66	Strabo	
XII.25d.3-7	81	II.5.11	157-8
XII.25e.1	82		
XII.25g.1	85	Sueton	
XII.25i.1-2	82	*Aug.*	
XII.27.1-8	87	9.1	140
XII.28a.6	91-2	90-92	33
XII.28a.8	85	94.2-9	33
XII.28a.9	89	*Jul.*	
XII.28a.10	86	44.4	140
XVI.14.6-8	74-5	81.2	323-4
XVI.17.9-10	62		
XVI.18.3	62-3	Tacitus	
		Ann.	
Quintilian		I.1.3	70
Inst.		II.59-61	170-1
II.4.2	47	*Hist.*	
III.7.10-11	381	I.1.3	70
VII, pr. 1	388		
VII.1.1	388	Theon	
		Prog.	
Rutilius		182	107-8
Iter Gallicum	166	185	232
		193	227
Seneca			
Ep.		Thukydides	
VI.5	88	I.2-19	79.129
		I.20-21	79.129
		I.22.1-2	128

(Thukydides)
I.22.1	129.133
I.22.2	93.132-3
I.22.3	93
II.1	136
II.48.3	72
V.26.1	135-6

Vita Aesopi [W]
40	137

Xenophon
Mem.
III.13.1	241
IV.6.15	147

8. Christl. Autoren

Augustin
De consensu
I.7.10	307
I.7.11-12	327

Chrysostomos
Hom. in Mt
I.2	307
I.4	307
XXXIII.1	250

Clemens Alexandrinus
Strom.
I.§14.4	90

Cyrill von Alexandrien
Explanatio in Lc Ev	259

Eusebius
Hist. Eccl.
I.13.2-3	327

III.4.6	120
III.39.4	90-1
III.39.9	333
III.39.15	135
III.39.16	310
V.8.3	148
V.8.15	110

Euthymios Zigabenos
Comm. in Ev Lc	358

Origenes
Comm. in Joh
X.5.19-20	214
Hom. in Lc	
I	105-6

Theophylact
Enarratio in Ev Lc	210-1.259.
	359.386